Martis/Winkhart

Arzthaftungsrecht aktuell

Fallgruppenkommentar

D1673597

Arzthaftungsrecht
aktuell

Fallgruppenkommentar

von

Rüdiger Martis
Rechtsanwalt, Schwäbisch Gmünd
Kanzlei Rechtsanwälte
Dr. Schoch Martis Maier Roman-Josse

und

Martina Winkhart
Rechtsanwältin, Sindelfingen
Kanzlei Ratajczak Preissler Wellmann
Ohlmann & Partner

2003

Verlag
Dr. Otto Schmidt
Köln

Bibliografische Information Der Deutschen Bibliothek

Die Deutsche Bibliothek verzeichnet diese Publikation in der Deutschen Nationalbibliografie; detaillierte bibliografische Daten sind im Internet über <http://dnb.ddb.de> abrufbar.

Verlag Dr. Otto Schmidt KG
Unter den Ulmen 96-98, 50968 Köln
Tel.: 02 21/9 37 38-01, Fax: 02 21/9 37 38-9 21
e-mail: info@otto-schmidt.de
www.otto-schmidt.de

ISBN 3-504-18045-5

Umschlaggestaltung: Jan P. Lichtenford, Mettmann

Satz: ICS Communikations-Service GmbH, Bergisch Gladbach

Druck und Verarbeitung:
fgb, freiburger graphische betriebe, Freiburg (www.fgb.de)

Printed in Germany

*Für unsere
Eltern
und
Freunde*

Vorwort

Das vorliegende Werk wendet sich vor allem an Rechtsanwälte, die im Arzthaftungsrecht tätig sind oder werden wollen, aber auch an hiermit befasste Richter und Schadenssachbearbeiter der Haftpflichtversicherungen und Kliniken.

Als praxiserfahrene, seit vielen Jahren ausschließlich (RAin Winkhart) oder mit Tätigkeitsschwerpunkt (RA Martis) auf dem Gebiet des Arzthaftungsrechts tätige Anwälte, beide Mitglieder in der Arbeitsgemeinschaft Rechtsanwälte im Medizinrecht e. V., haben wir uns besonders um eine übersichtliche, sowohl mit einem alphabetischen als auch einem umfassenden systematischen Verzeichnis versehene, hoch aktuelle Darstellung des Arzthaftungsrechts bemüht.

So fanden allein aus den Jahren 1999 bis 2002 über 200 nicht nur in Schlagworten dargestellte Entscheidungen des BGH und der Oberlandesgerichte Eingang in den vorgestellten Band.

Die für das Arzthaftungsrecht relevanten Teile der am 1.1.2002 in Kraft getretenen Gesetze zur Modernisierung des Schuldrechts und zur Reform des Zivilprozesses sowie die wichtigsten Vorschriften des am 1.8.2002 in Kraft getretenen zweiten Schadensersatzrechtsänderungsgesetzes wurden mit den hierzu vorliegenden Literaturbeiträgen eingearbeitet.

Besonders ausführlich und mit jeweils vorangestellter, das schnellere Auffinden ermöglichender detaillierter Einzelübersicht wurden Rechtsprechung und Literatur zur ärztlichen Aufklärung, zum „groben Behandlungsfehler", der immer häufiger entscheidungserheblich werdenden „unterlassenen Befunderhebung" und zu den anderen Fallgruppen der Beweiserleichterungen bzw. Beweislastumkehr dargestellt.

Umfangreiche Kapitel haben wir auch den mannigfaltigen Problemen der Verjährung nach dem bis zum 31.12.2001 relevanten „alten" und dem seit dem 1.1.2002 geltenden „neuen" Recht, das sich spätestens Ende 2004 als „Stolperstein" für viele Patientenvertreter erweisen wird, dem Sachverständigenbeweis und dem Berufungsverfahren in Arzthaftungssachen nach neuem Recht gewidmet.

Muster der einem aktuellen, rechtskräftig entschiedenen Fall nachgebildeten und mit weiteren Problemen „angereicherten" Klage sowie einer hierauf bezogenen Klageerwiderung, jeweils mit Vertiefungshinweisen auf die entsprechenden Fundstellen des Werkes, sollen, selbstverständlich nur als Anhalt, der Umsetzung des hier vermittelten bzw. vertieften Wissens in die Praxis dienen.

Zur Vorbereitung der Neuauflage sind wir für Anregungen und konstruktive Kritik dankbar.

Sindelfingen/Schwäbisch Gmünd, im Dezember 2002   Rüdiger Martis
Martina Winkhart

Alphabetisches Verzeichnis

Alphabetisches Verzeichnis

Systematisches Verzeichnis

2. Teil: Behandlungsfehler und Beweislast

Behandlungsfehler (Übersicht)

3. Teil: Aufklärungsfehler

XXI

XXIII

5. Teil: Prozessuales

Literaturverzeichnis

Baumbach/Lauterbach/ Albers/Hartmann	Zivilprozeßordnung, Kommentar, 60. Aufl. 2002 (zit.: B/L/A/H)
Bergmann	Die Arzthaftung, Leitfaden für Ärzte und Juristen, Berlin 1999 (zit.: Bergmann)
Dauner-Lieb/Heidel/ Lepa/Ring	Schuldrecht, Erläuterungen der Neuregelungen zum Verjährungsrecht, Schuldrecht und Mietrecht, Kommentar (zit.: D-L/H/L/R)
Dierkes (u. a.)	dtv – Wörterbuch Medizin, 2000 (zit.: Dierkes)
Ehlers/Broglie	Arzthaftungsrecht, 2. Aufl. 2001 (zit.: E/B)
Frahm/Nixdorf	Arzthaftungsrecht, 2. Aufl. 2001 (zit.: F/N)
Gehrlein	Leitfaden zur Arzthaftpflicht, 1. Aufl. 2001 (zit.: Gehrlein)
Geiß/Greiner	Arzthaftpflichtrecht, 4. Aufl. 2001 (zit.: G/G)
Graf von Westphalen	Vertragsrecht und AGB-Klauselwerke, – Freizeichnungsklauseln bei leichter Fahrlässigkeit, Stand Juli 2000, bearbeitet von F. Graf von Westphalen, – Vertragsabschlußklauseln, Juli 2000, bearbeitet von F. Graf von Westphalen, – Krankenhausaufnahmevertrag, Stand Oktober 1996, bearbeitet von E. Graf von Westphalen (zit.: von Westphalen)
Hacks/Ring/Böhm	ADAC-Schmerzensgeldtabelle, 20. Aufl. 2001 (zit.: H/R/B)
Hammerschmid-Gollwitzer	Wörterbuch der medizinischen Fachausdrücke, 1999 (zit.: H-G)
Laufs	Arztrecht, 6. Aufl. 2001 (zit.: Laufs)
Laufs/Uhlenbruck	Handbuch des Arztrechts, 2. Aufl. 1999 (zit.: L/U)
Martis	Unerlaubte Handlungen/Allgemeines Schadensrecht, 1994 (zit.: Martis)
Musielak	Zivilprozeßordnung, 3. Aufl. 2002 (zit.: Musielak)

Münchener Kommentar	Kommentar zum Bürgerlichen Gesetzbuch, Band 5 (§§ 705–853 BGB), 3. Aufl. 1997 (zit.: Müko)
Palandt	Bürgerliches Gesetzbuch, Kommentar, 61. Aufl. 2002 (zit.: Palandt)
Palandt	Schuldrechtsmodernisierungsgesetz, 2002 (zit.: Palandt SMG)
Pschyrembel	Klinisches Wörterbuch, 259. Aufl. 2002 (zit.: Pschyrembel)
Ratajczak/Stegers (Schriftleitung)	Risiko Aufklärung, Schriftenreihe Medizinrecht, 2001 (zit.: R/S I)
Ratajczak/Stegers (Schriftleitung)	„Waffen-Gleichheit", Das Recht in der Arzthaftung, Schriftenreihe Medizinrecht 2002 (zit.: R/S II)
Rehborn	Arzt-Patient-Krankenhaus, Beck-Rechtsberater im dtv, 3. Aufl. 2000 (zit.: Rehborn)
Slizyk	Beck'sche Schmerzensgeldtabelle, 4. Aufl. 2001 (zit.: Slizyk)
Steffen/Dressler	Arzthaftungsrecht, 9. Aufl. 2002 (zit.: S/D)
Stegers/Hansis/ Alberts/Scheuch	Der Sachverständigenbeweis im Arzthaftungsrecht, 1. Aufl. 2002 (zit.: S/H/A/S)
Wolf/Horn/Lindacher	AGB-Gesetz, Kommentar, 4. Aufl. 1999 (zit.: W/H/L)
Wussow/Küppersbusch	Ersatzansprüche bei Personenschäden, 7. Aufl. 2000, bearbeitet von Küppersbusch (zit.: W/K)
Zöller	Zivilprozessordnung, Kommentar, 23. Aufl. 2002 (zit.: Zöller)

Stichworte in alphabetischer Reihenfolge

Allgemeine Geschäftsbedingungen

Vgl. auch → *Arztvertrag;* → *Krankenhausverträge;* → *Einsicht in Krankenunterlagen*

I. Einbeziehung in den Arzt- oder Krankenhausvertrag

1. Einverständnis- und Einbeziehungsklauseln

Beschränkt sich eine Bestätigungsklausel darauf, dass der Patient erklärt, „mit der Geltung der AGB/AVB einverstanden zu sein", so verstößt diese Klausel nicht gegen §§ 2 I Nr. 2, 11 Nr. 15, 9 I, II AGBG bzw. (bei nach dem 1.1.2002 abgeschlossenen Verträgen) gegen §§ 305 II, 310 III, 309 Nr. 12, 307 I, II BGB n. F. (von Westphalen, Vertragsrecht, Juli 2000, „Vertragsabschlussklauseln" Rn 31; W/H/L, § 2 AGBG Rn 44).

Eine **formularmäßige Erklärung** des Patienten bzw. Kunden, in der dieser bestätigt, von den AGB des Verwenders **Kenntnis** genommen zu haben und mit deren Geltung **einverstanden** zu sein, unterliegt nicht der Inhaltskontrolle nach §§ 9 ff. AGBG bzw. (ab dem 1.2.2002) §§ 307 ff. BGB n. F., sofern sich die formularmäßige Erklärung darauf beschränkt, die für die Einbeziehung gem. § 2 AGBG bzw. §§ 305 II, 310 III BGB n. F. erforderlichen Tatsachen zu bestätigen (von Westphalen, „Krankenhausaufnahmevertrag", Oktober 1996, Rn 8).

Gem. § 11 Nr. 15b AGBG bzw. § 309 Nr. 12b BGB n. F. **unwirksam** sind jedoch Bestätigungsklauseln, die dahin lauten, der Kunde habe „**vom**

1

Inhalt der AGB/AVB Kenntnis genommen" oder sei „auf die Geltung der AGB/AVB hingewiesen" worden (von Westphalen, Vertragsrecht, Juli 2000, „Vertragsabschlussklauseln" Rn 32; U/B/H, § 9 AGBG Rn 98).

Gegen § 11 Nr. 15 b AGBG bzw. § 309 Nr. 12 b BGB n. F. verstößt auch eine Klausel, wonach der Kunde „die Aushändigung der AGB/des Vertragsexemplars bestätigt" (OLG Hamm NJW-RR 1992, 444, 445; von Westphalen a. a. O. Rn 33).

Eine Klausel, wonach die AGB mit der Inanspruchnahme oder Gewährung von Leistungen verbindlich werden oder in der auf eine Vorlage zur Kenntnisnahme (§ 2 I Nr. 2 AGBG bzw. § 305 II Nr. 2 BGB n. F.) verzichtet wird, ist gleichfalls unwirksam (OLG Düsseldorf NJW-RR 1988, 884, 886; W/H/L, § 9 Rn K 22).

Für eine wirksame Einbeziehung reicht auch ein Hinweis auf die Geltung der AGB/AVB nach erfolgter Aufnahme des Patienten in ein Krankenhaus regelmäßig nicht aus. Ebensowenig kann sein Verweilen als Zustimmung zur Geltung der AGB/AVB des Krankenhauses gedeutet werden, jedenfalls wenn ihm ein Verlassen des Krankenhauses nicht zumutbar ist (W/H/L, § 9 AGBG Rn K 22; von Westphalen, „Krankenhausaufnahmevertrag", Oktober 1996, Rn 9).

2. Einbeziehung Dritter

Gesetzliche Vertreter und Begleitpersonen des Patienten können ohne ausdrückliche und gesonderte eigene Erklärung nicht in den Vertrag mit seinen Pflichten einbezogen, insbesondere nicht zur Übernahme der gesamtschuldnerischen Haftung wegen zukünftiger Behandlungspositionen verpflichtet werden (OLG Düsseldorf NJW 1991, 2352; W/H/L, § 9 AGBG Rn K 22; von Westphalen, „Krankenhausaufnahmevertrag", Oktober 1996, Rn 10: Verstoß gegen § 11 Nr. 14 a, § 3 AGBG, jetzt §§ 309 Nr. 11, 305 c I BGB n. F.).

II. Wahlleistungs- und Selbstzahlerklauseln

1. Begründung eigener Zahlungspflicht

Eine vom Kassenpatienten als Selbstzahler übernommene Zahlungspflicht für Wahlleistungen, d. h. soweit die Krankenkasse die Kosten nicht trägt, ist wirksam, wenn der Patient hierauf vor Inanspruchnahme der Leistung **deutlich erkennbar** – also etwa durch **Fettdruck**, **Einrahmung** etc. – hingewiesen wird (BGH NJW 1990, 761, 766; W/H/L, § 9 AGBG Rn K 23 a. E.).

Eine Klausel, worin sich der Patient

„für den Fall, dass keine Kostenübernahmeerklärung eines Sozialleistungs-
trägers, eines sonstigen öffentlich-rechtlichen Kostenträgers oder einer privaten Krankenversicherung vorgelegt wird oder die vorgelegte Kostenübernahmeerklärung nicht die Kosten aller in Anspruch genommenen Leistungen
abdeckt"

selbst zur Zahlung des Entgelts für die Krankenhausleistungen verpflichtet, ist dann nicht gem. § 3 AGBG bzw. (ab dem 1.1.2002) gem. § 305 c I
BGB n. F. überraschend, wenn der Patient, wie er weiß, weder gesetzlich
krankenversichert noch sozialhilfeberechtigt ist. Der Patient muss dann
damit rechnen, dass der Krankenhausträger ihn mangels sonstiger Rück-
griffsmöglichkeiten persönlich in Anspruch nimmt (OLG Saarbrücken
NJW 2001, 1798, 1799).

Die Klausel wird wegen ihres **überraschenden Charakters** gem. § 3 AGBG
bzw. § 305 c I BGB n. F. jedoch **nicht Vertragsbestandteil**, wenn sie gegenüber einem **gesetzlich versicherten Patienten** verwendet wird, der von
einer Kostenübernahme durch seine Krankenkasse ausgehen darf (OLG
Köln VersR 1987, 792; OLG Saarbrücken NJW 2001, 1798, 1799).

Gem. § 3 AGBG bzw. § 305 c I BGB n. F. überraschend ist auch die formularmäßige Verknüpfung von Erklärungen des gesetzlich krankenver-
sicherten Patienten in der Aufnahmeerklärung mit einer gleichzeitigen
Anerkennung einer zusätzlichen Zahlungsverpflichtung gegenüber den
Chefärzten des jeweiligen Krankenhauses. Regelmäßig ist nicht davon
auszugehen, dass ein Patient ohne gesonderte Erklärung, etwa durch
Ankreuzen des Wunsches nach „Chefarztbehandlung", solche zusätzlich
zu vergütenden Sonderleistungen wünscht (vgl. von Westphalen, Krankenhausaufnahmevertrag, Oktober 1996, Rn 25). Nach § 9 II Nr. 1 AGBG
(bzw. § 307 II Nr. 1 BGB) unwirksam ist auch eine Klausel, wonach eine
Vereinbarung über wahlärztliche Leistungen sich auf „alle an der Behandlung des Patienten beteiligten Ärzte des Krankenhauses" erstreckt. Denn
damit schuldet der Patient die Vergütung für Wahlleistungen ohne Rücksicht darauf, ob er vom Chefarzt, dessen Stellvertreter oder einem beliebigen sonstigen Krankenhausarzt behandelt wird (OLG Stuttgart OLGR
2002, 153, 155). Keinen Verstoß gegen § 10 Nr. 4 AGBG bzw. § 308 Nr. 4
BGB stellt es dar, wenn nur „für den Fall einer plötzlichen und unvorhergesehenen Verhinderung" die Möglichkeit der Vertretung vereinbart wird.
Kommt es allerdings zum Vertretungsfall, so hat der Arzt das Vorliegen
einer plötzlichen und unvorhergesehenen Verhinderung im Prozess darzutun und zu beweisen (Spickhoff, NJW 2002, 1758, 1761 m. w. N.).

2. Honorarvereinbarungen

Formularmäßige Vereinbarungen über ärztliche Honorare mit oder ohne
Krankenhausbehandlung bedürfen der Unterzeichnung des Patienten in

einem **gesonderten Schriftstück**, in dem keine anderen Erklärungen aufgenommen werden dürfen, vgl. § 2 II GOÄ (W/H/L, § 9 AGBG Rn K 26). Eine Abweichung von den Vorschriften der GOÄ unterliegt der Inhaltskontrolle nach dem AGBG bzw. den §§ 307 ff. BGB n. F.

3. Gebührensatz

Nach § 5 I GOÄ bemisst sich die Höhe der einzelnen Gebühren nach dem 1-fachen bis 3,5-fachen des Gebührensatzes. Eine **Überschreitung des 2,3-fachen Steigerungssatzes** ist nur zulässig, wenn dies durch **Besonderheiten** der Bemessungskriterien aus § 5 II 1 GOÄ zu rechtfertigen ist (von Westphalen, „Krankenhausaufnahmevertrag", Oktober 1996, Rn 19). Die in AGB vereinbarte Überschreitung des Honorarrahmens der GOÄ oder der GoZ ist insbesondere dann gem. § 9 II Nr 1 AGBG bzw. § 307 II Nr. 1 BGB n. F. unwirksam, wenn nur ein Rahmen bestimmt ist und dem Arzt die Festsetzung des Honorars überlassen wird (BGH NJW 1998, 1789).

Wird ein von § 5 GOÄ nicht gedeckter Gebührensatz vereinbart, muss der Patient jedenfalls darauf hingewiesen werden, dass der zum Ansatz gebrachte Gebührensatz möglicherweise nicht vom (privaten) Krankenversicherer getragen wird (OLG Hamburg NJW 1997, 2937; W/H/L, § 9 AGBG Rn K 26).

Kann der Patient nicht erkennen, ob die Gebührenregelung von den Vorschriften der GOÄ abweicht, ist diese wegen Verstoßes gegen das **Transparenzgebot** gem. § 9 I AGBG bzw. (ab dem 1.1.2002) nach § 307 I 2 BGB n. F. unwirksam (W/H/L, § 9 AGBG Rn K 26).

Die Belastung des **Patienten** mit dem **Nachweis**, bei Inanspruchnahme von Wahlleistungen gem. § 7 II BpflVO über die Entgelte und die Berechnung der beantragten Wahlleistungen unterrichtet worden zu sein, **verstößt gegen § 11 Nr. 15 b AGBG bzw. § 309 Nr. 12 b BGB n. F.** (BGH NJW 1990, 761; S/D, Rn 17).

4. Stellvertreterklausel

Die aufgrund einer Wahlleistungsvereinbarung bestehende Verpflichtung zur **höchstpersönlichen Leistungserbringung** verlangt insbesondere die **persönliche Durchführung einer Operation**, da es dem Patienten um die Person des Operateurs und nicht lediglich um die stationäre Behandlung geht (LG Marburg VersR 2001, 1565; LG Aachen VersR 2002, 195).

Eine Klausel in einem **Zusatzvertrag**, wonach die Aufgaben des Chefarztes von dessen **Stellvertreter** übernommen werden, ist dann nicht nach § 11 Nr. 13 a AGBG bzw. § 309 Nr. 10 BGB n. F. zu beanstanden, wenn die Identität des Stellvertreters ohne weiteres zu ermitteln ist, was beim Chefarzt eines Krankenhauses regelmäßig bejaht werden kann (W/H/L,

§ 9 AGBG Rn K 28; von Westphalen, „Krankenhausaufnahmevertrag" Oktober 1996, Rn 26). Ist bei Aufnahme des Patienten abzusehen, dass sich der Chefarzt in Urlaub befindet und der überwiegende Teil der Behandlung dem Stellvertreter überlassen wird, muss der Patient hierauf hingewiesen werden (OLG Düsseldorf NJW 1995, 2421).

Ist die **ständige Verhinderung** des Chefarztes wegen der Behandlungsdauer absehbar oder stellt die Klausel allgemein darauf ab, dass die Behandlung vom allgemeinen Stellvertreter des Chefarztes übernommen wird, so ist die Klausel gem. § 10 Nr. 4 AGBG (ab 1.1.2002: § 308 Nr. 4 BGB n. F.) unwirksam bzw. gem. § 3 AGBG (§ 305 c I BGB n. F.) überraschend (von Westphalen a. a. O., Rn 26: §§ 3, 10 Nr. 4 AGBG; W/H/L, § 9 AGBG Rn K 28: § 10 Nr. 4 AGBG; OLG Stuttgart OLGR 2002, 153: § 10 Nr. 4 AGBG; OLG Karlsruhe NJW 1987, 1489: § 3 AGBG; LG Aachen VersR 2002, 195, 196: Wird nicht Vertragsinhalt).

So verstößt die folgende, häufig verwendete Klausel gegen § 10 Nr. 4 AGBG bzw. § 308 Nr. 4 BGB (OLG Stuttgart OLGR 2002, 153):

„Im Verhinderungsfall übernimmt die Aufgabe des leitenden Arztes sein Stellvertreter."

Die „Stellvertreterklausel" greift nach Ansicht des LG Aachen (VersR 2002, 195) ohne Rücksicht auf die Wirksamkeit ihrer Vereinbarung schon deshalb nicht ein, wenn bereits bei Vertragsabschluss sicher feststeht, dass der Wahlarzt die geschuldete Leistung nicht erbringen kann.

Die Vereinbarung einer **Vertretung** für den Fall einer plötzlichen und **unvorhersehbaren Verhinderung** in AGB ist jedoch **zulässig** und verstößt nicht gegen § 10 Nr. 4 AGBG **bzw.** § 308 Nr. 4 BGB (OLG Karlsruhe NJW 1987, 1489; LG Marburg VersR 2001, 1565; Spickhoff, NJW 2002, 1758, 1761). Der Arzt hat das Vorliegen einer solchen Verhinderung jedoch darzulegen und zu beweisen (LG Marburg VersR 2001, 1565).

III. Haftungsausschluss und Haftungsbeschränkungen

1. Haftungsbeschränkungen bei Körper- und Gesundheitsschäden des Patienten

Eine Haftungsfreizeichnung in Arzt- oder Krankenhausverträgen auf **Vorsatz und grobe Fahrlässigkeit verstieß** unter der Geltung des AGBG gegen dessen **§ 11 Nr. 7 und § 9 II Nr. 1 AGBG** (S/D, Rn 22; W/H/L, § 9 AGBG Rn K 29; Palandt, § 9 AGBG Rn 29, 30, 40–49, 100).

Ihre Unwirksamkeit – auch für leicht fahrlässige Pflichtverletzungen i. S. d. §§ 280 I, 823 I BGB – ergibt sich für die ab dem 1.1.2002 geschlossenen Verträge nunmehr aus § 309 Nr. 7 a BGB n. F. Danach ist ein Ausschluss oder eine Begrenzung der Haftung für Schäden aus der Verletzung des Lebens, des Körpers oder der Gesundheit, die auf einer fahrlässigen Pflichtverletzung des Verwenders, eines gesetzlichen Vertreters oder Erfüllungsgehilfen des Verwenders beruht, unwirksam (vgl. hierzu von Westphalen, NJW 2002, 12, 21 ff.).

In Arzt- oder Krankenhausverträgen war auch unter der Geltung der §§ 9 II, 10 Nr. 7 AGBG eine Haftungsfreizeichnung für leichte Fahrlässigkeit generell unwirksam, soweit es die für die Erhaltung von Leben und Gesundheit erforderlichen Behandlungs- und Aufklärungspflichten betraf (OLG Stuttgart NJW 1979, 2355; OLG Köln VersR 1989, 372; W/H/L, § 9 AGBG Rn K 29; S/D, Rn 21, 22).

Insoweit war und ist **auch** ein zwischen dem Arzt und dem Patienten **individuell vereinbarter Haftungsausschluss** gem. §§ 138, 242 BGB **nichtig** (Gehrlein, Rn A 38). Insbesondere ist auch ein Haftungsausschluss kraft konkludenten Verhaltens unwirksam (Gehrlein, Rn A 38).

2. Haftungsbeschränkung für eingebrachte Sachen

Für vom Patienten eingebrachte Sachen, die in dessen Obhut bleiben, sowie für Fahrzeuge des Patienten, die auf dem Krankenhausgrundstück oder auf einem vom Krankenhaus bereitgestellten Parkplatz abgestellt werden, kann die Haftung des Krankenhausträgers **wirksam** auf „leichte Fahrlässigkeit" beschränkt werden (BGH NJW 1990, 761, 764; W/H/L, § 9 AGBG Rn K 29; von Westphalen, „Krankenhausaufnahmevertrag", Oktober 1996, Rn 34). Eine entsprechende Klausel ist vom Wortlaut des § 309 Nr. 7 b BGB n. F. gedeckt.

Demgegenüber sind Klauseln, die die Haftung des Krankenhausträgers für Schäden bei der Reinigung, Desinfektion und Endwendung eingebrachter Sachen auf **Vorsatz und grobe Fahrlässigkeit** beschränken, gem. § 9 II Nr. 2 AGBG bzw. § 307 II Nr. 2 BGB n. F. **unwirksam** (BGH NJW 1990, 761, 765; von Westphalen a. a. O., Rn 36, 37).

3. Anmeldefristen für Haftungsansprüche

Eine Ausschlussfrist, wonach Ansprüche des Patienten wegen Verlustes oder der Beschädigung von Geld oder Wertsachen, die von der Verwaltung verwahrt werden, innerhalb von drei Monaten nach Erlangung der Kenntnis von dem Verlust oder der Beschädigung schriftlich geltend gemacht werden müssen, ist gem. § 9 I AGBG bzw. § 307 I 1 BGB n. F. **unwirksam**, weil hiervon auch die Patienten betroffen werden, deren stationäre Behandlung bei Fristablauf noch nicht abgeschlossen ist (W/H/L, § 9 AGBG Rn K 29; von Westphalen a. a. O., Rn 35).

4. Haftungsausschluss beim „gespaltenen Krankenhausvertrag"

Während sich der Krankenhausträger beim „totalen Krankenhausvertrag" (→ *Krankenhausverträge*) verpflichtet, alle für die stationäre Behandlung erforderlichen Leistungen einschließlich der ärztlichen Versorgung zu erbringen, beschränkt sich der Vertrag beim „gespaltenen Krankenhausvertrag" auf die Unterbringung, Verpflegung und pflegerische Versorgung des Patienten (vgl. Gehrlein, Rn A 20, 24, 25).

Hauptanwendungsfall des „gespaltenen" Krankenhausvertrages ist der Vertrag mit einem freiberuflich tätigen „Belegarzt".

Beim „gespaltenen Krankenhausvertrag" trifft das Krankenhaus **grundsätzlich keine Haftung für** die eigentliche ärztliche Leistung des **Belegarztes.** Ein Haftungsausschluss für dessen ärztliche Leistungen einschließlich von diesem herangezogenen ärztlichen Hilfspersonal ist deshalb grundsätzlich nicht zu beanstanden, weil es nach der Vertragsgestaltung bereits an einer Pflicht des Krankenhausträgers zur Erbringung ärztlicher Leistungen fehlt (OLG Düsseldorf NJW-RR 1988, 884; W/H/L, § 9 AGBG Rn K 29).

Betrifft der Haftungsausschluss ausschließlich Fehler des selbst liquidierenden Arztes, so liegt auch grundsätzlich kein Verstoß gegen § 9 AGBG bzw. § 307 I, II BGB n. F. vor (BGH NJW 1993, 779, 780; OLG Koblenz NJW 1998, 3425).

Der Krankenhausträger kann sich aber auch beim „gespaltenen Krankenhausvertrag" **nicht** wirksam **von ihn treffenden Organisationspflichten freizeichnen** (OLG Stuttgart NJW 1993, 2384, 1387; W/H/L a. a. O.).

5. Haftungsausschluss beim „totalen Krankenhausvertrag mit Arztzusatzvertrag"

Beim totalen Krankenhausvertrag mit Arztzusatzvertrag verpflichtet sich der Krankenhausträger ebenfalls zur umfassenden Leistungserbringung einschließlich des ärztlichen Bereichs. Daneben schließt der Patient einen weiteren Vertrag mit dem behandelnden (Chef-)Arzt (Gehrlein, Rn A 20, 31, 33 und → *Krankenhausverträge*, S. 403 ff.).

Wird abweichend vom Regelfall des „totalen Krankenhausvertrages mit Arztzusatzvertrag" in AGB vereinbart, dass die ärztlichen Leistungen **nur** von den liquidationsberechtigten Ärzten geschuldet werden, so muss dem Patienten bei Vertragsabschluss hinreichend verdeutlicht werden, dass der Krankenhausträger für Behandlungsfehler der selbst liquidierenden Ärzte nicht haftet und der Patient sich insoweit lediglich an den liquidationsberechtigten Arzt halten kann (BGH NJW 1993, 779, 780).

Dabei reicht es nicht aus, wenn der Patient auf diese Einschränkungen seiner Rechtsstellungen lediglich in umfangreichen Formularbedingungen hingewiesen wird. Vielmehr ist es erforderlich, dass er auf den **Haftungsausschluss** für privatärztliche Wahlleistungen entweder in **gesonderter mündlicher Erklärung** hingewiesen oder die Klarstellung innerhalb des noch durch die Unterschrift des Patienten gedeckten Vertragstextes vorgenommen wird (BGH NJW 1993, 779, 780; OLG Koblenz NJW 1998, 3425).

Ein Haftungsausschluss ist auch dann **nicht überraschend** i. S. d. § 3 AGBG bzw. des § 305 c I BGB n. F., wenn der Patient einen **gesonderten Bogen**, überschrieben mit „Vereinbarung zum Haftungsausschluss" unterzeichnet, der inhaltlich den Haftungsausschluss für selbstliquidierende Ärzte klarstellt (OLG Koblenz NJW 1998, 3425).

Der verantwortlich bleibende Klinikträger kann die Haftung für den selbst liquidierenden Chefarzt bzw. dessen Vertreter sowie auf die von diesem hinzugezogenen Ärzte als dessen Erfüllungs- und Verrichtungsgehilfen in AGB grundsätzlich wirksam ausschließen.

Im Hinblick auf § 3 AGBG bzw. § 305 c I BGB n. F. muss dem Patienten jedoch vor Unterzeichnung des Krankenhausaufnahmevertrages hinreichend klar verdeutlicht werden, dass der **Krankenhausträger nicht Schuldner der ärztlichen Leistungen** ist und er dem Patienten nicht für etwaige ärztliche Fehlleistungen haftet (BGH VersR 1993, 481; von Westphalen, „Krankenhausaufnahmeverträge", Oktober 1996, Rn 14; S/D, Rn 22, Gehrlein, Rn A 34, 37).

Der Hinweis muss innerhalb des noch durch die Unterschrift des Patienten gedeckten Vertragstextes, nicht lediglich in den „Aufnahmebedingungen" enthalten sein (BGH VersR 1993, 481; S/D, Rn 22) und drucktechnisch besonders hervorgehoben werden (W/H/L, § 9 AGBG Rn K 21).

Eine danach wirksame Haftungsfreistellung erstreckt sich auch auf Fehler von Ärzten anderer Gebietsbezeichnung, die von dem selbstliquidierenden Chefarzt hinzugezogen werden (OLG Koblenz NJW 1998, 3425; Gehrlein, Rn B 37) sowie auf die vom selbstliquidierenden Arzt zugezogene Assistenten seines eigenen Fachs, die nicht zur Erbringung mit dem Krankenhausträger vereinbarter ärztlicher Leistungen verpflichtet sind (Gehrlein, Rn A 33, 34; G/G, Rn A 51).

IV. Aufklärungsklauseln

Eine **AGB-Klausel**, wonach der Patient durch seine Unterschrift bestätigt, dass er **umfassend** und ordnungsgemäß über die Risiken eines Eingriffs

aufgeklärt worden ist, ist gem. § 11 Nr. 15 b AGBG bzw. § 309 Nr. 12 b BGB n. F. **unwirksam** (W/H/L, § 9 AGBG Rn K 31; von Westphalen, „Krankenhausaufnahmeverträge", Oktober 1996, Rn 27 a. E.).

Kann einer schriftlichen Aufklärungsbestätigung nur die Wirkung zufallen, dass überhaupt ein Aufklärungsgespräch stattgefunden hat, ohne die Vermutung dessen Vollständigkeit und Ordnungsgemäßheit zu fingieren, so ist sie nicht nach § 11 Nr. 15 AGBG bzw. § 309 Nr. 12 BGB n. F. unwirksam, da sie nur ein ohnehin von der Rechtsprechung angenommenes Indiz wiedergibt, das bereits aus der Unterschrift als solcher folgt (W/H/L, § 9 AGBG Rn K 31; von Westphalen a. a. O.; zur Indizwirkung vgl. auch G/G, Rn C 88, 134, 135).

V. Einsicht in Krankenunterlagen

Vgl. auch → *Einsichtsrecht des Patienten*, S. 271.

Der Patient hat gegenüber Arzt und Krankenhaus grundsätzlich – auch außerhalb eines Rechtsstreits – Anspruch auf Einsicht in die ihn betreffenden Krankenunterlagen, soweit sie Aufzeichnungen über objektive physische Befunde und Berichte über Behandlungsmaßnahmen (Medikation, Operation usw.) betreffen (BGH NJW 1983, 328; Gehrlein, NJW 2001, 2773).

Zum **vorprozessualen Einsichtsrecht** des Patienten gehört, dass die einzusehenden **Unterlagen verständlich**, insbesondere lesbar und nachvollziehbar sind (L/U, § 60 Rn 6).

Der Arzt bzw. das Krankenhaus ist verpflichtet, dem Patienten gegen **Kostenerstattung** die Behandlungsunterlagen in Kopie oder in maschineller Ausfertigung herauszugeben und zu versichern, dass die herausgegebenen Unterlagen vollständig sind (L/U, § 60 Rn 6; AG Hagen NJW-RR 1998, 262). Ein Anspruch des Patienten auf Zusendung der Krankenunterlagen (LG Dortmund NJW 2001, 2806: Nur Bereithaltung von Kopien) oder Aufschlüsselung der Kürzel für medizinische Fachausdrücke besteht jedoch nicht (LG Dortmund NJW-RR 1998, 261).

Der Anspruch folgt aus § 810 BGB bzw. dem Behandlungsvertrag (Gehrlein, NJW 2001, 2773), der Anspruch auf Einsicht in die Röntgenaufnahmen aus § 29 der RöntgenVO (W/H/L, § 9 AGBG Rn K 32). Dabei hat der Patient das Recht, die Vorlage der Originalaufnahmen an einen von ihm beauftragten Rechtsanwalt zu verlangen (OLG München NJW 2001, 2806).

Eine **wesentliche Beeinträchtigung** dieser Rechte des Patienten in AGB ist gem. § 9 II Nr. 1 AGBG bzw. § 307 II Nr. 1 BGB n. F. **unwirksam** (von Westphalen, „Krankenhausaufnahmevertrag", Oktober 1996, Rn 31; W/H/L, § 9 AGBG Rn K 32).

Ambulanz

Vgl. → *Arztvertrag;* → *Krankenhausverträge;* → *Gemeinschaftspraxis/ Praxisgemeinschaft*

I. Chefarzt-Ambulanz

Mit der Überweisung eines Kassenpatienten an den Chefarzt eines Krankenhauses oder in die Krankenhausambulanz kommt **mit der Aufnahme** der Behandlung ein **Behandlungsvertrag** zwischen dem Patienten und dem beteiligten Chefarzt oder dessen Vertreter zustande. Vertragspartner des Kassenpatienten, der an die Krankenhausambulanz überwiesen wird, ist ausschließlich der an der kassenärztlichen ambulanten Versorgung beteiligte, hierfür ermächtigte (vgl. §§ 95 I, 116 SGB V) Chefarzt (Rehborn, MDR 2000, 1101, 1102; L/U, § 98 Rn 21; G/G, Rn A 18, 72, 83; F/N, Rn 17, 18, 50).

Dies gilt selbst dann, wenn die Überweisung des Hausarztes auf das Krankenhaus und nicht den Chefarzt selbst lautet (G/G, Rn A 18; Gehrlein, Rn A 11).

Lautet die Überweisung auf das Krankenhaus, kommt der Behandlungsvertrag jedoch ausschließlich mit dem Krankenhausträger zustande, wenn der Patient dort zur **stationären Behandlung** aufgenommen wird oder der Chefarzt bzw. dessen Vertreter die stationäre Behandlung im Krankenhaus oder die ambulante Behandlung in der Chefarztambulanz nicht für erforderlich hält (OLG Düsseldorf VersR 1992, 493; F/N, Rn 17 a. E.).

Auch ein **Privatpatient**, der sich im Krankenhaus ambulant behandeln lässt, tritt grundsätzlich **nur** in **vertragliche Beziehungen** zu dem **Chefarzt**, der die Ambulanz betreibt und entsprechend seiner Abrede mit dem Krankenhausträger liquidationsberechtigt ist (L/U, § 98 Rn 21; G/G, Rn A 19; Gehrlein, Rn A 11). Dies gilt auch dann, wenn die Behandlung in Abwesenheit des liquidationsberechtigten Chefarztes von dessen Vertreter übernommen wird (BGH MDR 1989, 149; L/U, § 98 Rn 21).

Kommt es in der ambulanten Krankenversorgung zu einer ausschließlichen Vertragsbeziehung zwischen Patient und Chefarzt, haftet Letzterer

– vertraglich gem. § 280 I BGB n. F. und deliktisch gem. § 823 I BGB –
allein (L/U, § 98 Rn 21; F/N, Rn 18, 50; G/G, Rn A 62, 72, 83).

Handelt es sich bei dem **Chefarzt** oder dessen Vertreter um einen **Beamten,**
so haftet er für Schäden aus Versäumnissen einer ambulanten Behandlung
aus § 823 I BGB **ohne** die Verweisungsmöglichkeit des **§ 839 I 2 BGB** (L/U,
§ 98 Rn 12; Gehrlein, Rn A 58).

Die beamteten, **nachgeordneten Ärzte** können sich demgegenüber auf das
Verweisungsprivileg des § 839 I 2 BGB berufen (Gehrlein, Rn 58; G/G,
Rn A 84).

Von dem oben dargestellten Grundsatz der **alleinigen Haftung** des Chefarztes bei ambulanter Behandlung ist jedoch eine **Ausnahme** für den Fall
zu machen, dass die ambulante Behandlung der **Vorbereitung** einer **stationären Aufnahme** dient, die Entscheidung später zugunsten einer stationären Aufnahme fällt und diese dann auch stattfindet. In einem solchen Fall
stellt sich auch die Aufklärung sachlich als Teil der stationären Behandlung dar und ist deshalb haftungsrechtlich wie diese zu beurteilen (OLG
Stuttgart OLGR 2000, 132 bei Privatpatient; zustimmend Rehborn, MDR
2000, 1101, 1102).

Das Krankenhaus kann auch im Rahmen einer **Notfallbehandlung** selbst
Vertragspartner werden, wenn kein selbst liquidationsberechtigter Chefarzt zur Verfügung steht (F/N, Rn 17 a. E. unter Hinweis auf § 76 I 2 SGB V).

II. Krankenhaus-Ambulanz

Wird die Ambulanz vom Klinikträger als Institutsambulanz, poliklinische
Institutsambulanz einer Hochschule, als allgemein-klinische Ambulanz
oder als Notfallambulanz (vgl. §§ 95 I, IV, 115 a, 115 b, 116–119 SGB V)
betrieben, so kommt ein Behandlungsvertrag nur mit dem Krankenhausträger zustande, der für Fehlbehandlungen über §§ 280 I BGB n. F., 278
BGB vertraglich und gem. §§ 823, 831, 31, 89 BGB deliktisch einzustehen hat (G/G, Rn A 20, 73; L/U, § 98 Rn 22 und § 41 Rn 15; Gehrlein,
Rn A 12; Rehborn, MDR 2000, 1101, 1102).

Dasselbe gilt bei vor- und nachstationärer Behandlung im Krankenhaus;
§ 115 a I SGB V räumt dem Krankenhausträger in diesen Fällen das Recht
der Behandlung – und damit das Recht zum Vertragsabschluss – ausdrücklich ein. Ebenso verhält es sich beim ambulanten Operieren im Krankenhaus, § 115 b SGB V (Rehborn, MDR 2000, 1101, 1102). Eine Einweisung
durch einen niedergelassenen Vertragsarzt ist hierfür – seit dem 1.1.1993
– nicht mehr erforderlich. Der **Krankenhausträger wird selbst Vertragspartner** des Patienten, ohne dass es einer Ermächtigung zur Teilnahme an

11

der kassenärztlichen Versorgung gem. §§ 95 I, 116 SGB V bedarf (F/N, Rn 18).

Soweit der Krankenhausträger selbst Vertragspartner wird, können sich tätig gewordene, beamtete Ärzte gem. § 839 I 2 BGB auf dessen **vorrangige Inanspruchnahme** berufen (BGH NJW 1993, 784; G/G, Rn A 84).

Anfängereingriffe, Anfängeroperationen

Vgl. auch → *Beweislastumkehr;* → *Voll beherrschbare Risiken;* → *Dokumentationsfehler*

I. Anfängereingriff als Behandlungsfehler
II. Beweiserleichterungen bei Anfängereingriffen
III. Fachaufsicht und Kontrolle durch Facharzt
IV. Dokumentations- und Aufklärungspflicht bei Anfängereingriffen

1. Keine Aufklärungspflicht über die Beteiligung eines Berufsanfängers
2. Weiter gehende Dokumentationspflicht
V. Eigenhaftung des Assistenzarztes bzw. Berufsanfängers
VI. Einzelfälle

I. Anfängereingriff als Behandlungsfehler

Die Übertragung einer selbständig durchzuführenden Operation auf einen hierfür noch nicht ausreichend qualifizierten Assistenzarzt stellt einen **Behandlungsfehler** dar, der im Falle der Schädigung des Patienten Schadensersatzansprüche gegen den Krankenhausträger, die für die Zuteilung der Operation verantwortlichen Ärzte und u. U. gegen den operierenden Arzt selbst wegen eines Übernahmeverschuldens auslösen kann (BGH NJW 1984, 655; NJW 1985, 2193; Gehrlein, Rn B 134; L/U, § 101 Rn 15, § 102 Rn 4).

Die in Rechtsstreitigkeiten über Anfängeroperationen entwickelten Grundsätze gelten in gleicher Weise **auch** für **Anfängernarkosen** (BGH NJW 1993, 2989).

Erleidet der Patient bei einer Anfängeroperation bzw. einer Anfängernarkose einen Gesundheitsschaden, so besteht ein **Indiz** dafür, dass die **unzureichende Qualifikation** des Arztes hierfür ursächlich geworden ist (BGH NJW 1992, 1560; NJW 1993, 2989, 2990; L/U, § 110 Rn 14).

In einem etwaigen Schadensersatzprozess tragen sowohl der Krankenhausträger als auch der für die Übertragung der Operationsaufsicht auf den Nichtfacharzt verantwortliche Arzt und der aufsichtsführende Arzt selbst die Darlegungs- und Beweislast dafür, dass die eingetretene Komplikation nicht auf der geringen Erfahrung und Übung des noch nicht ausreichend qualifizierten Operateurs bzw. nicht auf der mangelnden Erfahrung des Aufsichtsführenden beruht (BGH NJW 1992, 1560).

II. Beweiserleichterungen bei Anfängereingriffen

Derartige Beweiserleichterungen zu Gunsten des Patienten kommen jedoch nur in den Fällen des fehlerhaften Einsatzes eines Arztes in Weiterbildung oder in Ausbildung zur Anwendung (BGH NJW 1998, 2736).

Hierzu gehören Ärzte im Praktikum (OLG Schleswig NJW 1997, 3098; OLG Düsseldorf VersR 2001, 460; L/U, § 90 Rn 52), Medizinstudenten im „praktischen Jahr" („PJ"; vgl. L/U, § 101 Rn 20), für eine selbständig durchzuführende Operation noch nicht ausreichend qualifizierte Assistenzärzte (BGH NJW 1984, 655), in der Weiterbildung zum Facharzt für Anästhesie stehende Assistenzärzte, die noch nicht über ausreichende Erfahrungen über die mit dem konkreten Eingriff verbundenen Risiken verfügen (BGH NJW 1993, 2989; OLG Zweibrücken VersR 1988, 165), nicht jedoch eine im zweiten Jahr ihrer Weiterbildung zur Fachärztin für Gynäkologie stehende Ärztin, die im nächtlichen Bereitschaftsdienst der geburtshilflichen Abteilung einer Klinik eingesetzt wird (BGH NJW 1998, 2736, 2737).

Wird eine Operation von einem noch in der Facharztausbildung stehenden Arzt – hier einem **Gynäkologen im fünften Ausbildungsjahr** – ausgeführt, so ist der Umstand, dass die Ausbildung noch nicht ganz abgeschlossen ist, kein Indiz für die Ursächlichkeit für die aus der Operation resultierenden Komplikationen, wenn festgestellt werden kann, dass der Operateur die wissenschaftlichen und technischen Voraussetzungen für die Durchführung der Operation in einer den fachärztlichen Standard gewährleistenden Weise beherrscht (OLG Oldenburg VersR 1994, 180). Unter diesen Voraussetzungen ist die **permanente Anwesenheit eines Facharztes** bei der Operation **nicht zwingend geboten** (OLG Oldenburg VersR 1994, 180). Eine Assistenzärztin, die sechs Monate vor der Facharztprüfung steht, ist nach Durchführung von 300 Geburten, darunter 30 durch Vakuumextraktionen, zur selbständigen Durchführung einer Geburt bei einem zu erwartenden Geburtsgewicht unter 4 000 g ausreichend qualifiziert (OLG Stuttgart OLGR 2001, 394, 395).

Auch eine Harnleitersteinentfernung ist einem Assistenzarzt im dritten urologischen Ausbildungsjahr, hierbei jedoch unter Aufsicht, erlaubt (OLG Koblenz NJW 1991, 2967).

13

Wirkt sich der Anfängerstatus danach nicht auf die Behandlung aus, so ist er haftungsrechtlich irrelevant (BGH NJW 1991, 1539).

Die **Beweislast**, dass das Misslingen einer vom Assistenzarzt selbständig durchgeführten Operation (BGH NJW 1984, 655), einer ohne unmittelbare Aufsicht eines Facharztes durchgeführten Intubationsnarkose (BGH NJW 1993, 2989; auch OLG Zweibrücken VersR 1988, 165), eines eigenverantwortlich geleiteten Geburtsvorganges (OLG Düsseldorf VersR 2001, 460) oder einer Extraktion eines tief liegenden, verlagerten Weisheitszahns (OLG Oldenburg VersR 1998, 1381) nicht auf der mangelnden Erfahrung oder Übung des nicht ausreichend qualifizierten Assistenzarztes beruht, trägt der **Krankenhausträger** bzw. der für die Zuteilung des ohne Fachaufsicht durchgeführten Eingriffs **verantwortliche** Arzt (vgl. L/U, § 101 Rn 15, 17, § 102 Rn 4, § 110 Rn 14; S/D, Rn 260; G/G, Rn B 239, 241; F/N, Rn 77 ff., 144).

Anders als beim voll beherrschbaren Risikobereich (→ *Voll beherrschbare Risiken*) beziehen sich die zu Gunsten des Patienten eingreifenden Beweiserleichterungen also nicht auf die Frage des Vorliegens eines Behandlungsfehlers, denn dieser liegt bereits in der organisatorischen Fehlentscheidung für den selbständigen Einsatz des Berufsanfängers (F/N, Rn 144; Gehrlein, Rn B 134).

III. Fachaufsicht und Kontrolle durch Facharzt

Bei einer „Anfängeroperation" bzw. einem „Anfängereingriff" durch einen noch nicht ausreichend qualifizierten Assistenzarzt muss die ständige Eingriffsbereitschaft und Eingriffsfähigkeit des aufsichtsführenden Facharztes, regelmäßig des Chef- oder Oberarztes, gewährleistet sein (OLG Oldenburg VersR 1998, 1380; MDR 1998, 47; OLG Stuttgart VersR 1990, 858; OLG Düsseldorf VersR 1985, 169; L/U, § 101 Rn 16 und § 102 Rn 5; F/N, Rn 78, 79).

Operiert der Auszubildende selbst, muss grundsätzlich durchgängig die Anwesenheit und Eingriffsbereitschaft sowie die Korrekturmöglichkeit bei sich anbahnenden, schadensträchtigen Fehlleistungen durch eine Assistenz des aufsichtsführenden erfahrenen Facharztes gegeben sein, solange nicht feststeht, dass der Auszubildende die Operation auch praktisch beherrscht (OLG Oldenburg MDR 1998, 47) oder **irgendwelche Zweifel** an dem erforderlichen Ausbildungsstand des Assistenzarztes bestehen können (BGH MDR 1992, 749; F/N, Rn 79).

Auf dem Gebiet der **Anästhesie** muss der überwachende Facharzt **nicht unbedingt in unmittelbarer Nähe** eingriffsbereit sein (F/N, Rn 78). Zwischen dem noch unerfahrenen Anästhesisten und dem in einem benachbarten Operationssaal (o. a.) tätigen Fachanästhesisten muss zumindest **Blick- und Rufkontakt** bestehen (BGH VersR 1983, 244, 245; NJW 1993, 2989, 2990).

Wird während der Operation eine **Umlagerung** erforderlich, wird das damit verbundene Narkoserisiko durch den möglichen Rufkontakt zum aufsichtsführenden Facharzt nicht aufgefangen (BGH NJW 1993, 2989).

Im **geburtshilflich-gynäkologischen** Bereich **kann eine Rufbereitschaft** des Chef- oder Oberarztes zu Hause **ausreichen** (BGH MDR 1994, 1088; F/N, Rn 77 a. E.).

Auch wenn der Einsatz einer im zweiten Jahr ihrer Weiterbildung zur Fachärztin zur Gynäkologie stehenden Assistenzärztin im Nachtdienst an sich nicht fehlerhaft ist, muss gewährleistet sein, dass sofort ein erfahrener Facharzt hinzugezogen werden und sich unverzüglich einfinden kann (BGH NJW 1998, 2736, 2737 = MDR 1998, 535; auch MDR 1994, 1088).

Ohne Beaufsichtigung durch einen Facharzt darf ein unerfahrener Assistenzarzt in alleiniger Zuständigkeit nicht über die Behandlung einer komplizierten Gelenkverletzung entscheiden (OLG Düsseldorf VersR 1985, 169). Vielmehr ist der Chefarzt bzw. Oberarzt verpflichtet, die Diagnose und eingeleitete Therapie eines in der Facharztausbildung stehenden Arztes, der den Patienten ärztlich versorgt oder die Eingangsdiagnose gestellt hat, zu überprüfen (BGH NJW 1987, 1479).

Der **Krankenhausträger**, der eine Überwachung von Behandlungsmaßnahmen von Ärzten ohne abgeschlossene Fachausbildung nicht gewährleistet, begeht einen **Organisationsfehler** (OLG Stuttgart VersR 1990, 858; G/G, Rn B 24, B 139; S/D, Rn 246, 253).

Der Behandlungsträger ist auch verpflichtet, die **interne Ablauforganisation** durch generelle Richtlinien und Weisungen so zu **regeln**, dass in jeder Behandlungsphase der **Facharzt-Standard** verfügbar ist, der die fehlerfreie Behandlung und Überwachung sicherstellt (G/G, Rn B 24; F/N, Rn 82 a. E.).

IV. Dokumentations- und Aufklärungspflicht bei Anfängereingriffen

1. Keine Aufklärungspflicht über die Beteiligung eines Berufsanfängers

Über die Beteiligung eines Arztanfängers an der Operation muss der **Patient** grundsätzlich nicht **aufgeklärt** werden, da die Behandlungsqualität bei richtigem Vorgehen nicht verkürzt wird (BGH VersR 1984, 60, 61; S/D, Rn 254; F/N, Rn 186; enger OLG Köln VersR 1982, 453, 454). **Anders** verhält es sich jedoch vor der Durchführung eines **schwer wiegenden Eingriffs** mit erheblichen Risiken (OLG Düsseldorf VersR 1987, 161, 163; F/N, Rn 186 a. E.).

2. Weiter gehende Dokumentationspflicht

Selbständige Operationen und Eingriffe des erst in der Facharztausbildung stehenden Arztes müssen **exakt dokumentiert** werden, **auch** wenn es sich lediglich um so genannte **„Routineeingriffe"** handelt und der ausführende Assistenzarzt keine Komplikationen beobachtet hat (BGH MDR 1986, 220; OLG Düsseldorf VersR 1991, 1138; S/D, Rn 256, 461; F/N, Rn 128).

Ein **Verstoß** gegen die Dokumentationspflicht führt zur **Vermutung,** dass die zu dokumentierende Maßnahme unterblieben ist (G/G, Rn B 247, B 202; vgl. → *Dokumentationspflicht,* S. 266).

Ausnahmsweise führt ein Verstoß gegen die Dokumentationspflicht auch zu Beweiserleichterungen hinsichtlich des Kausalzusammenhangs zwischen einem möglichen Behandlungsfehler und dem Eintritt des Primärschadens, wenn der indizierte Behandlungsfehler als *„grob"* zu beurteilen ist (vgl. S/D, Rn 555, 558; → *Dokumentationspflicht,* S. 268).

V. Eigenhaftung des Assistenzarztes bzw. Berufsanfängers

Ein in einem Krankenhaus tätiger und am Anfang seiner Berufsausbildung stehender Assistenzarzt, dem kein grober Diagnose- oder Behandlungsfehler vorgeworfen werden kann, haftet bei ungeklärtem Kausalverlauf nicht unter dem Gesichtspunkt eines Übernahmeverschuldens bei der Diagnosefindung, wenn feststeht, dass der von ihm hinzugezogene Chef- oder Oberarzt gleichfalls nicht die richtige Diagnose gestellt haben würde (OLG Düsseldorf NJW 1986, 790).

Sofern nicht für ihn erkennbare Umstände hervortreten, die ein solches Vertrauen nicht als gerechtfertigt erscheinen lassen, kann sich der Assistenzarzt auf die vom Chefarzt gestellte Indikation zur Operation (OLG Düsseldorf VersR 1991, 1412), auf eine vom Oberarzt gebilligte Diagnose (OLG München VersR 1993, 1400; S/D, Rn 254), auf das mit dem Chef- oder Oberarzt abgesprochene Procedere (OLG Köln VersR 1993, 1157; OLG Zweibrücken VersR 1997, 833; S/D, Rn 254), auf die vom Chefarzt bei der Leitung einer Geburt, bei der er/sie lediglich assistiert, angeordneten Maßnahmen (OLG Zweibrücken VersR 2000, 728) sowie die vom Krankenhausträger bzw. dem verantwortlichen Chefarzt getroffenen organisatorischen Vorsorgemaßnahmen für den Fall, dass seine Fähigkeiten nicht ausreichen, verlassen (BGH VersR 1994, 1303).

Er ist haftungsrechtlich aber dann selbst verantwortlich, wenn er sich weisungsgemäß auf den selbständigen Eingriff eingelassen hat, obwohl er auf Grund der bei ihm nach seinem Ausbildungsstand vorauszusetzenden Kenntnisse und Erfahrungen hiergegen Bedenken hätte haben und eine Gefährdung des Patienten hätte voraussehen müssen (BGH NJW 1984, 655 = MDR 1984, 218).

Muss er nach diesen Maßstäben Bedenken gegen seinen selbständigen Einsatz haben, insbesondere, weil er an einem Eingriff der angeordneten Art selbst noch nicht teilgenommen hat, so hat er seine Bedenken zum Ausdruck zu bringen und notfalls die Durchführung der Operation ohne Aufsicht abzulehnen (BGH NJW 1984, 655, 657; F/N, Rn 80).

VI. Einzelfälle

▷ *Anfängernarkose*

Verfügt ein in der Weiterbildung zum Facharzt für Anästhesie stehender Assistenzarzt noch nicht über ausreichende Erfahrungen über etwaige Risiken, die sich für eine **Intubationsnarkose** aus der intraoperativ notwendigen Umlagerung des Patienten von der sitzenden Position in die Rückenlage ergeben können, so darf er jedenfalls während der Operationsphase die Narkose nicht ohne unmittelbare Aufsicht eines Facharztes führen. Die Rufbereitschaft und die Anwesenheit in einem benachbarten Operationssaal genügt nicht (BGH NJW 1993, 2989; auch OLG Zweibrücken VersR 1988, 165).

▷ *Appendektomie*

Führt ein noch nicht ausreichend qualifizierter Assistenzarzt selbständig eine Appendektomie (Blinddarmoperation) durch und kommt es danach zu einer Nahtinsuffizienz bzw. zur Bildung von Harnröhren- und Blasenfisteln, so hat der Krankenhausträger zu beweisen, dass die eingetretene Komplikation nicht auf der geringen Erfahrung und Übung des Operateurs bzw. der mangelnden Erfahrung des Aufsichtsführenden beruht (BGH NJW 1992, 1560; BGH VersR 1985, 782).

▷ *Ausreichende Kenntnisse und Erfahrungen des Assistenzarztes*

Die Überwachung durch einen Facharzt ist nicht erforderlich, wenn der in Ausbildung stehende Arzt auf Grund seiner theoretischen Kenntnisse und seiner praktischen Erfahrung die erforderliche Qualifikation für einen Eingriff besitzt (OLG Düsseldorf NJW 1994, 1598; OLG Oldenburg VersR 1994, 180; NJW-RR 1999, 1327; VersR 2002, 1028, 1029; OLG Koblenz NJW 1991, 2967; OLG Karlsruhe VersR 1991, 1177).

So ist einem Assistenzarzt im dritten urologischen Ausbildungsjahr eine Harnleitersteinentfernung in Anwesenheit des Chefarztes erlaubt (OLG Koblenz NJW 1991, 2967), einem im fünften Ausbildungsjahr zum Facharzt für Gynäkologie stehenden Arzt, der den fachärztlichen Standard gewährleistet, ein auch umfangreicherer gynäkologischer Eingriff, selbst wenn der Chef- oder Oberarzt bei der Operation nicht permanent anwesend ist (OLG Oldenburg VersR 1994, 180).

Eine **Leistenbruchoperation** darf einem in Facharztausbildung befindlichen Arzt dann überlassen werden, wenn der operative Eingriff in **Anwesenheit** eines **Oberarztes** erfolgt, der das Vorgehen des operierenden Arztes überwacht und überprüft (OLG Karlsruhe VersR 1991, 1177).

Das Legen eines **Zentralvenenkatheders** durch einen Assistenzarzt gibt für sich genommen keinen Anlass für Beweiserleichterungen nach den Grundsätzen der Anfängeroperation (OLG Oldenburg NJW-RR 1999, 1327).

▷ *Hüftgelenksoperation*

Operiert der Assistenzarzt selbst, muss grundsätzlich und durchgängig die Anwesenheit und Einsatzbereitschaft sowie die Korrekturmöglichkeit durch einen aufsichtsführenden, erfahrenen Facharzt gewährleistet sein, solange nicht feststeht, dass der Auszubildende die Operation auch praktisch beherrscht (OLG Oldenburg VersR 1998, 1380).

Kommt es bei einer vom Assistenzarzt selbständig durchgeführten Hüftgelenksoperation zu einer Verletzung der **Femoralarterie** und des Nervus femoralis, so hat der Krankenhausträger zu beweisen, dass dies weder auf der mangelnden Qualifikation noch einer Verletzung der Organisations- und Aufsichtspflicht beruht (OLG Oldenburg VersR 1998, 1380).

Der **Entlastungsbeweis** – auch gem. § 831 BGB – ist mit dem bloßen Hinweis, der Berufsanfänger habe bereits **zwölf Hüftgelenksoperationen fehlerfrei** durchgeführt, allein nicht zu führen (OLG Oldenburg VersR 1998, 1380).

▷ *Lymphdrüsenexstirpation durch Assistenzarzt*

Ein noch nicht qualifizierter Assistenzarzt darf eigenverantwortlich keine Operation vornehmen, bei der sich sein geringerer Ausbildungsstand risikoerhöhend auswirkt.

Der Anfänger ist bei Operationen, für die seine praktischen Fähigkeiten oder theoretischen Kenntnisse nicht ausreichen, stets von einem qualifizierten Facharzt zu überwachen. Kommt es bei einer erstmaligen Lymphdrüsenexstirpation durch einen nicht ausreichend qualifi-

zierten Assistenzarzt zu einer bei derartigen Operationen nicht ungewöhnlichen Schädigung des Nervus accessorius mit der Folge, dass die
Patientin den rechten Arm nicht mehr über die Horizontale heben
kann, so hat der Krankenhausträger zu beweisen, dass diese Gesundheitsschädigung nicht auf der mangelnden Qualifikation beruht (BGH
NJW 1984, 655).

Ein Oberarzt, der als Facharzt für Chirurgie die Assistenz bei einer
Lymphknotenexstirpation im Halsbereich übernimmt, hat sich vor
dem Eingriff darüber zu vergewissern, dass der für die Operation einge-
teilte, in der Weiterbildung zum Arzt für Chirurgie stehende Arzt, der
den Eingriff erstmals vornimmt, über die notwendigen Kenntnisse der
Operationstechnik, die Risiken des Eingriffs und der zur Vermeidung
von Komplikationen, etwa der Verletzung des Nervus accessorius zu
beachtenden Regeln verfügt (OLG Düsseldorf VersR 1994, 352).

▷ *Übernahme einer Entbindung – Vertrauen des Assistenzarztes in organisatorische Vorkehrungen der Klinik*

Auch der in Weiterbildung zum Gynäkologen stehende Arzt ist, wenn
er eigenverantwortlich eine Geburt übernimmt, dafür verantwortlich,
dass für die Geburt der Facharzt-Standard gewährleistet ist, auf den
Mutter und Kind Anspruch haben.

Im Hinblick auf seine Eigenhaftung kann er aber grundsätzlich darauf
vertrauen, dass die für seinen Einsatz und dessen Organisation verantwortlichen Entscheidungsträger auch für den Fall von Komplikationen
– mit denen zu rechnen ist und zu deren Beherrschung, wie sie wissen
müssen, seine Fähigkeiten nicht ausreichen – organisatorisch die erforderliche Vorsorge getroffen haben. Dies gilt nur dann nicht, wenn für
den Assistenzarzt erkennbare Umstände hervortreten, die ein solches
Vertrauen als nicht gerechtfertigt erscheinen lassen (BGH NJW 1994,
3008 = MDR 1994, 1088).

Einer Ärztin im Praktikum darf die eigenverantwortliche Beaufsichtigung einer geburtshilflichen Abteilung jedoch dann nicht übertragen
werden, wenn ihr die Maßnahmen zur Beseitigung einer Schulterdystokie weder theoretisch noch praktisch vertraut sind (OLG Düsseldorf
VersR 2001, 460). Hat die Assistenzärztin bereits 300 Geburten durchgeführt, ist eine sechs Monate vor der Facharztprüfung stehende Assistenzärztin für die Durchführung einer Geburt bei einem zu erwartenden Geburtsgewicht unter 4000 g ohne besondere Risikofaktoren ausreichend qualifiziert (OLG Stuttgart OLGR 2001, 394, 395).

Anscheinsbeweis

Vgl. auch → *Beweislastumkehr*; → *Voll beherrschbare Risiken*; → *Grobe Behandlungsfehler*; → *Anfängereingriffe*

I. Begriff und Funktion des Anscheinsbeweises

II. Fallgruppen

1. Anscheinsbeweis bejaht
2. Anscheinsbeweis verneint

I. Begriff und Funktion des Anscheinsbeweises

Bei typischen Geschehensabläufen kann sich die Beweislast für den Patienten durch den ihm zugute kommenden Beweis des ersten Anscheins mildern (vgl. L/U, § 108 Rn 1; S/D, Rn 495 ff.).

Ein Anscheinsbeweis kommt dann in Betracht, wenn ein typischer Geschehensablauf feststeht, bei dem nach der Lebenserfahrung auf die Verursachung einer bestimmten Folge durch ein bestimmtes Verhalten geschlossen werden kann (OLG Stuttgart OLGR 2001, 326). Einen allgemeinen Erfahrungssatz, nach dem eine seltene Komplikation auf einen ärztlichen Fehler zurückgeht, gibt es jedoch nicht (BGH MDR 1992, 749; OLG Stuttgart OLGR 2001, 324, 326).

Mit Hilfe des Anscheinsbeweises kann von einem feststehenden bzw. unstreitigen Behandlungsfehler als Ursache für den eingetretenen Primärschaden, aber auch umgekehrt von einem eingetretenen Primärschaden auf das Vorliegen eines Behandlungsfehlers geschlossen werden (Gehrlein, Rn B 118; E/B, Rn 521, 529).

Kommt ein Anscheinsbeweis in Betracht, so hat der Patient lediglich einen Umstand oder Lebenssachverhalt darzutun, der nach der allgemeinen Lebenserfahrung auf das schadensursächliche Verschulden des Arztes hindeutet (L/U, § 108 Rn 1).

Es liegt dann an der Behandlungsseite, konkrete Tatsachen vorzutragen und im Bestreitensfalle gem. § 286 ZPO zur Überzeugung des Tatrichters zu beweisen, aus denen auf die ernsthafte Möglichkeit eines **atypischen Geschehensablaufs** bzw. einer anderen Schadensursache geschlossen werden kann, um damit den Anscheinsbeweis zu erschüttern (OLG Zweibrücken OLGR 2000, 386, 388; E/B, Rn 521, 531). Der bloße Hinweis auf Geschehensabläufe, nach denen der Schaden auch die Folge einer anderen Ursache sein kann oder die bloße Darlegung der theoretischen Möglichkeit eines anderen Verlaufs genügt dabei nicht (F/N, Rn 148; E/B, Rn 531, 521).

Gelingt der Behandlungsseite dieser Nachweis, so verbleibt es bei der Grundregel, wonach der Patient das Vorliegen eines Behandlungsfehlers und dessen Kausalität zum eingetretenen Primärschaden beweisen muss (G/G, Rn B 231; L/U, § 108 Rn 1).

Dem Anscheinsbeweis kommt in Arzthaftungsprozessen nur eine **geringe Bedeutung** zu, weil wegen der Verschiedenartigkeit der Abläufe im menschlichen Organismus und dessen oft nicht vorhersehbaren individuellen Reaktionen häufig keine typischen Verlaufstypizitäten festgestellt werden können (Gehrlein, Rn B 118; F/N, Rn 148).

II. Fallgruppen

1. Anscheinsbeweis bejaht

▷ *Durchriss des Afterschließmuskels*

Ein Anscheinsbeweis für das Vorliegen eines schuldhaften Behandlungsfehlers wird auch bejaht, wenn es im Rahmen einer Episiotomie (Scheiden-Dammschnitt, d. h. Dammdurchtrennung zur Verhütung eines Dammrisses oder zur Erleichterung einer Geburt) zum An- oder Durchriss des Afterschließmuskels kommt (BGH VersR 1978, 542; E/B, Rn 525).

▷ *HIV-Infektion*

Wird einem Patienten, der zu keiner HIV-gefährdeten Risikogruppe gehört und auch durch die Art seiner Lebensführung keiner gesteigerten HIV-Infektionsgefahr ausgesetzt ist, Blut eines Spenders übertragen, der an AIDS erkrankt ist und wird bei ihm und bei anderen Empfängern dieses Blutes später eine AIDS-Infektion festgestellt, so spricht ein Anscheinsbeweis dafür, dass er vor der Bluttransfusion noch nicht HIV-infiziert war und ihm das HIV erst mit der Transfusion übertragen wurde. Erkrankt auch der Ehegatte des Blutempfängers an AIDS, so spricht der Anscheinsbeweis auch dafür, dass er von dem Blutempfänger angesteckt worden ist (BGH NJW 1991, 1948).

Dagegen kommt ein Anscheinsbeweis nicht in Betracht, wenn nicht feststeht, dass die verabreichten Blutspenden von einem infizierten Blutspender stammen (OLG Düsseldorf NJW 1996, 1599; LG Nürnberg/Fürth VersR 1998, 461, 462; OLG Koblenz NJW-RR 1998, 167) oder wenn der Patient zu einer Risikogruppe gehört (BGH NJW 1991, 1948, 1949; Bender, VersR 1998, 463; s. u.).

Die Patienten sind aber über das Risiko einer Infektion mit Hepatitis oder AIDS bei der Transfusion von Fremdblut aufzuklären und auf die

21

Möglichkeit einer **Eigenblutspende als Alternative zur Transfusion** hinzuweisen, wenn eine intra- oder postoperative Bluttransfusion ernsthaft in Betracht kommen kann (BGH NJW 1992, 743 – vgl. → *Aufklärung*, S. 172).

▷ *Hochfrequenzchirurgiegerät*

Kommt es bei der Anwendung eines Hochfrequenzchirurgiegerätes bei Patienten zu **endogenen Verbrennungen**, ist nach den Grundsätzen des Anscheinsbeweises davon auszugehen, dass dem Arzt ein schuldhafter Behandlungsfehler zur Last fällt (OLG Saarbrücken VersR 1991, 1289).

Bei derartigen Sachverhalten ist auch eine Verschuldensvermutung aus dem Gesichtspunkt des → *voll beherrschbaren Risikos* zu denken, wenn die Schädigung aus einem Bereich stammt, dessen Gefahren ärztlicherseits voll ausgeschlossen werden können und müssen (S/D, Rn 500, 501; OLG Hamm NJW 1999, 1787 zum Elektrokauter).

▷ *Infektionen, Injektionen und mangelhafte Desinfektion*

Eine Kniegelenkspunktion muss vom Arzt unter **hochsterilen Bedingungen** durchgeführt werden. Hierzu gehört eine so genannte chirurgische Handdesinfektion. Versäumt der Arzt dies und kommt es anschließend zu einer Infektion des Kniegelenks, so trifft den Arzt die Beweislast für das Fehlen eines Ursachenzusammenhangs (OLG Schleswig MDR 1989, 1099).

Der Beweis des ersten Anscheins spricht für das Vorliegen eines Behandlungsfehlers und dessen Kausalität für den Eintritt des Primärschadens, wenn ein Verstoß gegen die Regeln der Desinfektion festgestellt werden kann (OLG Düsseldorf NJW-RR 1998, 170; OLG Schleswig MDR 1989, 1099), eine **Injektion in einem bereits entzündeten Bereich** gesetzt worden ist (OLG Hamm VersR 1988, 807; OLG Düsseldorf VersR 1991, 1136), eine falsche Injektionsstelle, falsche Einstichrichtung (OLG Düsseldorf VersR 1994, 241) oder eine **falsche Injektionstechnik** (OLG Düsseldorf VersR 1988, 38) gewählt worden ist.

Ohne zwingende Indikation muss eine Punktion des Kniegelenks unterbleiben, wenn die Gefahr besteht, dass es zu einer exogenen Keimverlagerung von einer eitrigen Wunde in das vom Einstich betroffene Gelenk kommen kann.

Ein **enger zeitlicher Zusammenhang** von jedenfalls zwei Tagen zwischen einem Einstich in das Gelenk und dem Ausbruch der Entzündung rechtfertigt es, bei der Prüfung der Kausalität zwischen dem ärztlichen Vorgehen und der Schädigung die Grundsätze des Anscheinsbeweises anzuwenden (OLG Düsseldorf VersR 1991, 1136). Dies gilt jedenfalls dann, wenn der Stich in das Knie ohne zwingende Indikation und ohne die Sicherstellung gründlicher Desinfektion trotz eiternder Wunde erfolgt ist (OLG Düsseldorf VersR 1991, 1136, 1138).

Andererseits gibt es keinen gesicherten, einen Anscheinsbeweis begründenden Erfahrungssatz, wonach eine Injektion in oder neben das Kniegelenk nur dann zu einer Entzündung führt, wenn der die Injektion Ausführende die Einstichstelle vorher nicht gründlich gereinigt und/oder sterilisiert hat (OLG Oldenburg, Urt. v. 7.3.1986 – 6 U 224/85; OLG Hamm, Urt. v. 26.8.1998 – 3 U 201/97).

Ein Behandlungsfehler liegt vor, wenn der Arzt ohne zwingenden Grund 13 Stunden nach einem Bruch des Sprunggelenks in die Schwellung hineinoperiert. In diesem Fall spricht der Beweis des ersten Anscheins für die Ursächlichkeit der in die Schwellung vorgenommenen Injektion für eine beim Patienten auftretende Infektion mit anschließender Versteifung des Sprunggelenks (OLG Hamm VersR 1988, 807; L/U, § 108 Rn 4).

Tritt nach der Injektion eines **gefäßtoxischen Medikaments** in den Gesäßmuskel eine ausgeprägte, aseptische Gewebsnekrose auf, spricht der Anscheinsbeweis für eine falsche Spritztechnik (OLG Düsseldorf VersR 1988, 38; auch VersR 1984, 241; L/U, § 108 Rn 5).

Lässt ein an **Hepatitis B** erkrankter **Zahnarzt** bei der Zahnbehandlung seine teilweise rissigen Hände ungeschützt und erkranken mehrere Patienten an dieser Krankheit, so liegt es an dem Arzt, die ernsthafte Möglichkeit eines atypischen Geschehensablaufs darzulegen und zu beweisen, um einer Haftung für den eingetretenen Gesundheitsschaden zu entgehen (OLG Köln MedR 1986, 200; L/U, § 108 Rn 4; einschränkend aber OLG Oldenburg MedR 1991, 203).

▷ *Lagerungsschaden*

Kommt es im Zusammenhang mit einer Hüftgelenksoperation zu einer Armplexusparese, so kommt ein Anscheinsbeweis für das Vorliegen eines Behandlungsfehlers und dessen Kausalität für den Eintritt eines typischen „Lagerungsschadens" in Frage, wenn die Lagerung während der Operation in einer besonderen Stellung („Häschenstellung") erfolgt ist (OLG Hamm VersR 1998, 1243). Daneben kommt eine Verschuldensvermutung aus dem Gesichtspunkt des „voll beherrschbaren Risikos" (S. 556) in Betracht (S/D, Rn 500, 508; G/G, Rn B 244).

▷ *Nervschädigung durch rotierendes Instrument*

Wird der Nervus lingualis bei der Extraktion eines Weisheitszahns primär durch ein rotierendes Instrument (Lindemannfräse o. ä.) geschädigt, so spricht ein Anscheinsbeweis für das Verschulden des Zahnarztes (OLG Stuttgart VersR 1999, 1018). Gleiches gilt, wenn dem Zahnarzt bei einer Wurzelbehandlung die zum Zahnnerv geführte Nadel entgleitet (OLG Nürnberg bei E/B, Rn 525).

Allerdings kann aus einer Schädigung des Nervus lingualis infolge einer Leitungsanästhesie nicht im Wege des Anscheinsbeweises auf einen Behandlungsfehler geschlossen werden (OLG Stuttgart VersR 1999, 1500).

▷ *Perforation der Gallenblase und der Darmwand*

Kommt es bei einer **Leberbiopsie** (hier als Leberblindpunktion) zur Perforation der Gallenblase, so spricht der Beweis des ersten Anscheins für ein Verschulden des Arztes (OLG Celle VersR 1976, 1178).

Dagegen spricht bei einer Darmperforation bei Durchführung einer Darmspiegelung kein Anscheinsbeweis für das Vorliegen eines Behandlungsfehlers (OLG Oldenburg VersR 1994, 54).

▷ *Schädigung des Nachbarzahns bei Zahnextraktion*

Wird beim wiederholten Versuch der Extraktion eines Weisheitszahns mittels eines Hebelinstruments, bei der ein erheblicher knöcherner Widerstand zu erwarten war, der Nachbarzahn zerstört, so spricht dies prima facie für eine zu große und damit fehlerhafte Kraftentfaltung des Zahnarztes (OLG Köln VersR 1992, 1475).

▷ *Zurücklassen von Fremdkörpern*

Beim Zurücklassen von Fremdkörpern in einer Operationswunde spricht ein Anscheinsbeweis für das Vorliegen eines Behandlungsfehlers, wenn nicht festgestellt werden kann, dass die üblichen und notwendigen Sorgfaltsanforderungen, etwa die Sicherung des Drainagestreifens vor dem Absinken in die Operationswunde bei einem Scheidendammschnitt, gewahrt worden sind (OLG Köln VersR 1990, 1244).

Werden größere Gegenstände, etwa ein Bauchtuch, eine Mullkompresse, eine Tamponade oder eine Arterienklemme zurückgelassen, liegt die Annahme eines Anscheinsbeweises jedoch nahe (E/B, Rn 524, 525 m. w. N.).

2. Anscheinsbeweis verneint

▷ *Arterieneinriss nach Kaiserschnitt*

Reißt bei Durchführung eines Kaiserschnitts in Querlage des Kindes die Arteria uterina ein, kann hieraus allein nicht auf einen ärztlichen

Behandlungsfehler geschlossen werden. Eine dadurch bedingte Fruchtwasserembolie kann bei einer Schnittentbindung nicht durch besondere Maßnahmen verhindert werden, wenn der Einriss der Arterie regelrecht versorgt worden ist (OLG Stuttgart VersR 1989, 632).

▷ *Darmperforation*

Kommt es im Rahmen einer Darmspiegelung zu einer Darmperforation, rechtfertigt dies allein nicht den Schluss auf einen Behandlungsfehler (OLG Oldenburg VersR 1994, 54).

▷ *Dekubitusschäden (Hautverfärbungen/Liegegeschwüre)*

Dekubitusschäden im Anschluss an eine Herzklappenimplantation am offenen Herzen begründen keinen Anscheinsbeweis für einen fehlerhaften Einsatz eines bei der Operation verwendeten Hochfrequenzchirurgiegerätes (OLG Zweibrücken VersR 1997, 1281).

▷ *Entstehung einer Diszitis (Entzündung eines Zwischenwirbels oder einer Bandscheibe)*

Eine Diszitis im Zusammenhang mit einer Bandscheibenoperation weist nicht auf einen ärztlichen oder einen Hygienefehler hin. Allerdings kann eine zeitliche Verzögerung der Keimbestimmung um etwa drei Wochen einen Behandlungsfehler darstellen (OLG Hamm VersR 1999, 845).

▷ *Gefäßverletzungen*

Eine Gefäßverletzung durch eine eingeführte Nadel oder einen Trokar (Instrument zur Entleerung von Flüssigkeit aus Körperhöhlen) stellt eine typische, seltene, bekannte Komplikation einer Laparoskopie (Bauchspiegelung mit Laparoskop) dar, die auch bei aller Sorgfalt nicht vermieden werden kann. Die Verletzung eines Gefäßes indiziert kein fehlerhaftes Vorgehen des Arztes (OLG Zweibrücken VersR 2002, 317, 318).

▷ *Harnröhrenschlitzung, Harnleiterverletzung*

Die Verletzung des Harnleiters bei der Entfernung eines Harnleitersteins mittels der so genannten Zeiss'schen Schlinge begründet keinen Anscheinsbeweis für ein fehlerhaftes Vorgehen des Arztes (OLG Hamm VersR 1989, 480).

Auch der Umstand, dass es bei einer Harnröhrenschlitzung zu einer Arterienverletzung kommt, lässt noch nicht auf ein fehlerhaftes Vorgehen des Chirurgen schließen (OLG Hamm VersR 1999, 452: Risiko ist aufklärungspflichtig).

▷ *HIV- und Hepatitis-Infektionen*

Die Grundsätze des Prima-facie-Beweises rechtfertigen Beweiserleichterungen nur dann zu Gunsten des klagenden Patienten für den Nachweis des Kausalzusammenhangs zwischen einer HIV-Infektion und einer vorangegangenen Bluttransfusion, wenn feststeht, dass der Patient mit der Blutkonserve eines infizierten Spenders versorgt worden ist (OLG Düsseldorf VersR 1998, 103; LG Nürnberg-Fürth VersR 1998, 461, 462). Ein Anscheinsbeweis ist nicht allein auf Grund der vorgenommenen Transfusionsbehandlung anzunehmen (OLG Düsseldorf NJW 1996, 1599: Nicht infizierter Spender bekannt; OLG Hamm NJW-RR 1997, 219: Spender unbekannt, Blutkonserve nicht nachweisbar HIV-positiv; OLG Düsseldorf VersR 1996, 377: Spender unbekannt; KG VersR 1992, 316: Spender bekannt, Vorerkrankung des Patienten an Lues; OLG Koblenz NJW-RR 1998, 167: Kein Anspruch gegen das Bundesgesundheitsamt, wenn Infektionszeit unbekannt).

Regelmäßig wird der Patientenseite der ihr obliegende Nachweis für die Transfusion einer kontaminierten Blutkonserve nicht gelingen; auch andere Beweiserleichterungen greifen i. d. R. nicht ein (zusammenfassend Hecker/Weimann VersR 1997, 532). Kann durch einen Test nur in 61 % aller Fälle eine Infizierung vermieden werden, so kann nicht davon ausgegangen werden, dass die Anwendung des Testverfahrens die Erkrankung des Betroffenen sicher vermieden hätte; Beweiserleichterungen nach den Grundsätzen des Anscheinsbeweises greifen dann nicht ein (OLG Karlsruhe OLGR 2002, 170).

▷ *Hodentorsion*

Zwei Stunden nach der Entlassung aus dem Krankenhaus erkennbar gewordene Symptome einer Hodentorsion erlauben allein nicht den Schluss auf vorangegangene Versäumnisse bei der Behandlung geklagter Unterbauchschmerzen (OLG Oldenburg NJW-RR 2000, 241).

▷ *Horner-Syndrom* (Lidsenkung, Pupillenverengung und Zurücksinken des Augapfels infolge einer Lähmung der Augenmuskulatur) und *Schulterdystokie* (Reiz- oder Ausfallerscheinung der Spinalnervenwurzeln des Halsbereichs)

Kommt es bei einer vaginalen Entbindung bzw. einer Vakuumextraktion zu einem Horner-Syndrom (OLG Schleswig VersR 1997, 831) oder einer Schulterdystokie (OLG Zweibrücken VersR 1997, 1103), so spricht der Beweis des ersten Anscheins nicht für einen Behandlungsfehler der bei der Entbindung beteiligten Ärzte.

▷ *Impfschaden*

Es gibt keinen Anscheinsbeweis für einen Kausalzusammenhang zwischen einer Zeckenschutzimpfung und der nachfolgenden Gesundheitsbeschädigung des Patienten (OLG München VersR 1997, 314; S/D, Rn 497).

▷ *Infektionen, Injektionen*

Kommt es nach einer intraartikulären Injektion in dem betroffenen Gelenk zu einer Infektion, so kann nicht ohne weiteres auf ein Versäumnis des verantwortlichen Arztes geschlossen werden. Beweiserleichterungen können zu Gunsten des Patienten jedoch dann gerechtfertigt sein, wenn feststeht, dass der Arzt die zu fordernden Desinfektionsmaßnahmen nicht beachtet hat (s. o.; OLG Düsseldorf VersR 1998, 1242, im Ergebnis verneinend; OLG Düsseldorf VersR 1991, 1136 und OLG Schleswig MDR 1989, 1099: Erforderliche Desinfektionsmaßnahmen unterlassen).

Auch bei **engem zeitlichen Zusammenhang** zwischen der Injektion und dem Auftreten eines Spritzenabszesses spricht **kein Anscheinsbeweis** für eine mangelhafte Desinfektion, wenn nicht festgestellt wird, dass der Arzt die zu fordernden Desinfektionsmaßnahmen nicht beachtet hat (OLG Köln VersR 1998, 1026; Rehborn, MDR 1999, 1169, 1173).

Kommt es nach einer Punktion des Kniegelenks zu einer Infektion, kann nicht prima facie auf eine mangelnde Asepsis geschlossen werden (OLG Hamm VersR 2000, 323).

Treten in einer Arztpraxis nach Injektionen bei mehreren Patienten Infektionen auf, so führt dieser Umstand allein noch nicht zu einem Anscheinsbeweis für das Vorliegen eines Arztfehlers bzw. eines ärztlichen Verschuldens (OLG München VersR 1986, 496; L/U, § 108 Rn 6).

Werden die vor und nach Einlage eines Cerclage-Pessars zur Senkung des Infektionsrisikos gebotenen mikroskopischen Untersuchungen der Scheidenflora unterlassen, ist ohne weitere Umstände i. d. R. weder ein Anscheinsbeweis noch eine Beweiserleichterung aus dem Gesichtspunkt eines groben Behandlungsfehlers oder einer unterlassenen Befunderhebung dafür gegeben, dass die Unterlassung ursächlich für eine eingetretene Infektion war (OLG Braunschweig VersR 2000, 454, 455; OLG Hamburg MDR 2002, 1315 zur Wundinfektion).

Gerät bei einer Valium-Injektion in der Tabatiere (Grübchen zwischen den zum Daumen gehörenden Sehnen), die intravenös zu erfolgen hat, das Injektionsgut versehentlich in die Speichenschlagader, so kann daraus allein regelmäßig noch nicht auf einen schuldhaften Behandlungsfehler des Arztes geschlossen werden. Äußert der Patient während der Injektion Schmerzen und sind starke Schmerzen sowie ihr Verlauf zu den Fingern hin ein Anzeichen für das Anstechen einer Arterie, so hat der Arzt den Patienten jedoch in dieser Hinsicht zu befragen, bevor er die begonnene Injektion fortsetzt (BGH NJW 1989, 771).

▷ *Lagerungsfehler*

Tritt im Zusammenhang mit einer Operation der Lendenwirbelsäule in so genannter „Häschenstellung" ein Massenprolaps (Bandscheibenvorfall) im Bereich der Halswirbelsäule auf, greift kein Anscheinsbeweis für das Vorliegen eines Behandlungsfehlers und die Kausalität zwischen der Lagerung in Häschenstellung und dem Vorfall ein (OLG Düsseldorf VersR 1992, 1230).

▷ *Morbus Sudeck*

Die Entstehung einer Sudeck'schen Erkrankung (i. d. R. sekundäre, u. U. mit Restschäden ausheilende Gewebsschädigung meist am Arm oder an der Hand) im Verlauf einer konservativen Behandlung einer Radiusfraktur des linken Handgelenks kann schicksalhaft bedingt sein und deutet für sich genommen nicht auf haftungsbegründende ärztliche Versäumnisse hin (OLG Oldenburg NJW-RR 1999, 178; ebenso OLG Düsseldorf VersR 1989, 705).

▷ *Nahtinsuffizienz*

Auch bei einer Nahtinsuffizienz bzw. Nahtdeheszenz spricht kein Anscheinsbeweis für einen Behandlungsfehler (OLG Stuttgart OLGR 2001, 324, 326).

▷ *Nervschädigung bei Leitungsanästhesie*

Aus der Schädigung des Nervus lingualis infolge einer zur Extraktion eines Weisheitszahnes eingeleiteten Leitungsanästhesie kann nicht im Wege des Anscheinsbeweises auf einen Behandlungsfehler geschlossen werden (OLG Stuttgart VersR 1999, 1500).

Gleiches gilt bei der Schädigung des Nervus alveolaris bei Vornahme einer Zahnextraktion (OLG Hamburg VersR 1989, 1297).

▷ *Prostatabiopsie*

Die diagnostizierte Verhärtung der Prostata mit Verdacht auf ein Karzinom indiziert eine Gewebeentnahme. Kommt es mehrere Wochen nach Durchführung der Prostatabiopsie (Entnahme von Prostatagewebe) zu einer Prostatitis (bakterielle Entzündung der Prostata), so kommt ein Anscheinsbeweis für den Ursachenzusammenhang mit der

Durchführung der Gewebeentnahme nicht in Betracht (OLG Oldenburg VersR 1997, 318).

▷ *Punktion der Halsvene*

Wird im Rahmen einer Operation beim Punktieren der Halsvene und beim Legen eines Venenkatheders ein Nerv geschädigt, so reicht dieser Umstand alleine nicht für die Annahme eines Behandlungsfehlers aus (OLG Stuttgart VersR 1988, 1137; L/U, § 108 Rn 6).

▷ *Schilddrüsenoperationen*

Kommt es bei operativer Entfernung eines zystisch veränderten und knotischen Teils eines Schilddrüsenlappens zu einer Schädigung des Nervus vagus, welche eine Stimmbandlähmung zur Folge hat, so liegt hierin die Verwirklichung eines außergewöhnlichen Risikos, woraus allein nicht auf die Unachtsamkeit oder Ungeschicklichkeit des Chirurgen geschlossen werden kann. Auch wenn der Chirurg die Nervenenden in üblicher Weise mittels mikrochirurgischer Nervennaht zusammenfügt, liegt hierin kein Behandlungsfehler (OLG Düsseldorf VersR 1989, 291).

Bei operativen Eingriffen an der Schilddrüse muss aber über die möglichen Verletzungen des Nervus reccurens und über die mit der Verletzung verbundenen Folgen, insbesondere auf die Möglichkeit bleibender Heiserkeit und auf einen völligen Verlust der Stimme, aufgeklärt werden (OLG Düsseldorf VersR 1989, 291; VersR 1989, 191).

Die auf Grund der Schilddrüsenresektion eingetretene beidseitige Parese des Nervus reccurens begründet keinen Anscheinsbeweis für einen ärztlichen Fehler bei der Operation (OLG Braunschweig VersR 2000, 636, 637; OLG Düsseldorf VersR 1989, 191; VersR 1989, 703).

▷ *Schlüsselbeinbruch nach vaginaler Entbindung*

Kommt ein Kind nach vaginaler Entbindung mit Hämatomen oder einem Schlüsselbeinbruch zur Welt, kann hieraus nicht der Schluss auf ein ärztliches Fehlverhalten gezogen werden (BGH NJW 1986, 2886; Gehrlein, Rn B 119).

▷ *Sterilisation, Rekanalisation*

Der Eintritt einer ungewollten Schwangerschaft nach einer Sterilisation (Tubenligatur) erlaubt für sich nach den Regeln des Anscheinsbeweises noch keinen Schluss auf ein fehlerhaftes Vorgehen des Arztes (LG Aachen VersR 1989, 633; OLG Oldenburg VersR 2000, 59, 60; OLG Düsseldorf NJW-RR 2001, 959). Zeigt ein Eileiter zwei Jahre nach einer Sterilisation bei sorgfältiger makroskopischer Betrachtung keine Anzeichen einer vorangegangenen Durchtrennung, so spricht der Beweis des ersten Anscheins jedoch dafür, dass dieser Eileiter nicht durchtrennt worden ist (LG Aachen VersR 1989, 633).

Kommt es Monate oder Jahre nach einer Sterilisation zur Rekanalisation der Eileiter (Wiederherstellung der Zeugungsfähigkeit) bzw. zu einer erneuten Schwangerschaft, so lässt dies nicht den Schluss auf ein ärztliches Fehlverhalten zu (OLG Düsseldorf VersR 2001, 1117, 1118; NJW-RR 2001, 959: Schwangerschaft nach fünf Jahren; OLG Oldenburg VersR 2000, 59, 60).

▷ *Tonsillektomie* („Mandeloperation", Ausschälung der Gaumenmandel und Abtragung am Zungengrund)

Erleidet der Patient in engem zeitlichen Zusammenhang mit der Vornahme einer Tonsillektomie den Verlust des Geschmacksempfindens, kann hieraus allein nicht auf das Vorliegen eines Behandlungsfehlers geschlossen werden (OLG Düsseldorf VersR 1988, 742; OLG Stuttgart VersR 1993, 608; S/D, Rn 497; G/G, Rn B 233).

▷ *Venenkathederteile*

Bleibt nach einer schwierigen Herzoperation ein Teil des Venenkatheders in einer Arterie zurück, so spricht dies nicht prima facie für einen Behandlungsfehler (OLG Celle VersR 1990, 50).

Das Zurückbleiben von Operationswerkzeugen kann unter dem Gesichtspunkt des „voll beherrschbaren Risikos" für die Vermutung eines verschuldeten Behandlungsfehlers in Betracht kommen (BGH VersR 1981, 462 und OLG Köln VersR 1988, 140 beim Zurücklassen eines Tupfers).

▷ *Verwechslung von Blutproben*

An einem typischen Geschehensablauf, der nach der allgemeinen Lebenserfahrung auf eine bestimmte Schadensursache hinweist, fehlt es, wenn in einer von zwei Arztpraxen eine Blutprobe verwechselt wird, aber nicht festgestellt werden kann, in welcher (BGH NJW 1989, 2943; Gehrlein, Rn B 119).

▷ *Wiederaufleben einer Osteomyelitis*

Das Wiederaufleben einer bis zur Entlassung des Patienten aus stationärer Behandlung nach den Laborwerten abgeklungenen chronischen Osteomyelitis (Knochenmarkentzündung, i. d. R. durch Keimeinschleppung entstanden) deutet nicht im Wege des Anscheinsbeweises auf einen Behandlungsfehler hin (OLG Oldenburg VersR 1999, 761).

Zu Beweiserleichterungen bzw. zur Beweislastumkehr kann es auch in den Fallgruppen des → *voll beherrschbaren Risikos*, des → *groben Behandlungsfehlers*, bei Vorliegen von → *Dokumentationsmängeln* und → *Anfängereingriffen* kommen.

Arbeitsteilung

Vgl. → *Behandlungsfehler* IV., → *Kausalität* III. 3.

I. Horizontale Arbeitsteilung

1. Begriff

Zur Organisationspflicht eines niedergelassenen Arztes gehört es, einen Patienten, dessen Behandlung in das Gebiet eines anderen Facharztes fällt oder von ihm aufgrund eigener, begrenzter persönlicher Fähigkeiten bzw. unzureichender Ausstattung nicht übernommen werden kann, an einen anderen Facharzt oder in ein Krankenhaus zu überweisen. Auch der in einem Krankenhaus tätige Arzt hat bei sich andeutender Überschreitung der Grenzen seines Fachwissens einen Konsiliararzt, d. h. einen Arzt einer anderen Fachabteilung des Krankenhauses oder einen niedergelassenen Facharzt hinzuzuziehen oder die Überweisung des Patienten in die entsprechende Fachabteilung des Krankenhauses bzw. einer Spezialklinik zu veranlassen.

Man spricht in diesen Fällen von einer „horizontalen Arbeitsteilung". Dabei geht es in **haftungsrechtlicher Sicht** um die **Entlastung** des einen und die **Belastung des anderen Arztes**, wobei bei Fehlen einer klaren Abgrenzung der Verantwortungsbereiche zwischen dem überweisenden und dem hinzugezogenen Arzt eine Haftung beider Behandler als **Gesamtschuldner** in Betracht kommt (G/G, Rn B 115, 117; Gehrlein, Rn B 54 ff.; Deutsch, NJW 2000, 1745, 1746).

2. Vertrauensgrundsatz

Bei der horizontalen Arbeitsteilung (z. B. Chirurg – Anästhesist, Gynäkologe – Pathologe, Hausarzt – Radiologe, Anästhesist – Augenarzt) gilt der Vertrauensgrundsatz. Jeder Arzt hat denjenigen Gefahren zu begegnen, die in seinem Aufgabenbereich entstehen. Solange **keine offensichtlichen Qualifikationsmängel** oder Fehlleistungen erkennbar werden, kann er davon ausgehen, dass auch der Kollege des anderen Fachgebiets seine Aufgaben mit der gebotenen Sorgfalt erfüllt, **ohne** dass insoweit eine gegenseitige **Überwachungspflicht** besteht (BGH NJW 1999, 1779, 1780). Im Allgemeinen kann sich ein hinzugezogener Arzt darauf verlassen, dass der überweisende Arzt den Patienten entsprechend dem Standard aus dessen Fachgebiet ordnungsgemäß untersucht und behandelt hat (BGH MDR 1994, 993) und die Indikation für die Durchführung der erbetenen Untersuchung geprüft bzw. richtig gestellt hat (BGH MDR 1994, 993; OLG Stuttgart VersR 2002, 98, 99; OLGR 2002, 5, 6; NJW-RR 2001, 960, 961).

3. Pflichten des hinzugezogenen Arztes

Der übernehmende Facharzt muss jedoch prüfen, ob der Auftrag richtig gestellt ist und dem angegebenen Krankheitsbild entspricht (BGH NJW 1994, 797; OLG Stuttgart VersR 2002, 98, 100). Etwaigen **Zweifeln** an der Richtigkeit der ihm übermittelten **Diagnose** und Bedenken zum Stellenwert der von ihm erbetenen Untersuchung muss er nachgehen (OLG Stuttgart VersR 2002, 98, 100).

Hat der hinzugezogene Facharzt auf Grund bestimmter Anhaltspunkte Zweifel an der Richtigkeit der Diagnose der Indikationsstellung (BGH MDR 1994, 993; OLG Celle NJW-RR 2002, 314, 315) oder an den bislang erhobenen Befunden, insbesondere, wenn diese im Hinblick auf den bisherigen Krankheitsverlauf eindeutig lückenhaft sind oder gar nicht zum Krankheitsbild passen (OLG Naumburg VersR 1998, 983), hat er den überweisenden Arzt in einem **Arztbrief** umgehend von seinem Verdacht zu verständigen oder die notwendige Abklärung nach Rücksprache mit dem überweisenden Arzt selbst vorzunehmen (Gehrlein, Rn B 60, 116 a. E., 127, 130).

So muss der zur Spülung der Tränenwege eines Patienten hinzugezogene Klinikarzt den überweisenden Augenarzt über einen **Glaukomverdacht** mit der Notwendigkeit der Überprüfung des **Augeninnendrucks** in Kenntnis setzen (BGH NJW 1994, 797; S/D, Rn 240).

Eine mit der Vorsorgeuntersuchung eines neugeborenen Kindes beauftragte, frei praktizierende Kinderärztin kann nicht darauf vertrauen, dass der die Mutter und das Kind betreuende Gynäkologe eine Hyperbilirubinämie (Gelbverfärbung – vermehrter Gehalt des Blutes an Bilirubin) bereits abgeklärt hat (BGH NJW 1992, 2962; S/D, Rn 240). Erkennt ein Arzt, der anhand der Fruchtwasserprobe einer Schwangeren eine Chromosomenanalyse durchführt, um die Gefahr eines Down-Syndroms (Mongolismus) auszuschließen, dass seine negative Analyse keine abschließende Beurteilung ermöglicht, so hat er den vorbehandelnden Arzt hierauf hinzuweisen (OLG Celle NJW-RR 2002, 314).

Stellt die neurologische Abteilung eines Krankenhauses wegen einer Salmonelleninfektion die Überweisung eines Patienten zur Gewebeentnahme zunächst zurück, so dürfen die Ärzte der Neurochirurgie bei der später erneut erfolgten Vorstellung des Patienten zur Gewebeentnahme jedoch darauf vertrauen, dass die Fortdauer der Infektion zuvor ausgeschlossen worden ist (OLG Oldenburg MedR 1999, 36).

Ohne Einwilligung des überweisenden Arztes darf der hinzugezogene Arzt **eigenmächtig keine weitergehenden Untersuchungs- oder Behandlungsmaßnahmen** durchführen, denn damit würde er in die Behandlung des vom Patienten gewählten Arztes eingreifen (G/G, Rn B 130; Gehrlein, Rn B 61).

Andererseits kann er sich nicht darauf berufen, für zusätzliche, vom Überweisungsauftrag nicht gedeckte Leistungen keine Gebühren liquidieren zu können. Denn die ärztlichen Pflichten hängen nicht vom bestehenden Budget und den Gebührenregelungen ab, sondern ergeben sich aus dem ärztlichen Selbstverständnis und den Schutzinteressen des Patienten (BGH NJW 1994, 797; G/G, Rn B 131).

Überweist der Hausarzt einen Patienten ohne Äußerung eines bestimmten Krankheitsverdachts an einen Facharzt, darf sich dieser auf die Durchführung der angeordneten Untersuchung beschränken (OLG Stuttgart NJW-RR 2001, 960; VersR 2002, 98; Rehborn, MDR 2002, 1281, 1283).

Überweist der Hausarzt einen Patienten an einen Radiologen zur Anfertigung eines CT des Kopfes mit der Angabe „intracranieller Prozess" (Abklärung eines Hirndrucks bzw. einer Blutung innerhalb der Schädelhöhle) weiter, so ist der Radiologe nicht verpflichtet, statt eines nativen CT (Leeraufnahme) ein Kontrastmittel-CT (zur Darstellung von Hohlräumen) zu fertigen, wenn das gefertigte native CT keinen ungewöhnlichen Befund ergibt (OLG Stuttgart VersR 2002, 98, 99).

In derartigen Fällen kommt zwar eine Nachfrage des Radiologen beim überweisenden Arzt in Betracht; eine dahin gehende Verpflichtung besteht angesichts der in der Praxis sehr großen Zahl allgemein gefasster Untersuchungsaufträge wie dem vorliegenden nicht.

Der Radiologe muss den überweisenden Hausarzt nicht von einem eigenen, möglichen Verdacht verständigen und ist auch nicht verpflichtet, von sich aus oder nach zu veranlassender Erweiterung des Auftrags durch den überweisenden Arzt eine Kontrastmitteluntersuchung des Schädels vorzunehmen, wenn der Patient nicht beweisen kann, dass er dem Radiologen von **Symptomen** wie schlechtes Hörvermögen, ständige Schwindelgefühle und Ohrgeräusche berichtet hat, die auf einen Tumor im inneren Gehörgang (Acusticus-Neurinom) hindeuten (OLG Stuttgart VersR 2002, 98, 99).

Ergibt sich das **besondere Behandlungsrisiko** erst aus der **Kombination der beidseitigen Maßnahmen** beim Zusammenwirken mehrerer Ärzte im Rahmen der horizontalen Arbeitsteilung, bedarf es zum Schutz des Patienten einer Koordination der beabsichtigten Maßnahmen, um Risiken auszuschließen, die sich aus der Unverträglichkeit der von den beteiligten Fachrichtungen vorgesehenen Methoden oder Instrumente ergeben können (BGH MDR 1999, 546; s. u.).

Nach Abschluss der Behandlung im Krankenhaus muss der nachbehandelnde Haus- oder Facharzt über den Entlassungsbefund, die sich hieraus für eine erforderliche Nachbehandlung ergebenden therapeutischen Konsequenzen und Besonderheiten hingewiesen werden (Gehrlein, Rn B 64). Insbesondere wenn der Patient auf eigenen Wunsch vorzeitig aus dem Krankenhaus entlassen worden ist, obwohl eine Nachbeobachtung ärztlicherseits angeraten gewesen wäre, muss der Hausarzt hierüber umgehend informiert werden, damit mögliche Komplikationen rechtzeitig erkannt und behandelt werden können (BGH NJW 1981, 2513; Gehrlein, Rn B 64).

Der als Konsiliararzt hinzugezogene Kinderarzt darf sich, wenn er für eine ausreichende Intubation des Neugeborenen keine ausreichenden Kenntnisse und Erfahrungen besitzt, nicht mit einer Maskenbeatmung begnügen, sondern muss dafür sorgen, dass ein kompetenter Krankenhausarzt herbeigerufen wird. In der unterlassenen oder – im entschiedenen Fall um 40 Minuten – verzögerten Hinzuziehung eines kompetenten Arztes zur Sicherstellung der vitalen Funktionen ist ein grober Behandlungsfehler zu sehen (OLG Stuttgart VersR 2001, 1560, 1563).

4. Pflichten des überweisenden Arztes

Mit der Überweisung an ein Krankenhaus oder einen entsprechenden Facharzt geht die Verantwortung für den Patienten vom überweisenden Hausarzt auf diese über. Der Überweisende hat dem nachbehandelnden Arzt jedoch den medizinischen Grund der Überweisung und etwaige, für eine Nachbehandlung relevante Besonderheiten mitzuteilen (G/G, Rn B 120; Gehrlein, Rn B 65).

Ein niedergelassener Arzt, der einen Patienten zu weiterer Diagnostik in ein Krankenhaus überwiesen hat, darf die Ergebnisse der ihm in personeller und apparativer Ausstattung überlegenen Klinik bei der Weiterbehandlung des Patienten nach Rückkehr aus dem Krankenhaus zugrunde legen, wenn sich ihm keine Zweifel an der Richtigkeit des dortigen diagnostischen oder therapeutischen Vorgehens aufdrängen müssen. Er braucht auch die Gründe der dort gewählten – eingeschränkten – Diagnostik nicht von sich aus zu erforschen, sondern kann den Arztbrief abwarten, wenn das Beschwerdebild dies erlaubt (OLG Köln NJW-RR 1993, 1440). Ein **Hausarzt darf sich auf ein Krankenhaus der Maximalversorgung regelmäßig verlassen** (OLG Hamm VersR 1998, 323). Andererseits darf ein niedergelassener Arzt, der einen Patienten zur weiteren Diagnostik in ein Krankenhaus überwiesen hat, die Erkenntnisse der Klinik dann nicht ohne weiteres zugrunde legen, wenn er aufgrund seiner Ausbildung, Erfahrung und Kenntnisse Zweifel an deren Richtigkeit haben muss (OLG Karlsruhe OLGR 2001, 412, 413).

Auch ein überweisender Facharzt für Gynäkologie darf grundsätzlich auf die Fachkunde und Sorgfalt eines in seinem Verantwortungsbereich arbeitenden Spezialisten, etwa eines Pathologen vertrauen (OLG Hamm MedR 1999, 35; BGH NJW 1999, 2731).

Diagnostiziert ein niedergelassener **Pathologe** anhand des ihm vom Gynäkologen übersandten Gewebematerials ein **Mammakarzinom** und veranlasst der beauftragte Gynäkologe daraufhin einen chirurgischen Eingriff und/oder eine Chemotherapie nebst einer Strahlenbehandlung der Patientin, so kann der Gynäkologe für die Fehldiagnose des Pathologen nicht verantwortlich gemacht werden (OLG Hamm MedR 1999, 35; Deutsch, NJW 2000, 1745, 1746).

Beauftragt der behandelnde Arzt, etwa ein Gynäkologe, ein pathologisches Institut mit der histologischen Untersuchung von Gewebeproben, so bedient er sich des Pathologen nicht zur Erfüllung seiner gegenüber dem Patienten bestehenden ärztlichen Pflichten und ist deshalb auch nicht gem. § 278 BGB für dessen Verschulden verantwortlich (BGH NJW 1999, 2731). Mit der Inanspruchnahme des Arztes, an den der Patient überwiesen worden ist, kommt nach h. M. ein neuer Behandlungsvertrag zwischen diesem und dem Patienten, der dabei durch den überweisenden Arzt vertreten wird, zustande (BGHZ 100, 363, 367; BGH VersR 1994, 102, 103; NJW 1999, 2731, 2733; kritisch F/N, Rn 14).

Der behandelnde Arzt kann in einem solchen Fall jedoch aus eigenem Verschulden haften, wenn er seinerseits geschuldete und gebotene diagnostische Maßnahmen unterlässt (BGH NJW 1999, 2731).

Ergibt die vom Pathologen **im Rahmen der Krebsvorsorge** mit hierauf beschränkter Fragestellung erhobene Untersuchung keine Anhaltspunkte für eine **Schwangerschaft** einer 46-jährigen Patientin, so ist der Gynäkologe verpflichtet, eigene, ergänzende diagnostische Maßnahmen, nämlich eine ergänzende Blutuntersuchung zur Bestimmung der Beta-HCG-Konzentration oder eine Wiederholung des Schwangerschaftstests mit frischem Morgenurin durchzuführen (BGH NJW 1999, 2731, 2733). Hätte ein solcher, ergänzend zu erhebender Befund mit hinreichender Wahrscheinlichkeit im weiteren Verlauf zu einem aus medizinischer Sicht reaktionspflichtigen Ergebnis, nämlich dem Vorliegen einer „Trisomie 21" (zu erwartendes mongoloides Kind) geführt, greift für die Kausalität zwischen dem Behandlungsfehler des Gynäkologen und dem Eintritt des Primärschadens, dem entstehenden Unterhaltsschaden für das Kind nach nicht rechtzeitig durchgeführtem Schwangerschaftsabbruch eine Beweislastumkehr ein (BGH NJW 1999, 2731, 2734; zur → *unterlassenen Befunderhebung* siehe dort; zur Früherkennung einer genetischen Schädigung der Leibesfrucht → *Früherkennung, fehlerhafte pränatale Diagnostik,* → *Genetische Beratung* und Gehrlein, Rn B 93 ff.; G/G, Rn B 169, 170 ff.).

Eine Haftung des weiterbehandelnden Hausarztes für fehlerhafte Befunde kommt auch dann in Betracht, wenn er erkennt oder trotz beschränkter Einsicht in das Behandlungsgeschehen erkennen muss, dass gewichtige Bedenken gegen das diagnostische oder therapeutische Vorgehen des hinzugezogenen (Konsiliar-)Arztes bestehen (BGH NJW 1989, 1536; OLG Celle NJW-RR 2002, 314, 315; S/D, Rn 238; G/G, Rn B 122) oder er aufgrund seiner Ausbildung, Erfahrung und Kenntnisse Zweifel an der Richtigkeit der Diagnostik des Krankenhauses, an das er den Patienten überwiesen hatte, haben musste (OLG Karlsruhe OLGR 2001, 412, 413). Dies gilt insbesondere, wenn die erhobenen Befunde im Hinblick auf den bisherigen Krankheitsverlauf eindeutig lückenhaft sind oder gar nicht zum Krankheitsbild passen (OLG Naumburg VersR 1998, 983; auch OLG Düsseldorf VersR 1997, 1358: Histologie mit dem vorliegenden Sichtbefund unvereinbar).

Der überweisende Hausarzt haftet auch dann selbst, wenn er knapp zwei Jahre lang der Medikationsempfehlung einer Fachklinik folgt, ohne dem sich aufdrängenden **Verdacht** einer **Medikamentenvergiftung** nach aufgetretenen Krampfanfällen mit zeitweiser Bewusstlosigkeit, Seh- und Sprachstörungen des Patienten nachzugehen (OLG Koblenz VersR 1992, 752; S/D, Rn 238).

Überantwortet der hinzugezogene Facharzt bzw. das Krankenhaus den Patienten nach Abschluss der Behandlung dem überweisenden Hausarzt zurück, so kann sich der rücküberweisende Facharzt darauf verlassen, dass der Hausarzt den im Arztbrief dokumentierten Empfehlungen folgt und die hieraus ersichtlichen therapeutischen bzw. diagnostischen Maßnahmen veranlasst (OLG Celle VersR 1998, 1419; G/G, Rn B 131).

5. Verantwortungsbereiche im Rahmen einer Operation

Im Rahmen einer Operation ist der Anästhesist alleinverantwortlich für die Beurteilung der Narkosefähigkeit des Patienten (OLG Köln VersR 1990, 1242; vgl. hierzu „Therapiefehler" II.7), die Entscheidung über das Anlegen einer Kanüle, deren Durchführung und Kontrolle (BGH NJW 1984, 1400), die Aufrechterhaltung der vitalen Funktionen des Patienten und deren Überwachung während der Operation, wozu auch die Verabreichung der zur Substituierung von NNR-Hormonen (Insuffizienz der Nebennieren) benötigten Medikamente gehören (BGH NJW 1991, 1539; Gehrlein, Rn B 58), die Erhebung der zur Aufrechterhaltung der vitalen Funktionen und der Narkosefähigkeit erforderlichen Befunde (BGH NJW 1987, 2293; Gehrlein, Rn B 57), die Erkennung und Behandlung spezifischer Anästhesiekomplikationen (OLG Düsseldorf VersR 2002, 1151, 1152), die Lagerung des Patienten, etwa im „Häschenstellung" und deren intraoperative Kontrolle (BGH NJW 1984, 1403), die vorbeugende Kontrolle eingesetzter Infusionsschläuche und Verweilkanülen in der operativen und in der postnarkotischen Phase bis zur Wiedererlangung der Schutzreflexe des Patienten und bis zu dessen Verlegung in die Krankenstation (BGH NJW 1984, 1400), die Sicherstellung, dass der Patient nach der Narkose aufwacht und seine Vitalfunktionen wiedererlangen kann (OLG Düsseldorf VersR 2002, 1151, 1152) und die Medikation zum Ausgleich eines Corticoidmangels eines Morbus-Addison-Patienten (BGH NJW 1991, 1539).

Die Verantwortung des Anästhesisten nach Abschluss der Operation und Beendigung der Extubation endet nicht, solange die Nachwirkungen der Narkose in der postoperativen Phase anhalten und dabei die Gefahr unerwünschter Nachwirkungen der Narkose bestehen (BGH NJW 1990, 759).

So bleibt der Anästhesist **bis zum Abklingen der Narkosewirkungen** verantwortlich, wenn er den Patienten zwei Stunden nach dem Abschluss einer Magenoperation wegen einer Atemdepression behandelt und die Nachwirkungen dessen Sauerstoffunterversorgung nicht bis zum Abklingen der Narkosewirkungen beobachtet (BGH NJW 1990, 759).

Dagegen ist der Anästhesist, der für die Narkose erforderliche Befunde nicht erhoben hat, ohne dass dies zu einer Schädigung des Patienten bei der Anästhesie führte, für eine Leberschädigung des Patienten durch Versäumnisse des Operateurs oder anderer Ärzte, die ihrerseits therapeutisch gebotene Befunde gleicher Art nicht erhoben haben, nicht haftbar zu machen (BGH NJW 1987, 2293; L/U, § 101 Rn 6). Hat sich der Zustand der Patientin nach einem gynäkologischen Eingriff zunächst normalisiert und drohen ihr keine unmittelbar mit der Narkose zusammenhängenden Komplikationen mehr, so ist wegen des Risikos einer Nachblutung oder

37

einer Verletzung sonstiger Organe ausschließlich der operierende Gynäkologe zuständig (OLG Düsseldorf VersR 2002, 1151, 1152).

Der **Operateur** ist verantwortlich für die Operationsfähigkeit des Patienten und die **allgemeine Wundinfektionsprophylaxe** (OLG Köln VersR 1990, 1242), die Überprüfung der Lagerung, z. B. der „Häschenstellung" zu Beginn des Eingriffs (BGH NJW 1984, 1403), die postoperative Nachsorge und therapeutische Nachbehandlung nach dem Abklingen der Narkosewirkungen und Übergabe des Patienten auf die Krankenstation, insbesondere die Abklärung des Verdachts einer Sepsis nach Durchführung eines Kaiserschnitts (BGH NJW 1987, 2293; G/G, Rn B 136) und die Nachschau nach einer Handoperation in axillärer Plexusblockade (OLG Düsseldorf VersR 1987, 487; S/D, Rn 234).

Beim Zusammenwirken mehrerer Ärzte im Rahmen der Ausführung einer Operation bedarf es zum Schutz des Patienten einer **Koordination** vom Anästhesisten einerseits und dem Operateur (Chirurg, Orthopäde, Gynäkologe, Augenarzt etc.) andererseits, um Risiken auszuschließen, die sich aus der Unverträglichkeit der von den beteiligten Fachrichtungen vorgesehenen Methoden oder Instrumente ergeben können (BGH MDR 1999, 546 = NJW 1999, 1779).

Für **Koordinationsmängel** und Organisationsfehler bei der Abgrenzung der Verantwortungsbereiche haften die kooperierenden Ärzte dem Patienten als **Gesamtschuldner** (BGH NJW 1999, 1779, 1781; OLG Stuttgart VersR 1995, 1353; VersR 1994, 1114; G/G, Rn B 117; S/D, Rn 240).

Der oben dargestellte Vertrauensgrundsatz gilt nämlich nur in solchen Konstellationen, in denen es um Gefahren geht, die ausschließlich dem Aufgabenbereich eines der beteiligten Ärzte zugeordnet sind, nicht jedoch, wenn eine Schädigung des Patienten gerade daraus entstehen kann, dass die von den beteiligten Ärzten angewendeten Maßnahmen jeweils für sich genommen beanstandungsfrei sind und sich das besondere Risiko erst aus der Kombination der beiderseitigen Maßnahmen ergibt (BGH NJW 1999, 1779, 1780).

Wird zum Beispiel bei einer Schieloperation einer Patientin vom Anästhesisten im Rahmen der Ketanest-Narkose reiner Sauerstoff in hoher Konzentration über einen am Kinn befestigten Schlauch zugeführt, während der operierende Augenarzt zum Stillen von Blutungen im Gesichtsbereich einen Thermokauter einsetzt, und kommt es während des Kauterns zu einer heftigen Flammenentwicklung, bei der die Patientin schwer verletzt wird, so haften der Augenarzt und der Anästhesist für den in der mangelnden Abstimmung und Koordination der angewandten Methoden bzw. eingesetzten Geräte liegenden Behandlungsfehler als Gesamtschuldner (BGH MDR 1999, 546; Deutsch, NJW 2000, 1745, 1747).

Wird im Zusammenhang mit der Durchführung einer Operation ein Radiologe hinzugezogen, so darf der Chirurg auf dessen Befundauswertung vertrauen (OLG Düsseldorf VersR 1989, 191).

Demgegenüber kann sich der Radiologe darauf verlassen, dass der überweisende Arzt die Indikationsprüfung der Diagnosemaßnahme fehlerfrei durchgeführt hat (OLG Stuttgart VersR 1991, 1060; OLG Düsseldorf VersR 1984, 643: Indikationsstellung für Angiographie durch Neurologen).

6. Zeitliche Nachfolge

Bei zeitlich nachfolgender **Behandlung wegen desselben Leidens** bzw. von Ärzten desselben Fachs hat der Erstbehandler den nachfolgenden Arzt in einem Arztbrief über die getroffenen therapeutischen und diagnostischen Maßnahmen, den Entlassungsbefund und die seiner Meinung nach bestehenden therapeutischen Konsequenzen zu unterrichten (Gehrlein, Rn B 74). Der nachbehandelnde Arzt kann im Allgemeinen darauf vertrauen, dass der Erstbehandler den Patienten in dessen Verantwortungsbereich sorgfältig und ordnungsgemäß untersucht und behandelt sowie eine zutreffende Indikation, Diagnose und Therapiewahl veranlasst hat (OLG Oldenburg MedR 1999, 36; S/D, Rn 243; Gehrlein, B 74).

Der „**Vertrauensgrundsatz**" vermag den weiter behandelnden Arzt jedoch dann **nicht zu entlasten**, wenn er erkennt oder erkennen muss, dass **ernsthafte Zweifel** an den erhobenen Befunden bestehen, insbesondere, wenn diese im Hinblick auf den bisherigen Krankheitsverlauf eindeutig lückenhaft sind oder gar nicht zum Krankheitsbild passen (OLG Naumburg VersR 1998, 983).

Dies gilt etwa dann, wenn die vom vorbehandelnden Arzt getroffene Diagnose eines „Schlaganfalls" zu keinem Zeitpunkt nahe lag und nach den neurologischen Befunden vielmehr eine Reihe von Hirnerkrankungen in Betracht kam, so dass es sich bereits für den Vorbehandler als zwingende Notwendigkeit dargestellt hätte, eine Computertomographie bzw. eine Kernspin-Aufnahme anzufertigen (OLG Naumburg VersR 1998, 983).

Der vorbehandelnde Arzt ist haftungsrechtlich auch für Behandlungsfehler des Nachbehandlers verantwortlich (BGH NJW 1999, 2731; S/D, Rn 244).

Der **Zurechnungszusammenhang entfällt** nur dann (vgl. hierzu → *Kausalität* III. 3.), wenn die Nachbehandlung einer Krankheit oder Komplikation in **keinem inneren Zusammenhang** mit therapeutischen oder diagnostischen Maßnahmen des Erstbehandlers steht (OLG Saarbrücken OLGR 2000, 139, 143; Gehrlein, Rn B 75), sich der Fehler des erstbehandelnden Arztes im weiteren Verlauf der Krankheit nicht mehr ausgewirkt hat (BGH NJW 1986, 2367, 2368; S/D, Rn 244; Gehrlein, Rn B 76) oder wenn der die Zweitschädigung herbeiführende Arzt in außergewöhnlich hohem Maße die an ein gewissenhaftes ärztliches Verhalten zu stellenden Anforderungen außer Acht gelassen und derart gegen alle ärztlichen Regeln und Erfahrungen verstoßen hat, dass der eingetretene Schaden seinem Handeln haftungsrechtlich-wertend allein zugerechnet werden muss (BGH MDR 1989, 150; OLG Saarbrücken OLGR 2000, 139, 143 = VersR 2000, 1241, 1244; OLG Oldenburg VersR 1998, 1110, 1111; OLG Hamm NZV 1995, 445, 447; VersR 1992, 610, 611: Völlig ungewöhnliches, unsachgemäßes Verhalten; G/G, Rn B 191; Gehrlein, Rn B 77, B 108: Versagen im oberen Bereich des groben Behandlungsfehlers).

Danach können dem Erstbehandler auch unter dieser Schwelle liegende → *grobe Behandlungsfehler* des Zweitbehandlers zugerechnet werden (OLG Saarbrücken VersR 2000, 1241; OLG Hamm VersR 1992, 610; OLG Köln VersR 1994, 987; S/D, Rn 245; G/G, Rn B 191).

II. Vertikale Arbeitsteilung

Vgl. auch → *Anfängereingriffe, Anfängeroperationen*

1. Begriff

Bei der vertikalen Arbeitsteilung geht es um die haftungsrechtliche Problematik, welche Aufgaben von einem Chefarzt, Oberarzt oder sonstigen Facharzt auf Assistenzärzte, Krankenschwestern und Krankenpfleger übertragen werden können, in welchem Umfang **Kontrollen** des **nachgeordneten ärztlichen und nichtärztlichen Dienstes** erforderlich sind und inwieweit sich nachgeordnetes ärztliches und nichtärztliches Personal auf die Organisation und die Anordnungen der vorgesetzten Ärzte verlassen können (G/G, Rn B 137, 139, 140; S/D, Rn 223 ff.; Gehrlein, Rn B 70 ff.).

2. Übertragung auf Assistenzärzte

Die Übertragung einer selbständig durchzuführenden Operation auf einen dafür nicht ausreichend qualifizierten Assistenzarzt (BGH NJW 1984, 655; NJW 1992, 1560), einer Intubationsnarkose bei einer intraoperativ notwendig werdenden Umlagerung des Patienten (BGH MDR 1993, 955) oder die eigenverantwortliche Übernahme einer Geburt durch einen jeweils nicht ausreichend qualifizierten Assistenzarzt (BGH MedR 1994, 490) stellt einen **Behandlungsfehler** in der Form eines **Organisationsfehlers** dar (zu weiteren Einzelheiten vgl. → *Anfängereingriffe/Anfängeroperationen*).

Dem nicht ausreichend qualifizierten Assistenzarzt kann jedoch nur dann der Vorwurf eines Behandlungsfehlers gemacht werden, wenn er nach den bei ihm vorauszusetzenden Kenntnissen und Erfahrungen gegen die Übernahme eines selbständig durchzuführenden Eingriffs Bedenken hätte haben und eine Gefährdung des Patienten hätte voraussehen müssen (BGH NJW 1984, 655).

Sofern nicht für ihn erkennbare Umstände hervortreten, die ein solches Vertrauen nicht als gerechtfertigt erscheinen lassen, kann sich der Assistenzarzt in die vom Chef- oder Oberarzt gestellte Indikation zur Operation (OLG Düsseldorf VersR 1991, 1412), in eine vom Oberarzt gebilligte Diagnose (OLG München VersR 1993, 1400), in eine mit dem Oberarzt abgesprochene Vorgehensweise (OLG Köln VersR 1993, 1157; OLG Zweibrücken VersR 1997, 833) sowie in die vom Krankenhausträger bzw. vom verantwortlichen Chefarzt getroffenen organisatorischen Vorsorgemaßnahmen für den Fall, dass seine Fähigkeiten nicht ausreichen, verlassen (BGH MDR 1994, 1088).

Ein in Ausbildung befindlicher Assistenzarzt ist für einen – möglichen – Behandlungsfehler während einer Operation nicht verantwortlich, wenn er ohne Aufsicht und Anleitung eines (Fach-)Oberarztes operiert und keine Anhaltspunkte für ein voreiliges oder eigenmächtiges Handeln des Assistenzarztes vorliegen (BGH VersR 1997, 833).

Auch eine Stationsärztin, die dem gynäkologischen Chef- oder Oberarzt bei der Leitung einer Geburt lediglich begleitend assistiert, haftet nicht für eine bei der Geburt eingetretene Schädigung des Kindes (OLG Zweibrücken VersR 2000, 728).

3. Übertragung auf Hebammen

Für Fehler anlässlich eines Geburtsvorgangs haftet die freiberuflich tätige Hebamme selbst bzw. der **Krankenhausträger** für eine bei ihm **angestellte Hebamme** über § 278 BGB **nur bis zur** Vornahme der **Eingangsuntersuchung** durch den Arzt der gynäkologischen Abteilung (BGH NJW 1995, 1611; OLG Celle VersR 1999, 486), andernfalls der Übernahme bzw. dem Beginn der Leitung der Geburt (BGH NJW 1995, 1611, 1612; OLG Koblenz VersR 2001, 897, 898; OLG Stuttgart VersR 2002, 235).

Betreut die Hebamme die Geburt nach Übernahme der Behandlung durch einen Belegarzt, untersteht sie hierbei dem **Weisungs- und Direktionsrecht des Belegarztes** und ist deshalb ab diesem Zeitpunkt dessen Erfüllungs- und Verrichtungsgehilfin, vor diesem Zeitpunkt diejenige des Krankenhausträgers (OLG Stuttgart MedR 2001, 311, 314; VersR 2002, 235, 238; OLG Celle VersR 1999, 486; auch BGH NJW 1995, 1611).

Sobald ein approbierter Arzt in die Geburtssituation hineintritt, übernimmt dieser die Verantwortung, so etwa auch für das Nichterkennen eines pathologischen CTG, der Verabreichung von wehenfördernden Mitteln bei ohnehin bestehender problematischer Versorgungslage des Kindes o. a. (OLG Koblenz VersR 2001, 897, 899).

Hat der Arzt die Geburtsleitung übernommen, so stellt es einen **Organisationsfehler** dar, wenn die **CTG-Überwachung** durch eine **Nachtschwester** (BGH NJW 1996, 2429, 2430) bzw. die CTG-Auswertung durch eine Hebamme erfolgt (OLG Oldenburg VersR 1997, 1236) oder wenn die Hebamme versucht, eine Schulterdystokie ("Hängenbleiben der Schulter") beim Geburtsvorgang zu lösen (OLG Stuttgart NJW 1994, 1114) bzw. eine Hebamme die Geburtsleitung bei einer – für sie erkennbaren – Risikogeburt durchführt (OLG Oldenburg VersR 1992, 453; OLG Hamm VersR 1991, 228).

4. Übertragung auf Krankenpflegepersonal

Auch die Übertragung von den Ärzten vorbehaltenen Behandlungsaufgaben auf Krankenschwestern bzw. Krankenpfleger stellt einen Behandlungsfehler dar, wenn keine entsprechende Anweisung, Anleitung und Kontrolle erfolgt.

Dem **Arzt** vorbehalten sind die Vornahme **intravenöser Injektionen eines Röntgenkontrastmittels** (Gehrlein, Rn B 73), das Anlegen von **Bluttransfusionen** und der Wechsel von **Blutkonserven** (S/D, Rn 229), die Anweisung zur Prophylaxe gegen Liegegeschwüre (BGH NJW 1988, 762; NJW 1986, 2365) und zur Ruhigstellung eines Beines (BGH NJW 1999, 863; Gehrlein, Rn B 72), die Anordnung zum Festzurren eines erregten Patienten (OLG Köln VersR 1993, 1487), zur Entkoppelung eines Katheders (BGH NJW 1984, 1400), oder zur Einstellung eines Wehentropfs (OLG Stuttgart VersR 1993, 1358) und die Überwachung einer kritischen Aufwachphase (OLG Düsseldorf VersR 1987, 489: Durch Anästhesisten).

Ob und welche **Injektionen** vom **Pflegepersonal** verabreicht werden dürfen, wird **nicht einheitlich** beantwortet.

Intramuskuläre Injektionen dürfen nicht durch Krankenpflegehelfer und -helferinnen gesetzt werden, weil Applikationsfehler zu schwer wiegenden Schäden wie Lähmungen und Spritzenabszessen führen können (BGH NJW 1979, 1935: Durch Krankenpflegehelferin; OLG Köln VersR 1988, 44: Durch Aushilfspfleger).

Die Durchführung sowohl von **subkutanen und intravenösen als auch intramuskulären Injektionen** durch **Krankenschwestern** und Krankenpfleger mit den hierfür erforderlichen Kenntnissen und Erfahrungen ist nach h. M. jedoch **zulässig**, wenn der Eingriff nicht im Einzelfall wegen besonderer Schwierigkeiten oder bestehender Gefahren die Vornahme durch den Arzt erforderlich macht (Gehrlein, Rn B 73; L/U, § 101, Rn 11; für weiter gehende Übertragung auf Krankenschwestern bzw. -pfleger S/D, Rn 228).

So wurde die Vornahme einer intravenösen Injektion durch eine erfahrene Krankenschwester im Beisein des Arztes nicht als Behandlungsfehler angesehen (BGH NJW 1981, 628; L/U, § 101 Rn 11).

Auch die Übertragung von Injektionen in den bereits gelegten Infusionsschlauch und die Blutentnahme zur Gewinnung von Kapillar- und Venenblut auf erfahrenes Pflegepersonal ist regelmäßig nicht zu beanstanden (S/D, Rn 228).

Der **Krankenhausträger** ist jedoch stets verpflichtet, das **Pflegepersonal** entsprechend dem Grad ihrer erwiesenen Zuverlässigkeit zu **überwachen** bzw. durch die eingesetzten Ärzte überwachen zu lassen und die schnelle Erreichbarkeit eines eingriffsbereiten Arztes zu gewährleisten (L/U, § 101 Rn 12).

Der Krankenhausträger hat **auch** die **nichtärztlichen Mitarbeiter** fachgerecht auszuwählen, die Erteilung der erforderlichen Anweisungen sowie die Überwachung im Rahmen der vertikalen Arbeitsteilung Chefarzt – Assistenzarzt – Pflegepersonal und klare Regelungen für die jeweiligen Verantwortungsbereiche sicherzustellen (G/G, Rn B 30; S/D, Rn 223, 226, 231, 233).

Arztvertrag

Vgl. auch → *Krankenhausvertrag;* → *Gemeinschaftspraxis;* → *Ambulanz*

I. Rechtsnatur des Arztvertrages

1. Allgemeines – Arztvertrag als Dienstvertrag

Der Behandlungsvertrag ist nach h. M. ein Dienst- und kein Werkvertrag. Denn der Arzt schuldet lediglich eine Dienstleistung, aber keinen Heil- oder Behandlungserfolg (BGH MDR 1975, 310; OLG Oldenburg MDR 1996, 155; L/U, § 39 Rn 10; G/G, Rn A 4; Gehrlein, Rn A 4; Rehborn, MDR 1999, 1169, 1170; von Ziegner, MDR 2001, 1088, 1089; Schinnenburg, MedR 2000, 185, 186).

Der Arzt verpflichtet sich vertraglich nur, dafür einzustehen, dass er den vertraglich geschuldeten Eingriff **fachgerecht** durchführt (L/U, § 39 Rn 10 a. E.). Er muss diejenigen Maßnahmen ergreifen, die von einem gewissenhaften und aufmerksamen Arzt aus berufsfachlicher Sicht seines Fachbereichs vorausgesetzt und erwartet werden (OLG Saarbrücken NJW-RR 2001, 671, 672), er hat dem Patienten eine dem anerkannten und gesicherten Stand der medizinischen Wissenschaft zum Zeitpunkt der Versorgung entsprechende Behandlung in Diagnose und Therapie sowie eine umfassende Behandlungs- und Risikoaufklärung zuteil werden zu lassen (Gehrlein, Rn A 4; G/G, Rn A 5).

Dem Dienstvertrag können dabei zugleich auch **werkvertragliche Elemente** innewohnen, so etwa bei der prothetischen Zahnbehandlung und der Fertigung und Einpassung von Zahnkronen.

2. Zahnarztvertrag

Grundsätzlich ist der Vertrag sowohl eines Privatpatienten als auch eines Kassenpatienten (vgl. von Ziegner, MDR 2001, 1089 und 1092) mit dem Zahnarzt als Dienstvertrag nach §§ 611 ff. BGB einzuordnen (BGH NJW 1975, 305 = MDR 1975, 310; OLG Zweibrücken OLGR 2002, 170; OLG Koblenz NJW-RR 1994, 52; OLG Oldenburg VersR 1997, 60 und VersR 1997, 1493; L/U, § 39 Rn 17; G/G, Rn A 4).

Dem Dienstvertragsrecht sind insbesondere die Extraktion von Zähnen, Zystenoperationen, die präprothetische Chirurgie, Zahnreimplantationen, die Behandlung von Kieferbrüchen, die Einpassung von Zahnkronen und die zahnprothetische Versorgung zu unterstellen (L/U, § 39 Rn 18, 25, 27).

Bei einer prothetischen Zahnbehandlung, der Einpassung von Kronen u. dgl. haben die geschuldeten werkvertraglichen Leistungen, also die medizinische Technik, gegenüber der dienstvertraglichen Leistung des Zahnarztes nur untergeordnete Bedeutung (BGH MDR 1975, 310; OLG Köln MedR 1994, 197; OLG Koblenz NJW-RR 1994, 52; OLG Oldenburg VersR 1997, 60; OLG München OLGR 1998, 306: Für Planung und Einpassung der Prothese; L/U, § 39 Rn 18, 19, 20; von Ziegner, MDR 2001, 1088, 1089; a. A. **OLG Karlsruhe** NJW 1967, 1512: **Werklieferungsvertrag**; LG Hannover NJW 1980, 1340: Überkronen von Zähnen sowie Anfertigung und Einsetzen von Prothesen als Werkvertrag). Lediglich insoweit, als es um rein zahnlabortechnische Verarbeitungsfehler geht, gilt das werkvertragliche Gewährleistungsrecht (OLG Zweibrücken OLGR 2002, 170; siehe unten).

Da der **Zahnarzt** die Passgenauigkeit, insbesondere den einwandfreien und schmerzfreien Sitz des Zahnersatzes, gefertigter Kronen u. a. nicht immer auf Anhieb herbeiführen kann, räumt ihm die h. M. eine den §§ 627, 628 BGB ansonsten fremde, dem **Nacherfüllungsanspruch** des § 635 I BGB n. F. gleichkommende Korrekturmöglichkeit an Zähnen und Zahnersatz ein (OLG Düsseldorf MDR 1986, 933; Schinnenburg, MedR 2000, 185, 186; von Ziegner, MDR 2001, 1088, 1090).

Der Vergütungsanspruch des Zahnarztes entfällt also nicht bereits dann nach § 628 I 2 BGB, wenn die Prothese, eine Krone o. a. nicht sogleich einwandfrei sitzt und der Patient sofort – auch konkludent – das Behandlungsverhältnis kündigt (OLG Düsseldorf und Schinnenburg a. a. O.) oder die Behandlung vor der endgültigen Eingliederung des Zahnersatzes abbricht (OLG Hamm bei von Ziegner, MDR 2001, 1090).

Ein Wegfall des Interesses gem. § 628 I 2 BGB und damit des Vergütungsanspruchs wird jedoch bejaht, wenn das Arbeitsergebnis des Arztes völlig unbrauchbar und eine Nachbesserung nicht möglich ist (OLG Düsseldorf bei von Ziegner, MDR 2001, 1090; OLG Zweibrücken OLGR 2002, 170), die Schlechterfüllung qualitativ einer Nichterfüllung des Behandlungsvertrages gleichkommt (OLG Saarbrücken OLGR 2000, 401; Gehrlein, Rn A 19), Nachbesserungsversuche mehrmals fehlgeschlagen (OLG München VersR 1994, 862; von Ziegner, MDR 2001, 1088, 1090) oder dem Patienten im Einzelfall nicht zumutbar sind (OLG Hamburg MDR 2001, 799; Rehborn, MDR 2001, 1148, 1154 m. w. N.; von Ziegner a. a. O.).

Dies entspricht im Wesentlichen den Kriterien aus §§ 637 II, 281 II, 323 II, 326 V BGB n. F., deren analoge Anwendung u. E. sinnvoll erscheint.

Nach anderer Ansicht bleibt der Vergütungsanspruch des Arztes auch dann erhalten, wenn die Behandlung nicht zu dem gewünschten Ergebnis führt (OLG Köln MedR 1994, 198, 199; L/U, § 39 Rn 20, 22; vgl. hierzu auch → *Rückerstattung des Honorars*).

Dagegen unterliegt das **Vertragsverhältnis** zwischen dem **Zahnarzt und dem Zahntechniker** dem Werkvertragsrecht (Schinnenburg, MedR 2000, 185, 186; von Ziegner, MDR 2001, 1088, 1089). Dem Zahnarzt steht bei Mängeln der Werkleistung gem. §§ 634 Nr. 1, 635 BGB n. F. primär ein Nacherfüllungsanspruch gegen den Zahntechniker zu. Der Zahntechniker kann – anders als ein Verkäufer (§ 439 I BGB n. F.) – nach eigener Wahl den Mangel beseitigen oder ein neues Werk herstellen (§ 635 I BGB n. F.). Unter den Voraussetzungen der §§ 634 Nr. 2, 637 BGB n. F. steht dem Zahnarzt gegen den Zahntechniker bzw. das Labor ein **Selbstvornahmerecht** bzw. ein **Vorschussanspruch**, der §§ 634 Nr. 3, 638 BGB n. F. ein Minderungsanspruch, der §§ 634 Nr. 3, 636, 323, 326 V BGB n. F. ein Rücktrittsrecht und der §§ 634 Nr. 4, 636, 280, 281, 283 BGB n. F. ein Schadensersatzanspruch zu.

Dieser Werkvertrag des Zahnarztes mit dem Zahntechniker entfaltet keine Schutzwirkungen (§ 328 I BGB analog) zugunsten des Patienten (Schinnenburg, MedR 2000, 185, 186).

Wird der Zahnersatz jedoch im Eigenlabor des Zahnarztes hergestellt, so kommt hinsichtlich der technischen Anfertigung des Zahnersatzes neben dem Dienstvertrag betreffend die Planung und Einpassung der Prothese ein Werkvertrag zustande (von Ziegner, MDR 2001, 1088, 1089; Schinnenburg, MedR 2000, 185, 186; OLG Zweibrücken OLGR 2002, 170: Zahnlabortechnische Verarbeitungsfehler; auch OLG München OLGR 1998, 306 ff.).

3. Anfertigung und Einpassung von Gliederprothesen

Der auf prothetische Behandlung gerichtete Vertrag, etwa zur Anfertigung und Anpassung einer Beinprothese, ist grundsätzlich als Dienstvertrag einzuordnen, allerdings mit werkvertraglichen Elementen. Bis auf die technische Anfertigung der Prothese, die allein dem Werkvertragsrecht unterliegt, gehören die auf die prothetische Versorgung gerichteten orthopädischen Leistungen als Dienste „höherer Art" i. S. d. §§ 627 I, 628 I BGB zur Heilbehandlung. Daraus schuldet der Arzt dem Patienten regelmäßig nur die sachgerechte Behandlung, keinesfalls aber den gewünschten Erfolg (KG VersR 1996, 62).

4. Kosmetische Operationen

Auch der Vertrag über die Durchführung einer kosmetischen Operation („Schönheitsoperation") ist nach h. M. ein Dienstvertrag (OLG Hamburg MDR 2001, 799; OLG Köln VersR 1998, 1510; MDR 1988, 317; OLG Celle NJW 1987, 2304; L/U, § 39 Rn 31, 34; Rehborn, MDR 2001, 1148, 1154).

Auch hier will der Arzt regelmäßig nicht für den Erfolg seiner Leistung einstehen. Im Zweifel ist auch eine Erklärung des Arztes, ein bestimmter Erfolg werde eintreten, nicht als Angebot zum Abschluss eines Werkvertrages anzusehen (L/U, § 39 Rn 31, 32).

Hat der Arzt den kosmetischen Eingriff lege artis durchgeführt, steht dem Arzt die Vergütung grundsätzlich auch dann zu, wenn der beabsichtigte Erfolg ausbleibt (L/U, § 39 Rn 34).

Das Interesse des Patienten i. S. d. § 628 I 2 BGB – und damit auch der Vergütungsanspruch des Arztes – entfällt nach einer Ansicht bereits, wenn der Eingriff ohne vorangegangene oder nach unzureichender Aufklärung erfolgt und zu einer Schädigung des Patienten führt (OLG Saarbrücken OLGR 2000, 401; Gehrlein, Rn A 19; einschränkend: OLG München VersR 1996, 233, 234; Rehborn, MDR 2001, 1148, 1154; F/N, Rn 235), nach anderer Auffassung jedenfalls dann, wenn der mit der rechtswidrigen Operation bezweckte Erfolg nicht eintritt (Rehborn a. a. O.), die erbrachte ärztliche Leistung für den Patienten von vornherein nutzlos ist (OLG Frankfurt OLGR 1995, 134; OLG Koblenz NJW-RR 1994, 52) bzw. die Schlechterfüllung praktisch einer Nichterfüllung des Behandlungsvertrages gleichkommt (Gehrlein, Rn A 19) oder es sich für den Patienten wegen eines Behandlungsfehlers des Operateurs als unmöglich oder unzumutbar erweist, das bei ordnungsgemäßer Durchführung des Eingriffs zu erwartende Ergebnis durch neuerliche operative Maßnahmen herbeizuführen (OLG Hamburg MDR 2001, 799).

Die Kosten einer medizinisch notwendigen Operation zur Korrektur einer wegen eines Behandlungsfehlers vorwerfbar misslungenen kosmetischen Operation sind vom Arzt zu ersetzen. Wegen dieser Kosten besteht allerdings eine Zweckbindung. Fiktive Kosten sind nicht erstattungsfähig (BGH MDR 1986, 486; OLG Köln VersR 1998, 1510; VersR 2000, 1021).

5. Sterilisationsvertrag

Der mit dem Arzt abgeschlossene Vertrag über die Durchführung einer freiwilligen Sterilisation ist unabhängig vom Vorliegen einer besonderen Indikationslage grundsätzlich wirksam und gleichfalls als Dienstvertrag einzuordnen (L/U, § 39 Rn 36, 38, 42).

Gleiches gilt hinsichtlich eines Vertrages über die Durchführung einer Kastration oder einer operativen Geschlechtsumwandlung (L/U, § 39 Rn 43, 44).

II. Privatpatienten

1. Vertragsabschluss mit dem Patienten

Der Behandlungsvertrag kommt regelmäßig dadurch zustande, dass sich der Patient in die Behandlung des Arztes begibt und der Arzt die Behandlung übernimmt (G/G, Rn A 2; L/U, § 41 Rn 10). Ein Vertragsverhältnis kann auch durch die Erteilung telefonischer Ratschläge auf ausdrückliche Anfrage des Patienten begründet werden (L/U, § 41 Rn 10, 11 und § 52 Rn 3). Begibt sich der Patient unter Hinweis auf das Bestehen einer privaten Krankenversicherung in die Praxis des Arztes und weist er nicht auf eine bestehende Kassenmitgliedschaft bzw. Sozialhilfeberechtigung hin, so gibt er dadurch zu erkennen, dass er den Willen hat, als Selbstzahler untersucht und behandelt zu werden (L/U, § 41 Rn 10; OLG Saarbrücken NJW 2001, 1798 zum Honoraranspruch eines Krankenhauses; vgl. → *Allgemeine Geschäftsbedingungen* II. 2.).

Sein Honorar kann der Arzt beim Privatpatienten in den von der **GOÄ** und **GOZ** (dort jeweils § 2 I) gezogenen Grenzen berechnen. Eine schriftliche Vereinbarung ist erst erforderlich, wenn der 3,5-fache Steigerungsfaktor überschritten wird. Eine solche Vereinbarung ist nur bei Einhaltung der Schriftform wirksam, darf keine weiteren Erklärungen enthalten und muss vor der laufenden Behandlung abgeschlossen werden, §§ 2 II GOÄ, 2 II GOZ (BGH NJW 2000, 1794; NJW 1998, 1786; OLG Karlsruhe VersR 2000, 365).

2. Mitverpflichtung des Ehepartners (§ 1357 BGB)

Neben dem die Behandlung in Anspruch nehmenden Patienten haftet auch dessen mit ihm zusammenlebender Ehegatte gem. § 1357 BGB für die Behandlungskosten, wenn sich Art und Kosten der Behandlung im Lebenszuschnitt der Familie halten, wie er nach außen in Erscheinung tritt (BGH NJW 1985, 1394; NJW 1992, 909; S/D, Rn 9; G/G, Rn A 102).

Maßgeblich für die Mitverpflichtung ist also, wie zum Beispiel die Ehefrau bei Abschluss des Arztvertrages die wirtschaftlichen Verhältnisse darstellt bzw. wie sie dabei auftritt (L/U, § 40 Rn 23).

Auch die Vereinbarung von Wahlleistungen im Krankenhaus wird von § 1357 BGB erfasst, wenn die Leistungen dem Lebensbedarf und Lebenszuschnitt der Familie (§§ 1360, 1360 a BGB) entsprechen (BGH NJW 1992, 909), nicht dagegen Krankenhauszusatzleistungen wie z. B. Einbettzimmer (L/U, § 40 Rn 29).

Der **Eintritt einer privaten Krankenversicherung** oder **gesetzlichen Krankenkasse schließt die Mitverpflichtung** des anderen Ehegatten jedoch **grundsätzlich aus** (BGH NJW 1992, 909; L/U, § 40 Rn 23; G/G, Rn A 102). Aus den vom Patienten nachzuweisenden Umständen des Einzelfalls kann sich jedoch auch ergeben, dass er den Behandlungsvertrag nur im Namen seines Ehegatten abschließen wollte und allein dieser Honorarschuldner werden sollte (OLG Köln VersR 1994, 107; S/D, Rn 12; a. A. L/U, § 40 Rn 23, Fn. 54: Die Kenntnis des Arztes, dass lediglich der Ehegatte des Patienten krankenversichert ist, reicht für eine Alleinhaftung des versicherten Ehegatten nicht aus).

Für den Ausschluss der Eigenhaftung des Patienten sind aber sehr deutliche Umstände zu verlangen (OLG Hamm VersR 1997, 1360; S/D, Rn 12).

Ein nichtehelicher Lebensgefährte, der seine Partnerin in ein Krankenhaus begleitet, wird nicht dadurch zum Kostenschuldner, dass er eine ihm vorgelegte, aber ihrem Inhalt nach als Kostenzusage des Patienten konzipierte Verpflichtungserklärung unterzeichnet (OLG Saarbrücken NJW 1998, 828; Gehrlein, Rn A 6; vgl. hierzu → *Allgemeine Geschäftsbedingungen* I. 2.).

Bei besonders kostspieligen oder sachlich nicht gebotenen ärztlichen Behandlungsmaßnahmen, etwa bei Inanspruchnahme ärztlicher Wahlleistungen, Unterbringung im Einbettzimmer, einem speziellen, über den Kassenrichtlinien liegenden Zahnersatz o. a. greift § 1357 BGB nur dann ein, wenn sich die Ehegatten – für den Arzt erkennbar – über die Durchführung der Behandlung zuvor abgestimmt haben (BGH NJW 1985, 1394; G/G, Rn A 103; S/D, Rn 10).

Der Ehegatte eines Patienten ist nicht gem. § 1357 BGB zur Zahlung der Behandlungskosten verpflichtet, wenn die Kosten einer – auch medizinisch indizierten, unaufschiebbaren – ärztlichen Behandlung des Ehegatten die wirtschaftlichen Verhältnisse und finanziellen Möglichkeiten der Familie überschreiten (OLG Saarbrücken NJW 2001, 1798, 1799; L/U, § 40 Rn 23, 29; Gehrlein, Rn A 5).

3. Vertrag zugunsten Dritter (§ 328 BGB)

Bei der ärztlichen **Behandlung eines Kindes** schließen die Eltern regelmäßig als alleinige Honorarschuldner mit den Ärzten einen **echten Vertrag zugunsten Dritter** (§ 328 BGB) ab, der den Minderjährigen einen eigenen Anspruch auf Durchführung einer fachgerechten Behandlung vermittelt (BGH NJW 1989, 1538; L/U, § 40 Rn 24; Gehrlein, Rn A 5).

Auch in diesem Rahmen kann § 1357 BGB eingreifen, wenn der Vertrag nur von einem Elternteil abgeschlossen worden ist (Gehrlein, Rn A 5).

Bei Verträgen über eine **Entbindung**, die **Sterilisation** eines Ehegatten oder der Behandlung einer Schwangeren wird dagegen ein **Vertrag mit Schutzwirkung** zugunsten des ungeborenen Kindes bzw. des auf den Erfolg der Sterilisation vertrauenden anderen Ehegatten angenommen (BGHZ 86, 240, 247; L/U, § 40 Rn 24; Reinhart, VersR 2001, 1081, 1084 und 1087 m. w. N.).

Dabei wird das **ungeborene Kind** bzw. der andere Ehegatte **nicht selbst Vertragspartei.** Jedoch können die Eltern eines durch die Behandlung geschädigten Kindes berechtigt sein, den Mehraufwand für die Pflege und Versorgung des Kindes als eigenen Schaden geltend zu machen (OLG Düsseldorf VersR 1999, 232; VersR 2001, 1559; S/D, Rn 13; G/G, Rn B 159, 165, 169, 175, 176; **a. A.** Reinhart, VersR 2001, 1081, 1086 m. w. N., der einen eigenen Anspruch des Kindes bejaht; vgl. hierzu → *Schwangerschaftsabbruch,* → *Sterilisation* und → *Genetische Beratung*).

4. Notfälle und Behandlung Geschäftsunfähiger

Bei der Behandlung bewusstloser und geschäftsunfähiger Patienten ergibt sich der Vergütungsanspruch des Arztes oder Krankenhauses aus **Geschäftsführung ohne Auftrag** (§§ 677, 683, 670 BGB), soweit es nicht zum Abschluss eines Arztvertrags durch die gesetzlichen Vertreter (Eltern, Betreuer, Pfleger u. a.) gekommen ist (L/U, § 40 Rn 8, 12, 14; Gehrlein, Rn A 17). Die Haftungsbeschränkung des § 680 BGB findet jedoch vor dem Hintergrund der ärztlichen Berufsausübung keine Anwendung (S/D, Rn 65; L/U, § 40 Rn 12).

Im Rahmen der §§ 677, 683 BGB muss die Behandlung jedoch auf vital oder absolut indizierte Maßnahmen beschränkt bleiben; nur relativ indizierte Eingriffe müssen der späteren Entschließung des Patienten überlassen werden (Gehrlein, Rn A 17).

Schließt der Patient nach Wiedererlangung des Bewusstseins bzw. Wiederherstellung der Geschäftsfähigkeit einen Arztvertrag mit ex-nunc-Wirkung ab, gelten für die Zeit ab Vertragsabschluss die allgemeinen vertraglichen Vorschriften sowie die Regelungen der GOZ bzw. GOÄ (L/U, § 40 Rn 15, 16).

Ist der Patient ansprechbar, kommt auch in Notfällen ein Behandlungsvertrag zustande (Gehrlein, Rn A 18).

Schließt ein Minderjähriger einen Arztvertrag ohne die erforderliche Einwilligung seiner Eltern ab, so hängt die Wirksamkeit des Vertrages von der Genehmigung gem. § 108 I BGB ab. Möglich ist auch, dass der Minderjährige als Bote des gesetzlichen Vertreters dessen Willenserklärungen übermittelt und zwischen dem Arzt und den Eltern ein Vertag zugunsten des Minderjährigen (§ 328 BGB) zustande kommt (L/U, § 40 Rn 8, 17).

5. Stationäre Behandlungsverhältnisse

Auch bei der Aufnahme des Patienten in die stationäre Behandlung eines Krankenhauses kommt es zum Abschluss privatrechtlicher Verträge zwischen dem Krankenhausträger und dem Privatpatienten oder dem Kassenpatienten (G/G, Rn A 22, 23).

Man unterscheidet **drei typische Gestaltungsformen** (vgl. G/G, Rn A 26 ff., 31 ff., 49 ff., 66 ff., 68 ff., 71 ff.; Gehrlein, Rn A 20 ff., 24 ff., 31 ff., 46 ff., 53 ff.; F/N, Rn 18, 20 ff., 50 ff.):

▷ **den totalen Krankenhausvertrag,**
▷ **den totalen Krankenhausvertrag mit Arztzusatzvertrag,**
▷ **den gespaltenen Krankenhausvertrag.**

Wegen der Einzelheiten wird auf das Kapitel → *Krankenhausverträge* (S. 403 ff.) verwiesen.

III. Kassenpatienten

1. Ambulante vertragsärztliche Versorgung

Die ambulante vertragsärztliche Versorgung des Kassenpatienten vollzieht sich auf der Grundlage eines privatrechtlichen Vertrages mit dem Vertragsarzt, der bereits durch die Übernahme der Behandlung und nicht erst mit der Aushändigung des Krankenscheins wirksam wird (Gehrlein, Rn A 7; S/D, Rn 48).

Insoweit gelten die obigen Ausführungen (I., II. 1., 3., 4., 5.) entsprechend.

Zwischen dem Patienten, dem Vertragsarzt, der Krankenkasse und der Kassenärztlichen Vereinigung (KV) besteht eine **Viererbeziehung**, die auf privatrechtlicher Ebene durch den Abschluss des Behandlungsvertrages zwischen dem Patienten und dem zur Kasse zugelassenen Vertragsarzt, daneben auf öffentlich-rechtlicher Ebene in den sozialrechtlichen Rechtsbeziehungen des Vertragsarztes, der Kasse und der KV geregelt sind (G/G, Rn A 11; Gehrlein, Rn A 8).

Die gesetzliche Krankenkasse ist dem Patienten als Krankenkassenmitglied sowie dessen Familienangehörigen (vgl. § 10 SGB V) aus dem **öffentlich-rechtlichen Versicherungsverhältnis** nach dem Regelmodell der Sachleistung zur ärztlichen Versorgung verpflichtet (§§ 2, 11, 27 ff. SGB V). Die Kasse erfüllt diese Verpflichtung durch öffentlich-rechtliche Gesamtverträge ihrer Verbände mit der jeweiligen KV (§§ 82, 83 SGB V). In diesen Verträgen wird der Leistungsrahmen konkretisiert und die Gesamtvergütung festgelegt (§ 85 SGB V). Der von der jeweiligen KV zugelassene Vertragsarzt steht zu dieser in einem öffentlich-rechtlichen Mitgliedsverhältnis (§ 95 III SGB V). Diese öffentlich-rechtliche Verpflichtung verpflichtet den Vertragsarzt, den festgelegten Leistungsrahmen einzuhalten und verschafft ihm einen Honoraranspruch gegen die jeweilige KV (§§ 82 II, 85 IV SGB V).

51

Demgegenüber tritt der Kassenpatient zum Vertragsarzt oder Vertragszahnarzt, den er grundsätzlich frei unter den zur Kasse zugelassenen Ärzten wählen kann, in **privatrechtliche Beziehungen** (§ 76 IV SGB V; vgl. von Ziegner, MDR 2001, 1088, 1092 zur zahnärztlichen Behandlung). Da der Patient mit Übernahme der Behandlung Vertragspartei des Arztes wird, hat er Haftungsansprüche gegen diesen vor den Zivilgerichten geltend zu machen, während sich der Honoraranspruch des Vertragsarztes unmittelbar gegen die KV richtet und vor dem zuständigen Sozialgericht eingeklagt werden muss (vgl. S/D, Rn 48; G/G, Rn A 9, 11; Gehrlein, Rn A 8, 9; BGH NJW 1999, 858 zum Anspruch gegen die KV; BGH NJW 2000, 3429 zur Zuständigkeit der Sozialgerichte).

Seit dem 1.7.1997 kann der Kassenpatient auch die Kostenerstattung bis zur Grenze desjenigen Betrages wählen, den die Kasse aus den Verträgen mit der KV als Sachleistung an den Vertragsarzt zu erbringen hätte, vgl. § 13 II SGB V (S/D, Rn 48).

Seit dem 1.1.1999 ist diese Kostenerstattungsregelung grundsätzlich auf freiwillige Mitglieder der Kasse beschränkt, vgl. § 13 II 1 SGB V (G/G, Rn A 13).

Wählt der Kassenpatient Kostenerstattung nach § 13 II SGB V, so hat der Vertragsarzt nach Auffassung von Steffen-Dressler (S/D, Rn 50) auch im Verhältnis zum Patienten sein Honorar an der Kassenvergütung (d. h. i. d. R. keine Überschreitung des **1,8-fachen Satzes**) zu orientieren. Nach Ansicht von Geiß/Greiner (G/G, Rn A 13) kann der Arzt vom Patienten die Leistung nach GOÄ bzw. GOZ vergütet verlangen; der Patient hat danach eine Differenz zwischen dem Erstattungsbetrag der Kasse und dem 2,3-fachen bzw. in Ausnahmefällen 3,5-fachen Satz selbst zu tragen.

Außer nach Wahl der Kostenerstattung durch den Patienten kann der Vertragsarzt sein **Honorar unmittelbar gegenüber dem Patienten** geltend machen, **wenn bereits vor Beginn der Behandlung feststeht**, dass die **Krankenkasse** für die Behandlung **nicht eintrittspflichtig** ist (BGH NJW 2000, 3429; OLG Schleswig NJW 1993, 2996) oder der Patient weder gesetzlich krankenversichert noch sozialhilfeberechtigt ist (OLG Saarbrücken NJW 2001, 1798 zum Honoraranspruch des Krankenhauses; Gehrlein, Rn A 10).

2. Stationäre Behandlungsverhältnisse

Auch die stationäre Krankenhausbehandlung erfolgt auf der Basis eines privatrechtlichen Behandlungsvertrages mit dem Patienten (vgl. hierzu → *Krankenhausverträge*).

Die stationäre Krankenhauspflege ist im Ansatz entsprechend der ambulanten vertragsärztlichen Versorgung geregelt.

Der Patient und seine gesetzliche Krankenkasse stehen in einem öffent-lich-rechtlichen Versicherungsverhältnis (§§ 2, 5 ff., 107 ff., 112 SGB V). Die Krankenkassen sind in öffentlich-rechtlichen Rahmenverträgen ihrer Landesverbände, die auch die Abrechnung der Behandlungskosten fest-legen, mit den zur Krankenhauspflege zugelassenen Krankenhäusern ver-bunden (§§ 108, 109 SGB V).

Zwischen dem Patienten und dem Krankenhausträger werden privat-rechtliche Verträge geschlossen; die frühere Annahme eines Vertragsab-schlusses zwischen der Krankenkasse und dem Krankenhausträger zu-gunsten des Kassenpatienten (§ 328 BGB) ist auf Grund der Gesetze zur Strukturreform im Gesundheitswesen überholt (G/G, Rn A 23, 24; S/D, Rn 52, 53; Gehrlein, Rn A 21).

Die **Honorarforderung des Krankenhausträgers gegenüber der Kranken-kasse** ist auch hier vor den **Sozialgerichten** geltend zu machen (BGH NJW 2000, 3429; Gehrlein, Rn A 21), während Ansprüche des **Patienten** wegen eines Behandlungs- oder Aufklärungsfehlers vor den **Zivilgerichten** einzu-klagen sind.

Der gesetzlich krankenversicherte Patient, der sich auf Grund einer kas-senärztlichen Einweisung in ein Krankenhaus begibt, darf grundsätzlich darauf vertrauen, nicht mit den Kosten der Behandlung belastet zu wer-den (OLG Saarbrücken NJW 2001, 1798, 1799; OLG Köln VersR 1987, 792).

Bleibt der Patient jedoch im Krankenhaus, obwohl er über das Ende der Kostenübernahme durch seine Krankenkasse wegen Wegfalls der Behand-lungsbedürftigkeit oder wegen Fehlens einer hinreichenden Erfolgsaus-sicht für die Behandlung und Pflege informiert wurde, so kommt zwi-schen ihm und dem Krankenhausträger ein separater Vertrag über die weitere stationäre Aufnahme und Betreuung zu den üblichen Pflegesätzen zustande (BGH VersR 2000, 999; G/G, Rn A 24).

Ist der Patient weder gesetzlich krankenversichert noch sozialhilfeberech-tigt, so scheidet eine Überleitung der Honorarforderung des Krankenhaus-trägers gegenüber der Krankenkasse bzw. dem Sozialhilfeträger natürlich aus. Auch in diesem Fall bleibt der Patient selbst vertraglicher Kosten-schuldner (OLG Saarbrücken NJW 2001, 1798).

Jedenfalls für den Fall des **gänzlich fehlenden Versicherungsschutzes** ver-stößt eine **vorformulierte**, vom Patienten unterzeichnete **Kostenübernah-meerklärung**, wonach er sich selbst zur Zahlung der Behandlungskosten verpflichtet, soweit keine Kostenübernahmeerklärung eines Sozialhilfe-trägers, eines sonstigen öffentlich-rechtlichen Kostenträgers oder einer privaten Krankenversicherung vorgelegt wird, **nicht gegen § 3 AGBG** bzw.

(ab dem 1.1.2002) § 305 c I BGB (OLG Saarbrücken NJW 2001, 1798, 1799; vgl. → *Allgemeine Geschäftsbedingungen* II. 1.).

Ein **Direktanspruch** gegen den Kassenpatienten scheidet jedoch aus, wenn der zuständige **Sozialhilfeträger** die **Kostenübernahme zu Unrecht verweigert.** In diesem Fall ergibt sich der Anspruch des Krankenhausträgers aus § 121 BSHG mit den Grundsätzen einer öffentlich-rechtlichen G. o. A. (§§ 677, 683, 670 BGB analog; vgl. OLG Zweibrücken NJW-RR 1999, 1070; G/G, Rn A 24 a. E.).

Zur Differenzierung zwischen den drei typischen Gestaltungsformen des Krankenhausvertrages, des totalen Krankenhausvertrages, des totalen Krankenhausvertrages mit Arztzusatzvertrag und des gespaltenen Krankenhausvertrages vgl. → *Krankenhausverträge.*

Aufklärung

I. Grundlagen

1. Allgemeines

Als Ausfluss seines grundgesetzlich garantierten Rechts auf **Menschen-würde** und körperliche Unversehrtheit (Art. 1, 2 II GG) ist der Patient über die mit einem medizinischen Eingriff verbundenen Risiken ordnungsgemäß aufzuklären, um unter Wahrung seiner Entscheidungsfreiheit wirksam in den Eingriff einwilligen zu können (vgl. OLG Brandenburg NJW-RR 2000, 398, 399).

Anknüpfungspunkt einer **bislang auf** „p. V. V." gestützten, **seit dem 1.1.2002 in § 280 I BGB n. F.** normierten **vertraglichen Haftung** des Arztes wegen „Pflichtverletzung" oder einer unverändert auf §§ 823 I, II, 831 I, 839 I BGB beruhenden deliktischen Haftung des Arztes für Aufklärungsfehler, also die unterlassene, unvollständige oder falsche Aufklärung ist der Grundsatz, dass die Zustimmung des Patienten ihrerseits als Wirksamkeitsbedingung eine hinreichende ärztliche Selbstbestimmungsaufklärung voraussetzt (BGH VersR 1990, 1010, 1011; OLG Brandenburg NJW-RR 2000, 398, 399; G/G, Rn C 2).

Bei der Selbstbestimmungsaufklärung geht es um die Frage, inwieweit der ärztliche Eingriff von einer durch Aufklärung getragenen **Einwilligung** des Patienten gedeckt sein muss, um rechtmäßig zu sein (L/U, § 61 Rn 1; Gehrlein, Rn C 3, 4; G/G, Rn C 1; Wussow, VersR 2002, 1338 und Gründel, NJW 2002, 2987, 2989: Teilweise auch als „Eingriffsaufklärung" bezeichnet).

Nach gefestigter Rechtsprechung erfüllt auch der gebotene, fachgerecht ausgeführte ärztliche Heileingriff diagnostischer wie auch therapeutischer Art den **Tatbestand der Körperverletzung** i. S. d. §§ 823 I BGB, 223 I,

224 I StGB. Das Fehlen einer Einwilligung des Patienten bzw. deren Unwirksamkeit stellt daher eine Verletzung des Behandlungsvertrages dar und begründet eine Haftung des Arztes sowohl aus § 280 I BGB n. F. als auch aus §§ 823 I, II, 839 I BGB (BGH NJW 1980, 1905; S/D, Rn 321; Gehrlein, Rn C 3; kritisch hierzu L/U, § 63 Rn 2 ff. und § 68 Rn 22: „Verfehltes Leitbild" der Rechtsprechung und Giebel/Wienke/Sauerborn/Edelmann/ Menningen/Dievenich, NJW 2001, 863 ff., 867 mit einem vermittelnden Lösungsvorschlag).

Die Haftung des Arztes ist bei fehlender Einwilligung des Patienten dem Grunde nach auch dann begründet, wenn er den Eingriff an sich völlig fehlerfrei und kunstgerecht ausführt (BGH NJW 1989, 1538; OLG Koblenz NJW-RR 2002, 816, 819; Gehrlein, Rn C 3; F/N, Rn 167; zur Frage der Kausalität und des Zurechnungszusammenhangs vgl. unten S. 156 ff. und zuletzt BGH VersR 2001, 592 sowie Rehborn, MDR 2002, 1281, 1284).

Die ärztliche Aufklärung soll es dem Patienten ermöglichen, Art, Bedeutung, Ablauf und Folgen eines Eingriffs zwar nicht in allen Einzelheiten, aber doch in den Grundzügen zu verstehen. Er soll zu einer informierten Risikoabwägung in der Lage sein.

In diesem Rahmen ist er über den ärztlichen Befund, die Art, Tragweite, Schwere, den voraussichtlichen Verlauf und mögliche Folgen des geplanten Eingriffs sowie über die Art und die konkrete Wahrscheinlichkeit der verschiedenen Risiken im Verhältnis zu den entsprechenden Heilungschancen, über mögliche andere Behandlungsweisen und über die ohne den Eingriff zu erwartenden Risiken einer Verschlechterung des Gesundheitszustandes zu unterrichten, wobei eine vitale oder absolute Indikation nur die Eindringlichkeit und Genauigkeit der Aufklärung beeinflussen kann (so z. B. OLG Düsseldorf VersR 1987, 161, 162; OLG Brandenburg NJW-RR 2000, 398, 399; L/U, § 66 Rn 4 und § 68 Rn 12, 16; Gehrlein, Rn C 7, 18, 26, 41).

Dem Patienten müssen nicht alle nur denkbaren medizinischen Risiken exakt oder in allen erdenkbaren Erscheinungsformen dargestellt werden (OLG Oldenburg, Urt. v. 11.7.2000 – 5 U 38/00; S/D, Rn 329).

Im Allgemeinen ist es ausreichend, wenn der Patient zum Zwecke der Wahrung seines Selbstbestimmungsrechts über die mit der ordnungsgemäßen Durchführung des Eingriffs verbundenen **spezifischen Risiken „im Großen und Ganzen"** aufgeklärt wird. Diese gebotene „Grundaufklärung" muss dem Patienten einen zutreffenden allgemeinen Eindruck von der Schwere des Eingriffs und der Art der Belastungen vermitteln, die für seine körperliche Integrität und seine Lebensführung möglicherweise zu befürchten sind (BGH MDR 2000, 701; MDR 1991, 845; MDR 1992, 748; OLG Brandenburg NJW-RR 2000, 24, 25; NJW-RR 2000, 398, 399; OLG

Saarbrücken OLGR 2000, 401, 403; S/D, Rn 329, 394; G/G, Rn C 86; F/N, Rn 177; Gehrlein, Rn C 18, 41, 83).

Regelmäßig genügt die Verdeutlichung der „Stoßrichtung" des möglichen Risikos (OLG Düsseldorf, Urt. v. 19.11.1998 – 8 U 66/98; OLG Stuttgart, Urt. v. 1.7.1997 – 14 U 54/96; S/D, Rn 394), d. h. dem Patienten muss zumindest die Schwere und Richtung des konkreten Risikospektrums angegeben werden (OLG Hamm NJW-RR 2001, 666).

So bedarf der Patient, der über seine Erkrankung und den Verlauf der Operation informiert ist und auch Kenntnis von der **ungefähren Größenordnung des Misserfolgsrisikos** erhalten hat, nicht der Erläuterung, aus welchen medizinischen Gründen im Einzelnen der Eingriff möglicherweise nicht zum Erfolg führen kann (BGH NJW 1990, 2929).

Der Patient ist jedoch über die **Mortalitätsrate**, Funktionsbeeinträchtigungen wichtiger Organe, die Möglichkeit einer Inkontinenz oder der Erforderlichkeit eines künstlichen Darmausgangs, Störungen des Bewegungsapparats, Dauerschmerzen, entstehende, verunstaltende Narben sowie möglicherweise notwendig werdende Nachoperationen ins Bild zu setzen (Gehrlein, Rn C 7, 27; S/D, Rn 330).

Über mögliche und typische Schadensfolgen einer Behandlung braucht indessen dann nicht aufgeklärt zu werden, wenn sie nur in entfernt seltenen Fällen auftreten und anzunehmen ist, dass sie für den Entschluss, in die Behandlung einzuwilligen, bei einem verständigen Patienten nicht ernsthaft ins Gewicht fallen (OLG Koblenz NJW 1999, 3419, 3420) oder bei denen es sich um eine ausgesprochene „Rarität" handelt (OLG Bremen OLGR 2000, 403, 405; vgl. aber S. 90 ff. → *Seltene Risiken*). Hiervon ist jedoch nicht auszugehen, wenn das dem Eingriff anhaftende spezifische Risiko die Lebensführung des Patienten bei seiner Verwirklichung besonders belasten würde (BGH VersR 2000, 725, 726).

Der Arzt muss vor einem Eingriff aber natürlich nur über eingriffsspezifische Risiken aufklären, die ihm bekannt sind oder bekannt sein müssen (OLG Stuttgart OLGR 2002, 249).

Von einem Arzt kann nicht in jedem Fall verlangt werden, dass er alle medizinischen Veröffentlichungen alsbald kennt und beachtet (BGH NJW 1991, 1535, 1537; OLG Stuttgart OLGR 2002, 249, 251).

Auf mögliche **Behandlungsalternativen muss nur dann hingewiesen werden, wenn** im konkreten Fall mehrere gleichermaßen medizinisch indizierte und übliche Behandlungsmethoden in Betracht kommen, die über einigermaßen gleiche Erfolgschancen verfügen und unterschiedliche Vorteile und Risiken aufweisen, so dass für den Patienten eine **echte Wahlmöglichkeit** besteht; im Übrigen bleibt die Wahl der Behandlungsmethode allein Sache – und Verantwortung – des Arztes (BGH NJW 1992, 2352, 2354; NJW 1998, 1784; NJW 1998, 2734; OLG Brandenburg NJW-RR 2000, 24, 25; OLG Köln VersR 1997, 1534; OLG Hamm VersR 1997, 1403; OLG Zweibrücken VersR 1997, 1103; G/G, Rn C 22, 29; S/D, Rn 381, 384; L/U, § 64 Rn 5; F/N, Rn 185; vgl unten II. 11. b), S. 102 ff.).

Will ein Arzt, der einen Patienten bereits früher in vergleichbaren Fällen nach einer bestimmten Methode erfolgreich behandelt hat, ohne zwingenden medizinischen Grund bei einer weiteren Behandlung ein anderes Verfahren anwenden, so muss er den Patienten ungefragt auf den Wechsel der Behandlungsmethode hinweisen (LG Karlsruhe NJW-RR 1996, 755).

Die Aufklärungspflicht erstreckt sich nach h. M. jedoch nicht auf Behandlungsfehler, die dem Arzt unterlaufen können. Insoweit ist ein hinreichender Schutz des Patienten durch die Verpflichtung des Arztes zu sachgerechter Behandlung gegeben (BGH VersR 1985, 736 und VersR 1992, 358; OLG München VersR 1997, 1281; OLG Karlsruhe OLGR 2001, 449; G/G, Rn C 12).

Nach anderer Ansicht muss jedenfalls der Krankenhausträger den Patienten über die nicht dem gewöhnlichen Standard entsprechende Qualifikation des zum Einsatz kommenden, behandelnden Arztes sowie auf das Vorliegen eines Behandlungsfehlers hinweisen (Hart, MedR 1999, 47, 48 m. w. N.).

Auch auf die Beteiligung eines „Arztanfängers" muss nicht hingewiesen werden. Insoweit wird der Patient gleichfalls durch die Verpflichtung des Arztes, den Eingriff lege artis vorzunehmen sowie gewisse Beweiserleichterungen (vgl. → *Anfängereingriffe*) geschützt (BGH NJW 1984, 655; OLG Stuttgart VersR 1995, 1353; OLG Braunschweig NJW-RR 2000, 238; vgl. G/G, Rn C 14, B 139, B 208, B 241; S/D, Rn 254, 257, 260).

Selbst bei einem „groben" **Aufklärungsfehler** kommen dem Patienten aber keine **Beweiserleichterungen** zugute (OLG Hamburg VersR 2000, 190, 191; OLG Hamm VersR 1995, 709, 710; F/N, Rn 209; G/G, Rn C 290). Dies ist nur bei groben Behandlungsfehlern möglich (vgl. → *Grobe Behandlungsfehler* und die Übersicht zur → *Beweislastumkehr*).

2. Selbstbestimmungsaufklärung

Die Selbstbestimmungsaufklärung schafft die Voraussetzungen für eine rechtfertigende Einwilligung. Sie soll die freie, selbstverantwortliche Entscheidung des Patienten ermöglichen und umfasst primär die Risikoaufklärung, aber auch die Diagnose- und die Verlaufsaufklärung (OLG Koblenz NJW-RR 2002, 816, 817; L/U, § 63 Rn 1, 11).

Sie umfasst primär die **Risikoaufklärung**, bei der **nicht sicher beherrschbare Gefahren** der Behandlung im Vordergrund stehen, aber auch die Diagnose- und die Verlaufsaufklärung (vgl. L/U, § 63 Rn 11 und Wussow, VersR 2002, 1337, 1338 f.).

Teilweise wird die Selbstbestimmungsaufklärung als **Eingriffsaufklärung** (S/D, Rn 323, 325a, 326; Gründel, NJW 2002, 2987, 2989 und Wussow, VersR 2002, 1337, 1338) oder Behandlungsaufklärung (G/G, Rn C 18) umschrieben.

a) Behandlungsaufklärung

Der Begriff „Behandlungsaufklärung" besagt, dass zunächst überhaupt über den ins Auge gefassten Eingriff aufzuklären ist. Hierzu gehört die Erläuterung der Art der konkreten Behandlung (konservative Methode, Operation, Bestrahlung), die Erläuterung der Tragweite des Eingriffs (wie z. B. Funktionsbeeinträchtigung des wichtigen Organs, Dauerschmerzen, Belastungen für die künftige Lebensführung), der Hinweis auf vorhersehbare Operationserweiterungen und auf typische Weise erforderliche Nachoperationen (G/G, Rn C 19, C 20).

Hierzu gehört auch die Aufklärung über Behandlungsalternativen, wenn im konkreten Fall eine echte Alternative mit gleichwertigen Chancen, aber andersartigen Risiken besteht, etwa die Fortsetzung einer konservativen Behandlung anstatt einer Operation (BGH NJW 1986, 780; OLG Hamm VersR 1993, 102; S/D, Rn 381; G/G, Rn 22, 23, 29; L/U, § 63 Rn 21 u. § 64 Rn 5, 6: Dort zur Fallgruppe der „Verlaufsaufklärung" gezählt).

Über eine einzelne Behandlungstechnik, Art und Anzahl der verwandten Instrumente und deren Anwendung, Operationsmethoden muss jedoch grundsätzlich nicht aufgeklärt werden (OLG Oldenburg NJW-RR 1997, 1384: Verwandte Instrumente und Operationstechnik; OLG Oldenburg VersR 1997, 978: Operationstechnik-Zugang dorsal oder transthorakal bei Bandscheiben-OP; OLG Oldenburg VersR 1998, 1285: Operationsverfahren bei Hallux-valgus-OP; OLG Köln VersR 1998, 243: Verzicht auf Ruhigstellung des operierten Beins bei Thromboserisiko).

Ist ausdrücklich vereinbart, dass ein **bestimmter Arzt** die vorgesehene Operation durchführen soll, so bezieht sich die Einwilligung des Patienten nur auf diesen Arzt (OLG München NJW-RR 1991, 989). Nimmt ohne das Einverständnis des Patienten ein anderer Arzt den Eingriff vor, so wird in dessen Selbstbestimmungsrecht eingegriffen, der Eingriff ist allein deshalb rechtswidrig (OLG Celle NJW 1982, 2129 und OLG Karlsruhe NJW 1987, 1489 jeweils bei verbindlicher Zusage; Gehrlein, Rn C 11; a. A. S/D, Rn 392: Patient ist von Substitution rechtzeitig zu unterrichten).

Sucht der Patient z. B. auf Anraten seines Zahnarztes einen bestimmten Kieferchirurgen zur Vornahme einer Weisheitszahnextraktion auf, so ist seine Einverständniserklärung dahin zu verstehen, dass er nur in den Eingriff durch den Praxisinhaber, nicht jedoch einen Praxisvertreter einwilligt (OLG Hamburg MDR 1998, 906).

Wurde ein „totaler Krankenhausvertrag" (→ *Krankenhausverträge*) abgeschlossen, so hat der Patient ohne verbindliche Zusage jedoch keinen Anspruch auf die Behandlung durch einen bestimmten Arzt (Gehrlein, Rn C 11; G/G, Rn C 15).

b) Risikoaufklärung

Die Risikoaufklärung vermittelt dem Patienten Informationen über die **bei fehlerfreiem medizinischen Vorgehen** für den Patienten bestehenden, möglichen und nicht sicher beherrschbaren Eingriffskomplikationen und Gefahren im Zusammenhang mit der Behandlung und nicht sicher vermeidbaren Folgeschäden (OLG Koblenz NJW-RR 2002, 816, 817; L/U, § 64 Rn 1; G/G, Rn C 41, C 49; Gehrlein, Rn C 17).

Die verständliche Vermittlung eines allgemeinen Bildes von der Schwere und Richtung des konkreten Risikospektrums reicht regelmäßig aus (L/U, § 64 Rn 1; S/D, Rn 329, 394: „Stoßrichtung").

Dabei ist nach h. L. über Risiken, die mit der Eigenart eines Eingriffs spezifisch verbunden sind (typische Risiken) unabhängig von der Komplikationsdichte aufzuklären. Bei anderen Risiken (atypische Risiken) ist die Aufklärung nach der in der Literatur vertretenen Ansicht abhängig von der Komplikationsrate (L/U, § 64 Rn 3).

Die Rspr. stellt demgegenüber in erster Linie auf das Risiko ab, das dem Eingriff typischerweise oder auch nur mittelbar anhaftet sowie die Schwere der Schadensfolge für die weitere Lebensführung des Patienten im Falle einer Risikoverwirklichung und erst sekundär auf die nicht zuverlässig zu bestimmende Komplikationsrate (BGH NJW 1996, 779; NJW 1994, 793; OLG Karlsruhe OLGR 2002, 407; G/G, Rn 42, 43, 49).

Auch über seltene Risiken mit einer Komplikationsdichte von weniger als 1 %, ja sogar bei weniger als 0,1 % hat der Arzt **aufzuklären, wenn sie im Falle ihrer Verwirklichung** das Leben des Patienten **schwer belasten** und trotz ihrer Seltenheit für den Eingriff spezifisch, für den Laien jedoch überraschend sind (BGH NJW 1994, 793: Im Promillebereich; BGH VersR 1972, 153: 0,1 %–0,05 %; OLG Stuttgart NJW-RR 1999, 751, 752 und OLG Düsseldorf VersR 1989, 290 sowie OLG Köln NJW-RR 1992, 984: Unter 0,1 %; OLG Brandenburg NJW-RR 2000, 398, 399: 0,7 %; OLG Koblenz NJW 1990, 1540 und VersR 1989, 629: Unter 1 %; OLG Stuttgart VersR 1986, 581, 582: 0,25 % bzw. 0,05 %; OLG Hamm NJW 1993, 1538: 0,02 %; OLG Bremen VersR 1991, 425 und OLG Stuttgart NJW-RR 1999, 751: 1:400 000).

c) Verlaufsaufklärung

Überwiegend wird eine Abgrenzung zwischen der Risikoaufklärung und der Verlaufsaufklärung vorgenommen, ohne dass sich im Ergebnis Unterschiede in den Rechtsfolgen einer unterlassenen oder fehlerhaften Aufklärung ergeben würden. Das OLG Koblenz (NJW-RR 2002, 816, 817) sieht die „Verlaufsaufklärung" als Unterfall der „Selbstbestimmungsaufklärung". Sie erstreckt sich nach dessen Ansicht auf Art, Umfang und Durchführung des Eingriffs. Der Patient müsse wissen, was mit ihm geschehen soll und auf welche Weise der Eingriff vorgenommen wird.

Nach Auffassung von Laufs (L/U, § 64 Rn 16–19) und Gehrlein (Rn C 26–29) gehören zur Verlaufsaufklärung die voraussichtlichen oder möglichen Folgen der Behandlung, etwa der voraussichtliche Verlauf der Erkrankung ohne Zustimmung zu dem vorgesehenen Eingriff (L/U, § 63 Rn 16), sichere und mögliche Folgen des Eingriffs wie der Verlust eines amputierten Gliedes, die Funktionseinbuße eines Organs, die Versagerquote, das Misserfolgsrisiko, sichtbare Narben, Dauerschmerzen, Folgeoperationen und sonstige Belastungen für die künftige Lebensführung (Gehrlein, Rn C 26; L/U, § 63 Rn 18).

So hat der Arzt den Patienten darauf hinzuweisen, dass es bei der Operation eines **Hirntumors** möglicherweise zu **Schädigungen der Gesichtsnerven** kommen kann (BGH NJW 1980, 1901; Gehrlein, Rn C 26) und bei der Behandlung eines Trümmerbruchs des Schienbeins die Haut in einer bestimmten Länge aufgeschnitten wird und zur Ausrichtung der Knochenteile Scheiben und Schrauben eingesetzt werden (BGH NJW 1987, 2121; Gehrlein, Rn C 27 a. E.).

Geiß/Greiner (Rn C 84 mit Hinweisen auf die Rspr.) verstehen unter der „Verlaufsaufklärung" eine Aufklärungspflicht hinsichtlich der **Schmerzhaftigkeit** in den Fällen, in denen eine Untersuchungs- und Behandlungsmaßnahme mit erheblichen Schmerzen für den Patienten verbunden ist und sprechen sich gegen eine damit verbundene Zersplitterung der Aufklärungsrisiken zwischen der Behandlungs- und Risikoaufklärung einerseits und der Verlaufsaufklärung andererseits aus.

d) Diagnoseaufklärung

Diagnoseaufklärung bedeutet **Information** des Patienten **über den medizinischen Befund** (L/U, § 63 Rn 13; Wussow, VersR 2002, 1337, 1338 f.).

Soweit der Befund für die Selbstbestimmungs- oder Sicherungsaufklärung nicht von Bedeutung ist, muss er vom Arzt nur dann offenbart werden, wenn der Patient ausdrücklich danach fragt oder die Entscheidung des Patienten für den Arzt erkennbar von der Mitteilung solcher Befunde abhängt (G/G, Rn C 82).

Würde das Leben oder die Gesundheit des Patienten ernsthaft gefährdet, ist die Aufklärung kontraindiziert (Gehrlein, Rn C 15; L/U, § 63 Rn 13). Bei psychisch kranken Patienten ist eine besonders schonende Information und Beratung unumgänglich (Gründel, NJW 2002, 2987, 2990).

Bei schweren Krankheitsbildern und negativer Prognose braucht der Arzt die Diagnose nicht voll zu eröffnen, selbst wenn keine Kontraindikation vorliegt (L/U, § 63 Rn 13).

Die Mitteilung von auf **ungesicherter Befundgrundlage** beruhender Verdachtsdiagnosen darf – und muss bei einem bloßen Verdacht einer lebensbedrohenden Krankheit – unterbleiben (OLG Stuttgart VersR 1988, 695; OLG Frankfurt VersR 1996, 101; OLG Köln NJW 1987, 2936).

3. Sicherungsaufklärung (Therapeutische Aufklärung)

a) Begriff

Als „Sicherungsaufklärung" oder „therapeutische Aufklärung" wird – oft missverständlich – der Umstand umschrieben, dass der Arzt verpflichtet ist, seinen Patienten nicht nur zu behandeln, sondern ihn auch über alle Umstände zu informieren, die zur Sicherung des Heilungserfolgs und zu einem therapiegerechten Verhalten erforderlich sind (Rehborn, MDR 2000, 1101, 1103; Gehrlein, Rn B 45).

Regelmäßig setzt die **therapeutische Aufklärung** erst **nach Vornahme des Eingriffs** ein (Gehrlein, Rn B 45). Mit einer „Aufklärung" im rechtstechnischen Sinne, worunter die Behandlungs-, Risiko- und Verlaufsaufklärung fallen (s. o.), hat die „therapeutische Aufklärung" nichts zu tun (Rehborn, MDR 2000, 1101, 1103).

Die Sicherungsaufklärung kann sich jedoch im Einzelfall mit der Selbstbestimmungsaufklärung, deren Vornahme von der Behandlungsseite zu beweisen ist, überschneiden. Dies ist z. B. dann möglich, wenn die therapeutische Aufklärung den Hinweis auf eine den Patienten belastende Behandlung beinhaltet (G/G, Rn B 97).

Nach Ansicht des OLG Nürnberg (MedR 2001, 577) erfordert die Entscheidung des Arztes für eine konservative Behandlungsmethode, die keinen Eingriff in die körperliche Unversehrtheit darstellt, keine – der Beweislast des Patienten unterfallende – Eingriffsaufklärung, sondern den Hinweis an den Patienten auf ein operatives Vorgehen als bestehende, ernsthafte Behandlungsalternative.

b) Unterlassene Sicherungsaufklärung als Behandlungsfehler

Versäumnisse im Bereich der **therapeutischen Aufklärung** sind keine Aufklärungsfehler, sondern **Behandlungsfehler** mit den für diese geltenden beweisrechtlichen Folgen. Der Patient hat also grundsätzlich den Beweis zu führen, dass ein – medizinisch erforderlicher – therapeutischer Hinweis nicht erteilt wurde und es dadurch bei ihm zum Eintritt eines Schadens gekommen ist (OLG Oldenburg NJW-RR 2000, 240, 241; OLG Köln NJW-RR 2001, 91 und NJW-RR 2001, 92, 93; OLG Koblenz VersR 2001, 111; OLG Nürnberg MedR 2001, 577; OLG Zweibrücken MedR 2000, 540; OLG Karlsruhe OLGR 2002, 392; OLG Hamm VersR 2002, 1562, 1563; Rehborn, MDR 2000, 1101, 1103 und 1107; Gehrlein, Rn B 45; L/U, § 62 Rn 2; G/G, Rn B 95, B 98, B 221, B 224; F/N, Rn 129).

Ihm kann allerdings eine **Beweiserleichterung bis zur Umkehr der Beweislast** zugute kommen, wenn die Unterlassung der therapeutischen Aufklärung im Einzelfall als → *grober Behandlungsfehler* zu qualifizieren ist (BGH NJW 1987, 705; OLG Köln VersR 2002, 1285, 1286; Bergmann/Kienzle, VersR 1999, 282, 283; Gehrlein, Rn B 45) oder die Erteilung der Sicherungsaufklärung nicht dokumentiert ist bzw. vom Arzt nicht in sonstiger Weise bewiesen werden kann (Gehrlein, Rn B 51, 52; G/G, Rn B 222; F/N, Rn 129; Bergmann/Kienzle, VersR 1999, 282, 283; vgl. auch BGH NJW 1998, 1782; MDR 1997, 940).

Macht der Arzt geltend, eine an sich medizinisch gebotene, unstreitig oder nachgewiesenermaßen unterbliebene Sicherheitsaufklärung sei aus bestimmten Gründen nicht notwendig gewesen, beruft er sich auf einen **Ausnahmetatbestand**, für desses Vorliegen er dann darlegungs- und beweispflichtig ist (OLG Köln NJW-RR 2001, 92).

Steht fest, dass die Sicherungsaufklärung nicht oder nur unvollständig erfolgt ist, so muss an sich der **Patient** auf entsprechenden Vortrag der Behandlungsseite zur hypothetischen Einwilligung darlegen und beweisen, dass er bei vollständiger und zutreffender Aufklärung dieser auch **Folge geleistet** und sich dementsprechend verhalten bzw. die empfohlenen Maßnahmen ergriffen hätte und der ihm auf Grund der Unterlassung entstandene Primärschaden dann vermieden worden wäre (BGH NJW 1987, 705; OLG Celle VersR 1986, 554; G/G, Rn B 224.

Regelmäßig spricht jedoch eine **tatsächliche Vermutung** bzw. der Beweis des ersten Anscheins dafür, dass sich der **Patient** entsprechend einem ihm erteilten Sicherungsaufklärung „**aufklärungsrichtig**" **verhalten** hätte (BGH VersR 1989, 186; VersR 1989, 702; OLG Hamm NJW 2002, 307; VersR 2001, 895; OLG Stuttgart VersR 1986, 979; OLG Köln VersR 1992, 1231; VersR 2002, 1285, 1286; G/G, Rn B 225).

Diese Vermutung wird nicht etwa durch den Hinweis ausgeräumt, ein an Krebs erkrankter, „austherapierter" Patient hätte jede nur denkbare Chance ergriffen, auch wenn er pflichtgemäß über die hohen, nicht von der Krankenkasse zu übernehmenden Kosten einer Behandlung aufgeklärt worden wäre, die praktisch wirkungslos sein musste (OLG Hamm NJW 2002, 307, 308).

Es liegt dann an der Behandlungsseite, den Beweis zu führen, dass sich die fehlende oder unvollständige Sicherungsaufklärung auf die Entstehung des Primärschadens nicht ausgewirkt hat (BGH NJW 1986, 776; OLG Düsseldorf VersR 1986, 659; G/G, Rn B 225, 226; Gehrlein, Rn B 53).

c) Einzelfälle

aa) Hinweis auf die Dringlichkeit des Eingriffs; Behandlungsverweigerung

Den Arzt trifft die Verpflichtung, den Patienten auf mögliche, dem Laien nicht ohne weiteres bekannte Gefahren hinzuweisen. Im Falle der Erforderlichkeit eines operativen Eingriffs hat er dem Patienten diesen in der gebotenen Form **eindringlich** nahe zu legen (OLG Schleswig NJW 2002, 227 = VersR 2001, 1516, 1517). Er muss den Patienten vor **Gefahren warnen**, die **durch das Unterlassen der ärztlichen Behandlung** entstehen können (BGH MDR 1991, 730; Gehrlein, Rn B 47).

Hat der Patient eine vorgesehene Nachuntersuchung in der Ambulanz nicht abgewartet und das Krankenhaus verlassen, ohne über die Folgen seiner Handlungsweise belehrt worden zu sein, so kann der Arzt verpflichtet sein, ihn **erneut einzubestellen** und ihn über das Erfordernis sowie die Dringlichkeit gebotener Therapiemaßnahmen aufzuklären (BGH MDR 1991, 730).

Die Weigerung des Patienten, einen Eingriff durchführen zu lassen, ist rechtlich nur beachtlich, wenn der Arzt den Patienten auf dessen Dringlichkeit hingewiesen hat (BGH MDR 1997, 940; Gehrlein, Rn B 47).

Verlässt ein **psychisch kranker Patient** gegen ärztlichen Rat die Klinik, so hat der behandelnde Arzt für die Folgen haftungsrechtlich nicht einzustehen, wenn er den Patienten deutlich auf die Folgen seines Tuns hingewiesen hat (OLG Düsseldorf VersR 1997, 1402).

Der Arzt handelt auch nicht schuldhaft, wenn er auf **dringenden Wunsch der Eltern** einer Entlassung des Kindes aus der Klinik zustimmt, sofern er eine lebensbedrohliche Gefährdung des Kindes ausschließen kann, die Eltern eindringlich auf die damit verbundenen Risiken hinweist, ihnen die erforderlichen therapeutischen Ratschläge erteilt und sich hinreichend sicher sein kann, dass sich die Eltern sachgerecht verhalten werden (OLG Köln VersR 1987, 1250).

Einerseits muss der Patient über allgemein bekannte, ihm drohende Verläufe nicht aufgeklärt werden. So drängt sich selbst für den medizinischen Laien beim vorliegenden Bild einer sich auf der Hand ausbreitenden Entzündung eines Fingers ohne ärztlichen Hinweis auf, dass die weitere Ausbreitung des Entzündungsherdes bei Nichtdurchführung der angeratenen Behandlung, hier der Durchführung einer Operation, die weitere Ausbreitung des Entzündungsherdes etwa zu einer Blutvergiftung und dauerhaften Schädigungen des angegriffenen Körperteils und insgesamt der Gesundheit des Patienten führen kann (OLG Schleswig VersR 2001, 1516, 1517 = NJW 2002, 227).

Andererseits ist der die Behandlung abbrechende Patient eindringlich auf die Folgen der Fristversäumung hinzuweisen, wenn nach dem Scheitern einer konservativen Therapie zur Behandlung einer Fraktur o. Ä. nur eine innerhalb von 10 bis 12 Wochen durchzuführende Operation den Behandlungserfolg herbeiführen kann (BGH NJW 1987, 705; Gehrlein, Rn B 47).

Eine Behandlungsverweigerung ist im Krankenblatt zu dokumentieren (BGH NJW 1998, 1782; Gehrlein, Rn B 52). So muss bei Verlassen der Klinik gegen ärztlichen Rat festgehalten werden, dass der Patient auf die mit einem Behandlungsabbruch einhergehenden Risiken hingewiesen worden ist (BGH NJW 1987, 2300; F/N, Rn 129). Die Weigerung, sich einer vom Arzt für medizinisch notwendig gehaltenen Röntgenuntersuchung zu unterziehen, ist ebenfalls zu vermerken (BGH NJW 1987, 1482).

Eine **mangelnde Dokumentation** kann nach Ansicht des BGH zu Beweiserleichterungen bis zur **Beweislastumkehr** zugunsten des Patienten führen (BGH MDR 1997, 940; NJW 1987, 2300).

Nach Auffassung des OLG Schleswig (VersR 2001, 1516, 1517 = NJW 2002, 227; ebenso F/N, Rn 129) trägt der Arzt für eine behauptete Behandlungsverweigerung unabhängig von etwaigen Dokumentationsversäumnissen die Beweislast. Denn die Behandlungsverweigerung fällt in den Bereich des Mitverschuldens; vgl. hierzu → *Mitverschulden* des Patienten. Hierfür trägt derjenige die Beweislast, der das Mitverschulden behauptet.

bb) Ansteckungsgefahr und Schutzimpfung

Im Rahmen eines Klinikaufenthalts muss der Arzt den Patienten auf die von einem Mitpatienten ausgehende Ansteckungsgefahr hinweisen (BGH NJW 1994, 3012; Gehrlein, Rn B 48).

Bei einer schwer wiegenden Krankheit wie z. B. Hepatitis C ist eine Aufklärung der nächsten Angehörigen nach Auffassung des OLG München

(Urt. v. 18.12.1997 – 1 U 5625/95) allenfalls dann geboten, wenn der Patient auf Grund seiner geistigen Fähigkeiten nicht in der Lage ist, die Tragweite der Erkrankung und deren Bedeutung für das Umfeld, insbesondere hinsichtlich der Ansteckungsgefahr richtig einzuschätzen oder nicht gewährleistet ist, dass der Patient die gebotenen Schutzmaßnahmen selbst durchführt.

Die therapeutische **Aufklärung naher Angehöriger** kann im Übrigen, soweit sie ohne Einwilligung des Patienten zulässig ist, regelmäßig **nicht das direkte Gespräch** zwischen Arzt und Patienten **ersetzen** (BGH NJW 1989, 2381).

Bei der Durchführung einer **staatlichen Schutzimpfung** gegen Kinderlähmung unter Verwendung von Lebendviren trifft den Impfarzt die Beratungspflicht, den Geimpften bzw. die für ihn Sorgeberechtigten auf das erhöhte Ansteckungsrisiko für gefährdete Kontaktpersonen hinzuweisen (BGH MDR 1995, 585; NJW 1994, 3012; KG MedR 1997, 76; zur Aufklärungspflicht bei Polio-Impfungen zuletzt BGH VersR 2000, 725, 727).

Die Unterlassung der therapeutischen Aufklärung kann deshalb auch Schadensersatzansprüche von in den Schutzbereich des Behandlungsvertrages einbezogener Dritter auslösen (BGH VersR 2000, 725, 727; VersR 1994, 1228, 1229).

cc) Sterilisation und Misserfolgsquote (siehe auch S. 188)

Nach einer Sterilisation mittels Durchtrennung der Samenleiter muss der Patient über die bestehende Misserfolgsquote und die Notwendigkeit regelmäßiger Nachuntersuchungen (**Anfertigung von Spermiogrammen**) aufgeklärt werden, wobei das Unterbleiben einer ordnungsgemäßen Aufklärung bei Fehlschlagen der Sterilisation vom Patienten zu beweisen ist (OLG Oldenburg NJW-RR 2000, 240, 241; OLG Düsseldorf NJW-RR 2001, 959, 960; OLG Hamm VersR 2002, 1562, 1563; G/G, Rn B 96, 104).

Es kann jedoch als Beweisanzeichen für die Nichterfüllung der Nebenpflicht des Arztes zur Erteilung der Sicherungsaufklärung dienen, wenn sich der Arzt den – angeblich erteilten – Hinweis auf die Versagerquote bei einer Sterilisation nicht schriftlich bestätigen lässt (OLG Zweibrücken NJW-RR 2000, 235, 236).

Andererseits soll es genügen, bei einer komplikationslos verlaufenden Vasektomie den bloßen Umstand der Resektion und des Verschlusses der Samenleiterenden zu dokumentieren (OLG Oldenburg NJW-RR 2000, 240).

Generell muss nach einer Vasoresektion (Entfernung eines 2–3 cm langen Stücks des Samenleiters) über das Risiko einer **Spätrekanalisation** und über das Versagerrisiko informiert werden (OLG Hamm VersR 1993, 484: Spätrekanalisation; OLG Oldenburg VersR 1994, 1384: Spätrekanalisation; OLG Düsseldorf VersR 1992, 317 und OLG Hamm VersR 2002, 1563: Versagerrisiko; S/D, Rn 325; G/G, Rn B 104).

Auch bei Durchführung einer Tubensterilisation bzw. Tubenligatur (Unterbrechung der Eileiter) einer Patientin ist das bestehende, wenngleich geringe Versagerrisiko aufklärungsbedürftig (OLG Düsseldorf NJW-RR 2001, 959; VersR 1992, 751; OLG Koblenz VersR 1994, 371: Versagerrisiko; OLG Köln VersR 1995, 967: Anspruch im entschiedenen Fall verneint).

Der Arzt hat über die verbleibende Möglichkeit einer Schwangerschaft trotz durchgeführter Sterilisation zu informieren, weil die Patientin nur dadurch in die Lage versetzt wird zu beurteilen, ob sie und ihr Partner sich mit der hohen Sicherheitsquote begnügen oder aus besonderer Vorsicht zusätzliche Verhütungsmaßnahmen anwenden wollen. Dieser Beratungspflicht wird er nur gerecht, wenn er dafür sorgt, dass die Information in einer Weise erfolgt, bei der er nach den Umständen sicher sein kann, dass sich die Patientin des konkreten Versagerrisikos bewusst geworden ist (OLG Karlsruhe OLGR 2002, 394: über 3‰).

Hat der Arzt der Patientin erklärt, auch bei kunstgerechter Durchführung des Eingriffes könne in einem bis vier von tausend Fällen eine Schwangerschaft eintreten, ist er nicht verpflichtet, die Patientin nachträglich über die sich nach neuerem Erkenntnisstand ergebende, ungünstigere Quote von bis zu 1,8 % zu unterrichten (OLG Düsseldorf NJW-RR 2001, 959, 960).

Hat der Operateur auf einer Seite wegen dort vorhandener starker Verwachsungen auf die vorgesehene Tubenresektion verzichtet, so hat er die Patientin auf das deshalb verbliebene Risiko einer unerwünschten Schwangerschaft hinzuweisen (OLG Düsseldorf VersR 1995, 542).

dd) Voraussetzungen eines Schwangerschaftsabbruchs

Vgl. hierzu → *Sterilisation, fehlerhafte,* → *Schwangerschaftsabbruch, fehlerhafter,* → *Genetische Beratung*

Nach einem Eingriff zum Abbruch einer Zwillingsschwangerschaft schulden Krankenhaus und nachbehandelnder Gynäkologe der Patientin den deutlichen Hinweis, dass wegen des Risikos des Fortbestandes der Schwangerschaft eine Nachkontrolle dringend erforderlich ist (OLG Oldenburg VersR 1997, 193).

Ist streitig, ob der Arzt über die Voraussetzungen und das Bestehen der Möglichkeit eines Schwangerschaftsabbruchs nicht bzw. nur ungenügend beraten und aufgeklärt hat, so trägt die Patientin hierfür die Beweislast (OLG Zweibrücken MedR 2000, 540).

ee) Negativer Rhesusfaktor, Fruchtwasseruntersuchung

Nach der Geburt eines Kindes mit negativem Rhesusfaktor muss die Mutter mit positivem Rhesusfaktor über das Risiko von **Antikörperbildung** und die damit verbundenen Gefahren für eine nachfolgende Schwangerschaft hingewiesen werden (BGH NJW 1989, 2320).

Eine 39-jährige werdende Mutter muss über die Möglichkeit der Fruchtwasseruntersuchung (Amniozentese) informiert werden (OLG München VersR 1988, 523).

ff) Erforderliche Klinikeinweisung

Wird eine Klinikeinweisung oder Weiterbehandlung in einem Krankenhaus erforderlich, so hat der Arzt den Patienten hierauf hinzuweisen (BGH NJW 1986, 2367 bei deutlicher Symptomatik; OLG Celle VersR 1985, 346 bei Verdacht auf Herzinfarkt; OLG Celle VersR 1988, 159 bei Verdacht auf Hodentorsion; G/G, Rn B 99).

gg) Hinweis eines vielfach aus kosmetischen Gründen voroperierten Patienten auf psychologische Behandlung

Bei einem vielfach aus kosmetischen Gründen voroperierten Patienten hat ein plastischer Chirurg die Möglichkeit einer psychisch-neurotischen Fehlhaltung in Betracht zu ziehen und den Patienten entsprechend zu beraten. Gibt der Patient allerdings in einem Vorgespräch an, er habe sich erst zwei oder drei Korrektureingriffen unterzogen, ist nicht ohne weiteres von einer unvernünftigen Fixierung auf das äußere Erscheinungsbild auszugehen (OLG Düsseldorf VersR 2001, 1380).

hh) Hinweis auf die weitere Lebensführung

Besteht der Verdacht auf eine ernsthafte Herzerkrankung des Patienten, muss ein Hinweis auf Konsequenzen für die weitere Lebensführung erfolgen (OLG Köln VersR 1992, 1231).

ii) Erforderlichkeit einer Korrektur- oder Nachoperation

Weist das Bein nach Operation einer Unterschenkelfraktur einen **Drehfehler** auf, muss der Patient über die Erforderlichkeit einer Korrekturoperation aufgeklärt werden (BGH NJW 1991, 748; Gehrlein, Rn B 47).

Auf die Folgen der Versäumung einer Frist von maximal 12 Wochen zur Durchführung einer Operation ist der die Behandlung abbrechende Patient eindringlich hinzuweisen (BGH NJW 1987, 705).

Nach der Durchführung einer Polypektomie (endoskopische Entfernung von Polypen, hier im Darm) ist der Patient auf eine durch Therapiekomplikationen entstandene nahe liegende Möglichkeit einer sich nachträglich ausbildenden Darmperforation hinzuweisen und darauf aufmerksam zu machen, dass in diesem Falle eine frühestmögliche Operation der günstigste Weg zur Begrenzung und Behebung der Schadensauswirkungen ist (OLG Koblenz VersR 2001, 111).

kk) Notfallbehandlung und Notwendigkeit einer Nachbehandlung

Ein Zahnarzt ist im Rahmen einer Notfallbehandlung nur verpflichtet, durch geeignete Behandlungsmaßnahmen die Krankheitssymptome wirksam zu bekämpfen und insbesondere die Schmerzfreiheit des Patienten wieder herzustellen. So ist die Anfertigung einer Röntgenaufnahme bei einer Notfallbehandlung nur erforderlich, wenn die Diagnostik nicht eindeutig ist. Wurzelkanäle müssen bei einer Notfallbehandlung nicht gefüllt werden (OLG Köln NJW-RR 2001, 91). Der Patient muss jedoch über die Notwendigkeit einer Nachbehandlung, etwa die Abfüllung eines Wurzelkanals, aufgeklärt werden. Der Beweis, dass der Arzt die erforderliche therapeutische Sicherheitsaufklärung unterlassen hat, obliegt dem Patienten (OLG Köln NJW-RR 2001, 91 und NJW-RR 2001, 92).

Ein vom Patienten zu beweisender Behandlungsfehler liegt auch vor, wenn der Arzt ihn nicht über die notwendigen Behandlungen und Maßnahmen zur rechtzeitigen Einleitung einer sachgerechten Nachbehandlung aufklärt. So muss der Patient darauf hingewiesen werden, dass Kopfschmerzen, die nach einer Spinalanästhesie auftreten, anästhesiologisch therapiert werden müssen (OLG Stuttgart VersR 1995, 1353).

ll) Notwendigkeit von Kontrolluntersuchungen

Zur ordnungsgemäßen Behandlung eines Muskelfaserrisses in der Wade gehört neben der Ausgabe von Verhaltensmaßregeln der in den Krankenunterlagen zu dokumentierende Hinweis auf die Notwendigkeit von Kontrolluntersuchungen, um der Gefahr einer Venenthrombose begegnen zu können. Die Unterlassung dieses Hinweises stellt sogar einen groben Behandlungsfehler dar (OLG Oldenburg VersR 1994, 1478; Bergmann/Kienzle, VersR 1999, 282, 283). Ergibt eine CT-Untersuchung den Verdacht auf einen Substanzdefekt oder ein arteriovenöses Angiom (geschwulstartige Gefäßneubildung, hier im Gehirn), ist die weitere Abklärung mittels Angio-MRT (Angio-Magnet-Resonanz-Tomographie) geboten. Unterlässt der Behandler diese Untersuchung bzw. den Hinweis an den Patienten auf die gebotene Abklärung, liegt ein „grober Behandlungsfehler" vor (OLG Köln VersR 2002, 1285).

mm) Unterlassener Hinweis auf weitere Untersuchungen bzw. notwendige Probeexzision bei Krebsverdacht

Bei Verdacht auf einen seltenen, gefährlichen Tumor ist der Patient selbst, nicht nur dessen Angehöriger, über die Dringlichkeit weiterer Untersuchungen zu unterrichten (BGH NJW 1989, 2318).

Ein Gynäkologe ist verpflichtet, eine Patientin mit familiärer Krebsvorbelastung nach Auswertung eines Mammographiebefundes eindringlich darauf hinzuweisen, dass in der Brust erkennbare Knoten wegen der im Vergleich zum Vorbefund deutlichen Wachstumstendenz krebsverdächtig sind, deshalb eine histologische Abklärung in Form einer Probeexzision erforderlich ist und sich bei Unterbleiben dieser Maßnahme mittel- oder langfristig eine veritable Krebserkrankung mit dem möglichen Befall anderer Organe herausbilden werde oder könne (OLG Köln NJW-RR 2001, 92, 93).

Der fehlerhafte Hinweis, es liege ein abklärungsbedürftiger, weil krebsverdächtiger radiologischer Befund vor, ist als „grober Behandlungsfehler" mit der Folge einer Beweislastumkehr für den eingetretenen Primärschaden wie z. B. die Entbehrlichkeit einer nachfolgenden Bestrahlung zu werten (OLG Köln NJW-RR 2001, 92, 93).

nn) Einbestellung bei nachträglicher Kenntnis von gravierendem Untersuchungsbefund

Erhält der Arzt nach Erhalt entsprechender Laborwerte nachträglich Kenntnis von einem gravierenden Untersuchungsbefund, etwa das Misslingen eines Schwangerschaftsabbruchs oder das Vorliegen einer Krebserkrankung, so hat er den Patienten umgehend einzubestellen, selbst wenn er ihm zuvor aus anderen Gründen eine Wiedervorstellung empfohlen hatte (BGH NJW 1985, 2749; Gehrlein, Rn B 48 a. E.).

oo) Medikation, Hinweis auf Nebenwirkungen

Die Medikation verpflichtet den Arzt dazu, den Patienten über Dosis, Unverträglichkeiten und Nebenwirkungen eines verordneten Medikaments ins Bild zu setzen (L/U, § 62 Rn 8; Gehrlein, Rn B 49).

Hierzu gehören etwa die mit der Wirkung des Medikaments auf den Kreislauf verbundene **Sturzgefahr** (OLG Köln VersR 1996, 1278) und die **eingeschränkte Fahrtauglichkeit** nach der Verabreichung von Augentropfen, Herz-Kreislauf-Medikamenten o. Ä. (L/U, § 62 Rn 14; Gehrlein, Rn B 49).

Verschreibt er dem Patienten ein nicht ungefährliches Medikament, so hat er ihn darüber aufzuklären und durch geeignete Maßnahmen die schonende Applikation sicherzustellen (L/U, § 62 Rn 8).

Regelmäßig kann sich der Arzt auf den Inhalt des vom Hersteller beigefügten **Beipackzettels** verlassen (OLG Saarbrücken OLG-Report 1999, 5; Gehrlein, Rn B 49).

pp) Hinweis auf verbliebenes Bohrerstück im Knochen

Regelmäßig liegt zwar kein Behandlungsfehler vor, wenn bei der Operation einer Fraktur ein abgebrochenes Metallteil einer Bohrerspitze im Knochen verbleibt. Der Arzt hat den Patienten hierüber jedoch aufzuklären. Zur Gewinnung entsprechender Erkenntnisse hat der Arzt postoperative Röntgenaufnahmen sorgsam auszuwerten. Unterbleibt dies und kann die erforderliche Sicherheitsaufklärung deshalb nicht erfolgen, kann ein Schmerzensgeld in der Größenordnung von 1 000 Euro gerechtfertigt sein (OLG München VersR 2002, 985, 986).

qq) Möglichkeit einer Samenspende vor Chemotherapie

Vor Beginn einer Chemotherapie bei einem männlichen Patienten wegen eines Hodentumors, welche die Unfruchtbarkeit des Patienten zur Folge haben kann, muss der behandelnde Arzt ihn auf die Möglichkeit der Erhaltung der externen Zeugungsfähigkeit durch Abgabe einer Samenspende hinweisen (OLG Frankfurt OLGR 2002, 183; MDR 2002, 1192).

Sieht der Patient wegen der fehlenden oder fehlerhaften Aufklärung von einer solchen Samenspende ab und führt die Chemotherapie später tatsächlich zu seiner Unfruchtbarkeit, so stellt dieser Verlust der Zeugungsfähigkeit eine vom Arzt verschuldete Körper- und Gesundheitsverletzung dar (OLG Frankfurt OLGR 2002, 183).

4. Wirtschaftliche Aufklärung und Hinweis auf Behandlungsfehler

Bei bestimmten Fallkonstellationen erstreckt sich die ärztliche Aufklärungspflicht auch auf wirtschaftliche Gesichtspunkte.

Weiß der Arzt, dass eine bestimmte ärztliche Behandlung von der gesetzlichen Krankenkasse nicht oder nur unter bestimmten, fraglich vorliegenden Voraussetzungen bezahlt wird (OLG Stuttgart OLGR 2002, 350, 351) oder muss der Arzt, der dem Patienten eine stationäre Behandlung vorschlägt, den Umständen nach begründete Zweifel haben, ob der private Krankenversicherer des Patienten die Behandlung im Krankenhaus als notwendig ansehen und die Kosten dafür übernehmen wird, so ist er verpflichtet, den Patienten hierauf hinzuweisen (BGH NJW 1983, 2630; KG VersR 2000, 89; Rehborn, MDR 2000, 1101, 1103: Begründete Zweifel bei Zahnbehandlung).

Nach Ansicht von Wussow (VersR 2002, 1337, 1341) und Gründel (NJW 2002, 2987, 2992) soll der Patient vom Arzt immer auf das Risiko einer teilweisen oder vollständig fehlenden Kostenerstattung hingewiesen werden, soweit ihm die Problematik der Kostenübernahme bekannt sein musste.

So hat der Arzt, der dem Patienten zu einer stationären konservativen Behandlung einer Hüftgelenksarthrose rät, obwohl diese auch ambulant behandelt werden könnte, den Patienten darüber aufzuklären, dass die private Krankenversicherung die durch die stationäre Aufnahme bedingten Mehrkosten voraussichtlich nicht erstatten wird (BGH NJW 1983, 2630; Terbille/Schmitz-Herscheidt, NJW 2000, 1749, 1754).

Bietet der Arzt einem **Krebspatienten** im letzten Stadium der Krankheit eine **teure Therapie** an, deren Wirksamkeit wissenschaftlich nicht erwiesen ist und deren Kosten von den Krankenkassen in aller Regel nicht übernommen werden, muss er den Patienten **unmissverständlich darüber belehren**, dass er die Therapie voraussichtlich **selbst zu bezahlen** haben wird. Bei unterbliebener Aufklärung kann der Patient im Wege des Schadensersatzes vom Arzt Freistellung von den Kosten verlangen (OLG Hamm MDR 1994, 1187; VersR 2001, 895, 896).

Er muss den Patienten klar und eindeutig über die realistischen Chancen einer ins Auge gefassten Therapie aufklären. Dies gilt besonders dann, wenn mit der Therapie hohe wirtschaftliche Kosten verbunden sind, die für ihn und seine Familie eine nicht tragbare Belastung bedeuten können (OLG Hamm VersR 2001, 895, 896). Jede im Vorfeld des Vertragsschlusses verschleiernd wirkende oder die realistisch erreichbare Situation verzerrende Maßnahme begründet eine Aufklärungspflichtverletzung. Hier besteht eine Vermutung dafür, dass sich der Patient bei – unterstellter – sachgerechter Beratung „aufklärungsrichtig" verhalten hätte (OLG Hamm VersR 2001, 895).

Auch bei Anwendung alternativer Methoden wie einer Ozon-Sauerstoff-Eigenbluttransfusion muss der Arzt den Patienten darauf hinweisen, dass diese auch vom privaten Krankenversicherer regelmäßig nicht ersetzt wird (OLG Düsseldorf MedR 1986, 208; kritisch hierzu L/U, § 65 Rn 17; vgl. auch Füllgraf, NJW 1984, 2619 und Baden, NJW 1988, 746). Gleiches gilt bei der Anwendung anderer, wissenschaftlich nicht allgemein anerkannter Untersuchungs- oder Behandlungsmethoden (OLG Frankfurt VersR 1988, 733; Terbille/Schmitz-Herscheidt, NJW 2000, 1749, 1754; vgl. hierzu auch Füllgraf, NJW 1984, 2619; Baden, NJW 1988, 746, 748).

Allerdings ist zu beachten, dass der BGH (NJW 1993, 2369) die einen Ausschluss der Kostentragungspflicht für wissenschaftlich nicht allgemein anerkannte Untersuchungs- oder Behandlungsmethoden enthaltende Klausel der privaten Krankenversicherer in § 5 I f MBKK für unwirksam erklärt hat (Verstoß gegen § 9 I, II AGBG, ab dem 1.1.2002 § 307 I, II BGB n. F.).

Dagegen ist ein Kassenpatient nicht auf die fehlende Erstattungsfähigkeit der Kosten der von ihm gewünschten privatärztlichen Behandlung (OLG Hamm NJW-RR 1991, 1141, 1142) oder über eine Behandlungsalternative hinzuweisen, die von der gesetzlichen Krankenversicherung aus ihrem Leistungskatalog ausgeklammert worden ist und ihm daher nur als Selbstzahler zur Verfügung steht (S/D, Rn 328 b, 385).

Der Arzt muss den Patienten von sich aus auch nicht über andere neuartige Verfahren unterrichten, solange andere, bewährte Diagnose- und Behandlungsmethoden zur Verfügung stehen (S/D, Rn 386).

Es gehört nicht zu den Nebenpflichten eines Zahnarztes, vor einer prothetischen Behandlung zu prüfen, ob seine Leistungen von der Privatversicherung seines Patienten getragen werden (OLG Düsseldorf NJW-RR 2000, 906; teilweise a. A. Schinnenburg, MedR 2000, 185, 187).

Er ist auch nicht gehalten, einen Kassenpatienten vor jeder einzelnen Maßnahme über eine alternative und teurere privatzahnärztliche Behandlung aufzuklären (LG Aachen VersR 2000, 1374; S/D, Rn 328 b, 385).

Der Zahnarzt muss sich schließlich grundsätzlich nicht über die Absicherung des Patienten gegenüber dessen Krankenversicherung bzw. staatlicher Beihilfe unterrichten, um die Behandlung danach auszurichten oder dem Patienten entsprechende Hinweise zu geben.

Die **wirtschaftliche Beratungspflicht des Zahnarztes** gehört **allenfalls** zu den **Neben- und Schutzpflichten** des Beratungsvertrages, die nicht überspannt werden dürfen (OLG Köln NJW 1987, 2304; Michalski, VersR 1997, 137, 145; a. A. KG VersR 2000, 89 bei zweifelhafter Kostenübernahme).

Dagegen ist er nach Ansicht des KG (VersR 2000, 89; OLG Stuttgart OLGR 2002, 350, 351: Bei Kenntnis; auch Rehborn, MDR 2000, 1101, 1103; Gründel, NJW 2002, 2987, 2992 zum Therapeuten; Wussow, VersR 2002, 1337, 1341) verpflichtet, bereits bei Bestehen begründeter Zweifel an der Übernahme der Behandlungskosten durch den Krankenversicherer darauf hinzuweisen, dass die in Aussicht genommene Behandlung möglicherweise nicht als notwendig angesehen werde.

Wenngleich in der Regel kein Bedürfnis einer Aufklärung über die Kosten einer allgemeinmedizinischen Behandlung besteht, da diese von der Krankenkasse getragen werden, ist dies auch nach Ansicht von Schinnenburg (MedR 2000, 185, 187) bei einer zahn- und kieferprothetischen Behandlung anders. Aus §§ 29, 30 III SGB V, wonach die Patienten bei diesen Behandlungen einen Eigenanteil zu tragen haben und eine Versorgung wählen können, die über den für gesetzlich Versicherte hinausgehenden

Standard hinausgeht, leitet er eine Hinweispflicht des Zahnarztes zur Aufklärung über die entstehenden Kosten und bestehenden Behandlungsalternativen ab.

Mohr (MedR 2001, 38, 39) bejaht eine Aufklärungspflicht des Zahnarztes dahin gehend, dass der Patient angehalten werden muss, seinen Versicherungsschutz – insbesondere einer privaten Zusatzversicherung – selbst zu prüfen. Die Prüfung des Versicherungsschutzes selbst ist auch nach seiner Ansicht nicht Sache des Arztes.

Vor einer kosmetischen Operation muss der behandelnde Arzt die Patientin jedoch unmissverständlich darauf aufmerksam machen, dass die Krankenkasse möglicherweise die Operationskosten nicht tragen werde. Dies gilt auch und gerade dann, wenn das Krankenhaus die Patientin einen Aufnahmeantrag unterzeichnen lässt, durch welchen sie zusagt, die Krankenhauskosten selbst zu tragen, sofern sie nicht von dritter Seite übernommen werden sollten (LG Bremen NJW 1991, 2353; zustimmend OLG Stuttgart OLGR 2002, 350, 351 = NJW-RR 2002, 1605; L/U, § 65 Rn 18).

Dagegen besteht auch bei kosmetischen Operationen keine Aufklärungspflicht, wenn der Patient weiß, dass die gesetzliche Krankenkasse die Behandlung nicht bezahlt (OLG Stuttgart OLGR 2002, 350, 351).

Nach Ansicht von Terbille und Schmitz-Herscheidt (NJW 2000, 1749, 1755 f.) trifft den Arzt auch eine **Nebenpflicht, konkrete Fragen des Patienten nach einem Behandlungsfehler wahrheitsgemäß zu beantworten.** Selbst ungefragt müsse er den Patienten auf Grund seiner wirtschaftlichen Aufklärungspflicht auf einen Behandlungsfehler hinweisen, wenn er weiß oder wissen muss, dass aufgrund des Behandlungsfehlers eine Folgebehandlung des Patienten erforderlich ist oder wird, die für diesen mit eigenen finanziellen Aufwendungen verbunden sein kann. Darüber hinaus ergebe sich – in **entsprechender Anwendung der Rechtsprechungsgrundsätze zur Anwaltshaftung** – eine **generelle Fehleroffenbarungspflicht** des Arztes aus der allgemeinen Leistungstreupflicht.

Die **h. M. lehnt** eine **rechtliche Verpflichtung** des Arztes zur Anzeige und Offenbarung ärztlicher Behandlungsfehler **ab** (BGH NJW 1984, 661, 662; OLG Hamm NJW 1985, 685; L/U, § 22 Rn 9; § 65 Rn 15; § 100 Rn 33; Solbach, JA 1986, 419, 420 f.; Taupitz, NJW 1992, 713, 715 ff.).

Eine Parallele zur Anwaltshaftung kann schon deshalb nicht gezogen werden, weil dessen Fehler regelmäßig ohne strafrechtliche Folgen bleiben; der Arzt kann nicht verpflichtet sein, sich durch die Offenbarung eines Behandlungsfehlers Strafverfolgungsmaßnahmen auszusetzen (L/U, § 65 Rn 15; hiergegen Terbille/Schmitz-Herscheidt, NJW 2000, 1749, 1751: Beweisverwertungsverbot).

Eine Hinweispflicht bestehe nur dann, wenn sich im Einzelfall aus dem Behandlungsfehler resultierende, weiter gehende Folgen ergeben können (L/U, § 65 Rn 15) bzw. das gesundheitliche Wohl des Patienten die Mitteilung erfordert, etwa um weitere medizinische Maßnahmen zu ermöglichen (L/U, § 100 Rn 33; enger Taupitz, NJW 1992, 713, 719: Vor geplantem, weiteren Eingriff).

Denn kein Arzt darf sehenden Auges eine Gefährdung seines Patienten hinnehmen (BGH VersR 1989, 186, 188; Terbille/Schmitz-Herscheidt, NJW 2000, 1749, 1750 und 1753).

In solchen Fällen schuldet der Arzt dem Patienten im Rahmen der therapeutischen Aufklärung jedoch nur die wahrheitsgemäße Tatsacheninformation über dessen Zustand und die Beratung über die weitere sachgerechte Behandlung, nicht aber unaufgefordert den Hinweis, dass der bestehende Zustand bei fehlerfreiem Verhalten des Arztes vermeidbar gewesen wäre (Terbille/Schmitz-Herscheidt, NJW 2000, 1749, 1753; Taupitz, NJW 1992, 713, 715).

Wird er vom Patienten konkret nach einem Behandlungsfehler befragt, so wird ihm von der h. L. **kein „Recht zur Lüge"** zugestanden (L/U, § 22 Rn 9; Terbille/Schmitz-Herscheidt, NJW 2000, 1749, 1752). Der Arzt handelt jedoch nicht treuwidrig, wenn er die Tatsachen nicht verschweigt, aber ein schuldhaftes Fehlverhalten abstreitet (BGH NJW 1984, 661, 662; OLG Hamm NJW 1985, 685).

II. Art und Umfang der Aufklärung

1. Aufklärung „im Großen und Ganzen"

Eine den ärztlichen Heileingriff rechtfertigende Einwilligung des Patienten setzt voraus, dass er über den Verlauf des Eingriffs, seine Erfolgsaussichten, seine Risiken und mögliche echte Behandlungsalternativen mit gleichwertigen Chancen, aber andersartigen Risiken und Gefahren „im Großen und Ganzen" aufgeklärt worden ist (BGH VersR 1989, 514, 515; VersR 1991, 777; VersR 1992, 238; MDR 2000, 701; OLG Karlsruhe OLGR 2001, 449, 450; OLG Oldenburg VersR 1997, 192 und VersR 2000, 362; OLG Koblenz NJW 1999, 3419, 3420; G/G, Rn C 86, 90, 91; S/D, Rn 394, 329; L/U, § 66 Rn 4 und § 63 Rn 16; Gehrlein, Rn C 7, 18, 41).

Dabei müssen dem Patienten die möglichen Risiken nicht medizinisch exakt und in allen denkbaren Erscheinungsformen dargestellt werden; es genügt, wenn dem Patienten ein allgemeines Bild von der Schwere und Richtung des Risikospektrums dargelegt, ihm die „Stoßrichtung" der Risiken verdeutlicht wird (BGH VersR 1993, 102; VersR 1991, 777; OLG

Hamm VersR 1999, 452 und NJW-RR 2001, 666; OLG Stuttgart, Urt. v. 18.1.2000 – 14 U 60/99; OLG Oldenburg VersR 1991, 1242 und VersR 1990, 742: „Stoßrichtung" genügt; OLG Karlsruhe OLGR 2002, 407: Allg. Bild; G/G, Rn C 85, 86; S/D, Rn 329, 394).

So bedarf der Patient, der über seine Erkrankung und den Verlauf der geplanten Operation informiert und der auch Kenntnis von der ungefähren Größenordnung des Misserfolgsrisikos erhalten hat, für seine selbstbestimmte Entscheidung über die Einwilligung zur Operation nicht der Erläuterung, aus welchen medizinischen Gründen im Einzelnen der Eingriff möglicherweise nicht zum Erfolg führt (BGH NJW 1990, 2929).

Ist der Patient über das Risiko eines Schlaganfalls aufgeklärt worden, bedarf es keiner weiteren Hinweise auf thromboembolische Risiken außerhalb des zentralen Nervensystems (OLG Oldenburg VersR 1991, 1242).

Das Risiko einer Arterienverletzung im Rahmen einer Harnröhrenoperation ist bei der Aufklärung mit dem Hinweis auf die Gefahr von Blutungen und inneren Verletzungen hinreichend beschrieben (OLG Hamm VersR 1999, 452).

Ist der Patient vor einer Bandscheibenoperation über das Narkoserisiko, die Gefahr intra- oder postoperativer Blutungen, die Möglichkeit des Auftretens einer Liquorzyste, die Gefahr von Lähmungen oder Bewegungsstörungen auch bleibender Art und über eventuelle Wundheilungsstörungen belehrt worden, bedarf es nicht zusätzlich der Erwähnung des Risikos einer schmerzhaften Bandscheibenwirbelentzündung (OLG Oldenburg VersR 1990, 742).

Bei der Unterrichtung über eine laparoskopische Entfernung einer Ovarialzyste nebst Eierstock und Eileiter am Tag des ambulanten Eingriffs ist über das Risiko eines Narbenbruchs nicht besonders aufzuklären, wenn über die Risiken von Verletzungen und Veränderungen im Darm- und Bauchdeckenbereich hingewiesen wurde (OLG Oldenburg VersR 1998, 769).

Der allgemeine Hinweis auf eine „Nervenläsion" und deren Folgen wie Taubheitsgefühl und Schmerzempfinden stellt eine zureichende Risikoaufklärung bei nachfolgender Schädigung des Nervus ilioinguinalis im Rahmen der Operation einer unfallbedingten Unterschenkeltrümmerfraktur (Plattenosteosynthese mit homologer Sprungiosaplastik) dar (OLG Saarbrücken, Urt. v. 15.3.1989 – 1 U 145/87); der Hinweis auf das Risiko von Nervverletzungen bei der operativen Versorgung eines Oberarm-Stückbruchs mit Verrenkung des Oberarmkopfes umfasst auch die Gefahr einer Arm-Plexus-Läsion (neurologische Ausfälle im Schultergürtel-Armbereich; OLG Hamm, Urt. v. 17.5.1999 – 3 U 141/98).

Das Risiko, nach einer Operation unter ständigen, chronischen Schmerzen zu leiden, ist mit dem Hinweis „selten kann die Durchtrennung von Nervenästen zu Taubheitsgefühlen und stärkeren Schmerzen in der Leistengegend führen, eine Schmerzbehandlung kann erforderlich werden" ausreichend umschrieben (OLG Stuttgart, Urt. v. 1.1.1997 – 14 U 54/96).

Auf die Möglichkeit, dass ein Nervschaden in ganz vereinzelten Fällen auch mit starken, therapieresistenten Schmerzen verbunden sein kann, muss eine Patientin ungefragt nicht hingewiesen werden (OLG Stuttgart, Urt. v. 18.1.2000 – 14 U 60/99).

Der Hinweis auf eine eingriffsbedingte, fortschreitende Arthrose umfasst das Risiko der Verstärkung bestehender Schmerzen (BGH VersR 2000, 1282).

Die Aufklärung über eine mögliche Schmerzverstärkung nach Durchführung einer Operation zur Behebung eines Karpaltunnel-Syndroms beinhaltet das Risiko der Entstehung eines Sudeck-Syndroms (BGH NJW 1994, 3010; s. u. S. 97, 189).

Das Risiko einer Perikarditis (Herzbeutelentzündung) wird vom Hinweis auf das Risiko von Organ- oder Hautveränderungen nach durchgeführter Bestrahlung wegen Lymphdrüsenkrebs umfasst (BGH VersR 1992, 238).

Wird der Patient vor einer Kniegelenksoperation auf das Risiko einer möglicherweise erforderlich werdenden Amputation hingewiesen, ist ein zusätzlicher Hinweis auf Nervschädigungen entbehrlich (OLG Düsseldorf VersR 1987, 1138).

Wurde die Patientin über das Risiko einer Blasen- und Darmverletzung vor einer vaginalen Hysterektomie aufgeklärt, ist hiervon auch eine spätere Fistelbildung mit Austreten von Kot und Urin aus der Scheide umfasst (OLG Nürnberg VersR 1996, 1372).

Mit dem Hinweis auf „Infektionen/Wundheilungsstörungen" wird die Schwere und „Stoßrichtung" des konkreten Risikospektrums im Hinblick auf eine Infektion mit dem Keim Staphylococcus aureus Genüge getan (OLG Düsseldorf, Urt. v. 19.11.1988 – 8 U 66/98).

Durch den Hinweis auf „Wundheilungsstörungen" vor einer Magenreduktionsplastik bei einem **260 kg schweren Patienten** wird nach Ansicht des OLG Oldenburg (Urt. v. 11.7.2000 – 5 U 38/00) auch das Risiko eines **„Platzbauches"** (Aufreißen der Operationswunde wegen einer bestehenden Bauchdeckenlücke) als **Maximalvariante** einer Wundheilungsstörung ausreichend umschrieben.

Der formularmäßige Hinweis auf „entzündliche Reaktionen" wird als hinreichende Aufklärung über mögliche Organveränderungen durch eine Bestrahlung angesehen (BGH VersR 1992, 238, 240).

Die Aufklärungspflicht über Risiken einer umfangreichen Operation gebietet im Regelfall keine Angabe der aus ihr resultierenden Sterblichkeitsrate (im entschiedenen Fall 1 – 10 %), wenn der Patient auf erhebliche Risiken des Eingriffs, etwa einer Bauchfellentzündung, der Verletzung der Hauptschlagader und der Leber vor einer Bauchspeicheldrüsenoperation hingewiesen wurde (OLG Nürnberg MedR 2002, 29, 30). Im Allgemeinen kann als bekannt vorausgesetzt werden, dass bei größeren Operationen immer Gefahren bestehen, die in unglücklichen Fällen zu schweren Gesundheitsschäden, ja sogar zum Tode führen können (OLG Nürnberg MedR 2002, 29, 30).

Stets setzt die Aufklärung „im Großen und Ganzen" als gebotene Grundaufklärung jedoch voraus, dass

▷ dem Patienten ein **zutreffender allgemeiner Eindruck** von der Schwere des Eingriffs und der Art der Belastung vermittelt wird, die für seine körperliche Integrität und seine Lebensführung möglicherweise zu befürchten sind (OLG Brandenburg NJW-RR 2000, 24, 25; OLG Karlsruhe OLGR 2002, 407; BGH NJW 1996, 777, 779),

▷ der ärztliche **Rat** dem **Stande der Wissenschaft** entsprechend diagnostisch **abgesichert** ist (OLG Frankfurt NJW-RR 1995, 1048; OLG Köln NJW 1987, 2936; s. u. II. 3.),

▷ die tatsächlich bestehenden **Risiken** der Vornahme oder Unterlassung des Eingriffs gegenüber dem Patienten **nicht verharmlost** werden (BGH NJW 1994, 793; NJW 1992, 2351; OLG Stuttgart VersR 1988, 832 und VersR 1998, 1111; s. u. II. 4.),

▷ der Patient auch über den Grad der **Dringlichkeit** der Indikation des Eingriffs **informiert** wird (BGH NJW 1992, 2354; NJW 1990, 2928; OLG Hamm VersR 1985, 577; OLG Oldenburg NJW 1997, 1642; s. u. II. 5.)

▷ der Grad der **Dringlichkeit** gegenüber dem Patienten **nicht dramatisiert** wird (BGH NJW 1990, 2928; OLG Stuttgart VersR 1988, 695).

2. Allgemeine Operationsrisiken

Allgemeine, mit einer jedenfalls größeren Operation regelmäßig verbundene Risiken wie Wundinfektionen, Narbenbrüche, die Gefahr von Nachblutungen, nur vorübergehende, anästhesiebedingte Nervschädigungen sowie Thrombosen und Embolien können regelmäßig in das Wissen des Patienten gestellt werden und sind nicht aufklärungspflichtig. Hier kann der Arzt davon ausgehen, dass von einem Patienten mit allgemeinem Wissensstand nachgefragt wird, wenn dieser weitere Erläuterungen wünscht (OLG Frankfurt, Urt. v. 1.2.1990 – 1 U 72/87: Wundinfektion, Narbenbrüche, Embolien; BGH VersR 1986, 342: Allgemeines Embolierisiko; BGH

NJW 1996, 788: Allgemeines Infektionsrisiko; BGH NJW 1991, 1541: Wundinfektionsrisiko; BGH VersR 2000, 1282: Fortdauernde Schmerzen; OLG Oldenburg VersR 1998, 769: Risiko eines Narbenbruchs; OLG Köln VersR 1995, 543: Thromboserisiko; OLG Stuttgart VersR 1999, 1500: Anästhesiebedingte Nervschädigung; OLG Karlsruhe OLGR 2001, 449, 450: Reizungen, Rötungen und Hämatome; Gehrlein, Rn C 28; S/D, Rn 404; G/G, Rn C 47; F/N, Rn 184).

Auf das Infektionsrisiko muss jedoch z. B. bei einer Kniepunktion oder einer Injektion hingewiesen werden, weil es sich hierbei um ärztliche **Routineeingriffe** handelt, die der Patient üblicherweise als ungefährlich ansieht (BGH NJW 1994, 2414; Gehrlein, Rn C 28).

Die Gefahr der Infektion nach Verabreichung einer Spritze zählt jedenfalls dann zu den aufklärungsbedürftigen Risiken, wenn sich das Infektionsrisiko durch das verabreichte Medikament erhöht (BGH VersR 1989, 514, 515; F/N, Rn 184 a. E.).

Auch auf mögliche Wundheilungsstörungen muss der Patient insbesondere vor Bauchoperationen (OLG Oldenburg, Urt. v. 11.7.2000 – 5 U 38/00), Herzoperationen (BGH VersR 1990, 1010, 1012: Diabetiker) und Bestrahlungen (KG VersR 1995, 338, 339; F/N, Rn 177: Vorschäden wegen vorangegangener Bestrahlungen) hingewiesen werden. Entsprechendes gilt auch bei kleineren Eingriffen. Dass es bei Einstichen mit einer Spritze o. a. zu Reizungen, Rötungen und kleinen Hämatomen kommen kann, ist auch einem Laien bekannt, so dass der behandelnde Arzt solche Risiken nicht besonders erwähnen muss (OLG Karlsruhe OLGR 2001, 449, 450).

3. Diagnostische Absicherung

Sachlich richtig sind ärztliche Aufklärungshinweise nur dann, wenn der Arzt dem Patienten verdeutlicht hat, wie „sicher" seine Diagnose im Hinblick auf differential-diagnostische in Erwägung zu ziehende Alternativen (siehe hierzu II. 11.) und die Untersuchungsmöglichkeiten sind, welche nach dem Stand der Wissenschaft geboten erscheinen. Spiegelt der Arzt der Patientin eine Eindeutigkeit seiner Diagnose vor, die in Wahrheit nicht gegeben ist, fehlt der Einwilligung der Patientin von vornherein die sachliche Grundlage (OLG Frankfurt NJW-RR 1995, 1048).

Der Arzt **haftet** wegen **unrichtiger Diagnoseaufklärung**, wenn diese zwar nicht schuldhaft falsch ist, er aber dem Patienten nicht deutlich gemacht hat, dass es sich tatsächlich nur um eine ungesicherte **Verdachtsdiagnose** handelt und dadurch dessen Entscheidungsspielraum unzulässig eingeschränkt wird (OLG Stuttgart VersR 1988, 695).

So ist eine Diagnoseaufklärung dann unzureichend, wenn für den mitgeteilten Befund „Verdacht auf Hirntumor" keine hinreichende tatsächliche

Grundlage besteht, der Befund für den Patienten auf eine schwere Erkrankung schließen lässt und dieser in psychischer Hinsicht zu Überreaktionen neigt (OLG Köln NJW 1987, 2936 und NJW 1988, 2306).

Die Pflicht zur möglichsten Schonung des Patienten ist jedoch nicht verletzt, wenn die mitgeteilte Diagnose zwar falsch war, sie jedoch auf gesicherten Befunden beruhte (OLG Köln NJW 1988, 2306).

Eine Haftung des aufklärenden Arztes scheidet auch aus, wenn die objektiv fehlerhafte bzw. nicht auf einer gesicherten Diagnose beruhende Aufklärung auf einem „einfachen" Diagnoseirrtum beruht (OLG Köln VersR 1999, 98).

Dies gilt jedoch nicht bei Vorliegen eines „fundamentalen Diagnoseirrtums" (siehe → *Diagnosefehler*, S. 246 ff.).

4. Keine „Verharmlosung"

Die Einwilligung des Patienten ist unwirksam, wenn der aufklärende Arzt das mit der Vornahme oder Unterlassung des Eingriffs bestehende Risiko verharmlost hat.

So müssen bei zweifelhafter Operationsindikation mit hohem Misserfolgsrisiko bestehende Verschlechterungsmöglichkeiten deutlich angesprochen werden (BGH VersR 1980, 1145; NJW 1997, 1637).

Die im Rahmen einer Operation drohende Gefahr einer dauerhaften Lähmung (hier: des Nervus peronaeus) wird mit dem Hinweis auf das Risiko „vorübergehender Lähmungen" nur unzureichend beschrieben (BGH NJW 1999, 863).

Bei der Vornahme einer Myelographie (Röntgenkontrastdarstellung des Wirbelkanals) muss das Risiko einer **Querschnittslähmung** ausdrücklich angesprochen werden (BGH VersR 1996, 195; OLG Hamm VersR 1988, 1133).

Gleiches gilt bei einer Bestrahlung, die zu einer Querschnittslähmung führen kann (BGH NJW 1984, 1397; Gehrlein, Rn C 439).

Das bei einer Angiographie (Gefäßdarstellung durch Injektion eines Röntgenkontrastmittels) bestehende Risiko einer Halbseitenlähmung ist mit dem Hinweis auf ein „Schlägle, das man medikamentös beherrschen kann" nur unzureichend beschrieben (OLG Stuttgart VersR 1988, 832).

Dagegen darf die Gefahr einer dauerhaften Lähmung vor der Durchführung einer dringend indizierten Bandscheibenoperation als „denkbar gering" oder „sehr gering" dargestellt werden (BGH NJW 1984, 2629; Gehrlein, Rn C 43 a. E.).

Der bloße Hinweis auf eine mögliche „Hodenschwellung, Durchblutungsstörungen im Hoden" reicht zur Beschreibung des Risikos einer Hodenatrophie nach einer Leistenbruchrezidivoperation jedoch nicht aus (OLG Stuttgart VersR 1998, 1111; S/D, Rn 398).

Bei einer Rezidiv-Strumektomie (Kropfoperation) wird das gesteigerte Stimmband-Lähmungsrisiko mit „gelegentlich auftretender Heiserkeit, Sprach- und Atemstörungen, die sich meist zurückbilden" nur ungenügend beschrieben (BGH NJW 1992, 2351; S/D, Rn 398; Gehrlein, Rn C 43).

Auch auf ein extrem seltenes Erblindungsrisiko muss vor einer endonasalen Siebbeinoperation deutlich hingewiesen werden (BGH NJW 1994, 793; G/G, Rn C 91).

Bei der Eröffnung eines Hüftgelenks (Arthrotomie) ist der deutliche Hinweis auf das Risiko einer Nervenverletzung mit nachfolgender Beinlähmung erforderlich (OLG Oldenburg VersR 1997, 1493). Wird der Patient vor einer schwierigen Bauchspeicheldrüsenoperation auf schwer wiegende Risiken, insbesondere das Entstehen von Thrombosen, einer Bauchfellentzündung, der Verletzung von Nachbarorganen wie der Hauptschlagader und der Leber hingewiesen, ist keine Aufklärung über die aus der Operation resultierende Sterblichkeitsrate, im entschiedenen Fall zwischen 1 und 10 %, erforderlich (OLG Nürnberg MedR 2002, 29, 30).

5. Fehlende Dringlichkeit

Vor einer Operation ist der Patient nicht nur über deren Risiken, sondern auch über den Grad der Dringlichkeit des Eingriffs aufzuklären (BGH NJW 1990, 2928; OLG Hamm VersR 1985, 577; OLG Oldenburg VersR 2001, 1381 und NJW 1997, 1642; S/D, Rn 398; G/G, Rn C 90, 92; Gehrlein, Rn C 44; F/N, Rn 181).

Besteht etwa für einen chirurgischen Eingriff keine akute Dringlichkeit, dient dieser vielmehr vor allem kosmetischen oder ästhetischen Zwecken, ist der Patient umfassend über die damit verbundenen Risiken und die möglichen Komplikationen aufzuklären. Hierzu gehört z. B. der Hinweis auf eine Thrombose (Bildung von Blutgerinnseln) mit evtl. nachfolgender Embolie (Schlagaderverschluss durch verschleppte Gerinnsel) bei übergewichtiger Patientin (OLG Oldenburg VersR 2001, 1381).

Erklärt der Arzt dem Patienten, ohne den beabsichtigten operativen Eingriff werde sich ein im Bereich des Rückenmarks befindlicher Tumor schon **nach ganz kurzer Zeit** als **Querschnittslähmung** verwirklichen, obwohl der Eingriff tatsächlich noch mindestens vier bis fünf Jahre hinausgezögert werden könnte, so liegt hierin trotz erfolgter Aufklärung über das Risiko einer Querschnittslähmung eine Falschinformation, die dem

Patienten die Möglichkeit nimmt, sich statt für den Eingriff, bei dem sich das von der Aufklärung umfasste Risiko realisiert, für die Chance eines normalen Weiterlebens für einige Jahre zu entscheiden (OLG Hamm VersR 1985, 577; vgl. auch OLG Oldenburg NJW 1997, 1642).

Die vom Patienten erteilte Einwilligung ist auch unwirksam, wenn ihm vom Arzt mitgeteilt wird, er hätte ohne den Eingriff (hier: Operation einer Gallengangszyste) nur noch drei Wochen zu leben, obwohl tatsächlich keine akute Lebensgefahr bestand und bei der dann lege artis durchgeführten Operation schwer wiegende Komplikationen eintreten, die zu erheblichen Beschwerden im Bereich der Gallenwege führen und Folgeoperationen erforderlich machen (BGH NJW 1990, 2928).

Vor einer Mastektomie (operative Entfernung einer weiblichen Brustdrüse) ist jedenfalls bei zweifelhaftem Malignitätsverdacht darauf hinzuweisen, dass der Eingriff nicht dringlich ist (BGH NJW 1992, 2354; G/G, Rn C 91).

Besteht die ernsthafte Möglichkeit, eine Operation durch eine – ggf. weitere – konservative Behandlung zu vermeiden (BGH MDR 2000, 700: Bandscheibenoperation) oder kann sie noch ohne weiteres hinausgeschoben werden (BGH NJW 1998, 1784; Gehrlein, Rn C 44), so muss dar Patient auch über diese Möglichkeit unterrichtet werden (vgl. hierzu II. 11. b.).

Vor Durchführung einer Hirnangiographie (1982) muss der Patient darauf hingewiesen werden, dass deren Durchführung nur eine beschränkte Chance zur Abklärung eines Tumorverdachts bietet (OLG Düsseldorf VersR 1984, 643). Seit der Einführung bildgebender Verfahren ist die Anfertigung von Kernspin- bzw. computertomographischen Aufnahmen erforderlich.

Besteht keine Dringlichkeit für den Eingriff, etwa bei rein diagnostischen Maßnahmen, Impfungen und kosmetischen Operationen, oder handelt es sich um eine zweifelhafte Operationsindikation mit hohem Misserfolgsrisiko, so muss der Patient auch über fern liegende Gefahren aufgeklärt werden (F/N, Rn 181).

6. Operation/Eingriff nur relativ indiziert

Ist eine Operation oder ein diagnostischer Eingriff nur relativ indiziert, weil ihre Erforderlichkeit vom **Sicherheitsbedürfnis** des Patienten abhängt, so muss dies mit diesem besprochen werden. Andernfalls fehlt es an der erforderlichen Aufklärung als Voraussetzung für eine wirksame Einwilligung in die Operation (BGH VersR 1997, 451; BGH MedR 2001, 461; auch OLG Stuttgart VersR 1997, 1537; Müller, MedR 2001, 487, 488).

Bei einer solchen relativen Indikation ist das Selbstbestimmungsrecht des Patienten nur dann gewahrt, wenn er darauf hingewiesen wird, dass und mit welchem Risiko auch ein Aufschieben oder gänzliches Unterlassen der Operation möglich ist (BGH VersR 1997, 451). Bei diagnostischen Eingriffen ohne therapeutischen Eigenwert gelten allgemein strengere Maßstäbe für die Aufklärung des Patienten über die mit der medizinischen Maßnahme verbundenen Gefahren, sofern der invasive Schritt nicht gerade dringend oder vital indiziert erscheint; hier muss der Arzt dem Patienten selbst entfernt liegende Komplikationsmöglichkeiten in angemessener Weise darlegen (OLG Hamm VersR 1981, 686 und VersR 1989, 807; OLG Stuttgart, VersR 1988, 832; OLG Koblenz NJW-RR 2002, 816, 818; L/U, § 64 Rn 8). Gleiches gilt bei der vorgesehenen Erweiterung eines Eingriffs (OLG Stuttgart VersR 1997, 1537).

Ist die Entfernung der Rachenmandeln (Tonsillektomie) absolut, die in der Korrektur der Nasenscheidewand mit Septumplastik und einer Kappung der unteren Nasenmuschel (Konchotomie) liegende Erweiterung auf Grund der hierzu erhobenen Befunde nur relativ indiziert, so darf der Arzt die Erweiterung des Eingriffs nicht empfehlen bzw. durchführen; vielmehr muss er dem Patienten den Operationsentschluss auch insoweit in besonderem Maße anheim stellen (OLG Stuttgart VersR 1997, 1537).

Wird der Patient vor einem dreistufigen diagnostischen Eingriff, etwa einer Angiographie (Gefäßdarstellung durch Injektion eines Röntgenkontrastmittels), einer Embolisation (kathetergesteuerter Gefäßverschluss mit Mikropartikeln o. a.) und einem Occlusionstest (Verödung des Gefäßes) nur über die Risiken der ersten Stufe aufgeklärt und verwirklicht sich in einer späteren Stufe ein Risiko, das auch auf der ersten Stufe hätte eintreten können, so haftet der Arzt für das Aufklärungsversäumnis, wenn er den Patienten nicht auf die Risikokumulation hingewiesen hatte (OLG Koblenz NJW-RR 2002, 816).

Die Folgen der mangels Aufklärung nicht rechtmäßigen, im Übrigen aber ordnungsgemäß durchgeführten Erweiterung des Eingriffs bestehen in der Verlängerung der Operationsdauer sowie den auf Grund der Septumkorrektur und der Konchotomie verstärkten postoperativen Schmerzen und Missempfindungen einschließlich der erforderlich gewordenen Nasentamponade sowie etwaiger Dauerfolgen wie Trockenheit der Nase und einer chronischen Rhinitis (OLG Stuttgart VersR 1997, 1537; 4 100 Euro Schmerzensgeld; OLG Köln NJW-RR 1993, 919: 3 580 Euro für den Verlust des bereits vorgeschädigten Riechvermögens nach einer Septumkorrektur).

Besteht die Möglichkeit, eine Operation durch eine konservative Behandlung zu vermeiden und ist die Operation deshalb nur relativ indiziert, so muss der Patient auch hierüber informiert werden (BGH VersR 2000, 766; MDR 2000, 700: Bandscheibenoperation).

Der Patient muss grundsätzlich aufgeklärt werden, wenn es mehrere medizinisch indizierte und übliche Behandlungsmethoden gibt, die unterschiedliche Risiken oder unterschiedliche Erfolgschancen haben (BGH VersR 2000, 766, 767; vgl. II. 11. „Behandlungsalternativen").

So ist etwa eine umfassende Unterrichtung des Patienten über Notwendigkeit, Zweckmäßigkeit, Art und Risiken einer arteriellen Angiographie (Gefäßdarstellung durch Injektion eines Röntgenkontrastmittels) geboten, wenn es sich um eine rein diagnostische Maßnahme mit hohem Risiko handelt und das Unterlassen des Eingriffs aus ärztlicher Sicht mindestens ebenso in Betracht kommt wie die Durchführung (OLG Hamm VersR 1992, 833).

Die in dieser Weise erhöhte Aufklärungspflicht gilt aber nur bei diagnostischen Eingriffen ohne therapeutischen Eigenwert (BGH VersR 1979, 721; OLG Stuttgart VersR 1988, 832). Richtet sich der Eingriff vorrangig auf die Heilung oder Linderung bzw. handelt es sich um einen Notfall und dient der Eingriff nur zugleich auch diagnostischen Zwecken, so folgt der Grad der erforderlichen Aufklärung den Gegebenheiten des therapeutischen Eingriffs (L/U, § 64 Rn 10; OLG Stuttgart VersR 1988, 832 bei Notfall).

Obige Grundsätze über die Aufklärungspflicht bei nur relativer Indikation einer Operation greifen auch dann nicht ein, wenn der Eingriff nicht durch eine konservative Behandlung vermieden werden kann oder ein konservatives Vorgehen etwa durch weiteres Zuwarten oder die Gabe von Medikamenten keine „ernsthafte Alternative" darstellt (OLG Saarbrücken OLGR 2000, 401, 403; vgl. II. 11. d), S. 112 ff.).

7. Kosmetische Operationen

Auch der Vertrag über die Durchführung einer kosmetischen Operation („Schönheitsoperation") ist ein Dienstvertrag (OLG Köln VersR 1998, 1510; MDR 1988, 317; vgl. hierzu → *Arztvertrag*).

Vor einer kosmetischen Operation ist der Patient über die Erfolgsaussichten und Risiken des Eingriffs wie bleibende Entstellungen und gesundheitliche Beeinträchtigungen besonders sorgfältig, umfassend und gegebenenfalls schonungslos aufzuklären (BGH MDR 1991, 424; OLG Stuttgart NJW-RR 2000, 904, 905 m. w. N. der Rspr.; OLG Düsseldorf VersR 1999, 61).

Eine den gesteigerten Anforderungen an die Aufklärungspflichten nicht genügende Aufklärung, die dazu führt, dass die Einwilligung des Patienten auf einer unzulänglichen Informationsgrundlage basiert, macht diese unwirksam (OLG Oldenburg VersR 2001, 1381).

Bei kosmetischen Operationen muss die vom Arzt zu erbringende Aufklärung in besonderem Maß auch dem Umstand Rechnung tragen, dass es sich hier nicht um einen aus ärztlicher Sicht notwendigen Eingriff handelt, die Operation vielmehr wegen eines besonderen Bedürfnisses des Patienten an einer kosmetischen Verbesserung erfolgen soll (OLG Düsseldorf VersR 1999, 61).

So bedarf z. B. die aus kosmetischen Gründen erwünschte Entfernung ausgedehnter Fettpolster wegen der Operationsrisiken wie insbesondere der Entstehung von Fisteln und Fettgewebsnekrosen mit verbleibenden Narben, Wundheilungsstörungen einer **schonungslosen Patientenaufklärung** (OLG Düsseldorf VersR 1999, 61: 5 113 Euro bei unvollständiger Aufklärung).

Vor einer nur teilweise medizinisch indizierten, nicht dringlichen Operation zur dann vorgenommenen Entfernung von 1400 g Fettgewebe muss die Patientin auf das wegen ihres Übergewichtes erhöhte Thromboserisiko (Bildung von Blutgerinnseln) mit eventuell nachfolgender Embolie (Schlagaderverschluss durch verschleppte Gerinnsel) hingewiesen werden (OLG Oldenburg VersR 2001, 1381, 1382).

Bei nicht vital indizierten Operationen zur Vergrößerung oder Verkleinerung von Brüsten muss die Patientin eingehend auch darüber aufgeklärt werden, dass die Erreichung des erstrebten, kosmetischen Erfolges nicht gesichert ist, es zur Bildung von hässlichen Narben, Sensibilitätsstörungen und erforderlichen Nachoperationen kommen kann (OLG München MedR 1988, 187, 188; OLG Oldenburg VersR 1998, 1421).

Auch wenn eine Brustreduktion mit der Entfernung von 1 kg Fettgewebe (Mamareduktionsplastik nach Strömbeck) teilweise medizinisch indiziert, teilweise schönheitschirurgisch bedingt ist, hat eine über die allgemeinen gesundheitlichen Risiken wie Infektionen, Nachblutung und Nekrosebildung, die zum Verlust der Brustwarze führen können, hinausgehende Aufklärung klar und deutlich, wenngleich wegen der zugleich vorliegenden medizinischen Indikation nicht schonungslos, zu erfolgen (OLG Stuttgart NJW-RR 2000, 904).

Hierzu gehört auch der Hinweis auf die Möglichkeit, dass restliches Fettgewebe zu einer **Taschenbildung** unter der Achsel führen und einen Korrektureingriff erforderlich machen kann, Wundrandnekrosen zu einem Verlust der Brustwarze und zu Gefühlsstörungen führen und Asymmetrien oder Fehlstellungen auftreten können (OLG Stuttgart NJW-RR 2000, 904, 905).

Der auf den Einwand der Behandlungsseite, die Patientin hätte sich auch ohne eine ordnungsgemäße Aufklärung zu dem Eingriff entschlossen (s. u. V. 2.), von der Patientin behauptete „Entscheidungskonflikt" (s. u. V. 3.) ist jedoch nicht plausibel, wenn die Patientin die Ärzte mehrfach auf die Durchführung der Operation gedrängt hat und sich fest entschlossen zeigte, den Eingriff alsbald durchführen zu lassen (OLG Stuttgart NJW-RR 2000, 904).

Hinsichtlich der vermeintlichen Auswirkungen von **Silikonimplantaten** auf das **Immunsystem** besteht **keine Aufklärungspflicht** (OLG Köln VersR 1997, 115; vgl. auch OLG Frankfurt NJW-RR 2000, 1268 zur verneinten Haftung der inländischen Vertriebsgesellschaft für Silikonimplantate, die mit einer ausführlichen Packungsbeilage an Krankenhäuser und Ärzte verkauft wurden).

Anders als bei medizinisch notwendigen Eingriffen (OLG Köln NJW-RR 1999, 674; VersR 2000, 361; OLG München VersR 1996, 233, 234; vgl. hierzu → *Rückerstattung des Honorars* und Rehborn, MDR 2001, 1148, 1154) kann der Honoraranspruch des Arztes für eine kosmetische Operation entfallen, wenn der Patient bei Erteilung der gebotenen Aufklärung in den Eingriff nicht eingewilligt hätte und zur Erzielung eines befriedigenden Ergebnisses ein neuerlicher Eingriff notwendig ist (OLG München NJW-RR 1994, 20; OLG Hamburg MDR 2001, 799).

Dies gilt jedenfalls dann, wenn das Interesse des Patienten an der Durchführung des Eingriffs wegen dessen Fehlschlagens weggefallen (OLG Hamburg MDR 2001, 799; Rehborn, MDR 2001, 1148, 1154) bzw. die ärztliche Leistung für den Patienten von vornherein nutzlos ist (OLG Koblenz NJW-RR 1994, 52; F/N, Rn 235; weiter gehend Gehrlein, Rn A 19 a. E.: Vergütungsanspruch entfällt bei eigenmächtigem Eingriff).

8. Misserfolgsrisiko

Grundsätzlich ist der Arzt nicht verpflichtet, den Patienten über Risiken aufzuklären, die ihm durch vermeidbare Behandlungsfehler entstehen können (BGH NJW 1992, 1558; NJW 1985, 2193).

Auf die Gefahr des Fehlschlagens eines vorgesehenen Eingriffs hat der Arzt jedoch hinzuweisen, wenn bei **zweifelhafter Operationsindikation** ein **hohes Misserfolgsrisiko** besteht (BGH VersR 1980, 1145, 1146; NJW 1992, 108, 109; Gehrlein, Rn C 45; G/G, Rn C 93), der Eingriff zur Beseitigung von schmerzhaften Beschwerden vorgenommen wird, die im Falle eines Misserfolges nicht beseitigt, sondern möglicherweise sogar vergrößert werden (BGH VersR 1987, 667, 668; VersR 1988, 493; VersR 1990, 1238; NJW 1992, 108; NJW 1992, 1558; OLG Oldenburg VersR 1997, 1493 und VersR 1998, 1285; OLG Hamm VersR 1990, 855; OLG Köln VersR 2000, 492), insbesondere wenn die Operation zwar indiziert, aber nicht dringlich ist und anstelle der Zustandsbesserung auch eine erhebliche

Verschlechterung eintreten kann (OLG Oldenburg MDR 1997, 153; OLG Stuttgart OLGR 2000, 132, 134).

So ist der Patient vor einer varisierenden Osteotomie zur Linderung von Beschwerden auf Grund einer Hüftluxation darüber aufzuklären, dass u. U. keine Schmerzfreiheit für längere Zeit erreicht werden kann, es vielmehr subjektiv sogar zu größeren Schmerzen kommen kann (BGH VersR 1987, 667; BGH VersR 2000, 1282, 1283: Im entschiedenen Fall verneint).

Wird zur Schmerzlinderung eine **Gelenkversteifung** vorgenommen, so muss der Patient darauf hingewiesen werden, dass sich durch die Knochenoperation das Risiko eines Morbus Sudeck (Gewebsschädigung an Extremitätenabschnitten mit schmerzhafter Schwellung und i. d. R. Atrophie der Weichteile) erhöht und er dadurch größere Schmerzen als vor der Operation erdulden muss (BGH NJW 1988, 1514; Gehrlein, Rn C 29).

Der Hinweis, die Operation zur Verkürzung eines Oberschenkels könne „schief gehen", reicht nicht aus, wenn tatsächlich die Gefahr einer Verschlimmerung besteht (BGH NJW 1981, 1319; Gehrlein, Rn C 45).

Ist dem Patienten infolge jahrelanger Beschwerden und erfolgloser Heilungsversuche die Notwendigkeit einer operativen Versteifung des Fußes bekannt und ärztlich mehrfach bestätigt worden, müssen nähere Einzelheiten wie Ort und Art der Versteifung sowie über den komplizierten Aufbau des Rückfußes nur auf ausdrückliche Fragen des Patienten erklärt werden. Soll der erforderliche Eingriff nur zum Zweck der Besserung eines bestehenden Schmerzzustandes vorgenommen werden und besteht die Gefahr, dass sich der Zustand danach auch deutlich verschlechtern kann, muss er hierauf jedoch detailliert hingewiesen werden (BGH VersR 1988, 493).

Bei einer nicht dringlichen operativen Korrektur eines beidseitigen Ballenhohl- und Spreizfußes mit Krallenzehenbildung mit bestehenden, vorwiegend belastungsabhängigen Schmerzen im Vorfußbereich mit einer bestehenden Erfolgsaussicht von 80 % muss der Patient unmissverständlich auf das Risiko der Verschlechterung der Schmerzsituation von ca. 5 % hingewiesen werden (OLG Stuttgart OLGR 2000, 132, 134 – auch zur aufklärungspflichtigen Alternative der Anpassung orthopädischer Schuhe).

Bei einer in Aussicht genommenen Operation einer Nervdurchtrennung ist dem Patienten deutlich zu machen, dass danach sogar eine Verschlimmerung der Schmerzsymptomatik eintreten kann (OLG Köln VersR 2000, 492).

Bei der Eröffnung eines Hüftgelenks (Arthrotomie) muss der Arzt deutlich auf das Risiko einer Nervenverletzung mit nachfolgender Beinlähmung hinweisen (OLG Oldenburg VersR 1997, 1493).

Besteht bei einer ordnungsgemäß durchgeführten Operation einer Nieren-beckenplastik stets ein Risiko, dessen Verwirklichung zu einer Nachope-ration mit dem erhöhten Risiko eines Nierenverlustes für den Patienten führen kann, so ist der Patient auch über dieses Risiko einer etwaigen Nachoperation schon vor dem ersten Eingriff aufzuklären (BGH VersR 1996, 1239).

Auch das Risiko dauerhafter **Dranginkontinenz** nach einer Operation zur Behebung einer Stressinkontinenz ist aufklärungspflichtig (OLG Köln VersR 1992, 1518; S/D, Rn 371).

Vor einer Operation des Gallenganges muss dem Patienten erklärt wer-den, dass auch nach der Operation dieselben Beschwerden auftreten kön-nen, die mit der Operation zur Beseitigung einer Zyste bekämpft werden sollen (BGH NJW 1990, 2928; Gehrlein, Rn C 29).

Ein Zahnarzt hat den Patienten darüber zu unterrichten, dass die erheb-lichen Kiefergelenkbeschwerden auch nach Durchführung einer umfang-reichen prothetischen Versorgung und der Überkronung mehrerer Zähne möglicherweise nicht beseitigt werden können (OLG Saarbrücken OLG-Report 1999, 148; Gehrlein, Rn C 29 a. E.).

Vor der Vornahme kosmetischer Operationen muss generell auf das Miss-erfolgsrisiko hingewiesen werden (BGH NJW 1991, 2349; OLG Köln VersR 1988, 1049; OLG Düsseldorf VersR 1999, 61; s. o. II. 7., S. 86).

Ist der Patient über seine Erkrankung und den Verlauf der geplanten Ope-ration informiert und hat er auch Kenntnis von der ungefähren Größenord-nung des Misserfolgsrisikos erhalten, bedarf es für eine selbstbestimmte Entscheidung über die Einwilligung zur Operation jedoch nicht der Erläu-terung, aus welchen medizinischen Gründen im Einzelnen der Eingriff möglicherweise nicht zum Erfolg führen könnte (BGH NJW 1990, 2929, 2930).

9. Seltene Risiken

Grundsätzlich hat der Arzt den Patienten auch über seltene, sogar äußerst seltene Risiken aufzuklären, wenn deren Realisierung die Lebensführung des Patienten schwer belasten würde und die entsprechenden Risiken trotz ihrer Seltenheit für den Eingriff spezifisch, für den Laien aber über-raschend sind (BGH VersR 2000, 725, 726; VersR 1993, 228; OLG Stuttgart NJW-RR 1999, 751, 752; OLG Oldenburg VersR 2000, 191, 192 und MDR 1999, 547; OLG Koblenz NJW 1999, 3419, 3420; OLG Brandenburg NJW-RR 2000, 398, 399; OLG Bremen VersR 2001, 340, 341; NJW-RR 2001, 671; OLG Hamm NJW-RR 2001, 666 und VersR 1993, 1399, 1400; L/U, § 64 Rn 3; S/D, Rn 333).

Über extrem seltene, aber schwer wiegende Risiken ist der Patient daneben auch dann aufzuklären, wenn in der medizinischen Wissenschaft bereits ernsthafte Stimmen darauf hinweisen, die nicht als unbeachtliche Außenseitermeinungen abgetan werden können, sondern als gewichtige Warnungen angesehen werden müssen (OLG Koblenz NJW 1999, 3419). Die Aufklärungspflicht über Risiken einer umfangreichen Operation, etwa einer schwierigen Bauchoperation, gebietet im Regelfall jedoch keine Angabe der aus ihr resultierenden Sterblichkeitsrate, jedenfalls wenn mögliche, lebensbedrohliche Komplikationen genannt werden (OLG Nürnberg MedR 2002, 29).

Auf mögliche und typische Schadensfolgen einer beabsichtigten Behandlung braucht der Patient nur dann nicht hingewiesen zu werden, wenn sie nur in entfernt seltenen Fällen auftreten und anzunehmen ist, dass sie bei einem verständigen Patienten für seinen Entschluss, in die Behandlung einzuwilligen, nicht ernsthaft ins Gewicht fallen (OLG Koblenz NJW 1999, 3419, 3420; OLG Stuttgart NJW-RR 1999, 751, 752).

Über die Aufklärungsbedürftigkeit entscheidet dabei **weniger der Grad der Komplikationsdichte** als vielmehr die Frage, welche **Bedeutung** das mit dem Eingriff verbundene **Risiko** für die Entschließung des Patienten im Hinblick auf eine mit seiner Realisierung verbundene schwere **Belastung der Lebensführung** haben kann (OLG Bremen VersR 1991, 425; OLG Koblenz NJW 1999, 3419, 3420; OLG Karlsruhe OLGR 2002, 407).

Dementsprechend kann **auch unterhalb einer Komplikationsdichte von 1 %** (OLG Koblenz NJW-RR 2002, 816, 818: um 1 %; OLG Köln VersR 1992, 1518 und OLG Düsseldorf VersR 1989, 290: Unter 1 %; OLG Koblenz VersR 1989, 629 und NJW 1990, 1540: Ca. 1 %; OLG Brandenburg NJW-RR 2000, 398, 399: 0,7 bis 1,7 %), sogar unterhalb einer Komplikationsdichte von **0,1 %** (OLG Köln NJW-RR 1992, 984: Unter 0,1 %; OLG Saarbrücken VersR 1992, 756: 0,1 %; OLG Stuttgart VersR 1986, 581, 582: 0,05 %; OLG Zweibrücken NJW-RR 1995, 1305: 0,01 %; OLG Oldenburg, Urt. v. 15.2.1992 – 5 U 44/90: 0,02 %; OLG Hamm VersR 1993, 1399: 0,02 %; OLG Bremen VersR 1991, 425 und OLG Stuttgart NJW-RR 1999, 751, 752: Jeweils 1 zu 400 000; BGH VersR 2000, 725, 726: 1 zu 4,4 Millionen bei Impfung) von einer Aufklärung über mögliche Risiken und Zwischenfälle regelmäßig nur dann abgesehen werden, wenn diese Möglichkeit bei einem verständigen Patienten für seinen Willensentschluss über die Einwilligung nicht ernsthaft ins Gewicht fallen kann.

a) Impfschäden

So entfällt etwa die Notwendigkeit zur Aufklärung über die Gefahr, dass der Impfling auf Grund einer staatlich empfohlenen Impfung mit lebenden Polioviren an einer spinalen Kinderlähmung erkrankt, nicht deshalb, weil es sich dabei um eine äußerst seltene Folge mit einer Schadenshäufigkeit von 1 zu 4,4 Millionen handelt (BGH VersR 2000, 725, 726; BGH MedR 1995, 25: 1 zu 15,5 Millionen; Rehborn, MDR 2000, 1101, 1105). Allerdings gebietet das Erfordernis eines Aufklärungsgesprächs bei einer Routineimpfung nicht in jedem Fall eine mündliche Erläuterung der Risiken. Es kann vielmehr genügen, wenn dem Patienten nach schriftlicher Aufklärung Gelegenheit zu weiteren Informationen durch ein Gespräch mit dem Arzt gegeben wird (BGH VersR 2000, 725; Müller, MedR 2001, 487, 489; a. A. Spickhoff, NJW 2001, 1757, 1761 und Deutsch, JZ 2000, 902 m. w. N.).

In derartigen Fällen muss der Arzt den Patienten daneben auch auf etwa bestehende Möglichkeiten einer anderen Behandlung hinweisen, wenn bereits ernsthafte Stimmen in der medizinischen Wissenschaft gewichtige Bedenken gegen eine zum Standard gehörende Behandlung und die damit verbundenen Gefahren geäußert haben (BGH VersR 2000, 725, 727).

b) Nervverletzungen bei einer Zahnbehandlung

Andererseits besteht keine Aufklärungspflicht der behandelnden Ärzte, wenn der Eintritt des seltenen Risikos außerhalb aller Wahrscheinlichkeit liegt und bei einem verständigen Patienten für seinen Willensentschluss nicht ernsthaft ins Gewicht fallen kann (OLG Stuttgart NJW-RR 1999, 751, 752; OLG Bremen OLGR 2000, 403, 405: Ausgesprochene „Rarität"; OLG Schleswig, Urt. v. 14.12.1988 – 4 U 87/86).

Eine solche Ausnahme wurde etwa bei einer Leitungsanästhesie zur Durchführung einer zahnmedizinischen Behandlung angenommen. Dabei kann es auch bei Einhaltung der gebotenen Sorgfalt zu einer Verletzung des Nervus lingualis kommen. Eine Aufklärung über das mit einer Komplikationsdichte von 1 zu 400 000 extrem seltene Risiko einer solchen Schädigung wird von der überwiegenden Ansicht jedoch nicht für erforderlich gehalten, weil der vor einem ohne Durchführung der Leitungsanästhesie sehr schmerzhaften Eingriff stehende Patient seine Entscheidung vernünftigerweise nicht davon abhängig machen wird, dass der Nervus lingualis unter Umständen dauerhaft geschädigt werden kann (OLG Stuttgart NJW-RR 1999, 751, 752: Leitungsanästhesie vor Ausbohren des Zahns 47; LG Frankenthal MedR 1998, 569).

Nach anderer Auffassung muss auch über dieses extrem seltene Risiko der Verletzung des Nervus lingualis als Folge der Leitungsanästhesie aufgeklärt werden, da es trotz der Seltenheit für den Eingriff spezifisch und für den Laien überraschend ist und die Lebensführung des Patienten schwer belasten kann (OLG Köln NJW-RR 1998, 1324; OLG Hamburg

MDR 1998, 906; OLG München VersR 1995, 464; OLG Karlsruhe AHRS 4800/18 und 20).

Auf die Gefahr einer auch dauerhaften Schädigung des Nervus alveolaris bzw. Nervus mandibularis, auch des Nervus lingualis bei der operativen Entfernung eines Weisheitszahns ist jedoch stets hinzuweisen. In diesen Fällen liegt das Risiko einer Nervschädigung erheblich höher (OLG Stuttgart NJW-RR 1999, 751, 752: ca. 1 zu 4 000, BGH NJW 1994, 799; OLG München NJW-RR 1994, 1308; OLG Düsseldorf NJW 1989, 2334; S/D, Rn 354; G/G, Rn C 69; a. A. OLG Hamm VersR 1994, 1304 bei Schädigung des N. alveolaris nach Entfernung des Zahns 36 und OLG Hamburg VersR 1989, 1297 bei untypischer Schädigung des N. alveolaris).

Realisiert sich das nicht erläuterte Risiko der Schädigung des Nervus alveolaris bei der Extraktion eines Weisheitszahns, wurde im Jahr 1988 ein Schmerzensgeld i. H. v. 10 000 DM (5 113 Euro) für angemessen gehalten (OLG Düsseldorf NJW 1989, 2334).

Vor der operativen Entfernung von Weisheitszähnen muss der Patient auch auf das Risiko eines Kieferbruchs hingewiesen werden (OLG München VersR 1996, 102; OLG Düsseldorf NJW-RR 1996, 1173 und VersR 1997, 620; LG Heidelberg VersR 1991, 822).

c) Nervverletzungen und Querschnittslähmung

Aufzuklären ist auch über die Gefahr einer Nervschädigung infolge einer besonderen Lagerung („Häschenstellung") während der Operation (BGH NJW 1985, 2192; S/D, Rn 341; G/G, Rn C 65: Nervus ulnaris-Läsion).

Gleiches gilt bei der Gefahr einer Lähmung des Nervus accessorius bei einer Lymphknotenexstirpation (BGH NJW 1984, 655; S/D, Rn 336), des Nervus recurrens bei einer Rezidivstrumektomie (Kropfoperation; BGH NJW 1992, 2351; OLG Stuttgart VersR 1995, 561; OLG Oldenburg VersR 1988, 408; OLG Düsseldorf VersR 1989, 191 und 291; G/G, Rn C 60), des Nervus peronaeus (vom Oberschenkel kniekehlenwärts nach unten verlaufender Nerv) bei einer Hüftgelenks-Umstellungsosteotomie (OLG Koblenz VersR 1989, 629), des Nervus facialis und des Nervus trigeminus bei Eingriffen im Ohr- und Kieferbereich (BGH VersR 1986, 183; S/D, Rn 335), Plexus-Lähmungen und -Läsionen bei Röntgen- oder Kobaltbestrahlungen (BGH NJW 1990, 1528; OLG Zweibrücken VersR 1987, 108; S/D, Rn 339; G/G, Rn C 63).

Auch auf das seltene Risiko einer Halbseiten- oder Querschnittslähmung bei Vornahme einer Angiographie (Gefäßdarstellung durch Injektion eines Röntgenkontrastmittels; OLG Stuttgart VersR 1983, 278; OLG Hamm VersR 1992, 833; S/D, Rn 337; G/G, Rn C 62), einer Myelographie (Röntgenkontrastdarstellung des Wirbelkanals; BGH NJW 1995, 2410 und NJW 1996, 777; S/D, Rn 338; G/G, Rn C 61), bei bzw. nach einer Bandscheiben-Operation (BGH NJW 1991, 2346; OLG Hamm VersR 1992, 1473; VersR 1993, 102; OLG Oldenburg VersR 1997, 978; S/D, Rn 357; OLG Bremen VersR 2001, 340, 341: Inkomplettes Kaudasyndrom), einer Halswirbeloperation (OLG Oldenburg VersR 1988, 695; G/G, Rn C 61), einer Herzoperation (BGH VersR 1989, 289), der Operation einer angeborenen Aortenstenose (BGH NJW 1991, 2344; OLG Schleswig VersR 1996, 634; S/D, Rn 358) ist aufklärungspflichtig.

Hinzuweisen ist auf die Risiken einer Blasen- und Mastdarmstörung, einer durch die Operation eintretenden Instabilität der Wirbelsäule und einer Verletzung des Bauchraumes durch die eingesetzten Instrumente mit hoher Letalitätsquote bei bestimmten Bandscheibenoperationen (OLG Bremen NJW-RR 2001, 671).

d) Erblindung

Vor endonasalen Siebbeineingriffen ist auch über das seltene Risiko operativ-bedingter Sehstörungen bis hin zur Gefahr der äußerst seltenen Erblindung aufzuklären, selbst wenn dieses Risiko nur im Promillebereich liegt (BGH NJW 1994, 793, 794).

Auf das seltene Erblindungsrisiko muss auch vor einer so genannten Kataraktoperation zur Behandlung der Eintrübung einer Augenlinse (Grauer Star; OLG Oldenburg MDR 1999, 547), vor einer Injektion gefäßverengender Stoffe in die Septumschleimhaut vor einer Nasenscheidewandoperation (OLG Nürnberg VersR 1992, 754; G/G, Rn C 51) und vor einer Tumoroperation im Bereich der Hirnanhangsdrüse (BGH NJW 1998, 2734) hingewiesen werden. Vor der Gabe aggressiver Medikamente muss auch auf eine damit möglicherweise verbundene Sehnervschädigung hingewiesen werden (OLG Oldenburg VersR 1986, 69; S/D, Rn 359).

e) Komplikationen bei operativer Entfernung der Gebärmutter (Hysterektomie)

Vor Durchführung einer Hysterektomie muss auf das Risiko des Entstehens einer Rektumscheidenfistel (OLG Köln VersR 1990, 489; a. A. OLG Nürnberg VersR 1996, 1372), einer Blasen- oder Darmverletzung (OLG Nürnberg VersR 1996, 1372; OLG Hamm VersR 2001, 461: Blasen- und Nierenbeckenentzündungen), einer Harnleiterläsion (BGH NJW 1991, 2342; NJW 1984, 1807) und der Erforderlichkeit einer Nachbestrahlung (OLG Köln VersR 1988, 384) aufgeklärt werden.

Vor der Durchführung einer vaginalen Hysterektomie sind andere Ursachen der klinischen Beschwerden (Rückenschmerzen und Blutungsstörungen) im gebotenen Umfang abzuklären. Eine sofortige Hysterektomie darf nur dann vorgenommen werden, wenn die Patientin über deren Risiken und den Verzicht auf die Abklärung auf eine Abrasio (Ausschabung) aufgeklärt worden ist (OLG Hamm VersR 2001, 461).

f) Inkontinenz

Vor einer Operation zur Behebung einer Stressinkontinenz (unwillkürlicher Urinverlust beim Husten, Niesen und bei körperlicher Belastung) ist der Patient darauf hinzuweisen, dass in sehr seltenen Fällen nicht nur der angestrebte Erfolg nicht erreicht wird, sondern zusätzlich eine dauerhafte Dranginkontinenz (ständiger unwillkürlicher Harnverlust mit gehäuft auftretendem Harndrang) ausgelöst werden kann (OLG Köln VersR 1992, 1518).

Das Risiko einer bleibenden Harninkontinenz ist auch vor der Durchführung von Narbenstrukturen in der Harnröhre, bei der es zu Verletzungen des Schließmuskels kommen kann, aufklärungsbedürftig (OLG Köln VersR 1990, 311; G/G, Rn C 53).

Gleiches gilt vor Durchführung der Operation einer ischiorektalen Fistel (OLG Hamm VersR 1991, 667; S/D, Rn 343).

g) Hodenatrophie (Rückbildung des Hodengewebes mit Fertilitätsstörungen)

Vor einer Leistenbruchoperation ist auf das Risiko einer Hodenatrophie hinzuweisen (OLG Stuttgart VersR 1998, 1111; OLG München VersR 1995, 95; S/D, Rn 345).

h) Risiken einer Angiographie

Vor einer Röntgenuntersuchung von Gefäßen nach Einspritzung von Kontrastmitteln muss auf die Gefahr einer Halbseitenlähmung (OLG Stuttgart VersR 1983, 278; VersR 1988, 832; OLG Hamm VersR 1981, 686; VersR 1992, 833; OLG München VersR 1983, 930), einer Querschnittslähmung (OLG Stuttgart VersR 1983, 278; G/G, Rn C 61), eines Schlaganfalls (OLG Oldenburg VersR 1991, 1242) oder einer verbleibenden **Sprachstörung** (OLG Hamm VersR 1981, 686) hingewiesen werden.

Eine besonders gefährdete Patientin ist dabei deutlich, wenn auch schonend über das Risiko eines Schlaganfalls mit der Folge bleibender Lähmungen aufzuklären; der Hinweis auf andere gewichtige Risiken genügt nicht (OLG Hamm VersR 1989, 807; ebenso OLG Oldenburg VersR 1983, 888).

Nach Auffassung des OLG Zweibrücken (NJW-RR 1995, 1305) verletzt der untersuchende Arzt seine Aufklärungspflicht vor Durchführung einer endoskopischen retrograden Cholangiographie jedenfalls dann nicht, wenn die **letale Komplikationsrate im Bereich von 0,1‰** liegt und er über jahrelange umfangreiche eigene Erfahrungen ohne tödlichen Ausgang verfügt.

i) Risiken einer Myelographie

Ähnliches gilt vor Durchführung einer Myelographie (Röntgenkontrastdarstellung des Wirbelkanals; kann zwischenzeitlich meist durch Kernspintomographie oder Myelo-CT ersetzt werden).

Auch hier muss der Patient über das Risiko einer Querschnittslähmung aufgeklärt werden (BGH NJW 1995, 2410; NJW 1996, 777; OLG Stuttgart VersR 1988, 832), wobei der Ausdruck „Querschnittslähmung" nicht unbedingt benutzt werden muss (BGH MDR 1995, 908). Das Risiko einer sonstigen dauerhaften Lähmung (OLG Hamm VersR 1988, 1133) und das Risiko einer auch nur vorübergehenden Blasenlähmung sind ebenfalls aufklärungspflichtig.

Der Patient muss auch darauf hingewiesen werden, dass es nach Durchführung einer Myelographie zur Abklärung massiver Lumboischialgien zu einer dauerhaften Blasenlähmung kommen kann (OLG Brandenburg NJW-RR 2000, 398, 399: Risikorate 0,7–1,7 %).

k) Nierenverlust, Nachoperation

Besteht bei einer ordnungsgemäß durchgeführten Operation stets ein Risiko, dessen Verwirklichung zu einer Nachoperation mit erhöhtem Risiko einschneidender Folgen für den Patienten führen kann, so ist der Patient auch über dieses Risiko der Nachoperation vor dem ersten Eingriff aufzuklären (BGH NJW 1996, 3073).

So ist auch bei einer ordnungsgemäß ausgeführten Nierenbeckenplastik stets das Risiko einer Anastomoseninsuffizienz (Verbindung zweier Hohlorganlichtungen, hier ständiger Urinabfluss) gegeben, die eine Nachoperation mit dem erhöhten Risiko des Verlustes einer Niere erforderlich macht. Hierauf muss schon vor dem ersten Eingriff hingewiesen werden (BGH MDR 1996, 1015 = NJW 1996, 3073, 3074; Müller, MedR 2001, 487, 488).

Aufklärungspflichtig ist auch das seltene, mit der **Beseitigung** eines **Nierensteins** verbundene Risiko des **Verlusts einer Niere** (OLG Koblenz NJW 1986, 1547; Gehrlein, Rn C 21).

l) Verkürzungs- und Verlängerungsosteotomie, Plattenbruch

Bei einer Verkürzungsosteotomie (Herausmeißeln von Knochenstücken zur Korrektur eines Knochens) muss der Patient auf das Risiko einer Nervenschädigung hingewiesen werden (OLG Hamm VersR 1986, 897), ebenso auf eine dauerhafte Nervschädigung nach einer Hüftgelenksoperation (OLG Oldenburg VersR 1994, 1493).

Gleiches gilt bei einer Verlängerungsosteotomie hinsichtlich des Risikos einer Peronäusparese (Lähmung der auf das Wadenbein bezogenen Nerven; OLG Koblenz VersR 1989, 629).

Ein Hinweis muss auch das Risiko einer Hüftkopfnekrose (Absterben von Gewebe) nach etwaigem Fehlschlagen einer Adduktions-Osteotomie enthalten (BGH NJW 1987, 1481; VersR 1985, 969).

Auf das Risiko eines **Plattenbruchs** infolge einer **Materialermüdung** muss der Patient vor der Versorgung eines Oberschenkelbruches jedoch nicht hingewiesen werden (OLG Hamm NJW-RR 2001, 666).

m) Sudeck-Dystrophie

Die Sudeck-Dystrophie (SD) ist eine auf einer **örtlichen Ernährungsstörung**, einer Mangelversorgung von Weichteilen der Extremitäten und Knochen beruhende schmerzhafte Erkrankung der Gliedmaßen bei lokalen Durchblutungs- und Stoffwechselstörungen der Knochen und Weichteile infolge das Nerven- und Gefäßsystem betreffender Fehlsteuerung nach einem Trauma, insbesondere einer Fraktur (Gaisbauer, VersR 2000, 558).

Ob der Patient grundsätzlich vor einem notwendigen chirurgischen Eingriff an der Hand oder am Fuß über das Risiko einer SD aufgeklärt werden muss, ist teilweise umstritten (vgl. Gaisbauer, VersR 2000, 558, 560).

Auf die Gefahr des Eintritts einer SD ist jedenfalls hinzuweisen, wenn die Knochenoperation gerade zur Behebung von Dauerschmerzen erfolgt (BGH MDR 1988, 485; NJW 1994, 3009: Karpaltunnelsyndrom; S/D, Rn 356), wenn die SD ein typisches Risiko einer – nicht dringenden – Gelenkversteifungsoperation am Fuß zur Besserung des Zustandeseingriffs darstellt (BGH MDR 1988, 485; Gaisbauer, VersR 2000, 558, 560) und vor einer Operation wegen einer „Dupuytren'schen Kontraktur", also dem Zusammenziehen der Finger in Beugestellung in Folge verhärteter Zusammenschrumpfung einer Sehne der Hohlhand und der gleichzeitigen Ausbildung von harten Knoten und Strängen (OLG Köln VersR 1992, 1233; Gaisbauer, VersR 2000, 558, 561).

Auch vor einer Handgelenksoperation ist der Patient auf die Gefahr von Nervenverletzungen und des Auftretens einer SD hinzuweisen (OLG Frankfurt bei Gaisbauer, VersR 2000, 558, 561: Patient war Berufskraftfahrer; a. A. OLG Schleswig VersR 1982, 378).

Eine Aufklärungspflicht hinsichtlich des außerordentlich seltenen Risikos einer SD wurde dagegen verneint vor der Operation eines Überbeines

an der Ferse (OLG Nürnberg bei Gaisbauer, VersR 2000, 558, 561: Komplikationsrate bei 0,04 %), bei Ruhigstellung des Oberarmes des Patienten
während der Behandlung einer Sehnenscheidenentzündung durch Anlegen eines Gipsverbandes (OLG Köln bei Gaisbauer, VersR 2000, 558, 561)
und vor einer Ringbandspaltung an Finger und Daumen (OLG Hamm bei
Gaisbauer, VersR 2000, 558, 561).

n) Infektionen

Bei Infektionen nach **Gelenkpunktionen** gibt es zwar **keinen Anscheinsbeweis** für einen Verstoß gegen die gebotene Behandlungssorgfalt (vgl.
hierzu → *Anscheinsbeweis* II.); vor intraarteriellen Injektionen ist der
Patient jedoch über das Risiko einer Gelenkversteifung aufzuklären (OLG
Oldenburg VersR 1995, 786: Kein Anscheinsbeweis, erforderliche Aufklärung nicht erfolgt; OLG Hamm VersR 2000, 323: Kein Anscheinsbeweis,
gebotene Aufklärung erteilt).

So ist der Patient vor einer intraartikulären Injektion eines **kortisonhaltigen Mittels** in das Schultergelenk auf die – wenn auch mit einem Risiko
von 1 zu 100 000 sehr seltene – Gefahr einer Infektion des Gelenks mit
der möglichen Folge einer Schulterversteifung hinzuweisen; über die fern
liegende Gefahr der Ausbildung einer tödlich verlaufenden Sepsis braucht
er jedoch nicht aufgeklärt zu werden (BGH NJW 1989, 1533).

Auch vor einer Injektion in das Kniegelenk eines Patienten ist trotz der
großen Seltenheit von 1 zu 100 000 über das Infektionsrisiko, auch über
bestehende Behandlungsalternativen aufzuklären (OLG Hamm VersR
1992, 610: Patient war unterschenkelamputiert; VersR 2000, 323, 324:
Kniegelenkspunktion wegen Arthrose; BGH NJW 1994, 2414: Kniegelenkspunktion; S/D, Rn 361, 362; G/G, Rn C 58).

Ergeben sich nach einer Punktion des Kniegelenks Infektionsanzeichen,
so müssen zur weiteren Abklärung neben einer Röntgendiagnostik eine
Serologie und eine bakteriologische Untersuchung des Punktats erfolgen
(OLG Hamm VersR 2000, 323, 324). Das Unterbleiben der weiteren Diagnostik kann einen „groben Behandlungsfehler" (siehe → *Grobe Behandlungsfehler*) darstellen (OLG Hamm VersR 2000, 323, 324).

o) Langer Heilungsverlauf

Grundsätzlich besteht eine Verpflichtung, den Patienten über Prognosen,
das tägliche Behandlungs- und Testprogramm und die voraussichtliche
Verweildauer im Krankenhaus zu unterrichten, nur auf Anfrage (BGH
NJW 1983, 328; S/D, Rn 323, 324).

Bei erkennbarer Bedeutung der Funktionsfähigkeit eines Organs für die
private Lebensgestaltung muss der Arzt den Patient jedoch im Rahmen

der Eingriffsaufklärung auf die seltene Möglichkeit eines sehr langen Heilungsverlaufs hinweisen (OLG Oldenburg VersR 1992, 1005). Dies gilt etwa bei der Vorhautbeschneidung einer **relativen Phimose** (OLG Oldenburg VersR 1992, 1005). Bei ausdrücklicher Nachfrage des Patienten bleibt der operierende Arzt dabei trotz eventueller Voraufklärung vorbehandelnder Ärzte aufklärungspflichtig (OLG Oldenburg VersR 1992, 1005; auch OLG Hamm VersR 1992, 833 und OLG Köln VersR 1992, 1231).

10. Außenseiter- und Neulandmethoden, Kontraindizierte Eingriffe

Die Einwilligung des Patienten in einen Eingriff zur Linderung therapieresistenter Beschwerden befreit den Arzt nicht von der Haftung für schädliche Folgen, wenn er nicht darauf hingewiesen hat, dass die Maßnahme von der herrschenden Meinung als medizinisch kontraindiziert qualifiziert wird (OLG Köln VersR 2000, 492).

Dies trifft etwa hinsichtlich der in Aussicht genommenen Operation einer Nervdurchtrennung zu, die, wie in der wissenschaftlichen Literatur beschrieben, sogar zu einer Verschlimmerung der Schmerzsymptomatik führen kann (OLG Köln VersR 2000, 492).

Einer gesonderten Aufklärung bedarf auch die vorgesehene Anwendung einer Außenseiter- oder einer noch nicht allgemein eingeführten „Neulandmethode" (OLG Oldenburg VersR 1997, 192; VersR 1997, 491; OLG Köln NJW-RR 1992, 986; G/G, Rn C 39; S/D, Rn 387; Gehrlein, Rn C 39).

Dies gilt jedoch nicht, wenn sich die Methode in der Praxis neben anderen Verfahren durchgesetzt hat (OLG Köln VersR 2000, 493), etwa bei der laparoskopischen Versorgung einer Rezidiv-Leistenhernie als selbständigem Operationsverfahren neben der konventionellen Leistenhernieoperation mittels Schnittführung seit dem Jahr 1996 (OLG Köln VersR 2000, 493).

Bei der Anwendung einer hergebrachten, bewährten Methode muss der Patient nicht auf neue diagnostische oder therapeutische Verfahren hingewiesen werden, die erst in wenigen Spezialkliniken erprobt werden (BGH NJW 1984, 1810; G/G, Rn C 40; S/D, Rn 388).

Etwas anderes gilt jedoch dann, wenn der Arzt wissen muss, dass der Patient mit seinen speziellen Leiden zweckmäßiger und besser in einer solchen Spezialklinik behandelt werden (G/G, Rn C 40; S/D, Rn 386; Hart, MedR 1999, 47, 49; LG Köln MedR 1999, 323) und dort eine deutlich risikoärmere Behandlung erfolgen kann (F/N, Rn 186), eine bessere Heilungschance besteht (BGH NJW 1989, 2321; Gehrlein, Rn C 38) oder sich das neue Verfahren weitgehend durchgesetzt hat und den Patienten entscheidende Vorteile bietet (BGH NJW 1988, 763).

Erheben ernsthafte Stimmen in der medizinischen Wissenschaft gegen bestimmte, hergebrachte, bislang übliche Operations- oder Behandlungsmethoden gewichtige Bedenken, muss der Patient auch hierüber aufgeklärt werden (BGH NJW 1996, 776; G/G, Rn C 39; L/U, § 64 Rn 21).

Dies gilt etwa im Hinblick auf die Risiken einer Heparin-Thromboseprophylaxe (BGH NJW 1996, 776).

Eine Aufklärungspflicht entfällt jedoch, wenn der Arzt zum Zeitpunkt der Durchführung der Behandlung das Risiko nicht kennen musste, weil es in der medizinischen Wissenschaft bis dahin noch nicht ernsthaft diskutiert worden ist (OLG Düsseldorf VersR 1996, 377 und VersR 1998, 103; S/D, Rn 391; OLG Stuttgart OLGR 2002, 251, 254: Folgen unterlassener Thrombozytenkontrolle im Jahr 1995 bereits diskutiert, aber kein **grober** Behandlungsfehler; Aufklärungsrüge war nicht erhoben worden).

Das Vorgehen nach der traditionellen Operationstechnik stellt dann auch einen Behandlungsfehler dar, wenn eine neue Methode medizinisch erprobt und im Wesentlichen unumstritten ist, in der Praxis nicht nur an wenigen Zentren, sondern verbreitet Anwendung findet, für den jeweiligen Patienten risikoärmer oder weniger belastend ist und/oder bessere Heilungschancen bietet (OLG Hamm VersR 2000, 1509).

11. Behandlungsalternativen

a) Wahl der richtigen Behandlungsmethode

Die Wahl der richtigen Behandlungsmethode ist **primär Sache des Arztes**, so dass dieser in aller Regel davon ausgehen darf, der Patient vertraue insoweit seiner ärztlichen Entscheidung und erwarte keine eingehende fachliche Unterrichtung über spezielle medizinische Fragen (BGH NJW 1988, 1516; NJW 1988, 763; NJW 1988, 765; OLG Hamm VersR 1992, 834; L/U, § 64 Rn 4; G/G, Rn C 22; S/D, Rn 375).

Im Allgemeinen muss ein Arzt dem Patienten ungefragt nicht erläutern, welche Behandlungsmethoden oder Operationstechniken theoretisch in Betracht kommen und was für und gegen die eine oder die andere dieser Methoden spricht, solange er eine Therapie anwendet, die dem medizinischen Standard genügt (BGH NJW 1988, 763; OLG Hamm VersR 1992, 834; OLG Hamburg VersR 1989, 147; OLG Oldenburg VersR 1998, 1285 und VersR 1997, 978; KG VersR 1993, 189; OLG Stuttgart VersR 2002, 1286, 1287; OLG Karlsruhe OLGR 2002, 392).

Über einzelne Behandlungstechniken oder Behandlungsschritte muss er nicht aufklären (OLG Köln VersR 1998, 243; OLG Oldenburg NJW-RR 1997, 978; OLG Stuttgart OLGR 2000, 132, 133; G/G, Rn C 24). Die Anforderungen an die gebotene Aufklärung würden auch überspannt werden, wenn der Arzt auch über alternative Methoden der Befunderhebung zur Diagnosestellung im Vorfeld eines Eingriffs (OLG Karlsruhe OLGR 2002, 396) oder über die verschiedenen Alternativen, die sich im Rahmen einer Therapie ergeben, aufklären müsste (OLG Naumburg OLGR 2001, 98). Dies gilt erst recht, wenn das jeweilige Risiko in der einen wie in der anderen Variante identisch ist (OLG Naumburg OLGR 2001, 98).

Der operierende Arzt hat die Freiheit, die von ihm anzuwendende Operationsmethode danach auszuwählen, wie sie seiner Ausbildung, Erfahrung und Praxis entspricht. Unter mehreren praktisch gleichwertigen Methoden darf er das nach seinem Ermessen am besten geeignete Verfahren bevorzugen, insbesondere ein solches, für das er die größere Erfahrung besitzt (OLG Hamburg VersR 1989, 147; auch BGH NJW 1982, 2121).

So hat der Arzt vor einer Hallux-valgus Operation (Behebung der Deformität einer Großzehe) über das Risiko von Teilversteifungen, nicht aber über die verschiedenen Operationsverfahren (OLG Oldenburg VersR 1998, 1285; KG VersR 1993, 189) oder einen hierüber bestehenden Schulenstreit (KG VersR 1993, 189) aufzuklären.

Die operative Behandlung eines Ballenhohl- und Spreizfußes nach „Helal" oder einer Variante dieser Methode und/oder die zusätzliche Korrektur einer Krallenzehenbildung durch ein- oder zweizeitiges Vorgehen (zeitlich zwei getrennte Phasen) stellt keine aufklärungspflichtige Alternative dar (OLG Stuttgart OLGR 2000, 132).

Vor einer Bandscheibenoperation hat er auf das Risiko einer Querschnittslähmung, nicht aber über die möglichen Operationstechniken und ihre Risiken, etwa den Zugang dorsal oder transthorakal, hinzuweisen (OLG Oldenburg VersR 1997, 978).

Auch über die Möglichkeit der Anwendung eines neuartigen Verfahrens (BGH NJW 1988, 1516; OLG Köln VersR 1999, 847; LG Koblenz VersR 1994, 1349; L/U, § 64 Rn 4) oder auf weniger belastende, risikoärmere Operationsmethoden (OLG Nürnberg MedR 2002, 29) muss der Patient nicht hingewiesen werden, wenn die neuen Verfahren noch nicht hinreichend untersucht sind oder sich mit noch nicht bewiesenen Dauerfolgen erst in der Erprobung befinden (OLG Nürnberg MedR 2002, 29; LG Koblenz VersR 1994, 1349; enger zugunsten des Patienten Wussow, VersR 2002, 1337, 1344: Aufklärungspflicht, wenn Heilungschance wesentlich erhöht).

Hat sich ein bestimmtes Verfahren jedoch bereits weitgehend durchgesetzt und bietet es für den Patienten bessere Heilungschancen, ein geringeres Risiko oder andere, entscheidende Vorteile (BGH NJW 1988, 763 und 765; OLG Stuttgart VersR 2002, 1286, 1287: verschiedene Implantate), ist der Patient hierauf hinzuweisen.

Gleiches gilt, wenn das Risiko durch die Wahl eines bestehenden oder neuen Verfahrens signifikant kleiner gehalten werden kann (OLG Oldenburg VersR 2000, 61; OLG Stuttgart VersR 2002, 1286, 1287; L/U, § 64 Rn 6, 7).

Das Festhalten an der hergebrachten, traditionellen Methode stellt sich in diesen Fällen auch als Behandlungsfehler dar (OLG Hamm VersR 2000, 1509).

b) Echte Behandlungsalternative

Grundsätzlich ist über medizinische Behandlungsalternativen dann aufzuklären, wenn die Methode des Arztes nicht die der Wahl ist oder konkret eine echte Alternative mit gleichwertigen Chancen, aber andersartigen Risiken besteht (BGH MDR 2000, 700, 701; MDR 1998, 654; MDR 1997, 352; NJW 1988, 765; OLG Hamm VersR 1998, 1548, 1549 und VersR 1999, 452; OLG Oldenburg VersR 1991, 820; OLG Karlsruhe OLGR 2002, 20, 21; OLG Nürnberg VersR 2002, 580, 581; MedR 2001, 577; Wussow, VersR 2002, 1337, 1344; G/G, Rn C 23, 29; S/D, Rn 381; Gehrlein, Rn C 33).

Aufzuklären ist insbesondere dann, wenn eine nicht nur in wenigen Spezialkliniken zur Verfügung stehende alternative Methode bei gleichwertiger Erfolgsaussicht eine geringere Risikobelastung aufweist oder bei nach Art und Richtung gleichwertigen Belastungen und Risiken eine höhere Heilungs- oder Erfolgsaussicht verspricht (G/G, Rn C 29).

Die ärztliche Aufklärungspflicht setzt in allen Fällen zur Verfügung stehender Behandlungsalternativen nicht voraus, dass die wissenschaftliche Diskussion über bestimmte Risiken einer Behandlung bereits abgeschlossen ist und zu allgemein akzeptierten Ergebnissen geführt hat. Für das Bestehen der Aufklärungspflicht über eine ernsthafte Alternative genügt es vielmehr, dass ernsthafte Stimmen in der medizinischen Wissenschaft auf bestimmte, mit einer Behandlung verbundene Gefahren, etwa des Entstehens einer Thrombose und die Möglichkeiten ihrer Begegnung durch medikamentöse Prophylaxe, hinweisen (BGH MDR 1996, 366; VersR 2000, 725, 727). Der Patient, der eine Verletzung der Pflicht zur Aufklärung über Behandlungsalternativen behauptet, hat jedoch darzulegen, über welche alternativen Behandlungsmethoden eine Aufklärung erforderlich gewesen sein soll (OLG Karlsruhe OLGR 2002, 20; auch OLG Nürnberg VersR 2002, 580: Beweislast beim Patienten).

aa) Konservative statt operativer Methode

Kann eine Operation durch eine konservative Behandlung oder deren Fortführung vermieden werden oder ist sie erst nach deren erfolgloser Vorschaltung indiziert, besteht eine echte Wahlmöglichkeit für den Patienten, über die er zur Wahrung seines Selbstbestimmungsrechts aufzuklären ist (BGH MDR 2000, 700, 701 = VersR 2000, 766, 767; OLG Stuttgart OLGR 2000, 132, 134).

Dementsprechend muss der Patient über die bestehende Möglichkeit der Einleitung oder Fortsetzung einer konservativen Therapie zur Vermeidung einer sofortigen Operation insbesondere in folgenden Fällen hingewiesen werden:

▷ *Bandscheibenvorfall*

Nach einem Bandscheibenvorfall könnte die Behandlung bei nicht vital indizierter Operation durch krankengymnastische Maßnahmen oder eine Therapie mit Opeoiden (zentral angreifende Analgetika zur Schmerzbehandlung) eingeleitet bzw. fortgesetzt werden (BGH MDR 2000, 700; OLG Hamm VersR 1993, 102; auch OLG Bremen VersR 2001, 340, 341: Zuwarten nach Bandscheibenvorfall, s. u. bb)). Der Entscheidungskonflikt ist jedoch nicht plausibel, wenn der Kläger weiß, dass er zur Abklärung einer Bandscheibenoperation in die Klinik verlegt wird und zu diesem Zeitpunkt bereits fast eine Woche unter medikamentös nicht beherrschbaren Schmerzen leidet, von denen er erlöst werden wollte (OLG Stuttgart OLGR 2002, 351, 353).

▷ *Beseitigung einer Trichterbrust*

Vor der Beseitigung einer Trichterbrust mit Silikon sind die Vor- und Nachteile der Implantate zu erwähnen (OLG München NJW-RR 1994, 20).

▷ *Chiropraktische Behandlung*

Vor der Durchführung chiropraktischer Behandlungsmaßnahmen im Schulter-/Nackenbereich ist der Patient über das Risiko vaskulärer (die Blutgefäße betreffende) Komplikationen und die (damals praktizierte) Möglichkeit einer Behandlung mittels „Schanz'scher Krawatte" aufzuklären (OLG Düsseldorf VersR 1994, 218).

▷ *Degenerative Knorpelveränderung*

Vor der operativen Beseitigung einer degenerativen Knorpelveränderung der Kniescheibe muss der Patient darauf hingewiesen werden, dass man vor der Operation versuchen könne, die Beschwerden durch eine medikamentöse Behandlung, die Durchführung einer Physiotherapie und/oder die Verordnung spezieller Schuhe mit Negativabsätzen zu lindern oder zu beseitigen (BGH NJW 1988, 765, 766).

▷ *Gewichtsreduktion mit Magenballon*

Vor der Implantation eines Magenballons zur Gewichtsreduktion muss auf konservative Therapiealternativen und das hohe Misserfolgsrisiko hingewiesen werden (OLG Köln VersR 1992, 754).

▷ *Injektion ins Kniegelenk*

Vor einer Injektion in das Kniegelenk zur Minderung bestehender Schmerzen einer beginnenden Arthrose ist nicht nur über das mit 1 zu 100 000 äußerst seltene Infektionsrisiko, sondern über die Möglichkeit einer alternativen Behandlung mit krankengymnastischen und physiotherapeutischen Übungen aufzuklären (OLG Hamm VersR 1992, 610).

▷ *Korrektur des Mittelfußes mit Zehenfehlstellung*

Vor der Operation eines beidseitigen Ballenhohl- und Spreizfußes mit Krallenzehenbildung muss der Patient auf das Risiko einer Verschlechterung der vorbestehenden Schmerzsituation von ca. 5 % hingewiesen werden, daneben auch auf die eine Besserungschance von ca. 50 % bietende Möglichkeit der Fortsetzung oder Intensivierung der konservativen Therapie durch Anpassung oder Zurichtung von orthopädischem Schuhwerk (OLG Stuttgart OLGR 2000, 132, 135).

▷ *Lysebehandlung nach Herzinfarkt*

Besteht nach einem Herzinfarkt zur Lysebehandlung mit Streptokinase (Auflösung von Zellen mit aus hämolysierenden Streptokokken gewonnenem Eiweiß) eine gleichwertige, aber weniger aggressive Behandlungsmöglichkeit mit Aspirin und Heparin, muss über die unterschiedlichen Risiken einer Gehirnblutung von 1 bis 1,4 % im ersten und ca. 0,5 % im zweiten Fall aufgeklärt werden (OLG Bremen VersR 1998, 1240).

▷ *Mastektomie (operative Entfernung der Brustdrüse)*

Neben der von ihm vorgeschlagenen Mastektomie (operative Entfernung der Brustdrüse) mit anschließender Silikonprotheseninsertion muss der Arzt die Patientin auf andere mögliche Therapien mit geringeren und weniger belastenden körperlichen Auswirkungen hinweisen und der Patientin auch mitteilen, dass ein Wiederaufbau der Brust nur in begrenztem Umfang möglich ist (OLG Düsseldorf VersR 1989, 191).

▷ *Resektion der Großzehengrundgelenke*

Der Patient muss selbst entscheiden, ob er die Beschwerden weiterhin ertragen und demgemäß auf einen operativen Eingriff mit Resektion der Großzehengrundgelenke bei Senkspreizfuß und arthrotischen Veränderungen mit der Aussicht auf Minderung der Beschwerden verzichten und stattdessen eine auf Dauer gesehen voraussichtlich erfolglose konservative Behandlung wählen will (OLG Düsseldorf VersR 1988, 1248).

▷ *Schultereckgelenkssprengung*

Bei einer Schultereckgelenkssprengung hat der Arzt den Patienten sowohl über die Möglichkeit operativer als auch konservativer Behandlungen, etwa durch Injektionen oder Medikamente, aufzuklären (OLG München VersR 1992, 834; vgl. auch BGH NJW 1992, 2353). Auch über die Wahl zwischen einer intraartikulärcn Injektion in das Schultergelenk und der Medikation zur Schmerzbekämpfung muss aufgeklärt werden (BGH NJW 1989, 1533).

▷ *Trigeminus-Neuralgie (i. d. R. einseitige, heftige Schmerzattacken im Kopf/Gesichtsbereich)*

Vor der Behandlung einer Trigeminus-Neuralgie mittels Thermokoagulation zur operativen Zerstörung umschriebener Gewebsbezirke durch Hochfrequenzstrom hat der Arzt den Patienten auf die Möglichkeit einer medikamentösen Begegnung mehrmals täglich auftretender, heftiger Schmerzattacken auch dann hinzuweisen, wenn zwar die Medikation mit dem Wirkstoff erster Wahl erfolglos war, aber der Einsatz eines anderen Medikaments zweiter Wahl als aussichtsreich erscheint (OLG Köln, Urt. v. 3.12.1997 – 5 U 231/96).

▷ *Trümmerfraktur des Knöchels*

Bei einer Trümmerfraktur des Knöchels muss der Patient über die Möglichkeit einer konservativen Versorgung belehrt werden. Der Hinweis des Arztes, eine solche Fraktur „werde besser operiert", genügt jedoch als Aufklärung auch über die Alternative, wenn der Patient keine weiteren Fragen stellt (BGH NJW 1985, 780).

▷ *Tumoroperation*

Erkennt der Arzt sorgfaltswidrig nicht, dass ein Tumor auch medikamentös behandelt oder zur Erleichterung der Operation vorbehandelt werden kann, und empfiehlt er deshalb die sofortige Operation, so liegt ein Aufklärungs- und kein Behandlungsfehler vor, wenn die sofortige Operation nach Beurteilung des Sachverständigen noch „die Grenze des Machbaren darstellt" (BGH JR 1994, 514).

Die Haftung wegen eines Aufklärungsversäumnisses über Behandlungsalternativen scheidet aus, wenn die unterlassene oder objektiv fehlerhafte Aufklärung auf einem „einfachen" Diagnoseirrtum beruht, der sich mangels Vorwerfbarkeit nicht als haftungsbegründender Behandlungsfehler darstellt (OLG Köln VersR 1999, 98).

▷ *Verkürzungsosteotomie*

Vor Durchführung einer Verkürzungsosteostomie des Oberschenkels muss der Patient auf die Möglichkeit einer konservativen Ausgleichshilfe, etwa dem Tragen spezieller Schuhe, hingewiesen werden (BGH VersR 1981, 532).

Im umgekehrten Fall – Möglichkeit einer operativen anstatt der konservativen Methode – erfordert die Entscheidung des Arztes für eine konservative Behandlung, die keinen Eingriff in die körperliche Unversehrtheit darstellt, keine der Beweislast des Arztes unterliegende Eingriffsaufklärung, sondern den therapeutischen Hinweis auf ein mögliches operatives Vorgehen als ernsthafte Alternative, dessen Unterlassung der Beweislast des Patienten unterfällt (OLG Nürnberg MedR 2001, 577).

Eine solche ernsthafte Alternative liegt jedoch nicht vor, wenn die Operation bei gleicher Gefahr angesichts des Alters des Patienten eher risikoreicher wäre (OLG Nürnberg MedR 2001, 577, 578).

bb) Zuwarten als ernsthafte Alternative

Ist die Operation nicht dringlich und stellt deren Zurückstellung und ein weiteres Zuwarten eine **echte Behandlungsalternative** dar, muss der Patient auch hierüber aufgeklärt werden (OLG Oldenburg VersR 1997, 1493; OLG Köln VersR 2000, 361 und NJW-RR 1999, 674; OLG Bremen VersR 2001, 340, 341; BGH NJW 1998, 1784).

Dies kommt etwa in Betracht, wenn die vorgesehene, an sich indizierte Hüftgelenksoperation mit Endoprothese nach einigen Wochen in geringerem Maß mit der Gefahr einer Nervenverletzung verbunden gewesen wäre (OLG Oldenburg VersR 1997, 1493).

Ein Zuwarten ist aus medizinischer Sicht nicht völlig unvernünftig und die hierzu bestehende Möglichkeit deshalb aufklärungspflichtig, wenn eine **Bandscheibenoperation** zwar medizinisch indiziert ist, der Patient aber zunächst **keine neurologischen Ausfälle** hat (OLG Bremen VersR 2001, 340, 341; auch OLG Bremen NJW-RR 2001, 671).

Das Selbstbestimmungsrecht des Patienten wird auch verkürzt, wenn ihm nicht mitgeteilt wird, dass nach den erhobenen Befunden kein Verdacht auf Malignität eines zystischen Knotens im Bereich der Schilddrüse bestand, so dass bezüglich einer operativen Therapie unter Mitnahme eines walnussgroßen Isthmusanteils der Schilddrüse zunächst kurzfristig eine abwartende Haltung vertretbar erschien, weil unter Umständen nur eine Entzündung der Schilddrüse vorlag (OLG Köln VersR 2000, 361).

Vor einer Mastektomie muss generell auf andere Behandlungsmöglichkeiten zur Brusterhaltung (z. B. operative brusterhaltende Entfernung eines Mammakarzinoms mit nachfolgender Bestrahlung) hingewiesen werden (OLG Düsseldorf VersR 1989, 191).

Hängt eine nur relativ indizierte Operation wesentlich vom Sicherheitsbedürfnis der Patientin ab, so etwa bei der Entfernung der Gebärmutter oder der Brust bei vorliegendem Krebsverdacht, so ist die Möglichkeit eines Aufschiebens oder der Nichtvornahme der Operation mit ihr zu besprechen (BGH NJW 1997, 1637, 1638; Müller, MedR 2001, 487, 488).

cc) Strumaoperation (Schilddrüsenoperation)

Kommt anstatt einer nicht vital indizierten Strumaoperation mit dem dieser innewohnenden Risiko einer Verletzung des nervus recurrens und der möglichen Folge eines bleibenden Stimmverlustes auch eine Radio-Jod-Behandlung in Betracht, so muss der Arzt hierauf hinweisen (OLG Köln VersR 1998, 1510).

dd) Anästhesie

Kommen für die Operation zwei unterschiedliche Anästhesiemethoden in Betracht, wobei die eine bei gedämpftem Bewusstsein das Schmerzgefühl, die andere das Bewusstsein ausschaltet, aber ein spezifisches Risiko beinhaltet, so ist der Patient über die bestehende Alternative aufzuklären (BGH NJW 1974, 1422; Gehrlein, Rn C 34).

ee) Gallensteinoperationen

Eine laparoskopische Cholezystektomie (operative Entfernung der Gallenblase mit Endoskop, vgl. OLG Brandenburg NJW-RR 2000, 24; vgl. hierzu → Klage) ist zwar nicht mit größeren oder anders gelagerten Risiken verbunden als ein laparotomisches Vorgehen (Bauchschnitt, s. u. 11. d)). Der Arzt muss allerdings darauf hinweisen, dass im Falle ungünstiger anatomischer Verhältnisse ein Wechsel zur konventionellen Methode erforderlich werden kann (OLG Düsseldorf VersR 2000, 456; vgl. zu Gallenoperationen mit Durchtrennung des Hauptgallenganges auch OLG Brandenburg NJW-RR 2000, 24; OLG Hamm VersR 2001, 65; OLG Karlsruhe VersR 1998, 718 und → Klage, → Klageerwiderung).

ff) Bildung und Verwendung von Eigenblutkonserven

Der Patient muss über eine mögliche Behandlungsalternative durch Bildung und Verwendung von Eigenblutkonserven aufgeklärt werden, um eine Hepatitis B- oder HIV-Infektion zu vermeiden (OLG Köln VersR 1997, 1534; OLG Hamm VersR 1995, 709; BGH NJW 1992, 743).

Eine Aufklärungspflicht entfällt jedoch, wenn aus ex ante-Sicht eine Bluttransfusion nicht ernsthaft in Betracht kommt (BGH NJW 1992, 743; OLG Zweibrücken NJW-RR 1998, 383), etwa bei dem Patienten infolge zunächst nicht vorhersehbarer Blutungen ein erheblicher Blutverlust eingetreten war (OLG Düsseldorf VersR 1996, 1240) oder die Alternative Eigenbluttransfusion wegen unzureichender Hämoglobinkonzentration des Eigenblutes sogar kontraindiziert ist (OLG Köln VersR 1997, 1534, 1535).

In einem solchen Fall ist der behauptete Entscheidungskonflikt des Patienten auch nicht plausibel (OLG Köln VersR 1997, 1535).

gg) Kaiserschnitt statt vaginaler Entbindung

Die Entscheidung über das ärztliche Vorgehen, eine Geburt vaginal oder mittels Kaiserschnitts (sectio) durchzuführen, ist primär Sache des Arztes. Der geburtsleitende Arzt braucht daher in einer normalen Entbindungssituation ohne besondere Veranlassung nicht von sich aus die Möglichkeit einer sectio zur Sprache zu bringen. Drohen dem Kind bei vaginaler Geburt ernst zu nehmende Gefahren und sprechen deshalb gewichtige Gründe für eine Kaiserschnittentbindung, darf der Arzt sich nicht eigenmächtig für die vaginale Geburt entscheiden (BGH MDR 1989, 437; NJW 1993, 2372; OLG Hamm VersR 2001, 247, 248; OLG Köln VersR 1996, 586; OLG Oldenburg VersR 1993, 362; OLG Köln VersR 1996, 586; OLG München, Urt. v. 23.7.1998 – 24 U 741/97; S/D, Rn 378, 322, 326, 410; G/G, Rn C 35).

Dies gilt umso mehr, wenn sich die Mutter vor der Entbindung wegen der geringeren Risiken für das Kind und trotz des höheren Risikos für sich selbst zu einer Schnittentbindung bereit gefunden hatte (BGH MDR 1989, 437 = NJW 1989, 1538; OLG Koblenz NJW-RR 2002, 310, 311: Erhöhtes Risiko für das Kind bei Vaginalgeburt).

Soll die Geburt in Abweichung von der verabredeten sectio vaginal erfolgen, ist der Arzt verpflichtet, die Patientin vorab über die unterschiedlichen Risiken und Erfolgschancen über die zur Wahl stehenden Entbindungsmethoden zu belehren, so über das Risiko einer Hirnschädigung bei vaginaler Steißlagengeburt (OLG Stuttgart VersR 1991, 1141), die Gefahr einer Schulterdystokie, also einen gestörten Geburtsverlauf, bei dem die vordere Schulter nach Geburt des kindlichen Kopfes am Becken oder Schambein hängen bleibt, was oftmals zu Schädigungen der Nervenwurzeln im Schulter-Arm-Bereich des Kindes führt (OLG Hamm VersR 1997, 1403; OLG Stuttgart VersR 1989, 519, 520: Im konkreten Fall verneint) oder einer Armplexus-Parese (OLG München, Urt. v. 23.7.1998 – 24 U 741/97).

In folgenden Fällen hat die Rechtsprechung (zu abw. Ansichten siehe auch S. 115) eine Kaiserschnittentbindung wegen ernst zu nehmender Gefahren für das Kind als eine aufklärungspflichtige, echte Alternative gegenüber der vaginalen Entbindung angesehen:

▷ *Beckenendlage*

Teilweise wird das Bestehen einer Aufklärungspflicht bereits bei bloßem Bestehen einer Beckenendlage angenommen (OLG Braunschweig

VersR 1988, 1032; VersR 1988, 382; OLG Hamm VersR 1983, 565; OLG Oldenburg MDR 1996, 1133; OLG Celle VersR 1995, 462: Beckenendlage ohne weitere Risikofaktoren).

Nach einschränkender Ansicht muss auf die Indikation einer Schnittentbindung jedenfalls bei **Hinzutreten weiterer typischer Risikofaktoren** hingewiesen werden, etwa wenn sich das Kind in Fußlage befindet (OLG Köln VersR 1996, 586; OLG Celle, Urt. v. 5.7.1993 – 1 U 50/91), eine Steiß-Fußlage (OLG Düsseldorf VersR 1998, 364; VersR 1995, 1317; G/G, Rn C 35), Zeichen einer chronischen oder akuten Plazentainsuffizienz oder ein geschätztes Geburtsgewicht von mehr als 3 500 g vorliegen bzw. die Tragezeit weniger als 36 Wochen beträgt (OLG Celle Urt. v. 5.7.1993 – 1 U 50/91 – Revision vom BGH nicht angenommen).

Bei einer Beckenendlage ist eine sectio auch indiziert und damit aufklärungspflichtig, wenn bei dem Kind eine Diskrepanz zwischen Kopf und Rumpf und/oder eine Hyperextension des Kopfes nicht ausgeschlossen werden kann (OLG Hamm VersR 1989, 255), die 38-jährige Mutter zuvor bereits eine Fehlgeburt erlitten und sich wegen der gesteigerten Risiken zu einer sectio bereitgefunden hatte (BGH NJW 1989, 1538) oder wenn der Kopf des Kindes noch im Beckeneingang steht und **Hinweise auf eine Beckenverengung** bestehen (OLG Stuttgart VersR 1999, 582: Schwangere erhielt ohnehin eine Vollnarkose).

Befindet sich der Kopf noch im Beckeneingang, so ist der Entschluss zur vaginal-operativen **Entbindung durch Vakuumextraktion** oder Zangengeburt statt durch Kaiserschnitt wegen einer **Komplikationsrate von etwa 15 %** fehlerhaft, denn das Risiko einer **Schulterdystokie** ist hierdurch wesentlich erhöht (LG Heidelberg VersR 1989, 200; auch OLG Stuttgart VersR 1999, 582).

Nimmt der geburtsleitende Arzt bei einer Beckenendlage in der Form einer reinen Fußlage die Geburt durch ganze Extraktion an Stelle eines Kaiserschnitts vor, liegt – unabhängig vom Bestehen eines Aufklärungsversäumnisses – ein Behandlungsfehler vor, wenn sich der kindliche Steiß noch nicht hinreichend gesenkt hat (BGH MDR 1993, 123).

Bei Verdacht auf eine Beckenendlage ist sogar ein zur Beweislastumkehr hinsichtlich der Kausalität führender → *grober Behandlungsfehler* gegeben, wenn der betreuende Arzt vor der Entscheidung für eine vaginale Entbindung nicht durch Ultrasonographie das Vorliegen eines etwaigen Missverhältnisses zwischen Kopf und Rumpf des Kindes ausschließt. Kann dies nach Vornahme der gebotenen Untersuchung nicht sicher ausgeschlossen werden, ist die sectio bei einer Beckenendlage indiziert (OLG Hamm VersR 1989, 255). Bei einem Geburtsstillstand in Beckenmitte kommt eine Beendigung der Geburt mittels sectio jedoch nicht mehr in Betracht (OLG Hamm VersR 1990, 51 und 201).

Verzichtet der geburtsleitende Arzt im Falle einer Beckenendlage vertretbar auf eine Kaiserschnittoperation, weil er aus Überzeugung und auf Grund seiner persönlichen Fähigkeiten eine vaginale Entbindung bevorzugt (OLG Düsseldorf NJW 1997, 2457) oder kommt im Rahmen einer Entbindung ein Kaiserschnitt wegen vorhandener Risikofaktoren nicht als ernsthafte Behandlungsalternative in Betracht, weil der Geburtshelfer aus persönlicher Überzeugung eine vaginale Entbindung präferiert (OLG Düsseldorf VersR 1995, 1317), so muss die Patientin an der die Entbindungsmethode betreffenden Entscheidung beteiligt und die Einwilligung in die vaginale Entbindung rechtzeitig herbeigeführt werden (OLG Düsseldorf NJW 1997, 2457; VersR 1995, 1317).

▷ *Schulterdystokie*

Erwartet die Mutter die Geburt eines über 4 000 g schweren Kindes, dessen vorangehendes Geschwisterkind bei einem Gewicht von 4 200 g eine Erb'sche Lähmung mit Schulterdystokie erlitten hatte (OLG Köln VersR 1998, 1156) oder ist bei der Entbindung voraussichtlich mit einem geschätzten Geburtsgewicht von 4 400 bis 4 500 g zu rechnen, wobei das Geburtsgewicht des mehrere Jahre zuvor geborenen Kindes bereits 4 750 g betrug (OLG Hamm VersR 1997, 1403: **Riesenkind** mit **5 270 g**), muss die Schwangere baldmöglichst auf die dann indizierte sectio hingewiesen werden.

Die Möglichkeit einer sectio muss der Patientin auch erläutert werden, wenn das geschätzte Geburtsgewicht 4 200 g beträgt, sie zwei Jahre zuvor ein Kind mit 4 130 g nach Kaiserschnitt wegen eingetretenen Geburtsstillstandes geboren hatte und erhebliche Anzeichen für ein relatives Kopf-Becken-Missverhältnis bestehen (vom BGH NJW 1993, 1524 an das Berufungsgericht zurückverwiesen).

Gleiches gilt, wenn sich aus der **Vorgeschichte Anzeichen** für die Geburt eines großen Kindes über 4 000 g oder **übergroßen Kindes über 4 500 g** ergeben und daneben weitere Umstände vorliegen, wie z. B. die vorangegangene Geburt eines großen Kindes, eine Diabeteserkrankung der Mutter oder die überdurchschnittliche Zunahme von Körpergewicht oder Leibesumfang der Mutter (OLG München, Urt. v. 20.6.1996 – 1 U 5401/94 – im konkreten Fall verneint).

Besondere Gefahren für das Kind, die eine Aufklärungspflicht des Arztes begründen, liegen auch vor, wenn die Mutter übergewichtig, die Wehendauer ungewöhnlich lang und mit der Geburt eines „übergroßen Kindes" von mehr als 4 500 g zu rechnen ist (BGH VersR 1992, 237;

OLG Stuttgart OLGR 2001, 394: geschätztes Fetalgewicht ab 4 500 g)
bzw. wenn das geschätzte Fetalgewicht 4 500 g beträgt und weitere risi-
koerhöhende Umstände wie etwa starke Adipositas der Schwangeren,
Verdacht auf Diabetes o. a. hinzutreten (OLG Koblenz NJW-RR 2002,
310).

Jedoch ist der Kaiserschnitt **nicht bereits** deshalb indiziert und somit
aufklärungspflichtig, wenn ein „**großes Kind**" mit 4 000 g oder mehr zu
erwarten ist (OLG Hamm VersR 2001, 247, 248 und VersR 1991, 228:
4 000 g; OLG Schleswig VersR 2000, 1544: 4 000 g, eher mehr; OLG
Zweibrücken VersR 1997, 1103: 4 100 g; OLG Stuttgart OLGR 2001,
394: unter 4 000 g), selbst wenn die Mutter schon ein großes Kind geboren hatte und sonst keine Risikofaktoren bestehen (OLG Stuttgart
VersR 1989, 519: Geburtsgewicht 4 270 g).

Der verantwortliche Gynäkologe muss die werdende Mutter in einer
„normalen Entbindungssituation" selbst dann nicht auf die Möglichkeit einer Schnittentbindung hinweisen, wenn zwar erkennbare Risikofaktoren wie etwa ein deutliches Übergewicht der Mutter von 139 kg
vorliegen, nicht jedoch ernst zu nehmende Gefahren für das Kind (OLG
Oldenburg VersR 2002, 1028, 1029).

Allein die Möglichkeit einer äußerst seltenen Schulterdystokie begründet für sich allein keine Indikation für eine Schnittentbindung
(OLG Zweibrücken VersR 1997, 1103; OLG Schleswig VersR 2000,
1544, 1545: Risiko bei 0,15–0,6 %).

hh) Entbindung mit Geburtszange, Saugglocke oder Kaiserschnitt

Eine Entbindung mit der Geburtszange kann auch nach medikamentöser
Einleitung der Geburt sachgerecht und je nach den Umständen des Falles
der Entbindung durch eine Vakuumextraktion vorzuziehen sein; in diesem Fall besteht **keine Alternative**, über welche die Mutter aufgeklärt
werden müsste (OLG München VersR 1997, 452; mit zustimmender,
erklärender Anmerkung Gaisbauer, VersR 1997, 1007).

Bei der Zangenentbindung handelt es sich dabei um die klassische geburtshilfliche Operation zur Geburtsbeendigung, bei der Vakuumextraktion um
die typische Methode zur Geburtsbeschleunigung. Letztere wird vorwiegend bei Erschöpfung der Mutter bei zu langer Geburtsdauer, sekundärer
Wehenschwäche oder Fieber unter der Geburt, erstere bei gefährdetem
Kind und unter günstigen Vorbedingungen ausgeführt (Gaisbauer, VersR
1997, 1008).

Ergibt sich während des Geburtsverlaufs die Indikation zur alsbaldigen
operativen Geburtsbeendigung, so sind eine sectio und die Entbindung

durch Saugglocke oder Geburtszange nach Auffassung des OLG München (Urt. v. 23.7.1998 – 24 U 741/97) nur dann denkbare und aufklärungspflichtige Alternativen, wenn sich der Höhenstand des Kopfes in der Beckenmitte befindet.

Nach – vereinzelt gebliebener – Ansicht des OLG Düsseldorf (NJW 1986, 2373) muss sogar über die bestehenden drei Möglichkeiten einer operativen Geburtshilfe, nämlich Vakuumextraktion, Zangenextraktion und Kaiserschnitt und deren spezifische Risiken aufgeklärt werden. Geschieht dies nicht und kommt es bei der Geburt durch Vakuumextraktion mit der 50 mm-Saugglocke zu einer Fraktur des Scheitelbeines und motorischen Störungen, haftet der Arzt wegen der Aufklärungspflichtverletzung.

c) Zeitpunkt der Aufklärung/Rechtzeitigkeit einer Schnittentbindung

Bestehen deutliche Anzeichen dafür, dass z. B. im weiteren Verlauf eines Entbindungsvorgangs eine Situation eintreten kann, in der eine normale vaginale Entbindung kaum noch in Betracht kommt, sondern eine Schnittentbindung notwendig oder zumindest zu einer echten Alternative zur vaginalen Entbindung wird, muss der geburtsleitende Arzt die Mutter bereits zu einem Zeitpunkt über die unterschiedlichen Risiken der Entbindungsmethoden aufklären und ihre Entscheidung einholen, zu dem sie sich noch in einem Zustand befindet, in dem diese Problematik mit ihr besprochen werden kann (BGH MDR 1993, 741 = NJW 1993, 2372; OLG München VersR 1994, 1345; LG Berlin NJW-RR 1994, 801).

Die Aufklärung über eine Schnittentbindung ist verspätet, wenn Presswehen eingesetzt haben oder starke Schmerzmittel eine freie Entscheidung der Schwangeren nicht mehr zulassen (BGH MDR 1993, 741; G/G, Rn C 99; S/D, Rn 410).

d) Nicht echte Behandlungsalternative; keine Aufklärungspflicht

Wenn keine wesentlichen Unterschiede der in Betracht kommenden Behandlungsmethode mit gleichwertigen Chancen und deren Risiken im konkreten Fall bestehen, die alternative Methode bei etwa gleichwertigen Belastungen keine höhere Heilungs- bzw. Erfolgsaussicht verspricht, so ist die **Behandlungsmethode primär Sache des Arztes**, der dann nicht über die Vorteile und Risiken der beiden Behandlungsmethoden im Verhältnis zueinander aufklären muss (OLG Hamm VersR 1992, 834; OLG Nürnberg MedR 2001, 577, 578; G/G, Rn C 23, 29; S/D, Rn 381, 384; Gehrlein, Rn 31, 32). Über die Möglichkeit der Anwendung verschiedener Operationsmethoden muss der Patient nur aufgeklärt werden, wenn sich die vom Operateur nicht vorgesehene Methode auf der Grundlage der Stellungnahme des vom Gericht beauftragten Sachverständigen bereits vor der

Operation als eine echte Behandlungsalternative mit unterschiedlichem Risikospektrum dargestellt hätte (OLG Dresden VersR 2002, 440).

Der Arzt schuldet dem Patienten auch **keine Aufklärung** über eine **früher angewandte Behandlungsmethode**, wenn die zum Zeitpunkt der Durchführung des Eingriffs angewandte Methode seit vielen Jahren bessere Ergebnisse liefert, die hergebrachte, konservative Behandlungsmethode also keine gleichwertige Behandlungsalternative darstellt (OLG München VersR 1992, 1134).

Solange bewährte und mit vergleichsweise geringem Risiko behaftete Diagnose- und Behandlungsmethoden zur Verfügung stehen, besteht auch über neuartige Verfahren, die sich noch in der Erprobung befinden bzw. sich noch nicht durchgesetzt haben, keine Aufklärungspflicht (BGH NJW 1984, 1810; OLG Nürnberg MedR 2002, 29; S/D, Rn 388; G/G, Rn C 40; L/U, § 64 Rn 7). Anders ist es jedoch, wenn sich ein neues Verfahren weitgehend durchgesetzt hat und dem Patienten entscheidende Vorteile bietet (BGH NJW 1988, 763; L/U, § 64 Rn 7).

Wählt der Arzt die risikoärmere Methode, hat er nicht über die Alternative der risikoreicheren aufzuklären (OLG Köln VersR 1991, 930; OLG Nürnberg MedR 2001, 577, 578), etwa ein mögliches operatives Vorgehen anstatt der empfohlenen konservativen Methode, wenn eine Operation bei ansonsten gleicher Gefahr angesichts des Alters für den Patienten risikoreicher gewesen wäre (OLG Nürnberg MedR 2001, 577, 578).

Die Pflicht des Arztes, den Patienten über Behandlungsalternativen aufzuklären, entfällt auch, wenn eine an sich gegebene Behandlungsalternative im konkreten Fall wegen anderer behandlungsbedürftiger Verletzungen des Patienten ausscheidet (BGH MDR 1992, 749) oder wenn ein klarer Vorrang für die operative Therapie besteht (BGH MDR 1986, 342, 343; OLG Stuttgart OLGR 2000, 132, 134).

Schließlich scheidet eine Haftung wegen eines Aufklärungsversäumnisses über Behandlungsalternativen auch dann aus, wenn die objektiv fehlerhafte Aufklärung auf einem Diagnoseirrtum beruht, der sich mangels Vorwerfbarkeit nicht als haftungsbegründender Behandlungsfehler darstellt (OLG Köln NJW 1998, 3422; G/G, Rn C 24).

In folgenden Fällen hat die Rechtsprechung das Bestehen einer aufklärungspflichtigen, echten Alternative mit gleichwertigen Chancen, aber andersartigen Risiken verneint:

aa) ERCP (endoskopische retrograde Cholangio- und Pankreatographie)

Die ERCP stellt eine geeignete Methode zur Abklärung des Verdachts auf Vorliegen von Gallensteinen dar. Demgegenüber sind Infusions-Cholezystocholangiographie und endoskopische Ultraschalluntersuchung (EUS) keine gleichwertigen Alternativen. Liegt die letale Komplikationsrate der ERCP im Bereich von 0,1‰, verletzt der untersuchende Arzt seine Aufklärungspflicht nicht schon dann, wenn er den Patienten hierauf im Hinblick auf die eigenen langjährigen praktischen Erfahrungen ohne tödlichen Verlauf nicht hinweist (OLG Zweibrücken NJW-RR 1995, 1305).

bb) Gallenoperation/Cholezystektomie

Eine laparoskopische Cholezystektomie (Entfernung der Gallenblase im Wege der Bauchspiegelung bei Gallenblasensteinleiden) ist nicht mit größeren oder anders gelagerten Risiken verbunden als ein laparotomisches Vorgehen (Entfernung der Gallenblase im Rahmen eines Bauchschnitts; OLG Düsseldorf VersR 2000, 456). Die Laparoskopie weist gegenüber der Laparotomie sogar ein deutlich geringeres Letalitäts- bzw. Morbiditätsrisiko auf und ist in Bezug auf Verletzungen der Gallenwege nicht risikoreicher. Die laparoskopische Methode stellt sich gegenüber der laparotomischen Methode nicht als aufklärungspflichtige Alternative dar (OLG Brandenburg NJW-RR 2000, 24, 27). Dies gilt jedoch nicht im umgekehrten Fall.

Der Arzt hat den Patienten im Rahmen der präoperativen Aufklärung allerdings darauf hinzuweisen, dass im Falle ungünstiger anatomischer Verhältnisse, etwa bei massiven Verwachsungen, ein Wechsel zur konventionellen Laparotomie erforderlich werden kann (OLG Düsseldorf VersR 2000, 456; vgl. hierzu → *Klage*).

Der Patient muss vor Durchführung der Laparoskopie (OLG Düsseldorf VersR 2000, 456) – wie auch vor einer Magenresektion (OLG Karlsruhe VersR 1998, 718) – darüber aufgeklärt werden, dass es dabei zu einer Durchtrennung des Hauptgallenganges mit nachfolgender Entzündung der Gallenwege und des gesamten Bauchraumes kommen kann.

cc) Helicobacter pylori

Beim Vorliegen von Helicobacter pylori (Stäbchenbakterien mit Hakenform mit Bedeutung für die Entwicklung einer B-Gastritis und eines Magenkarzinoms) mit Durchführung einer Vagotomie war die – später erfolgreich und komplikationslos mögliche – Medikation mit Antibiotika, H-2-Rezeptorenblockern und Säurehemmern (Eradikationstherapie) im Jahr 1991 noch nicht aufklärungspflichtig (OLG Frankfurt VersR 1998, 1378).

dd) Hüftgelenkoperationen

Stellt bei Beschwerden im Hüftgelenk das Einsetzen einer Endoprothese die Methode der Wahl dar, so muss der Patient nicht auf die Möglichkeit einer Hüftgelenksversteifung hingewiesen werden (KG VersR 1989, 915).

ee) Kaiserschnitt oder vaginale Geburt

Ist ein Kaiserschnitt aus medizinischen Gründen nicht inidiziert, so stellt er auch keine echte Alternative zur vaginalen Geburt dar, über die aufgeklärt werden müsste (OLG Braunschweig NJW-RR 2000, 238; OLG Hamm VersR 2001, 247, 248; s. o. S. 108). Anders ist dies, wenn gewichtige Gründe für eine Sectio sprechen, etwa wenn im Fall der vaginalen Geburt dem Kind ernst zu nehmende Gefahren drohen oder wegen der Besonderheiten des konkreten Falles erhöhte Risiken bestehen (OLG Koblenz NJW-RR 2002, 310, 311; OLG Köln VersR 1996, 586; OLG Oldenburg VersR 1993, 362; BGH MDR 1989, 437).

Allein der Umstand, dass ein „großes Kind" mit 4 000 g oder mehr zu erwarten und mit einer Risikogeburt zu rechnen ist, stellt noch keine Indikation für eine sectio dar (OLG Hamm VersR 2001, 247, 248: Ca. 4 000 g; OLG Hamm VersR 1991, 228; VersR 1990, 51: Zwei große Kinder vorgeboren; OLG Schleswig VersR 2000, 1544: 4 000 g, eher mehr; OLG Zweibrücken VersR 1997, 1103: 4 100 g; OLG Stuttgart VersR 1989, 519: 4 270 g; OLG Stuttgart OLGR 2001, 394: unter 4 000 g). Selbst bei Vorliegen erkennbarer Risikofaktoren wie etwa dem erheblichen Übergewicht der Mutter (139 kg) ist die Entscheidung des geburtsleitenden Arztes, keinen Kaiserschnitt durchzuführen und von einem entsprechenden Hinweis auf diese Möglichkeit abzusehen, medizinisch vertretbar, wenn sich hieraus keine ernst zu nehmenden Gefahren für das Kind ergeben (OLG Oldenburg VersR 2002, 1028, 1029). Teilweise wird jedoch die Übertragung der Geburtsleitung auf den erfahrensten Oberarzt gefordert (OLG Hamm VersR 1991, 228).

Bei einem zu erwartenden Geburtsgewicht unter 4 000 g ist eine primäre sectio auch dann nicht indiziert, wenn es bei einer früheren Geburt zu einer Claviculafraktur kam (OLG Stuttgart OLGR 2001, 394).

Allein die Möglichkeit einer Schulterdystokie begründet für sich allein noch keine Indikation für eine Schnittentbindung, so dass nicht allein deshalb über die alternative Geburtsmethode der Sectio aufgeklärt werden muss (OLG Zweibrücken VersR 1997, 1103; OLG Schleswig VersR 2000, 1544, 1545: Risiko 0,15–0,6 %).

Auch eine Beckenendlage des Kindes macht allein keine Sectio erforderlich. Erst das Hinzutreten weiterer typischer Risikofaktoren wie eine reine Fußlage, eine Steiß-Fußlage, Zeichen chronischer oder akuter Placentainsuffizienz, ein geschätztes Geburtsgewicht von mehr als 3 500 g und/oder eine Tragezeit von weniger als 36 Wochen machen eine vaginale Entbindung unvertretbar (OLG Celle, Urt. v. 5.7.1993 – 1 U 50/91; OLG Düsseldorf VersR 1998, 364: Steiß-Fußlage; OLG Köln VersR 1996, 586: Fußlage; anders OLG Celle VersR 1995, 462 und OLG Braunschweig

VersR 1988, 1032 und 382: Beckenendlage ohne weitere Risikofaktoren). Steht der Kopf des Kindes bei vollständigem Muttermund in der Beckenmitte, so ist die vaginal-operative Entbindung gegenüber einem Kaiserschnitt in der Regel vorzugswürdig; eine Aufklärung der Mutter über die Möglichkeit einer sectio ist dann nicht erforderlich (OLG Stuttgart OLGR 2001, 394).

Die Frage, ob die von der Mutter in eine vaginale Entbindung erteilte Einwilligung wegen einer unzulänglichen Aufklärung über die Behandlungsalternativen unwirksam ist, stellt sich von vornherein nicht, da eine vaginale Entbindung ein vom Arzt lediglich unterstützter natürlicher Vorgang ist, der die tatbestandlichen Voraussetzungen einer Körperverletzungshandlung nicht erfüllt (OLG Stuttgart VersR 1989, 519, 521).

Auch über mögliche gesundheitliche Folgen eines Dammschnittes vor einer vaginal-operativen Geburtsentbindung muss die Patientin nicht aufgeklärt werden (OLG Braunschweig NJW-RR 2000, 238).

ff) Knöchelgelenkstrümmerfraktur

Bei einer Knöchelgelenkstrümmerfraktur ist die konservative Therapiealternative gegenüber dem gewählten operativen Eingriff nicht aufklärungsbedürftig (BGH NJW 1986, 780; G/G, Rn C 26).

gg) Korrektur des Mittelfußes und der Zehenfehlstellung

Die operative Behandlung eines Ballenhohl- und Spreizfußes nach Helal oder in einer Variante dieser Methode und/oder die zusätzliche Korrektur einer Krallenzehenbildung durch ein- oder zweizeitiges Vorgehen (zeitlich zwei getrennte Phasen) stellt für den Patienten keine ernsthafte und damit aufklärungspflichtige Alternative dar (OLG Stuttgart OLGR 2000, 132, 133).

hh) Krampfaderoperation

Der Patient muss nicht darauf hingewiesen werden, dass die vorgesehene Krampfaderoperation auch an beiden Beinen gleichzeitig oder in zwei zeitlich getrennten Phasen erfolgen kann (OLG Oldenburg VersR 2000, 61).

ii) Leberresektion

Vor einer Leberresektion muss der Patient grundsätzlich weder über die Gefahr einer Schädigung der Gallenwege aufgeklärt noch in die Entscheidung über die Wahl der Operationsmethode, Resektion (operative Teilentfernung) statt Zystektomie (operative Entfernung der Harnblase) einbezogen werden (OLG Köln VersR 1990, 856).

kk) Magenoperation

Vor einer Magenoperation musste im Jahr 1986 auch nicht über die Methode nach Billroth (Billroth I als Magenresektion mit End-Zu-End-Vereinigung des Magenstumpfes mit dem Zwölffingerdarm bzw. Billroth II mit Entfernung des „Magenpförtners" und des davor liegenden Magenanteils unter Blindverschluss des Magen- und Zwölffingerdarmstumpfes, gefolgt von der End-Zu-Seit-Vereinigung der Magenvorderwand mit der oberen Schlinge des Dünndarms) anstatt einer Vagotomie, d. h. einer operativen Durchtrennung des unteren Nervus vagus mit kleiner Resektion, die heute wegen konservativer Behandlungsmöglichkeiten kaum noch indiziert sein dürfte, aufgeklärt werden (BGH NJW 1988, 1516).

Gleiches galt 1982 bei der Vornahme einer Vagotomie statt einer Magenresektion bei rezidivierenden Magen- und Zwölffingerdarmgeschwüren (OLG Hamm VersR 1984, 1076, 1077).

ll) Nahtmaterial

Der Chirurg schuldet dem Patienten keine Aufklärung über das Risiko einer Fadenfistel (röhrenförmiger Gang von einem Hohlorgan oder Hohlraum des Körpers zur Körperoberfläche) bei der Verwendung nicht resorbierbarer Fäden für eine innere Naht. Über Vor- und Nachteile des verwendeten Nahtmaterials muss der Patient nicht unterrichtet werden (OLG Celle, Urt. v. 23.7.1984 – 1 U 13/84).

mm) Oberschenkeltrümmerfraktur

Bei einer Oberschenkeltrümmerfraktur muss über eine mögliche operative Intervention anstatt einer Marknagelung nach Kürschner (Stabilisierung von Brüchen langer Röhrenknochen durch innere Schienung mittels eines formschlüssig eingetriebenen Stahlnagels ohne Kopf) nicht aufgeklärt werden (BGH VersR 1982, 771).

nn) Operationsmethode bei Bauchspeicheldrüsenentzündung

Nach dem Wissensstand Anfang der 90er Jahre war es nicht behandlungsfehlerhaft, wenn sich der Operateur nach dem intraoperativ vorgefundenen Zustand einer Pankreatitis (Bauchspeicheldrüsenentzündung) für die in solchen Fällen bislang angewandte Resektion des Pankreasschwanzes an Stelle der im Vordringen befindlichen Pankreaskopfresektion entschied. Über diese unterschiedlichen Operationsarten musste der Patient nicht aufgeklärt werden (OLG Oldenburg MedR 1998, 27).

Auf die „duodenumerhaltende Pankreaskopfresektion" als weniger belastende, risikoärmere Operationsmethode musste der Patient im Jahr 1996 nicht hingewiesen werden. Im Jahr 1996 war dieses Verfahren noch nicht so ausreichend untersucht, dass es als Standardverfahren von allen Autoren empfohlen wurde (OLG Nürnberg MedR 2002, 29, 31).

oo) Operationsverfahren bei Hallux valgus

Auch über die verschiedenen Verfahren bei einer Hallux-valgus-Operation (Korrektur einer X-Großzehe) muss nicht aufgeklärt werden (OLG Oldenburg VersR 1998, 1285; KG VersR 1993, 189; G/G, Rn C 26).

pp) Schultergelenkssprengung

Bei einer Schultergelenkssprengung ist die konservative Therapiealternative gegenüber einem operativen Eingriff grundsätzlich aufklärungspflichtig (BGH MDR 1992, 749; OLG München VersR 1992, 834); die Pflicht des Arztes, den Patienten über die konservative Behandlungsalternative aufzuklären, entfällt jedoch, wenn deren Durchführung im konkreten Fall wegen anderer behandlungsbedürftiger Verletzungen des Patienten ausscheidet (BGH MDR 1992, 749).

qq) Speichenbruch

Bei einer Radiusfraktur (Speichenbruch) muss nicht auf die alternative Möglichkeit der Anlegung eines Rundgipses anstatt der dorsalen Schienung hingewiesen werden (OLG Hamm VersR 1992, 834).

rr) Sterilisationsverfahren

Die laparoskopische Sterilisation (Bauchspiegelung) mittels Elektrokoagulation und Eileiterdurchtrennung ist hinsichtlich des Versagerrisikos nicht unsicherer als diejenige mittels Laparotomie (Bauchschnitt). Der Arzt muss eine adipöse Patientin nicht über die Möglichkeit einer Sterilisation mittels Laparotomie statt derjenigen mittels Laparoskopie aufklären (OLG Frankfurt VersR 1989, 291).

Gegenüber der Sterilisationsmethode nach Labhardt ist auch die Fimbriektomie (operative Sterilisation durch Entfernung der Fransen des Eileiters und Unterbindung der Eileiter) keine 100 %ig sichere Methode. Die Risikoquote verschiebt sich dabei um ca. 1 zu 1 000 auf 1 zu 2 000, so dass von einer echten Behandlungsalternative mit andersartigen Risiken nach erteilter Aufklärung über das bestehende, generelle Restrisiko nicht gesprochen werden kann (OLG Hamm VersR 1987, 1146; auch OLG Nürnberg VersR 1988, 1137).

Gegenüber einer Resektion nach Pomeroy ist die Alternative Tubenkoagulation nicht aufklärungsbedürftig (OLG Hamburg VersR 1989, 148; auch OLG Saarbrücken VersR 1988, 831; G/G, Rn C 27).

Vor Durchführung einer Tubenligatur (Unterbindung der Eileiter bei Sterilisation der Frau) ist die Alternative Adnexektomie (ein- oder beidseitige operative Entfernung der Eileiter und Eierstöcke) nicht aufklärungspflichtig (OLG Frankfurt VersR 1983, 879).

ss) Unterlassen einer prophylaktischen Heparinisierung

Es würde die Anforderungen an die gebotene Aufklärung überspannen, wenn der Arzt auch über die verschiedenen Alternativen, die sich im Rahmen einer Therapie ergeben, aufklären müsste. Dies gilt erst recht, wenn das jeweilige Risiko in der einen wie in der anderen Variante identisch ist. Sind keine Risikofaktoren für eine Thrombose ersichtlich, stellt das Unterlassen einer prophylaktischen Heparinisierung eines jungen, sportlichen Patienten im Rahmen einer ambulanten chirurgischen Behandlung keinen Behandlungsfehler, die Nichterteilung des Hinweises auf deren Möglichkeit zur Vermeidung einer Thrombose auch keinen Aufklärungsfehler dar (OLG Naumburg OLGR 2001, 98).

tt) Verzicht auf Gipsverband

Bei erhöhter Thrombosegefahr muss nicht auf die mit einem Verzicht auf die Anlegung eines Gipsverbandes verbundenen Gefahren nach operativer Versorgung einer dislozierten Fraktur des Mittelfußknochens hingewiesen werden (OLG Köln VersR 1998, 243; S/D, Rn 384).

uu) Zugang bei Tumor- und Bandscheibenoperation

Vor einer Tumoroperation im Bereich der Hirnanhangsdrüse muss nicht über alternative Zugangswege, durch die Nase oder die Schädeldecke, aufgeklärt werden (BGH NJW 1998, 2734).

Gleiches gilt bei einer Bandscheibenoperation hinsichtlich der möglichen Zugangswege thorakal (durch den Brustabschnitt des Rückenmarks) oder dorsal (vom Rücken her), jedenfalls soweit die Risiken in etwa gleich hoch sind (OLG Oldenburg VersR 1997, 978).

e) Signifikant kleineres Risiko

Bei gleichartig schwer wiegenden Eingriffen kann es in eingeschränktem Maß auch darauf ankommen, ob ein signifikanter Unterschied zwischen den mit den verschiedenen Eingriffsarten verbundenen Risiken besteht, der eine besondere und spezielle Aufklärung über die unterschiedlichen

Risiken erforderlich macht, etwa dann, wenn das Risiko durch die Wahl optimalerer Behandlungsbedingungen signifikant kleiner gehalten werden kann (OLG Oldenburg VersR 2000, 61 und VersR 1997, 1535; BGH VersR 1984, 60).

Dies ist z. B. bei einer gleichzeitigen Krampfaderoperation beider Beine gegenüber der zweizeitigen, d. h. in zwei zeitlich getrennten Phasen erfolgenden operativen Behandlung nicht der Fall. Hier birgt die eine Behandlungsmethode **keine anderen Risiken** in sich, bei beiden Behandlungsarten stellen sich die gemeinsamen **Risiken nur unterschiedlich ausgeprägt** dar (OLG Oldenburg VersR 2000, 61).

f) Krankenhaus mit besserer Ausstattung

Der Patient muss **grundsätzlich nicht** darüber aufgeklärt werden, dass dieselbe Behandlung andernorts mit besseren personellen und apparativen Mitteln und deshalb mit einem etwas geringeren Komplikationsrisiko möglich ist, **solange** der **Ausstattungszustand** noch dem **medizinischen Standard** entspricht (BGH NJW 1988, 763; NJW 1988, 2302; OLG Düsseldorf VersR 1988, 1298; OLG Zweibrücken, Urt. v. 27.4.1999 – 5 U 63/99; L/U, § 64 Rn 7; G/G, Rn C 37; F/N, Rn 186; weiter gehend Hart, MedR 1999, 47, 49 m. w. N.).

Nach Ansicht des OLG Zweibrücken (Urt. v. 27.4.1999 – 5 U 63/99) kann der Arzt das allgemeine Wissen schwangerer Frauen voraussetzen, dass über die apparativen Ausstattungen eines niedergelassenen Gynäkologen hinaus zumindest in großen Krankenhäusern solche vorhanden sind, die weiter gehende Diagnosemöglichkeiten eröffnen, so dass er hierauf nicht gesondert hinweisen muss.

Reicht die apparative Ausstattung einer Universitätsklinik nicht aus, allen Patienten die nach den neuesten medizinischen Erkenntnissen optimale Behandlung zuteil werden zu lassen, etwa eine CT-geplante Bestrahlung nach einer Brustkrebsoperation, muss der Patient die sich hieraus ergebenden Nachteile entschädigungslos hinnehmen, wenn die Behandlung im Übrigen gutem ärztlichen Qualitätsstandard entspricht (OLG Köln VersR 1998, 847).

Eine **Aufklärungspflicht besteht jedoch**, sobald sich neue und anderweitig praktizierte **Verfahren weitgehend durchgesetzt** haben, die dem Patienten entscheidende Vorteile bieten (BGH NJW 1988, 763; G/G, Rn C 37, 40), eine **wesentlich risikoärmere Behandlung** in einer anderen Klinik durchgeführt werden kann (F/N, Rn 186), eine **deutliche Unterausstattung** des behandelnden Krankenhauses bzw. Arztes vorliegt (BGH NJW 1988, 763, 765), sich die technisch-apparative Ausstattung in der unteren Bandbreite der von Wissenschaft und Praxis akzeptierten Norm befindet und andernorts deutlich bessere Heilungschancen bestehen (BGH NJW 1989, 2312), die baulich-hygienischen Verhältnisse nicht den Richtlinien des BGA entsprechen, sofern die **Infektionsstatistiken** des betreffenden Krankenhauses von der Norm abweichen und nicht durch besondere innerbetriebliche Prophylaxemaßnahmen ausgeglichen werden (OLG Saarbrücken VersR 1992, 52; G/G, Rn C 37) oder gegen die dort angewandte Methode gewichtige Bedenken in der medizinischen Literatur erhoben worden sind (BGH NJW 1978, 587; Gehrlein, Rn C 39).

Das OLG Düsseldorf (VersR 1987, 161) hat in einer vereinzelt gebliebenen Entscheidung vom behandelnden Arzt verlangt, bei schwer wiegenden Eingriffen mit erheblichen Risiken über seinen konkreten Erfahrungsstand mit Operationen dieser Art aufzuklären, wenn für den Patienten die konkrete Möglichkeit bestehe, den Eingriff deutlich risikoloser durch einen Arzt in einer anderen Klinik durchführen zu lassen.

In der Literatur wird eine Aufklärungspflicht zum einen auch bejaht, wenn der hygienische, technische oder methodische Standard unterschritten wird (Hart, MedR 1999, 47, 49 m. w. N.; Damm, NJW 1989, 737, 744), zum anderen, wenn Ausstattung und Behandlung zwar im Rahmen der Bandbreite standardgemäß sind, aber nicht mehr den fortgeschrittenen Anforderungen entsprechen (Hart, MedR 1999, 47, 49 m. w. N.).

In diesen Fällen müsse der Krankenhausträger den Patienten über allgemein verfügbare und andernorts vorhandene qualitativ bessere Behandlungsmöglichkeiten und Behandlungsmethoden bzw. dort bestehende günstigere Heilungschancen informieren (Hart, MedR 1999, 47, 49; MedR 1996, 60, 69; Rumler-Detzel, VersR 1998, 546, 549).

g) Fehlende Aufklärung unschädlich (vgl. hierzu V. 3., S. 142 ff.)

Die fehlerhafte oder unterlassene Aufklärung führt nicht zur Haftpflicht des Arztes, wenn der Patient den Kausalzusammenhang zwischen dem Körperschaden und der Behandlungsmaßnahme, über die hätte aufgeklärt werden müssen, nicht beweisen kann (OLG Düsseldorf, Urt. v. 19.1.1995 – 8 U 53/93; G/G, Rn C 227, C 121, C 149; F/N, Rn 209).

Der Patient muss nachweisen, dass er bei richtiger und vollständiger Aufklärung die Behandlungszustimmung nicht erteilt hätte (G/G, Rn C 121).

Wird der Patient über die Alternative einer operativen Versteifung seines Handgelenks als vertretbare Alternative zu der tatsächlich gewählten gelenkerhaltenden Operation nicht aufgeklärt, so ist dieses Aufklärungsdefizit dann nicht schadensursächlich, wenn sich der Patient nach Überzeugung des Gerichts auch bei der gebotenen Aufklärung, dass die Handgelenksversteifung eine unumkehrbare Lösung sei und nur gewählt werde,

wenn man keine andere Möglichkeit mehr habe, zunächst für die gelenkerhaltende Operation mit einer Erfolgsquote von immerhin 50–75 % entschieden hätte (OLG Koblenz MedR 2002, 518, 520).

III. Rechtzeitigkeit der Aufklärung

1. Grundsatz

Die Aufklärung des Patienten hat grundsätzlich so rechtzeitig zu erfolgen,
dass er durch hinreichende Abwägung der für und gegen den Eingriff sprechenden Gründe seine Entscheidungsfreiheit und damit sein Selbstbestimmungsrecht in angemessener Weise wahren kann (BGH VersR 1994,
1235; NJW 1995, 2410; MDR 1992, 748; Rehborn, MDR 1999, 1169, 1171).
Dies setzt eine Überlegungsfreiheit ohne vermeidbaren Zeitdruck voraus.

Je nach den **Vorkenntnissen des Patienten** von dem bevorstehenden Eingriff kann eine Aufklärung im Verlauf des Vortages vor dem Eingriff genügen, wenn sie zu einer Zeit erfolgt, zu der sie dem Patienten die Wahrung
seines Selbstbestimmungsrechts erlaubt (BGH MDR 1998, 716; OLG
Saarbrücken OLGR 2000, 401, 402).

Bei einer Aufklärung am **Vorabend einer Operation** wird der **Patient** regelmäßig mit der Verarbeitung der ihm mitgeteilten Fakten und der von ihm
zu treffenden Entscheidung **überfordert** sein, wenn er dabei – für ihn überraschend – erstmals von gravierenden Risiken erfährt, die seine künftige
Lebensführung entscheidend beeinflussen können (BGH MDR 1992, 748;
MDR 1998, 716; OLG Saarbrücken OLGR 2000, 401, 402; Müller, MedR
2001, 487, 488).

Beruft sich der Patient darauf, dass seine Entscheidungsfreiheit bei einer
erst am Tag vor der Operation erfolgten Risikoaufklärung nicht mehr gewahrt war, so hat er substantiiert Tatsachen vorzutragen, die diese Behauptung stützen können (BGH MDR 1992, 748; OLG Saarbrücken OLGR
2000, 401, 402).

In jedem Fall unwirksam ist die Aufklärung jedoch, wenn sie erst „**vor der
Tür des Operationssaals**" dergestalt erfolgt, dass der Patient schon während der Aufklärung mit der anschließenden Durchführung des Eingriffs
rechnen muss und deshalb unter dem Eindruck stehen kann, sich nicht
mehr aus einem bereits in Gang gesetzten Geschehensablauf lösen zu können (BGH NJW 1994, 3009, 3011; BGH MDR 1998, 654; BGH VersR 1998,
716; OLG Bremen VersR 1999, 1370; OLG Koblenz NJW-RR 2002, 816,
818).

Unterzeichnet der Patient die ihm schon mehrere Tage vor der Operation
überlassene Einwilligungserklärung erst auf dem Weg zum Operations-

saal nach Verabreichung einer Beruhigungsspritze und dem Hinweis des
Arztes, dass man die Operation auch andernfalls unterlassen könne, so
ergibt sich hieraus keine wirksame Einwilligung in die Operation (BGH
MDR 1998, 654; OLG Bremen VersR 1999, 1370).

Die **Aufklärung** einer Patientin über die Risiken einer nicht dringend indizierten beidseitigen, radikalen Mastektomie (Entfernung beider Brüste)
nach Verabreichung einer Beruhigungsspritze macht deren daraufhin
schriftlich erteilte **Einwilligung unwirksam** (BGH VersR 1998, 716).

2. Kleinere und risikoarme Eingriffe

a) Ambulante Eingriffe

Bei „normalen" ambulanten Eingriffen kann eine Aufklärung erst am Tag
des Eingriffs noch rechtzeitig sein (BGH MDR 1995, 159; VersR 2000, 725,
727; OLG Köln MedR 1996, 270; OLG Bremen VersR 1999, 1370; OLG
Oldenburg VersR 1998, 769, 770; LG Köln VersR 2001, 1382; Hoppe, NJW
1998, 782, 783; Rehborn, MDR 1999, 1169, 1172; G/G, Rn C 98; S/D,
Rn 407, 412; F/N, Rn 199; Gehrlein, Rn C 50).

Dem Patienten müssen dabei jedoch durch die Art und Weise der Aufklärung nicht nur der Eingriff und seine Risiken beschrieben, sondern ihm
auch eine eigenständige Entscheidung ermöglicht werden, ob er den Eingriff durchführen lassen will oder nicht. Hierfür muss das Aufklärungsgespräch deutlich von der operativen Phase abgesetzt sein.

Findet sich eine Patientin zu einem ambulanten Schwangerschaftsabbruch nach vorgeschriebener Beratung zum vereinbarten Termin in der
Praxis des operierenden Arztes ein, ist die im Rahmen der Anamnese
erfolgende und dem Eingriff unmittelbar vorausgehende Aufklärung über
die Risiken, auch dasjenige einer Dünndarmperforation, noch rechtzeitig,
wenn die Patientin bei dem Aufklärungsgespräch noch keine Medikamente erhalten hatte und die Möglichkeit besteht, den Eingriff noch abzulehnen (OLG Bremen VersR 1999, 1370).

Angesichts des nach Komplikationsraten und -dichte als routinemäßig
anzusehenden, gegenüber einem Bauchschnitt weniger belastenden Eingriffs durch eine Laparoskopie (Bauchspiegelung) sieht das OLG Oldenburg (VersR 1998, 796, 770; u. E. sehr fraglich!) in der **Entfernung einer
Zyste** am Eierstock einschließlich des Eileiters **keinen „größeren" Eingriff**, dessen Risiken nicht noch am Tage der ambulant durchgeführten
Operation mit der Patientin besprochen werden könnten, ohne deren
Selbstbestimmungsrecht zu verletzen. Auf das Risiko eines Narbenbruchs,
der generell zu den Wundheilungsstörungen eines solchen Eingriffs gehört,
muss generell nicht besonders hingewiesen werden (OLG Oldenburg
VersR 1998, 769, 770).

Bei umfangreicheren oder mit erheblichen Risiken verbundenen ambulanten Eingriffen wird die Erteilung der Aufklärung am Tag des Eingriffs regelmäßig nicht mehr als rechtzeitig angesehen (Gehrlein, Rn C 50; F/N, Rn 199), zumal solchen Operationen regelmäßig Untersuchungen vorangehen, in deren Rahmen dem Patienten die erforderlichen Hinweise gegeben werden können (BGH MDR 1995, 159).

b) Diagnostische Eingriffe

Ebenso wie bei ambulanten Operationen reicht es auch bei risikoarmen diagnostischen Eingriffen aus, den Patienten am Tag des Eingriffs aufzuklären. So kann die Aufklärung sogar am Tag der Durchführung einer Myelographie genügen (BGH VersR 1995, 1055, 1056; VersR 1996, 195, 197; Wussow, VersR 2002, 1337, 1342).

Erfolgt die Aufklärung aber im Untersuchungsraum oder vor dessen Tür dergestalt, dass dem Patienten erklärt wird, ohne den Eingriff könne die für den nächsten Tag vorgesehene Operation nicht durchgeführt werden, muss er dabei schon während der Aufklärung mit einer sich nahtlos anschließenden Durchführung des diagnostischen Eingriffs rechnen und steht er deshalb unter dem Eindruck, sich nicht mehr aus einem bereits in Gang gesetzten Geschehensablauf lösen zu können, ist die Aufklärung nicht rechtzeitig erfolgt (BGH VersR 1995, 1055, 1056; OLG Koblenz NJW-RR 2002, 816, 818; Gehrlein, Rn C 51).

c) Stationäre Behandlung

Bei stationär durchgeführten, **einfachen Eingriffen** oder solchen mit weniger einschneidenden Risiken bleibt einem Patienten im Allgemeinen am Tag vor der Operation noch genügend Zeit, um Nutzen und Risiken des Eingriffs abzuwägen, so dass die Aufklärung in diesen Fällen am Vortage der Operation i. d. R. ausreichend ist (BGH MDR 1992, 748; OLG Köln MedR 1996, 270; OLG Stuttgart OLGR 2002, 351, 352 = VersR 2002, 1428; Hoppe, NJW 1998, 782, 783; G/G, Rn C 98; Gehrlein, Rn C 49).

So ist die Aufklärung über die Risiken einer **Leistenbruchoperation** am Abend vor dem Eingriff rechtzeitig, wenn ihr die Aufnahme zur stationären Behandlung unmittelbar vorausgegangen ist und der Patient dabei den Wunsch geäußert hat, bereits am nächsten Tag operiert zu werden (OLG Düsseldorf NJW-RR 1996, 347).

Die Aufklärung am Vorabend einer Linksherzkathederuntersuchung ist ausreichend, wenn die wesentlichen Risiken dem Patienten schon bekannt sind (OLG Köln NJWE-VHR 1997, 238).

Vor einer Bandscheibenoperation (OLG Stuttgart OLGR 2002, 351, 352) oder einer Hysterektomie (operative Entfernung der Gebärmutter) muss die Risikoaufklärung spätestens am Vortag des Eingriffs erfolgen (BGH NJW 1985, 1399). Bestehen jedoch schon zuvor deutliche Anzeichen dafür, dass ein operativer Eingriff erforderlich sein kann, muss die Aufklärung – etwa vor einer Bandscheibenoperation – bereits zu diesem Zeitpunkt erfolgen. Sie darf nicht deshalb verzögert werden, weil sich der Chefarzt die Entscheidung über die Operation vorbehalten hat und den Patienten erst am Tag der Operation bei der Chefarztvisite sieht (OLG Stuttgart OLGR 2002, 351, 352 = VersR 2002, 1428).

Der Patient wird im Allgemeinen auch am Vortag der Operation normale Narkoserisiken abschätzen und zwischen den unterschiedlichen Risiken ihm alternativ vorgeschlagener Narkoseverfahren abwägen können (BGH NJW 1992, 2351, 2352).

Aufklärungen am Vorabend einer Operation sind jedoch **stets verspätet**, wenn der aufklärende Arzt den Patienten dabei erstmals und für diesen überraschend auf **gravierende Risiken** hinweist, die dessen persönliche zukünftige Lebensführung entscheidend beeinträchtigen können (BGH NJW 1992, 2351, 2352; NJW 1998, 2734).

So reicht die erst unmittelbar vor einer Tumoroperation nach Verabreichung einer Beruhigungsspritze (BGH VersR 1998, 716; Müller, MedR 2001, 487, 488), die am Vortag einer Operation zur Entfernung eines Tumors erfolgte Information des Patienten über das dabei bestehende Erblindungsrisiko (BGH NJW 1998, 2734; OLG Karlsruhe VersR 2001, 860, 861) oder über eine mögliche Querschnittslähmung bzw. Instabilität der Wirbelsäule (OLG Bremen NJW-RR 2001, 671) nicht aus, um dessen Entscheidungsfreiheit zu gewährleisten.

3. Schwierige und risikoreiche Eingriffe

Bei schwierigen und/oder risikoreichen Eingriffen hat das Aufklärungsgespräch unabhängig davon, ob es sich um eine stationäre oder ambulante Behandlung handelt, bereits in derjenigen Sprechstunde mit dem Patienten zu erfolgen, in der der spätere Eingriff verabredet und der Termin hierfür festgelegt wird (BGH NJW 1992, 2351, 2352 = MDR 1992, 748; NJW 1994, 3009, 3011 = MDR 1995, 159; L/U, § 66 Rn 6; OLG Stuttgart VersR 2002, 1428: Aufklärung hat so früh wie möglich zu erfolgen, soweit keine „Sonderlage" vorliegt).

Die Verpflichtung zur Aufklärung bereits bei der Vereinbarung des Operationstermins besteht jedenfalls dann, wenn die für die Operationsindikation entscheidenden Voruntersuchungen bei der Terminsvereinbarung schon vorliegen, die Durchführung der Operation somit nicht mehr von dem Vorliegen wichtiger Untersuchungsbefunde abhängt (BGH NJW 1992, 2351, 2352, kritisch Hoppe, NJW 1998, 782, 785). Ist das Aufklärungsgespräch zu diesem Zeitpunkt noch nicht möglich, etwa weil noch bestimmte diagnostische Maßnahmen durchzuführen sind, so muss es erfolgen, sobald diese Untersuchungsergebnisse vorliegen (Hoppe, NJW 1998, 782, 786; auch OLG Stuttgart VersR 2002, 1428).

Da die **Einwilligung** des Patienten **im Zeitpunkt der Operation noch andauern** muss und zwischen der Aufklärung und dem Eingriff ein gewisses Maß an zeitlicher Nähe vorausgesetzt wird, muss in vielen Fällen eine **„Doppelaufklärung"** erfolgen (Hoppe, NJW 1998, 782, 785/787).

So ist eine Aufklärung des Patienten am Tag der Aufnahme bzw. am Vortag der Operation nicht mehr rechtzeitig, wenn es sich um eine extrem risikobehaftete Operation handelt, etwa um eine Strumektomie (operative Entfernung der vergrößerten Schilddrüse) mit dem Risiko von Stimmbandlähmungen und Stimmbandverletzungen (BGH NJW 1992, 2351, 2353; OLG Köln MedR 1996, 270), eine Bandscheibenoperation mit dem gravierenden Risiko einer durch die Operation eintretenden Instabilität der Wirbelsäule oder einer Verletzung des Bauchraumes durch die Instrumente mit hohem Letalitätsrisiko (OLG Bremen NJW-RR 2001, 671).

Die gebotene Aufklärung über ein mit der Durchführung einer Rezidivstrumaresektion (OLG Hamm VersR 1995, 1440) oder einer Hodenentfernung (OLG Saarbrücken OLGR 2000, 401) verbundenes, erhöhtes Operationsrisiko am Vorabend der Operation ist jedoch noch rechtzeitig, wenn eine umfassende Aufklärung über die Operationsrisiken im Übrigen bereits einige Tage zuvor stattgefunden hat (OLG Hamm VersR 1995, 1440; OLG Saarbrücken OLGR 2000, 401, 402).

Wird dem Patienten erstmals im Aufklärungsgespräch am Vorabend der Operation mitgeteilt, dass die Entfernung eines Tumors im Bereich der Hirnanhangsdrüse möglicherweise zu einer Erblindung eines Auges führen könne, so ist die Einwilligung in die Operation unwirksam. Denn in Anbetracht dieses Risikos muss dem Patienten zur Wahrung des Selbstbestimmungsrechts eine längere Bedenkzeit eingeräumt werden (BGH VersR 1998, 761 = NJW 1998, 2734; OLG Karlsruhe VersR 2001, 860, das eine hypothetische Einwilligung annimmt).

Der Aufklärung unmittelbar vor oder am Vortag der Operation zur weiträumigen Entfernung eines Melanoms mit Durchführung einer Lymphknoten-Dissektion, einer Narbenexzision, der Entfernung eines Teils der Vena saphena magna und der Eröffnung des Beckenraums sowie der unteren Bauchhöhle ist gleichfalls verspätet (OLG Bamberg VersR 1998, 1025, 1026).

Ein erst am Vorabend einer Bandscheibenoperation angesetztes Aufklärungsgespräch, in dem auf die bestehenden, gravierenden Risiken wie

z. B. Nervverletzungen, Querschnittlähmung, Sensibilitätsstörungen im Genitalbereich hingewiesen wird, ist nicht mehr rechtzeitig (OLG Bremen VersR 2001, 340, 341 = NJW-RR 2001, 671: Verletzung des Bauchraumes mit hohem Letalitätsrisiko).

Besteht bei einer durchzuführenden Operation wie zum Beispiel einer Nierenbeckenplastik stets ein Risiko, dessen Eintreten zu einer Nachoperation mit erhöhtem Risiko einschneidender Folgen, etwa des Verlusts einer Niere führen kann, ist der Patient schon vor dem ersten Eingriff auch über das Risiko der Nachoperation aufzuklären (BGH MDR 1996, 1015).

4. Notfalloperationen

Bei Notoperationen kann ein Aufklärungsgespräch naturgemäß nicht bzw. nur kurzfristig vor dem Eingriff durchgeführt werden. So genügt bei einem Notfallpatienten mit einem Magendurchbruch die Aufklärung **unmittelbar vor dem Eingriff** (OLG Saarbrücken VersR 1988, 95; G/G, Rn C 98), im Übrigen ist regelmäßig von einer mutmaßlichen Einwilligung des Patienten zur Vornahme vital indizierter Notoperationen auszugehen (vgl. S/D, Rn 63, 419; G/G, Rn C 103; Gehrlein, Rn C 66, 67).

5. Intraoperative Erweiterungen

Bei Operationserweiterungen muss danach **differenziert** werden, ob diese bereits **vor dem Eingriff vorhersehbar** waren. Ist dieses der Fall, so muss der Patient schon vor dem Eingriff über dessen Risiken und die Erforderlichkeit einer möglichen Erweiterung aufgeklärt werden (BGH NJW 1989, 1541; VersR 1985, 1187; NJW 1992, 2354; G/G, Rn C 104, 105; F/N, Rn 193; Gehrlein, Rn C 52, 67).

Zeigt sich überraschend erst während der Operation, dass eine Erweiterung vorzunehmen ist, so **muss die Operation – falls dies möglich und vertretbar** ist – **abgebrochen** und der Patient nach Abklingen der Narkosewirkungen aufgeklärt werden. Erst nach erfolgter Einwilligung kann die dann erweiterte Operation fortgesetzt werden (vgl. Hoppe, NJW 1998, 782, 783; Gehrlein, Rn C 52; S/D, Rn 422; F/N, Rn 193).

Ist die Nichtbehandlung oder der **Abbruch** des Eingriffs **medizinisch unvertretbar** oder liegt eine absolute Indikation vor, so kann der Arzt von einer **mutmaßlichen Einwilligung** des Patienten zur Fortsetzung des Eingriffs ausgehen, wenn angenommen werden kann, dass ein verständiger Patient – bezogen auf dessen konkrete Lage – dem Eingriff oder dessen medizinisch bedingter Fortsetzung zustimmen würde (BGH NJW 1993, 2372; G/G, Rn C 102, 103; S/D, Rn 418, 419; Gehrlein, Rn C 67).

127

So kann etwa bei umfangreichen Bauchoperationen mit erheblichen Risiken von einer **stillschweigenden Einwilligung** in eine medizinisch gebotene Erweiterung ausgegangen werden (OLG Frankfurt NJW 1981, 1322; S/D, Rn 420), zum Beispiel bei Erweiterung der geplanten Magenresektion zu einer Pankreas-Splenektomie (Entfernung von Milz und Zwölffingerdarm) wegen eines dringenden Karzinomverdachts (OLG Frankfurt NJW 1981, 1322).

Bei nicht vitaler oder zeitlich und sachlich absoluter Indikation kann eine Eingriffserweiterung aus dem Gesichtspunkt der „mutmaßlichen Einwilligung" dann gerechtfertigt sein, wenn das Schadensrisiko bei der Eingriffserweiterung geringer wiegt als die Gefahren des vom Patienten gebilligten Eingriffs (Gehrlein, Rn C 67; G/G, Rn C 103), etwa bei der Mitentfernung eines Krampfaderknäuels im Rahmen der Exstirpation eines Ganglions in der Kniekehle (G/G, Rn C 103; S/D, Rn 419 je m. w. N.). Anders verhält es sich jedoch, wenn die Gefahren der Erweiterung diejenigen des ursprünglich geplanten Eingriffs übersteigen und der Eingriff nicht im Sinne eines Notfalls absolut indiziert ist (Gehrlein, Rn C 67; G/G, Rn C 105: „. . . oder gleichwertig balanciert").

6. Entbindungsmethoden

Bestehen vor einer Entbindung deutliche Anzeichen dafür, dass im weiteren Verlauf ein Kaiserschnitt nötig werden könnte, so muss der geburtsleitende Arzt die Schwangere über das Bestehen dieser Alternative bereits in einem Zeitpunkt aufklären, in dem die werdende Mutter noch einwilligungsfähig ist (BGH NJW 1993, 2372, 2374; OLG München VersR 1994, 1345; VersR 1996, 63, 64).

War die sectio indiziert, so ist die Aufklärung verspätet, wenn bereits Presswehen eingesetzt haben oder starke Schmerzmittel eine freie Entscheidung der Schwangeren nicht mehr zulassen (BGH NJW 1993, 2372; G/G, Rn C 99; S/D, Rn 410; Gehrlein, Rn C 53; vgl. zur Aufklärung über die Möglichkeit eines Kaiserschnitts oben II. 11. b/d.).

7. Kausalität

Ist die Aufklärung verspätet erfolgt, so ist die hierauf erteilte **Einwilligung** des Patienten **nicht wirksam**. Hat sich anlässlich des Eingriffs eine aufklärungsbedürftige Gefahr verwirklicht, so schuldet der Arzt dem Patienten Schadensersatz (vgl. Hoppe, NJW 1998, 782, 784).

Wendet der Arzt ein, der Patient hätte sich auch bei rechtzeitiger Aufklärung zu dem vorgenommenen Eingriff entschlossen, so muss er den Nachweis für diese Behauptung führen (vgl. G/G, Rn 137, 141; Hoppe, NJW 1998, 782, 784). Diesem Einwand kann der Patient entgegenhalten, er hätte sich bei rechtzeitiger korrekter Aufklärung in einem ernsthaften Entscheidungskonflikt darüber befunden, ob er den Eingriff so durchführen lassen solle (BGH NJW 1994, 3009, 3011; VersR 1998, 766, 767; NJW 1995, 2410, 2411; OLG Karlsruhe VersR 2001, 860, 861; OLG Bamberg VersR 1998, 1025, 1026; OLG Stuttgart VersR 2002, 1428; G/G, Rn C 138).

Auch in diesem Zusammenhang verlangt der BGH vom Patienten das **„Plausibelmachen" des Entscheidungskonflikts.** Dieses hat der Patient zur Überzeugung des Richters darzutun, wobei an die Substanziierungspflicht zur Darlegung eines solchen Konflikts keine hohen Anforderungen gestellt werden dürfen (BGH NJW 1992, 2351, 2353; NJW 1993, 2372, 2374; OLG Karlsruhe VersR 2001, 860; OLG Bamberg VersR 1998, 1025, 1026; vgl. im Einzelnen unten V. 3., S. 142 ff.).

Bei einem verspätet erfolgten Aufklärungsgespräch legt es jedoch bereits die Lebenserfahrung nahe, dass die Entscheidungsfreiheit des Patienten im Hinblick auf den psychischen und organisatorischen Druck eingeschränkt gewesen ist; hier bedarf es keines näheren Vortrages seitens des Patienten dazu, dass er durch die Aufklärung bzw. verspätete Aufklärung in einen Entscheidungskonflikt geraten ist (BGH NJW 1995, 2410, 2411; NJW 1994, 1235, 1237; Hoppe, NJW 1998, 783, 784).

Ein Entschädigungskonflikt des nicht oder verspätet aufgeklärten Patienten ist jedoch nicht plausibel, wenn er unter medikamentös nicht beherrschbaren Schmerzen leidet, von denen er durch die Operation erlöst werden wollte (OLG Stuttgart VersR 2002, 1428, 1429).

IV. Aufklärungspflichtiger und Aufklärungsadressat; Entbehrlichkeit der Aufklärung

1. Aufklärungspflichtiger

Aufklärungspflichtig ist grundsätzlich jeder Arzt für diejenige Behandlungsmaßnahme, die er selbst durchführt (G/G, Rn C 106; Rehborn, MDR 2000, 1106). So hat der Operateur über das Operationsrisiko einschließlich des mit ihm verbundenen Risikos von Lagerungsschäden, der Anästhesist über das Narkoserisiko, der Strahlentherapeut über etwaige Strahlenschäden aufzuklären (S/D, Rn 424; Gehrlein, Rn C 57; OLG Hamm VersR 1994, 815). Allerdings macht der Umstand, dass der Operateur die Aufklärung nicht selbst durchführt, sondern an einen Assistenzarzt oder Arzt im Praktikum delegiert, diese nicht unwirksam (OLG Karlsruhe OLGR 2001, 147, 148; S/D, Rn 425, 428).

a) Vertikale Arbeitsteilung

Die Pflicht zur Selbstbestimmungsaufklärung kann aus Gründen der klinischen Organisation auch einem anderen Arzt obliegen oder übertragen werden, der dann auf Grund **Garantenstellung** aus der übernommenen Behandlungsaufgabe für Aufklärungsversäumnisse haftet (OLG Karlsruhe VersR 1998, 718, 719; G/G, Rn C 108, 110).

So kann auch ein Arzt, der nur die Aufklärung des Patienten über die ihm anderweitig angeratene Operation übernommen hat, diesem zum Ersatz des durch die Operation entstandenen Körperschadens verpflichtet sein, wenn er den Patienten im Verlauf des Gesprächs über Art, Umfang und Risiken – unvollständig oder fehlerhaft – aufklärt, weil er damit einen Teil der ärztlichen Behandlung des Patienten und deshalb eine Garantenstellung übernimmt (BGH MDR 1980, 836; OLG Oldenburg VersR 1996, 1111, 1112; OLG Nürnberg VersR 1992, 754).

Aufklärungspflichtig ist auch der **aufnehmende Krankenhausarzt**, der den Eingriff und den erst in einigen Wochen anstehenden Operationstermin mit dem Patienten vereinbart, falls keine vollständige und rechtzeitige Aufklärung bei der späteren Krankenhausaufnahme erfolgt (BGH NJW 1992, 2351, 2352; OLG Oldenburg VersR 1996, 1111, 1112; S/D, Rn 427).

Hat der operierende Arzt die Aufklärung des Patienten zulässigerweise dem Stationsarzt überlassen, so haftet er für dessen unvollständige Risikoaufklärung eines ausländischen Patienten daneben selbst, wenn ihm bekannt sein musste, dass die **Aufklärung bei ausländischen**, nicht deutsch sprechenden **Patienten** nicht immer ausreichend erfolgte (OLG Karlsruhe VersR 1998, 718). Diese Verantwortung kann sowohl den Chefarzt als auch den Oberarzt, der bei der vom Stationsarzt durchgeführten Operation assistiert, treffen (OLG Karlsruhe VersR 1998, 718).

Der Behandlungsträger (Krankenhausträger bzw. selbst liquidierender Arzt) hat vertraglich für die Erfüllung der Aufklärungspflichten einzustehen und durch detaillierte Anweisungen und Kontrollen die ausreichende Aufklärung organisatorisch sicherzustellen (S/D, Rn 429; L/U, § 66 Rn 1, 2; auch OLG Bamberg VersR 1998, 1025).

Er haftet bereits aus dem Gesichtspunkt des Organisationsverschuldens, wobei er sich nicht auf den Entlastungsbeweis des § 831 I 2 BGB berufen kann, wenn klare und verständliche Anweisungen für die Wahrnehmung der Aufklärungspflichten und deren Kontrolle fehlen oder diese unzureichend sind (Gehrlein, Rn C 57 a. E.; G/G, Rn C 109; vgl. auch OLG Stuttgart VersR 2001, 1560, 1562: Organisationsverschulden als grober Behandlungsfehler).

b) Horizontale Arbeitsteilung

Im Falle einer **Überweisung** obliegt die Aufklärung grundsätzlich dem **hinzugezogenen Arzt** (OLG Hamm VersR 1994, 815; Gehrlein, Rn C 57).

Der hinzugezogene Facharzt kann sich regelmäßig darauf verlassen, dass der überweisende Arzt den Patienten im Verantwortungsbereich von dessen Fachrichtung sorgfältig untersucht und behandelt hat (G/G, Rn B 128; OLG Stuttgart VersR 1991, 1060 Radiologe/Internist; OLG Düsseldorf NJW 1984, 2636 Radiologe/Neurologe). Er darf sich auch auf die ordnungsgemäße Aufklärung über die Risiken der beim überweisenden Arzt durchgeführten Behandlung verlassen (G/G, Rn C 110).

So muss der hinzugezogene Radiologe den Patienten nicht über die Risiken einer beim überweisenden Arzt durchzuführenden Bestrahlung (OLG Nürnberg, Urt. v. 3.5.1999 – 5 U 3933/98; G/G, Rn C 110) oder einer Phlebographie (Röntgendarstellung venöser Gefäße; OLG Stuttgart VersR 1991, 1060) aufklären.

Dem Arzt, der wegen Verletzung der Aufklärungspflicht in Anspruch genommen wird, kann kein Verschuldensvorwurf gemacht werden, wenn ein vom Patienten unterschriebener Aufklärungsbogen vorliegt, aus dem sich ergibt, dass der Patient von einem anderen Arzt vollständig und ordnungsgemäß aufgeklärt wurde, solange keine Umstände bekannt sind oder hätten bekannt sein müssen, die die Vollständigkeit und Ordnungsgemäßheit der Aufklärung in Frage zu stellen geeignet sind (OLG Karlsruhe OLGR 2001, 147, 148).

Der aufklärungspflichtige Arzt kann sich jedoch nicht darauf verlassen, dass der einweisende Hausarzt oder der vorbehandelnde Kollege seines Fachs dem Patienten die erforderlichen Informationen bereits erteilt haben (L/U, § 66 Rn 2, 3).

Nach – u. E. unzutreffender – Auffassung des OLG Oldenburg (VersR 1999, 1422; tendenziell anders noch in VersR 1996, 1111) ist auch derjenige Arzt zur Erteilung der erforderlichen Aufklärung verpflichtet, der durch eine **bloße Therapieempfehlung** einen Teil der Behandlung mit übernimmt. Er habe mittelbar die rechtswidrige Körperverletzung mitverursacht, wenn der Patient später auch vom Operateur nicht bzw. nicht vollständig aufgeklärt wird.

Nach zutreffender Ansicht kann derjenige, der eine bloße Therapieempfehlung ausspricht und damit die letzte Entscheidung auch über die Operationswürdigkeit dem Operateur überlässt, den Patienten häufig gar nicht abschließend über die Risiken einer möglicherweise dann gar nicht durchgeführten Operation aufklären (Rehborn, MDR 2000, 1106). Die besonderen Risiken des Eingriffs, die individuellen Risiken beim Patienten, die besonderen Fertigkeiten des Operateurs und andere, für die Entscheidung letztlich erheblichen Umstände, die dem Patienten unter Umständen offenbart werden müssen, sind ihm gar nicht bekannt. Etwas anderes gelte nur dann, wenn der Betreffende in die Operationsabteilung in irgendeiner Weise eingebunden ist (Rehborn, MDR 2000, 1106).

So kann eine deliktische Haftung des vorbehandelnden Arztes wegen unterlassener oder fehlerhafter Aufklärung dann begründet sein, wenn er dem Patienten zur Operation rät und ihm bereits eine Entscheidung abverlangt, etwa indem er mit ihm einen festen Operationstermin vereinbart (BGH VersR 1992, 960, 961; OLG Oldenburg VersR 1998, 1111, 1112) oder wenn er dem Patienten die Durchführung der Operation empfiehlt und ihn im Verlauf eines solchen Gesprächs über Art und Umfang sowie mögliche Risiken eines solchen Eingriffs – unvollständig oder fehlerhaft – aufklärt. Er begründet hierdurch eine Garantenstellung und ist bei unvollständiger Aufklärung mitverantwortlich, wenn andere Ärzte den Patienten ohne wirksame Einwilligung operieren, weil er die rechtswidrige Körperverletzung mitverursacht hat (OLG Oldenburg VersR 1996, 1111, 1112).

Die **uneingeschränkte Operationsempfehlung** eines Konsiliararztes begründet allein aber noch keine Garantenstellung mit der Pflicht zu vollständiger oder teilweiser Aufklärung, wenn die Untersuchung und das sich anschließende Gespräch nicht unmittelbar in eine Operationsentscheidung einmünden soll (OLG Oldenburg VersR 1996, 1111).

Arbeitet eine **Spezialklinik** mit der Operationsklinik in der Weise zusammen, dass sie den Patienten untersucht, über erforderliche Heilmaßnahmen berät und auf den Eingriff vorbereitet, während die Operation in der anderen Klinik vorgenommen wird, so sind die Ärzte der Spezialklinik zur **Grundaufklärung** über den vorgesehenen Eingriff verpflichtet, die Ärzte der Operationsklinik für die Durchführung der Anästhesie und ggf. für spezielle operationstechnische Risiken (S/D, Rn 428; G/G, Rn C 110; BGH VersR 1990, 1010).

2. Aufklärungsadressat

Die Aufklärung muss demjenigen zuteil werden, der die Einwilligung in den Eingriff zu geben hat, also dem Patienten selbst, bei Minderjährigen oder willensunfähigen Kranken dem gesetzlichen Vertreter, also den Eltern, dem Vormund oder Pfleger (L/U, § 66 Rn 7, 9; S/D, Rn 431; G/G, Rn C 113, 114; Gehrlein, Rn 59, 60).

Die therapeutische Aufklärung naher Angehöriger, soweit sie überhaupt ohne Einwilligung des Patienten zulässig ist, kann ebenso wenig wie die Übergabe von Formularen und Merkblättern das direkte Gespräch zwischen Arzt und Patienten ersetzen (BGH NJW 1989, 2318, 2319; OLG Köln VersR 1992, 745; L/U, § 66 Rn 14, 15).

a) Erwachsene

Eine intraoperative Verlaufs- und Risikoaufklärung des Patienten setzt voraus, dass der Patient physisch und psychisch in der Lage ist, einem solchen Gespräch zu folgen und eine eigenständige Entscheidung zu treffen. Dies ist bei einem nach Einnahme von Medikamenten sedierten und in einem sehr schlechten Allgemeinzustand befindlichen Patienten regelmäßig nicht der Fall (BGH, Urt. v. 10.3.1987 – 6 ZR 88/86).

Ein **Patient**, der in leicht verständlicher Umgangssprache über die Komplikationsmöglichkeiten eines Eingriffs aufgeklärt worden ist und zusätzliche Fragen zur Operation gestellt hat, kann sich jedoch nicht darauf berufen, dass er wegen seines **geringen Bildungsstandes** die mündlichen und schriftlichen Informationen über den Eingriff nicht habe verstehen und würdigen können (OLG Saarbrücken VersR 1994, 1427).

b) Minderjährige

Bei Minderjährigen genügt regelmäßig die Aufklärung und Einwilligung der Eltern.

Grundsätzlich müssen beide Elternteile dem Eingriff zustimmen. Allerdings ist es möglich, dass ein Elternteil den anderen ermächtigt, für ihn mitzuentscheiden; dann bedarf es nur der Aufklärung des so ermächtigten Elternteils (S/D, Rn 432, 433; G/G, Rn C 114).

Im Allgemeinen kann der Arzt davon ausgehen, dass der **mit dem Kind bei ihm erscheinende Elternteil ermächtigt ist**, die Einwilligung in die ärztliche Behandlung für den abwesenden Elternteil mit zu erteilen, wenn es sich um einen Routineeingriff handelt und dem Arzt keine entgegenstehenden Umstände bekannt sind (BGH VersR 2000, 725; NJW 1988, 2946; L/U, § 66 Rn 13; S/D, Rn 433; Gehrlein, Rn C 61).

Vor schwierigen und weitreichenden Entscheidungen kann sich der Arzt nicht grundsätzlich darauf verlassen, dass der erschienene Elternteil von dem anderen ermächtigt ist, auch in dessen Namen zuzustimmen. Vor solchen Entschlüssen, etwa zur Einwilligung in die Vornahme einer Herzoperation bei einem 7-jährigen Kind, hat der Arzt den **nicht erschienenen Partner** grundsätzlich **mitzubeteiligen**, sofern dieser ihm gegenüber nicht vorbehaltlos darauf verzichtet hat (BGH VersR 1989, 145; L/U, § 66 Rn 13, G/G, Rn C 114; S/D, Rn 433).

Verweigern die Eltern aus religiösen Gründen (z. B. Zeugen Jehovas) ihre Einwilligung zu einer medizinisch indizierten **Bluttransfusion** ihres minderjährigen Kindes, so ist grundsätzlich eine **vormundschaftliche Genehmigung** zur Durchführung des Eingriffs einzuholen (§§ 1628, 1666 BGB). Dieses bestellt einen die Belange des Kindes wahrnehmenden Betreuer (Gehrlein, Rn C 65; L/U, § 64 Rn 11). Bei besonderer Eilbedürftigkeit kann eine vorläufige Anordnung zur Ersetzung der elterlichen Einwilligung auch ohne vorherige Anhörung und ohne rechtliches Gehör der Eltern ergehen. Die Anhörung ist allerdings unverzüglich nachzuholen (OLG Celle MDR 1994, 487).

Bei **absoluter Operationsindikation** ist eine religiös oder weltanschaulich motivierte Verweigerung unbeachtlich, die dringend erforderliche Behandlung darf dann unter dem Gesichtspunkt der **mutmaßlichen Einwilligung** (bzw. nach §§ 677, 683 BGB analog) ohne vorläufige Anordnung des Vormundschaftsgerichts vorgenommen werden (OLG Stuttgart VersR 1987, 515; S/D, Rn 434; F/N, Rn 191).

Soweit Minderjährige die notwendige Einsicht und Willensfähigkeit besitzen, können sie auch selbst eine wirksame Einwilligung abgeben (OLG Schleswig VersR 1989, 810, 811; Wölk, MedR 2001, 80, 84 und 89; L/U, § 66 Rn 9; G/G, Rn C 115).

Die **Einwilligungsfähigkeit des Minderjährigen** bestimmt sich nach Auffassung von Wölk (MedR 2001, 80, 86 und 89) nach dessen Möglichkeit, die durch die Aufklärung erlangten Informationen zu verstehen und von seinem **Wertehorizont** zu bewerten, sowie nach seiner Fähigkeit, sein Verhalten nach der erlangten Überzeugung zu bestimmen.

Teilweise werden **starre Altersgrenzen** von 14 bzw. 16 Jahren vorgeschlagen (Nachweise bei Wölk, MedR 2001, 80, 86). Nach Ansicht von Laufs kommt es in der Altersstufe zwischen dem 14. und dem 18. Lebensjahr darauf an, wie der Arzt die Persönlichkeit des Jugendlichen im Hinblick auf den geplanten, konkreten Eingriff beurteilt (L/U, § 66 Rn 9; Gehrlein, Rn C 64: Einwilligung von 14- bis 18-Jährigen nützlich, aber nicht geboten).

So ist die – alleinige – Einwilligung eines 17-jährigen Patienten in eine Behandlung wirksam, wenn er die Einsichtsfähigkeit und Urteilskraft über Bedeutung und Tragweite der Behandlung besitzt (OLG Schleswig VersR 1989, 810; BGH VersR 1991, 812).

Andererseits ist vor der Durchführung eines Schwangerschaftsabbruchs (OLG Hamm NJW 1998, 3424; Gehrlein, Rn C 64) oder einer Warzenentfernung durch Bestrahlung bzw. einer Warzenbehandlung mit einem aggressiven Medikament die Zustimmung der Eltern der 15- bzw. 16-jährigen Patienten für erforderlich gehalten worden (BGH NJW 1972, 335; NJW 1970, 511; Wölk, MedR 2001, 80, 81).

Ist der ärztliche Eingriff dringend indiziert und ein gesetzlicher Vertreter nicht erreichbar, besteht ein **Alleinentscheidungsrecht** des einwilligungsfähigen Minderjährigen (Wölk, MedR 2001, 80, 81; BGH NJW 1972, 335, 337).

Wölk (MedR 2001, 80, 83 m. w. N.) postuliert im Grundsatz das „Prinzip der kumulativen Einwilligung", wonach sowohl die gesetzlichen Vertreter als auch der einwilligungsfähige Minderjährige in den ärztlichen Eingriff einwilligen müssen.

Stehen sich im **Konfliktfall** jedoch die Einwilligung des einwilligungsfähigen Minderjährigen und die Ablehnung des gesetzlichen Vertreters gegenüber, so kann das verfassungsrechtlich geschützte Elternrecht nach Ansicht von Wölk (MedR 2001, 80, 84) nicht dazu führen, die Einwilligung des Minderjährigen zu übergehen und die Behandlung zu verhindern. Insoweit steht den **gesetzlichen Vertretern kein Veto-Recht** zu und auch kein Recht, eine medizinisch erforderliche Behandlung gegen den Willen des einwilligungsfähigen Minderjährigen zu verhindern (Wölk, MedR 2001, 80, 84).

Dieses Selbstbestimmungsrecht des einwilligungsfähigen Minderjährigen zieht eine Zustimmungspflicht seiner gesetzlichen Vertreter zum Abschluss eines Behandlungsvertrages mit dem Arzt nach sich (Wölk, MedR 2001, 80, 85). Die fehlende Zustimmung kann sich als **Missbrauch** der elterlichen **Personensorge** (§ 1666 I BGB) darstellen und vom Familiengericht ersetzt werden (Wölk, MedR 2001, 80, 89).

Nach Auffassung von Frahm/Nixdorf (F/N, Rn 191; ebenso MüKo-Mertens, § 823 Rn 447) geht das Personensorgerecht der Eltern dem Selbstbestimmungsrecht des Minderjährigen vor, wenn die sachlichen Gründe der Sorgeberechtigten bei objektiver Beurteilung überwiegen.

Umgekehrt steht **Minderjährigen ein Vetorecht gegen** die von den Eltern erteilte **Einwilligung** zu, wenn es um Eingriffe geht, die nicht absolut indiziert sind und erhebliche Risiken für die weitere Lebensführung mit sich bringen können (OLG Hamburg MedR 1983, 25, 27; G/G, Rn C 115; F/N, Rn 191; Gehrlein, Rn C 64 a. E.).

c) Psychisch Kranke und sonstige Geschäftsunfähige

Hier gelten die vorstehenden Ausführungen entsprechend. Auch der psychisch Kranke ist aufzuklären, soweit er einwilligungsfähig ist. Hier ist eine besonders schonende Aufklärung unumgänglich (Gründel, NJW 2002, 2987, 2990). Andernfalls muss die Einwilligung vom gesetzlichen Vertreter bzw. dem bestellten Betreuer erteilt werden. Bei vital indizierten Eingriffen ist auf deren mutmaßliche Einwilligung abzustellen (F/N, Rn 192).

Bestehen schwer wiegende Risiken für Leben und Gesundheit des Patienten, ist nach § 1904 auch die Genehmigung des Vormundschaftsgerichts einzuholen (F/N, Rn 192; Palandt-Diederichsen, § 1904 Rn 10).

Mit Genehmigung des Vormundschaftsgerichts darf der bestellte Betreuer unter bestimmten Umständen auch in den Abbruch lebenserhaltender Maßnahmen einwilligen. Bei einem irreversibel hirngeschädigten Patienten bedarf die Entscheidung des Betreuers über den Abbruch lebenserhaltender Maßnahmen, etwa den Abbruch der Ernährung durch eine Magensonde in entsprechender Anwendung des § 1904 BGB der vormundschaftlichen Genehmigung. Als Kriterium für diese Entscheidung ist maßgeblich auf eine mutmaßliche Einwilligung des Patienten abzustellen, an deren Feststellung wegen des Lebensschutzes in tatsächlicher Hinsicht jedoch strenge Anforderungen zu stellen sind, wobei die Genehmigung bei deren Nichtaufklärbarkeit zu versagen ist (OLG Frankfurt MDR 1998, 1483, 1484 = NJW 1998, 2747; MDR 2002, 218 = NJW 2002, 689, 690; zustimmend OLG Karlsruhe NJW 2002, 685; LG Duisburg NJW 1999, 2744; Rehborn, MDR 1998, 1464; Knieper, NJW 1998, 2720; Spickhoff, NJW 2000, 2297; Hufen, NJW 2001, 849; ablehnend LG München I NJW 1999, 1788; LG Augsburg NJW 2000, 2363; Laufs, NJW 1998, 3399; Seitz, JZ 1998, 1125; Alberts, NJW 1999, 835; Schlund, JR 2000, 65; offengelassen von OLG Düsseldorf NJW 2001, 2807 = MDR 2001, 940).

Bei der Erforschung des „mutmaßlichen Willens" des Patienten hat der Betreuer bzw. das Vormundschaftsgericht zu prüfen, ob ein „Patiententestament" vorliegt, andernfalls soll er die Angehörigen, den Hausarzt, den behandelnden Arzt und andere Personen befragen, um festzustellen, ob es dem mutmaßlichen Willen des Patienten entspricht, die künstliche Ernährung bzw. sonstige lebenserhaltende Maßnahmen abzubrechen (OLG Karlsruhe NJW 2002, 685, 687).

Frühere mündliche oder schriftliche Äußerungen des Patienten sind ebenso zu berücksichtigen wie seine etwaige religiöse Überzeugung, seine sonstigen persönlichen Wertvorstellungen, seine altersbedingte Lebenserwartung und das Erleiden von Schmerzen (OLG Karlsruhe NJW 2002, 685, 688).

Das Zurückgreifen auf Kriterien, die allgemeinen Wertvorstellungen entsprechen, wenn sich konkrete Umstände für die Feststellung eines individuellen mutmaßlichen Willens des Patienten nicht finden lassen, ist jedoch unzulässig (OLG Karlsruhe NJW 2002, 685, 689 gegen BGHSt 40, 257, 263).

Auch das OLG Düsseldorf (MDR 2001, 940) stellt darauf ab, ob der Wille des – im dort entschiedenen Fall nicht bewusstlosen – Patienten eindeutig feststellbar ist. Eine solche Feststellung ist allenfalls möglich, wenn der

Wille in jüngerer Zeit geäußert worden ist, beispielsweise durch eine unmissverständliche Patientenverfügung oder durch ernst zu nehmende wiederholte Äußerungen gegenüber Vertrauenspersonen (zur dort bejahten Frage, ob Ärzte bei akuter Lebensgefahr einer Zeugin Jehovas Bluttransfusionen verabreichen dürfen, obwohl die Patientin zuvor mittels einer Patientenverfügung Bluttransfusionen auch für den Fall der Bewusstlosigkeit abgelehnt hat, vgl. OLG München NJW-RR 2002, 811, 813).

d) Ausländische Patienten

Bei der Behandlung ausländischer Patienten muss der Arzt eine **sprachkundige Person** hinzuziehen, wenn zu befürchten oder nicht ohne weiteres sicher ist, dass der Patient die ärztlichen Erläuterungen nicht bzw. nicht richtig versteht; es muss gesichert sein, dass die Gefahr von Missverständnissen ausgeschlossen ist (OLG Düsseldorf NJW 1990, 771; R/S I – Ratajczak, S. 19 f.; S/D, Rn 405; G/G, Rn C 113).

Klärt der Arzt eine ausländische Patientin ausführlich auf, indem er eine sprachkundige Krankenschwester als Übersetzerin hinzuzieht, die sich mit der Patientin gut verständigen kann, so ist die Einwilligung der Patientin in die vorgesehene Behandlung wirksam (OLG München VersR 1993, 1488).

Der Arzt ist **nicht verpflichtet**, zur **Anamnese** bei einem ausländischen Patienten einen **Dolmetscher** hinzuzuziehen (KG MedR 1999, 226). Je nach den Umständen kann auch das mit einem Ausländer in deutscher Sprache geführte Aufklärungsgespräch als ausreichend angesehen werden (OLG Hamm VersR 2002, 192). Dies ist insbesondere dann der Fall, wenn sich im Aufnahmebogen vom Patienten mitgeteilte, detaillierte Angaben zu Vorerkrankungen, Art und Entwicklung der Beschwerden finden oder der aufklärende Arzt aus anderen Gründen davon ausgehen kann, der Patient sei der deutschen Sprache hinreichend mächtig (OLG Hamm VersR 2002, 192, 193; OLG Nürnberg NJW-RR 2002, 1255: Ausführliche Angaben im Anamnesebogen).

Gibt ein ausländischer Patient, der offenbar der deutschen Sprache ausreichend mächtig ist, während des Aufklärungsgesprächs nicht zu erkennen, dass er die Aufklärung nicht verstanden hat, verlangt er auch nicht die Zuziehung eines Dolmetschers oder wenigstens eines deutsch sprechenden Familienangehörigen, so können die Ärzte davon ausgehen, dass die erteilte Einwilligung in den Eingriff wirksam ist (OLG München VersR 2002, 717, 718).

Der Annahme einer rechtswirksamen Aufklärung über die Möglichkeit einer Darmverletzung bei der Laparoskopie (Bauchspiegelung mit starrem Endoskop) steht die den Ärzten nicht bekannte Leseunfähigkeit einer aus-

137

ländischen Patientin, die ohne weitere Nachfrage einen mehrseitigen Aufklärungsbogen unterzeichnet hat, nach Auffassung des OLG Frankfurt (Urt. v. 15.2.2000 – 8 U 183/99) auch dann nicht entgegen, wenn ein Aufklärungsgespräch geführt worden ist.

Äußert jedoch eine kurz vor der Entbindung stehende, aus einem fremden Kulturkreis stammende junge Frau mit erkennbar rudimentären Deutschkenntnissen überraschend den Wunsch nach einer gleichzeitig durchzuführenden Sterilisation, so hängt die Wirksamkeit ihrer Einwilligung in diesen Eingriff davon ab, dass ihr in einer für sie verständlichen Weise eingehend die Folgen der Sterilisation einschließlich ihrer psychosozialen Folgen dargestellt werden. Daran fehlt es bei einem bloßen kurzen Gespräch über die Endgültigkeit der Maßnahme im Stil von „Nix Baby mehr" und einer anschließenden Illustration der Operationstechnik (OLG München VersR 2002, 717).

Erweist sich dessen Hinzuziehung als erforderlich und steht ein Dolmetscher nicht zur Verfügung, kann im Einzelfall eine **Aufklärung durch Zeichensprache** und Zeichnungen genügen (S/D, Rn 406).

Dem ausländischen Patienten muss aber in jedem Fall eine zutreffende Vorstellung vermittelt werden, welche Risiken er durch den beabsichtigten Eingriff eingeht (OLG Nürnberg VersR 1996, 1372, 1373).

Ist der Eingriff dringlich und eine Verständigung auch durch Zeichensprache nicht möglich, kann auch hier auf den mutmaßlichen Willen des Patienten abgestellt werden (F/N, Rn 194).

Die Beweislast für die Durchführung einer ordnungsgemäßen Aufklärung bzw. der Zuziehung einer sprachkundigen Person als Dolmetscher liegt beim Arzt (G/G, Rn C 113, 131; S/D, Rn 405).

3. Entbehrlichkeit/Entfallen der Aufklärungsbedürftigkeit

Die Pflicht zur Aufklärung kann entfallen, wenn

▷ der Patient selbst aus **eigenem medizinischen Vorwissen** bereits ein hinreichendes Bild von dem Eingriff hat (OLG Hamm VersR 1998, 322: Patient war Chirurg und Allgemeinmediziner; G/G, Rn C 112: Krankenschwester bzw. Pfleger), wobei es keinen allgemeinen Grundsatz gibt, dass ein Arzt oder Krankenpfleger nicht über die Risiken eines außerhalb seines Fachbereichs liegenden Risikos aufgeklärt werden muss,

▷ er vom **einweisenden Hausarzt** oder dem vorbehandelnden Facharzt über das betreffende Risiko **aufgeklärt** worden ist (BGH NJW 1994, 2414; MDR 1984, 926; VersR 1980, 68; OLG Düsseldorf VersR 1984, 643; F/N, Rn 173; S/D, Rn 430; Gehrlein, Rn C 13, 58: Beweislast beim behandelnden Arzt), oder der Arzt hiervon ohne grobe Fahrlässigkeit ausgehen konnte, weil ein vom Patienten unterschriebener Aufklärungsbogen vorlag, aus dem sich ergab, dass der Patient von einem anderen Arzt vollständig und ordnungsgemäß aufgeklärt worden ist (OLG Karlsruhe OLGR 2001, 147, 148),

▷ es sich um eine **wiederholte Operation desselben Leidens** ohne geänderte Risiken handelt, über die der Patient in einem nicht zu weit zurückliegenden, früheren Zeitpunkt aufgeklärt worden ist (OLG Köln VersR 1995, 1237; G/G, Rn C 112; F/N, Rn 173: Nicht länger als ein Jahr),

▷ der **Patient deutlich und unmissverständlich** auf eine Aufklärung **verzichtet** hat (F/N, Rn 172),

▷ der Patient durch sein **bewusstes Behandlungsbegehren** in eine notwendige ärztliche Standardmaßnahme wie z. B. die Anfertigung einer Röntgenaufnahme und das Eingipsen eines gebrochenen Arms einwilligt (OLG Koblenz VersR 2000, 230; F/N, Rn 172 a. E.),

▷ der Arzt ein **anderes** als das besprochene, jedoch **nicht mit höheren Risiken behaftetes Operationsverfahren wählt** (OLG Oldenburg VersR 1998, 1285).

Der Operateur bzw. Krankenhausarzt bleibt jedoch zur Aufklärung verpflichtet, wenn nicht gesichert ist, dass der Patient mit dem einweisenden Arzt nicht nur über die Notwendigkeit des Eingriffs, sondern auch über dessen Risiken gesprochen hat (OLG Hamm VersR 1991, 667; auch BGH VersR 1984, 538) oder wenn der von dritter Seite voraufgeklärte Patient ausdrücklich nach etwaigen Risiken nachfragt (OLG Oldenburg VersR 1992, 1005).

V. Mutmaßliche und hypothetische Einwilligung; Entscheidungskonflikt des Patienten

1. Mutmaßliche Einwilligung

Kann der Patient nicht oder nicht umfassend aufgeklärt werden, weil es sich um einen Notfall handelt, der Patient bewusstlos ist oder sich der aufklärungspflichtige Umstand erst während der Operation herausstellt, so darf der Arzt den Eingriff durchführen bzw. fortsetzen, wenn angenommen werden kann, dass ein verständiger Patient in den Eingriff oder dessen Fortsetzung eingewilligt haben würde (BGH NJW 1991, 2342; NJW 1989, 1547; S/D, Rn 417; G/G, Rn C 102; Gehrlein, Rn C 66, 67).

Von einer solchen „mutmaßlichen Einwilligung" kann bei vitaler oder absoluter Indikation ohne weiteres ausgegangen werden, wenn die Unterlassung der Behandlung oder deren Nichtfortführung medizinisch unvertretbar wäre (OLG Zweibrücken NJW-RR 2000, 27; G/G, Rn C 103; S/D, Rn 419, 420).

Bei großen und schweren Bauchoperationen mit erheblichen Risiken kann der Operateur meist die stillschweigende Einwilligung in eine dringend gebotene Erweiterung der Operation voraussetzen (so S/D, Rn 420), jedenfalls soweit die Operationserweiterung bei ordnungsgemäß durchgeführter Diagnostik und Operationsplanung nicht vorhersehbar gewesen ist (G/G, Rn C 104; vgl. auch BGH NJW 1989, 1541).

Gleiches gilt bei **Zufallsbefunden**, etwa nach einer geplanten Schnellschnitt-Untersuchung, die eine Erweiterung des Eingriffs dringend indizieren (Dettmeyer/Madea, MedR 1989, 247).

Stellt sich während einer vermeintlichen Blinddarmoperation heraus, dass die Beschwerden auf einer tomatengroßen eitrigen Darmausstülpung (Colondivertikel) beruhen, so ist die sofortige Entfernung des Divertikels indiziert. Die Abwägung zwischen dem Selbstbestimmungsrecht des Patienten einerseits und dessen gesundheitlichen Interessen andererseits sowie sein mutmaßlicher Wille sprechen in diesem Fall gegen einen Behandlungsabbruch (OLG Koblenz VersR 1995, 710).

Ist die Erweiterung des Eingriffs nicht vital oder absolut indiziert, kann dann von einer mutmaßlichen Einwilligung zur Erweiterung des Eingriffs ausgegangen werden, wenn es sich nur um eine belanglose Erweiterung handelt, deren Risiken hinter denjenigen der Nichtvornahme des erweiterten Eingriffs zurücktreten (S/D, Rn 419; G/G, Rn C 103; Gehrlein, Rn C 67).

2. Hypothetische Einwilligung

Eine unterlassene, unvollständige oder nicht rechtzeitige Aufklärung führt nicht zur Haftung des Arztes, wenn dieser darlegen – und beweisen – kann, dass der Patient auch bei ordnungsgemäßer Aufklärung in den **konkreten, gerade durch den betreffenden Arzt** bzw. in der betreffenden Abteilung des Krankenhauses vorgenommenen Eingriff eingewilligt hätte (BGH VersR 1991, 547, 548; NJW 1996, 3073, 3074; OLG Koblenz NJW-RR 2002, 310, 311; G/G, Rn C 137, C 121; S/D, Rn 441, 445; F/N, Rn 202).

Die Behauptung, der Patient hätte auch ohne vollständige und rechtzeitige Aufklärung in dieselbe Operation **in einer Fachklinik** eingewilligt, genügt *nicht* den Anforderungen an den Einwand einer hypothetischen Einwilligung (BGH NJW 1996, 3073, 3074). Gleiches gilt für den Einwand, der Körper- oder Gesundheitsschaden hätte auch bei der Behandlung durch einen anderen Arzt oder bei einem späteren Eingriff eintreten können (F/N, Rn 206).

Besteht zum Beispiel bei einer ordnungsgemäß durchgeführten Nierenbeckenplastik stets das Risiko einer Anastomoseninsuffizienz, dessen Verwirklichung zu einer Nachoperation mit erhöhtem Risiko einschneidender Folgen für den Patienten wie den Verlust einer Niere führen kann, so ist der Patient vom behandelnden Urologen schon vor dem ersten Eingriff auch über dieses Risiko der Nachoperation aufzuklären. Erfolgt die Aufklärung nicht oder nicht vollständig, hat der behandelnde Urologe darzulegen und zu beweisen, dass der Patient den Eingriff auch ohne die Aufklärung nicht nur in entsprechender Art und Weise bei einem anderen Arzt seines Vertrauens, sondern gerade beim Behandler hätte durchführen lassen (BGH NJW 1996, 3073, 3074).

Die **Anforderungen an den Beweis** der Behauptung, dass sich der Patient auch bei ordnungsgemäßer Aufklärung zu dem vorgenommenen Eingriff entschlossen hätte, sind **besonders** hoch, wenn er den Eingriff zunächst abgelehnt und sich hierzu erst bereitgefunden hat, nachdem der Arzt auf ihn eingewirkt hat (BGH MedR 1994, 488).

Hätte der Patient den Eingriff bei ordnungsgemäßer Aufklärung zwar durchführen lassen, aber zu einem späteren Zeitpunkt, unter günstigeren Bedingungen oder von einem anderen Behandler, hat der Arzt nachzuweisen, dass es dann zu gleichartigen Schäden gekommen wäre (BGH VersR 1981, 677; L/U, § 67 Rn 4; S/D, Rn 448, 566, 571).

Dabei handelt es sich jedoch nicht um die Frage einer „hypothetischen Einwilligung", sondern um ein Problem des **„hypothetischen Kausalverlaufs"** (G/G, Rn C 123, C 151; S/D, Rn 448, 571).

Hier hat der Arzt zu beweisen, dass der ohne die erforderliche Aufklärung durchgeführte Eingriff in einer anderen Klinik denselben Verlauf genommen (BGH VersR 1989, 289; OLG Celle VersR 1987, 567), eine echte alternative Behandlungsmöglichkeit, über die nicht aufgeklärt worden ist, zum selben Schaden geführt (BGH NJW 1989, 1538), der Patient sich bei Erteilung der Aufklärung nicht „aufklärungsrichtig" verhalten (OLG Zweibrücken NJW-RR 2000, 235, 237 m. w. N.) oder dass sich das aufklärungspflichtige Risiko auch ohne den Eingriff, etwa aufgrund des behandlungsbedürftigen Grundleidens, in derselben Weise entwickelt hätte (BGH VersR 1985, 60, 62; VersR 1987, 667, 668; OLG Hamm VersR 1985, 1072; OLG Zweibrücken NJW-RR 2000, 235, 237 – s. u. VII. 2.). Hat der Arzt substantiiert vorgetragen, dass der Patient bei ordnungsgemäßer Aufklärung den Eingriff in gleicher Weise hätte durchführen lassen, so muss er den ihm obliegenden Beweis allerdings erst führen, wenn der Patient

141

plausible Gründe dafür darlegt, dass er – bzw. im Falle einer Geburt die Mutter – sich in diesem Falle in einem echten „Entscheidungskonflikt befunden haben würde" (BGH NJW 1998, 2714; OLG Koblenz NJW-RR 2002, 310, 311).

Demgegenüber muss der Patient darlegen und beweisen, dass zwischen dem Körperschaden und der Behandlungsmaßnahme, über die hätte aufgeklärt werden müssen, ein Kausalzusammenhang besteht (OLG Düsseldorf, Urt. v. 19.1.1995 – 8 U 53/93) bzw. dass sein Gesundheitsschaden gerade auf den Eingriff zurückzuführen ist, der mangels ordnungsgemäßer Aufklärung ohne anzunehmende mutmaßliche oder hypothetische Einwilligung des Patienten rechtswidrig war (S/D, Rn 441, 570; s. u. S. 171).

3. Ernsthafter Entscheidungskonflikt

Beruft sich der Arzt darauf, der Patient hätte auch bei ausreichender Aufklärung die Einwilligung zur Operation erteilt, etwa weil die Ablehnung der Behandlung medizinisch unvernünftig gewesen wäre (hypothetische Einwilligung), so kann der Patient diesen Einwand dadurch entkräften, dass er dem Gericht plausibel macht, er hätte sich bei ordnungsgemäßer Aufklärung in einem echten Entscheidungskonflikt befunden (BGH MDR 1991, 603; OLG Stuttgart VersR 1998, 1111, 1113 und OLGR 2000, 132, 134; OLG Brandenburg VersR 2000, 1283, 1285; OLG Koblenz MDR 1999, 871; NJW-RR 2002, 816, 818; OLG Karlsruhe NJW-RR 1998, 459, 461; OLGR 2001, 171; OLG Hamm VersR 1995, 47, 48; G/G, Rn C 138 ff.; S/D, Rn 442, 443; Gehrlein, Rn C 74).

Ob der **Patient** für den Fall der vollständigen und richtigen Aufklärung plausibel darlegen kann, dass er wegen seiner Einwilligung in den ärztlichen Eingriff in einen ernsthaften Entscheidungskonflikt geraten wäre, lässt sich regelmäßig nur nach seiner **persönlichen Anhörung** beurteilen (BGH NJW 1990, 2928; NJW 1994, 2414; OLG Bamberg VersR 1998, 1025, 1026; G/G, Rn C 142; Gehrlein, Rn C 75).

Dabei sind vom Patienten keine genauen Angaben dafür zu verlangen, wie er sich bei ordnungsgemäßer Aufklärung wirklich verhalten hätte; er muss lediglich einsichtig machen, dass ihn die vollständige Aufklärung über das Für und Wider des ärztlichen Eingriffs ernsthaft vor die Frage gestellt hätte, ob er diesem zum damaligen Zeitpunkt zustimmen solle oder nicht (BGH MDR 1991, 603; OLG Brandenburg VersR 2000, 1283, 1285; OLG Oldenburg VersR 2000, 232; OLG Stuttgart VersR 1998, 1111, 1113; OLG Koblenz MDR 1999, 871; NJW-RR 2002, 816, 818).

An diese **Darlegungspflicht** dürfen **keine allzu hohen Anforderungen** gestellt werden (BGH NJW 1998, 2734; OLG Brandenburg VersR 2000, 1283, 1285).

Es kommt dabei nicht darauf an, dass der Patient eine anderweitige Entscheidung glaubhaft zu machen in der Lage ist (BGH NJW 1991, 1543; OLG Brandenburg VersR 2000, 1283, 1285) oder wie sich ein „vernünftiger" Patient verhalten haben würde (BGH NJW 1994, 799; G/G, Rn C 138, 140; Gehrlein, Rn C 74).

Dabei kann unter Umständen auch sein Verhalten nach dem Eingriff zu berücksichtigen sein (OLG Stuttgart NJW-RR 2000, 904; G/G, Rn C 140).

Ein Entscheidungskonflikt ist jedoch nicht plausibel, wenn der Patient von der geltend gemachten Schädigung derart befangen ist, dass er sich in die damalige Entscheidungssituation nicht mehr zurückversetzen kann und deshalb zu einer beliebigen Darstellung des angeblichen Entscheidungskonflikts bereit ist (OLG Karlsruhe OLGR 2001, 171) oder er seinen Vortrag nach Unterliegen in der I. Instanz wechselt und der Prozesssituation „anpasst" (OLG Karlsruhe OLGR 2001, 449).

Allein der Umstand, dass ein indizierter Eingriff hätte zeitlich hinausgeschoben werden können, begründet nach Ansicht des OLG Stuttgart (VersR 1998, 1111) keinen Entscheidungskonflikt, wenn der Patient nicht plausibel darlegt, wozu er die Zeit genutzt hätte.

Eine nähere Substanziierungslast trifft den Patienten auch dann, wenn die Voraussetzungen einer „mutmaßlichen Einwilligung" (siehe oben V. 1., S. 139) vorgelegen hätten, d. h. die Verweigerung der Einwilligung im medizinischen Sinne offensichtlich unvernünftig gewesen wäre (G/G, Rn C 140; S/D, Rn 567).

So hat der Patient **bei vitaler oder absoluter Indikation substantiiert plausible Gründe** für seinen Entscheidungskonflikt vorzutragen und deutlich zu machen, dass er sich bei einer Lebenserwartung von rund zwei Jahren ohne bestehende, echte Behandlungsalternative nach entsprechender Aufklärung gegen eine indizierte Strahlentherapie entschieden hätte (OLG Oldenburg VersR 1991, 820; ebenso OLG Frankfurt VersR 1989, 254).

Gleiches gilt bei behauptetem Verzicht der Patientin auf die ohne Aufklärung durchgeführte Strahlentherapie bei Vorliegen eines Brustkarzinoms (OLG Koblenz VersR 1990, 489).

Ist zum Beispiel die voraussichtliche Überlebenszeit bei einem nicht operierten Rektumkarzinom sehr gering und würde die Lebensqualität des Patienten ohne die Operation alsbald erheblich beeinträchtigt werden, so ist seine Erklärung, er hätte wegen des Risikos des Potenzverlusts, über das er nicht aufgeklärt worden ist, von der Operation Abstand genommen, nicht plausibel (OLG Köln VersR 1990, 663).

Von der persönlichen Anhörung kann nur in solchen Fällen abgesehen werden, in denen schon die unstreitigen äußeren Umstände insoweit eine sichere Beurteilung der hypothetischen Entscheidungssituation erlauben und die besondere persönlichen Situation des Patienten und seiner Einstellung ohne weiteres erfasst werden können (BGH NJW 1990, 2928, 2929; G/G, Rn C 142).

Kann das Gericht die Plausibilität des behaupteten Entscheidungskonflikts nicht abschließend beurteilen, weil der **Patient zwischenzeitlich verstorben** ist (OLG Bamberg VersR 1998, 1025, 1026; OLG Düsseldorf, Urt. v. 27.3.1997 – 8 U 47/96; S/D, Rn 443 a, 569 a) oder unentschuldigt der Anordnung des persönlichen Erscheinens zum Termin nicht Folge leistet (OLG Dresden, Urt. v. 23.3.2000 – 4 U 3144/99; Rehborn, MDR 2000, 1107) und hat der Arzt schlüssig die Behauptung aufgestellt, der Patient hätte auch bei ordnungsgemäßer Aufklärung eingewilligt, so ist die Aufklärungspflichtverletzung für die Realisierung des Risikos, über das nicht aufgeklärt worden ist, nicht kausal geworden und die Klage des Patienten insoweit abzuweisen (OLG Bamberg VersR 1998, 1025, 1026; Rehborn, MDR 2000, 1107; S/D, Rn 443 a, 444; a. A. OLG Oldenburg VersR 2001, 1381, 1382 bei hirngeschädigtem Patienten).

Ist der Patient vor seiner mündlichen Anhörung verstorben, so kann sich das Gericht jedoch durch die Vernehmung angebotener Zeugen oder anhand des Verhaltens des Patienten nach dem Eingriff von der Plausibilität des Entscheidungskonflikts überzeugen (OLG Bamberg VersR 1998, 1025; G/G, Rn C 142).

Hat der Patient einen **schweren Hirnschaden** erlitten und ist er deshalb außerstande, sich zu einer hypothetischen Konfliktlage zu äußern, ist die Darlegung eines Entscheidungskonfliktes nach der von den Grundsätzen der wohl h. M. abweichenden Auffassung des OLG Oldenburg (VersR 2001, 1381, 1382) entbehrlich.

Ist die Aufklärung nicht rechtzeitig erfolgt, muss der verspätet aufgeklärte Patient zwar grundsätzlich substantiiert darlegen, weshalb ihn der späte Zeitpunkt der Aufklärung in seiner Entscheidungsfreiheit und in seinem Selbstbestimmungsrecht beeinträchtigt hat (BGH NJW 1994, 3009, 3011; NJW 1992, 2351, 2352; OLG Saarbrücken OLGR 2000, 401, 402).

Jedoch legt es bei einem verspätet erfolgten Aufklärungsgespräch bereits die Lebenserfahrung nahe, dass seine Entscheidungsfreiheit im Hinblick auf den psychischen und organisatorischen Druck eingeschränkt gewesen ist (BGH NJW 1994, 3009, 3011; NJW 1995, 2410, 2411; F/N, Rn 203; Hoppe, NJW 1998, 782, 784; vgl. aber OLG Stuttgart VersR 2002, 1428 – siehe oben S. 129). Nach Auffassung des OLG Koblenz (NJW-RR 2002, 816, 818) bedarf es keines näheren Vortrages des Patienten, dass er bei vollständiger und rechtzeitiger Aufklärung in einen ernsthaften Entscheidungskonflikt geraten wäre, wenn die erteilte Aufklärung verspätet erfolgt ist.

Trotz Annahme eines von der Patientin plausibel dargelegten Entscheidungskonflikts hat das OLG Karlsruhe (VersR 2001, 860, 861; Revision vom BGH nicht angenommen) die hypothetische Einwilligung der Patientin bei einer am Vorabend einer Hirntumoroperation und damit verspätet erteilten Aufklärung über das Risiko der Erblindung auf einem Auge bejaht. Im entschiedenen Fall bestand zur vorgeschlagenen und in einer anerkannten Fachklinik durchgeführten Operationsmethode keine ernsthafte Alternative. Bei Ablehnung der Operation hätte die Patientin innerhalb von zwei Jahren mit der Erblindung des Auges rechnen müssen. Das OLG geht davon aus, dass der Arzt ihres Vertrauens, mit dem sie sich nach ihrem Vortrag zum ernsthaften Entscheidungskonflikt bei rechtzeitiger Aufklärung besprochen hätte, ihr aus den zu diesem Zeitpunkt bekannten, überzeugenden medizinischen Gründen zur Durchführung des Eingriffs geraten hätte.

Behauptet also der Arzt, der Patient hätte sich auch bei ordnungsgemäßer und rechtzeitiger Aufklärung zu dem Eingriff entschlossen und kann der Patient demgegenüber einen ernsthaften Entscheidungskonflikt plausibel darlegen, so greift der Einwand des rechtmäßigen Alternativverhaltens (hypothetische Einwilligung des Patienten) nach der vom BGH (NA-Beschluss v. 13.3.2001 – VI ZR 262/00) gebilligten Ansicht des OLG Karlsruhe (VersR 2001, 860, 861) also dennoch durch, wenn die Behandlungsseite nachvollziehbar darlegen und ggf. beweisen kann, dass der vom Patienten hinzugezogene Arzt seines Vertrauens ihn aufgrund objektiver Kriterien davon überzeugt hätte, in die Vornahme der Operation einzuwilligen.

Die Haftung des Arztes wegen eines Aufklärungsfehlers entfällt dann ebenso wie im Fall eines vom Patienten nicht oder nicht plausibel dargelegten, ernsthaften Entscheidungskonfliktes. Spickhoff (NJW 2002, 1758, 1763) stimmt der Entscheidung des OLG Karlsruhe im Ergebnis, nicht jedoch in der Begründung zu. Spickhoff verneint das Vorliegen der Voraussetzungen einer „hypothetischen Einwilligung", nach seiner Auffassung fehlt es am Rechtswidrigkeitszusammenhang zwischen dem ohne wirksame Einwilligung durchgeführten Eingriff und dem Gesundheitsschaden, der ohnehin zu erwartenden fortschreitenden Teilerblindung.

a) Ernsthafter Entscheidungskonflikt bejaht

In folgenden Fällen wurde die Darlegung des Patienten für plausibel gehalten und das Vorliegen eines „ernsthaften Entscheidungskonflikts" bejaht:

aa) Entfernung eines zystischen Knotens

Es ist plausibel, dass eine Patientin, welche zum Zeitpunkt der Durchführung einer Kropfoperation mit Entfernung eines haselnussgroßen zysti-

145

schen Knotens beruflich und familiär stark belastet war, zunächst eine abwartende Haltung eingenommen und eine weitere Abklärung nach Rücksprache mit ihrem Hausarzt oder anderen Fachärzten veranlasst hätte, wenn ihr mitgeteilt worden wäre, dass nach dem szintigrafischen und sonografisch erhobenen Befund kein Verdacht auf Malignität des festgestellten Knotens bestand, so dass bezüglich einer operativen Therapie zunächst kurzfristig eine abwartende Haltung vertretbar gewesen wäre (OLG Köln VersR 2000, 361).

Die **unzureichende Risikoaufklärung lässt** den **Vergütungsanspruch** des Arztes jedoch **unberührt** (OLG Köln VersR 2000, 361, 362; ebenso OLG München VersR 1996, 233, 234; a. A. Gehrlein, Rn A 19; differenzierend OLG Hamburg MDR 2001, 799 und Rehborn, MDR 2001, 1148, 1154: Entfällt, wenn das Interesse des Patienten weggefallen ist; vgl. hierzu „Rückerstattung des Honorars", S. 425).

bb) Erhöhtes Risiko bei Vaginalgeburt

Wäre der Schwangeren offenbart worden, dass wegen der Besonderheiten des konkreten Falles für das Kind bei einer Vaginalgeburt ein erhöhtes Risiko bestand (siehe S. 108 ff.) und der eine Entbindungsmodus für das Kind, der andere für die Schwangere selbst die höheren Gefahren barg, so hätte sie dies ernsthaft vor die Frage gestellt, ob sie der Vaginalentbindung oder der Schnittentbindung zustimmen sollte. Ein solche Situation genügt stets zur Bejahung eines ernsthaften Entscheidungskonflikts (OLG Koblenz NJW-RR 2002, 310, 311).

cc) Grauer Star-Operation

Vor einer Katarakt-Operation zur Behandlung der Eintrübung einer Augenlinse (Grauer Star) muss der Patient über das Risiko einer operationsbedingten Erblindung aufgeklärt werden. Der Entscheidungskonflikt ist plausibel dargelegt, wenn der Patient erklärt, die Aufklärung über ein solches, wenn auch seltenes Risiko hätte ihm Anlass gegeben, zunächst darüber nachzudenken, wann und von wem dieser Eingriff durchgeführt werden soll und ob er der Operationsempfehlung dann sofort ohne weiteres zugestimmt hätte (OLG Oldenburg MDR 1999, 547).

dd) Hepatitis-Infektion

Erleidet der Patient nach Verabreichung eines Medikaments eine – u. U. zu Leberschäden führende und lebensverkürzende – Hepatitis-Infektion, kann sein Vortrag genügen, er hätte sich bei korrekter Aufklärung über dieses mit der Gabe des Medikaments verbundene Risiko möglicherweise gegen dessen Einsatz und für eine Amputation der verletzten Hand entschieden (BGH NJW 1991, 1543; Gehrlein, Rn C 76).

ee) Kniepunktion

Plausibel ist auch die Erklärung einer Patientin, im Falle einer Aufklärung über das Infektionsrisiko nach Punktion eines Kniegelenks hätte sie auf jeden Fall einige Tage mit konservativer Behandlung zugewartet, ob es dadurch besser werde, insbesondere wenn sie einer Punktion zunächst ohnehin ablehnend gegenüberstand (BGH NJW 1994, 2414).

ff) Lysebehandlung

Besteht nach einem Herzinfarkt zur Lysebehandlung (Auflösung von Zellen) mit Streptokinase (aus hämolysierenden Streptokokken isoliertes Eiweiß) eine gleichwertige, aber weniger aggressive Behandlungsmöglichkeit mit Aspirin und Heparin, muss über die unterschiedlichen Risiken einer Gehirnblutung und deren Folgen aufgeklärt werden. Liegt das Risiko der aggressiveren Therapie mit 1,0 bis 1,4 % deutlich über dem Risiko der sanfteren Therapie von 0,5 %, ist der Vortrag des Patienten, er hätte sich bei gehöriger Aufklärung für die sanftere Therapie entschieden, plausibel (OLG Bremen VersR 1998, 1240, 1241).

gg) Myelographie (Röntgenkontrastdarstellung des Wirbelkanals)

Es erscheint plausibel, dass sich eine allein erziehende Mutter zweier minderjähriger Kinder bei ordnungsgemäßer Aufklärung über die Risiken einer Myelographie, wie das seltene Risiko einer kompletten Blasenlähmung jedenfalls zunächst für denkbare Behandlungsalternativen in Form physiotherapeutischer Maßnahmen entschieden oder diese in Erwägung gezogen hätte, jedenfalls wenn ein zunächst angenommener Bandscheibenvorfall trotz fortdauernder Beschwerden ausgeschlossen wurde (OLG Brandenburg VersR 2000, 1283, 1285).

hh) Nervschäden bei Zahnextraktion

Eine Nervläsion kann auch bei ordnungsgemäßer Zahnextraktion nicht ausgeschlossen werden. Über solche typischen Risiken ist der Patient grundsätzlich aufzuklären. Der Vortrag des Patienten, er hätte dann die Einwilligung in die Zahnextraktion verweigert oder noch zugewartet, ist plausibel, wenn er keine Beschwerden hatte und die Extraktion nicht vital indiziert war (OLG München VersR 1996, 102; LG Bonn VersR 1989, 811).

Bei der Entfernung eines Weisheitszahns ist gerade die Durchtrennung des Nervus lingualis eine sehr seltene, aber typische und nicht immer vermeidbare Komplikation, über die der Zahnarzt aufzuklären hat. Nach Ansicht des OLG München (NJW-RR 1994, 1308) kann ein Entscheidungskonflikt des Patienten, ob er sich durch den behandelnden Zahnarzt operieren lassen oder ob er zunächst eine medikamentöse Behandlung wählen will, dann nachvollziehbar sein, wenn es sich nicht um einen vereiterten oder sonst krankhaft veränderten Weisheitszahn handelt, der nur zeitweise Schmerzen bereitet.

Nach Ansicht des OLG Karlsruhe (VersR 1989, 808; auch OLG Zweibrücken VersR 2000, 892, 893) ist das mit der Extraktion der Zähne 36 und 37 unter Leitungsanästhesie verbundene Risiko einer Nervläsion mit Dauerfolgen extrem selten, so dass für den Patienten, der unter erheblichen Schmerzen leidet, regelmäßig kein echter Entscheidungskonflikt vorliegt.

Das OLG Zweibrücken (VersR 2000, 892) hält eine Aufklärung über das äußerst geringe Risiko einer dauerhaften Schädigung des Nervus lingualis vor einer Leitungsanästhesie ausnahmsweise für entbehrlich, wenn der Arzt angesichts der äußerst geringen Komplikationsdichte annehmen darf, der Patient werde vernünftigerweise seine Einwilligung angesichts der bevorstehenden, ansonsten schmerzhaften Parodontosebehandlung nicht wegen dieses Risikos verweigern.

Nach Auffassung des OLG Zweibrücken kommt es in diesem Fall auf einen möglichen Entscheidungskonflikt im Zusammenhang mit einer hypothetischen Einwilligung nicht mehr an.

ii) Prothetische Versorgung

Ein Zahnarzt ist verpflichtet, über medizinisch gleichermaßen indizierte Alternativen einer prothetischen Versorgung der Oberkieferbezahnung aufzuklären, so etwa den Einsatz einer teleskopierenden, bügelfreien Brückenprothese anstatt einer Gaumenplatte. Wird die Versorgung mittels Gaumenplatte nicht toleriert, entfällt der Vergütungsanspruch des Zahnarztes, wenn der Patient plausibel darlegt, dass er in Kenntnis der Behandlungsalternative der getroffenen Maßnahme nicht zugestimmt hätte (OLG Köln VersR 1999, 1498).

kk) Schilddrüsenoperation

Vor einer Schilddrüsenoperation, bei der weder kalte Knoten festgestellt wurden noch der Verdacht besteht, dass sich solche hinter diagnostizierten heißen Knoten verbergen, ist der Patient auf die ernsthafte Alternative einer Radiojodbehandlung hinzuweisen. Es ist plausibel, dass ein beruflich auf die Stimme angewiesener, z. B. ein als Strafverteidiger tätiger Rechtsanwalt die Radiojodbehandlung vorgezogen hätte, um das Risiko einer Stimmbandlähmung zu vermeiden (OLG Köln VersR 1998, 1510).

ll) Sorge vor Komplikationen aus Vorerkrankungen

Ein Entscheidungskonflikt kann durch den Hinweis auf die Sorge vor Komplikationen wegen einer Vorerkrankung oder einem vorangegangenen Eingriff plausibel dargelegt werden, etwa wenn das Risiko einer Dauerschädigung des benachbarten Nervengeflechts vor einer Sympathicusblockade (Ausschaltung des Nervus sympathicus) besteht (OLG Oldenburg NJW-RR 1999, 390).

So ist auch die Erklärung einer Patientin plausibel, sie hätte bei ordnungsgemäßer Aufklärung über die Risiken einer nicht dringenden Gallenoperation wegen eines erst kurz zuvor erfolgten gynäkologischen Eingriffs zunächst mit ihrem Hausarzt Rücksprache gehalten (BGH NJW 1990, 2928).

mm) Strahlentherapie

Auch eine Strahlentherapie darf ohne Einwilligung des Patienten nicht angewendet werden, selbst wenn sie die allein erfolgversprechende Behandlungsmethode ist und der Patient ohne die Bestrahlung nur noch eine verhältnismäßig kurze Lebenserwartung hat.

Das Vorbringen eines „ernsthaften Entscheidungskonflikts" ist plausibel, wenn der Patient darlegt, er habe sich bei Aufklärung über das Risiko einer inkompletten Querschnittlähmung möglicherweise zwar nicht gegen die Durchführung einer Strahlenbehandlung entschieden, sich aber durch die Konsultation anderer Fachärzte über die Möglichkeit kundig gemacht, durch den Einsatz einer geringeren Strahlendosis, allerdings unter Erhöhung des Rezidivrisikos die Gefahr der Schädigung des Rückenmarks herabzusetzen (OLG Frankfurt VersR 1989, 254).

b) Ernsthafter Entscheidungskonflikt verneint

Ein ärztlicher Aufklärungsfehler ist für die Einwilligung in die Operation dann unbeachtlich, wenn sich der Patient bei ordnungsgemäßer Aufklärung nicht in einem Entscheidungskonflikt befunden hätte. Hierfür ist der Arzt darlegungs- und beweispflichtig. Es bedarf jedoch eines plausiblen Vorbringens des Patienten, dass er bei vollständiger Aufklärung vor einem echten, ernsthaften Entscheidungskonflikt gestanden hätte (OLG Koblenz MDR 1999, 871; OLG Oldenburg VersR 2000, 232; OLG Stuttgart VersR 1998, 1111, 1113; VersR 2002, 1428; S/D, Rn 442, 567, 568).

Solange der Einwand der hypothetischen Einwilligung durch die Arztseite nicht erfolgt, ist die Plausibilität des Entscheidungskonflikts jedoch nicht zu überprüfen (BGH VersR 1996, 1239; G/G, Rn C 139).

aa) Ablehnung einer Leitungsanästhesie

Nach Auffassung des OLG Stuttgart (VersR 1999, 1500) ist die Ablehnung einer Leitungsanästhesie vor einer Zahnextraktion wegen des extrem seltenen Risikos einer Dauerschädigung des Nervus lingualis nicht plausibel.

Gleiches gilt nach Auffassung des OLG Zweibrücken (VersR 2000, 892) auch für die Ablehnung der Leitungsanästhesie vor einer schmerzhaften Parodontosebehandlung wegen einer hierbei extrem seltenen Dauerschädigung des Nervus lingualis.

Ein Entscheidungskonflikt ist auch nicht plausibel dargelegt, wenn der Patient von der eingetretenen Schädigung des Nervus mandibularis bzw. des Nervus alveolaris derart befangen ist, dass er sich in die damalige Entscheidungssituation nicht mehr zurückversetzen kann und deshalb, wie sein wechselnder Vortrag zeigt, zu einer beliebigen Darstellung des angeblichen Entscheidungskonflikts bereit ist (OLG Karlsruhe OLGR 2001, 171, 172: offen gelassen, ob Dauernervschädigung aufklärungspflichtig).

bb) Ablehnung eines Kaiserschnitts

Nicht plausibel ist die behauptete Ablehnung eines Kaiserschnitts durch die Patientin bei Aufklärung über dessen Risiken, wenn gesichert ist, dass das Kind infolge eines bereits eingetretenen Sauerstoffmangels nur so vor einem Hirndauerschaden bewahrt werden konnte (OLG Köln VersR 1999, 98; nach S/D, Rn 443 a. E. „als Grundsatz zweifelhaft").

cc) Absetzen einer Dialyse

Eine Haftung des Arztes bei unterlassener Aufklärung über das erhöhte Risiko, beim Absetzen einer Dialyse einen Pericarderguss (Erguss im Herzbeutel) zu erleiden, scheidet aus, wenn der Patient nicht plausibel macht, er hätte sich bei pflichtgemäßer Aufklärung gegen das Absetzen der Dialyse entschieden oder wenn nicht bewiesen ist, dass der Pericarderguss bei Fortsetzung der Dialyse ausgeblieben wäre (OLG Stuttgart VersR 1997, 931).

dd) Aneurysmaoperation, Nervschädigungen

Wird ein Patient vor der Entfernung eines Aneurysmas (krankhafte Wandausbuchtung eines vorgeschädigten arteriellen Blutgefäßes oder der Herzwand) nicht über die Gefahr und die möglichen Folgen der Verletzung des Nervus recurrens mit der Folge einer Stimmbandlähmung aufgeklärt und hätte der Patient nach einer Aufklärung dem Eingriff zwar zugestimmt, diesen aber – nach seiner Behauptung – an einer anderen Klinik durchführen lassen, so ist der Entscheidungskonflikt nicht plausibel, wenn zwischen den Kliniken kein Rangunterschied besteht, insbesondere, wenn der Patient keinen Arzt der anderen Klinik benennen kann, dem er sich gerade wegen dessen wissenschaftlichen oder wegen dessen operationspraktischen Rufs anvertraut hätte (OLG Köln NJW 1990, 2940).

Wird vor einer dringenden Aneurysmaoperation eine Angiographie (Gefäßdarstellung durch Injektion eines Röntgenkontrastmittels) durchgeführt, ist grundsätzlich über deren Risiken wie zum Beispiel schwere Durchblutungsstörungen, mögliche Halbseitenlähmung bei entsprechender Injektionsstelle aufzuklären (OLG Stuttgart VersR 1988, 832; OLG Oldenburg VersR 1983, 888).

Ist der Eingriff jedoch dringend (OLG Stuttgart VersR 1988, 832), insbesondere bei sich ständig verschlechterndem Zustand des Patienten (OLG Koblenz MDR 1999, 871), so ist die Behauptung eines ernsthaften Entscheidungskonflikts nicht plausibel (OLG Stuttgart VersR 1988, 832; OLG Oldenburg VersR 1983, 888 zur Angiographie).

ee) Aufklärung über schwer wiegenderes Risiko erfolgt

Macht der Patient geltend, er hätte im Falle der Aufklärung über ein bestimmtes Operationsrisiko möglicherweise einer konservativen Therapie, die eine ernsthafte Alternative dargestellt hätte (vgl. hierzu oben S. 102), den Vorzug gegeben, so ist ein Entscheidungskonflikt nicht plausibel, wenn er bewusst ein ungleich schwer wiegenderes, belastenderes Risiko in Kauf genommen hat, etwa eine irreparable Recurrensparese (Stimmbandlähmung) gegenüber sehr selten auftretenden und regelmäßig durch Medikamentengabe einstellbarer permanenter Hypoparathyreoidismus, also einer Unterfunktion der Nebenschilddrüsen (OLG Köln NJW-RR 1996, 405).

ff) Aufschieben des Eingriffs

Allein der Umstand, dass ein indizierter Eingriff zeitlich hinausgeschoben werden kann, begründet keinen Entscheidungskonflikt, wenn der Patient nicht plausibel darlegen kann, wozu er die Zeit genutzt hätte (OLG Stuttgart VersR 1998, 1111).

Insbesondere ist das Begehren einer „Denkpause" nicht plausibel, solange der Patient nicht darlegt, dass ihm eine zeitlich verschobene Operation ein möglicherweise günstigeres Ergebnis erbracht hätte (OLG Köln NJW 1990, 2940; vgl. auch S. 129 zur Rechtzeitigkeit).

Ein Aufschieben des Eingriffs, um weitere Fortschritte in der Medizin abzuwarten, ist bei einem Routineeingriff wie einer Leistenbruchoperation nicht einleuchtend. Auch für ein bloßes Aufschieben eines solchen Eingriffs, etwa um sich von dritter Seite Auskunft über die Höhe des Risikos einer Hodenatrophie, über das nicht aufgeklärt worden ist, einzuholen oder die Entwicklung der Beschwerden abzuwarten, besteht bei einer Leistenbruchoperation regelmäßig kein nachvollziehbarer Anlass (OLG Stuttgart VersR 1998, 1111, 1114).

Dies gilt insbesondere dann, wenn sich der Patient beim Operateur, dem Chefarzt der chirurgischen Abteilung eines mittelgroßen Krankenhauses in „guten Händen fühlen" konnte (OLG Stuttgart VersR 1998, 1111, 1114; auch OLG München VersR 1992, 834).

gg) Darmperforation

Besteht bei einer Coloskopie das Risiko einer Darmperforation in 0,25 % der Fälle und ist das Risiko tödlicher Folgen einer solchen Perforation mit etwa 20 %, also insgesamt 0,05 % aller Fälle anzusetzen, so muss der Patient nicht nur über den möglichen Eintritt der Perforation, sondern auch über die damit verbundene Lebensgefahr und auch über die Gefahr der Verweigerung dieser Untersuchung aufgeklärt werden (OLG Stuttgart VersR 1986, 581; vgl. auch OLG Frankfurt VersR 1991, 185).

Es fehlt jedoch an einem ernsthaften Entscheidungskonflikt, wenn der Arzt zwar über das Risiko der Magen-Darm-Perforation, nicht jedoch über das Risiko tödlicher Folgen einer Perforation aufgeklärt hat und sich Letzteres nicht realisiert. Es ist nicht plausibel, dass die Patientin bei vollständiger Aufklärung die Durchführung dieses zur Entdeckung bösartiger Darmpolypen erforderlichen Eingriffs verweigert hätte (OLG Stuttgart VersR 1986, 581; OLG Frankfurt VersR 1991, 185, 186).

hh) Drängen des Patienten, starker Leidensdruck

Auch bei einem unter starkem Leidensdruck stehenden und über schwerere Risiken aufgeklärten Patienten kann die unterbliebene Aufklärung über das Risiko einer Nervläsion bei einer Nephropexie (operative Teilentfernung einer Organkapsel in der Niere) unter dem Gesichtspunkt der hypothetischen Einwilligung unbeachtlich sein.

Hat der Patient die Operation gewünscht, weil er unter großem Leidensdruck stand und „es so nicht mehr weitergehe", so ist die Behauptung eines ernsthaften Entscheidungskonflikts, bei vollständiger Aufklärung über das Risiko von Nervläsionen hätte er von der Operation Abstand genommen oder sich in einer anderen Klinik – mit grundsätzlich denselben Risiken – operieren lassen, nicht plausibel (OLG München VersR 1991, 1241, 1242; vgl. auch OLG Karlsruhe OLGR 2002, 407).

Gleiches gilt, wenn der Patient nach den eigenen früheren Bekundungen möglichst frühzeitig operiert werden wollte und durch die organisationsbedingte Verschiebung der Operation sogar in eine schwere psychische Krise geraten ist, und zur Durchführung der Operation dabei keine ernsthafte Alternative bestand (OLG Karlsruhe, Urt. v. 12.1.1994 – 7 U 79/94).

Dient der Eingriff der Vermeidung erheblicher Schmerzen und wurde der Patient allgemein über mögliche Nervschädigungen aufgeklärt, so ist die Behauptung nicht plausibel, bei der gebotenen Aufklärung über ein erhöhtes Risiko von Nervenverletzungen hätte ein ernsthafter Entscheidungskonflikt vorgelegen (OLG Karlsruhe OLGR 2002, 407, 408).

Auch vor Durchführung einer Mammareduktionsplastik als teilweise medizinisch, teilweise rein kosmetisch bedingtem Eingriff muss die Patientin über allgemeine gesundheitliche Risiken wie Infektion, Nachblutung und Nekrosebildung, die zum Verlust der Brustwarze führen können, daneben aber auch über die Gefahr eines kosmetisch unbefriedigenden Ergebnisses und die Möglichkeit des Erfordernisses eines Korrektureingriffs zur Entfernung von restlichem Fettgewebe klar und deutlich aufgeklärt werden (OLG Stuttgart NJW-RR 2000, 904). Ein Entscheidungskonflikt der Patientin ist jedoch nicht hinreichend plausibel, wenn die Patientin den Arzt mehrfach gedrängt hat, den Eingriff unbedingt durchzuführen und sich hierzu trotz anfänglicher Abweisung fest entschlossen zeigt (OLG Stuttgart NJW-RR 2000, 904, 905).

ii) Eigenblutspende

Ist die Bildung von Eigenblutkonserven, etwa wegen unzureichender Hämoglobinkonzentration, kontraindiziert, so ist die vom Patienten behauptete Verweigerung einer Fremdblutübertragung, falls er über die Bildung und Verwendung von Eigenblutkonserven hingewiesen worden wäre, wegen der Gefahr schwerster gesundheitlicher Folgeschäden nicht plausibel (OLG Köln VersR 1997, 1534).

kk) Einbringung eines Venenkatheders

Ob die Wahl des Zugangs für einen Zentralvenenkatheder überhaupt aufklärungspflichtig ist oder ob dies nicht lediglich die operationstechnische Seite eines Eingriffs betrifft, über die ein Arzt nach den eigenen Erfahrungen und Fertigkeiten zu entscheiden hat (vgl. S. 100 f. und G/G, Rn C 21), ist fraglich (OLG Oldenburg VersR 2000, 191, 192).

Jedenfalls ist ein behaupteter Entscheidungskonflikt, der Patient hätte sich bei erfolgter Aufklärung über mögliche, sich aber zurückbildende Nervenschäden bei einer Halsvenenpunktion für den Zugang über die Ellenbogenvene entschieden, nicht plausibel (OLG Oldenburg VersR 2000, 191, 193).

ll) Eintritt eines größeren Schadens

Ein Entscheidungskonflikt ist nicht plausibel vorgetragen, wenn der Patient bei ernsthaft in Betracht kommender konservativer Behandlung seinen Beruf sicher hätte aufgeben müssen und mit der Klage auch Verdienstausfallschaden geltend gemacht hat (OLG München VersR 1992, 834).

mm) Gebärmutterperforation

Bei einer Gebärmutterausräumung nach intrauterinem Kindstod ohne Aufklärung über das Risiko einer Gebärmutterperforation kann sich die Mutter ebenfalls nicht auf einen „ernsthaften Entscheidungskonflikt" berufen (OLG Zweibrücken VersR 1992, 496; G/G, Rn C 146).

nn) Potenzverlust nach Krebsoperation

Auch die Behauptung, bei erfolgter Aufklärung über einen möglichen Potenzverlust auf die Operation eines Rektumkarzinoms verzichtet zu haben, ist nicht plausibel (OLG Köln VersR 1990, 663; S/D, Rn 443).

oo) Routineimpfung

Eine Polio-Impfung (Schluckimpfung) stellt, auch wenn sie mit einer Schadenshäufigkeit von 1 zu 4,4 Millionen nicht gänzlich risikolos ist, die Eltern nicht vor schwierige Entscheidungen, die erst einer gründlichen Abwägung und reiflichen Überlegung bedürfen.

Bei einer Routineimpfung ist den Eltern der Entscheidungskonflikt auf Grund der von den Gesundheitsbehörden vorgenommenen Abwägung des Für und Wider und der von ihnen ausgesprochenen Impfempfehlung weitestgehend abgenommen (BGH VersR 2000, 725, 727).

Bei derartigen Routinemaßnahmen kann es genügen, wenn dem Patienten nach schriftlicher Aufklärung Gelegenheit zu weiteren Informationen durch ein Arztgespräch, jedoch keine mündliche Erläuterung der Risiken gegeben wird (BGH VersR 2000, 725, 728; a. A. Spickhoff, NJW 2001, 1757, 1761 m. w. N.).

pp) Sectio statt vaginaler Entbindung; genetische Beratung

Der im Rahmen einer hypothetischen Einwilligung zu prüfende plausible Entscheidungskonflikt ist ausschließlich am Kindeswohl zu messen, wenn es sich nicht um einen Fall handelt, bei dem das erhöhte Risiko für

Leben und Gesundheit der Mutter gegen dasjenige des werdenden Kindes abzuwägen ist (Sectio statt vaginaler Entbindung) oder bei dem die Eltern eine genetische Beratung wünschen, um werdendes behindertes Leben zu verhindern, sondern es allein darum geht, ob und unter welchen Voraussetzungen einer Leibesfrucht die Chance zu gewähren ist, sich zu einem gesunden Leben zu entwickeln. Es erscheint nicht tragbar, ein werdendes Leben lieber sterben zu lassen als die gegenüber der Chance, ein gesundes Kind zu erhalten, deutlich geringere Gefahr zu riskieren, einem behinderten Kind zum Leben zu verhelfen, selbst wenn das geringe Risiko einer schweren Hirnschädigung besteht (OLG Köln VersR 1999, 98, 99).

qq) Strahlentherapie, Querschnittlähmung

Vor der Durchführung einer Strahlentherapie bei Morbus Hodgkin (bösartig verlaufende Krankheit der lymphatischen Gewebe mit tumorartigen Wucherungen) muss über das Risiko einer Querschnittlähmung aufgeklärt werden.

Da zur Strahlenbehandlung in fortgeschrittenem Stadium keine ernsthafte Alternative besteht, ist ein Entscheidungskonflikt bei fehlender Aufklärung über dieses Risiko jedoch nicht plausibel (BGH VersR 1994, 465; OLG Frankfurt VersR 1988, 57; OLG Koblenz VersR 1990, 489).

Dies gilt insbesondere bei sonst geringer Lebenserwartung des Patienten (OLG Frankfurt VersR 1989, 254; OLG Koblenz VersR 1990, 489; S/D, Rn 443; G/G, Rn C 146).

Dieselben Grundsätze gelten bei fehlender oder nicht vollständiger Aufklärung der Patientin über eine mögliche Plexuslähmung vor Durchführung einer Bestrahlungstherapie (OLG Koblenz VersR 1990, 489; OLG Zweibrücken VersR 1987, 108; G/G, Rn C 146).

rr) Verschlechterungsrisiko

Hat der Arzt bei nicht dringlicher Indikation eines operativen Eingriffs mit einer Erfolgsaussicht von ca. 80 % das Risiko der Verschlechterung der vorbestehenden Schmerzsituation von ca. 5 % in allgemeiner Form dargestellt, so ist der behauptete Entscheidungskonflikt vom Patienten nicht plausibel dargelegt, wenn er erklärt, er hätte bei der Angabe eines in 5 % der Fälle schlechteren Ergebnisses schon zugestimmt, nicht aber bei einem Hinweis auf das Risiko eines verschlechterten Lebenszustandes, der sich bei ihm eingestellt habe. Denn es ist nicht geboten, in derartigen Fallgestaltungen speziell über außergewöhnliche und besonders nachteilige Entwicklungen aufzuklären (OLG Stuttgart OLGR 2000, 132, 134).

ss) Versteifung eines Gelenkes als Alternative

Wird der Patient über die Alternative einer operativen Versteifung seines Handgelenks nicht aufgeklärt, so ist der Aufklärungsfehler nicht schadensursächlich, wenn sich der Patient nach Überzeugung des Gerichts auch bei Erteilung des Hinweises, dass eine Handgelenksversteifung zwar in Frage komme, aber eine unumkehrbare Lösung darstelle, zunächst für die tatsächlich durchgeführte gelenkerhaltende Operation mit einer Erfolgsquote von 50–75 % entschieden hätte (OLG Koblenz MedR 2002, 518, 520).

tt) Vorausgegangene, ähnliche Eingriffe

Ein Entscheidungskonflikt ist bei ausreichender Risikoaufklärung nicht schlüssig dargetan, wenn sich der Patient vor und nach dem Eingriff, im entschiedenen Fall einer intraartikulären Injektion, vergleichbaren Eingriffen ausgesetzt hat (OLG Oldenburg VersR 2000, 232). Im Fall des OLG Oldenburg hatte sich der Patient bereits in den Jahren zuvor mehrfach ähnlichen Eingriffen unterzogen.

VI. Kausalität für den Schaden, Reserveursache und Zurechnungszusammenhang

1. Schadensursächlichkeit

Steht fest, dass der Arzt den Patienten nicht, nicht vollständig oder nicht rechtzeitig aufgeklärt hat, so hat der Patient darzulegen und zu beweisen, dass sein Gesundheitsschaden auf der Behandlung beruht, die mangels ordnungsgemäßer Aufklärung rechtwidrig gewesen ist (BGH NJW 1992, 754; OLG Oldenburg VersR 1997, 192; OLG Düsseldorf, Urt. v. 19.1.1995 – 8 U 53/93; S/D, Rn 570; G/G, Rn C 147).

Hat sich **gerade das Risiko verwirklicht, über das aufgeklärt werden musste und tatsächlich aufgeklärt worden** ist, so spielt es nach der über frühere Entscheidungen (z. B. BGH JZ 1984, 629; VersR 1989, 514) zugunsten der Behandlungsseite hinausgehenden Ansicht des BGH (MDR 2000, 1012 = VersR 2000, 725, 726; VersR 2001, 592; Gehrlein, VersR 2001, 593; S/D, Rn 450 a; a. A. Terbille, MDR 2000, 1012) regelmäßig keine Rolle, ob bei der Aufklärung auch andere Risiken der Erwähnung bedurft hätten.

Die Auffassung des OLG Jena (VersR 1998, 586 = MDR 1998, 536), wonach der Arzt auch dann für den ohne Einwilligung durchgeführten Eingriff haftet, wenn die Aufklärungspflichtverletzung nicht kausal für die Einwilligung in die Operation war, wird von der ganz herrschenden Meinung abgelehnt (Rehborn, MDR 2000, 1169, 1172 und MDR 2000, 1106;

Kullmann, VersR 1999, 1190, 1192; Terbille, VersR 1999, 235, 236; G/G, Rn C 150; im Erg. auch BGH MDR 2000, 701 und VersR 2001, 592).

2. Fehlende Grundaufklärung, Zurechnungszusammenhang

a) Fehlende oder mangelhafte Grundaufklärung

Der rechtswidrige, nicht von einer wirksamen Einwilligung gedeckte Eingriff führt **auch bei lege artis durchgeführtem Eingriff** zur **Haftung** des Arztes für den dem Patienten hieraus entstandenen Schaden.

Voraussetzung ist allerdings im Grundsatz, dass sich das aufklärungspflichtige Risiko, über das nicht aufgeklärt worden ist (BGH NJW 1986, 1541; G/G, Rn C 157) verwirklicht hat.

Hat sich ein **ganz anderes, nicht aufklärungspflichtiges Risiko** realisiert, so kann es an einem zurechenbaren Schaden fehlen (VersR 2000, 725, 726; Gehrlein, VersR 2001, 593; Rehborn, MDR 2002, 1281, 1284; MDR 2000, 1106; kritisch Terbille, MDR 2000, 1012; enger noch BGH JZ 1984, 629).

Ein Haftungswegfall aus dem Gesichtspunkt der fehlenden Zurechenbarkeit setzt dann jedoch voraus, dass der Patient wenigstens eine **Grundaufklärung** über Art und **Schwere des Eingriffs** erhalten hat. Die erforderliche Grundaufklärung ist nur dann erteilt, wenn dem Patienten ein zutreffender Eindruck von der Schwere des Eingriffs und von der Art der Belastungen vermittelt wird, die für seine körperliche Integrität und Lebensführung auf ihn zukommen können, wobei es nicht erforderlich ist, sämtliche denkbaren Risiken medizinisch exakt zu beschreiben und Details hierzu abzugeben (BGH NJW 1996, 777, 778 = MDR 1996, 367, 368).

Bei Operationen, die nicht zur Abwendung einer schwer wiegenden Gefahr veranlasst sind, bestehen gesteigerte Anforderungen an die Aufklärungspflichten i. S. einer detaillierten, für den medizinischen Laien verständlichen Darlegung der Risiken und Chancen (OLG Oldenburg VersR 1998, 854 und Urt. v. 30.5.2000 – 5 U 218/99).

Zur erforderlichen Grundaufklärung gehört nach Ansicht des OLG Bremen (VersR 2001, 340) auch die Unterrichtung des Patienten über eine mögliche konservative Therapie als ernsthafte Alternative zu einer Operation und der Hinweis auf die mit dem Eingriff spezifisch verbundenen Komplikationen, die seine Lebensführung gravierend beeinträchtigen können.

Bei Operationen, die nicht zur Abwendung einer akuten oder schwer wiegenden Gefahr veranlasst sind, insbesondere bei kosmetischen Operationen, bestehen gesteigerte Anforderungen an die Grundaufklärung (OLG Oldenburg VersR 2001, 1381, 1382).

Der Mangel der Grundaufklärung kann sich zu Lasten der Behandlungsseite auswirken, wenn dem Patienten nicht einmal ein Hinweis auf das
schwerstmögliche, in Betracht kommende Risiko, welches dem Eingriff
spezifisch anhaftet, erteilt worden ist, so dass er sich von der Schwere und
Tragweite des Eingriffs keine Vorstellung machen konnte (BGH VersR
2001, 592, 593; NJW 1996, 777, 778; BGH MDR 1991, 844; OLG Zweibrücken VersR 1998, 1553, 1554; OLG Hamm, Urt. v. 9.5.1994 – 3 U 199/
87; S/D, Rn 451; Gehrlein, Rn C 83 und VersR 2001, 593).

Danach haftet der Arzt bei Durchführung einer Myelographie bei mangelhafter Grundaufklärung auch dann, wenn sich statt des aufklärungspflichtigen, wenngleich seltenen, schwersten in Betracht kommenden Risikos,
einer **Querschnittlähmung**, über das nicht aufgeklärt worden ist, ein nur
äußerst seltenes, nicht aufklärungspflichtiges Risiko, nämlich ein Krampf-
anfall, verwirklicht (BGH NJW 1996, 777, 778) oder sich bei einer Bandscheibenoperation anstatt der aufklärungsbedürftigen, somatischen Kaudalähmung eine nicht aufklärungspflichtige psychogene Kaudalähmung
verwirklicht (BGH NJW 1991, 2346, 2347; G/G, Rn C 156).

Wurde der Patient vor einer Bandscheibenoperation nur über die Möglichkeit vorübergehender Gefühlsstörungen sowie Muskel- und Nervenlähmungen hingewiesen, so ist die erforderliche Grundaufklärung nicht erbracht; die Haftung des Arztes erstreckt sich dann auch auf die Folgen
einer psychogenen Querschnittlähmung, die sich bei dem Patienten im
Rahmen einer auf die Operation zurückzuführenden Konversionsneurose
entwickelt (OLG Hamm, Urt. v. 9.5.1994 – 3 U 199/87; bestätigt von BGH
Beschl. vom 24.1.1995 – VI ZR 204/94).

Es fehlt auch an der erforderlichen Grundaufklärung, wenn der Patient
vor der Durchführung einer Bandscheibenoperation weder auf eine alternativ mögliche, konservative Therapie oder die nicht völlig unvernünftig
erscheinende Möglichkeit des Zuwartens noch auf die mit dem Eingriff
spezifisch verbundenen Komplikationen, dem Eintritt eines inkompletten Kaudasyndroms (Lähmung der Beine mit Blasen- und Mastdarmstö-
rungen) mit der Folge von Blasenentleerungsstörungen und Sensibilitätsstörungen der unteren Extremitäten, die seine Lebensführung gravierend
beeinträchtigen können, hingewiesen wird (OLG Bremen VersR 2001, 340,
341).

Ein Hinweis des Arztes vor der Injektion eines Lokalanästhetikums in
Wirbelsäulennähe auf die Möglichkeit eines vorübergehenden Taubheits-
gefühls, während tatsächlich gravierende Risiken wie Entzündungsgefahr,
Kreislauf- und Unverträglichkeitsreaktionen oder Nervenverletzungen
drohen, genügt ebenfalls nicht den Erfordernissen einer ausreichenden
Grundaufklärung; infolgedessen hat der Arzt auch dann zu haften, wenn

sich ein besonders seltenes, an sich nicht aufklärungspflichtiges Risiko verwirklicht, etwa die Blockade des Nervus sympathicus oder das Risiko einer hypoxischen Hirnschädigung (OLG Hamm, VersR 1996, 197).

Kommt es infolge einer lumbalen Myelographie (Röntgenkontrastdarstellung des Rückenmarks) zur Realisierung eines relativ seltenen und möglicherweise nicht aufklärungspflichtigen Risikos, einer bleibenden Blasenlähmung mit Störungen der Mastdarmfunktion, so haftet der Arzt bereits wegen unterbliebener Grundaufklärung über die aufklärungspflichtige Möglichkeit des Eintritts einer vorübergehenden Blasenlähmung (OLG Brandenburg VersR 2000, 1283, 1285).

Nimmt ein Gynäkologe zur Abklärung einer Unterbauchschmerzsymptomatik, zum Beispiel bei Verdacht einer Zyste am Eierstock der Patientin, eine diagnostische Laparoskopie vor, so muss er zwar über die Risiken einer Gefäßverletzung, einer Darmverletzung oder einer Blasenverletzung aufklären, wegen des extrem seltenen Risikos einer Blutung und dadurch erforderlicher Bluttransfusionen jedoch nicht über die Möglichkeit einer Eigenblutspende. Er haftet deshalb nicht für die Infektion der Patientin mit einer chronisch aggressiven Hepatitis C, welche sich die Patientin bei einer Bluttransfusion zugezogen hat, die durch die bei der Laparoskopie erfolgte Verletzung eines unbekannten und unerwarteten Leiomyoms, bei dem das Verletzungsrisiko sehr viel größer ist, notwendig geworden ist (OLG Zweibrücken MedR 1999, 224, 225 = VersR 1998, 1553, 1554).

b) Zurechnungszusammenhang

Fehlt es danach an einer ausreichenden Eingriffsaufklärung des Patienten, verwirklicht sich aber nur ein Risiko des Eingriffs, über das nicht hätte aufgeklärt werden müssen, so kann der Zurechnungszusammenhang zwischen dem Körper- und Gesundheitsschaden des Patienten und dem Aufklärungsmangel bei wertender Betrachtung der Umstände des Einzelfalles nur dann entfallen, wenn das nicht aufklärungspflichtige Risiko nach Bedeutung und Auswirkung für den Patienten mit den mitzuteilenden Risiken nicht vergleichbar ist und wenn der Patient wenigstens über den allgemeinen Schweregrad des Eingriffs informiert war (BGH NJW 1989, 1533 = MDR 1989, 624; NJW 1991, 2346; OLG Brandenburg VersR 2000, 1283, 1284; S/D, Rn 450, 452; G/G, Rn C 156, 157; L/U, § 67 Rn 8; Gehrlein, VersR 2001, 593).

So entfällt die Haftung des Arztes nicht, wenn vor einer intraartikulären Injektion in das Schultergelenk mit **kortisonhaltigen Mitteln** die aufklärungspflichtige Gefahr einer infektionsbedingten Schultergelenksversteifung besteht, sich aber nach der Injektion das sehr entfernte, nicht aufklärungspflichtige Risiko einer tödlich verlaufenden Sepsis nach einer durch die Spritze verursachten Ansteckung realisiert (BGH NJW 1989, 1533 = MDR 1989, 624; L/U, § 67 Rn 8).

Der bloße Hinweis des Arztes darauf, es könne in seltenen Fällen nach der Injektion zu einer Infektion kommen, war dabei nicht ausreichend. Der Zurechnungszusammenhang wäre nur dann entfallen, wenn der Patient über die – wenn auch sehr selten – Gefahr einer Infektion des Gelenks mit der möglichen Folge einer Schulterversteifung informiert worden wäre (BGH NJW 1989, 1533).

Der Zurechnungs- oder Rechtswidrigkeitszusammenhang entfällt auch dann nicht, wenn das nicht aufklärungspflichtige Risiko nach Bedeutung und den Auswirkungen für den Patienten mit dem mitzuteilenden Risiko „vergleichbar" (BGH NJW 1989, 1533; OLG Brandenburg VersR 2000, 1283, 1284; OLG Zweibrücken MedR 1999, 224, 225) bzw. das verwirklichte Risiko nach Art und Schwere dem verschwiegenen Risiko „benachbart" (OLG Köln VersR 1990, 489) oder „ähnlich" ist (S/D, Rn 452).

So ist etwa das Entstehen einer Rektumscheidenfistel ein zwar seltenes, aber für eine Hysterektomie (operative Entfernung der Gebärmutter) typisches Ereignis, über das aufzuklären ist, weil es, wenn es eintritt, die Lebensführung der Patientin schwer belastet.

Wird über ein solch typisches Risiko nicht aufgeklärt, verwirklicht sich jedoch ein nicht typisches Risiko, berührt dies zunächst die Unwirksamkeit der Einwilligung nicht; denn diese lässt sich nach Ansicht des OLG Köln nicht aufspalten (OLG Köln VersR 1990, 489; anders jedoch BGH VersR 2000, 725, 726; VersR 2001, 592).

Demgegenüber entfällt der Zurechnungszusammenhang, wenn vor einer diagnostischen Laparoskopie zur Abklärung des Verdachts einer Zyste am Eierstock der Patientin über die Risiken einer Gefäß,- Darm- und Blasenverletzung aufgeklärt worden ist, sich jedoch das nicht aufklärungspflichtige, extrem seltene Risiko einer Blutung und einer dadurch erforderlich werdender Bluttransfusion mit der Folge einer Infektion der Patientin mit Hepatitis C realisiert hat, wenn eine Transfusion im Zusammenhang mit dem geplanten Eingriff nicht ernsthaft in Betracht zu ziehen war (OLG Zweibrücken MedR 1999, 224, 225).

Hat sich ein nicht aufklärungspflichtiges Risiko verwirklicht, das mit den mitzuteilenden Risiken hinsichtlich der Richtung, in der sich dieses auswirken kann, und nach der Bedeutung für die künftige Lebensführung des Patienten nicht vergleichbar ist und besteht das Aufklärungsversäumnis des Arztes etwa nur im Unterlassen einer genaueren Beschreibung eines Einzelaspekts im Rahmen des gesamten Risikospektrums, der eher fern liegend oder für den Patienten noch tragbar ist, ihm aber besonders hätte dargestellt werden müssen, und wurde er ohne dessen Kenntnis dennoch wenigstens über den allgemeinen Schweregrad des Eingriffs ins Bild gesetzt, so muss der Arzt in Ermangelung des Zurechnungszusammenhangs nicht für diejenigen Schäden haften, die sich bei Realisierung des fern liegenden oder für den Patienten tragbaren Risikos ergeben (BGH NJW 1989, 1533, 1535).

Andererseits besteht der **Zurechnungszusammenhang** aber **stets** dann, wenn sich gerade das aufklärungspflichtige Risiko verwirklicht, selbst wenn es zu weiteren schweren Folgen geführt hat, mit denen nicht ernsthaft gerechnet werden konnte und die dem Patienten deshalb vorher nicht darzustellen waren (BGH NJW 1989, 1533 = MDR 1989, 624).

Dies ist etwa dann der Fall, wenn die Aufklärung vor der Durchführung einer Bandscheibenoperation nur über die Möglichkeit vorübergehender Gefühlsstörungen sowie Muskel- und Nervenlähmungen erteilt worden ist, nicht aber über das Risiko einer bleibenden Lähmung als schwerstem, möglicherweise in Betracht kommendem Risiko und sich beim Patienten einen psychogene Querschnittslähmung einstellt, die sich bei ihm im Rahmen einer auf die Operation zurückzuführenden Konversionsneurose entwickelt hat (OLG Hamm, Urt. v. 9.5.1994 – 3 U 199/87).

Wurde der Patient vor einer Diskographie (Röntgenkontrastdarstellung einer Bandscheibe) sowie einer Lasernervenwurzeldekompression zur Behebung von Bandscheibenbeschwerden über das Risiko einer Peronäusparese (Fußheberschwäche; ob Belehrung erteilt wurde, hat der BGH offen gelassen), nicht jedoch über das Risiko einer Impotenz sowie das schwerstmögliche Risiko einer Querschnittslähmung aufgeklärt, und treten nach dem Eingriff sowohl gravierende Potenzstörungen als auch eine Fußheberschwäche auf, so haftet der Arzt dem Patienten für den gesamten Gesundheitsschaden (BGH VersR 2001, 592).

Die Voraussetzungen einer Haftungsbegrenzung des Arztes kommen in diesem Fall nicht in Betracht, weil sich mit dem Eintritt der Fußheberschwäche einerseits und der Impotenz andererseits kein fern liegendes, sondern jeweils ein eingriffsimmanentes, gesondert aufklärungspflichtiges Risiko verwirklicht hatte. Die – vorliegend nicht einmal erteilte – Grundaufklärung genügt zur Haftungsfreistellung des Arztes wegen eines fehlenden Zurechnungszusammenhanges nicht, wenn sich ein gesondert aufklärungspflichtiges Risiko realisiert (Gehrlein, VersR 2001, 593; unklar bei BGH VersR 2001, 592, 593).

Hat sich jedoch das Risiko verwirklicht, über das aufgeklärt werden musste und über das tatsächlich aufgeklärt worden ist, so spielt es regelmäßig keine Rolle, ob bei der Aufklärung auch andere Risiken der Erwähnung bedurft hätten (BGH VersR 2000, 725, 726 = MDR 2000, 701 mit ablehnender Anmerkung Terbille, MDR 2000, 1012; BGH VersR 2001, 592).

c) Tragweite und Stoßrichtung des Eingriffs

Selbst wenn dem Patienten ein bestimmtes Risiko genannt worden ist, bedarf es für die wertende Entscheidung über den Zurechnungszusammenhang der Überprüfung, ob dem Patienten zumindest Tragweite und Stoßrichtung des Eingriffs im Wesentlichen bekannt waren; nur dann ist es gerechtfertigt, im Einzelfall den Zurechnungszusammenhang zu verneinen (Terbille, MDR 2000, 1012, 1013; G/G, Rn C 157; S/D, Rn 453).

Die Folgen, die den Patienten belasten, dürfen mit der Stoßrichtung des aufklärungspflichtigen Risikodetails für die Lebensführung des Patienten nichts zu tun haben (S/D, Rn 453) bzw. mit diesem in Art und Schwere nicht vergleichbar (BGH NJW 1989, 1533; OLG Zweibrücken MedR 1999, 224, 225; OLG Brandenburg VersR 2000, 1283, 1284; s. o.) oder „benachbart" (OLG Köln VersR 1990, 489) sein.

d) Abweichende Ansichten

Nach Ansicht des **OLG Jena** (MDR 1998, 536 = VersR 1998, 586) kann ein Anspruch des Patienten auf Schmerzensgeld wegen Verletzung der ärztlichen Aufklärungspflicht auch dann bestehen, wenn die Aufklärungspflichtverletzung nicht kausal für die Einwilligung in die Operation war.

Das OLG Jena stellt darauf ab, dass der **Anspruch** des Patienten auf Aufklärung dem **Recht auf freie Selbstbestimmung** entspringt. Werde nicht hinreichend aufgeklärt, stelle die auf der fehlerhaften Aufklärung beruhende Reduzierung der Entscheidungsgrundlage des Patienten einen Eingriff in dessen Persönlichkeit und körperliche Integrität dar, auch wenn bei einer notwendigen, lebenserhaltenden Operation ohne Entscheidungsalternative die Aufklärungspflichtverletzung für die Einwilligung des Patienten nicht kausal wurde. Der Patient habe wegen dieser Verletzung der Rechte auf Wahrung der körperlichen Integrität und der Persönlichkeit als solcher einen Anspruch auf Schmerzensgeld (OLG Jena MDR 1998, 536; im Ergebnis auch OLG Koblenz OLGR 2002, 267).

Diese Entscheidung wird einhellig abgelehnt (Kullmann, VersR 1999, 1190, 1192; Rehborn, MDR 1999, 1169, 1172; MDR 2000, 1106; MDR 2002, 1281, 1284; Terbille, VersR 1999, 235, 236; G/G, Rn C 150).

Ein Schmerzensgeldanspruch musste der Patientin auch in dem vom OLG Jena entschiedenen Fall versagt werden, weil sie sich, wie das OLG feststellt, auch bei ordnungsgemäßer Aufklärung dem Eingriff unterzogen hätte und damit der vom Arzt erhobene Einwand der „hypothetischen Einwilligung" zum Tragen kam.

Der Patientin ist deshalb kein irgendwie gearteter Schaden entstanden.

Dieses Ergebnis liegt auf der Linie der neueren Rspr. des BGH (VersR 2000, 725 = MDR 2000, 701; VersR 2001, 592).

3. Hypothetischer Kausalverlauf, Reserveursache

Steht die Kausalität zwischen dem mangels korrekter Aufklärung rechtswidrigen Eingriff und dem Gesundheitsschaden fest und macht der Patient geltend, dass er den Eingriff bei ordnungsgemäßer Aufklärung zwar hätte durchführen lassen, aber zu einem späteren Zeitpunkt oder von einem anderen Arzt und ist dies plausibel, so muss der Arzt nachweisen, dass es dann zu gleichartigen Schäden gekommen wäre (BGH VersR 1981, 677, 678; OLG Zweibrücken NJW-RR 2000, 235, 237; S/D, Rn 448, 571; G/G, Rn C 151; Gehrlein, Rn C 79).

Der Schutzzweck der Aufklärung wird erst dann erreicht, wenn derjenige, der die von ihm geschuldete Aufklärungspflicht verletzt, entgegen einer Kausalitätsvermutung zu Gunsten des Patienten den Beweis für die Nichtursächlichkeit seiner Pflichtverletzung erbringt (OLG Zweibrücken NJW-RR 2000, 235, 237).

Dies gilt aber nur soweit, als es um den auf eine bestimmte Verhaltensweise ausgerichteten Rat oder Hinweis geht. Wird durch die Aufklärung aber lediglich eine Grundlage für die Bewertung von Entscheidungsalternativen gegeben und schuldet der Arzt daher keinen konkreten Rat, verbleibt es bei der allgemeinen Regel, dass der Patient bzw. die Patientin die Darlegungs- und Beweislast für die Behauptung hat, sie hätte nach erfolgter Aufklärung zum Beispiel eine Schwangerschaft nicht fortgesetzt (OLG Zweibrücken NJW-RR 2000, 235, 237).

Wird etwa die Patientin nicht auf die gegenüber einer vaginalen Entbindung bestehende ernsthafte Alternative einer sectio bei bestehender Beckenendlage hingewiesen, so muss der geburtsleitende Arzt seine Behauptung beweisen, die Schnittalternative hätte zum gleichen Schaden geführt (BGH VersR 1989, 253).

Dagegen steht dem Patienten kein Anspruch auf Schmerzensgeld nach einer – wegen fehlender Einwilligung rechtswidrigen – Amputation des durch einen Kreissägeunfall beschädigten Endgliedes des linken Mittelfingers zu, wenn die Unterlassung dieser Amputation unter allergrößter Wahrscheinlichkeit den Verlust des gesamten linken Mittelfingers durch eine Nekrose verursacht hätte (OLG München MedR 1989, 40, 41).

Auch für die Behauptung, ein Körper- oder Gesundheitsschaden des Patienten wäre unabhängig von dem mangels korrekter Einwilligung rechtswidrig erfolgten Eingriff als Folge des Grundleidens oder einer Vorerkrankung in gleicher Weise eingetreten, ist der Arzt beweispflichtig

(BGH VersR 1987, 667, 668; VersR 1985, 60, 62; OLG Stuttgart VersR 1979, 849; G/G, Rn C 152; Gehrlein, Rn C 79).

Bei der Aufklärungspflichtverletzung besteht auch eine Vermutung dafür, dass sich der Patient bei – unterstellter – sachgerechter Aufklärung „aufklärungsrichtig" verhalten hätte. Es liegt dann an der Behandlungsseite, diese Vermutung auszuräumen (BGH VersR 1989, 186 und 702; VersR 1984, 186, 188; OLG Stuttgart VersR 2002, 1286, 1287; OLG Hamm VersR 2001, 895, 897 und OLG Köln VersR 2002, 1285 zur therapeutischen Aufklärung).

VII. Beweislast für die Durchführung der Aufklärung

Zur Beweislast bei Behandlungsfehlern vgl. → *Beweislast* und → *Beweislastumkehr.*

1. Beweislast der Behandlungsseite

Die Behandlungsseite trägt die Beweislast für das Vorliegen der vom Patienten erteilten Einwilligung und der zuvor ordnungsgemäß durchgeführten Aufklärung (F/N, Rn 207).

So muss der Arzt bzw. der Krankenhausträger beweisen, dass er den Patienten aufgeklärt hat

▷ im Rahmen der Grundaufklärung zumindest **„im Großen und Ganzen"**, insbesondere über die medizinische Notwendigkeit des Eingriffs, auch über seltene, mit dem Eingriff verbundene und im Falle ihrer Realisierung dessen Lebensführung schwer belastende Risiken (G/G, Rn C 42, 44, 90, 97, 131, 156; Müller, MedR 2001, 487, 488),

▷ über die **Dringlichkeit** und Notwendigkeit des Eingriffs und bestehende, ernsthafte Behandlungsalternativen (Gehrlein, Rn C 69; G/G, Rn C 21, 23, 29, 90; S/D, Rn 381, 563, 564; F/N, Rn 207),

▷ bei nicht dringender Indikation oder **beschränkten Heilungsaussichten** auch über die Erfolgsaussichten des Eingriffs (G/G, Rn C 93; s. o. II. 8.),

▷ zu einem Zeitpunkt, in dem eine eigenständige Entscheidung des Patienten für oder gegen den Eingriff noch möglich ist, die Aufklärung also **rechtzeitig** erfolgt ist (BGH MDR 1992, 748 f.; S/D, Rn 407, 411; G/G, Rn C 98; Gehrlein, Rn C 69).

Die Behandlungsseite trägt **auch die Beweislast für den Vortrag,** dass

▷ eine **Aufklärung unterbleiben** musste, weil sie zu einer ernstlichen **Gefährdung des Lebens** oder der Gesundheit des Patienten geführt hätte (Gehrlein, Rn C 15, 16, 69; F/N, Rn 207, 175),

▷ der **Patient nicht aufklärungsbedürftig** oder über die wesentlichen Risiken bereits vorinformiert war, etwa aus eigenem, medizinischem Fachwissen oder aufgrund der vorangegangenen Aufklärung eines vorbehandelnden Arztes (G/G, Rn C 112, C 133; Gehrlein, Rn C 16, 69; BGH MDR 1984, 926: Voraufklärung durch anderen Arzt),

▷ eine nicht von der erteilten Einwilligung umfasste **Operationserweiterung nicht vorhersehbar** war und der Eingriff im Interesse des Patienten nicht abgebrochen werden konnte, um dessen Einwilligung auch insoweit einzuholen (Gehrlein, Rn C 52, 67, 69; F/N, Rn 207; G/G, Rn C 20, C 104),

▷ sich der Patient **auch bei ordnungsgemäßer Aufklärung** für die Durchführung des Eingriffs durch den behandelnen Arzt entschieden hätte (BGH NJW 1992, 2351; Gehrlein, Rn C 69; G/G, Rn C 137) und ein vom Patienten auf diesen Vortrag hin behaupteter Entscheidungskonflikt nicht plausibel ist (G/G, Rn C 138, 144),

▷ sich das aufklärungspflichtige **Risiko** auch ohne den Eingriff, etwa aufgrund des behandlungsbedürftigen Grundleidens, **in derselben oder ähnlichen Weise verwirklicht** hätte (BGH VersR 1985, 60, 62; OLG Hamm VersR 1985, 1072; OLG Zweibrücken NJW-RR 2000, 235, 237; G/G, Rn C 123; F/N, Rn 207 a. E.),

▷ **derselbe Schaden** eingetreten wäre, wenn der Patient den Eingriff nach erfolgter Aufklärung nicht, von einem **anderen Arzt**, in einem anderen Krankenhaus oder zu einem späteren Zeitpunkt hätte vornehmen lassen (BGH VersR 1989, 289, 290; OLG Celle VersR 1987, 567; OLG Schleswig NJW-RR 1996, 348, 350; F/N, Rn 207 a. E.; S/D, Rn 448; G/G, Rn C 151),

▷ eine **echte, ernsthafte Behandlungsalternative**, über die nicht aufgeklärt worden ist, bei ihrer Anwendung zu demselben oder einem **ähnlich schwer wiegenden Schaden** geführt hätte (BGH NJW 1989, 1538; NJW 1989, 1541, 1542), etwa eine Operation wegen zu später Vorstellung beim Arzt erfolglos geblieben wäre (OLG Oldenburg VersR 1995, 96),

▷ er den Rat zur Durchführung einer standardgemäßen Operation erteilt und der Patient diesen Rat nicht befolgt hat, wenn diese eine ernsthafte Alternative zur tatsächlich durchgeführten konservativen Versorgung (hier: einer Fraktur) darstellte (OLG Hamm NJW-RR 2002, 814, 815),

▷ der Patient sich **bei Erteilung der Aufklärung nicht „aufklärungsrichtig"** verhalten (OLG Zweibrücken NJW-RR 2000, 235, 237; auch S/D, Rn 564) oder eine empfohlene Behandlungsalternative entgegen medizinischer Vernunft ausgeschlagen hätte (BGH NJW 1992, 741; Gehrlein, Rn C 69).

2. Erteilung der Aufklärung

a) Keine überzogenen Anforderungen

An den vom Arzt zu führenden Nachweis der ordnungsgemäßen Aufklärung, welche regelmäßig ein Aufklärungsgespräch verlangt, dürfen im Hinblick auf die „**Waffengleichheit**" im Arzthaftungsprozess keine unbilligen oder übertriebenen Anforderungen gestellt werden (BGH NJW 1985, 1399 = MDR 1985, 923; OLG Schleswig NJW-RR 1996, 348, 349; OLG Karlsruhe NJW 1998, 1800; OLG Bremen VersR 2000, 1414; OLG Brandenburg NJW-RR 2000, 398, 400; Rehborn, MDR 1999, 1169, 1172; S/D, Rn 565; G/G, Rn C 134; Gehrlein, Rn C 70).

Regelmäßig ist den Angaben des Arztes über eine erfolgte Risikoaufklärung Glauben zu schenken, wenn seine Darstellung in sich schlüssig und „einiger Beweis" für ein Aufklärungsgespräch erbracht worden ist (BGH NJW 1985, 1399; OLG Bremen VersR 2000, 1414; OLG Nürnberg MedR 2002, 29, 31; OLG Karlsruhe OLGR 2002, 396, 397; Gehrlein, Rn C 70).

Hiervon ist auszugehen, wenn der Sachvortrag des Arztes durch entsprechende Eintragungen in der Patientenkartei (OLG Bremen VersR 2000, 1414) oder auf individuelle Zeichnungen bzw. handschriftliche Zusätze im Aufklärungsbogen gestützt wird (OLG Nürnberg MedR 2002, 29, 30).

Nach Ansicht des OLG Karlsruhe (OLGR 2002, 396, 397) genügt es sogar, wenn die Aufklärung dokumentiert und die Aussage des als Zeugen vernommenen Arztes trotz bestehender Erinnerungslücken stimmig und nachvollziehbar ist.

Der Grundsatz, es solle im Zweifel dem Arzt geglaubt werden, dass die behauptete Aufklärung in der im Einzelfall gebotenen Weise geschehen ist, wenn einiger Beweis dafür erbracht wurde, gilt unbeschadet der in diesem Falle dem Patienten obliegenden Beweislast auch für den Fall einer angeblich unzureichenden therapeutischen Aufklärung, etwa den angeblich unterlassenen Hinweis auf die Versagerquote bei einer Tubenligatur (OLG Köln VersR 1995, 967; OLG Karlsruhe OLGR 2002, 394: Beweislast bei der Patientin; vgl. S. 65, 68).

Im Anschluss an eine Entscheidung des EGMR (NJW 1993, 1413) hat der BGH (NJW 1999, 363, 364; bestätigt in NJW-RR 2001, 1431, 1432; zustimmend BVerfG NJW 2001, 2531, 2532) in einer Fallkonstellation, in der der einen Partei ein Mitarbeiter als Zeuge zur Seite stand, während die andere Partei das fragliche Gespräch, dessen Inhalt streitig war, selbst geführt hatte, entschieden, dass dieser Umstand im Rahmen der Ermessensentscheidung, Letztere zu deren Vortrag gem. § 448 ZPO als Partei zu vernehmen, zu berücksichtigen ist. Dem Grundsatz der „Waffengleichheit" könne durch die Anhörung der Partei gem. § 141 ZPO bzw. deren Vernehmung nach § 448 ZPO über ein **Vier-Augen-Gespräch** Genüge getan werden. Dabei sei das Gericht nicht gehindert, einer solchen Parteierklärung den Vorzug vor den Bekundungen des Zeugen zu geben.

Diese Linie, die die Anforderungen an die Zulässigkeit der Parteivernehmung absenkt und den Beweiswert einer Parteianhörung insbesondere dann erweitert, wenn nur der Gegenseite Zeugen zur Verfügung stehen, setzt sich zunehmend durch (BVerfG NJW 2001, 2531, 2532; BGH NJW-RR 2001, 1431, 1432; OLG Saarbrücken OLGR 2000, 296; OLG Zweibrücken NJW 1998, 167, 168; OLG Karlsruhe MDR 1998, 494; LG Berlin MDR 2000, 882; ablehnend OLG Düsseldorf VersR 1999, 205; LAG Köln MDR 1999, 1085; Zöller, § 448 ZPO Rn 2 a).

Nach Ansicht des Sächsischen LAG (MDR 2000, 724) steht eine Parteianhörung i. S. d. § 141 ZPO bei entsprechender Würdigung des Wahrheitsgehalts der Bekundung den Beweismitteln der Parteivernehmung nach §§ 447, 448 ZPO gleich.

b) Dokumentation der Aufklärung

Grundsätzlich hat der Arzt in den Krankenunterlagen zu dokumentieren, wann und über welche Risiken aufgeklärt worden ist.

Ist durch eine solche Dokumentation einiger Beweis für die Durchführung des grundsätzlich erforderlichen Aufklärungsgesprächs erbracht bzw. ist durch die Dokumentation ansatzweise bewiesen, über welche Risiken aufgeklärt worden ist, kann ergänzend eine Parteivernehmung des Arztes gem. § 448 ZPO in Betracht kommen (OLG Schleswig NJW-RR 1996, 348, 349; S/D, Rn 435, 626; G/G, Rn C 88), sofern man an die Zulässigkeit der Parteivernehmung nach dem eben Ausgeführten nicht ohnehin geringere Anforderungen stellt.

Bei Zweifeln an einer dokumentationsgerechten Aufklärung **muss der Arzt** gem. § 141 ZPO **angehört** bzw. gem. § 448 ZPO vernommen werden (OLG Oldenburg VersR 1998, 854 und VersR 1998, 1156; S/D, Rn 435).

Die grundsätzlich erforderliche Durchführung des Aufklärungsgesprächs erfolgt in der Praxis regelmäßig durch Vorlage eines „Aufklärungsbogens" an und Unterzeichnung durch den Patienten.

Nach Ansicht mehrerer Oberlandesgerichte erbringt eine individualisierte Ausführung des Aufklärungsformulars sogar einen Anscheinsbeweis dafür, dass eine entsprechende Aufklärung erfolgt ist (OLG Köln VersR 1997, 59; auch OLG Frankfurt VersR 1999, 758; VersR 1994, 986; OLG Saarbrücken OLG-Report 1997, 286).

Danach stellt das vom Patienten unterzeichnete Aufklärungsformular eine Privaturkunde mit der Folge der vom Patienten im Rechtsstreit zu widerlegenden Vermutung der Vollständigkeit und Richtigkeit ihres Inhalts dar (OLG Frankfurt VersR 1994, 986; OLG Saarbrücken OLG-Report 1997, 286).

Ist im **Krankenblatt** des Patienten der Aufklärungszeitpunkt, die Aufklärungsperson und der Aufklärungsgegenstand eingetragen, kann auch dies nach Auffassung von Frahm/Nixdorf (F/N, Rn 208) als **Grundlage eines Prima-facie-Beweis** ausreichen.

Es dürfte jedoch regelmäßig an dem hierfür erforderlichen Erfahrungssatz fehlen, dass vom Patienten unterzeichnete Aufklärungsbögen oder gar bloße Notizen des Arztes auf dem Krankenblatt – anders als etwa eine Notarurkunde – stets vollständig und richtig sind (vgl. G/G, Rn C 134).

Nach ganz überwiegender Ansicht stellt die **Unterzeichnung des Aufklärungsbogens** durch den Patienten regelmäßig **nur ein Indiz** dafür dar, dass das erforderliche, vorangegangene Aufklärungsgespräch überhaupt geführt worden ist (BGH MDR 1999, 37, 38 = VersR 1999, 190, 191; VersR 1985, 361, 362; OLG Hamm, Urt. v. 30.9.1998 – 3 U 205/97; OLG Hamm, Urt. v. 11.8.1999 – 3 U 178/98; Rehborn, MDR 2000, 1106; G/G, Rn C 88, 135) und kann zusätzlich Anlass für eine Parteivernehmung des aufklärenden Arztes sein (Gehrlein, Rn C 71; G/G, Rn C 88).

Allein die Vorlage des unterzeichneten Aufklärungsbogens erbringt nach h. M. keinen Beweis für den Inhalt des grundsätzlich erforderlichen Aufklärungsgesprächs (BGH MDR 1999, 37; G/G, Rn C 135; a. A. OLG München VersR 1993, 752).

Den vom Patienten unterzeichneten Formularen und Merkblättern kann insbesondere nicht entnommen werden, dass der Patient über ein hierin nicht ausdrücklich erwähntes Risiko informiert worden ist (BGH VersR 1985, 361, 362; OLG Schleswig NJW-RR 1996, 348, 349).

Auch beweist die Unterzeichnung solcher Schriftstücke nicht, dass der Patient sie auch gelesen und verstanden hat (S/D, Rn 437; F/N, Rn 208; auch G/G, Rn C 135).

Formularmäßige Einverständniserklärungen etwa mit dem Inhalt „Ich bin über den vorgesehenen Eingriff vom behandelnden Arzt aufgeklärt worden" sind ohnehin gem. § 11 Nr. 15 b AGBG (ab dem 1.1.2002: § 309 Nr. 12 b BGB n. F.) **unwirksam** (L/U, § 66 Rn 17; vgl. → *Allgemeine Geschäftsbedingungen*, S. 8).

Die danach lediglich bestehende Indizwirkung der schriftlichen Einwilligungserklärung reicht nicht aus, den der Arztseite obliegenden Beweis einer ordnungsgemäßen Aufklärung über die Gefahr dauerhafter Lähmungen als geführt anzusehen, wenn der hierzu als Partei angehörte Arzt hierzu erklärt, er hätte dem Patienten mitgeteilt, dass es zu einer „kurzzeitigen Lähmung" kommen könne (BGH VersR 1999, 190, 191 = MDR 1999, 37, 38).

Wenngleich derartige Merkblätter nicht das erforderliche Arztgespräch ersetzen, in welchem sich der Arzt davon überzeugen muss, ob der Patient die schriftlichen Hinweise gelesen und verstanden hat und welches ihm die Möglichkeit gibt, auf die individuellen Belange des Patienten einzugehen (BGH VersR 2000, 725, 728), gebietet das grundsätzliche Erfordernis eines Aufklärungsgesprächs nicht in jedem Fall eine mündliche Erläuterung der Risiken. So kann es bei Routinemaßnahmen wie einer öffentlich empfohlenen Impfung genügen, wenn dem Patienten nach schriftlicher Aufklärung Gelegenheit zu weiteren Informationen durch ein Gespräch mit dem Arzt gegeben wird (BGH VersR 2000, 725, 728 = MDR 2000, 701, 702 mit insoweit zustimmender Anmerkung Terbille, MDR 2000, 2012; ablehnend Spickhoff, NJW 2001, 1757, 1761).

Nach von der h. M. abweichender Auffassung des OLG München (VersR 1993, 752) willigt der Patient mit der Unterzeichnung des Aufklärungsbogens sogar auch ohne die Führung eines Aufklärungsgesprächs wirksam in die Operation ein, wenn ihm vor dem operativen Einsatz einer Totalendoprothese ein eingehender Aufklärungsbogen vorgelegt wird und er die bestehende Möglichkeit zu weiteren Fragen nicht nutzt.

Auch wenn nicht dokumentiert worden ist, dass ein Aufklärungsgespräch stattgefunden hat, kann die Aufklärung auf andere Weise, etwa durch Zeugenaussagen (Schwester, Pfleger, andere Ärzte) nachgewiesen werden. Das Fehlen der Dokumentation ist dann kein Indiz für eine unterlassene Aufklärung, wenn nach der ständigen Übung der Klinik insoweit keine Aufzeichnungen gemacht wurden (OLG München VersR 1991, 189; S/D, Rn 436, 470; F/N, Rn 208).

c) Ständige Aufklärungsübung („immer – so")

Grundsätzlich kann es – sofern nicht gewichtige Gründe im Einzelfall dagegen sprechen – ausreichen, dass Aufklärungsgespräche nach Art und Inhalt einer ständigen und ausnahmslosen Übung der Klinik bzw. des betroffenen Arztes entsprechen (OLG Hamm VersR 1995, 661; OLG Karlsruhe NJW 1998, 1800; OLG München VersR 1991, 189; OLG Oldenburg VersR 1995, 1194, 1195; OLG Köln, Urt. v. 17.11.1999 – 5 U 46/97; LG Heidelberg VersR 1994, 222; Rehborn, MDR 1999, 1169, 1172; Jorzig, MDR 2001, 481, 485; G/G, Rn C 134).

Hat ein als Zeuge oder Partei vernommener Arzt keine konkrete Erinnerung mehr an das streitige Aufklärungsgespräch, dann genügt zur Überzeugungsbildung des Gerichts regelmäßig, wenn er in nachvollziehbarer und in sich stimmiger Weise die übliche Vorgehensweise bei einem Aufklärungsgespräch vor dem vorgenommenen Eingriff schildert und zugleich bekräftigt, dass er sich ganz sicher sei, dass dieses Programm immer eingehalten wird (OLG Karlsruhe NJW 1998, 1800 m. w. N.; auch OLG Hamm VersR 1995, 661; Jorzig, MDR 2001, 481, 485).

Das LG Heidelberg (VersR 1994, 222) verlangt bei schwer wiegenderen Eingriffen die glaubhafte Darstellung über den üblichen Inhalt eines Aufklärungsgesprächs und die Darlegung, dass sich der Arzt sicher ist, auf typische, schwer wiegende Risiken wie zum Beispiel eine Rekurrensparese vor einer Strumaresektion bei jedem Aufklärungsgespräch hingewiesen zu haben.

Nach Auffassung des Brandenburgischen OLG (NJW-RR 2000, 398, 400) und des OLG Hamm (VersR 1995, 661, 662; großzügiger OLG Karlsruhe OLGR 2002, 396, 397: stimmige Aussage bei vorliegender Dokumentation) kommt es jedoch nur dann nicht darauf an, ob sich der Arzt noch konkret an den Patienten und den Inhalt des Gesprächs erinnern könne, wenn die Tatsache der Führung eines Aufklärungsgesprächs als solchem zwischen den Parteien außer Streit steht.

Nur dann könne der Hinweis auf eine derartige „**ständige Übung**" genügen. Ist zwischen den Parteien jedoch umstritten, ob überhaupt ein Aufklärungsgespräch stattgefunden hat und befindet sich auch kein entsprechender Aufklärungsbogen bei der Krankenakte, so ist der Nachweis einer „ständigen Praxis" bei der Aufklärung nicht ausreichend (OLG Brandenburg NJW-RR 2000, 398, 400).

Ist ein solcher Beweis zur generellen Durchführung eines Aufklärungsgesprächs erbracht oder dessen grundsätzliche Führung unstreitig, so soll „im Zweifel dem Arzt geglaubt werden", dass die behauptete Aufklärung in der im Einzelfall gebotenen und von ihm dargelegten Weise geschehen ist (BGH VersR 1985, 361, 362; OLG Köln VersR 1995, 967 und VersR 1997, 59; OLG Karlsruhe OLGR 2002, 396; OLG Schleswig MedR 1996, 272; L/U, § 66 Rn 16).

Dennoch sind schriftliche Aufzeichnungen in den Krankenunterlagen über die Durchführung des Aufklärungsgesprächs zur Beweisvorsorge dringend zu empfehlen (BGH VersR 1995, 1399).

Aus dem Fehlen einer schriftlichen Dokumentation kann zwar nicht gefolgert werden, ein Aufklärungsgespräch sei nicht geführt worden (OLG München VersR 1991, 189; F/N, Rn 208). Dies ist aber im Rahmen der Beweiswürdigung bei Zweifeln an der Durchführung einer ordnungsgemäßen Aufklärung bei der Parteianhörung des aufklärenden Arztes zu berücksichtigen (vgl. OLG Oldenburg VersR 1998, 854; G/G, Rn E 28).

Der Beweis- bzw. Indizwert der Angaben des aufklärenden Arztes steigt, wenn die Aufklärung dokumentiert ist und individuelle Züge aufweist, etwa handschriftliche Hinweise auf besprochene Risiken des vorgesehenen Eingriffs oder Operationsskizzen (OLG Köln, Urt. v. 17.11.1999 – 5 U 46/97: Handzeichnung kommt wesentliche Indizwirkung zu; OLG Nürnberg MedR 2002, 29, 30: Handschriftliche Zusätze und Einzeichnungen im Aufklärungsbogen; G/G, Rn C 134).

3. Beweislast des Patienten

Der Patient muss insbesondere darlegen und beweisen, dass

▷ sein **Gesundheitsschaden auf der Behandlung** beruht, die mangels ordnungsgemäßer Aufklärung rechtswidrig war (BGH NJW 1986, 1541; OLG Hamburg VersR 2000, 190; OLG Oldenburg VersR 1997, 192; S/D, Rn 570; Gehrlein, Rn C 6),

▷ er sich, falls die Behandlungsseite behauptet, er hätte dem Eingriff auch bei ordnungsgemäßer Aufklärung zugestimmt, in einem **„ernsthaften Entscheidungskonflikt"** befunden hat, wobei die Darlegung lediglich plausibel sein muss (G/G, Rn C 138, 140., 144; S/D, Rn 442, 444),

▷ er seine **zunächst erteilte Einwilligung nachträglich widerrufen hat** (BGH NJW 1980, 1903, 1904; Gehrlein, Rn C 69 a. E.),

▷ eine vom unterzeichneten Formular **abweichende Operationsmethode vereinbart** worden ist (F/N, Rn 209),

▷ der **handschriftliche Vermerk** des aufklärenden Arztes über die Durchführung der Aufklärung bzw. der Hinweis auf einzelne Risiken nach der von ihm vorgenommenen Unterzeichnung des Aufklärungsbogens **nachträglich angebracht** worden ist (OLG Saarbrücken OLG-Report 1997, 286; OLG Frankfurt VersR 1994, 986 und VersR 1999, 758; Müller, MedR 2001, 487, 489; S/D, Rn 572; Gehrlein, Rn C 71 a. E.).

Eine Beweislastumkehr (siehe dort) wie etwa beim Vorliegen eines → *groben Behandlungsfehlers*, bei → *unterlassener Befunderhebung*, → *voll beherrschbaren Risiken* oder → *Dokumentationsversäumnissen* kommt dem Patienten auch bei → *„groben" Aufklärungsfehlern* nicht zugute (BGH VersR 1992, 238, 240; OLG Stuttgart VersR 1987, 391, 392; F/N, Rn 209 a. E.).

VIII. Einzelfälle in alphabetischer Reihenfolge

Zu den „seltenen Risiken" vgl. bereits S. 90 ff.

Abbruch der Therapie	Hallux valgus	– Querschnittlähmung
Aids	Harninkontinenz	– Sehnervschädigung
Amalgam	Hodenatrophie	– Strumaresektion
Anästhesie	Hornhaut/Hyperopie-	– Zahnnerven; Kieferbruch
Analfistel	korrektur	Nierenbeckenplastik
Anastomoseninsuffizienz	Hüftgelenk/Hüftgelenks-	Plattenbruch
Angiographie	operation	Rektoskopie
Anus praeter	Hygiene	Rektumkarzinom
Appendektomie	Hysterektomie	Siebbeineingriffe
Arterienverletzung	Impfung	Sterilisation
Arthroskopie	Infektionen	Strumaoperation
Bandscheibenoperation/	Injektionen	Sudeck-Syndrom
Bandscheibenvorfall	Kardiale Erkrankung	Thromboseprophylaxe
Blutspende/Eigenblut	Knieoperationen	Weigerung des Patienten
Brustwirbeloperation	Lymphknotenexstirpation	Zahnarzt
Chirotherapie	Markierungsmöglichkeit	– Allergische Reaktion auf
Dammschnitt (Episiotomie)	Nebenwirkungen eines	Füllstoff
Diskographie (Röntgen-	Medikaments	– Alternativen zur protheti-
kontrastdarstellung einer	Nervschädigungen	schen Versorgung
Bandscheibe)	– Bandscheibenoperation	– Amalgam
ERCP	– Bestrahlung, Plexusläh-	– Kieferfrakturen
Gallenoperation/Gallen-	mung	– Totalextraktion
steinleiden	– Nervschädigungen bei	– Zahnbehandlungskosten
Gebärmutter	Hüft- und Knieoperationen	– Zuwarten als Alternative

▷ *Abbruch der Therapie* (vgl. hierzu auch I. 3. c) aa), S. 66)

Will ein Arzt eine dem Patienten bei einem vorangegangenen Klinikaufenthalt angeratene medikamentöse Therapie absetzen, weil er sie wegen aufgetretener anderweitiger gesundheitlicher Beeinträchtigungen für zu risikobelastet erachtet, so hat er den Patienten hierüber aufzuklären und das Für und Wider mit ihm zu erörtern (OLG Hamburg VersR 2000, 190).

Der Verstoß des Arztes gegen die ihm obliegende Aufklärungsverpflichtung ändert jedoch nichts daran, dass der Patient die Ursächlichkeit der in Folge mangelhafter Aufklärung unterbliebenen medikamentösen Therapie für den eingetretenen Schaden zu beweisen hat (OLG Hamburg VersR 2000, 190, 191).

▷ *Aids*

Lehnt eine HIV-infizierte Patientin gegen den Rat des sie behandelnden Arztes einen Aidsbluttest ab, so haftet der Arzt nicht einem Lebenspartner der Patientin, der von dieser mit dem Aidsvirus angesteckt wird; er ist auch nicht verpflichtet, die Verweigerung des Aidstests durch die Patientin zu dokumentieren (OLG Düsseldorf VersR 1995, 339).

Eine Aufklärung der nächsten Angehörigen durch den Arzt über eine schwer wiegende ansteckende Krankheit wie Aids u. a. ist jedoch dann geboten, wenn der Patient auf Grund seiner geistigen Fähigkeiten nicht (mehr) in der Lage ist, die Tragweite der Erkrankung und deren Bedeutung für das Umfeld richtig einzuschätzen (OLG München, Urt. v. 18.12.1997 – 1 U 5625/95) oder wenn der Patient ihm zwar verbietet, eine Aidserkrankung seiner Lebensgefährtin zu offenbaren, diese jedoch ebenfalls Patientin desselben Arztes ist (OLG Frankfurt MDR 1999, 1444 mit zust. Anm. Vogels, MDR 1999, 1445 und Rehborn, MDR 2000, 1104).

Die vom Arzt vorzunehmende Güterabwägung verpflichtet ihn angesichts der für seine Patientin bestehenden Lebensgefahr, dem Rechtsgut Leben gegenüber dem Geheimhaltungsinteresse des Erkrankten Vorzug zu geben (OLG Frankfurt MDR 1999, 1444).

Der bzw. die Nichtinformierte muss jedoch den Beweis führen, die fehlende Offenbarung der Aids-Infektion des Angehörigen habe zu der eigenen Aids-Infektion geführt, d. h. der/die Dritte sei im Zeitpunkt einer erforderlichen Aufklärung noch nicht infiziert gewesen und habe sich erst anschließend bei seinem Angehörigen angesteckt (Vogels, MDR 1999, 1446).

▷ *Amalgam*

Zwar ist auch über extrem seltene, aber schwer wiegende Risiken aufzuklären, wenn sie für die Behandlung wesenstypisch sind oder in der medizinischen Wissenschaft bereits ernsthafte Stimmen darauf hinweisen, die nicht als unbeachtliche Außenseitermeinungen abgetan werden können.

Das allgemeine Risiko, an amyotropher Lateralsklerose (ALS) zu erkranken, wird aus medizinischer Sicht durch Verwendung von Amalgam bzw. des darin enthaltenen Quecksilbers für Zahnfüllungen nicht erhöht. Es besteht auch kein wissenschaftlich begründeter, gewichtiger und ernsthaft vertretener Verdacht eines Zusammenhangs zwischen Amalgamfüllungen und dem Auftreten von ALS (OLG Koblenz NJW 1999, 3419; auch LG Lübeck NJW 2001, 2811, 2812; zur Verwendung von Amalgam vgl. Pfeffer/Kurz, MedR 2001, 235 ff.).

Über den vorgesehenen Einsatz von Amalgam muss der Patient nicht aufgeklärt werden (OLG Koblenz NJW 1999, 3419; LG Lübeck a. a. O.).

▷ *Anästhesie*

Vor der Durchführung einer Spinalanästhesie muss auf das Risiko des möglichen Eintritts einer dauerhaften Lähmung hingewiesen werden. Der Hinweis auf „Nervschäden" ist ausreichend (OLG Oldenburg VersR 1993, 580; umstritten).

▷ *Analfistel*

(Bildung eines röhrenförmigen Ganges, der von einem Hohlorgan oder einem eventuell krankhaft bedingten Hohlraum ausgeht und an der Körperoberfläche ausmündet oder nur im Körperinneren, hier zum After hin, verläuft)

Vor der Entfernung einer Analfistel ist über das Risiko einer Inkontinenz stärkeren Ausmaßes aufzuklären (BGH NJW 1991, 2342).

▷ *Anastomoseninsuffizienz*

(ungenügende Funktion bzw. Leistung eines Organs bzw. Organsystems, hier bei der Verbindung zweier Hohlorganlichtungen)

Besteht bei einer ordnungsgemäß durchgeführten Operation wie zum Beispiel einer Nierenbeckenplastik stets ein Risiko, etwa einer Anastomoseninsuffizienz, dessen Verwirklichung zu einer Nachoperation mit erhöhtem Risiko einschneidender Folgen für den Patienten, etwa den Verlust einer Niere führen kann, so ist der Patient auch über dieses Risiko der Nachoperation schon vor dem ersten Eingriff aufzuklären (BGH MDR 1996, 1015).

▷ *Angiographie* (s. o. II. 9. h), S. 95 → *seltene Risiken*)

(Gefäßdarstellung durch Injektion eines Röntgenkontrastmittels und anschließende Anfertigung schneller, programmierter Aufnahmeserien)

Der Patient muss über die Risiken einer arteriellen Angiographie wie die Gefahr einer Hirnembolie mit Halbseitenlähmung und Sprachstörung, eine mögliche Geschwürbildung oder einen kleinen Gefäßverschluss aufgeklärt werden, auch wenn er zuvor schon durch einen anderen Arzt anlässlich einer venösen Angiographie über deren Risiken und über diejenigen einer später möglicherweise nachfolgenden arteriellen Angiographie informiert worden ist (OLG Hamm VersR 1992, 833).

Vor einer Karotisangiographie (Diagnoseeingriff) ist eine besonders gefährdete Person deutlich, wenn auch schonend über das Risiko eines Schlaganfalls mit der Folge bleibender Lähmungen aufzuklären; der Hinweis auf andere gewichtige Risiken genügt nicht (OLG Hamm VersR 1989, 807).

Vor Durchführung einer Angiographie ist auf das Risiko einer Querschnittlähmung (OLG Stuttgart VersR 1983, 278), einer Halbseitenlähmung (OLG Hamm VersR 1989, 807; OLG Stuttgart VersR 1988, 832; OLG München VersR 1983, 930), auf das Schlaganfallrisiko durch den Verschluss der Arteria brachialis bzw. axillaris (OLG Oldenburg VersR

1991, 1242), eine mögliche Hirnembolie (OLG Celle VersR 1988, 829) und bleibende Sprachstörungen (OLG Hamm VersR 1981, 686; OLG München VersR 1983, 930) aufzuklären.

Die Aufklärung vor einer Carotisangiographie bzw. einer anderen diagnostischen Maßnahme macht eine erneute Aufklärung vor einem schwer wiegenden operativen Eingriff (Gefäßoperation bei eröffnetem Schädel) auch dann nicht entbehrlich, wenn der Diagnoseeingriff und die Operation vergleichbare Risiken in sich bergen (OLG Köln NJW 1987, 2302).

Dabei macht der Hinweis über das Operationsrisiko einer Halbseitenlähmung eine Aufklärung über das zusätzliche Risiko einer Sprachstörung nicht entbehrlich (OLG Köln NJW 1987, 2302).

▷ *Anus praeter*

Ein frühzeitig auf ein schwer wiegendes Risiko hingewiesener Patient, etwa der Erforderlichkeit eines Anus praeter bei der Operation wegen Polyposis des Darms braucht nicht erneut auf dieses Risiko hingewiesen zu werden; eine einmal erhaltene deutliche Risikoaufklärung lässt die Einwilligung wirksam bleiben, selbst wenn der Patient zwischenzeitlich das Krankenhaus verlässt, weil er sich zunächst nicht zu dem Eingriff entschließen kann (OLG Köln VersR 1995, 1237).

▷ *Appendektomie*

(Blinddarmoperation, operative Entfernung des Wurmfortsatzes)

Vor einer Appendektomie muss der Patient auf das Risiko einer Peritonitis (Bauchfellentzündung) und das bei dessen Eintritt bestehende Mortalitätsrisiko hingewiesen werden (OLG Hamm VersR 2000, 101).

Ein allgemeiner Hinweis auf die Sterblichkeitsrate ist jedoch nicht erforderlich (BGH NJW 1980, 633; G/G, Rn C 47).

▷ *Arterienverletzung*

Das Risiko einer Arterienverletzung bei einer Harnröhrenschlitzung ist bei der Aufklärung mit dem Hinweis auf die Gefahr von Blutungen und innerlichen Verletzungen hinreichend beschrieben (OLG Hamm, Urt. v. 15.12.1997 – 3 U 50/97).

▷ *Arthroskopie*

(Betrachtung der Gelenkhöhle mittels eines speziellen Endoskops, das nach vorangegangener Punktion und Flüssigkeitsinstillation in die Gelenkhöhle eingeführt wird)

Vor Durchführung einer Arthroskopie des Kniegelenks muss der Patient in einer Weise, die Verharmlosungen vermeidet und den bei ihm festgestellten Risikofaktoren gerecht wird, über die Gefahr einer Thrombose aufgeklärt werden. Zusätzliche Thromboserisiken ergeben sich insbesondere aus dem Alter, einem Übergewicht, einer früheren Thrombose und vorhandenen Krampfadern (OLG Hamm, Urt. v. 22.11.1993 – 3 U 70/97).

▷ *Bandscheibenoperation/Bandscheibenvorfall*

Vor einer Bandscheibenoperation ist der Patient insbesondere über folgende Risiken aufzuklären:

Querschnittlähmung (BGH NJW 1984, 2629; OLG Hamm VersR 1993, 102 und VersR 1992, 1473), Lähmungen oder Bewegungsstörungen auch bleibender Art (OLG Oldenburg VersR 1990, 742), Risiko somatischer Lähmung (BGH NJW 1991, 2346: Grundaufklärung), Schädigung des Nervus ulnaris bei Lagerung in „Häschenstellung" (BGH NJW 1985, 2192), Plexusparese bei Lagerung in „Häschenstellung" (BGH NJW 1984, 1403), Gefahr von intra- oder postoperativen Blutungen (OLG Oldenburg VersR 1990, 742), Möglichkeit des Auftretens einer Liquorzyste (OLG Oldenburg VersR 1990, 742), evtl. Wundheilungsstörungen (OLG Oldenburg VersR 1990, 742), die mögliche Impotenz, wobei der Hinweis auf das Risiko von Gefühlsstörungen und Nervenschädigungen mit eintretenden Lähmungen als ausreichend erachtet wurde (OLG Hamm R + S 1995, 338; G/G, Rn C 52).

Bei erfolgter Aufklärung über das Risiko von Lähmungen oder Bewegungsstörungen ist das spezielle Risiko des Eintritts einer schmerzhaften Spondylodiszitis (Bandscheibenwirbelentzündung) jedoch nicht aufklärungsbedürftig (OLG Oldenburg VersR 1990, 742).

Auch das Risiko eines intraoperativ perforierten Massenprolaps (Vortreten von Bandscheibenkernen durch den Bandscheibenfaserring) im Bereich der Halswirbelsäule bei Lagerung in „Häschenstellung" bedarf als extrem selten keines Hinweises (OLG Düsseldorf VersR 1991, 1230 – fraglich).

Vor einer Bandscheibenoperation (bilaterale Laminektomie) muss nicht auf die möglichen Operationstechniken und ihre Risiken (Zugang dorsal oder transthorakal) eingegangen werden (OLG Oldenburg VersR 1997, 978).

Der durch einen Bandscheibenvorfall vorgeschädigte Patient muss vor einer Chirotherapie darüber aufgeklärt werden, dass dieser Eingriff zu Komplikationen wie einer Verlagerung von Bandscheibengewebe und in der Folge zu einer spinalen Wurzelkompression führen kann, die eine nachfolgende Bandscheibenoperation unvermeidbar machen (OLG Stuttgart VersR 1998, 637).

▷ *Blutspende/Eigenblut*

Patienten sind immer dann über das Risiko einer Infektion mit Hepatitis und AIDS bei der Transfusion von Fremdblut aufzuklären, wenn es für den Arzt ernsthaft in Betracht kommt, dass bei ihnen intra- oder postoperativ eine Bluttransfusion erforderlich werden kann (BGH MDR 1992, 233; OLG Zweibrücken VersR 1998, 1553, 1554).

Nach den ergänzenden Empfehlungen zu den Richtlinien zur Blutgruppenbestimmung und Bluttransfusion der Bundesärztekammer ist dies bei einem „Richtwert von 5 %" der Fall (OLG Zweibrücken VersR 1998, 1553, 1554 = MedR 1999, 224, 226).

Darüber hinaus sind solche Patienten auf den Weg der Eigenblutspende als ernsthafte Alternative zur Transfusion von fremdem Spenderblut hinzuweisen, sofern für sie diese Möglichkeit besteht (BGH MDR 1992, 233).

So ist die Möglichkeit einer alternativen Eigenbluttransfusion vor der Operation von Verwachsungen des Dünndarms und des Dickdarms aufklärungsbedürftig (OLG Hamm VersR 1995, 709; G/G, Rn C 34).

Ist die Eigenbluttransfusion kontraindiziert, stellt sie keine ernsthafte, aufklärungspflichtige Alternative zur Fremdbluttransfusion dar (OLG Köln VersR 1997, 1534).

Nimmt ein Gynäkologe zur Abklärung einer Unterbauchschmerzsymptomatik, etwa bei Verdacht einer Zyste am Eierstock der Patientin, eine diagnostische Laparoskopie vor, so muss er wegen des extrem seltenen Risikos einer Blutung und dadurch erforderlicher Bluttransfusion nicht über die Möglichkeit der Eigenblutspende aufklären; in diesem Falle ist die Erforderlichkeit einer Fremdbluttransfusion nicht vorhersehbar (OLG Zweibrücken VersR 1998, 1553).

Auch wenn ein Patient vor einer größeren Operation über die Möglichkeit einer ernsthaft in Betracht kommenden Eigenbluttransfusion nicht aufgeklärt wurde, haftet der Arzt nur dann, wenn festgestellt werden kann, dass durch die Bluttransfusion eine Infektion verursacht wurde; den Patienten trifft die Beweislast, dass eine Blutkonserve kontaminiert war (LG Nürnberg-Fürth VersR 1998, 461; vgl. auch → *Anscheinsbeweis*, S. 21, 26).

Die Unterlassung der Belehrung über die Risiken einer Bluttransfusion begründet nicht ohne weiteres eine Haftung des Arztes wegen einer nachfolgend aufgetretenen Aidserkrankung, wenn bei dem Patienten infolge gastrointestinaler Blutungen ein erheblicher Blutverlust eingetreten war und keine ernsthaften Behandlungsalternativen bestanden (OLG Düsseldorf VersR 1996, 1240).

▷ *Brustwirbeloperation*

Vor einer Brustwirbeloperation muss auf das Risiko einer Querschnittlähmung hingewiesen werden (BGH NJW 1976, 365; OLG Oldenburg VersR 1997, 978).

▷ *Chirotherapie*

Vor der Durchführung einer Chirotherapie muss der Patient über das Risiko einer Intimaverletzung mit Basilaristhrombose (OLG Bremen VersR 1991, 425), auch über eine mögliche Verlagerung von Bandscheibengewebe mit der Folge einer spinalen Wurzelkompression aufgeklärt werden, sofern er durch einen Bandscheibenvorfall vorgeschädigt ist (OLG Stuttgart VersR 1998, 637).

Vor einer chiropraktischen Therapie an den oberen Halswirbeln bei einem Zerebralsyndrom ist das Risiko der Schädigung der Arteria vertebralis jedoch nicht aufklärungsbedürftig (OLG Schleswig VersR 1989, 1301; G/G, Rn C 52).

▷ *Dammschnitt (Episiotomie)*

Über mögliche gesundheitliche Folgen eines Dammschnittes (von der Scheide her ausgeführte teilweise Dammdurchtrennung zur Verhütung eines Dammrisses bzw. zur Erleichterung der Geburt) muss nicht aufgeklärt, Details über dessen Versorgung müssen nicht dokumentiert werden (OLG Braunschweig NJW-RR 2000, 238).

▷ *Diskographie (Röntgenkontrastdarstellung einer Bandscheibe)*

Wurde der Patient vor der Durchführung einer Diskographie sowie einer Lasernervenwurzeldekompression zur Behebung von Bandscheibenbeschwerden über das Risiko einer Peronäusparese (Fußheberschwäche), nicht jedoch über das Risiko einer Impotenz sowie das schwerstmögliche Risiko einer Querschnittlähmung aufgeklärt und treten nach dem Eingriff sowohl gravierende Potenzstörungen als auch eine Fußheberschwäche auf, so haftet der Arzt dem Patienten für den gesamten Gesundheitsschaden (BGH VersR 2001, 592).

▷ *ERCP*

(Endoskopische retrograde Cholangio- und Pankreatographie/Spiegelung des Gallengangs und des Pankreasgangsystems)

Vor einer ERCP muss der Patient auf die seltene Möglichkeit einer Bauchspeicheldrüsenentzündung hingewiesen werden (OLG München NJW-RR 1994, 1308). Das Letalitätsrikiko mit ca 0,01 % ist jedoch nicht aufklärungspflichtig (OLG Zweibrücken NJW-RR 1995, 1305).

▷ *Gallenoperation/Gallensteinleiden* (vgl. auch → *Klage*)

Eine laparoskopische Cholezystektomie (Entfernung der Gallenblase im Wege der Bauchspiegelung bei Gallenblasensteinleiden) ist nicht mit größeren oder anders gelagerten Risiken verbunden als ein laparotomisches Vorgehen (Entfernung der Gallenblase nach Öffnung des Bauchraumes durch einen Bauchschnitt; OLG Düsseldorf VersR 2000, 456).

Die Laparoskopie weist gegenüber der Laparotomie sogar ein deutlich geringeres Letalitäts- und Morbiditätsrisiko auf und enthält in Bezug zu Gallenwegsverletzungen kein höheres, sondern ein etwa gleichgroßes Risiko, so dass die laparoskopische Methode keine ernsthafte, aufklärungspflichtige Alternative gegenüber der laparotomischen Methode darstellt (OLG Brandenburg NJW-RR 2000, 24, 27).

Der Arzt hat im Rahmen der präoperativen Aufklärung allerdings darauf hinzuweisen, dass im Fall ungünstiger anatomischer Verhältnisse, etwa bei massiven Verwachsungen ein Wechsel zur konventionellen Laparotomie erforderlich werden kann (OLG Düsseldorf VersR 2000, 456).

Der Patient muss vor der Durchführung der Laparoskopie zur Entfernung der Gallenblase (OLG Düsseldorf VersR 2000, 456) wie auch vor einer Magenresektion (OLG Karlsruhe VersR 1998, 718) darüber aufgeklärt werden, dass es dabei zu einer Durchtrennung des Hauptgallengangs mit nachfolgender Entzündung der Gallenwege und des gesamten Bauchraums u. a. kommen kann.

Die Beweislast für die Richtigkeit der Erläuterung der Eingriffsdringlichkeit obliegt auch hier der Arztseite (BGH NJW 1990, 2928).

▷ *Gebärmutter*

Vor einem Eingriff, der nur zum Zweck der Empfängnisverhütung indiziert ist, muss die Patientin über das typische Risiko einer Gebärmutterperforation aufgeklärt werden (OLG München MedR 1991, 34).

▷ *Hallux valgus*

Vor einer Operation des Hallux valgus (Deformität der Großzehe) muss über das Misserfolgsrisiko bei beschränkter Erfolgsaussicht (BGH VersR 1989, 189, 190), über das Risiko von (Teil-)Versteifungen (OLG Oldenburg VersR 1998, 1285), nicht jedoch über die verschiedenen Operationsverfahren aufgeklärt werden (OLG Oldenburg VersR 1998, 1285; KG VersR 1993, 189).

▷ *Harninkontinenz*

Besteht bei der Entfernung einer Narbenstruktur im Bereich des Schließmuskels der Harnröhre die Gefahr, dass bei Durchtrennung des

Narbengewebes der Schließmuskel seine Funktionsfähigkeit einbüßt, was eine Harninkontinenz zur Folge hat, so muss der Patient auf dieses Risiko hingewiesen werden (OLG Köln VersR 1990, 311).

▷ *Hodenatrophie*

Vor einer Leistenbruchoperation ist der Patient u. a. auf die Gefahr einer Hodenatrophie (Schwund des Hodengewebes) hinzuweisen (OLG Stuttgart VersR 1998, 1111; OLG München VersR 1995, 95; BGH NJW 1980, 2751).

▷ *Hornhaut/Hyperopiekorrektur*

Ein Augenarzt hat den Patienten nachdrücklich darüber zu informieren, dass die lediglich aus kosmetischen Gründen gewünschte Hyperopiekorrektur (Beseitigung der Weitsichtigkeit) unter Einsatz eines Excimer-Lasers mit der Gefahr einer beträchtlichen Schädigung der intakten Hornhautstruktur, Narbenbildungen, möglichen Wundheilungsstörungen, Lichtempfindlichkeit und einer Überkorrektur u. a. verbunden sein kann (OLG Düsseldorf NJW 2001, 900).

▷ *Hüftgelenk/Hüftgelenksoperation*

Vor einer Hüftgelenksoperation muss u. a. auf die Möglichkeit dauerhafter Nervschädigungen hingewiesen werden (OLG Oldenburg NJW 1997, 1642; OLG Koblenz VersR 1992, 963), ebenso auf eine mögliche Hüftkopfnekrose bzw. einen Henkelhalsbruch nach einem nicht immer vermeidbaren Fehlschlagen einer Adduktionsosteotomie (BGH VersR 1985, 969).

Bei einer Hüftgelenksprothese liegt die Wahl des Prothesenmodells bei gleichwertigen Modellen im Rahmen der ärztlichen Therapiefreiheit; so kann eine nicht zementierte Totalendoprothese statt einer zementierten Prothese eingesetzt (OLG München, Urt. v. 14.11.1991 – 1 U 6324/90, für 1986) oder die Materialkombination Metall/Polyäthylen statt Keramik/Polyäthylen gewählt werden (OLG Karlsruhe OLGR 2002, 392, 393).

Nach Auffassung des OLG Oldenburg (VersR 1997, 1535) ist dagegen bereits bei der Operationsplanung der Hinweis auf unterschiedliche Implantatmaterialien, die zur Verwendung kommen können, erforderlich.

Wird der Patient auch auf das Risiko der Lockerung des künstlichen Gelenks und darauf, dass ein Dauererfolg nicht unbedingt erwartet werden kann, hingewiesen, ist es unschädlich, wenn die Gefahr eines Materialbruchs nicht ausdrücklich erwähnt wird (OLG München, Urt. v. 14.11.1991 – 1 U 6324/90).

Das Risiko einer Schädigung des Nervus femoralis (OLG Koblenz VersR 1992, 953; G/G, Rn C 52) sowie das Thrombose- bzw. Embolierisiko ist vor der Durchführung einer Hüftgelenksoperation aufklärungsbedürftig (OLG Köln VersR 1990, 662).

▷ *Hygiene*

Über hygienische Defizite, die sich in einem Operationssaal aus veralteten räumlichen Verhältnissen ergeben, muss dann nicht aufgeklärt werden, wenn sie durch anderweitige hygienische Vorkehrungen kompensiert werden; die Durchführung einer Operation unter solchen Umständen stellt sich dann auch nicht als behandlungsfehlerhaft dar (OLG Saarbrücken VersR 1992, 52).

▷ *Hysterektomie*

(operative Entfernung der Gebärmutter)

Vor der Durchführung einer Hysterektomie muss die Patientin insbesondere über folgende Risiken aufgeklärt werden:

Läsion des Harnleiters (BGH NJW 1985, 1399; NJW 1984, 1807), einer Verletzungsfistel (OLG Köln VersR 1990, 489; a. A. OLG Nürnberg VersR 1996, 1372), einer postoperativen Darmnekrosefistel (OLG Köln VersR 1983, 277; G/G, Rn C 53), einer Blasen- oder Scheidenfistel (OLG Hamm VersR 1991, 667), einer Verletzung von Blase oder Darm (OLG Nürnberg VersR 1996, 1372), einer bleibenden Harninkontinenz (OLG Köln VersR 1990, 311) sowie der Durchtrennung des Nervus femoralis (Oberschenkelnerv, bei Schädigung ist die Streckung im Kniegelenk unmöglich bzw. eingeschränkt; BGH VersR 1993, 228).

Vor Durchführung einer vaginalen Hysterektomie sind andere in Betracht kommende Ursachen der klinischen Beschwerden im gebotenen Umfang abzuklären. Eine sofortige vaginale Hysterektomie darf nur vorgenommen werden, wenn die Patientin über diese Verfahrensweise und denVerzicht auf eine Abrasio (Ausschabung) zur Abklärung der Ursachen für eine Blutungsstörung aufgeklärt worden ist (OLG Hamm VersR 2001, 461, 462).

▷ *Impfung*

Grundsätzlich muss auch über äußerst seltene Risiken aufgeklärt werden, wenn das betreffende Risiko dem Eingriff spezifisch anhaftet und es bei seiner Verwirklichung die Lebensführung des Patienten besonders belastet (BGH VersR 2000, 725, 726 = MDR 2000, 701).

Dies gilt auch für öffentlich empfohlene Impfungen wie eine Impfung mit lebenden Polioviren, die eine Schadenshäufigkeit von 1 zu 4,4 Mio. aufweist.

Bei derartigen Routinemaßnahmen genügt es jedoch, wenn dem Patienten nach schriftlicher Aufklärung mit dem Hinweis, „selten treten fieberhafte Reaktionen auf, extrem selten Lähmungen, ein Fall auf 5 Mio. Impfungen" Gelegenheit zu weiteren Informationen durch ein Gespräch mit dem Arzt gegeben wird und dieser andernfalls von einer mündlichen Erläuterung absieht (BGH VersR 2000, 725, 728 = MDR 2000, 701, 702; insoweit zustimmend Terbille, MDR 2000, 1012, 1013; a. A. Spickhoff, NJW 2001, 1757, 1763).

Bei einer im Jahr 1989 durchgeführten Polio-Impfung bestand für den Arzt keine Verpflichtung, vor oder nach der Impfung einen Hinweis des Inhalts auszusprechen, dass für Kontaktpersonen eine Ansteckungsgefahr besteht (OLG Hamm NJW-RR 2000, 1266).

Für die späteren Jahre hat der BGH (MDR 1995, 585) eine solche Aufklärungspflicht jedoch bejaht.

Selbst bei Bejahung einer solchen Hinweispflicht obliegt der Nachweis, dass die durch die Unterlassung eingetretene Erkrankung auf eine Ansteckung durch die geimpfte Person zurückzuführen ist, dem Geschädigten; der – unterstellte – Behandlungsfehler des mangelnden Hinweises ist nicht als „grob" anzusehen (OLG Hamm NJW-RR 2000, 1266, 1267; ebenso OLG Stuttgart MedR 2000, 35, 37).

Der Geschädigte trägt sowohl für den Vorwurf der ungenügenden oder fehlerhaften Aufklärung als auch für das Vorliegen eines mit der Impfung zusammenhängenden Behandlungsfehlers die Beweislast (OLG Stuttgart MedR 2000, 35, 36).

▷ *Infektionen*

Vor einer Punktion des Kniegelenks muss der Patient über das damit verbundene, regelmäßig unter 1 % liegende Infektionsrisiko aufgeklärt werden (OLG Hamm VersR 2000, 323, 324: 0,4–0,6 %; VersR 1992, 610: Infektion/Empyem; BGH NJW 1994, 2414).

Ergeben sich nach einer Punktion des Kniegelenks Infektionsanzeichen, so müssen zur weiteren Abklärung neben einer Röntgendiagnostik eine Serologie und eine bakteriologische Untersuchung des Punktats erfolgen (OLG Hamm VersR 2000, 323).

Auch vor einer Infiltrationsbehandlung mit einem kortisonhaltigen Mittel muss der Patient auf das Infektionsrisiko hingewiesen werden (OLG Karlsruhe VersR 1994, 860).

Gleiches gilt vor einer intraartikulären Injektion in andere Gelenke (OLG Oldenburg VersR 2000, 23), wobei das extrem seltene Risiko einer tödlich verlaufenden Sepsis nach einer Injektion in das Schultergelenk bei erteilter Grundaufklärung nicht aufklärungsbedürftig ist (BGH NJW 1989, 1533).

Nach Ansicht des OLG Schleswig (VersR 1989, 810; a. A. G/G, Rn C 58, C 52) muss vor einer intrartikulären Punktion des Kniegelenks bei starkem Erguss zwar auf das Infektionsrisiko, nicht aber auf die Möglichkeit einer Versteifung hingewiesen werden.

Das mit jedem operativen Eingriff verbundene allgemeine Infektionsrisiko, etwa vor einer Hallux valgus-Operation (BGH NJW 1996, 788; G/G, Rn C 47) oder das Wundinfektionsrisiko vor der Operation zur Entfernung eines Meningeoms (OLG Düsseldorf VersR 1988, 1132) ist jedoch nicht aufklärungsbedürftig.

▷ *Injektionen*

Vor einer intrartikulären Injektion eines kortisonhaltigen Mittels in das Schultergelenk ist der Patient auf die seltene Gefahr einer Infektion des Gelenks mit der möglichen Folge einer Schulterversteifung hinzuweisen (BGH NJW 1989, 1533).

Vor einer intraarteriellen Injektion muss darüber hinaus generell auf das Risiko der Versteifung des jeweiligen Gelenks hingewiesen werden (OLG Oldenburg VersR 1995, 786), bei Injektionen in das Kniegelenk eines unterschenkelamputierten Patienten auch dann, wenn die Wahrscheinlichkeit einer Infektion nur bei 1 zu 100 000 liegt (OLG Hamm VersR 1992, 610).

Sollten vor einer Nasenscheidewandoperation Injektionen mit gefäßverengenden Stoffen in die Septumschleimhaut erfolgen, so ist der Patient auch über das Erblindungsrisiko aufzuklären (OLG Nürnberg VersR 1992, 754).

Aufklärungsbedürftig sind vor Injektionen auch mögliche Nervenverletzungen, Kreislauf- und Unverträglichkeitsreaktionen sowie die Gefahr von Entzündungen (OLG Hamm VersR 1996, 197; G/G, Rn C 48).

▷ *Kardiale Erkrankung*

Ergibt das in einer internistischen Gemeinschaftspraxis aufgezeichnete EKG Anzeichen für eine bedeutsame kardiale Erkrankung, so ist nicht nur der Arzt, der das EKG aufgezeichnet hat, sondern auch der die Behandlung fortsetzende Arzt verpflichtet, dem Patienten die erforderliche Aufklärung über die sich aus dem EKG ergebenden Risiken zu erteilen (OLG Köln VersR 1992, 1231).

Dies gilt selbst bei erfolgter Voraufklärung von Dritten (OLG Oldenburg VersR 1992, 1005).

Vor einer Herzkathederuntersuchung ist auf das Risiko einer Hirnembolie mit Halbseitenlähmung hinzuweisen (OLG Celle VersR 1988, 829).

▷ *Knieoperationen*

Vgl. hierzu ▷ *Injektionen*, ▷ *Infektionen*

▷ *Lymphknotenexstirpation*

(Diagnostische Entfernung von Lymphknoten)

Vor einer Lymphknotenexstirpation muss der Patient auf die Möglichkeit der Lähmung des Nervus accessorius (Lähmung des Nerven, führt zur Kopfneigung zur gesunden und Kinndrehung zur kranken Seite) hingewiesen werden (BGH NJW 1986, 2885; VersR 1981, 677).

▷ *Markierungsmöglichkeit*

Über die fehlende Markierungsmöglichkeit eines Operationsfeldes muss eine Patientin regelmäßig nicht aufgeklärt werden (OLG Oldenburg NJW-RR 1999, 610).

▷ *Nebenwirkungen eines Medikaments*

Der Arzt ist verpflichtet, den Patienten über Nebenwirkungen eines diesem verabreichten Medikaments aufzuklären, jedenfalls, wenn diese erheblich sind und im Beipackzettel des Herstellers oder in von diesem herausgegebenen Fachinformationen genannt werden (OLG Hamburg VersR 1996, 1537).

▷ *Nervschädigungen*

– *Bandscheibenoperation* (s. o. ▷ *Bandscheibenoperation*)

– *Bestrahlung, Plexuslähmung*

Auf die Möglichkeit des Eintritts einer Plexuslähmung (Funktionsausfall eines Nervengeflechts, i. d. R. des Armgeflechts) muss auch vor einer Bestrahlung bei Morbus Hodgkin (BGH NJW 1984, 1397; OLG Frankfurt VersR 1989, 254), nach einer Mastektomie (operative Entfernung der weiblichen Brustdrüse bei malignen Tumoren; BGH NJW 1990, 1528; OLG Koblenz VersR 1990, 489; OLG Celle VersR 1981, 1184) und nach Durchführung einer Lymphknotenexstirpation (OLG Zweibrücken VersR 1987, 108 für das Jahr 1975) hingewiesen werden.

– *Nervschädigungen bei Hüft- und Knieoperationen*

Vor einer Verkürzungsosteotomie (Knochendurchtrennung, meist mit anschließender Vereinigung und Verkürzung der reponierten

Knochenfragmente; OLG Hamm VersR 1986, 897) muss der Patient ebenso wie bei einer Verlängerungsosteotomie (OLG Koblenz VersR 1989, 629) auf das Risiko einer Nervschädigung, insbesondere auch der Schädigung des Nervus peronaeus (Funktionsausfall des die Fußhebung ermöglichenden Nerven; OLG Koblenz VersR 1989, 629) hingewiesen werden.

– *Querschnittlähmung*

Auf das, auch äußerst seltene, im Promillebereich liegende Risiko einer Querschnittlähmung muss insbesondere hingewiesen werden vor einer Bandscheibenoperation (BGH NJW 1984, 2629, NJW 1991, 2346; OLG Hamm VersR 1992, 1473; G/G, Rn C 61; S/D, Rn 357), Brustwirbeloperation (BGH NJW 1976, 365), Halswirbeloperation (OLG Oldenburg VersR 1988, 695; G/G, Rn C 61), Herzoperation (BGH NJW 1989, 1541; OLG Saarbrücken VersR 1992, 756; G/G, Rn C 61), vor der Operation einer angeborenen Aortenstenose (Verengung der Aorta oder Aortenklappe; BGH NJW 1991, 2344; OLG Stuttgart VersR 1987, 515; OLG Schleswig VersR 1996, 634; S/D, Rn 358), vor schmerzchirurgischen Eingriffen am Rückenmark (OLG Celle VersR 1992, 749), Strahlentherapien bei Morbus Hodgkin (OLG Frankfurt VersR 1989, 254; BGH NJW 1984, 1397), vor einer Myelographie (Röntgenkontrastdarstellung des Wirbelkanals, die in vielen Fällen durch CT und Kernspintomographie ersetzt werden kann; BGH NJW 1996, 777; NJW 1995, 2410; VersR 1988, 832), und zwar trotz eines etwaigen Hinweises auf mögliche tödliche Komplikationen bei einer Jod-Unverträglichkeit (OLG Hamm VersR 1988, 1133; G/G, Rn C 61).

– *Sehnervschädigung*

Über das bestehende, wenngleich seltene Risiko einer dauerhaften Schädigung des Sehnervs muss der Patient vor der Gabe aggressiver Medikamente (OLG Oldenburg VersR 1986, 69; S/D, Rn 359), der Injektion von Xylocain in die Septumschleimhaut bei einem Eingriff in die Nasenscheidewand (OLG Nürnberg VersR 1992, 754; G/G, Rn C 64), vor endonasalen Siebbeineingriffen (BGH MDR 1994, 557) und vor einer Katarakt-Operation zur Behandlung des „Grauen Stars" (OLG Oldenburg MDR 1999, 547) aufgeklärt werden.

– *Strumaresektion*

Vor einer ein- oder beidseitigen Strumaresektion muss der Patient auf das mit einer Schadenshäufigkeit von 1–3 % bestehende Risiko der Verletzung des Nervus recurrens mit der Folge eines bleibenden, weitgehenden Verlustes der Stimme (OLG Düsseldorf VersR 1989, 191; VersR 1989, 703; BGH NJW 1992, 2351) sowie auf die mögliche

Verletzung eines Nebenasts des Nervus vagus und über die mit der Verletzung verbundenen Folgen hingewiesen werden (OLG Düsseldorf VersR 1989, 291).

Der Hinweis auf gelegentliche Heiserkeit, Sprach- und Atemstörungen, die sich meist zurückbilden würden, reicht nicht aus (BGH NJW 1992, 2351). Ein Hinweis des Arztes auf die Möglichkeit bleibender Heiserkeit, auf einen völligen Verlust der Stimme und darauf, dass dies mit einer Verletzung von im Hals verlaufenden Nerven zu erklären sei, ist ausreichend, aber auch erforderlich (OLG Düsseldorf, VersR 1989, 191).

Die Aufklärungspflicht entfällt jedoch, wenn der Patient das Risiko kennt, also etwa im Aufklärungsgespräch von sich aus Bedenken hinsichtlich der Möglichkeit einer Stimmbandlähmung äußert (OLG Düsseldorf VersR 1989, 703, 704).

Vor der Vornahme einer Schilddrüsenverkleinerung muss der Arzt den Patienten auch über das Risiko einer verringerten Hormonproduktion für den Kalziumhaushalt aufklären. Enthält der Aufklärungsbogen (Perimed 92) insoweit Lücken, können diese im Prozess durch Parteivernehmung des aufklärenden Arztes ausgeglichen werden (OLG Oldenburg bei Röver, MedR 1999, 69).

Vor der Operation einer Schilddrüsenerkrankung, bei der weder so genannte „kalte Knoten" festgestellt wurden, noch der Verdacht besteht, dass sich hinter diagnostizierten „heißen Knoten" solche verbergen, ist der Patient auf die Möglichkeit einer Radiojodbehandlung als ernsthafte Alternative hinzuweisen (OLG Köln VersR 1998, 1510; a. A. OLG Dresden OLGR Dresden 1996, 19: Keine Aufklärung über Radiojodbehandlung, solange diese in den Fachkreisen verworfen wurde).

– *Zahnnerven; Kieferbruch*

Vor der Extraktion eines Weisheitszahnes ist der Patient darüber aufzuklären, dass es zu einer Fraktur des Kiefers (OLG Düsseldorf VersR 1997, 620; OLG München VersR 1996, 102) zu einer Schädigung des Nervus mandibularis (BGH NJW 1994, 799; OLG Karlsruhe OLGR 2001, 171), des Nervus alveolaris (BGH NJW 1994, 799; OLG Karlsruhe OLGR 2001, 171; OLG Düsseldorf NJW 1989, 2334; OLG Stuttgart NJW-RR 1999, 751, 752; a. A. OLG Hamm VersR 1994, 1304: Bei Entfernung des Zahns 36) und nach teilweise vertretener Ansicht zu einer Verletzung des Nervus lingualis (OLG München VersR 1995, 464: Risiko der Durchtrennung; OLG Karlsruhe AHRS 4800/18 und 20; OLG Köln VersR 1999, 1284 = NJW 1998, 1324) kommen kann.

Nach Ansicht des OLG Stuttgart (NJW-RR 1999, 751, 752; VersR 1999, 1500, 1501 m. w. N.; ebenso OLG Schleswig AHRS 4. 800/5 und LG Frankenthal MedR 1998, 569; a. A. OLG Karlsruhe AHRS 4. 800/18, 20; OLG Hamburg MDR 1998, 906; OLG Köln NJW-RR 1998, 1324; OLG München VersR 1995, 464) kann es bei einer Leitungsanästhesie auch bei Einhaltung der äußersten Sorgfalt zu einer Verletzung des Nervus lingualis kommen. Eine Aufklärung über das mit 1 zu 400 000 äußerst seltene Risiko ist danach nicht geboten.

Jedoch muss auch nach dieser Auffassung bei der operativen Entfernung von Weisheitszähnen auf das dann bei ca. 1 zu 4.000 liegende Risiko einer dauerhaften Schädigung der Nervi alveolaris, mandibularis und auch des Nervus lingualis hingewiesen werden (OLG Stuttgart NJW-RR 1999, 751, 752).

War die Entfernung des Zahns alternativlos dringend indiziert, ist jedoch von einer hypothetischen Einwilligung des Patienten auszugehen, wenn der Eingriff von einer kieferchirurgischen Spezialpraxis ausgeführt worden ist (OLG Köln NJW-RR 1998, 1324).

Nach Auffassung des OLG Zweibrücken (VersR 2000, 892) ist eine Aufklärung über das geringe Risiko einer dauerhaften Schädigung des Nervus lingualis vor einer Leitungsanästhesie ausnahmsweise entbehrlich, wenn der Arzt angesichts der äußerst geringen Komplikationsdichte annehmen darf, der Patient werde vernünftigerweise seine Einwilligung angesichts der bevorstehenden, ansonsten schmerzhaften Parodontosebehandlung nicht wegen dieses Risikos verweigern.

Auf die – problematische – Darlegung eines möglichen Entscheidungskonflikts in Zusammenhang mit einer hypothetischen Einwilligung komme es dann nicht an (OLG Zweibrücken VersR 2000, 892, 893).

▷ *Nierenbeckenplastik*

Besteht bei einer ordnungsgemäß durchgeführten Operation wie einer Nierenbeckenplastik stets ein Risiko, dessen Verwirklichung zu einer Nachoperation mit erhöhtem Risiko einschneidender Folgen für den Patienten, etwa den Verlust einer Niere, führt, so ist der Patient auch über dieses Risiko der Nachoperation schon vor dem ersten Eingriff aufzuklären (BGH MDR 1996, 1015).

▷ *Plattenbruch* (s. o. II. 9., S. 96)

Über seltene Risiken ist aufzuklären, wenn sie die Lebensführung des Patienten bei ihrer Realisierung schwer belasten und trotz ihrer Seltenheit für den Eingriff spezifisch, für den Laien jedoch überraschend sind.

187

Hierzu gehört das Risiko eines Plattenbruchs infolge einer Materialermüdung bei der Versorgung eines Oberschenkelbruches jedoch nicht (OLG Hamm NJW-RR 2001, 666).

▷ *Rektoskopie*

(Diagnostischer Eingriff mit röhrenförmigem Endoskop zur direkten Betrachtung des Darms)

Vor einer Rektoskopie muss der Patient auf die hierbei möglicherweise zu erduldenden starken Schmerzen (BGH NJW 1984, 1395) und das Risiko einer Darmperforation hingewiesen werden (OLG Stuttgart, VersR 1986, 581; G/G, Rn C 53; a. A. BGH NJW 1984, 1395).

▷ *Rektumkarzinom*

Vor einer Operation eines Rektumkarzinoms muss der Patient auf den möglichen Potenzverlust hingewiesen werden (OLG Köln VersR 1990, 663).

Jedoch erscheint ein ernsthafter Entscheidungskonflikt des Patienten bei dringend indiziertem Eingriff nicht plausibel (OLG Köln a. a. O.; G/G, Rn C 146).

▷ *Siebbeineingriffe*

Vor endonasalen Siebbeineingriffen muss auch über das seltene Risiko operativ-bedingter Sehstörungen bis hin zur Gefahr der äußerst seltenen Erblindung aufgeklärt werden (BGH MDR 1994, 557).

Eine Fraktur des Siebbeindaches und die Verletzung der Dura sind Operationsrisiken einer Siebbeinoperation, die der Arzt nicht mit Sicherheit vermeiden kann; auf diese Risiken ist der Patient deshalb hinzuweisen (OLG Düsseldorf VersR 1987, 161).

▷ *Sterilisation* (s. o. I. 3., S. 68)

Bei einem Sterilisationseingriff trifft den Arzt die vertragliche Nebenpflicht, den Patienten auf das „Versagerrisiko" hinzuweisen (OLG Düsseldorf VersR 1992, 317; OLG Hamm VersR 2002, 1562, 1563).

Als Aufklärung über die Sicherheit einer Sterilisationsmethode reicht es aus, wenn der Arzt der Patientin hinreichend deutlich vor Augen führt, dass durch den Eingriff nur eine höchst mögliche, aber keine absolute Sicherheit gegen eine erneute Schwangerschaft erreicht werden kann (OLG Hamburg VersR 1989, 147).

Auf das Risiko einer Eileiterschwangerschaft ist vor der Sterilisation mit einer Koagulationszange hinzuweisen (OLG Düsseldorf VersR 1992, 751).

Vor der Sterilisation eines Mannes hat der Arzt den Patienten über die Notwendigkeit eines Spermiogramms zu beraten (BGH MDR 1995, 1015).

Das Unterbleiben einer ordnungsgemäßen Aufklärung über die Notwendigkeit regelmäßiger Nachuntersuchungen nach einer Sterilisation mittels Durchtrennens der Samenleiter wegen der Möglichkeit einer Spätrekanalisation, d. h. einem späteren Zusammenwachsen der Samenleiter muss jedoch vom Patienten bewiesen werden (OLG Oldenburg bei Röver, MedR 1999, 219).

Nicht aufklärungsbedürftig sind die Länge des zu resezierenden Samenleiters (OLG Oldenburg VersR 1984, 1348) und die verschiedenen Möglichkeiten der Sterilisation nach Madlehner (OLG Düsseldorf VersR 1987, 412), mit Klipps (OLG Schleswig VersR 1987, 419) oder nach Labhardt (OLG Hamm VersR 1987, 1146) bzw. eine demgegenüber bestehende alternative Fimbriektomie (OLG Hamm a. a. O.).

▷ *Strumaoperation* (siehe ▷ *Nervschädigungen*)

▷ *Sudeck-Syndrom* (s. o. S. 97)

Der Umfang der Aufklärungspflicht über das Risiko des Entstehens eines Sudeck-Syndroms (SD) ist umstritten.

Die Aufklärung über die Möglichkeit des Auftretens eines SD ist jedenfalls dann erforderlich, wenn der Erfolg der Operation zweifelhaft ist und die Gefahr besteht, dass sich der Zustand durch den Eingriff verschlechtert (BGH MDR 1988, 485 = VersR 1988, 493). So ist auch das Risiko des Eintritts eines Karpaltunnelsyndroms (genuine Daumenballenatrophie) aufklärungsbedürftig, wobei jedoch der Hinweis ausreicht, dass sich bestehende Schmerzen verstärken können (BGH NJW 1994, 3009; G/G, Rn C 70).

Eine Aufklärungspflicht wird auch vor einer Operation wegen einer Dupuytren'schen Kontraktur (Beugekontraktur der Finger, besonders der Finger 4 und 5) und vor Knochenoperationen bejaht, wenn diese gerade zur Behebung von Dauerschmerzen erfolgen (OLG Köln OLGR 1992, 213; BGH MDR 1988, 485; Gaisbauer, VersR 2000, 558, 561).

Dagegen wurde eine Aufklärungspflicht über das äußerst seltene Risiko eines SD vor der Operation eines Überbeines an der Ferse (OLG Nürnberg bei Gaisbauer, VersR 2000, 558, 561), bei Ruhigstellung des Oberarmes des Patienten während der Behandlung einer Sehnenscheidenentzündung durch Anlegen eines Gipsverbandes (OLG Köln bei Gaisbauer a. a. O.) und vor einer Ringbandspaltung an Finger und Daumen (OLG Hamm bei Gaisbauer a. a. O.) verneint.

189

Wird ein Patient vor der operativen Behandlung einer Kapsel-Band-Ruptur umfassend über Schwere und Richtung des Risikospektrums aufgeklärt, so ist die ausdrückliche Erwähnung des medizinischen Begriffs „Morbus sudeck" nicht erforderlich (OLG Hamm bei Gaisbauer, VersR 2000, 558, 561).

▷ *Thromboseprophylaxe*

Nach einem gefäßchirurgischen Eingriff ist eine Antithromboseprophylaxe unumgänglich; die Anwendung des Mittels Heparin ist dabei üblich und nicht zu beanstanden. Der Patient muss nicht darüber aufgeklärt werden, dass es im Rahmen der zwingend notwendigen Antithromboseprophylaxe wegen einer nicht sicher auszuschließenden Heparinunverträglichkeit zu Komplikationen kommen kann (OLG Düsseldorf VersR 1999, 1371; a. A. Bergmann/Kienzle, VersR 1999, 282, 284 f.).

▷ *Weigerung des Patienten* (s. o. I. 3., S. 66)

▷ *Zahnarzt* (vgl. bereits ▷ *Nervschädigungen/Zahnnerven*)

– *Allergische Reaktion auf Füllstoff*

Kommt es dem Patienten erkennbar darauf an, angesichts des umstrittenen Füllstoffes Amalgam einen gut verträglichen Stoff zu erhalten, so ist der Zahnarzt verpflichtet, mit dem Patienten mögliche Alternativen zu dem von ihm geplanten Füllstoff zu erörtern, ihn insbesondere darauf hinzuweisen, dass es zahlreiche verschiedene Legierungen mit unterschiedlich hohem Goldanteil und verschiedenen Zusatzstoffen gibt. Gerade auf das seltene Risiko einer allergischen Reaktion auf Palladium als Bestandteil von Zahnfüllungen muss dann hingewiesen werden (LG Kiel bei Röver, MedR 1999, 269).

– *Alternativen zur prothetischen Versorgung*

Ein Zahnarzt ist verpflichtet, über medizinisch gleichermaßen indizierte Alternativen einer prothetischen Versorgung aufzuklären, etwa über die Möglichkeit des Einsatzes teleskopierender Brückenprothesen anstatt einer Gaumenplatte (OLG Köln VersR 1999, 1498) oder die Möglichkeit der Gestaltung einer Oberkieferprothese mit Gaumenplatte oder Transversalbügel (OLG Stuttgart NJWE-VHR 1997, 134; G/G, Rn C 36; zur Aufklärung über alternative Behandlungsmethoden bei Implantaten OLG Stuttgart VersR 2002, 1286).

– *Amalgam* (s. o. ▷ *Amalgam*)

– *Kieferfrakturen*

Kieferfrakturen gehören zu den Risiken, über die ein Zahnarzt vor der Extraktion eines Weisheitszahnes aufzuklären hat (OLG Düsseldorf VersR 1997, 620).

– *Totalextraktion*

Eine Reihen- oder Totalextraktion, im entschiedenen Fall sämtlicher achtzehn noch vorhandener Zähne, darf erst nach vorheriger Erhaltungsdiagnostik und Erhaltungstherapieversuchen mit entsprechender Aufklärung vorgenommen werden (OLG Oldenburg MDR 1999, 676).

– *Zahnbehandlungskosten* (s. o. I. 4., S. 75)

– *Zur Aufklärung bei einer Leitungsanästhesie vgl. oben ▷ Nervschädigungen/Zahnnerven*

– *Zur Aufklärung vor einer Weisheitszahnextraktion vgl. oben ▷ Nervschädigungen/Zahnnerven*

– *Zuwarten als Alternative*

Vor der Extraktion von Weisheitszähnen in akuter Schmerzsituation muss der Patient darauf hingewiesen werden, dass es sinnvoll sein könnte, den Eingriff erst nach einigen Tagen des Zuwartens unter kurzfristiger Schmerzbekämpfung mit starken Medikamenten durchzuführen (BGH NJW 1994, 799; G/G, Rn C 36).

Befundsicherungspflicht

Vgl. auch → *Unterlassene Befunderhebung;* → *Dokumentationspflicht;* → *Beweislastumkehr*

I. Sicherstellung der Befunde

Der Arzt hat die Pflicht, die zur Diagnose und Durchführung der Therapie erhobenen Befunde zu dokumentieren (vgl. hierzu → *Dokumentationspflicht*), die erhobenen Befunde zu sichern und i. d. R. mindestens **10 Jahre lang aufzubewahren** (vgl. OLG Zweibrücken NJW-RR 2001, 667, 669; F/N, Rn 132; S/D, Rn 462).

So hat ein Krankenhausträger dafür zu sorgen, dass über den Verbleib von Behandlungsunterlagen jederzeit Klarheit besteht. Verletzt er diese Pflicht, ist davon auszugehen, dass er es zu verantworten hat, wenn die Unterlagen nicht verfügbar sind. Gerät der Patient mit seiner Behauptung, dem Arzt sei ein Behandlungsfehler unterlaufen, etwa weil der Rest eines Gallensteins auf einer Röntgenaufnahme zu sehen und deshalb ein Eingriff erforderlich gewesen sei, in Beweisnot, so kann ihm eine Beweiserleichterung hinsichtlich des objektiven Fehlverhaltens und des Verschuldens zugute kommen (BGH NJW 1996, 779; Gehrlein, Rn B 122, 159).

191

II. Beweiserleichterung und Beweislastumkehr

Hat der Arzt es schuldhaft unterlassen, medizinisch zweifelsfrei gebotene Befunde zu erheben, können dem Patienten Beweiserleichterungen bis zur Beweislastumkehr zu Lasten des Arztes zugute kommen, wenn dadurch die Aufklärung eines immerhin wahrscheinlichen Ursachenzusammenhangs zwischen ärztlichem Behandlungsfehler und dem Eintritt des Primärschadens erschwert oder vereitelt wird und die Befundsicherung gerade wegen des erhöhten Risikos des in Frage stehenden Verlaufs geschuldet war (BGH NJW 1987, 1482; OLG Zweibrücken VersR 1999, 719, 721).

Dies gilt auch dann, wenn das Versäumnis des Arztes nicht als „grob" zu qualifizieren ist, wenn ein positiver Befund zumindest wahrscheinlich ist bzw. war (BGH NJW 1987, 1482; OLG Brandenburg VersR 2001, 1241, 1242; S/D, Rn 551, 554 b).

Sind die zuletzt beim behandelnden Arzt verbliebenen Röntgen-, Kernspin- oder computertomografischen Aufnahmen nicht mehr auffindbar und kann der Arzt keine Auskunft über den Verbleib der Unterlagen geben, so obliegt ihm der Beweis, dass ein immerhin wahrscheinlicher vom Patienten behaupteter Befund auf den Aufnahmen nicht erkennbar gewesen ist (BGH NJW 1996, 779, 780; G/G, Rn B 212).

Kann nach Durchführung einer **Bandscheibenoperation** nicht mehr festgestellt werden, ob eine während der Operation stattgefundene Verletzung des Duralsacks, ein etwaiges, zu langes Zuwarten der Ärzte mit einer weiteren Bandscheibenoperation oder eine andere Ursache zu einer Lähmung der unteren Extremitäten des Patienten mit Blasen- und Darmentleerungsstörungen geführt hat, weil eine Röntgenaufnahme der betreffenden Zonen vor der Operation verschwunden und nur die schriftliche Befundauswertung noch vorhanden war, kommen dem Patienten Beweiserleichterungen zugute (OLG Brandenburg bei Röver, MedR 2001, 40).

Lässt sich wegen späterer Unauffindbarkeit von Röntgenaufnahmen, die dem Patienten zuvor nachweislich ausgehändigt worden sind, nicht feststellen, ob eine an ihm durchgeführte Operation indiziert war, so geht dies jedoch zu Lasten des Patienten (OLG Hamm VersR 1993, 102).

Wird bei einer Hüftgelenkerneuerung wegen der besonderen anatomischen Verhältnisse des Patienten der Einsatz einer Sonderprothese erforderlich, müssen Vorkehrungen getroffen werden, um das – seltene – Risiko einer Inkompatibilität der Prothesenelemente aufzufangen. Die zutage getretenen Befunde sind ordnungsgemäß zu dokumentieren und zu sichern, insbesondere muss ein zunächst eingesetztes, dann aber wieder entferntes Prothesenteil aufbewahrt werden. Geschieht dies nicht, liegt ein Verstoß gegen die Pflicht zur Befundsicherung vor, welche zur Beweislastumkehr für die haftungsbegründende Kausalität zwischen dem dann gegebenen Behandlungsfehler und dem Eintritt des Primärschadens führt (OLG Zweibrücken VersR 1999, 719, 720).

Die mangelnde Sorgfalt bei der Verwahrung eines im Geburtsvorgang abgeleiteten CTG-Streifens kann eine Beweislastumkehr für den Eintritt des Primärschadens bei der Patientin begründen, wenn dadurch die Aufklärung eines immerhin wahrscheinlichen Ursachenzusammenhangs zwischen dem ärztlichen Behandlungsfehler und dem Gesundheitsschaden erschwert oder vereitelt wird (OLG Oldenburg VersR 1993, 1021).

Zur unterlassenen Befunderhebung als grober Behandlungsfehler vgl. → *Grobe Behandlungsfehler*; zur Beweislastumkehr bei unterlassener Befunderhebung vgl. → *Unterlassene Befunderhebung*.

Behandlungsfehler

I. Vertragliche und deliktische Sorgfaltspflichten; ärztlicher Sorgfaltsmaßstab
II. Maßgebender Zeitpunkt; Richtlinien
III. Soll-Standard
IV. Fallgruppen ärztlicher Behandlungs- und Organisationsfehler
  1. Diagnosefehler
  2. Unterlassene Befunderhebung
  3. Therapiefehler
  4. Therapeutische Aufklärung (Sicherungsaufklärung)
  5. Übernahmeverschulden
  6. Organisationsfehler
    a) Personelle Ausstattung
    b) Apparative Ausstattung
  7. Verkehrssicherungspflichten
  8. Koordinationsfehler; Arbeitsteilung
V. Kausalität

I. Vertragliche und deliktische Sorgfaltspflichten; ärztlicher Sorgfaltsmaßstab

Bei dem zwischen dem Patienten und dem Arzt geschlossenen Vertrag handelt es sich um einen Dienstvertrag. Der Arzt schuldet dem Patienten regelmäßig nur eine fachgerechte, dem wissenschaftlichen Stand entsprechende Behandlung als Dienstleistung, keinen Behandlungs- oder Heilerfolg (vgl. hierzu → *Arztvertrag*; Gehrlein, Rn A 4, B 1, B 117; L/U, § 39 Rn 10 und § 98 Rn 1; G/G, Rn A 4; Müller, MedR 2001, 487).

Allein der Misserfolg der eingeleiteten Behandlungsmaßnahme begründet deshalb keinen Behandlungsfehler (F/N, Rn 62).

Die einem Arzt bei der Behandlung seines Patienten obliegenden (dienst-) vertraglichen Sorgfaltspflichten (p. V. V. bzw. für Verträge ab dem 1.1.2002 §§ 280 I ff. BGB n. F.) und die deliktischen Sorgfaltspflichten (§§ 823 ff. BGB) sind dabei grundsätzlich identisch (BGH MDR 1989, 150; OLG Saarbrücken NJW-RR 1999, 176; zur nunmehr einheitlichen Verjährung vertraglicher und deliktischer Ansprüche vgl. → *Verjährung*).

Für die den Arzt treffende Verantwortung macht es auch keinen Unterschied, ob das Schwergewicht seines Handelns in der Vornahme einer sachwidrigen oder in dem Unterlassen einer sachlich gebotenen Heilmaßnahme liegt (BGH MDR 1989, 150).

Nach § 276 I, II BGB schuldet der Arzt dem Patienten vertraglich wie deliktisch die im Verkehr erforderliche Sorgfalt. Diese bestimmt sich weitgehend nach dem medizinischen Standard des jeweiligen Fachgebiets im Zeitpunkt der Behandlung. Der Arzt muss diejenigen Maßnahmen ergreifen, die von einem gewissenhaften und aufmerksamen Arzt aus berufsfachlicher Sicht seines Fachbereichs („Facharztstandard") vorausgesetzt und erwartet werden (BGH MDR 1999, 675; OLG Saarbrücken NJW-RR 2001, 671, 672; Gehrlein, Rn B 9 und MDR 2001, 566; Rehborn, MDR 2001, 1148, 1150 m. w. N.).

Die hinter den zu erwartenden Kenntnissen und Fertigkeiten zurückbleibenden persönlichen Möglichkeiten eines Arztes sind bei der zivilrechtlichen Beurteilung außer Betracht zu lassen (Gehrlein, MDR 2001, 566; L/U, § 99 Rn 11).

Der behandelnde Arzt hat im Hinblick auf den **objektivierten, zivilrechtlichen Fahrlässigkeitsbegriff** grundsätzlich für sein dem medizinischen (Facharzt-)Standard zuwiderlaufendes Vorgehen auch dann haftungsrechtlich einzustehen, wenn dieses aus seiner persönlichen Lage heraus subjektiv als entschuldbar erscheinen mag (BGH MDR 2001, 565 f.).

In dem vom BGH (MDR 2001, 565) entschiedenen Fall hatte der eine Geburt leitende Assistenzarzt versucht, nach einer Verkeilung des Kindes am Beckenausgang in der sich hieraus anbahnenden, akuten Notsituation die Geburt durch Ziehen des Kindes am Kopf voranzubringen, ohne dabei die Möglichkeit einer – mit anderen Mitteln zu lösenden – Schulterdystokie in Betracht zu ziehen.

Der BGH hat das – insoweit klageabweisende – Urteil der Vorinstanz aufgehoben und darauf hingewiesen, dass die Haftung des Arztes nicht entfällt, wenn er, etwa infolge **mangelhafter Ausbildung**, der **Geburtsituation nicht gewachsen** ist (BGH MDR 2001, 565, 566 mit zust. Anm. Gehrlein).

Somit kann sich kein Arzt zivilrechtlich damit entlasten, er sei schlecht ausgebildet, ihm fehle es an der notwendigen Erfahrung (L/U, § 99 Rn 11) oder es sei ihm unzumutbar oder unmöglich, die einschlägigen Fachzeit-schriften seines Fachgebiets regelmäßig zu lesen (vgl. OLG Hamm NJW 2000, 1801, 1802; L/U, § 99 Rn 11).

Genügen die Kenntnisse oder Fertigkeiten des behandelnden Arztes nicht dem Facharztstandard in diesem Gebiet, so hat er einen entsprechenden Facharzt, etwa als Konsiliarius, beizuziehen oder den Patienten zu einem Facharzt bzw. in ein Krankenhaus mit entsprechender fachärztlicher Ab-teilung zu überweisen.

Setzt er die Behandlung auf dem fremden bzw. eigenen, aber von ihm nicht beherrschten Fachgebiet fort, oder unterlässt bzw. verzögert er die Verständigung eines mit den notwendigen Kenntnissen, Fertigkeiten oder medizinischen Gerätschaften ausgestatteten Facharztes, liegt ein Behand-lungsfehler in der Form des „Übernahmeverschuldens" (S. 201) vor (OLG Stuttgart VersR 2001, 1560, 1563; L/U, § 99 Rn 12; G/G, Rn B 11–17; Gehr-lein, Rn B 31–35).

Ob ein Arzt seine berufsspezifische Sorgfaltspflicht verletzt hat, ist nach medizinischen Maßstäben zu beurteilen; demgemäß darf der Richter den medizinischen Standard nicht ohne Einholung eines Sachverständigen-gutachtens ermitteln (BGH NJW 1995, 776; MDR 2001, 1113; MDR 2002, 1120; OLG Saarbrücken NJW-RR 2001, 671, 672; OLG Naumburg VersR 2001, 3420: Studium von Fachliteratur genügt nicht).

Verfügt ein Arzt jedoch über spezielle, den Facharztstandard seines Fach-gebiets überschreitende und für die Therapie bedeutsame Spezialkennt-nisse, muss er jedoch von diesen Gebrauch machen, um eine Haftung zu vermeiden (BGH NJW 1997, 3090; Gehrlein, Rn B 9).

II. Maßgebender Zeitpunkt; Richtlinien

Die ärztliche Sorgfaltspflicht beurteilt sich nach dem Erkenntnisstand der medizinischen Wissenschaft zum Zeitpunkt der Durchführung der Be-handlung (OLG Hamm NJW 2000, 1801; OLG Saarbrücken NJW-RR 1999, 176; G/G, Rn A 2, 9; F/N, Rn 65).

Der Arzt muss, um den erforderlichen Kenntnisstand zu erlangen, die ein-schlägigen Fachzeitschriften des entsprechenden Fachgebiets, in dem er tätig ist, regelmäßig lesen (BGH NJW 1991, 1535; OLG Hamm NJW 2000, 1801, 1802).

Ein niedergelassener Facharzt ist jedoch auch aus haftungsrechtlichen Gründen **nicht verpflichtet, Spezialveröffentlichungen** über Kongresse oder ausländische Fachliteratur **laufend zu studieren** (OLG München VersR 2000, 890; ebenso S/D, Rn 169 zum Allgemeinmediziner).

Nach Auffassung von Steffen/Dressler (Rn 169) sollte der Arzt eine in ausländischen Fachkreisen diskutierte, in der Erprobung befindliche Methode jedenfalls dann verfolgen, wenn er sie selbst anwenden will.

Der Arzt muss aber nicht jeder Meinung in der medizinischen Wissenschaft nachgehen (OLG Frankfurt VersR 1998, 1378; S/D, Rn 169 a).

Nachträgliche Erkenntnisse können sich nur zugunsten des Arztes auswirken, wenn sie den von ihm eingeschlagenen Weg therapeutisch rechtfertigen (F/N, Rn 66; Gehrlein, Rn B 12).

Nach Ansicht des OLG Hamm (NJW 2000, 1801, 1802; VersR 2002, 857) können die von der Bundesärztekammer herausgegebenen Richtlinien den Erkenntnisstand der medizinischen Wissenschaft dabei nur deklaratorisch wiedergeben, aber nicht konstitutiv begründen.

Auch nach Auffassung von Rehborn (MDR 2000, 1101, 1103) sind die **Richtlinien der Ärztekammer nur als unverbindliche Empfehlungen anzusehen,** solange ihre Befolgung nicht im Einzelfall von der Berufsordnung vorgeschrieben wird. Ebenso hält Müller (VRiBGH, MedR 2001, 487, 492) die in vielen Fachgebieten publizierten Richtlinien zu der von einem Sachverständigen vorzunehmenden Ermittlung des medizinischen Standards zwar für hilfreich, aber nicht für verbindlich.

Teilweise wird eine Beweislastumkehr zu Lasten desjenigen Arztes diskutiert, der von der Richtlinie abgewichen ist (Nachweis bei Rehborn, MDR 2000, 1101, 1103).

Empfehlungen und Richtlinien können sich jedoch zum medizinischen Standard des jeweiligen Fachgebietes entwickeln (BGH VersR 2000, 725: Impfempfehlung der STIKO; OLG Hamm NJW-RR 2000, 401; VersR 2000, 1373: Leitlinien für die Wiederbelebung und Notfallversorgung; G/G, Rn B 9; S/D, Rn 161 a, 543 a: Abweichung bedarf besonderer Rechtfertigung).

III. Soll-Standard

Der Arzt bzw. Krankenhausträger schuldet dem Patienten die Anwendung der Therapie, die dem Erkenntnisstand der medizinischen Wissenschaft zur Zeit der Behandlung entspricht (OLG Hamm VersR 2002, 857).

Richtlinien der zuständigen medizinischen Gesellschaften können diesen Erkenntnisstand grundsätzlich nur deklaratorisch wiedergeben, nicht aber konstitutiv begründen (OLG Hamm VersR 2002, 857; s. o.).

Der Standard kann auch in einem Kreiskrankenhaus noch gewahrt sein, wenn die Grundausstattung modernen medizinischen Anforderungen entspricht (Gehrlein, Rn B 10, B 26).

Der Arzt oder Krankenhausträger schuldet jedoch nicht stets eine immer dem neuesten Stand entsprechende apparative Ausstattung und die Anwendung des jeweils aktuellsten Therapiekonzepts (G/G, Rn B 6; F/N, Rn 67; Heyers/Heyers, MDR 2001, 918, 922).

Die Anwendung eines **neuen Therapiekonzepts** wird **erst** dann gefordert, wenn die **neue Methode risikoärmer** bzw. für den Patienten **weniger belastend** ist oder die **besseren Heilungschancen** verspricht, in der medizinischen Wissenschaft im Wesentlichen unumstritten ist und deshalb von einem sorgfältigen Arzt nur ihre Anwendung verantwortet werden kann (BGH VersR 1988, 179; NJW 1992, 754; OLG Hamm NJW 2000, 3437; S/D, Rn 147, 172; G/G, Rn B 6; F/N, Rn 67).

Diagnose- und Behandlungsmöglichkeiten, die erst in wenigen Spezialkliniken erprobt und durchgeführt werden, bestimmen den allgemeinen Soll-Standard noch nicht (BGH NJW 1984, 1810; G/G, Rn B 9).

Sind die dort praktizierten neuen Methoden risikoärmer und/oder bieten sie dem Patienten wesentlich bessere Heilungschancen, muss der Patient dorthin überwiesen (S/D, Rn 173), zumindest auf die dort bestehenden, deutlich besseren Heilungschancen hingewiesen werden (BGH NJW 1989, 2321; BGH NJW 1984, 1810; G/G, Rn C 37, 40).

Der Patient hat auch unter Berücksichtigung des Wissensstandes eines Chefarztes eines Kreiskrankenhauses, der Hochschullehrer ist, nur einen Anspruch auf eine Behandlungsmethode, die gesicherten Erkenntnissen entspricht und dem medizinischen Standard genügt und kann nicht verlangen, dass der Arzt eine Methode anwendet, die klinisch und experimentell noch nicht abgesichert ist (OLG Oldenburg VersR 1989, 402).

Für die Erprobung einer neuen klinischen Methode oder die Anschaffung neuer Geräte zur Erlangung des medizinischen Soll-Standards ist dem Arzt bzw. Krankenhausträger eine Karenzzeit einzuräumen (BGH NJW 1992, 754; S/D, Rn 147; Gehrlein, Rn B 11).

Andererseits ist das in einem Krankenhaus bereits vorhandene, im Zeitpunkt der Durchführung der Behandlung dem erforderlichen medizinischen Standard noch nicht gebotene medizinische Gerät einzusetzen, wenn dies indiziert ist (BGH NJW 1988, 2949; Gehrlein, Rn B 11).

Auch kann sich der Krankenhausträger bei **fehlender Verabreichung eines teuren Medikaments**, das nicht zur Standardbevorratung gehört, nicht auf die Unwirtschaftlichkeit einer Vorratshaltung berufen, wenn das Medikament rechtzeitig von außen beschafft werden konnte (BGH NJW 1991, 1543; S/D, Rn 143; G/G, Rn B 8).

Ein Krankenhaus muss z. B. für Patienten mit möglichen Metallallergien auch keine Hüftgelenke in Keramik-Titan-Ausführung vorhalten. Es ist allerdings verpflichtet, den Patienten rechtzeitig über ein mögliches Allergierisiko aufzuklären, um diesem die Möglichkeit zu geben, sich ggf. an ein anderes Krankenhaus zu wenden (OLG Oldenburg VersR 1997, 1535; S/D, Rn 139 a, 143 a).

IV. Fallgruppen ärztlicher Behandlungsfehler

1. Diagnosefehler

Vgl. hierzu → *Diagnosefehler*; → *Grobe Behandlungsfehler*

Ein Diagnosefehler liegt vor, wenn der Arzt die von ihm erhobenen oder ihm zugeleiteten **Befunde falsch interpretiert** (G/G, Rn B 55), er bei Symptomen einer möglicherweise bedrohlichen Erkrankung die in Frage kommenden Ursachen nicht differentialdiagnostisch abklärt (BGH NJW 1989, 2318; L/U, § 100 Rn 6) oder die dringend gebotene Behandlung erst verspätet eingeleitet wird (OLG München VersR 1996, 379; L/U, § 100 Rn 6).

Während bei **unterlassener Befunderhebung regelmäßig ein Behandlungsfehler** angenommen, bei Vorliegen weiterer Voraussetzungen gar eine Beweislastumkehr zwischen dem Behandlungsfehler und dem beim Patienten eingetretenen Primärschaden angenommen wird (vgl. → *Unterlassene Befunderhebung*), werden Diagnoseirrtümer, die lediglich auf eine **Fehlinterpretation** erhobener Befunde zurückzuführen sind, von der Rechtsprechung **nur mit Zurückhaltung als Behandlungsfehler gewertet** (OLG Oldenburg VersR 1991, 1141; OLG Köln VersR 1989, 631; L/U, § 50 Rn 3, 9 und § 100 Rn 6, 8; G/G, Rn B 55; S/D, Rn 154; F/N, Rn 96; Rehborn, MDR 1999, 1169, 1171 und MDR 2002, 1281, 1282).

Irrtümer bei der Diagnosestellung sind nicht zwingend die Folge eines vorwerfbaren Versehens des behandelnden Arztes, weil die Symptome einer Erkrankung nicht immer eindeutig sind, sondern auf verschiedene Ursachen hinweisen können (OLG Stuttgart, Urt. v. 22.2.2001 – 14 U 62/2000).

Erst bei der Abweichung von einer klar zu stellenden Diagnose, der **Verkennung oder Fehldeutung eindeutiger Symptome** (OLG Stuttgart, Urt. v. 16.6.1998 – 14 U 67/97 und OLGR 2002, 251, 255; G/G, Rn B 55), bzw. bei einem „nicht mehr vertretbaren" Vorgehen (G/G, Rn B 55; S/D, Rn 155 a; OLG Hamm VersR 2002, 315, 316: Interpretation unverständlich) ist ein Diagnoseirrtum auch als Behandlungsfehler zu qualifizieren. Allerdings gilt bei **Nichtvornahme gebotener differentialdiagnostischer Maßnahmen ein schärferer Maßstab** (BGH MDR 1994, 1187; OLG Oldenburg VersR 1991, 1141; G/G, Rn B 65 ff.; B 266 ff.; S/D, Rn 525 ff.; F/N, Rn 97, 121 ff.).

Zu weiteren Einzelheiten vgl. → *Diagnosefehler* (S. 246) und → *Grobe Behandlungsfehler* (S. 315, 317).

2. Unterlassene Befunderhebung

(vgl. → *Unterlassene Befunderhebung* und → *Beweislastumkehr*)

Während die Rspr Diagnoseirrtümer nur mit großer Zurückhaltung als Behandlungsfehler bewertet, gilt bei der **Nichterhebung** gebotener Diagnose- oder Kontrollbefunde ein **schärferer Maßstab**.

Bei dieser Fallgruppe wird ein Behandlungsfehler angenommen, wenn eine vom Arzt gestellte Diagnose auf der Unterlassung **elementarer Befunderhebungen** beruht oder eine erste Arbeitsdiagnose nicht durch Einholung von Kontrollbefunden überprüft wird (OLG Köln VersR 1999, 366; VersR 1991, 1288; VersR 1989, 631; Gehrlein, Rn B 20, B 157; G/G, Rn B 65).

Im Einzelfall kann die Beurteilung schwierig sein, ob ein – nicht als Behandlungsfehler vorwerfbarer – Diagnosefehler oder ein einfacher, im Einzelfall sogar grober Behandlungsfehler in Form der Nichterhebung von Diagnose- oder Kontrollbefunden vorliegt (OLG Brandenburg VersR 2002, 313, 315: „Schwerpunkt" des Fehlverhaltens entscheidend; vgl. im Einzelnen hierzu → *Unterlassene Befunderhebung* (S. 503), → *Beweislastumkehr* und → *Grobe Behandlungsfehler* (S. 324)).

3. Therapiefehler

Der Arzt muss die möglichen und zumutbaren Maßnahmen ergreifen, um einen nach dem jeweiligen Stand naturwissenschaftlicher Erkenntnisse und ärztlicher Erfahrung erkennbaren gesundheitlichen Schaden von seinem Patienten abzuwenden (L/U, § 100 Rn 16). Grundsätzlich ist der Arzt in der Wahl der diagnostischen bzw. therapeutischen Methode frei. Die Wahl der Therapie hat er nach seinem Ermessen anhand seiner eigenen Erfahrungen und Fertigkeiten bei der Anwendung bestimmter Behandlungsmethoden und der jeweils vorliegenden, verschiedenen Gegebenheiten zu treffen (S/D, Rn 157; G/G, Rn B 34, 41).

Dabei ist er nicht stets auf den sichersten Weg oder das neueste Therapiekonzept unter Anwendung der neuesten medizinischen Apparaturen festgelegt (S/D, Rn 157a, 160, 161; G/G, Rn B 35; aber L/U, § 100 Rn 19 und OLG Köln VersR 1990, 856: Ein Chirurg hat grundsätzlich den sichersten Weg zu wählen).

Der Arzt begeht jedoch einen Behandlungsfehler, wenn er bei der Diagnostik oder Therapie eine **veraltete Methode** anwendet (L/U, § 100 Rn 19), jedenfalls wenn diese durch gesicherte medizinische Erkenntnisse überholt ist (G/G, Rn B 38; BGH VersR 1978, 41), wenn bei Vorliegen verschiedener Möglichkeiten neue Methoden risikoärmer sind oder bessere Heilungschancen versprechen und in der medizinischen Wissenschaft im

Wesentlichen unumstritten sind und nicht nur an wenigen Spezialkliniken praktiziert werden (Gehrlein, Rn B 11, B 26; s. o.).

In diesem Zusammenhang ist zu beachten, dass der Patient auch über das Bestehen einer ernsthaften Alternative, etwa der Fortsetzung einer konservativen Behandlung anstatt eines operativen Eingriffs oder der Absicht des Arztes, eine risikoreichere Therapie mit möglicherweise besseren Heilungschancen anzuwenden, aufgeklärt werden muss (Gehrlein, Rn B 28, 29, C 33; G/G, Rn B 36, C 21, 23, 24, 29; vgl. → *Aufklärung* II. 11.).

Gleiches gilt, wenn der Arzt an einer hergebrachten, inzwischen überholten oder ernsthaft umstrittenen Methode festhalten will, die gegenüber einer neueren Methode höhere Risiken birgt oder den Patienten stärker belastet (Gehrlein, Rn B 27).

Die Anwendung einer Therapie, die für den Patienten mit höheren Risiken oder Belastungen verbunden ist, setzt aber voraus, dass der Arzt deren Anwendung und die mit ihr verbundenen konkreten Gefahren beherrscht (OLG Düsseldorf VersR 1991, 1176; G/G, Rn B 36).

Dies gilt auch für eine diagnostische oder **therapeutische Methode**, die sich erst **in der Erprobung** befindet (OLG Düsseldorf VersR 1991, 1176; BGH NJW 1987, 2927; G/G, Rn B 37). Der Patient ist vor der Anwendung entsprechend aufzuklären (BGH NJW 1981, 633; OLG Oldenburg VersR 1997, 491; G/G, Rn C 39; Gehrlein, Rn B 30).

Zu weiteren Einzelheiten vgl. → *Therapiefehler* (S. 472).

4. Therapeutische Aufklärung (Sicherungsaufklärung)

Vgl. → *Aufklärung* I. 3. (S. 64 ff.).

Unter „Sicherungsaufklärung" oder „Therapeutischer Aufklärung" versteht man – oft missverständlich – die Verpflichtung des Arztes, seinen Patienten nicht nur diagnostisch und therapeutisch zu behandeln und über die Behandlung und deren Risiken korrekt aufzuklären, sondern ihn auch über alle **Umstände** zu informieren, die zur **Sicherung des Heilungserfolges** und zu einem **therapiegerechten Verhalten** erforderlich sind (Rehborn, MDR 2000, 1101, 1103; Gehrlein, Rn B 45).

Hierzu gehören etwa der Hinweis auf die **Dringlichkeit** der ärztlich indizierten Behandlung oder die von einem Mitpatienten ausgehende **Ansteckungsgefahr**, die Aufklärung über die bestehende **Misserfolgsquote** und die Notwendigkeit regelmäßiger **Nachuntersuchungen** nach einer Sterilisation oder die Erforderlichkeit einer Korrekturoperation, die Information über Dosis, Unverträglichkeiten und Nebenwirkungen eines verordneten Medikaments und der Hinweis auf das Erfordernis einer **vorsichtigen Lebensführung** bei Verdacht auf eine ernsthafte Herzerkrankung des

Patienten (vgl. → *Aufklärung* I. 3., S. 64; Gehrlein, Rn B 46 ff.; G/G, Rn B 95 ff., 221, 222; L/U, § 62 Rn 3, 7, 10).

Er ist auch verpflichtet, den Patienten, der die notwendige Behandlung verweigert, auf mögliche, für den Laien nicht ohne weiteres erkennbare Gefahren der Nichtbehandlung hinzuweisen (OLG Schleswig NJW 2002, 227).

Versäumnisse im Bereich der **therapeutischen Aufklärung** sind keine Aufklärungs-, sondern **Behandlungsfehler** mit den für diese geltenden beweisrechtlichen Folgen. Der Patient hat also grundsätzlich den Beweis zu führen, dass ein – medizinisch erforderlicher – therapeutischer Hinweis nicht erteilt wurde und es dadurch bei ihm zum Eintritt eines Schadens gekommen ist (OLG Oldenburg NJW-RR 2000, 240, 241; OLG Köln NJW-RR 2001, 91 und 93; OLG Koblenz VersR 2001, 111; Rehborn, MDR 2000, 1101, 1103; G/G, Rn B 95, 98, 221, 224).

Dem Patienten kann allerdings eine Beweiserleichterung zugute kommen, wenn der Arzt die Durchführung der Therapieaufklärung nicht dokumentiert hat (G/G, Rn B 222; BGH NJW 1998, 1782; NJW 1997, 3090) oder den Nachweis in sonstiger Weise zu führen in der Lage ist (vgl. zu den Einzelheiten → *Aufklärung* I. 3., S. 64).

5. Übernahmeverschulden

(Vgl. auch → *Arbeitsteilung*)

Zahlreiche therapeutische Fehler gehen auch auf ein „Übernahmeverschulden" in Folge unzureichender Fachkenntnisse des behandelnden Arztes oder unzureichender sachlicher und räumlicher Ausstattung der Praxis bzw. des Krankenhauses zurück (G/G, Rn 165).

Jeder Arzt hat bei der Übernahme einer Behandlung oder vor Durchführung einer Operation zu prüfen, ob er die erforderlichen praktischen und theoretischen Kenntnisse besitzt und über die für die konkrete Behandlung erforderliche technisch-apparative Ausstattung verfügt, um die voraussichtlich erforderlich werdende Behandlung oder den Eingriff entsprechend dem Stand der medizinischen Erkenntnisse zum Zeitpunkt des Eingriffs durchzuführen (L/U, § 43 Rn 2, 8).

Ein Behandlungsfehler liegt vor, wenn er vor Durchführung der Behandlung bzw. des Eingriffs hätte erkennen müssen, dass die Behandlung die Grenzen seines Fachbereichs, seiner persönlichen Fähigkeiten oder der ihm zur Verfügung stehenden technisch-apparativen Ausstattung überschreitet und/oder er durch die vorgesehene Behandlung möglicherweise überfordert ist (Gehrlein, Rn B 34; L/U, § 43 Rn 2 und § 99 Rn 12; vgl. OLG Stuttgart VersR 2001, 1560, 1563).

So ist der behandelnde Arzt **zur Überweisung** des Patienten an ein Spezial-krankenhaus **verpflichtet**, wenn ein erforderlicher Eingriff nur dort ohne bzw. mit erheblich vermindertem Komplikationsrisiko vorgenommen werden kann und eine besondere Dringlichkeit für den Eingriff nicht besteht (OLG Düsseldorf MedR 1985, 85).

Die **Nichteinweisung** in ein apparativ besser ausgestattetes Krankenhaus zur kontrollierten Durchführung einer Strahlentherapie o. a. stellt einen **Behandlungsfehler** dar, wenn ein sorgfältiger und gewissenhafter Arzt die Behandlung im Kreiskrankenhaus, in das der Patient eingeliefert worden ist, hätte ablehnen müssen (BGH NJW 1989, 2321). In solchen Fällen ist der Patient über die Möglichkeit, ein besser ausgestattetes Krankenhaus aufzusuchen, aufzuklären (BGH NJW 1989, 2321; NJW 1992, 1560; L/U, § 43 Rn 8; vgl. → *Aufklärung* II. 11., S. 120).

Ein hinzugezogener Kinderarzt darf sich, wenn er für eine ausreichende **Intubation** des **Neugeborenen** keine ausreichenden Kenntnisse und Erfahrungen besitzt, nicht mit einer Maskenbeatmung begnügen, sondern muss dafür Sorge tragen, dass ein kompetenter Krankenhausarzt herbeigerufen wird. In der unterlassenen oder – im entschiedenen Fall bis zu dessen Erscheinen um 40 Minuten – verzögerten Hinzuziehung eines kompetenten Arztes zur Sicherstellung der vitalen Funktionen ist sogar ein grober Behandlungsfehler zu sehen (OLG Stuttgart VersR 2001, 1560, 1563).

Übernimmt der Arzt eine Behandlung, die – für ihn erkennbar – über die Grenzen seines Fachbereichs hinausgeht, so hat er den für dieses Gebiet geforderten Facharztstandard zu gewährleisten (BGH NJW 1987, 1482; G/G, Rn B 13). So muss ein Urologe, der die Behandlung eines an Tuberkulose erkrankten Patienten übernimmt, dem Facharzt-Standard eines Lungenfacharztes genügen (BGH NJW 1982, 1049; Gehrlein, Rn B 33).

Wird ein 3-jähriges Kind wegen eines erlittenen Brillenhämatoms nach einem Sturz aus einer Höhe von 1,50 m mit Verdacht auf Schädelbasis-bruch einem Internisten (oder Allgemeinmediziner o. a.) zur Behandlung zugeführt, liegt ein **Übernahmeverschulden** vor, wenn dieser davon absieht, einen Augenarzt zur Abklärung einer Einblutung in die Netzhaut hinzuzuziehen (OLG Oldenburg VersR 1997, 1405; S/D, Rn 165).

Klagt ein Patient nach einer Gallenoperation gegenüber dem behandelnden Chirurgen über ein Druckgefühl im Ohr, so hat dieser einen HNO-Arzt hinzuzuziehen (OLG Zweibrücken VersR 1998, 590; S/D, Rn 165).

Ein HNO-Arzt ist auch zur Abklärung eines Hörsturzes nach einer Unterleibsoperation mit der Behandlung zu beauftragen (OLG Stuttgart VersR 1994, 106; Gehrlein, Rn B 34).

Entwickelt sich bei der Geburt eine Schulterdystokie („Hängenbleiben" der Schultern des Kindes bei der Geburt, vgl. → *Aufklärung* II. 11., S. 110), so hat die Hebamme umgehend einen Facharzt zu deren Lösung hinzuzuziehen (OLG Stuttgart VersR 1994, 1114).

Ein Übernahmeverschulden wird aber auch dann bejaht, wenn der Chefarzt eines Krankenhauses dem Patienten die persönliche Behandlung bzw. Operation zusagt, obwohl ihm bekannt ist, dass er den Eingriff nicht selbst wird vornehmen können, dieser dann vielmehr von einem nicht ausreichend qualifizierten Assistenzarzt ohne Aufsicht eines qualifizierten Facharztes durchgeführt wird (OLG Celle, VersR 1982, 46; L/U, § 43 Rn 7).

Einem „Anfänger" selbst, also einem für die Durchführung einer vorgesehenen Operation noch nicht ausreichend qualifizierten Assistenzarzt (BGH NJW 1984, 655), einem in der Weiterbildung zum Facharzt für Anästhesie stehenden Assistenzarzt (BGH NJW 1993, 2989) oder einem Arzt im Praktikum (OLG Schleswig NJW 1997, 3098), kann aus dem Gesichtspunkt des „Übernahmeverschuldens" nur dann ein Vorwurf gemacht werden, wenn er nach den bei ihm vorauszusetzenden Kenntnissen und Erfahrungen gegen die Durchführung einer Operation ohne Aufsicht eines geübten Facharztes Bedenken haben und eine Gefährdung des Patienten hätte voraussehen müssen (BGH NJW 1984, 655) oder er vor sonstigen Eingriffen erkennen konnte, dass deren Vornahme die Grenzen seiner persönlichen Fähigkeiten überschreitet (L/U, § 43 Rn 2; Gehrlein, Rn B 34; vgl. → *Anfängereingriffe* V., S. 16).

6. Organisationsfehler

Vgl. auch → *Anfängereingriffe, Anfängeroperationen,* → *Arbeitsteilung,* → *Grobe Behandlungsfehler* VIII.

Ein Krankenhausträger muss organisatorisch gewährleisten, dass er mit dem vorhandenen ärztlichen Personal und funktionstüchtigem medizinischem Gerät seine Aufgaben nach dem jeweiligen Stand der medizinischen Erkenntnisse auch erfüllen kann. Hierzu gehört die Sicherstellung eines operativen Eingriffs durch ausreichend qualifizierte Operateure sowie fachlich einwandfrei arbeitendes nichtärztliches Hilfspersonal, wobei durch entsprechende Einteilung sicherzustellen ist, dass die behandelnden Ärzte nicht durch einen vorangehenden Nachtdienst übermüdet und deshalb nicht mehr in der Lage sind, mit der im Einzelfall erforderlichen Konzentration und Sorgfalt zu operieren (BGH NJW 1986, 776; NJW 1985, 2189; G/G, Rn B 253, 291 zu „groben Organisationsfehlern"; L/U, § 102 Rn 8; Deutsch, NJW 2000, 1745).

a) Personelle Ausstattung

Werden offensichtlich ungeeignete, insbesondere nicht ausreichend qualifizierte Assistenzärzte oder **übermüdete Ärzte** eingesetzt, so trägt der für den Einsatz dieses Arztes verantwortliche Krankenhausträger die Beweislast dafür, dass eine beim Patienten eingetretene Schädigung nicht auf fehlender Erfahrung, Übung oder Qualifikation des Behandlers beruht (BGH MDR 1998, 535; NJW 1984, 655; Deutsch, NJW 2000, 1745, 1749; L/U, § 102 Rn 4 und § 101 Rn 15, 17; Gehrlein, Rn B 43).

Auch bei sorgfältiger Auswahl des Personals muss der Krankenhausträger durch geeignete Maßnahmen sicherstellen, dass die Organisationsstruktur und die einzelnen Organisationsformen wirksam sind und eine ausreichende Instruktion sowie Überwachung des eingesetzten Personals gewährleistet ist (Deutsch, NJW 2000, 1745; S/D, Rn 193).

Der **Krankenhausträger** hat die eingesetzten **Chefärzte** im Bereich der diesen übertragenen Organisationsaufgaben zu **überwachen** (BGH VersR 1979, 844; S/D, Rn 196; G/G, Rn B 30). Den Chefärzten obliegt ihrerseits die Fachaufsicht über die nachgeordneten ärztlichen und nichtärztlichen Dienste (BGH NJW 1980, 1901; S/D, Rn 196; G/G, Rn B 30).

Der Chefarzt hat den Einsatz und die Arbeit der Assistenzärzte gezielt zu kontrollieren, etwa durch Überprüfung der von diesen erhobenen Befunde, Röntgen-, Kernspin- und CT-Aufnahmen u. a. sowie regelmäßige Besprechungen (BGH NJW 1989, 767; Gehrlein, Rn B 40). Lediglich die Vornahme regelmäßiger Visiten reicht nicht aus (BGH NJW 1989, 769; G/G, Rn B 30).

Die Überwachung eines qualifizierten Facharztes mit eng begrenztem Fachgebiet, der sich über viele Jahre hin bewährt hat, kann sich jedoch darauf beschränken, ob die Zuverlässigkeit, für deren Fortbestehen zunächst die Lebenserfahrung spricht, durch nachfolgende Entwicklungen gemindert wird (OLG Köln VersR 1989, 708 für qualifizierten Chirurgen). Auch sonst dürfen die Anforderungen nicht überspannt werden, wenn sich der Assistenzarzt schon bewährt hat (S/D, Rn 197).

Ein Belegkrankenhaus muss sich im Rahmen eines „gespaltenen Krankenhausvertrages" (siehe → *Krankenhausverträge*) durch entsprechende Kontrollen vergewissern, dass das Pflegepersonal nicht zu ärztlichen Entscheidungen berufen wird (BGH NJW 1996, 2429; S/D, Rn 192) und keine Belegärzte zum Einsatz kommen, die mehrfach durch die Erteilung systematisch fehlerhafter Anweisungen oder sonstiger, gehäufter Fehlleistungen auffällig geworden sind (OLG Koblenz VersR 2001, 897, 898).

Der Krankenhausträger hat auch sicherzustellen, dass in jeder Phase der Behandlung ein Facharzt bereitsteht, der die erforderlichen Anweisungen gibt, ihre Befolgung überwacht und die fehlerfreie Behandlung des Patienten sicherstellt (BGH NJW 1991, 1539; S/D, Rn 198; G/G, Rn B 24).

Bei einer „Anfängeroperation" durch einen nicht ausreichend qualifizierten Assistenzarzt muss dabei die ständige Eingriffsbereitschaft und Eingriffsfähigkeit des Aufsicht führenden Chef- oder Oberarztes (OLG Oldenburg VersR 1998, 1380; MDR 1998, 47; OLG Stuttgart VersR 1990, 858), bei einer „Anfängernarkose" durch einen noch unerfahrenen Anästhesisten zumindest Blick- und Rufkontakt (BGH NJW 1993, 2989, 2990), beim Einsatz einer in Weiterbildung zur Fachärztin für Gynäkologie stehenden Assistenzärztin im Nachtdienst die Rufbereitschaft des Chef- oder Oberarztes gewährleistet sein (BGH MDR 1998, 535; NJW 1994, 3008, 3009).

In Notfällen sind die dadurch bedingten zwangsläufigen Beschränkungen hinsichtlich der Entschlusszeit und der verfügbaren personellen und apparativen Mittel angemessen zu berücksichtigen, hier ist der Facharztstandard der Notlage anzupassen (G/G, Rn B 27; Gehrlein, Rn B 40).

Eine Herabsetzung des Sorgfaltsmaßstabes zur Gewährleistung des Facharztstandards kommt jedoch nicht in Betracht, wenn die konkrete Notlage vorhersehbar war oder die Notfallbeherrschung zu dem an der Notfallversorgung beteiligten Krankenhaus gehört (G/G, Rn B 27; Gehrlein, Rn B 40).

Ein **Notfallkrankenhaus** muss sicherstellen, dass die **Untersuchung** einer Schwangeren mit Blutungen und Unterbauchschmerzen **innerhalb von 15 Minuten** nach der Notfallaufnahme und eine erforderliche sofortige Schnittentbindung von einem **einsatzfähigen Operationsteam** innerhalb von **20–25 Minuten nach der Indikationsstellung** durchgeführt werden kann (OLG Braunschweig VersR 1999, 191 = MDR 1998, 907).

Der Klinikträger muss für einen neonatologischen Notfall innerhalb kürzester Zeit ausreichende organisatorische Vorkehrungen treffen, insbesondere sicherstellen, dass beim Auftreten von Atemnot eines Neugeborenen ein kompetenter Arzt hinzugezogen wird, der die Ursache der gestörten Atmung klären und eine erforderliche Intubation durchführen kann. Der Klinikträger hat zu regeln, wann eine Säuglingsschwester oder Hebamme ein neugeborenes Kind zu kontrollieren und welchen Arzt das nichtärztliche Klinikpersonal beim Auftreten eines Notfalls zu verständigen hat. Organisatorische Versäumnisse dieser Art rechtfertigen in einer „Gesamtbetrachtung" den Schluss auf einen groben Behandlungsfehler (OLG Stuttgart VersR 2001, 1560, 1562 f.).

b) Apparative Ausstattung

Neben der Bereitstellung, Überwachung und Kontrolle des qualifizierten Personals hat der Krankenhausträger auch den **hygienischen und apparati-**

ven Standard entsprechend dem jeweiligen Stand naturwissenschaftlicher Erkenntnisse und ärztlicher Erfahrung, der zur Erreichung des Behandlungszieles erforderlich ist, zu gewährleisten (G/G, Rn B 19–23; Gehrlein, Rn B 36–39; L/U, § 102 Rn 16, § 109 Rn 8).

Hierzu gehört, dass zur Desinfektion kein verunreinigter Alkohol (BGH NJW 1978, 1683), bei einer Infusion keine unsterile Infusionsflüssigkeit (BGH NJW 1982, 699) und bei einer Fremdbluttransfusion kein etwa mit Hepatitis C verseuchtes Blut verwendet wird, soweit dies durch entsprechende organisatorische Vorkehrungen vermieden werden kann (BGH NJW 1991, 1948; NJW 1992, 743; vgl. → *Anscheinsbeweis* II. 1.).

Die Verursachung einer Wundinfektion durch einen menschlichen Keimträger während einer Operation ist auch bei der Anwendung aller hygienischen Sorgfalt nicht immer zu vermeiden. Die Vorgänge im lebenden Organismus lassen sich nicht so sicher beherrschen, dass ein Misserfolg der Behandlung auf Grund einer Infektion bereits den Schluss auf ein Verschulden des Arztes oder Krankenhausträgers entsprechend § 282 BGB a. F. (§ 280 I 2 BGB n. F.) zuließe (BGH NJW 1991, 1541, 1542).

Auch die Entwicklung einer Infektion nach einer Injektion lässt keinen Rückschluss auf eine erhebliche Keimverschleppung und ein möglicherweise fehlerhaftes Verhalten der Behandlungsseite zu (OLG Hamm, Urt. v. 20.5.1998 – 3 U 139/97; OLG Hamm VersR 2000, 323: Infektion nach Punktion eines Kniegelenks; Einzelheiten vgl. → *Anscheinsbeweis* und → *Voll beherrschbare Risiken*).

Der Krankenhausträger hat die Funktionstüchtigkeit der medizinischen Geräte und Apparate und deren sachgerechte Handhabung durch **Unterweisungen, Fortbildung, Wartung und Kontrolle** durch Fachpersonal zu gewährleisten (Gehrlein, Rn B 39; L/U, § 102 Rn 16; BGH VersR 1980, 822: Narkosegerät; OLG Hamm VersR 1980, 1030: Röntgeneinrichtung; OLG Frankfurt VersR 1991, 185: Hochfrequenzchirurgiegerät).

Die Funktionskontrolle eines komplizierten Narkosegeräts muss vom bedienenden Facharzt (BGH NJW 1978, 584), ein einfacheres medizinisches Gerät wie z. B. ein bei Narkosen verwendeter Tubus vom Pflegepersonal überprüft werden (Gehrlein, Rn B 39).

Der Krankenhausträger hat auch dafür Sorge zu tragen, dass die zum medizinischen Standard gehörenden Medikamente vorrätig sind oder innerhalb kurzer Zeit zur Durchführung einer geplanten Operation beschafft werden können (BGH MDR 1991, 603; F/N, Rn 90).

Ein Organisationsverschulden des Krankenhausträges kann darin liegen, dass ein Medikament mit erheblich niedrigeren Risiken für den Patienten nicht rechtzeitig vor der Operation zur Verfügung steht (BGH NJW 1991, 1543).

Blutkonserven dürfen nur von als **zuverlässig bekannten Herstellern** bezogen werden, bei denen gewährleistet ist, dass die nach den Richtlinien zur Vermeidung verseuchter Blutkonserven erforderlichen Untersuchungen durchgeführt worden sind (BGH NJW 1992, 743; Gehrlein, Rn B 38). Andernfalls müssen die Blutkonserven vor ihrer Verwendung auf etwaige Verseuchungen, insbesondere mit Hepatitis- oder Aids-Erregern untersucht werden (Gehrlein, Rn B 38).

Reicht die apparative Ausstattung einer Universitätsklinik nicht aus, allen Patienten die nach den neuesten medizinischen Erkenntnissen optimale Behandlung zuteil werden zu lassen, etwa eine CT-geplante Bestrahlung nach einer Brustkrebsoperation, so muss die Patientin die sich hieraus ergebenden Nachteile jedoch entschädigungslos hinnehmen, wenn die Behandlung im Übrigen gutem ärztlichem Qualitätsstandard entspricht (OLG Köln VersR 1999, 847).

7. Verkehrssicherungspflichten

(Vgl. auch → *Suizidgefährdete Patienten*)

Der Krankenhausträger ist nicht nur zur Behandlung der aufgenommenen Patienten unter Einsatz qualifizierten Personals und Sicherstellung des hygienischen, apparativen und medikamentösen Standards verpflichtet, sondern auch zum Schutz des Patienten vor einer Schädigung, die diesem durch die Einrichtung oder bauliche Gestaltung des Krankenhauses (BGH VersR 2000, 1240 f.), durch eingesetzte Geräte, Apparate, Möbel, sanitäre Einrichtungen oder auf Zu- und Abgängen droht (G/G, Rn A 56; S/D, Rn 208).

So muss der Einsatz von Personal und Material so organisiert werden, dass ein Sturz des Patienten von einer **Untersuchungsliege** (OLG Köln VersR 1990, 1240), einem Krankenstuhl (BGH VersR 1991, 310), einem Duschstuhl (BGH VersR 1991, 1058) vermieden wird.

Dem Träger eines **psychiatrischen Krankenhauses** obliegt deliktsrechtlich eine Verkehrssicherungspflicht zum Schutz des Patienten vor einer Schädigung, die diesem wegen der Krankheit durch ihn selbst oder durch die Einrichtung und bauliche Gestaltung des Krankenhauses droht. Diese Pflicht ist allerdings auf das Erforderliche und für das Krankenhauspersonal und deren Patienten Zumutbare beschränkt; das **Sicherheitsgebot** ist hier gegen den Gesichtspunkt der **Therapiegefährdung** durch allzu strikte Verwahrung abzuwägen (BGH VersR 2000, 1240, 1241 = MDR 2000, 1376).

Ohne besondere Umstände kann deshalb nicht verlangt werden, dass in der offenen Station einer psychiatrischen Klinik alle Türen und Fenster verschlossen werden (BGH MDR 2000, 1376).

Überwiegend wird in der Rspr. darauf abgestellt, ob eine akute oder latent vorhandene **Selbstmordgefahr** für medizinisches Personal **erkennbar** war; eine verstärkte Sicherungspflicht wird nur bei Anhaltspunkten für eine erhöhte, akute oder konkrete Selbsttötungsgefahr verlangt (BGH VersR 2000, 1240, 1241; OLG Stuttgart NJW-RR 2001, 1250; NJW-RR 1995, 662; OLG Oldenburg VersR 1997, 117; OLG Koblenz MedR 2000, 136).

Eine Haftung des behandelnden Arztes kommt selbst dann nicht in Betracht, wenn er die Suizidgefahr als solche erkannt, diese nicht durch Außerachtlassung wesentlicher Umstände unterschätzt hat und ihr auf angemessene Art und Weise begegnet ist (OLG Naumburg NJW-RR 2001, 1251). Verlangt wird dabei „nur" eine **methodisch fundierte Befunderhebung** und Diagnosestellung; hinsichtlich der Schlussfolgerung, ob ein „Akutfall" vorliegt, verbleibt dem Therapeuten im Einzelfall ein Entscheidungs- und Ermessensspielraum (OLG Koblenz MedR 2000, 136).

Diese Grundsätze gelten erst recht bei einer Behandlung in der inneren (oder einer sonstigen) Abteilung eines Allgemeinkrankenhauses. Ist eine aktuelle Suizidgefahr bei einem Patienten für den behandelnden Arzt nicht erkennbar, so stellt die Unterlassung konkreter Sicherungsmaßnahmen keinen Behandlungsfehler (Verstoß gegen die Verkehrssicherungspflicht) dar. Unterlässt der behandelnde Arzt jedoch die erforderliche Zuziehung eines Facharztes für Psychiatrie, so haftet er für die Verletzungen durch einen Sturz des Patienten aus dem Fenster nur, wenn der Patient beweisen kann, dass der Sturz bei rechtzeitiger Zuziehung des Facharztes für Psychiatrie verhindert worden wäre (OLG Karlsruhe, Urt. v. 10.11.1999 – 13 U 107/98).

Allerdings kommt dem Patienten hinsichtlich des Kausalitätsnachweises eine **Beweislastumkehr** zugute, wenn ein **„grober Organisationsmangel"** vorliegt, der das Spektrum der für die Schädigung des Patienten in Frage kommenden Ursachen besonders verbreitert hat (OLG Hamm, Urt. v. 16.9.1992 – 3 U 283/91).

Dies ist etwa der Fall, wenn die Station einer **Nervenklinik** mit **30–35 Patienten** abends nur mit **einer Pflegekraft** besetzt ist (OLG Hamm a. a. O.).

Zu weiteren Einzelheiten vgl. → *Grobe Behandlungsfehler* (S. 371), → *Suizidgefährdete Patienten* (S. 470), → *Voll beherrschbare Risiken* (S. 551).

8. Koordinationsfehler; Arbeitsteilung

Vgl. → *Arbeitsteilung*

Zur Organisationspflicht des niedergelassenen Arztes gehört cs, einen Patienten, dessen Behandlung in das Gebiet eines anderen ärztlichen Fachbereichs fällt oder von ihm auf Grund eigener, begrenzter persönlicher Fähigkeiten bzw. unzureichender Ausstattung nicht übernommen werden

kann, an einen entsprechenden Facharzt oder in ein Krankenhaus zu überweisen.

Der in einem Krankenhaus tätige Arzt hat bei sich andeutender Überschreitung der Grenzen seines Fachwissens im Rahmen der „horizontalen
Arbeitsteilung" einen Konsiliararzt (Arzt einer anderen Abteilung des
Krankenhauses oder niedergelassener Arzt) hinzuzuziehen oder die Überweisung des Patienten in die entsprechende Fachabteilung des Krankenhauses bzw. einer Spezialklinik zu veranlassen.

Bei dieser „horizontalen Arbeitsteilung" zwischen dem behandelnden
Arzt einerseits und dem hinzugezogenen Facharzt, Konsiliararzt oder der
entsprechenden Fachklinik andererseits geht es in haftungsrechtlicher
Sicht um die Entlastung des einen und die Belastung des anderen Arztes,
wobei bei Fehlen einer klaren Abgrenzung der Verantwortungsbereiche
zwischen dem überweisenden und dem hinzugezogenen Arzt u. U. eine
Haftung beider Behandler als Gesamtschuldner in Betracht kommt (vgl.
G/G, Rn B 115, 117; Gehrlein, Rn B 54 ff.; Deutsch, NJW 2000, 1745, 1746).

Demgegenüber geht es bei der „vertikalen Arbeitsteilung" um die Fragen,
welche Aufgaben vom Chef- oder Oberarzt eines Krankenhauses auf die
Assistenzärzte bzw. vom Assistenzarzt auf Pflegekräfte übertragen werden können, in welchem Umfang Kontrollen des nachgeordneten ärztlichen und nichtärztlichen Dienstes erforderlich sind, und inwieweit sich
nachgeordnetes ärztliches und nichtärztliches Personal auf die Organisation und die Anordnungen der vorgesetzten Ärzte verlassen können (vgl.
G/G, Rn B 137, 139, 140; S/D, Rn 223 ff.; Gehrlein, Rn B 70 ff.).

Zu den Einzelheiten vgl. → *Arbeitsteilung* (S. 31).

V. Kausalität

Vgl. → *Beweislastumkehr*, → *Grobe Behandlungsfehler*, → *Kausalität*,
→ *Unterlassene Befunderhebung*

Im Arzthaftungsprozess muss der Patient nicht nur das Vorliegen eines
ärztlichen Behandlungsfehlers, sondern – soweit keine Beweiserleichterungen eingreifen – auch dessen für die Gesundheit nachteilige Wirkung
nachweisen (OLG Zweibrücken VersR 1998, 590).

Liegt der Behandlungsfehler des Arztes in einem positiven Tun, so hat der
Patient für die haftungsbegründende Kausalität, den **Eintritt des „Primärschadens" nachzuweisen**, dass die nach dem medizinischen Soll-Standard
zum Zeitpunkt der Durchführung der Behandlung erforderliche Behandlung den Eintritt des Primärschadens verhindert hätte (G/G, Rn B 218,
B 200; E/B, Rn 510, 511, 517, vgl. S. 300, 374).

Um beim Vorliegen eines Behandlungsfehlers durch ein Unterlassen der Behandlungsseite einen Ursachenzusammenhang bejahen zu können, muss die unterbliebene Handlung – etwa die vollständige Untersuchung einer Wunde und die Weiterleitung des Patienten zur operativen Behandlung – hinzugedacht und festgestellt werden, dass der Schaden gewiss oder mit an Sicherheit grenzender Wahrscheinlichkeit dann nicht eingetreten wäre. Die bloße Wahrscheinlichkeit des Nichteintritts genügt nicht (OLG Zweibrücken VersR 1998, 590).

Gem. § 286 ZPO genügt für den Nachweis des Ursachenzusammenhangs zwischen dem Behandlungsfehler und dem Eintritt des Primärschadens ein für das **praktische Leben brauchbarer Grad an Gewissheit**, ein für einen vernünftigen, die Lebensverhältnisse klar überschauenden Menschen so hoher Grad von Wahrscheinlichkeit, dass er den Zweifeln Schweigen gebietet, ohne sie völlig auszuschließen (BVerfG NJW 2001, 1640; B/L/A/H, § 286 ZPO Rn 17, 18; E/B, Rn 518).

Kann nicht festgestellt werden, dass ein verspätet und deshalb fehlerhaft durchgeführter Eingriff bei rechtzeitiger Vornahme das Leiden des Patienten hätte vermeiden können, so fehlt es an den Voraussetzungen für die Annahme eines Kausalzusammenhangs zwischen dem Behandlungsfehler und dem eingetretenen Gesundheitsschaden (OLG Hamm, Urt. v. 31.10.1994 – 3 U 223/93).

Das **Unterlassen einer gebotenen ärztlichen Maßnahme**, etwa das Röntgen eines geschwollenen Fußes, stellt einen **Behandlungsfehler** dar, führt aber nicht zur Haftung des Arztes, wenn die Durchführung der Maßnahme den eingetretenen Gesundheitsschaden deshalb nicht verhindert hätte, weil die später durchgeführte konservative Behandlung und nicht die Durchführung einer Operation nach Vorlage der Röntgenbilder die Therapie der Wahl war (OLG Köln VersR 1991, 930).

Weitere Einzelheiten vgl. bei → *Anscheinsbeweis*, → *Beweislastumkehr*, → *Dokumentationsfehler*, → *Grobe Behandlungsfehler*, → *Kausalität*, → *Unterlassene Befunderhebung*, → *Voll beherrschbare Risiken*.

Berufung

I. Übersicht

Nach In-Kraft-Treten des Gesetzes zur Reform des Zivilprozesses vom 27.7.2001 am 1.1.2002 haben die Vorschriften des Berufungsrechts einschneidende Änderungen erfahren.

Die **Berufung** ist nunmehr bereits bei einer **Beschwer über 600 Euro**, andernfalls nach Zulassung der Berufung durch das Gericht des ersten Rechtszuges **zulässig** (§ 511 II ZPO n. F.). Die Berufungsfrist beträgt nach wie vor einen Monat (§ 517 ZPO n. F.). Die Berufungsbegründungsfrist knüpft nicht mehr am Datum der Berufungseinlegung an, sondern wie die Berufung selbst an der Zustellung des vollständigen Urteils und beträgt nunmehr zwei Monate (§ 520 II 1 ZPO n. F.).

Ohne Einwilligung der Gegenpartei darf sie vom Vorsitzenden nur bis zu einem Monat verlängert werden, wenn nach dessen freier Überzeugung keine Verzögerung des Rechtsstreits eintritt oder wenn der Berufungsführer „erhebliche Gründe" darlegt (§ 520 II 3 ZPO n. F.). Erhebliche Gründe sind – wie bisher – z. B. laufende Vergleichsgespräche (BGH NJW 1999, 430), eine benötigte Einarbeitungszeit des neu bestellten Anwalts (BGH NJW-RR 2000, 800) oder die Arbeitsüberlastung des Prozessbevollmächtigten (BGH NJW 1991, 2081; NJW-RR 1989, 1280; B/L/A/H, § 520 ZPO Rn 11). Konkrete Angaben über die Gründe und ihre Auswirkung sind dabei nicht erforderlich (BVerfG NJW 2000, 1634; BAG NJW 1995, 150 und 1446).

§§ 520 III 2 Nr. 1–4, 529 I Nr. 1, 2, II ZPO n. F. beinhalten eine Verschärfung der Forderungen an eine einwandfreie Berufungsbegründung und beschränken den Prüfungsumfang des Berufungsgerichts (vgl. Hartmann, NJW 2001, 2577, 2590 f.; Schellhammer, MDR 2001, 1141, 1142 ff.; Rimmelspacher, NJW 2002, 1897, 1901 ff.; Stackmann, NJW 2002, 781, 786; Ball, ZGS 2002, 146, 148 ff.).

Neue Angriffs- und Verteidigungsmittel sind nur unter den eingeschränkten Voraussetzungen des § 531 I, II ZPO n. F. zugelassen.

Neuer Vortrag ist in der Berufungsinstanz gem. § 531 II Nr. 3 ZPO n. F. nur beachtlich, wenn er in erster Instanz ohne Nachlässigkeit unterblieben war. Hier schadet dem Berufungsführer bereits die „einfache" Fahrlässigkeit (Hartmann, NJW 2001, 2577, 2591; Schmude/Richele, BRAK-Mitt. 2001, 255, 259; Zöller, § 531 Rn 31).

Allerdings eröffnet ein Fehler des erstinstanzlichen Gerichts, das die Parteien gem. § 139 II ZPO n. F. auf alle rechtlich relevanten Gesichtspunkte hinzuweisen und die Hinweise gem. § 139 IV ZPO n. F. aktenkundig zu machen hat, dem Berufungsführer den neuen Vortrag in der zweiten Instanz, § 531 II 1 Nr. 1, 2 ZPO n. F. (vgl. Hartmann, NJW 2001, 2577, 2591 und B/L/A/H, § 531 Rn 14, 15).

Gem. § 160 II ZPO hat das Gericht die wesentlichen Vorgänge der Verhandlung aufzunehmen. Dies gebietet die Darstellung des Verfahrensablaufs, soweit es für die Entscheidung erforderlich ist (Zöller, § 160 Rn 3). Nach § 160 IV 1 ZPO kann die Aufnahme bestimmter Vorgänge oder Äußerungen in das Protokoll beantragt werden. Es empfiehlt sich, hiervon vermehrt Gebrauch zu machen. Falls das Gericht die Aufnahme in das Protokoll ablehnt, muss der Anwalt einen förmlichen Beschluss darüber herbeiführen. Ein solcher Beschluss ist auf alle Fälle im Protokoll aufzunehmen, § 160 IV 3 (vgl. Doms, NJW 2002, 777, 779).

Klageänderung, Aufrechnung und Widerklage sind gem. § 533 ZPO n. F. nur noch zulässig, wenn der Gegner einwilligt oder das Gericht die Sachdienlichkeit bejaht und – kumulativ – die hierzu behaupteten Tatsachen nach § 529 ZPO n. F. ohnehin zu berücksichtigen sind, d. h. wenn konkrete Anhaltspunkte für fehler- oder lückenhafte Feststellungen in erster Instanz vorliegen (§ 529 I Nr. 1 ZPO n. F.) oder die Berücksichtigung der neuen Tatsachen gem. § 529 I Nr. 2, 531 II 1 Nr. 1–3 ZPO n. F. zulässig ist (zur Klageänderung bei Berufungseinlegung vgl. Gaier, NJW 2001, 3289, 3291 f.).

Die Möglichkeit der Einlegung einer Anschlussberufung wird in § 524 ZPO n. F. eingeschränkt. Die Anschließung kann gem. § 524 II 2 ZPO n. F. nur innerhalb eines Monats ab Zustellung der Berufungsbegründung der Gegenseite eingelegt werden und ist gem. § 524 I 2, III 1 bereits in der Anschlussschrift, die den Anforderungen der §§ 519 II, IV, 520 III 2 Nr. 1–4 ZPO n. F. genügen muss, zu begründen (zu den Einzelheiten vgl. Piekenbrock, MDR 2002, 675 ff.). Sie verliert nach § 524 ZPO n. F. ihre Wirkung, wenn die Hauptberufung – nunmehr bis zur Verkündung des Berufungsurteils (§ 516 I ZPO n. F.) auch ohne Zustimmung der Gegenseite – zurückgenommen, vom Gericht verworfen oder durch Beschluss zurückgewiesen wird.

Damit scheidet die bislang gegebene Möglichkeit aus, die Anschlussberufung erst dann einzulegen, wenn sich deren Erfolg durch Äußerungen des

Gerichts oder aus dem Ergebnis eines in zweiter Instanz eingeholten Sachverständigengutachtens abzeichnet (Schmude/Eichele, BRAK-Mitt. 2001, 255, 258).

Eine unzulässige Berufung wird nach mündlicher Verhandlung durch Urteil, ohne mündliche Verhandlung durch Beschluss verworfen (§§ 522 I 2, I 3, 128 IV ZPO n. F.).

Der Beschluss ist nicht mehr mit der sofortigen Beschwerde, sondern nur noch mit der Rechtsbeschwerde anfechtbar (§ 522 I 4 ZPO n. F.).

Das Berufungsgericht weist die Berufung ohne mündliche Verhandlung durch einstimmigen Beschluss zurück, wenn sie keinen Erfolg verspricht, keine grundsätzliche Bedeutung hat und auch die Rechtsfortbildung oder eine ständige Rechtsprechung kein Berufungsurteil erfordert (§ 522 II 1 Nr. 1–3 ZPO n. F.). Die einstimmige Zurückweisung ist gem. § 522 III ZPO n. F. unanfechtbar.

Die zulässige und nicht von Anfang an aussichtslose, letztlich aber unbegründete Berufung wird nach mündlicher Verhandlung – wie bisher – durch Urteil zurückgewiesen (vgl. Schellhammer, MDR 2001, 1141, 1147).

Auf eine zulässige und begründete Berufung hat das Berufungsgericht selbst über Klage- und Berufungsanträge zu entscheiden (§ 538 I, II ZPO n. F.). Eine Zurückverweisung an das erstinstanzliche Gericht kommt nur ausnahmsweise unter den Voraussetzungen des § 538 II 1 Nr. 1–7 ZPO n. F. in Betracht (vgl. Hartmann, NJW 2001, 2577, 2591; Schellhammer, MDR 2001, 1141, 1147; zur Änderung des Revisionsverfahrens vgl. Büttner, MDR 2001, 1201 ff.).

II. Zulässigkeit der Berufung

Für Berufungen gegen Urteile des AG bleibt das LG zuständig (§ 72 GVG), für Berufungen gegen erstinstanzliche Urteile des LG ist das OLG zuständig (§ 119 I GVG), wobei es § 119 III GVG den einzelnen Bundesländern überlässt, Oberlandesgerichte für alle Berufungen und Beschwerden gegen amtsgerichtliche Entscheidungen für zuständig zu erklären. Hiervon hat bislang jedoch kein Bundesland Gebrauch gemacht.

Gem. § 522 I 1 ZPO n. F. ist die Berufung nur zulässig (vgl. LG Stendal NJW 2002, 2886; Zöller, § 520 Rn 27), wenn sie an sich statthaft (§ 511 I, II ZPO n. F.) und in der gesetzlichen Form und Frist angelegt und begründet worden ist (§§ 513 I, 517, 518 I, II, IV, 520 ZPO n. F.). Im Einzelnen:

213

1. Statthaftigkeit der Berufung

Die Berufung ist – wie bisher – gegen **Endurteile der ersten Instanz** statthaft und erfasst auch deren Vorentscheidungen, die weder unanfechtbar noch mit sofortiger Beschwerde anfechtbar sind (§§ 511 I, 512), also alle Zwischenurteile nach § 303 ZPO n. F., Beweisbeschlüsse, Beschlüsse über Trennung und Verbindung und andere prozessleitende Anordnungen des Gerichts (B/L/A/H, § 512 ZPO Rn 2).

Ein Versäumnisurteil kann gem. § 514 II ZPO n. F. in der Berufung nur mit der Begründung angefochten werden, dass der Fall einer schuldhaften Versäumung nicht vorgelegen habe. Im Übrigen ist hier der Einspruch der richtige Rechtsbehelf (§§ 514 II, 338, 339, 340 ZPO).

Gem. § 511 II Nr. 1 ZPO n. F. beträgt die Berufungssumme bei Urteilen, die auf eine mündliche Verhandlung nach dem 31.12.2001 erfolgen, nunmehr 600 Euro. Bei geringeren Beschwerdewerten ist eine Zulassung durch das erstinstanzliche Gericht erforderlich (§ 511 II Nr. 2, IV 1 Nr. 1, 2 ZPO n. F.).

2. Berufungseinlegung

Die Berufungsfrist beträgt gem. § 517 ZPO n. F. nach wie vor einen Monat nach Zustellung des Urteils.

Die beim Berufungsgericht – auch durch Fernschreiben (BGH NJW 1987, 2587), Btx (BVerwG NJW 1995, 2121), Telefax (BVerfG NJW 1996, 2857; BGH NJW 1994, 1879), elektronische Übertragung einer Textdatei mit eingescannter Unterschrift auf ein Faxgerät des Gerichts (GemS der Obergerichte NJW 2000, 2341) – einzureichende Berufungsschrift muss – wie bisher – den Mindesterfordernissen des § 519 I Nr. 1, Nr. 2 und des § 519 IV i. V. m. § 130, 130 a ZPO genügen.

3. Berufungsbegründungsfrist

Der Berufungskläger muss die Berufung innerhalb von zwei Monaten nach Zustellung des vollständigen, erstinstanzlichen Urteils begründen (§ 520 II 1 ZPO n. F.). Eine Verlängerung ist ohne Einwilligung des Prozessgegners bei Darlegung erheblicher Gründe nur um einen Monat zulässig (§ 520 II 3 ZPO n. F.).

4. Inhalt der Berufungsbegründung

Gem. § 520 III 2 Nr. 1–4 ZPO n. F. muss die Berufungsbegründung gegen Urteile, deren zugrunde liegende mündliche Verhandlung nach dem

31.12.2001 stattgefunden hat, viererlei enthalten (vgl. Schellhammer, MDR 2001, 1141, 1143):

a) Berufungsanträge gem. § 520 III 2 Nr. 1 ZPO n. F.

Aus der Berufung muss klar ersichtlich sein, inwieweit der Berufungskläger das Urteil anficht und welche Abänderungen er beantragt. Spätere Erweiterungen und Beschränkungen einer zulässigen Berufung sind zwar bis zum Schluss der mündlichen Verhandlung zulässig (§§ 263, 264, 533 ZPO n. F.; vgl. B/L/A/H, § 520 ZPO Rn 17, 19).

Allerdings sind Angriffs- und Verteidigungsmittel, die nicht rechtzeitig in der Berufungsbegründung oder Berufungserwiderung vorgebracht worden sind, nach §§ 530, 296 I ZPO n. F. nur dann zuzulassen, wenn sie das Verfahren nicht verzögern und die Partei die Verspätung ausreichend entschuldigt.

b) Entscheidungsrelevante Rechtsverletzung

In der Berufungsbegründung müssen gem. § 520 III 2 Nr. 2 ZPO n. F. etwaige Umstände für eine Rechtsverletzung, die das Urteil verfälschen, dargelegt werden.

Der Berufungskläger muss danach darlegen, dass eine bestimmte Rechtsnorm nicht oder falsch angewendet worden ist, weiterhin, dass das Urteil ohne den Rechtsfehler für ihn günstiger ausgefallen wäre. Rügt er beispielsweise die Verletzung der richterlichen Aufklärungspflicht nach § 139 I, II, III ZPO n. F., so muss er auch darlegen, wie er auf den vermissten Hinweis reagiert und wie seine Reaktion das Urteil beeinflusst hätte (Schellhammer, MDR 2001, 1141, 1143; zum alten Recht bereits BGH MDR 1988, 309).

Zu den Umständen für eine Rechtsverletzung, mit denen sich das Berufungsgericht gem. § 529 II 1 ZPO n. F. nur nach rechtzeitiger Rüge in der Berufungsbegründung beschäftigen muss, gehören auch Verfahrensfehler, selbst wenn sie nicht von Amts wegen zu beachten sind (Schellhammer, MDR 2001, 1141, 1146).

Zu den **von Amts wegen zu berücksichtigenden Verfahrensfehlern** zählen etwa die Verletzung des § 308 I ZPO (BGH NJW-RR 1989, 1087), ein Urteil ohne brauchbaren Tatbestand (Schellhammer a. a. O.), ein Verstoß gegen die Regeln über die Bestellung des streitentscheidenden Einzelrichters bzw. der in Arzthaftungsprozessen gem. §§ 348 I 2 Nr. 2 e, 348 a I Nr. 1 ZPO n. F. zuständigen Kammer (vgl. B/L/A/H, ZPO § 295 Rn 25 „Einzelrichter"; vgl. → *Einzelrichter*), die fehlerhafte Besetzung des Gerichts

(B/L/A/H, ZPO § 295 Rn 29, 30) und das Fehlen von Prozessvoraussetzungen mit Ausnahme der Zuständigkeit des erstinstanzlichen Gerichts (Schellhammer, MDR 2001, 1141, 1146; Hartmann, NJW 1999, 3747).

Gem. § 513 II ZPO kann die Berufung nicht darauf gestützt werden, dass die erste Instanz ihre Zuständigkeit zu Unrecht angenommen hat. Dies gilt für die örtliche, sachliche und auch eine ausschließliche Zuständigkeit (Schellhammer, MDR 2001, 1141, 1146; B/L/A/H, § 513 ZPO Rn 3), nicht jedoch für die internationale Zuständigkeit (B/L/A/H a. a. O.; a. A. Schellhammer a. a. O.; und Zöller-Gummer, § 513 Rn 8, der die gesetzgeberische Entscheidung als „nicht durchdacht" in Frage stellt).

Nicht von Amts wegen zu berücksichtigende, verzichtbare Verfahrensfehler, die gem. § 520 III 2 Nr. 2 ZPO n. F. zu rügen sind, soweit sie nicht ohnehin bereits in erster Instanz gem. § 295 I ZPO durch rügelose Verhandlung geheilt worden sind und deshalb gem. § 534 ZPO n. F. auch in zweiter Instanz nicht mehr gerügt werden können, sind etwa die Durchführung einer Beweisaufnahme ohne einen nach §§ 358, 358 a ZPO erforderlichen Beweisbeschluss (B/L/A/H, § 295 ZPO Rn 22), das Fehlen der Klagezustellung, soweit keine Notfrist in Lauf gesetzt werden soll (B/L/A/H, § 295 ZPO Rn 28), das Fehlen einer wirksamen Unterzeichnung auch fristgebundener Schriftsätze (BGH NJW 1996, 1351 und NJW-RR 1999, 1252), das Verbot, nach Ende der mündlichen Verhandlung noch Schriftsätze nachzureichen (Zöller, § 295 Rn 3) und das Recht, zum Ergebnis der Beweisaufnahme Stellung zu nehmen (§ 285 I ZPO; vgl. Zöller, § 295 Rn 3 und § 285 Rn 1).

Verzichtbare Rügen zur Zulässigkeit der Klage, die nicht ohnehin gem. §§ 534, 295 I ZPO unangreifbar geworden sind und bereits im ersten Rechtszug oder bis zum Ablauf der Berufungsbegründungsfrist hätten vorgebracht werden müssen, können – anders als die sonstigen, § 520 III 2 Nr. 1–4 ZPO n. F. unterfallenden Berufungsgründe (vgl. Schellhammer, MDR 2001, 1141, 1143) – gem. § 532 ZPO n. F. (nur) dann nachgeschoben werden, wenn die Partei die Verspätung genügend entschuldigt.

Sonstige Umstände für weitere als die innerhalb der Berufungsbegründungsfrist schlüssig darzustellenden Rechtsverletzungen können nach deren Ablauf nicht mehr nachgeschoben werden, sie sind unzulässig (Schellhammer, MDR 2001, 1141, 1144; Zöller, § 520 Rn 27 und § 531 Rn 31, 32).

c) Bezeichnung der Anhaltspunkte für die Unrichtigkeit der Tatsachenfeststellungen

Gem. § 520 III 2 Nr. 3 ZPO n. F. muss der Berufungskläger konkrete Anhaltspunkte, die Zweifel an der Richtigkeit oder Vollständigkeit der Tatsachenfeststellung im angefochtenen Urteil begründen und deshalb eine neue Feststellung gebieten, darlegen.

„Konkrete Anhaltspunkte" liegen etwa vor, wenn

- ein tatsächliches mündliches Vorbringen einer Partei übergangen oder nicht vorgetragene Tatsachen verwertet werden (Ball, Richter am BGH, ZGS 2002, 146, 148),

- unstreitige oder zugestandene Tatsachenbehauptungen als streitig oder streitiges Vorbringen als unstreitig behandelt wird (Ball, ZGS 2002, 146, 148),

- angebotene Beweise verfahrensfehlerhaft nicht oder unter Verletzung von Verfahrensnormen erhoben werden (Ball, ZGS 2002, 146, 148),

- erhobene Beweise nicht oder fehlerhaft gewürdigt worden sind (Ball, ZGS 2002, 146, 148),

- es das Vordergericht versäumt, Widersprüche im Gutachten eines oder zwischen mehreren Sachverständigen mit Hilfe einer ergänzenden Anhörung des Sachverständigen und dessen gezielter Befragung auszuräumen (BGH MDR 2001, 565; Gehrlein, Rn E 17),

- die Einholung eines weiteren Gutachtens unterbleibt, obwohl sich gutachterliche Widersprüche nicht auflösen lassen (BGH NJW 2001, 1787, 1788) oder die Voraussetzungen des § 412 ZPO in I. Instanz vorlagen (OLG Saarbrücken OLGR 2000, 403), also wenn das Gutachten des gerichtlich bestellten Sachverständigen in sich widersprüchlich oder unvollständig ist, der Sachverständige erkennbar nicht sachkundig war, sich die Tatsachengrundlage nach Erstellung des Gutachtens geändert hat oder wenn es neue wissenschaftliche Erkenntnismöglichkeiten zur Beantwortung der dem Sachverständigen gestellten Fragen gibt (Zöller, § 529 Rn 9).

Der Berufungsführer muss die Würdigung und die Wiedergabe von Feststellungen des erstinstanzlichen Urteils unmittelbar angreifen, etwa durch Hinweise auf Widersprüche in den Aussagen eines Zeugen, das Übersehen einer Urkunde oder eines erheblichen Beweisangebotes (B/L/A/H, § 520 ZPO Rn 34; Schmude/Eichele, BRAK-Mitt. 2001, 255, 256).

Sind entscheidungserhebliche Tatsachen durch Sachverständigengutachten festgestellt, so ist eine eingehende Auseinandersetzung mit den Einzelheiten des Gutachtens erforderlich (Schmude/Eichele a. a. O., 256).

Die „konkreten Anhaltspunkte" i. S. d. §§ 520 III 2 Nr. 3, 529 I Nr. 1 ZPO n. F. müssen geeignet sein, eine gewisse – nicht notwendig überwiegende – Wahrscheinlichkeit aufzuzeigen, dass die erstinstanzliche Feststellung einer erneuten Beweisaufnahme keinen Bestand haben wird (B/L/A/H, § 529 Rn 4; Zöller, § 529 Rn 3). Nach Ansicht von Alberts (S/H/A/S, Rn 554) soll sogar ein unter 50 % liegender Grad der Wahrscheinlichkeit ausreichen.

In einem zweiten Schritt müssen die konkreten Anhaltspunkte „Zweifel" an der Richtigkeit oder Vollständigkeit der entscheidungserheblichen Feststellungen begründen.

Solche „Zweifel" liegen etwa bei Übergehung eines entscheidungserheblichen Beweisantrages, der Verkennung der Beweislast, bestehenden, unauflösbaren Widersprüchen zwischen dem Protokoll und den hieraus gezogenen Schlüssen oder bei Verstößen der Beweiswürdigung gegen die Denkgesetze oder allgemein anerkannte Erfahrungssätze vor (B/L/A/H, § 529 ZPO Rn 3).

Gerade in Arzthaftungssachen lässt sich eine Ursächlichkeit des Rechtsfehlers für die Tatsachenfeststellung regelmäßig nicht ausschließen, weil das übergangene Beweismittel die ergänzende Befragung eines Sachverständigen oder die Einholung eines weiteren Gutachtens oftmals zu abweichenden Feststellungen führt (Stackmann, NJW 2002, 781, 787; Zöller, § 529 Rn 9).

Somit ist eine erneute Beweisaufnahme nach neuem Recht nur dann erlaubt, wenn konkrete Anhaltspunkte Zweifel begründen und die Neufeststellung geboten ist (vgl. Zöller, § 529 Rn 2 a. E.).

Grundsätzlich ist damit die Rechtsprechung obsolet geworden, die das Berufungsgericht zwang, die erstinstanzliche Beweisaufnahme zu wiederholen, wenn sie die Beweise anders auslegen oder anders würdigen wollten (vgl. BGH MDR 2000, 412; MDR 1999, 1083), etwa wenn das Berufungsgericht ein vorliegendes Sachverständigengutachten oder die Angaben von Zeugen anders als die Vorinstanz werten wollte.

Im Hinblick auf die im **Arzthaftungsprozess** postulierte „Waffengleichheit" wird es jedoch voraussichtlich bei dem Grundsatz verbleiben, dass das **Gericht** auch ohne Rüge der Partei **verpflichtet** ist, entscheidungserhebliche, **medizinische Fragen von Amts wegen aufzuklären** (BGH MDR 1984, 660; Rehborn, MDR 2000, 1320 und MDR 2001, 1148, 1155; R/S, II – Greiner, S. 9 ff.; G/G, Rn E 6, 8).

Zudem ist davon auszugehen, dass die Praxis Ungereimtheiten des neuen Berufungsrechts, etwa den Zusammenhang zwischen § 520 III 2 Nr. 3 einerseits und §§ 529 I Nr. 1, 530 ZPO n. F. andererseits, ausgleichen,

keine hohen Anforderungen an die darzulegenden „konkreten Anhaltspunkte" und „Zweifel" stellen und neue Tatsachen und Beweise großzüg
zulassen wird (Schellhammer, MDR 2001, 1141, 1144; Hartmann, NJW
2001, 2577, 2591; auch S/H/A/S, Rn 554, 555, 558).

Nachdem nunmehr in der Berufungsinstanz neuer Tatsachenvortrag nur
eingeschränkt zugelassen werden wird und der Tatbestand des erstinstanzlichen Urteils zugrunde zu legen ist (§ 529 I Nr. 1 n. F.), kommt dem
Tatbestand und damit auch einer Tatbestandsberichtigung nach § 320 I
ZPO erhebliche Bedeutung zu (vgl. Doms, NJW 2002, 777, 779; Ball, ZGS
2001, 146, 148 f).

Der erstinstanzlich tätige Anwalt muss zur Vermeidung von Haftungsrisi-
ken vor Ablauf von zwei Wochen (§ 320 I ZPO) nach Zustellung des vollständig abgefassten Urteils (§ 320 II 1 ZPO), spätestens binnen dreier
Monate nach Verkündung des Urteils (§ 320 II 3 ZPO) dessen Tatbestand
auf Vollständigkeit und Richtigkeit des widergegebenen Sach- und Streit-
standes überprüfen und innerhalb dieser Fristen Tatbestandsberichtigung
beantragen (Ball, ZGS 2002, 146, 150).

Der durch den Tatbestand gelieferte Beweis kann nur durch die im Sitzungsprotokoll (vgl. § 160 II, IV ZPO) getroffenen widersprechenden Feststellungen entkräftet werden, nicht jedoch durch die vorher eingereichten
Schriftsätze (BGH NJW 1999, 1339; Zöller, § 314 Rn 3). Bei einem Widerspruch zwischen Tatbestand und Sitzungsprotokoll geht Letzteres vor
(Ball, ZGS 2002, 146, 149).

Der erstinstanzlich tätige Anwalt ist deshalb auch gehalten, nach § 160
IV 1 ZPO die Aufnahme bestimmter Vorgänge oder Äußerungen in das
Protokoll zu beantragen. Lehnt das Gericht die Aufnahme in das Protokoll ab, muss er einen in jedem Fall aufzunehmenen, förmlichen Beschluss hierüber herbeiführen, § 160 IV 3 ZPO (vgl. Doms, NJW 2002, 777,
779).

d) Bezeichnung der neuen Angriffs- und Verteidigungsmittel

Gem. § 520 III 2 Nr. 4 ZPO n. F. müssen neue Angriffs- und Verteidigungsmittel sowie die Tatsachen, aufgrund derer diese nach § 531 II ZPO n. F.
zuzulassen sind, in der Berufungsbegründung dargestellt werden.

Neu sind Angriffs- und Verteidigungsmittel, also insbesondere Behauptungen, Bestreiten, Einwendungen, Einreden, Beweismittel und Beweiseinreden (vgl. § 282 I ZPO), nicht jedoch eine Klage oder Widerklage (vgl.
B/L/A/H, § 282 ZPO Rn 6), wenn sie erstmals in der Berufungsinstanz verwendet werden, also weder im Tatbestand des erstinstanzlichen Proto-
kolls noch im Verhandlungsprotokoll vermerkt sind oder aber in der

ersten Instanz entgegen § 296 I, II ZPO zu spät vorgebracht worden sind (Schellhammer, MDR 2001, 1141, 1144; B/L/A/H, § 531 ZPO Rn 12).

Neu ist auch die Nachholung der bislang fehlenden Substantiierung einer vorher erklärten Aufrechnung, nicht jedoch die Konkretisierung eines schon in erster Instanz eingeführten Vorbringens (B/L/A/H a. a. O.). Nicht „neu" ist die Aufrechnung, wenn das erstinstanzliche Gericht nur von mangelnder Stubstantiierung ausgegangen ist (Schneider, MDR 2002, 684, 686 a. E.).

Nach Auffassung von Alberts (S/H/A/S, Rn 543, 544) ist der Berufungsführer unabhängig von der Möglichkeit, diese bereits in erster Instanz vorzutragen, befugt, in der – fristgerecht eingereichten – Berufungsbegründung neue, auf ein Privatgutachten gestützte Tatsachen vorzutragen. Danach ist vom Berufungsgericht auch ein erst nach Erlass des erstinstanzlichen Urteils in Auftrag gegebenes Privatgutachten zu berücksichtigen, das gegenüber dem gerichtlich eingeholten Gutachten in entscheidungserheblichen Fragen zu abweichenden Feststellungen kommt (S/H/A/S, Rn 537).

Die Vorlage eines Privatgutachtens, mit dessen Hilfe die Feststellungen des Erstgerichts in Zweifel gezogen werden, wird nicht als nachlässig i. S. d. § 531 I Nr. 3 ZPO bewertet (BGH VersR 1990, 732 zum alten Recht; Zöller, § 531 Rn 31). Allerdings ist dem Berufungsführer dringend zu empfehlen, nach Vorlage des erstinstanzlichen Gutachtens die Ladung des Sachverständigen zur Erörterung entscheidungserheblicher Fragen zu beantragen, um sich hernach nicht dem Vorwurf auszusetzen, bei gezielter Befragung hätte sich möglicherweise ein anderes Bild ergeben.

III. Zulassung neuer Angriffs- und Verteidigungsmittel

Gem. § 531 II ZPO sind neue Angriffs- und Verteidigungsmittel in der Berufungsinstanz nur noch in drei Fällen zugelassen:

1. Erstinstanzlich übersehene Gesichtspunkte

Sie betreffen einen Gesichtspunkt, der in der I. Instanz erkennbar übersehen oder für unerheblich gehalten worden ist (§ 531 II 1 Nr. 1 ZPO n. F.).

2. Verfahrensfehler des erstinstanzlichen Gerichts

Das neue Angriffs- oder Verteidigungsmittel wurde erstinstanzlich infolge eines Verfahrensfehlers nicht geltend gemacht. Dies ist insbesondere dann der Fall, wenn die nach § 139 I, II ZPO n. F. nunmehr in weiterem Umfang erforderlichen Hinweise unterblieben sind.

Das Gericht hat alle Tatsachen zu erörtern, die nach seiner vorläufigen Beurteilung entscheidungserheblich sein können oder sind und hat erforderlichenfalls gezielte Fragen an die Parteien zu stellen (B/L/A/H, § 139 ZPO Rn 24, 25, 28). Es muss die Parteien zur ausreichenden Bezeichnung ihrer Beweismittel auffordern und auf die Stellung sachdienlicher Anträge hinwirken (B/L/A/H, § 139 ZPO Rn 29, 34).

Auf rechtliche und tatsächliche Gesichtspunkte, die eine Partei erkennbar übersehen oder für unerheblich gehalten hat, hat es hinzuweisen und Gelegenheit zur Äußerung zu geben (§ 139 II 1 ZPO n. F.). Solche Gesichtspunkte sind etwa eine weitere, nicht erwähnte Anspruchsgrundlage, ein offenkundiger, von keiner Partei vorgetragener Sachverhalt, Bedenken gegen die Schlüssigkeit des Parteivorbringens, die Verkennung der Beweislast durch eine Partei oder ein beabsichtigtes Abweichen von höchst richterlicher Rechtsprechung (B/L/A/H, § 139 ZPO Rn 41). Beruht das Unterbleiben des Beweisantritts auf einer erkennbar falschen Beurteilung der Beweislast oder auf einem offensichtlichen Versehen der Partei, darf das Gericht auch auf die Notwendigkeit der Benennung von Beweismitteln hinweisen (BGH MDR 1991, 223, 224; Zöller, § 139 Rn 16).

In Arzthaftungsprozessen hat das Gericht einzelne Tatsachen auch ohne entsprechenden Vortrag des Patienten von Amts wegen zu erforschen, ein Sachverständigengutachten einzuholen und unter Umständen auch ohne Parteiantrag den Sachverständigen zur Erläuterung seines schriftlich vorgelegten Gutachtens zur mündlichen Verhandlung zu laden (vgl. hierzu → *Sachverständigenbeweis* und → *Substantiierungslast/Schlüssigkeit*).

Nicht aktenkundig gemachte Hinweise gelten gem. § 139 IV ZPO n. F. als nicht erteilt.

3. Fehlende Nachlässigkeit

Neues Vorbringen ist nach § 531 II 1 Nr. 3 ZPO n. F. auch dann zuzulassen, wenn es in erster Instanz ohne Nachlässigkeit der Partei nicht geltend gemacht worden ist, wobei bereits einfache Fahrlässigkeit schadet (Zöller, § 531 Rn 31; B/L/A/H, § 531 Rn 16; Hartmann, NJW 2001, 2577, 2591). Dies ist etwa dann der Fall, wenn die neue Tatsache oder der neue Beweis erst nach Schluss der erstinstanzlichen Verhandlung entstanden oder bekannt geworden ist (Schellhammer, MDR 2001, 1141, 1144; B/L/A/H, § 531 ZPO Rn 16).

So kann auch weiterhin in der Berufungsinstanz vorgebracht werden, nach Erlass des erstinstanzlichen Urteils seien dem Berufungsführer Umstände bekannt geworden, die die Sachkompetenz des gerichtlich bestellten Gutachters in Frage stellen bzw. er hätte nunmehr Einsicht in weitere, bislang nicht verfügbare Krankenunterlagen erhalten, aus denen sich entscheidungserhebliche neue Erkenntnisse gewinnen lassen oder aus einem nach Erlass des erstinstanzlichen Urteils vorliegenden Privatgutachten ergebe sich eine andere Beurteilung entscheidungserheblicher Fragen (S/H/A/S, Rn 537).

IV. Ausschluss zurückgewiesener Angriffs- und Verteidigungs-mittel

Gem. § 296 I, II ZPO in erster Instanz zu Recht zurückgewiesene Angriffs-und Verteidigungsmittel bleiben auch in der II. Instanz ausgeschlossen (§ 531 I ZPO n. F.).

Das Berufungsgericht hat bei entsprechendem, schlüssigem Vortrag jedoch zur Frage einer rechtmäßigen Zurückweisung gem. § 296 I ZPO von seinem Standpunkt und Blickwinkel jedoch Folgendes nachzuprüfen:

▷ Vorbringen eines **Angriffs- oder Verteidigungsmittels** durch den Berufungsführer in **erster Instanz** (§ 282 II ZPO), also z. B. Behauptungen, Bestreiten, Einwendungen, Einreden, Benennung von Beweismitteln, Beweiseinreden (B/L/A/H, § 282 ZPO Rn 5). Keine Angriffs- und Verteidigungsmittel sind z. B. Sachanträge, Klageänderungen, Klageerweiterungen, Widerklagen (Zöller, § 282 Rn 2 a; B/L/A/H, § 296 ZPO Rn 29 und Einl. III Rn 70).

Im Einzelfall kann zur Vermeidung einer Zurückweisung wegen Verspätung in erster Instanz eine „Flucht" in die Säumnis, die Klageänderung, die Klageerweiterung oder die Widerklage zu empfehlen sein (vgl. Einzelheiten bei Schafft/Schmidt, MDR 2001, 436, 441 und Schneider, MDR 2002, 684, 685 f.).

▷ Wirksame **Setzung und Ablauf von Fristen** nach §§ 275 I 1, 276 I 2, 276 III, 277, 340 III, 411 IV 2, 697 III 2, 700 V ZPO (B/L/A/H, § 296 ZPO Rn 31; Zöller, § 296 Rn 8 c).

▷ Erteilung einer **Belehrung** über die Folgen der **Fristversäumung** in den Fällen der §§ 275 I 2, 277 I 2, II, IV, 276 II ZPO.

▷ **Angemessenheit** der gesetzten **Frist** (vgl. § 277 III ZPO: Mindestens zwei Wochen zur Klageerwiderung; BGH NJW 1994, 736: Mehr als vier Wochen bei umfangreichem und verwickeltem Sachverhalt). Ist für das Gericht erkennbar, dass eine Klageerwiderungsfrist z. B. in einem umfangreichen Arzthaftungs- oder Bauprozess bei der Erforderlichkeit von Rücksprachen mit der Prozesspartei oder Dritten auf Antrag zu verlängern wäre, darf beim Unterbleiben eines solchen Antrages das nachmalige, verspätete Vorbringen nicht gem. § 296 I ZPO zurückgewiesen werden (OLG Karlsruhe NJW-RR 1997, 828).

▷ **Unterzeichnung** der Fristsetzung vom Vorsitzenden bzw. dessen Vertreter („i. V." für den Vorsitzenden; BGH NJW 1991, 2774; OLG Köln OLGR 1999, 322).

▷ **Verkündung** bzw. ordnungsgemäße Zustellung der Fristsetzung (§ 329 II ZPO).

▷ Vorliegen einer **Verfahrensverzögerung**.

Nach dem vom BVerfG „modifizierten" **absoluten Verzögerungsbegriff** muss eruiert werden, ob die eingetretene Verzögerung bei rechtzeitigem Vorbringen nicht entstanden wäre, so etwa, wenn das Verfahren auch bei rechtzeitigem Vorbringen unter Durchführung einer Beweisaufnahme ebenso lange gedauert hätte (BVerfG NJW 1987, 2733; zustimmend Zöller, § 296 ZPO Rn 22; OLG Dresden NJW-RR 1999, 214; OLG Hamm NJW-RR 1995, 126; OLG Frankfurt NJW-RR 1993, 62: Ausnahme vom „absoluten Verzögerungsbegriff"). Ist dies zu bejahen, kommt eine Zurückweisung nach § 296 I, II ZPO nicht in Betracht.

Mangels Kausalität kann keine Verzögerung angenommen werden, wenn ein ordnungsgemäß geladener Zeuge nicht erscheint, selbst wenn der Auslagenvorschuss durch den Beweisführer gem. § 379 ZPO nicht fristgerecht eingezahlt war (BGH NJW 1986, 2319; Zöller, § 296 Rn 14; a.A. OLG Köln MDR 1984, 675 und Schneider, MDR 1984, 726 sowie MDR 1986, 1019). Der Rechtsstreit wird auch dann nicht verzögert, wenn das an sich verspätete Vorbringen mit einer Widerklage oder Klageänderung verbunden wird (OLG Düsseldorf MDR 1980, 943; Zöller, § 269 Rn 14; Schafft/Schmidt, MDR 2001, 436, 441 mit Hinweisen zu „Umgehungsstrategien").

▷ **Abwendung der Verzögerung** durch Maßnahmen des **Gerichts**.

Konnte die Verzögerung durch **vorbereitende Maßnahmen** des Gerichts gem. § 273 II, 358 a ZPO abgewendet werden, scheidet eine Zurückweisung aus (BGH NJW 1987, 499, 500). Dabei liegt keine nennenswerte Verzögerung des Verfahrens vor, wenn vier oder gar sechs erreichbare Zeugen gem. § 273 II Nr. 4 ZPO geladen und bei Erscheinen vernommen werden müssen (BVerfG NJW-RR 1999, 1079; BGH NJW 1999, 3272, 3273).

▷ Kein „Durchlauftermin".

Handelt es sich bei dem angesetzten Termin beim erstinstanzlichen Gericht nicht um einen „Durchlauftermin", in dessen Rahmen nach der Sach- und Rechtslage eine Streiterledigung von vornherein ausgeschlossen gewesen wäre, sind §§ 296 I, II ZPO nicht anzuwenden (BGH NJW 1987, 500; OLG Frankfurt NJW 1989, 722 und NJW-RR 1993, 62; OLG Hamm NJW-RR 1989, 895).

▷ Erhebliches, streitiges Vorbringen.

Es muss sich um **erhebliches, streitiges Vorbringen** des Berufungsführers in erster Instanz handeln. Ist sein Vortrag von der Gegenseite auch im Rahmen eines dieser nachgelassenen Schriftsatzes nicht bestritten worden, kann keine Zurückweisung nach § 296 I, II ZPO erfolgen (OLG Bamberg NJW-RR 1998, 1607; OLG Brandenburg NJW-RR 1998, 498: Vom Gegner kein Schriftsatzrecht beantragt; OLG Düsseldorf NJW 1987, 507; vgl. Zöller, § 296 Rn 16 m. w. N.).

▷ Hinweis des Gerichts auf die Möglichkeit der Zurückweisung.

Will das **Gericht** den Vortrag als verspätet zurückweisen, so hat es **auf** diese **Absicht hinzuweisen** (OLG Bamberg NJW-RR 1998, 1607; BGH NJW 1989, 717, 718; a. A. OLG Hamm NJW-RR 1995, 958). Dies gilt jedenfalls dann, wenn die Verspätung von der Gegenseite nicht gerügt worden ist (OLG Bamberg NJW-RR 1998, 1607).

▷ Keine genügende Entschuldigung.

An eine Entschuldigung sind **strenge Anforderungen** zu stellen, wobei sich die Partei das Verschulden ihres Prozessbevollmächtigten zurechnen lassen muss (B/L/A/H, § 296 Rn 52, 53). Als Entschuldigung ist es anzusehen, wenn eine vom Gericht zu kurz bemessene Frist oder ein Verfahrensfehler für die Verzögerung ursächlich war, etwa wenn gebotene Hinweise gem. § 139 I–IV ZPO n. F. oder Förderungsmaßnahmen wie die Ladung eines spät benannten Zeugen unterblieben sind (vgl. B/L/A/H, § 296 Rn 54, 55; Zöller, § 296 ZPO Rn 23, 24).

Bei einer Überprüfung einer rechtmäßigen **Zurückweisung nach § 296 II ZPO** kommt es darauf an, ob die Partei ihre Prozessförderungspflicht in den Erscheinungsformen nach § 282 I, II ZPO verletzt hat. Umfasst werden alle Angriffs- und Verteidigungsmittel (s. o. IV.), nicht dagegen der Angriff und die Verteidigung selbst, etwa der Klage- bzw. Widerklageantrag, eine Klageänderung und -erweiterung (Zöller, § 282 Rn 2, 2 a).

Hinsichtlich der Verzögerungswirkung und der Kausalität gilt dasselbe wie zu § 296 I ZPO (Zöller, § 269 Rn 26). Die fehlende Rechtzeitigkeit des Vortrages hat im Rahmen des § 296 II keinen automatischen Ausschluss zur Folge. Hier besteht ein pflichtgemäßes Ermessen des Gerichts (B/L/A/H, § 269 Rn 38, 58).

Als weitere Voraussetzung einer Zurückweisung nach § 296 II ZPO muss die Verspätung auf einer mindestens „groben Nachlässigkeit" beruhen. Eine solche ist dann gegeben, wenn die Partei eine Pflicht in besonders schwer wiegender Weise verletzt (B/L/A/H, § 269 Rn 61).

Eine „grobe Nachlässigkeit" liegt etwa vor, wenn die Partei ihren Prozessbevollmächtigten zu spät beauftragt, während des Prozesses einen gewillkürten Anwaltswechsel vornimmt, ihr Prozessbevollmächtigter einen Beweisbeschluss nicht alsbald darauf überprüft, ob er einen Antrag auf Berichtigung, Ergänzung o. a. stellen muss (B/L/A/H, § 296 Rn 65, 66).

V. Entscheidung des Berufungsgerichts

1. Verwerfung der unzulässigen Berufung

Ist die Berufung nicht statthaft (§ 511 ZPO n. F.), nicht in der gesetzlichen Form und Frist eingelegt (§§ 517, 518, 519 ZPO n. F.), nicht rechtzeitig (§ 520 II 1 ZPO n. F.) oder nicht mit obigen Inhalten (§ 520 III 2 Nr. 1–4 ZPO n. F.) begründet, ist sie vom Berufungsgericht als unzulässig zu verwerfen, § 522 I 2 ZPO n. F. (vgl. LG Stendal NJW 2002, 2886, 2888).

Ergeht die Entscheidung nicht auf eine mündliche Verhandlung zur Zulässigkeit, so erfolgt sie durch Beschluss (B/L/A/H, § 522 ZPO Rn 4). Dieser Beschluss ist nicht mit der sofortigen Beschwerde, sondern der Rechtsbeschwerde binnen einer Notfrist von 1 Monat nach Zustellung des Beschlusses anfechtbar, §§ 522 I 4, 574 I Nr. 1, II, 575 I ZPO n. F. Die Rechtsbeschwerde ist binnen Monatsfrist zu begründen, § 575 II, III ZPO n. F.

Gem. § 522 II 1 ZPO n. F. wird die Berufung durch einstimmigen Beschluss unverzüglich zurückgewiesen, wenn sie keinen Erfolg verspricht, keine grundsätzliche Bedeutung hat und auch Rechtsfortbildung oder ständige Rechtsprechung kein Berufungsurteil erfordern, § 522 II 1 Nr. 1–3 ZPO n. F.

Eine beabsichtigte Zurückweisung nach § 522 II 1 ZPO n. F. muss den Parteien zuvor angekündigt und ihnen rechtliches Gehör gegeben werden, § 522 II 2. Gründe für die Zurückweisung müssen im Hinweis an die Parteien, spätestens im Beschluss mitgeteilt werden, § 522 II 3 ZPO n. F. Der unanfechtbare Beschluss ist zu begründen, § 522 II 3, III ZPO n. F.

2. Zurückweisung der unbegründeten Berufung

Ist die Berufung zulässig und nicht von vornherein aussichtslos, aber letztlich unbegründet, wird sie wie bisher nach mündlicher Verhandlung durch Urteil zurückgewiesen (Schellhammer, MDR 2001, 1141, 1147).

3. Änderung des angefochtenen Urteils

Gem. § 538 II ZPO n. F. hat das Berufungsgericht in der Sache selbst zu entscheiden. Eine Zurückverweisung an die I. Instanz kommt nur unter den Voraussetzungen des § 538 II 1 Nr. 1–7 ZPO n. F. in Betracht.

Beweislast

Vgl. auch → *Anscheinsbeweis,* → *Dokumentationspflicht,* → *Aufklärung* VII., → *Beweislastumkehr,* → *Grobe Behandlungsfehler,* → *Parteivernehmung,* → *Sachverständigenbeweis,* → *Unterlassene Befunderhebung,* → *Voll beherrschbare Risiken*

I. Beweislast bei Behandlungsfehlern

1. Beweislast des Patienten

Die Darlegungs- und Beweislast für eine Pflichtverletzung des Arztes, das Vorliegen eines Behandlungsfehlers, den Eintritt eines Körper- oder Gesundheitsschadens, die Kausalität zwischen dem Behandlungsfehler und dem Körper- oder Gesundheitsschaden und dem Sachverhalt, aus dem sich ein Behandlungsverschulden begründet, trägt grundsätzlich der Patient (OLG Brandenburg VersR 2001, 1241, 1242; Müller, MedR 2001, 487, 489 und NJW 1997, 3049 ff.; Jorzig, MDR 2001, 481; Gehrlein, Rn B 5, B 116; G/G, Rn B 200, 213, 218; S/D, Rn 492, 513, 513 a; F/N, Rn 110, 117, 153). Dies gilt sowohl für Ansprüche aus Delikt (§§ 823, 831 BGB) als auch für Ansprüche aus Vertrag (p. V. V. bzw. § 280 I 1 BGB n. F.; vgl. BGH MDR 1987, 43; F/N, Rn 110).

Ein Misserfolg der Behandlung indiziert nicht das Vorliegen eines Behandlungsfehlers (S/D, Rn 130; Gehrlein, Rn B 5).

Die Rspr. hat jedoch einzelne Fallgruppen entwickelt, bei denen es unter bestimmten Umständen zu Beweiserleichterungen bis hin zur Beweislastumkehr kommen kann (vgl. → *Anscheinsbeweis,* → *Beweislastumkehr,* → *Grobe Behandlungsfehler,* → *Unterlassene Befunderhebung,* → *Voll beherrschbare Risiken*).

2. Verschuldensvermutung der §§ 282 BGB a. F., 280 I 2 BGB n. F.

Der **BGH** hatte die Anwendung der **Verschuldensvermutung** des § 282 BGB a. F. (seit 1.1.2002 ersetzt durch § 280 I 2 BGB n. F.) auf den Kernbereich des ärztlichen Handelns **bislang abgelehnt** (BGH NJW 1980, 1333; NJW 1991, 1540; Müller, NJW 1997, 3049; G/G, Rn B 214; F/N, Rn 111).

Die Gegenmeinung stellte auch schon zur alten Rechtslage darauf ab, dass kein Grund gegeben sei, die in § 282 BGB a. F. formulierte Verschuldensvermutung für den Arztvertrag als Dienstvertrag nicht anzuerkennen (Palandt, § 282 Rn 17; Katzenmeier, VersR 2002, 1066, 1067 Fn 12 m. w. N.).

Der **Rechtsgedanke des § 282 BGB a. F.** findet jedoch **Anwendung,** wenn es um **Risiken** aus dem Krankenhausbetrieb geht, die vom Träger der Klinik und dem Personal **voll beherrscht werden können** (Müller, NJW 1997, 3049, 3050; Jorzig, MDR 2001, 481, 483; G/G, Rn B 214, 241; F/N, Rn 111, 137).

Der **seit dem 1.1.2002** geltende **§ 280 I 2 BGB n. F.** bürdet dem Schuldner bei festgestellter „Pflichtverletzung" grundsätzlich die Beweislast dafür auf, dass er die Pflichtverletzung nicht zu vertreten hat und beruht auf einer Verallgemeinerung der zuvor für die Fälle der Unmöglichkeit und des Verzuges geltenden Beweislastanordnung der §§ 282, 285 BGB a. F. (Zimmer, NJW 2002, 1, 7). Die von der Rechtsprechung zu der jetzt in § 280 I 1 BGB n. F. aufgegangenen Rechtsfigur der p. V. V. entwickelte Beweislastverteilung nach Gefahren- oder Verantwortungsbereichen (vgl. BGH NJW 1978, 2197; NJW 1987, 1938; Palandt, 61. Aufl. 2002, § 282 BGB a. F. Rn 8, 9 m. w. N.) **hat im Wortlaut des § 280 I 2 BGB n. F. keinen Niederschlag** gefunden.

Dies beruht möglicherweise auf einem „Missverständnis". Die Bundesregierung ging in ihrer Gegenäußerung zur Stellungnahme des Bundesrates, ohne die von der Rspr. entwickelten Differenzierungen zu berücksichtigen, davon aus, die Beweislastregelung des § 282 BGB a. F. sei schon bisher auf die Ansprüche aus p. V. V. anzuwenden, woran keine Änderung beabsichtigt war (vgl. Zimmer, NJW 2002, 1, 7 Fn 76). Auch Müller (MedR 2001, 487, 494), Rehborn (MDR 2002, 1288) und Spickhoff (NJW 2002, 1758, 1762; NJW 2002, 2530, 2532) gehen davon aus, dass sich mit der Neufassung in § 280 I BGB „kaum etwas Substantielles ändern" wird. Das Arzthaftungsrecht sei im Wesentlichen durch Richterrecht ausgeformt, was sich als beträchtlicher Vorteil im Sinne einer „Garantie des bisherigen Rechtszustandes" erweise (Müller, MedR 2001, 487, 494).

Die Gegenmeinung (Katzenmeier, VersR 2002, 1066, 1069 m. w. N.; Palandt, SMG § 280 BGB n. F. Rn 34, 42; zum alten Recht Palandt, § 282 Rn 17) weist darauf hin, dass kein Grund vorliegt, die in § 282 BGB a. F. bzw. § 280 I 2 BGB n. F. formulierte Verschuldensvermutung für den Arztvertrag als Dienstvertrag nicht anzuerkennen.

Bei einer sorgfältigen Differenzierung zwischen vom Patienten darzulegender und zu beweisender Pflichtverletzung und ihrer Kausalität zum Schaden einerseits und dem Verschulden andererseits erscheint nach Ansicht von Katzenmeier (VersR 2002, 1066, 1069) die in § 280 I 2 BGB n. F. nunmehr allgemein vorgesehene Verschuldensvermutung bei festgestelltem ärztlichen Fehlverhalten angezeigt.

Besondere Bedeutung erlangt die neue Beweislastverteilung für den Arztvertrag allerdings auch nach dieser Auffassung nicht (Palandt a. a. O.; Katzenmeier a. a. O.; Rehborn, MDR 2002, 1288). Denn in der Praxis ist ein Fall, in dem ein Behandlungsfehler festgestellt, ein Verschulden des Arztes aber nicht als bewiesen angesehen wurde, nicht vorgekommen.

3. Haftungsbegründende und haftungsausfüllende Kausalität

Für den Nachweis der haftungsbegründenden Kausalität, also des Ursachenzusammenhangs zwischen einem Behandlungsfehler und dem beim Patienten eingetretenen „Primärschaden" gilt die Beweisregel des § 286 ZPO. Hierbei ist eine Beweisführung zur vollen Überzeugung des Gerichts erforderlich, wofür es allerdings keiner unumstößlichen Gewissheit bedarf, sondern ein „für das praktische Leben brauchbarer Grad" der Gewissheit ausreicht, der „den Zweifeln Schweigen gebietet, ohne sie gänzlich auszuschließen" (BGH NJW 1994, 801; Müller, MedR 2001, 487, 489 und NJW 1997, 3049, 3051; S/D, Rn 513, 513 a).

Primärschäden sind die Schäden, die als so genannter „erster Verletzungserfolg" geltend gemacht werden (OLG Hamm VersR 2002, 315, 317), also etwa bei einem hypoxisch-ischämischen Hirnschaden nicht lediglich die von ihren Symptomen abstrahierte Gehirnschädigung als solche, sondern der Hirnschaden in seiner konkreten Ausprägung mit den auftretenden Beeinträchtigungen im gesundheitlichen Befinden des Patienten wie etwa Verhaltensstörungen (S/D, Rn 513 a).

Auch die Beweisführung für die haftungsausfüllende Kausalität, nämlich den Kausalzusammenhang zwischen dem Primärschaden (Körper- oder Gesundheitsschaden) und den weiteren Gesundheits- und Vermögensschäden des Patienten, einschließlich einer etwaigen Verschlimmerung von Vorschäden obliegt dem Patienten.

Hier gilt allerdings die Beweisregel des § 287 ZPO, d. h. hier kann zur Überzeugungsbildung des Gerichts eine deutlich überwiegende, auf gesicherter Grundlage beruhende Wahrscheinlichkeit ausreichen (BGH NJW 1992, 3298; Müller, MedR 2001, 487, 489 und NJW 1997, 3049, 3051; E/B, Rn 517, 571; F/N, Rn 155; S/D, Rn 514, 515; G/G, Rn B 229, 262).

Zu diesem weiteren, durch die Primärverletzung bedingten Gesundheitsschaden gehört etwa ein durch einen Hinterwandinfarkt ausgelöster Vorderwandinfarkt (BGH NJW 1994, 801; Gehrlein, Rn B 112). Auch der durch den Primärschaden eingetretene Vermögensschaden, etwa der Verdienstausfall des Patienten, ist den nach § 287 ZPO zu beurteilenden Folgeschäden zuzurechnen (BGH NJW 1993, 2383).

II. Beweislast bei Aufklärungsfehlern

1. Beweislast der Behandlungsseite

Während der Patient beim Behandlungsfehler grundsätzlich in vollem Umfang die Voraussetzungen seines Anspruchs beweisen muss, kommt es beim Aufklärungsfehler für die Beweislast darauf an, ob es sich um einen Fall der Eingriffs- bzw. Risikoaufklärung oder um einen Fall der so genannten therapeutischen bzw. Sicherheitsaufklärung handelt (Müller, MedR 2001, 487, 488 und NJW 1997, 3049, 3051 m. w. N.).

Bei der therapeutischen bzw. der Sicherungsaufklärung geht es um die Aufklärung des Patienten über ein therapierichtiges Verhalten zur Sicherung des Heilerfolges (Müller, MedR 2001, 487, 489; Rehborn, MDR 2000, 1101, 1103; vgl. → *Aufklärung* I. 3., S. 65).

Versäumnisse im Bereich der therapeutischen Aufklärung sind keine Aufklärungs- sondern Behandlungsfehler mit den für diese geltenden beweisrechtlichen Folgen. Der Patient hat also grundsätzlich den Beweis zu führen, dass ein – medizinisch erforderlicher – therapeutischer Hinweis nicht erteilt wurde und es dadurch bei ihm zum Eintritt eines Schadens gekommen ist (OLG Oldenburg NJW-RR 2000, 240, 241; OLG Köln NJW-RR 2001, 91 und NJW-RR 2001, 92, 93; Rehborn, MDR 2000, 1101, 1103/ 1107; Müller, MedR 2001, 487, 489).

Auch insoweit können dem Patienten **Beweiserleichterungen** zugute kommen, etwa wenn die Unterlassung der therapeutischen Aufklärung im Einzelfall als → *grober Behandlungsfehler* zu qualifizieren (OLG Köln VersR 2002, 1285, 1286; Gehrlein, Rn B 45) oder die Erteilung der Sicherungsaufklärung nicht dokumentiert ist, obwohl die Dokumentation aus medizinischen Gründen geboten gewesen wäre (G/G, Rn B 222; Gehrlein, Rn B 51, 52).

Der Patient muss auch nachweisen, dass er sich bei vollständiger und richtiger therapeutischer Aufklärung „aufklärungsrichtig" verhalten hätte (BGH NJW 1987, 705; G/G, Rn B 224). Hierfür wird allerdings der Beweis des ersten Anscheins sprechen, zumal dann, wenn mit einem Eingriff ein bestimmter Erfolg bezweckt worden ist (Müller, NJW 1997, 3049, 3051; G/G, Rn B 225).

In den Fällen der Selbstbestimmungsaufklärung, teilweise als Eingriffsaufklärung (S/D, Rn 323, 326; Müller, MedR 2001, 487, 488) oder Behandlungsaufklärung (G/G, Rn C 18) umschrieben, sowie den Fällen der
Risikoaufklärung (L/U, § 64 Rn 1; G/G, Rn C 41, 49; Müller a. a. O.; vgl.
→ *Aufklärung*, S. 60 ff.) hat der **Arzt nachzuweisen**, dass der Patient hinreichend **aufgeklärt** worden ist und seine Einwilligung in die Behandlung
deshalb wirksam ist.

Die **Behandlungsseite trägt die Beweislast für folgende Behauptungen** der
tatsächlichen, dem Patienten mitgeteilten Umstände (vgl. → *Aufklärung*
VII., S. 164 f.):

▷ Die medizinische **Notwendigkeit und Dringlichkeit** des Eingriffs (G/G,
  Rn C 42, 90; Müller, MedR 2001, 487, 488).

▷ Die **Richtigkeit der Darstellung** der Eingriffsdringlichkeit (BGH MDR
  1990, 996; F/N, Rn 207).

▷ **Bei nicht dringender Indikation** oder beschränkten Heilungsaussichten
  auch über die **Erfolgsaussichten** des Eingriffs (G/G, Rn C 93).

▷ Über bestehende, **ernsthafte Behandlungsalternativen**, insbesondere,
  wenn eine Operation nur relativ indiziert und wesentlich vom Sicherheitsbedürfnis des Patienten abhängt oder statt einer Operation eine
  (weitere) konservative Behandlung möglich ist (BGH NJW 2000, 1788;
  Müller, MedR 2001, 487, 488).

▷ Die erfolgte **Grundaufklärung** zumindest „**im Großen und Ganzen**",
  insbesondere die Erteilung des Hinweises auf das schwerstmögliche
  Risiko des Eingriffs (Müller, MedR 2001, 487, 488).

▷ Über **seltene**, mit dem Eingriff verbundene und im Falle ihrer Realisierung die Lebensführung des Patienten **schwer belastende Risiken** (G/G,
  Rn C 42).

▷ Über die **Rechtzeitigkeit** der Aufklärung (BGH MDR 1992, 748; F/N,
  Rn 207; Müller, MedR 2001, 487, 488; S/D, Rn 407, 411).

▷ Über die **mangelnde Aufklärungsbedürftigkeit** des Patienten (BGH
  NJW 1980, 633, 634), etwa dessen bereits bestehende Kenntnis des aufklärungspflichtigen Risikos aus eigenem medizinischem Fachwissen
  oder aufgrund der vorangegangenen Aufklärung eines vorbehandelnden
  Arztes (G/G, Rn C 112, 133; Gehrlein, Rn C 16, C 69).

▷ Das Vorliegen einer **mutmaßlichen Einwilligung** des Patienten in eine
  zuvor nicht besprochene Operationserweiterung (F/N, Rn 207; Gehrlein, Rn C 52, 67, 69).

▷ Der Patient hätte sich **auch bei** ordnungsgemäßer – tatsächlich nicht
  erteilter – **Aufklärung für die Durchführung** des Eingriffs durch den

durchführenden Arzt bzw. in dem aufnehmenden Krankenhaus entschieden (G/G, Rn C 137; Gehrlein, Rn C 69).

▷ Das **aufklärungspflichtige Risiko** hätte sich auch ohne den Eingriff,
etwa aufgrund des behandlungsbedürftigen Grundleidens, **in derselben**
oder entsprechenden **Weise verwirklicht** (BGH VersR 1985, 60, 62;
OLG Zweibrücken NJW-RR 2000, 235, 237; G/G, Rn C 123).

▷ **Derselbe Schaden** wäre eingetreten, wenn der Patient den Eingriff von
einem **anderen Arzt**, in einem anderen Krankenhaus oder zu einem
späteren Zeitpunkt hätte vornehmen lassen (OLG Schleswig NJW-RR
1996, 348, 350; F/N, Rn 207 a. E.; S/D, Rn 448).

▷ Eine **echte, ernsthafte Behandlungsalternative**, über die nicht aufgeklärt worden ist, hätte bei ihrer Anwendung zu **demselben Schaden**
geführt (BGH NJW 1989, 1538).

▷ Den Hinweis auf eine ernsthaft in Betracht zu ziehende Behandlungsalternative und die Tatsache, dass er den Rat zur standardgemäßen
Durchführung einer Operation erteilt hat, wenn tatsächlich eine konservative Versorgung (hier: einer Fraktur) erfolgt ist (OLG Hamm NJW-
RR 2002, 814).

▷ Der Patient hätte sich **nach rechtzeitiger und umfassender Beratung
nicht** der allein **indizierten Operation** unterzogen bzw. die Operation
sei wegen zu später Vorstellung des Patienten beim Arzt erfolglos
geblieben (OLG Oldenburg VersR 1995, 96).

▷ Der **Patient** hätte sich bei Erteilung der Aufklärung **nicht „aufklärungsrichtig" verhalten** (OLG Zweibrücken NJW-RR 2000, 235, 237)
oder eine empfohlene Behandlungsalternative entgegen medizinischer
Vernunft ausgeschlagen (BGH NJW 1992, 741; Gehrlein, Rn C 69).

2. Beweislast des Patienten

Demgegenüber muss der Patient bei unterlassener, unvollständiger oder
nicht rechtzeitiger Eingriffs- bzw. Risikoaufklärung folgende Behauptungen bzw. tatsächlichen Umstände beweisen:

▷ Sein **Gesundheitsschaden beruhe auf der Behandlung**, die mangels ordnungsgemäßer Aufklärung rechtswidrig war (BGH NJW 1986, 1541;
OLG Oldenburg VersR 1997, 192; S/D, Rn 570; F/N, Rn 169, 209).

▷ Die **Eingriffsbeschreibung** auf dem von ihm unterzeichneten **Aufklärungsformular** sei **nachträglich verändert** worden oder bei Unterzeichnung des Formulars nicht vorhanden gewesen (OLG Frankfurt VersR
1994, 986 und VersR 1999, 758; Müller, MedR 2001, 487, 489; F/N,
Rn 209; S/D, Rn 572; Gehrlein, Rn C 71 a. E.).

▷ Die von ihm **erteilte Einwilligung** sei nachträglich **wirksam widerrufen** worden (Gehrlein, Rn C 69 a. E.).

▷ Er hätte sich bei rechtzeitiger und vollständiger Aufklärung in einem „**ernsthaften Entscheidungskonflikt**" befunden, wenn die Behandlungsseite seine „hypothetische Einwilligung" geltend macht (Müller, NJW 1997, 3049, 3051; S/D, Rn 442, 444).

▷ Es sei eine **andere** als die tatsächlich durchgeführte Behandlungs- oder **Operationsmethode vereinbart** worden (F/N, Rn 209).

Zu weiteren Einzelheiten vgl. → *Aufklärung* und → *Beweislastumkehr.*

Beweislastumkehr

Vgl. auch → *Anfängereingriffe, Anfängeroperationen,* → *Anscheinsbeweis,* → *Beweislast,* → *Dokumentationspflicht,* → *Grobe Behandlungsfehler,* → *Kausalität,* → *Unterlassene Befunderhebung,* → *Voll beherrschbare Risiken*

I. Grundsatz; haftungsbegründende und haftungsausfüllende Kausalität
II. Beweiserleichterungen und Beweislastumkehr
  1. Vorliegen eines „groben Behandlungsfehlers"
  2. Unterlassene Befunderhebung
3. Anscheinsbeweis
4. Voll beherrschbare Risiken
5. Anfängereingriffe, Anfängeroperationen
6. Dokumentationsmängel
7. Verstoß gegen Richtlinien

I. Grundsatz; haftungsbegründende und haftungsausfüllende Kausalität

Grundsätzlich hat der Patient das Vorliegen eines Behandlungsfehlers, dessen Ursächlichkeit für den Eintritt des Primärschadens und das Verschulden der Behandlungsseite zu beweisen (G/G, Rn B 200, 218; S/D, 492, 513, 513 a; F/N, Rn 110; Gehrlein, Rn B 5, B 116; Müller, NJW 1997, 3049, 3050; Jorzig, MDR 2001, 481 ff.).

Den Beweis für das Vorliegen eines **Behandlungsfehlers** kann der Patient durch den Nachweis einer **Abweichung** der ärztlichen Behandlung **vom Facharztstandard** zum Zeitpunkt der Durchführung der Behandlung führen (BGH NJW 1999, 1778; G/G, Rn B 200).

Dieser Beweis ist grundsätzlich nach dem **Maßstab des § 286 ZPO** zu führen. Der „Strengbeweis" gilt auch für den Nachweis des Ursachenzusammenhangs, hier jedoch nur für die haftungsbegründete Kausalität, also den Zusammenhang zwischen dem Behandlungsfehler und dem Primärschaden. Der Beweis nach § 286 ZPO ist zur vollen Überzeugung des Gerichts zu führen, wobei ein für das praktische Leben brauchbarer Grad von Gewissheit, der Zweifeln Schweigen gebietet, ohne sie völlig auszuschließen, ausreicht (BGH NJW 1994, 801; Müller, NJW 1997, 3049, 3051; F/N, Rn 155).

Bei der Beweisführung für die **haftungsausfüllende Kausalität,** also die weiteren Schäden und Beschwerden einschließlich einer etwa behandlungsfehlerbedingten Verschlimmerung von Vorschäden, reicht es zur Überzeugungsbildung des Gerichts nach § 287 ZPO aus, wenn für die betreffende Behauptung eine deutlich überwiegende, auf gesicherter Grundlage beruhende Wahrscheinlichkeit bejaht werden kann (Müller, NJW 1997, 3049, 3051; S/D, Rn 514; G/G, Rn B 192, 229, 262). Dies gilt etwa für Lähmungserscheinungen als Folgeschäden, die auf Grund eines pflichtwidrig verursachten septischen Schocks als Primärschaden bei einem Infusionszwischenfall entstanden sein sollen (F/N, Rn 155; BGH NJW 1982, 699).

II. Beweiserleichterungen und Beweislastumkehr

Der **BGH** hatte es jedenfalls unter der Geltung der §§ 282, 285 BGB a. F. für den „**Kernbereich**" des **ärztlichen Handelns abgelehnt,** die für den Vertragsbereich an sich mögliche Beweislastumkehr des **§ 282 BGB a. F.** (ab dem 1.1.2002 ersetzt durch § 280 I 2 BGB n. F.) auch auf **Behandlungsverträge** anzuwenden. Denn der Arzt schuldet dem Patienten nicht die erfolgreiche Herstellung seiner Gesundheit, sondern lediglich das sorgfältige Bemühen um seine Heilung (F/N, Rn 111 und Gehrlein, Rn B 117 je m. w. N.).

Ob sich unter der Geltung des **§ 280 I 2 BGB n. F.,** der **für alle Fälle der** „**Pflichtverletzung**" des § 280 I 1 BGB n. F. gilt und dem **Schuldner generell die Beweislast** für das fehlende Verschulden auferlegt, eine Änderung der Rspr. ergeben wird, bleibt abzuwarten, ist jedoch unwahrscheinlich (Spickhoff, NJW 2002, 1758, 1762; Müller, VRiBGH, MedR 2001, 487, 494; Rehborn, MDR 2002, 1281, 1288; für eine Anwendung des § 280 I 2 BGB n. F. Katzenmeier, VersR 2002, 1066, 1069). Der Gesetzgeber wollte an der Beweislastverteilung in Rahmen des vertraglichen Arzthaftungsrechts nichts ändern (Spickhoff, NJW 2002, 2530, 2532; NJW 2002, 1758, 1762; D-L/H/L/R, § 280 Rn 60; Rehborn a. a. O.). Der derzeitige Rechtszustand wird durch Richterrecht „garantiert" (Müller, MedR 2001, 487, 494).

Nach Auffassung von Heinrichs (Palandt, SMG § 280 Rn 42) und Katzenmeier (VersR 2002, 1066, 1069) gibt es jedoch keinen überzeugenden

Grund, den Arztvertrag hinsichtlich der Beweislast für das Verschulden anders zu behandeln als alle anderen Schuldverhältnisse. Besondere Bedeutung erlange die neue Beweislastverteilung für den Arztvertrag allerdings nicht. Der Fall, dass ein Gericht einen Behandlungsfehler festgestellt, ein Verschulden des Arztes aber als nicht bewiesen angesehen hat, sei praktisch nicht vorgekommen.

Die Rspr. hat jedoch insbesondere für die **haftungsbegründende Kausalität Fallgruppen** geschaffen, bei denen dem Patienten **Beweiserleichterungen** bis hin zur Beweislastumkehr zugute kommen können (vgl. G/G, Rn B 200 ff., 231 ff., 238 ff., 247 ff., 251 ff.; S/D, Rn 495 ff., 515 ff., 551 ff.; F/N, Rn 111 ff.; Gehrlein, Rn B 117 ff.; Jorzig, MDR 2001, 481 ff.).

1. Vorliegen eines „groben Behandlungsfehlers"

Ist ein Sachverhalt bewiesen, der die – vom Gericht vorzunehmende – Bewertung eines Behandlungsfehlers als grob rechtfertigt, so können für den **Kausalzusammenhang** zwischen dem festgestellten Behandlungsfehler und dem beim Patienten eingetretenen Primärschaden Beweiserleichterungen, **regelmäßig eine Beweislastumkehr** eingreifen, so dass die Kausalität vermutet wird und die Behandlungsseite beweisen muss, dass der Behandlungsfehler für die Schädigung nicht ursächlich geworden ist (Müller, NJW 1997, 3049, 3052; G/G, Rn B 255, 257; S/D, Rn 515, 544; vgl. → *Grobe Behandlungsfehler*, S. 297 ff.).

Ein „grober Behandlungsfehler" liegt vor, wenn ein **medizinisches Fehlverhalten** vorliegt, welches **aus objektiver ärztlicher Sicht nicht mehr verständlich** erscheint, weil ein solcher Fehler dem Arzt schlechterdings nicht unterlaufen darf. Betroffen sind also Verstöße gegen eindeutig gesicherte medizinische Erkenntnisse und bewährte ärztliche Behandlungsregeln und Erfahrungen (BGH MDR 2002, 1120; MDR 2001, 1115; NJW 1999, 862; NJW 1999, 860; OLG Stuttgart VersR 2001, 1560, 1562; Müller, NJW 1997, 3049, 3052 und MedR 2001, 487, 489; Jorzig, MDR 2001, 481; G/G, Rn B 252; S/D, Rn 522, 523; F/N, Rn 113; Gehrlein, Rn B 137, 138).

Auch eine **Häufung mehrerer**, jeweils für sich **nicht grober Behandlungsfehler** kann die Behandlung im Rahmen der dann anzustellenden „Gesamtbetrachtung" als grob fehlerhaft erscheinen lassen (Müller, MedR 2001, 487, 489 f.).

Ist ein „grober Behandlungsfehler" festgestellt, genügt es für die Annahme einer Beweislastumkehr für die Kausalität hinsichtlich des eingetretenen Primärschadens, wenn der Behandlungsfehler generell geeignet ist, diesen eingetretenen Primärschaden zu verursachen (BGH NJW 1997, 794; Müller, MedR 2001, 487, 490; G/G, Rn B 258).

Allerdings ist eine Beweiserleichterung ausgeschlossen, wenn der Kausalzusammenhang gänzlich bzw. äußerst unwahrscheinlich ist (BGH NJW
2000, 2423, 2424; NJW 1998, 1780; S/D, Rn 520; G/G, Rn B 259).

Zu den einzelnen Fallgruppen vgl. bei → *Grobe Behandlungsfehler*.

2. Unterlassene Befunderhebung

Hat der Arzt die Erhebung oder Sicherung von Diagnose- oder Kontrollbefunden unterlassen und ist dieses Unterlassen bereits als „grob fehlerhaft" zu qualifizieren, kommt bereits aus diesem Grunde eine Beweislastumkehr hinsichtlich der haftungsbegründenden Kausalität in Betracht
(BGH NJW 1998, 1780; NJW 1998, 818; S/D, Rn 555; G/G, Rn B 295; Gehrlein, Rn B 154, 157; vgl. → *Grobe Behandlungsfehler* VI., S. 316, 324 ff.).

Nach der neueren Rechtsprechung des BGH kommt eine Beweiserleichterung bis zur Beweislastumkehr jedoch bereits bei einem „einfachen"
Behandlungsfehler in Betracht, wenn der Arzt es unterlassen hat, medizinisch zwingend gebotene Befunde zu erheben bzw. diese Befunde zu
sichern und sich aus den erhobenen Befunden mit hinreichender Wahrscheinlichkeit ein so deutlicher und gravierender Befund ergeben hätte,
dass sich dessen Verkennung als fundamental oder die Nichtreaktion auf
die Befunde als grob fehlerhaft darstellen müssten (BGH VersR 2001, 1030;
VersR 2001, 1115; VersR 1999, 1282, 1283; VersR 1999, 231, 232; VersR
1999, 60, 61; OLG Stuttgart VersR 2000, 362, 364; Laufs, NJW 2000, 1757,
1762; S/D, Rn 554, 554 b; G/G, Rn B 296; Gehrlein, Rn B 20, 22, 157).

Zu den Einzelheiten vgl. bei → *Unterlassene Befunderhebung*, S. 503 ff.,
324 ff. und bei → *Befundsicherungspflicht*, S. 191 ff.

3. Anscheinsbeweis

Der Beweis des ersten Anscheins baut auf einem gewissen Tatbestand
auf, der nach den Erfahrungen des Lebens auf eine bestimmte Ursache
oder Folge hinweist. Dabei kann aus einem bestimmten Behandlungsfehler
typischerweise auf die Verursachung des Primärschadens oder aus der festgestellten Primärschädigung auf das Vorliegen eines Behandlungsfehlers
geschlossen werden (Gehrlein, Rn B 118; L/U, § 108 Rn 1; G/G, Rn B 231;
F/N, Rn 148; Jorzig, MDR 2001, 481, 483).

Greift der Anscheinsbeweis – was im Arzthaftungsrecht selten ist – ein,
so liegt es an der Behandlungsseite, den Anschein durch den Beweis eines
Sachverhalts zu erschüttern, der die ernsthafte Möglichkeit eines atypischen Geschehensablaufs nahe legt (G/G, Rn B 231 ff.; L/U, § 108 Rn 1,
4 ff.).

Zu den Einzelheiten vgl. bei → *Anscheinsbeweis*, S. 20 ff.

4. Voll beherrschbare Risiken

Die Behandlungsseite muss sich von einer Verschuldens- oder Fehlervermutung entlasten, wenn feststeht, dass der eingetretene Primärschaden aus einem Bereich stammt, dessen Gefahren ärztlicherseits voll beherrscht werden können und müssen (OLG Hamm MedR 2002, 196; S/D, Rn 500; L/U, § 109 Rn 1; G/G, Rn B 239; F/N, Rn 137 ff.; Gehrlein, Rn B 129).

Es handelt sich etwa um die **Funktionstüchtigkeit eingesetzter medizinischer Geräte, vermeidbare Keimübertragungen** durch ein Mitglied des Operations- oder Pflegeteams (vgl. S. 558), durch eine **falsche Lagerung** entstandene Nervschädigungen und die Verrichtungssicherheit des Pflegepersonals zur Vermeidung von Stürzen des Patienten (G/G, Rn B 241 ff.; S/D, Rn 501 ff.; F/N, Rn 138 ff.; Gehrlein, Rn B 130 ff.).

Auch die Übertragung einer selbständig auszuführenden Operation oder eines selbständig auszuführenden, sonstigen ärztlichen Eingriffs („**Anfängeroperation**") wird teilweise den „voll beherrschbaren Risiken" zugeordnet und dort behandelt (G/G, Rn B 241; Gehrlein, Rn B 134).

Zu den Einzelheiten vgl. bei → *Voll beherrschbare Risiken*, S. 551 ff.

5. Anfängereingriffe, Anfängeroperationen

Die Übertragung einer selbständig durchzuführenden Operation oder eines vergleichbaren Eingriffs auf einen hierfür noch nicht ausreichend qualifizierten Assistenzarzt ist ein Behandlungsfehler. Wird die Gesundheit des Patienten bei dem Eingriff durch einen nicht ausreichend qualifizierten Assistenzarzt oder noch geringer qualifizierten Berufsanfänger geschädigt, so trifft den Krankenhausträger die Beweislast, dass dies nicht auf dessen mangelnder Qualifikation beruht (BGH NJW 1984, 655 zur Anfängeroperation; NJW 1993, 2989 zur Anfängernarkose; OLG Düsseldorf VersR 2001, 460 und OLG Schleswig NJW 1997, 3098 zum Arzt im Praktikum; L/U, § 102 Rn 4 und § 101 Rn 15, 17; Gehrlein, Rn B 134; S/D, Rn 246 ff., 260).

Zu den Einzelheiten vgl. bei → *Anfängereingriffe*, S. 12 ff.

6. Dokumentationsmängel

Zugunsten des Patienten kommen Beweiserleichterungen in Betracht, wenn eine aus medizinischen – nicht aus juristischen – Gründen erforderliche ärztliche Dokumentation der wesentlichen medizinischen Fakten lückenhaft bzw. unzulänglich ist und deshalb für den Patienten im Falle einer Schädigung die Aufklärung des Sachverhalts unzumutbar erschwert wird (Gehrlein, Rn B 125; G/G, Rn B 202, 206, 250; L/U, § 111 Rn 4, 8).

Die Beweiserleichterung bei Verletzung der ärztlichen Dokumentationspflicht besteht in der darin begründeten Vermutung, dass eine **nicht dokumentierte Maßnahme** vom Arzt auch **nicht getroffen** wurde (BGH NJW
1995, 1611; NJW 1989, 2330; Müller, NJW 1997, 3049, 3054 und MedR
2001, 487, 491; S/D, Rn 465, 498, 558) oder sich ein nicht dokumentierter,
aber dokumentationspflichtiger, wesentlicher Umstand so ereignet hat,
wie er vom Patienten glaubhaft geschildert wird (Jorzig, MDR 2001, 481,
482).

Es liegt dann an der Behandlungsseite, diese **indizielle Wirkung** zu entkräften, etwa die fehlenden schriftlichen Angaben zeitnah mit der Behandlungsmaßnahme nachträglich zu ergänzen oder den Beweis durch
Zeugen zu erbringen (OLG Zweibrücken VersR 1999, 1546 zum Zeugen-
beweis; Gehrlein, Rn B 125 zur nachträglichen Ergänzung; G/G, Rn B 209;
F/N, Rn 130, 131; Schmid, NJW 1994, 767, 772).

Die unterlassene oder fehlerhafte Dokumentation stellt jedoch **weder
eine eigenständige Anspruchsgrundlage** dar (OLG Stuttgart VersR 1999,
582, 583; Müller, MedR 2001, 487, 491) noch führt sie allein zur Beweislastumkehr hinsichtlich des Kausalzusammenhangs zwischen einem behaupteten Behandlungsfehler und dem Eintritt des Primärschadens beim
Patienten (G/G, Rn B 206, 249; Gehrlein, Rn B 124, 126; Müller, NJW
1997, 3049, 3054).

In **Ausnahmefällen** kann der **Dokumentationsmangel** jedoch auch für den
Nachweis des **Kausalzusammenhangs** Bedeutung gewinnen, wenn der auf
Grund der unterlassenen oder fehlerhaften Dokumentation indizierte
Behandlungsfehler als „grob" anzusehen wäre oder sich als Verstoß gegen
die Verpflichtung zur Befunderhebung bzw. Befundsicherung darstellen
würde (BGH NJW 1999, 3408, 3409; NJW 1993, 2375, 2376; Müller, MedR
2001, 487, 491; Gehrlein, Rn B 127; G/G, Rn B 250; vgl. S. 268).

Grundlage für die Beweislastumkehr wird dann der – mittelbar auf Grund
des Dokumentationsversäumnisses indizierte – grobe Behandlungsfehler
(siehe oben II. 1.) oder der Verstoß gegen die Befunderhebungs- bzw. Befundsicherungspflicht (siehe oben II. 2; Müller, 1997, 3049, 3054; Gehrlein, Rn B 127; S/D, Rn 558).

Zu den Einzelheiten vgl. bei → *Dokumentationspflicht*, S. 259 ff.

7. Verstoß gegen Richtlinien

Haftungsrechtlich sind die Folgen von Verstößen gegen Richt- und Leitlinien oder Empfehlungen der Bundesärztekammer oder einzelner Berufs-
verbände noch **nicht abschließend geklärt**. Der gebotene medizinische
Standard wird nicht allein durch Empfehlungen oder Richtlinien der

zuständigen medizinischen Gesellschaft geprägt. Die – bei regelrechter Behandlung – zu beachtende Sorgfalt beurteilt sich vielmehr nach dem Erkenntnisstand der medizinischen Wissenschaft zur Zeit der Behandlung. Auch Richtlinien können diesen Erkenntnisstand der medizinischen Wissenschaft grundsätzlich nur deklaratorisch wiedergeben, nicht aber konstitutiv begründen (OLG Hamm VersR 2002, 857 und NJW 2000, 1801; Rehborn, MDR 2000, 1101, 1103; MDR 2002, 1281, 1283). Richtlinien können danach nicht unbesehen als Maßstab für den ärztlichen Standard übernommen werden; andererseits können sich Empfehlungen und Richtlinien aber zum Standard entwickeln (OLG Hamm NJW 2000, 1801 und NJW-RR 2000, 401; G/G, Rn B 9).

Nach Ansicht von Rehborn (MDR 2000, 1101, 1103 und 1108) haben die Richtlinien den Charakter **antizipierter Sachverständigengutachten**; ein Verstoß gegen die Richtlinien des jeweiligen Berufsverbandes kann danach zu einer Beweislastumkehr für die Nichteinhaltung des medizinischen Standards zugunsten des Patienten führen. Der Arzt kann jedoch seinerseits im Rechtstreit darlegen, dass ein untypischer Sachverhalt vorlag, den die entsprechenden Richtlinien so nicht erfassten (Rehborn, MDR 2000, 1101, 1103).

Die Rspr. hält sich in dieser Frage bislang zurück. Nach der oben dargestellten Ansicht des OLG Hamm (VersR 2002, 857, 858) können die Richtlinien den Erkenntnisstand der medizinischen Wissenschaft zum Zeitpunkt der Behandlung nur deklaratorisch wiedergeben und ggf. ergänzen, nicht aber konstitutiv begründen.

Mögen die **Leitlinien** danach nicht unmittelbar verbindlich sein, so zeigen sie andererseits doch die **überwiegende Überzeugung maßgeblicher ärztlicher Kreise**. In einem weiteren Fall hat das OLG Hamm (VersR 2000, 1373) zwar einen Verstoß des dort in einem Notfall tätig gewordenen Internisten gegen die Leitlinien für die Wiederbelebung und Notfallversorgung und damit einen (einfachen) Behandlungsfehler bejaht, weil er die Reanimation eines Patienten mit einem Herz-Kreislauf-Stillstand nicht fortführte, hieraus jedoch nicht den Schluss auf eine Beweislastumkehr gezogen. Das OLG Hamm hat das Vorliegen eines groben Behandlungsfehlers abgelehnt und ausgeführt, dass auch bei erfolgreicher Wiederherstellung von Herzfunktion und Kreislauf entsprechend den Leitlinien schwerste Schädigungen des Gehirns mit entsprechenden Funktionseinbußen, wie sie der dortige Kläger nach der Reanimation durch eine neun Minuten später eintreffende Notärztin erlitten hatte, nach einer gewissen Zeit jedenfalls häufig seien. Der Verstoß gegen in Leitlinien von medizinischen Fachgesellschaften niedergelegte Behandlungsregeln ist jedenfalls nicht zwingend als grober Behandlungsfehler zu werten (OLG Stuttgart OLGR 2002, 251, 254).

Beweisverfahren, selbständiges

Vgl. auch → *Beweislast,* → *Sachverständigenbeweis*

I. Zulässigkeit des selbständigen Beweisverfahrens im Arzthaftungsrecht

Gem. § 485 I ZPO kann während oder außerhalb eines anhängigen Rechtsstreits auf Antrag einer Partei neben der Einnahme eines Augenscheins und der Vernehmung von Zeugen die Begutachtung durch einen Sachverständigen angeordnet werden, wenn der Gegner zustimmt oder zu besorgen ist, dass das Beweismittel oder seine Benutzung erschwert wird. Ist der Rechtsstreit noch nicht anhängig, kann eine Partei die schriftliche Begutachtung durch einen Sachverständigen beantragen, wenn sie ein rechtliches Interesse daran hat, den Zustand einer Person, den Zustand oder Wert einer Sache, die Ursache eines Personenschadens, Sachschadens oder eines Sachmangels oder den Aufwand für die Beseitigung eines Schadens oder Sachmangels festzustellen (§ 485 II 1 ZPO). Ein rechtliches Interesse ist insbesondere anzunehmen, wenn die Feststellung der Vermeidung eines Rechtsstreits dienen kann (§ 485 II 2 ZPO).

Teilweise wird die Ansicht vertreten, die Anordnung eines selbständigen Beweisverfahrens, insbesondere die Beauftragung eines Sachverständigen **vor Anhängigkeit** eines Rechtsstreits zur Beurteilung etwaiger Behandlungsfehler, komme **im Arzthaftungsrecht regelmäßig nicht** in Betracht. Zur Begründung wird ausgeführt, die Komplexität der Materie einer Sachaufklärung stehe einem selbständigen Beweisverfahren im Allgemeinen entgegen. In einem Arzthaftungsprozess sei es erforderlich, den einer Begutachtung zugrunde zu legenden Sachverhalt vorab festzustellen; ohne eine solche Sachaufklärung könne ein Gutachter keine zuverlässige Auskunft über die Ursache eines Personenschadens geben. Eine einseitige Fragestellung durch eine Partei ohne Schlüssigkeitsprüfung sowie die einseitige Auswahl eines Sachverständigen könne die Sachaufklärung erschweren (OLG Köln MDR 1998, 224; OLG Nürnberg MDR 1997, 501;

Schinnenburg, MedR 2000, 185, 187; ablehnend auch Rehborn, MDR 1998, 16; MDR 1998, 225).

Nach **h. M.** ist das **selbständige Beweisverfahren**, insbesondere die Einholung eines schriftlichen Sachverständigengutachtens auf Antrag des Patienten zur Feststellung eines von diesem behaupteten Behandlungsfehlers **zulässig** (OLG Stuttgart MDR 1999, 482; OLG Karlsruhe MDR 1999, 496; OLG Saarbrücken VersR 2000, 891; OLG Düsseldorf MDR 1998, 1241 und NJW 2000, 3438; OLG Koblenz MDR 2002, 352; OLG Schleswig OLGR 2001, 279, 280; Mohr, MedR 2000, 38, 39; Gehrlein, Rn E 7; B/L/A/H, § 485 Rn 14).

Die Gefahr, dass ein Sachverständiger im selbständigen Beweisverfahren sein Gutachten auf ungesicherter tatsächlicher Grundlage erstellt sowie der Umstand, dass die Fragen einseitig vom Antragsteller formuliert sind, sind keine Besonderheiten des Arzthaftpflichtprozesses, die es rechtfertigen würden, gerade in diesen Fällen das rechtliche Interesse des Patienten zu verneinen (OLG Stuttgart MDR 1999, 482; OLG Düsseldorf MDR 1996, 132 und NJW 2000, 3438).

Der **Patient**, der den Verdacht hat, sein gesundheitliches Leiden beruhe auf einem Behandlungsfehler eines Arztes, hat grundsätzlich ein **berechtigtes Interesse**, sich hierüber durch die Einholung eines Sachverständigengutachtens Gewissheit zu verschaffen.

Stellt sich heraus, dass ein ärztlicher Behandlungsfehler nicht vorliegt, dient dies nicht nur der Beruhigung des Patienten, sondern auch dem Rechtsfrieden, da in diesem Fall eine zunächst beabsichtigte Klage möglicherweise nicht erhoben wird (OLG Stuttgart MDR 1999, 482). Sollte der Sachverständige überzeugende Feststellungen treffen, die für den Patienten ungünstig sind, wird dieser vernünftigerweise von einer weiteren Inanspruchnahme des Krankenhauses bzw. Arztes absehen. Wird andererseits ein vermeidbares Fehlverhalten festgestellt, besteht die Möglichkeit, dass der Patient vom Haftpflichtversicherer des Arztes außergerichtlich klaglos gestellt wird (OLG Düsseldorf NJW 2000, 3438).

Der Zulässigkeit des selbständigen Beweisverfahrens steht es dabei nicht entgegen, dass die Behandlungsseite eine gütliche Einigung von vornherein ablehnt (OLG Saarbrücken VersR 2000, 891) oder die Erfolgsaussichten einer anschließenden, möglichen Klage gering sind (OLG Karlsruhe MDR 1999, 496).

Das Rechtsschutzbedürfnis für ein Beweisverfahren darf auch nicht mit der Begründung verneint werden, der mögliche Hauptsacheanspruch sei verjährt (OLG Düsseldorf MDR 2001, 50).

Nach Ansicht des OLG Karlsruhe (MDR 1999, 496, 497) sowie des OLG Köln (NJW-RR 1996, 573, 574) lässt sich das „rechtliche Interesse" aber dann verneinen, wenn klar auf der Hand liegt, dass der behauptete Anspruch nicht bestehen kann.

Der den Antrag stellende Patient soll selbst entscheiden, ob er das Risiko, dass das einzuholende Gutachten auf einer ungesicherten tatsächlichen Grundlage erstattet wird, eingehen will. Zweckmäßig ist es dabei, der Antragsschrift die den umstrittenen Vorfall betreffenden Unterlagen (medizinische Dokumentation) beizufügen (OLG Düsseldorf NJW 2000, 3438).

Auf Antrag des Patienten kann etwa die Einholung eines Gutachtens darüber angeordnet werden, ob eine bestimmte vom Zahnarzt bei der Anfertigung von Zahnersatz verwendete Legierung zu zahlreichen, näher zu beschreibenden Gesundheitsschäden des Patienten geführt hat (OLG Karlsruhe MDR 1999, 496).

II. Wirkung

In prozessualer Hinsicht steht die **Verwertbarkeit** der selbständigen Beweiserhebung im Hauptprozess gem. § 493 ZPO im Vordergrund. Die materiell-rechtlichen Wirkungen eines selbständigen Beweisverfahrens betreffen hauptsächlich die Unterbrechung der Verjährung beim Kauf sowie beim Werk- und Werklieferungsvertrag gem. §§ 477 II, 639 I, 651 I BGB a. F. (Musielak, § 485 ZPO Rn 3, 4).

Zu beachten ist jedoch, dass die Einreichung und Zustellung eines Antrags im selbständigen Beweisverfahren nach dem **bis zum 31.12.2001** geltenden Recht **keine verjährungsunterbrechende Wirkung** entfalten konnte. Denn der Behandlungsvertrag zwischen dem Arzt und dem Patienten ist ein Dienst- und kein Werkvertrag, so dass §§ 639 I, 477 II BGB a. F. keine Anwendung finden (F/N, Rn 232; Rehborn, MDR 2001, 1148, 1153: OLG Hamburg MDR 2001, 799 zur kosmetischen Operation; vgl. → *Arztvertrag*, S. 43 ff.).

Nach dem **seit** dem **1.1.2002** geltenden § 204 I Nr. 7 BGB n. F. **wird die Verjährung** nunmehr generell durch die Zustellung des Antrages auf Durchführung eines selbständigen Beweisverfahrens **gehemmt**. Gem. § 204 I 1 BGB n. F. endet die Hemmung sechs Monate nach der rechtskräftigen Entscheidung oder anderweitigen Erledigung des eingeleiteten Verfahrens.

Das selbständige Beweisverfahren endet mit dem Zugang des Sachverständigengutachtens an die Parteien, sofern weder das Gericht in Ausübung des ihm nach § 411 IV 2 ZPO eingeräumten Ermessens eine Frist zur Stellungnahme gesetzt hat noch die Parteien innerhalb eines angemessenen Zeitraums nach Erhalt des Gutachtens Einwendungen dagegen oder das Gutachten betreffende Anträge oder Ergänzungsfragen mitgeteilt haben (BGH MDR 2002, 774).

III. Zulässigkeit von Gegenanträgen

Im selbständigen Beweisverfahren ist ein Gegenantrag des Antragsgegners, im Arzthaftungsprozess also der Behandlungsseite, jedenfalls dann **zulässig, wenn** das zusätzliche Beweisthema mit dem primären **Beweisthema im sachlichen Zusammenhang** steht, es vom gleichen Sachverständigen beurteilt werden kann und die Einbeziehung in die Beweisaufnahme zu keiner wesentlichen Verzögerung führt (OLG Nürnberg MDR 2001, 51, 52; für die grundsätzliche Zulässigkeit von Gegenanträgen auch KG KGR 1996, 94; OLG Düsseldorf, OLGR 1994, 262; OLG Frankfurt OLGR 1998, 34; OLG München NJW-RR 1996, 1277; OLG Köln VersR 1994, 1328; OLG Hamburg MDR 2001, 1012).

Es muss jedoch gewährleistet sein, dass dem Antragsteller das Beweisantragsrecht durch Gegenanträge nicht aus der Hand genommen wird. Diese Gefahr besteht nicht, soweit der Antragsgegner lediglich eigene, ergänzende Anträge stellt (OLG Hamburg MDR 2001, 1012).

IV. Ladung des Sachverständigen zur Erläuterung des Gutachtens

1. Einseitiger Parteiantrag

Dem von einer Partei rechtzeitig gestellten Antrag, den gerichtlichen Sachverständigen nach Erstattung des schriftlichen Gutachtens zu dessen mündlicher Erläuterung zu laden, muss das Gericht auch dann stattgeben, wenn die schriftliche Begutachtung aus der Sicht des Gerichts ausreichend und überzeugend ist (BGH NJW 1997, 802; OLG Zweibrücken NJW-RR 2001, 667, 668).

Ein Beschluss, durch den das LG den Antrag einer Partei, den Sachverständigen zur mündlichen Erläuterung seines schriftlichen Gutachtens zu laden, ablehnt, ist mit der einfachen Beschwerde anfechtbar (OLG Düsseldorf NJW-RR 2001, 141; OLG Stuttgart OLGR 1998, 384; OLG Köln, OLGR 1997, 116; a. A. OLG Düsseldorf, OLGR 1992, 344).

2. Zurückweisung verspäteter Anträge und Einwendungen

Unter den Voraussetzungen des § 492 I i. V. m. §§ 411 IV, 296 I, II ZPO kann das Gericht verspätete Anträge und Einwendungen gegen das Sachverständigengutachten zurückweisen.

Setzt das **Gericht – nicht der Vorsitzende** – den Parteien gem. §§ 411 IV, 296 I ZPO eine Frist, innerhalb derer Einwendungen gegen das Gutachten, die Begutachtung betreffende Anträge und Ergänzungsfragen zu erfolgen haben, muss dies klar und eindeutig erfolgen, so dass bei der betroffenen Partei von Anfang an vernünftigerweise keine Fehlvorstellungen über die gravierenden Folgen der mit der Nichtbeachtung der Frist verbundenen Rechtsfolgen aufkommen können (BGH MDR 2001, 1130). Diesen strengen Voraussetzungen genügt eine Verfügung nicht, in der – noch dazu lediglich vom Kammervorsitzenden – angeordnet wird, dass den Parteien bis zu einem bestimmten Zeitpunkt Gelegenheit gegeben wird, zum Gutachten Stellung zu nehmen (BGH MDR 2001, 1130).

Fehlt es an einer Fristsetzung nach §§ 411, 296 I ZPO, kommt eine Zurückweisung gem. §§ 411 IV, 296 II, 282 II dann in Betracht, wenn die Einwendungen nicht „innerhalb eines angemessenen Zeitraums" eingehen.

Als „**angemessen**" wird ein Zeitraum von einem (LG Dortmund NJW-RR 2001, 714) bis zu maximal **drei Monaten** angesehen (OLG Celle MDR 2001, 108, 109; OLG Düsseldorf NJW-RR 2001, 141).

Der drei Monate nach Zugang gestellte Antrag auf Erläuterung eines schriftlichen Sachverständigengutachtens im selbständigen Beweisverfahren ist jedenfalls noch innerhalb angemessener Frist gestellt, wenn das Gutachten nach Umfang, Gehalt und Schwierigkeitsgrad einer sorgfältigen und zeitaufwendigen Prüfung bedurfte (OLG Celle MDR 2001, 108) oder wenn der Antragsteller zur Überprüfung zunächst einen Privatgutachter hinzuzieht (OLG Düsseldorf NJW-RR 2001, 141).

Anträge, Fragen und Einwendungen, die erst mehr als vier Monate nach Zugang des Gutachtens eingehen, weil sich ein zunächst eingeholtes Privatgutachten verzögert hat, können nur ausnahmsweise noch als rechtzeitig hingenommen werden, wenn zuvor die Absicht, das gerichtliche Beweisverfahren noch fortzusetzen, spätestens zwei Monate nach Zugang des Gutachtens unter Angabe der konkreten Umstände mitgeteilt worden war (OLG München MDR 2001, 531; auch OLG Düsseldorf BauR 2000, 1775). Zur Wahrung der Frist zur Klagerhebung im selbständigen Beweisverfahren ist es erforderlich, dass sich der Streitgegenstand der Klage mit dem des selbständigen Beweisverfahrens zumindest teilweise deckt (OLG Zweibrücken MDR 2002, 476; OLG Köln NJW-RR 2000, 361).

V. Kostenentscheidung

1. Beschluss nach § 494 a ZPO

Gem. § 494 a ZPO hat der Antragsteller die dem Antragsgegner entstandenen Kosten zu tragen, wenn das Gericht auf dessen Antrag nach Beendigung der Beweiserhebung angeordnet hat, dass der Antragsteller binnen einer bestimmten Frist Klage zu erheben hat und er dieser Anordnung nicht nachkommt.

Problematisch ist, ob ein Kostenausspruch nach § 494 a II ZPO auch dann noch eröffnet ist, wenn zwar die vom Gericht gesetzte Frist zur Klagerhebung fruchtlos verstrichen ist, der Antragsteller aber in der Zeit zwischen Fristablauf und Kostenentscheidung Klage erhoben hat.

Nach **h. M.** darf das Gericht den **Beschluss** nach § 494 a II 1 ZPO nicht **mehr fassen**, wenn bis zum Zeitpunkt der Beschlussfassung vom Antragsteller doch noch – verspätet – Klage zur Hauptsache erhoben wird (OLG Celle OLGR 1996, 23; OLG Düsseldorf NJW-RR 1998, 359; B/L/A/H, § 494 a Rn 13; Zöller, § 494 a Rn 4).

Nach Auffassung des OLG Frankfurt (NJW-RR 2001, 862) knüpft die Kostenbelastung des Antragstellers nach § 494 a II 1 ZPO an die Versäumung der Frist zur Klagerhebung an. Der Kostenausspruch könne nicht dadurch verhindert werden, dass der Antragsteller die Klage nach Fristablauf, aber vor Beschlussfassung des Gerichts eingereicht hat.

2. Entsprechende Anwendung des § 269 III ZPO

Ist die Hauptsache noch nicht anhängig und nimmt der Antragsteller (ASt.) seinen Antrag auf Durchführung des selbständigen Beweisverfahrens zurück, hat er die Kosten entsprechend § 269 III 2 ZPO n. F. zu tragen (OLG Hamm MDR 2000, 790; OLG München MDR 2001, 1011, 1012; LG Dortmund NJW-RR 2001, 1438; Musielak, § 494 a Rn 7).

Wird der Antrag auf Durchführung des selbständigen Beweisverfahrens vor der Beweiserhebung übereinstimmend für erledigt erklärt, so ist über die Kosten in **entsprechender Anwendung des § 91 a ZPO** zu entscheiden (OLG München NJW-RR 2000, 1455 und MDR 2001, 1011, 1012; OLG Hamm MDR 2000, 790; OLG Koblenz BauR 1998, 1045; Musielak, § 91 a ZPO Rn 3; B/L/A/H, § 494 a ZPO Rn 9; a. A. KG MDR 2002, 422; OLG Hamburg MDR 1998, 242, 243; LG Tübingen MDR 1995, 638).

Nach übereinstimmender Erledigung fehlt dem Antragsgegner das Rechtsschutzbedürfnis für einen Antrag nach § 494 a I ZPO (OLG Köln NJW-RR 2001, 1650).

Darüber hinaus ist eine **isolierte Kostenentscheidung** im selbständigen Beweisverfahren in entsprechender Anwendung der §§ 269 III 2, 91 a I ZPO auf Antrag stets **dann möglich**, wenn die **Beweisaufnahme aus anderen Gründen tatsächlich nicht** oder nicht vollständig durchgeführt wird, die Beweisthemen des selbständigen Beweisverfahrens nicht Gegenstand eines anderweitigen Hauptsacheverfahrens sind und die Beteiligten die Kosten auch nicht vergleichsweise geregelt haben. Die Kosten hat dann derjenige zu tragen, dem es zuzurechnen ist, dass es nicht zur Beweiserhebung gekommen ist (OLG München NJW-RR 2001, 1439; NJW-RR 2001, 1580 = MDR 2001, 1011, 1012; OLG Koblenz BauR 1998, 1045; a. A. OLG Hamburg MDR 1998, 242, 243: Prüfung der materiellen Rechtslage erforderlich).

Zahlt der ASt. den bei ihm angeforderten Auslagenvorschuss trotz entsprechender, erneuter Aufforderung des Gerichts nicht ein, ist dies nach Ansicht mehrerer Oberlandesgerichte als **Antragsrücknahme** mit der Folge der Anwendung des § 269 III ZPO auszulegen (OLG Düsseldorf OLGR 1993, 345; OLG Frankfurt MDR 1995, 751; OLG Stuttgart OLGR 1999, 419). Nach anderer Auffassung (OLG Köln NJW-RR 2001, 1650) hat das Gericht auch in diesen Fällen das Verfahren zu Ende zu führen, um dem Antragsgegner eine Kostenentscheidung nach § 494 a II ZPO zu ermöglichen. Zahlt der Ast. den angeforderten Auslagenvorschuss für den gerichtlichen Sachverständigen nicht ein, so kann der Antragsgegner den Fortgang des Verfahrens durch Zahlung des Vorschusses erreichen.

Wenngleich die Lösung des OLG Köln dogmatisch die Korrektere ist, so sprechen doch Gründe der wirtschaftlichen Vernunft für die erstgenannte Ansicht. Denn das OLG Köln zwingt den Antragsgegner zur Einzahlung teilweise ganz erheblicher, danach möglicherweise beim ASt. nicht mehr realisierbarer Beträge und alle Beteiligten zur Fortsetzung eines von keiner Partei gewollten Verfahrens.

Eine isolierte Kostenentscheidung ist jedoch **nicht** möglich, wenn die **Hauptsache** bereits **anhängig** ist (OLG Hamm MDR 2000, 790; OLG München MDR 2001, 1011, 1012) oder wenn der Hauptsacheanspruch erloschen ist (OLG Hamm NJW-RR 2000, 732).

Diagnosefehler

I. Grundlagen

Diagnoseirrtümer, die lediglich auf eine **Fehlinterpretation** der Befunde zurückzuführen sind, werden in der Rechtsprechung nur mit Zurückhaltung als **(einfache) Behandlungsfehler** gewertet (OLG Hamm VersR 2002, 315, 316; VersR 2002, 578, 579; OLG Naumburg NJW-RR 2002, 312, 313; OLG Oldenburg VersR 1991, 1141; OLG Köln VersR 1989, 631; OLG Stuttgart OLGR 2002, 251, 255; G/G, Rn B 55; S/D, Rn 154; L/U, § 50 Rn 3, 9 und § 100 Rn 6, 8; Gehrlein, Rn B 16; Rehborn, MDR 1999, 1169, 1171).

Irrtümer bei der Diagnosestellung sind nicht zwingend die Folge eines vorwerfbaren Versehens des behandelnden Arztes, weil die Symptome einer Erkrankung nicht immer eindeutig sind, sondern auf verschiedene Ursachen hinweisen können (OLG Stuttgart a. a. O.).

Die objektive Fehlerhaftigkeit einer Diagnose ist nicht vorwerfbar, wenn es sich um eine in der gegebenen Situation vertretbare Deutung der Befunde handelt (OLG Stuttgart a. a. O.; G/G, Rn B 55).

Schwierigkeiten bereitet die Abgrenzung, ob ein Diagnoseirrtum überhaupt als Behandlungsfehler, bejahendenfalls als „einfacher" oder „grober" Behandlungsfehler zu bewerten ist.

Überwiegend findet sich in der Rechtsprechung die folgende Formulierung:

Ein Diagnoseirrtum kann dem Arzt nur dann als haftungsbegründender Behandlungsfehler vorgeworfen werden, wenn sich seine Diagnose entweder als völlig unvertretbare Fehlleistung darstellt oder wenn sie entweder auf der Unterlassung elementarer Befunderhebungen beruht oder aber die Überprüfung einer ersten Arbeitsdiagnose im weiteren Behandlungsverlauf fehlerhaft versäumt wurde (OLG Frankfurt VersR 1997, 1358; OLG Köln VersR 1999, 366; VersR 1991, 1288; VersR 1989, 631; VersR 1988, 1299; OLG Düsseldorf VersR 1987, 994).

Nach Auffassung von Steffen/Dressler (Rn 155 a) darf die Zurückhaltung in der Bewertung von Diagnosefehlern durch den BGH nicht dahin missverstanden werden, dass nur aus einer ex ante-Sicht völlig unvertretbare diagnostische Fehlleistungen zur Haftung führen können; danach genügt es vielmehr, wenn das diagnostische Vorgehen für einen gewissenhaften Arzt nicht mehr vertretbar erscheint.

Das OLG Stuttgart (OLGR 2002, 251, 255 und Urt. v. 16.6.1998 – 14 U 67/97; auch G/G, Rn B 55) sieht einen Diagnoseirrtum dann als Behandlungsfehler an, wenn eine Abweichung von einer klar zu stellenden Diagnose vorliegt oder eindeutige Symptome nicht erkannt oder falsch gedeutet werden.

Das OLG Hamm (VersR 2002, 315, 316; VersR 2002, 578, 579 mit Hinweis auf BGH NJW 1996, 1589, 1590) differenziert wie folgt:

Dem Arzt steht grundsätzlich bei der Diagnose wie bei der Therapie ein gewisser Beurteilungs- und Entscheidungsspielraum zu. Dies bedeutet jedoch nicht, dass nur völlig unvertretbare diagnostische Fehlleistungen überhaupt zu einer Haftung des Arztes führen können. Auch unter Beachtung des dem Arzt bei der Diagnose zustehenden Beurteilungsspielraums liegt dann ein einfacher Behandlungsfehler vor, wenn das diagnostische Vorgehen und die Bewertung der durch diagnostische Hilfsmittel gewonnenen Ergebnisse für einen gewissenhaften Arzt nicht mehr vertretbar erscheinen.

Ist die Interpretation eines Befundes darüber hinaus als „unverständlich" zu werten, rechtfertigt dies die Annahme eines „groben Behandlungsfehlers", der zu Beweiserleichterungen bzw. zur Beweislastumkehr zugunsten des Patienten hinsichtlich der Kausalität zwischen dem Behandlungsfehler und dem hierdurch eingetretenen Primärschaden beim Patienten führt (vgl. hierzu → *Grobe Behandlungsfehler*, S. 315, 317 ff.).

Während gegenüber dem Vorwurf unzutreffender Diagnosestellung Zurückhaltung geboten ist, gilt beim Vorwurf unterlassener differentialdiagnostischer Maßnahmen ein schärferer Maßstab (vgl. BGH MDR 1994, 1187; OLG Oldenburg VersR 1991, 1141; G/G, Rn B 65 ff., B 266 ff.; S/D, Rn 525 ff.; → *Grobe Behandlungsfehler*, S. 316, 324 ff.).

Kommt im Einzelfall sowohl das Vorliegen eines „Diagnosefehlers" als auch eines „Behandlungsfehlers", etwa wegen Unterlassung einer erforderlichen ärztlichen Behandlung oder unterlassener differential-diagnostischer Maßnahmen in Betracht, ist auf den „Schwerpunkt" des ärztlichen Fehlverhaltens abzustellen (OLG Brandenburg VersR 2002, 313, 315).

Hat bereits ein vorbehandelnder Arzt die Verdachtsdiagnose „Hodentorsion" gestellt oder eine solche jedenfalls nicht ausschließen können und liegen eindeutige Symptome vor, die hierauf hindeuten, erweist sich die unterbliebene Freilegung des Hodens nicht als bloßer Diagnoseirrtum, sondern – zumindest im Schwerpunkt – als echter, in diesem Fall grober Behandlungsfehler (OLG Brandenburg VersR 2002, 313, 314).

II. Als grobe Behandlungsfehler gewertete Diagnosefehler

Ein Diagnoseirrtum im Sinne einer Fehlinterpretation erhobener Befunde gilt nur dann als grober, zur Beweislastumkehr führender Behandlungsfehler, wenn es sich um ein „fundamentales Missverständnis" handelt (L/U, § 110 Rn 8; S/D, Rn 524; Gehrlein, Rn B 17, B 21).

Ein grober Behandlungsfehler in der Form des „fundamentalen Diagnosefehlers" liegt nach obigen Auffassungen vor, wenn der Arzt in erheblichem Ausmaß Diagnose- und Kontrollbefunde zum Behandlungsgeschehen nicht erhebt (BGH NJW 1983, 333; L/U, § 110 Rn 8), er einfache und selbstverständlich gebotene differential-diagnostische Überlegungen und Untersuchungen unterlässt (BGH VersR 1983, 983; L/U, § 110 Rn 8), wenn ein von einem zugezogenen Arzt ausdrücklich mitgeteilter Befund verkannt bzw. übergangen wird (G/G, Rn B 265) oder wenn das diagnostische Vorgehen und die Bewertung der durch diagnostische Hilfsmittel gewonnenen Ergebnisse nicht nur als unvertretbar, sondern die vom betroffenen Arzt vorgenommene Interpretation darüber hinaus als unverständlich zu bewerten ist (OLG Hamm VersR 2002, 315, 316; VersR 2002, 578, 579).

Eine solche „Unverständlichkeit" liegt vor, wenn die vom Arzt angenommene Ursache so unwahrscheinlich ist, dass ein massiver Verstoß gegen grundlegende medizinische Erkenntnisse und Erfahrungen, die zum medizinischen Basiswissen derselben Fachrichtung gehören, zu bejahen ist (OLG Zweibrücken OLGR 2000, 459, 462; G/G, Rn B 265).

Danach kommt ein grober Behandlungsfehler in der Form eines **„fundamentalen Diagnosefehlers"** etwa in **folgenden Fällen** in Betracht:

▷ Der auf einem Röntgenbild **eindeutig erkennbare Bruch** wird von den Ärzten der Röntgenabteilung bzw. dem behandelnden Chirurgen oder Orthopäden übersehen (OLG Hamm VersR 1983, 884; OLG Celle VersR 1998, 54 und VersR 1987, 941; LG Bielefeld VersR 1999, 1245).

▷ Ein haftungsbegründender Diagnosefehler ist gegeben, wenn eine mögliche Schulterfraktur nicht durch eine **„gehaltene" Röntgenaufnahme**, bei der der Patient die Schultereckgelenke belastet, abgeklärt und dadurch eine Schultereckgelenkssprengung nicht erkannt wird (BGH NJW 1989, 2332; S/D, Rn 155).

▷ Nach der Repostion eines Bruchs werden eindeutige Anhaltspunkte für das Vorliegen einer **Gefäßverletzung** übersehen (OLG Düsseldorf VersR 1989, 190).

▷ Klagt ein Patient nach einer **Fußverletzung** über **Wadenschmerzen**, so liegt der Verdacht einer **Venenthrombose** nahe. Die unterlassene Abklärung durch die Vornahme einer Phlebographie stellt dann einen groben Behandlungsfehler dar (OLG Köln VersR 1993, 190; zur unterlassenen Phlebographie auch OLG Hamm VersR 1990, 660; VersR 1990, 1120; OLG Stuttgart OLGR 2000, 3 und OLG Oldenburg MDR 1994, 995; VersR 1999, 318).

▷ Die auf einer Phlebographie ohne weiteres erkennbare Thrombose wird vom behandelnden Radiologen als „ungünstiges Strömungsverhältnis" interpretiert (OLG Hamm VersR 2002, 315, 316: Unvertretbar und unverständlich).

▷ Trotz sich aus einer CT-Aufnahme ergebender deutlicher Verdachtsmomente für das Vorliegen eines Lungenkarzinoms wird eine solche Diagnose vom beurteilenden Radiologen faktisch ausgeschlossen (OLG Hamm VersR 2002, 578, 579: Unvertretbar und unverständlich).

▷ Der alarmierte Notarzt, dem sich das Bild eines schweren Krankheitszustandes (hier: starke, zunehmende Schmerzen in beiden Nieren, wiederholtes Erbrechen) bietet, unterlässt die sofortige Einweisung des Patienten in eine Klinik zur Erhebung der erforderlichen Befunde (OLG Naumburg MedR 2002, 515, 517).

▷ Trotz **deutlicher Anzeichen** verkennt der behandelnde Facharzt eine **bakterielle Infektion** (OLG Karlsruhe VersR 1989, 195; Gehrlein, Rn B 18) bzw. zieht deren Vorliegen nach einer Unfallverletzung nicht in Betracht (OLG Saarbrücken VersR 1992, 1359).

▷ Bei **embolischem Gefäßverschluss** wird der Patient vom Orthopäden wegen des Verdachts auf eine **Venenentzündung behandelt** (OLG Hamm VersR 1989, 292).

▷ Bei **wiederholt auftretenden Krampfanfällen** (OLG Köln VersR 1991, 186) oder einer akuten, schweren und fieberhaften Erkrankung ist die Verkennung einer tatsächlich vorliegenden **Hirnhautentzündung** grob fehlerhaft (OLG Stuttgart NJW-RR 1987, 1114; Gehrlein, Rn B 21; zur Verkennung einer Meningitis auch OLG Stuttgart VersR 1994, 313).

▷ Bei einer medizinisch unklaren Diagnose betreffend die von einer unter starker Kurzsichtigkeit leidenden Patientin angegebenen **Sehstörungen** gehört die **Augenhintergrundspiegelung** mit Pupillenweitstellung zu den medizinisch zweifelsfrei zu erhebenden Befunden (OLG Oldenburg NJW-RR 1990, 1363; VersR 1991, 1243).

▷ Klagt die Patientin über Unterleibsschmerzen und Beschwerden beim Wasserlassen und ergibt eine Urinuntersuchung den Befund von **massenhaftem Erythrozytensediment**, so liegt der vom Arzt geäußerte Verdacht auf eine Nierenbeckenentzündung fern. Das Nichterkennen eines tatsächlich vorliegenden, **eingeklemmten Leistenbruchs** ist grob fehlerhaft, so dass der Arzt zu beweisen hat, dass dieser grobe Behandlungsfehler und das nachfolgende Unterbleiben der sofortigen Einweisung in ein Krankenhaus nicht für den im Zusammenhang mit der verspäteten Operation eingetretenen Tod der Patientin ursächlich geworden ist (OLG Frankfurt VersR 2000, 853, 854).

▷ Nach einer sectio stellen die Ärzte die Verdachtsdiagnose „Lumbago" („**Hexenschuss**") und übersehen die tatsächlich **vorliegende Hüftgelenksentzündung** (BGH NJW 1988, 1513; Gehrlein, Rn B 18).

▷ Der geburtsleitende Arzt unterlässt die Vornahme einer **Ultraschalluntersuchung** vor bzw. während der Geburt und übersieht deshalb eine **Zwillingsschwangerschaft** (BGH NJW 1991, 2350).

▷ Trotz **monatelang** bestehender **Heiserkeit** wird die Verdachtsdiagnose „**Kehlkopfkarzinom**" nicht gestellt (OLG München VersR 1996, 379).

▷ Auch das Nichterkennen eines **Herzinfarkts trotz deutlicher Symptome** (BGH NJW 1996, 1589) oder dessen Einstufung als „HWS-Syndrom" bei unterlassener weiterer Abklärung ist grob fehlerhaft (BGH NJW 1994, 801).

Liegt ein fundamentaler Diagnoseirrtum vor, so ist die haftungsbegründende Kausalität zwischen dem dann gegebenen (groben) Behandlungsfehler und dem Eintritt des Primärschadens schon in Betracht zu ziehen, wenn das **Arztversäumnis generell geeignet** erscheint, den eingetretenen Gesundheitsschaden herbeizuführen (BGH NJW 1988, 2945; OLG Saarbrücken, Urt. v. 21.7.1999 – 1 U 926/98 – 168; G/G, Rn B 258; → *Grobe Behandlungsfehler*).

III. Als einfache Behandlungsfehler gewertete Diagnosefehler

Ein haftungsbegründender Behandlungsfehler liegt nach Auffassung des OLG Frankfurt (VersR 1997, 1358) und des OLG Köln (VersR 1989, 631; VersR 1991, 1288; VersR 1999, 366) vor, wenn sich die Diagnose des Arztes entweder als völlig unvertretbare Fehlleistung darstellt oder wenn sie entweder auf der Unterlassung elementarer Befunderhebungen beruht oder die Überprüfung einer ersten Arbeitsdiagnose im weiteren Behandlungsverlauf fehlerhaft versäumt wurde.

Nach Ansicht des OLG Hamm genügt es, wenn das diagnostische Vorgehen und die Bewertung der durch diagnostische Hilfsmittel gewonnenen

Ergebnisse für einen gewissenhaften Arzt nicht mehr vertretbar erscheint (einfacher Behandlungsfehler) und die Interpretation des Befundes durch den Arzt darüber hinaus als unverständlich (grober Behandlungsfehler) zu werten ist (OLG Hamm VersR 2002, 315, 316; VersR 2002, 578, 579 unter Hinweis auf BGH NJW 1996, 1589, 1590).

Auch nach h. L. reicht es für die Bewertung als „einfacher Behandlungsfehler" aus, wenn die Deutung durch den Arzt „nicht mehr vertretbar" ist (G/G, Rn B 55; S/D, Rn 155 a) bzw. der Arzt eindeutige Symptome nicht erkannt hat oder falsch deutet (G/G, Rn B 55).

Ein solcher haftungsbegründender, jedoch nicht zur Beweislastumkehr führender „einfacher" Behandlungsfehler wurde etwa in folgenden Fällen angenommen:

1. Nicht mehr vertretbare Fehlleistung; eindeutige Symptome verkannt oder falsch gedeutet

▷ *Anzeichen für Brustkrebs verkannt*

Ein Diagnosefehler des Gynäkologen, der zur Abklärung der von der Patientin geklagten Druckschmerzen Mammografien beider Brüste veranlasst und die abgebildeten Einlagerungen fälschlich als nicht suspekte Makrokalzifikationen beurteilt, ist nicht als fundamental zu werten, wenn die Einordnung aus radiologischer Sicht wegen des dichten Drüsenkörpers als sehr schwierig anzusehen war. Ende 1992 entsprach es auch nicht dem medizinischen Standard, in den Fällen sehr schwieriger Einordnung von Einlagerungen im Brustgewebe mittels Ultraschallaufnahmen zusätzliche Hinweise zur Abklärung von Veränderungen des Brustdrüsenkörpers zu suchen oder die Einlagerungen stets histologisch abzuklären (OLG München VersR 1998, 588).

▷ *Fehlerhafte Auswertung eines Röntgenbildes*

Einem Arzt, der infolge fehlerhafter Auswertung eines Röntgenbildes eine Kantenabsprengung am Kahnbein nicht bemerkt und deshalb die angezeigte Ruhigstellung des Fußgelenks versäumt, hat für ein später eintretendes Sudeck'sches Syndrom nicht aus dem Gesichtspunkt eines groben Behandlungsfehlers einzustehen, wenn wegen bestehender anderweitiger Sudeck-Risiken Zweifel an der Ursächlichkeit dieses (einfachen) Behandlungsfehlers für den Körperschaden nicht ausgeräumt werden können.

Die Fehlinterpretation eines Röntgenbildes, dessen Auswertung den Einsatz einer Lupe nahe legt, ist nicht als fundamentaler Diagnoseirrtum zu beurteilen (OLG Saarbrücken NJW-RR 1999, 176).

Auch einem Orthopäden, der diskrete Hinweise auf einen äußerst seltenen Riesenzelltumor in den Röntgenbildern eines Kniegelenks nicht erkennt und den Patienten auf eine tatsächlich vorliegende Meniskusoperation behandelt, ist kein fundamentaler Diagnosefehler vorzuwerfen (OLG Düsseldorf VersR 1989, 478).

▷ *Nichterkennen eines Gasbrandes*

Das Nichterkennen eines Gasbrandes nach einer Trittverletzung des Oberschenkels mit großer Schwellung, für den alle Symptome mit Ausnahme eines übel riechenden Wundsekrets vorliegen, stellt einen (einfachen) Diagnosefehler dar (OLG Hamm VersR 1998, 104).

▷ *Hodentorsion durch Assistenzarzt übersehen*

Verkennt ein in einem Krankenhaus tätiger und am Anfang seiner Berufsausbildung stehender Assistenzarzt nach einer schweren Hodenprellung des Patienten die Möglichkeit einer Hodentorsion mit der weiteren Folge einer erforderlich werdenden Exzision des Hodens, kann diesem kein grober Diagnosefehler vorgeworfen werden. Er haftet bei ungeklärtem Kausalverlauf auch nicht unter dem Gesichtspunkt eines Übernahmeverschuldens bei der Diagnosefindung, wenn später festgestellt wird, dass der von ihm hinzugezogene Chef- oder Oberarzt ebenfalls nicht die richtige Diagnose gestellt haben würde (OLG Düsseldorf VersR 1986, 659).

▷ *Phlegmone (diffuse Entzündung von Bindegewebe durch Staphylokokken, Streptokokken o. a.) von niedergelassener Ärztin nicht erkannt*

Klagt der Patient nach Schilderung des bisherigen Krankheitsverlaufs über zwei Tage anhaltende Schmerzempfindungen im Bereich der Einstichstelle einer zuvor verabreichten Spritze und wird dort eine oberflächliche Verhärtung der Haut festgestellt, muss auch eine niedergelassene Ärztin die Verdachtsdiagnose einer Phlegmone in Betracht ziehen und den Patienten in ein Krankenhaus einweisen. Die Schwelle, von der ab ein Diagnoseirrtum als mit einer Beweislastumkehr verbundener schwerer Verstoß gegen die Regeln der ärztlichen Kunst zu beurteilen ist, ist jedoch hoch anzusetzen und in einem derartigen Fall noch nicht erreicht (BGH NJW 1981, 2360).

▷ *Röntgen trotz Schwellung unterlassen*

Der starke Schwellungszustand eines Fußes macht ein alsbaldiges Röntgen erforderlich. Die unterlassene Abklärung ist als (einfacher) Diagnosefehler und damit als Behandlungsfehler zu bewerten.

Das Unterlassen der Erhebung des gebotenen Röntgenbefundes führt jedoch nicht zur Haftung, wenn die konservative Behandlung bei

Durchführung der Röntgenaufnahmen möglicherweise auch angewendet worden wäre (OLG Köln VersR 1991, 930).

▷ *Röntgenbefund nach Sturz nicht sorgfältig geprüft*

Bei einer durch einen Sturz aus größerer Höhe entstandenen Fußverletzung hat der behandelnde Arzt i. d. R. gezielt zu prüfen, ob es an typischer Stelle zu einer knöchernen Verletzung gekommen ist. Eine Haftung des auf Schadensersatz in Anspruch genommenen Krankenhausträgers wegen unsorgfältiger Prüfung des Röntgenbefundes zur Erkennung eines Trümmerbruchs scheidet aus, wenn sich die durch den (einfachen) Diagnosefehler verursachte zeitliche Verzögerung der gebotenen Behandlung auf den eingetretenen Gesundheitsschaden nicht ausgewirkt hat, etwa weil die dann tatsächlich durchgeführte Therapie der einzuleitenden Bruchtherapie entsprach (OLG Düsseldorf NJW 1986, 2375).

▷ *Thrombose nicht erkannt*

Wird die Symptomatik einer tiefen Beinvenenthrombose in ihrem Frühstadium von derjenigen einer Ischialgie überlagert, so liegt kein fundamentaler Diagnoseirrtum vor, wenn die Thrombose deshalb nicht erkannt wird (OLG Saarbrücken VersR 1989, 750).

Dagegen kann das Unterlassen einer Phlebographie bei bestehendem Thromboseverdacht in anderen Fallkonstellationen einen groben Behandlungsfehler begründen (OLG Oldenburg VersR 1994, 1241; OLG Hamm VersR 1990, 660; VersR 1990, 1120, vgl. S. 320, 327).

▷ *Ursache einer verzögerten Wundheilung verkannt*

Verbleibt nach einer Operation ein Instrumententeil in der Wunde, wird das Schließen der Wunde von den Ärzten unter Verkennung dieses Befundes fehlinterpretiert und deshalb weiter konservativ mittels antibiotischer Behandlung anstatt einer Revisionsoperation therapiert, so liegt kein fundamentaler Diagnoseirrtum vor. Der Patient, der eine Verzögerung der Wundheilung geltend macht, muss dann beweisen, dass bei einer früheren Revisionsoperation keine Verzögerung der Wundheilung eingetreten wäre (OLG Hamm VersR 2000, 352).

2. Diagnose beruht auf der Unterlassung elementarer Befunderhebungen

In diesen Fällen liegt meist ein zu Beweiserleichterungen oder zur Beweislastumkehr führender → *grober Behandlungsfehler* vor. Bei lediglich „einfachem" Behandlungsfehler kommt es bei Vorliegen der vom BGH aufgestellten weiteren Voraussetzungen zur Beweislastumkehr (vgl. → *Grobe Behandlungsfehler*, S. 316, 324; → *Unterlassene Befunderhebung*, S. 506 ff.; G/G, Rn B 266–272, 296; S/D, Rn 526–531, 551, 554, 554 b, 555; Gehrlein, Rn B 20, 23, 157; s. o. II.).

Einzelne, nicht als fundamental eingestufte Diagnosefehler:

▷ *Bakteriologische Untersuchung unterlassen*

Das Unterlassen einer bakteriologischen Untersuchung eines aus dem Kniegelenk entnommenen trüben Punktats stellt einen (einfachen) Diagnosefehler dar (OLG Köln VersR 1992, 1003).

▷ *Komplettverschluss des Sinus sagittalis superior nicht erkannt und Klinikeinweisung verzögert*

Wird bei einer Patientin mit unklarer Muskelschwäche vom Notarzt neben einer psychovegetativen Ursache auch ein cerebrales Geschehen erwogen, so hat der Arzt auch eine von ihr beklagte Beinschwäche zur Abklärung von Lähmungserscheinungen zu untersuchen. Dies kann etwa durch einen Gehversuch der Patientin geschehen, verbunden mit der Beobachtung, ob sie wegknickt. Wird durch Unterlassen dieser Untersuchung ein Komplettverschluss des Sinus sagittalis superior nicht erkannt und die Klinikeinweisung um zwei bis drei Stunden verzögert, liegt ein einfacher, aber kein grober Behandlungsfehler vor (OLG Köln VersR 1999, 366).

▷ *Probeexcision unterlassen bzw. unzureichend*

Wird nach einer Verdachtsdiagnose auf ein Mammakarzinom die Durchführung einer Probeexcision unterlassen, so liegt ein Behandlungsfehler vor (OLG Stuttgart VersR 1989, 295).

Gleiches gilt, wenn bei der Verdachtsdiagnose „Mammakarzinom" bzw. „Mastopathie" (grobknotige Veränderungen des Brustgewebes, i. d. R. mit erhöhtem Mammakarzinomrisiko) zwar eine Probeexcision wegen „Gruppenkalk" durchgeführt, die Identität von entnommenem und gesuchtem Gewebe jedoch nicht gesichert wird (OLG Düsseldorf VersR 1986, 64; G/G, Rn B 69).

Dagegen ist das Unterlassen einer Probeexcision nach einer Arbeitsdiagnose „Mastopathie" nicht fehlerhaft, wenn die Patientin über Schmerzen in der Brust klagt, sich aus der durchgeführten Mammographie und einem Tastbefund aber keine Hinweise für ein Mammakarzinom ergeben (OLG Zweibrücken VersR 1991, 427; ähnlich auch OLG Düsseldorf VersR 1988, 1297)

▷ *Rektumkarzinom verkannt*

Ein einfacher, für sich nicht zur Beweislastumkehr führender Diagnosefehler liegt vor, wenn bei deutlichen Symptomen einer Wirbelsäulenerkrankung keine weiterführende Darmdiagnostik durchgeführt und so ein Rektumkarzinom nicht erkannt wird (OLG Nürnberg VersR 1993, 104).

▷ *Röntgenkontrolle unterlassen*

Das Unterlassen einer gezielten Röntgendiagnostik bei einer Ruptur der Symphyse (Verwachsungsstelle der beiden Schambeine) ist fehlerhaft (BGH VersR 1981, 752; G/G, Rn B 68: Fraglich grob fehlerhaft).

Gleiches gilt bei unterlassener Röntgenkontrolle nach einer Epiphysiolyse (teilweise oder totale Kontinuitätstrennung eines Knochens), weshalb es zu einer Perforation wegen zu tief angebrachter Schrauben kommt (OLG Hamm VersR 1997, 1359).

Kommt es bei einem stark entzündeten Fingerglied auf Grund der zunächst unterlassenen röntgenologischen Abklärung zu einer Verlängerung des Schmerzzustandes und einer Verzögerung der Revisionsoperation, liegt gleichfalls ein Behandlungsfehler vor (OLG Stuttgart VersR 1999, 627; G/G, Rn B 68).

▷ *Vaginale Untersuchung unterlassen*

Das Unterlassen einer vaginalen Untersuchung bei einem Harnwegsinfekt während der Schwangerschaft ist behandlungsfehlerhaft (BGH NJW 1995, 778; G/G, Rn B 70: Fraglich grob fehlerhaft).

3. Überprüfung einer Arbeitsdiagnose im weiteren Verlauf unterlassen

▷ *Arbeitsdiagnose Mastopathie*

Ein Diagnosefehler liegt vor, wenn die anfängliche Arbeitsdiagnose „Mastopathie" nach auftretenden Beschwerden nicht überprüft und keine Probeexcision zur Abklärung des Vorliegens eines Mammakarzinoms vorgenommen wird (OLG Stuttgart VersR 1989, 295).

Das Unterlassen einer Probeexcision nach der Arbeitsdiagnose „Mastopathie" trotz vorhandener Schmerzen in der Brust ist jedoch nicht stets als Diagnosefehler zu werten, jedenfalls wenn sich nach dem Vorliegen einer Mammographie und eines Tastbefundes keine Anhaltspunkte für eine Brustkrebserkrankung ergeben (OLG Zweibrücken VersR 1991, 427; auch OLG Düsseldorf VersR 1988, 1297 und OLG München VersR 1998, 588 – Behandlungsfehler jeweils verneint).

▷ *Falsche Prostatakrebsdiagnose*

Ein Diagnoseirrtum, etwa die Diagnose „Prostatakrebs", ist jedenfalls dann als Behandlungsfehler anzusehen, wenn es sich um eine bloße Verdachtsdiagnose handelt, der Arzt hierauf eine radikale Prostatasektomie mit nachfolgender Impotenz und Harninkotinenz des Patienten veranlasst, der Patient aber nicht auf die mit der Diagnose objektiv verbundene Unsicherheit hingewiesen wird (OLG Celle OLGR 2001, 250).

▷ *Streptokokken-Sepsis nicht erkannt*

Ein (fraglich grober) Behandlungsfehler ist gegeben, wenn eine ohnehin fragwürdige Arbeitsdiagnose „Periarthritis" (Gelenkentzündung) nach Tagen nicht überprüft und somit eine Streptokokken-Sepsis nicht erkannt wird (BGH VersR 1985, 886).

IV. Nicht als Behandlungsfehler gedeuteter Diagnoseirrtum

In den folgenden Fällen wurde das Vorliegen eines Behandlungsfehlers verneint, weil sich die Diagnose jeweils nicht als völlig unvertretbare Fehlleistung darstellte, nicht auf der Unterlassung elementarer Befunderhebungen beruhte (vgl. OLG Frankfurt VersR 1997, 1358; OLG Köln VersR 1999, 366 und OLGR 1992, 229, 231) bzw. das diagnostische Vorgehen des Arztes als noch vertretbar und seine Interpretation nicht als unverständlich zu werten war (OLG Hamm VersR 2002, 315, 316; VersR 2002, 578, 579):

▷ *Entferntere differentialdiagnostische Möglichkeit übersehen*

Es liegt kein vorwerfbarer Diagnoseirrtum vor, wenn der Arzt über eine nahe liegende, durch eine Reihe flüssig ineinander greifender Umstände scheinbar abgesicherte Diagnose eine weit entferntere differentialdiagnostische Möglichkeit übersieht (OLG Frankfurt NJW-RR 1994, 21).

Dies gilt insbesondere hinsichtlich einer sehr seltenen Differentialdiagnose, wenn andere Symptome im Vordergrund stehen (OLG Celle VersR 1993, 483). Eine unrichtige Diagnose ist auch nicht als Behandlungsfehler anzusehen, wenn die Symptome auch eine andere Diagnose abdecken und die Beschwerden für das tatsächliche Krankheitsbild unspezifisch sind (OLG Naumburg MedR 2002, 515, 516).

Eine objektiv fehlerhafte Diagnose ist nicht im Sinne eines (groben oder einfachen) Behandlungsfehlers vorwerfbar, wenn es sich um eine in der gegebenen Situation vertretbare Deutung der Befunde handelt. So ist die Fehldiagnose einer tumorbedingten Thrombozytopenie (tumorbedingte Verminderung der Blutblättchenzahl) kein Behandlungsfehler, wenn die objektiv zutreffende Diagnose „heparininduzierte Thrombozytopenie" (Verminderung der Blutblättchenzahl auf Grund der Verabreichung von Heparin) nicht die nahe liegendste Ursache war (OLG Stuttgart OLGR 2002, 251, 255).

Eine einmal vorgenommene Deutung von Befunden wird dann zu einem Behandlungsfehler, wenn Krankheitserscheinungen auftreten, die für die zunächst angenommene Erkrankung untypisch sind oder

auch für eine andere Erkrankung sprechen können oder wenn die Überprüfung der gestellten Diagnose ergibt, dass sie fehlerhaft ist und der
Arzt weiteren möglichen Differentialdiagnosen nicht nachgeht. Auch
wenn die Diagnose einer heparininduzierten Thrombozytopenie (HIT
II) objektiv verspätet gestellt wird und bei einer optimalen Medizin
hätte früher in Erwägung gezogen werden können, liegt kein dem Arzt
(Internist) vorwerfbarer Diagnosefehler vor, wenn die zunächst gestellte Diagnose einer tumorindizierten Thrombozytopenie – wenngleich in anderer Richtung – weiter abgeklärt wird und die den Regeln
der Medizin entsprechenden Untersuchungen vorgenommen werden
(OLG Stuttgart OLGR 2002, 251, 256).

▷ *Encephalitis (Gehirnentzündung) nicht erkannt*

Die objektiv vorliegende Fehldiagnose einer „Schlafsucht" ist nicht im
Sinne eines Behandlungsfehlers vorwerfbar, wenn die verwirrt wirkende Patientin keine typischen Symptome wie Fieber, starke Schläfrigkeit, Hinweis auf entzündliche Erkrankungen nach Durchführung
einer Blutuntersuchung, neurologische Herdstörungen wie Lähmungen, Sprach- oder Sehstörungen aufweist (OLG Bamberg VersR 1992,
831).

Jedenfalls kann das etwaige Verkennen dieser ohnehin seltenen Krankheit bei einem derart untypischen Verlauf keinesfalls als zur Beweislastumkehr führender fundamentaler Diagnosefehler gewertet werden
(OLG Bamberg VersR 1992, 831, 832).

▷ *Fälschlicherweise Blinddarmentzündung diagnostiziert*

Die Indikationsstellung zur Operation einer akuten Appendizitis
(Blinddarmentzündung) muss, auch wenn es sich objektiv um eine
Fehldiagnose handelt, nicht fehlerhaft sein. Ausschlaggebend ist vielmehr der klinische Gesamteindruck. Schon die Feststellung eines auf
eine akute Appendizitis hinweisenden Druckschmerzes kann genügen, um alle anderen Kriterien zurücktreten zu lassen und die Appendektomie durchzuführen, selbst wenn sich der Verdacht auf eine akute
Appendizitis intraoperativ und histologisch nicht bestätigt (OLG
Hamm VersR 2000, 101).

▷ *Hyperbilirubinämie (Vermehrter Gehalt des Blutes an gelbbraunem*
Gallenfarbstoff nicht erkannt)

Ein als Behandlungsfehler vorwerfbarer Diagnoseirrtum liegt nicht vor,
wenn eine niedergelassene Kinderärztin im Rahmen der Vorsorgeuntersuchung U 2 des Kleinkindes eine von ihr festgestellte Gelbfärbung des
Kindes – objektiv falsch – als nur „physiologisch bedingt" qualifiziert

und dabei eine Hyperbilirubinämie infolge der Blutgruppenunverträglichkeit zwischen Mutter und Kind verkennt (BGH NJW 1992, 2942, 2943).

▷ *Knochentuberkulose nicht erkannt*

Es stellt keinen Diagnosefehler dar, wenn ein Orthopäde während einer kurzen Behandlung des verstauchten Sprunggelenks nicht an die Möglichkeit einer Knochentuberkulose denkt (OLG Düsseldorf, Urt. v. 31.1.1985 – 8 U 13/84).

▷ *Netzhautablösung nicht erkannt*

Spricht kein erkennbares Beschwerdebild für die Diagnose „Netzhautablösung", so ist eine unterlassene Augenspiegelung nicht als Diagnosefehler des Augenarztes anzusehen (KG MedR 1999, 226, 227).

▷ *Röntgenaufnahme unterlassen, Patient nicht wiederbestellt*

Ein Internist begeht keinen Behandlungsfehler, wenn er bei einem langjährig in seiner Behandlung stehenden älteren Patienten mit nach einer Operation wegen einer Lungen-TB eingeschränkten Atemfunktion auf Grund klinischer Untersuchung **Rinobronchitis** diagnostiziert und behandelt und deshalb keine Röntgenaufnahme zum Ausschluss einer Pneumonie (Lungenentzündung) veranlasst und den Patienten auch nicht ausdrücklich zur routinemäßigen Therapieerfolgskontrolle wiederbestellt, sondern sich darauf verlässt, dass sich der Patient bei eintretenden Verschlechterungen wieder meldet (OLG Köln OLGR 1992, 229).

Auch ein als grober Behandlungsfehler zu wertender fundamentaler Diagnoseirrtum liegt hier wegen **Fehlens eindeutiger Symptome** einer Lungenentzündung nicht vor.

Das Unterlassen der Anfertigung einer Röntgenaufnahme ist nämlich nicht „elementar", wenn der Rachen des Patienten frei, ein Blutdruckwert von 140/70 gemessen worden war und weiter gehende Befunde wie etwa hohes Fieber und Atemnot bei der Untersuchung nicht festgestellt werden konnten.

Eine Kontrolle des erhobenen Befundes und der gestellten Diagnose „Rinobronchitis" wäre nur dann zwingend notwendig gewesen, wenn sich entweder bei der Untersuchung schwer wiegende Symptome im Sinne eines Verdachts auf eine beginnende oder drohende Pneumonie ergeben oder sich eine Verbesserung nicht eingestellt hätte. Der Arzt kann – zumal bei einem ihm bekannten Patienten – davon ausgehen, dass dieser sich beim Ausbleiben einer Besserung aus eigenem Antrieb wieder melden werde (OLG Köln OLGR 1992, 229, 231).

▷ *Nichterkennen einer Schwangerschaft*

Das Nichterkennen einer Schwangerschaft ist einem Frauenarzt nicht als Behandlungsfehler vorzuwerfen, wenn seine minderjährige Patientin ihn nur wegen anderer Beschwerden aufsucht und dabei weder vom Ausbleiben der Regelblutung noch von der Aufnahme sexueller Aktivitäten berichtet (OLG Düsseldorf NJW 1995, 1620).

Dokumentationspflicht

Vgl. auch → *Grobe Behandlungsfehler;* → *Unterlassene Befunderhebung;* → *Beweislastumkehr;* → *Einsicht in Krankenunterlagen*

I. Zweck, Inhalt und Umfang der Dokumentationspflicht

Art, Inhalt und Umfang der ärztlichen Dokumentationspflicht bestimmen sich nach dem Zweck der Dokumentation.

Die Pflicht zur Dokumentation des Behandlungsgeschehens dient der Sicherstellung einer ordnungsgemäßen Behandlung bzw. Behandlungsfortführung (OLG Oldenburg NJW-RR 2000, 240: „Ausschließlich"; L/U, § 59 Rn 1, 8: Auch zur Beweissicherung und Rechenschaftslegung). Sie bezweckt, Ärzte und Pflegepersonal über den Verlauf einer Krankheit und die bisherige Behandlung zu informieren (OLG Zweibrücken NJW-RR 2000, 235, 236).

Eine Dokumentation, die aus medizinischer Sicht als Grundlage für die Sicherheit des Patienten in der Behandlung nicht erforderlich ist, ist auch aus Rechtsgründen nicht geboten, so dass aus dem Unterbleiben derartiger

Aufzeichnungen keine beweisrechtlichen Folgen gezogen werden dürfen (BGH NJW 1999, 3408, 3409; NJW 1993, 2375; OLG Celle MDR 2002, 153; OLG Stuttgart MedR 2002, 198, 200; OLG Zweibrücken NJW-RR 2000, 235; OLG Hamburg MDR 2002, 1315; OLG Oldenburg NJW-RR 2000, 240; Müller, MedR 2001, 487, 491; Gehrlein, Rn B 122; G/G, Rn B 202).

Die **Dokumentation dient** nicht dazu, dem Patienten **Beweise** für einen späteren Arzthaftungsprozess **zu verschaffen** und zu sichern (BGH NJW 1993, 2375; OLG Zweibrücken NJW-RR 2000, 235, 236; OLG Oldenburg NJW-RR 2000, 240).

Die ärztliche Dokumentationspflicht bezieht sich auf die **Anamnese, Diagnose, Therapie** einschließlich erforderlicher Nachsorgemaßnahmen. In die Dokumentation müssen **alle wesentlichen diagnostischen und therapeutischen Bewandtnisse**, Gegebenheiten und Maßnahmen Eingang finden (vgl. L/U, § 59 Rn 9 und § 111 Rn 3, 9; G/G, Rn B 205, 206; S/D, Rn 458, 465; E/B, Rn 545 ff.; Gehrlein, Rn B 122, 123).

Diese wesentlichen medizinischen Fakten sind in einer für den Fachmann – nicht unbedingt den Patienten – hinreichend klaren Form darzustellen. Dies kann auch durch Kürzel und Symbole erfolgen (BGH MDR 1989, 626; F/N, Rn 126).

II. Einzelne, dokumentationspflichtige Maßnahmen

Die Dokumentationspflicht erstreckt sich auf die wichtigsten diagnostischen und therapeutischen Maßnahmen sowie auf die wesentlichen Verlaufsdaten (vgl. OLG Düsseldorf MedR 1996, 79; G/G, Rn B 205, 206; L/U, § 59 Rn 9 und § 111 Rn 3, 9), so insbesondere die Anamnese, die Diagnostik, Funktionsbefunde, Art und Dosierung einer Medikation, ärztliche Anweisungen zur Pflege, Abweichungen von Standardbehandlungen, die wesentlichen Hinweise im Rahmen der therapeutischen Aufklärung sowie der Selbstbestimmungsaufklärung, Ratschläge zum Zweck der Inanspruchnahme eines Spezialisten, Weigerung des Patienten, eine Untersuchung vornehmen zu lassen, Ergebnis der therapeutischen Maßnahmen und einer durchgeführten Sektion, Operations- und Narkoseprotokolle, hierin beschriebener Verlauf einer Operation, unerwartete Zwischenfälle, Wechsel des Operateurs während der Operation, Kontrolle eines den Eingriff unter Aufsicht durchführenden Assistenzarztes, Vermerk über eine spezielle Lagerung auf dem Operationstisch, ärztliche Anordnungen hinsichtlich der Wahl der erforderlichen Pflegemaßnahmen bei Risikopatienten, Verlassen des Krankenhauses gegen ärztlichen Rat.

Die Pflicht, eine getroffene Maßnahme zu dokumentieren, wurde im Einzelnen insbesondere in folgenden Fällen bejaht:

▷ **Lösen** einer **Schulterdystokie** nach vorgenommener Vakuumextraktion (OLG Stuttgart VersR 1999, 582),

▷ **unterlassene Schulterentwicklung** durch den Geburtshelfer mit nachfolgender Armplexusparese (OLG Köln VersR 1994, 1424 und OLG Saarbrücken VersR 1988, 916: „sehr schwere Schulterentwicklung" genügt nicht),

▷ regelmäßige und sorgfältige **Überwachung** der **Herztöne** des Kindes bei der Geburtsleitung, bei Versagen des CTG die Vornahme akkustischer Kontrollen (OLG Koblenz MDR 1993, 324),

▷ **Wehentätigkeit** und **fetale Herztöne** bei Geburt aus Risikositus (OLG Zweibrücken NJWE-VHR 1996, 63; G/G, Rn B 206),

▷ ohne zusätzliche klinische Symptome selbst bei einer Plazentainsuffizienz der Mutter nach Auffassung des OLG Saarbrücken (OLGR 1999, 460) nur eine CTG-Aufzeichnung der **Herztöne des Kindes täglich**, jedenfalls, wenn sämtliche CTG-Geräte der Klinik im Einsatz sind,

▷ schriftliche Bestätigung des vom Arzt gegebenen Hinweises auf eine **Versagerquote** bei einer **Sterilisation** aus Gründen der Familienplanung (OLG Braunschweig NJW-RR 2000, 235, 236: Beweisanzeichen für die Nichterfüllung einer Nebenpflicht; OLG Oldenburg NJW-RR 2000, 240, 241: Beweislast für unterlassene Sicherheitsaufklärung liegt jedoch beim Patienten),

▷ Angabe der in der Wahl des Operateurs stehenden **Operationsmethode** bei einer **Magenresektion** nach Billroth II durch die Angabe „Typ. B II Resektion" (OLG Oldenburg VersR 1999, 319),

▷ Gründe für das **Abweichen** von einer **herkömmlichen Operationsmethode** (BGH NJW 1989, 2330; Gehrlein, Rn B 123),

▷ Anwendung **ungewöhnlicher Behandlungsmaßnahmen** und nachträgliche Korrekturen eingeleiteter Behandlungsmethoden (F/N, Rn 127),

▷ **plastisch-chirurgische Maßnahmen** für einen spannungsfreien Verschluss einer pfenniggroßen Wunde am Gelenk eines Fingers (OLG Oldenburg VersR 1990, 1399),

▷ Auffälligkeiten bezüglich der **Marknagelung** bei einer Operation mit nachfolgender Schaftsprengung (OLG Düsseldorf VersR 1991, 1176),

▷ Anlage einer **Blutsperre** vor der Entfernung eines in unmittelbarer Nähe eines Nerven gelegenen Tumors (OLG Düsseldorf VersR 1997, 748),

▷ Durchführung differential-diagnostischer Maßnahmen zur Klärung der Möglichkeit eines **Gefäßverschlusses** mit nachfolgender **Beinamputation** (BGH VersR 1983, 983),

▷ tatsächliche Durchführung der aus medizinischer Sicht erforderlichen **Ruhigstellung** eines **Beins** (BGH VersR 1999, 190, 191),

▷ Durchführung der **Lagerung** des Patienten in so genannter „**Häschenstellung**", wobei ein Symbol genügt (BGH NJW 1984, 1403); die Durchführung der Kontrolle, ob bei der Operation ein Abduktionswinkel von weniger als 90 Grad gewählt und die Einstellung dieses Winkels durch den Anästhesisten überprüft worden ist, gehört jedoch zu den nicht dokumentationspflichtigen Routinemaßnahmen (BGH NJW 1995, 1618, 1619),

▷ Symptome eines **Morbus Sudeck** (schmerzhafte Erkrankung der Gliedmaßen bei lokalen Durchblutungs- und Stoffwechselstörungen der Knochen und Weichteile) nach ihrem Auftreten, nicht jedoch Kontrolluntersuchungen auf das Vorliegen entsprechender Symptome (BGH NJW 1993, 2375; Gaisbauer, VersR 2000, 558, 561),

▷ Auftreten einer **Sepsis** nach Durchführung einer **Appendektomie** (Blinddarmoperation; BGH VersR 1982, 1193),

▷ **Laborbefunde** über eine durchgeführte **Urinuntersuchung** (BGH NJW 1988, 2298),

▷ Einzelheiten einer **Laserbehandlung** zur Beseitigung einer vorhandenen **Weitsichtigkeit** (OLG Düsseldorf NJW 2001, 900),

▷ **Therapiehinweise** bei möglicher, schwerer **Herzerkrankung** (OLG Köln VersR 1992, 1231),

▷ **Status** bei **Wechsel des Operateurs** (OLG Düsseldorf VersR 1991, 1138; S/D, Rn 458),

▷ zur **Druckvermeidung** in **Harnabflusswegen** getroffene Maßnahmen (OLG Köln VersR 1988, 1274; G/G, Rn B 206),

▷ ärztliche **Diagnose** sowie **ärztliche Anordnungen** hinsichtlich der Wahl der erforderlichen Pflegemaßnahmen zur Vermeidung von **Druckgeschwüren** bei einem Risikopatienten (BGH NJW 1988, 762; NJW 1986, 2365),

▷ **Maßnahmen** der Krankenpflege, die nicht die normale „Grundpflege" betreffen, sondern wegen eines aus dem Krankheitszustand des Patienten folgenden **spezifischen Pflegebedürfnisses** Gegenstand ärztlicher Beurteilung und Anordnung sind, sowie notwendige ärztliche Anordnungen an das Pflegepersonal (Gehrlein, Rn B 123 m. w. N.),

▷ medizinisch richtige und übliche **Operationstechniken** bei Durchführung des Eingriffs durch einen Assistenzarzt oder sonstigen **Berufsanfänger** (BGH NJW 1985, 2193; OLG Zweibrücken MedR 2000, 233, 235),

▷ **Weigerung des Patienten**, eine **Untersuchung vornehmen** zu lassen, die zur Abklärung einer Verdachtdiagnose erforderlich ist, sowie der dem Patienten erteilte Hinweis auf die Notwendigkeit und Dringlichkeit der Untersuchung (BGH MDR 1997, 940; BGH NJW 1987, 1482: Verweigerung einer Röntgenuntersuchung; weiter gehend OLG Schleswig VersR 2001, 1516, 1517 und F/N, Rn 129: Behandlungsverweigerung als Mitverschuldenseinwand stets vom Arzt zu beweisen),

▷ **Hinweis auf die Notwendigkeit** von **Kontrolluntersuchungen** bei der Behandlung eines Muskelfaserrisses in der Wade, um der Gefahr einer Unterschenkelvenenthrombose zu begegnen, wobei das Unterlassen des Hinweises grob fehlerhaft ist (OLG Oldenburg VersR 1994, 1478; Bergmann/Kienzle, VersR 1999, 282, 283),

▷ **Verlassen der Klinik** entgegen dem Patienten erteilten medizinischen Rat (BGH NJW 1987, 2300; OLG Düsseldorf VersR 1997, 1402 bei psychisch auffälligem Patienten),

▷ Durchführung von **Tests** und deren Ergebnisse, die zum Ausschluss einer **Meningitis** (Hirnhautentzündung) durchgeführt worden sind (OLG Stuttgart VersR 1994, 313),

▷ **akute Entzündung** eines zu extrahierenden **Zahnes** (BGH NJW 1994, 799; auch OLG Oldenburg NJW-RR 1999, 1329: Totalextraktion sämtlicher Zähne),

▷ **röntgenologische Kontrolle** des ordnungsgemäßen Sitzes **eingefügter Implantate** in Bezug auf die Achsneigung und die ausreichende Tiefe (OLG Köln NJW-RR 1995, 346),

▷ intraoperative, röntgenologische Abklärung, ob anlässlich einer **Wurzelbehandlung Füllmaterial** in die Kieferhöhle gelangt bzw. dann entfernt worden ist (OLG Brandenburg VersR 2001, 1241, 1243),

▷ **Operationsverlauf** und dabei zutage getretene Befunde sowie Aufbewahrung des zunächst eingesetzten, aber dann wieder **entfernten Prothesenteils** bei einer Hüftgelenkerneuerung mit einer wegen besonderer anatomischer Verhältnisse des Patienten erforderlichen Sonderprothese (OLG Zweibrücken VersR 1999, 719, 720),

▷ Behandlungsverlauf mit Angabe des Operationsberichts, des Narkoseprotokolls, eingetretener Operationszwischenfälle, einem Wechsel in der Person des Operateurs (s. o.), dem Einsatz spezieller medizinischer Geräte (Gehrlein, Rn B 123).

III. Routinemaßnahmen, negative Befunde und Anfängereingriffe

1. Routinemaßnahmen

Die Dokumentationspflicht erstreckt sich nur auf die wichtigsten diagnostischen und therapeutischen Maßnahmen sowie auf die wesentlichen Verlaufsdaten (OLG Düsseldorf MedR 1996, 79).

Sie erfordert jedoch **nicht, jeden einzelnen therapeutischen oder diagnostischen Schritt** festzuhalten, insbesondere dann nicht, wenn es sich um einen technisch notwendigen und aus ärztlicher Sicht selbstverständlichen Bestandteil einer bestimmten klinischen Methode handelt (OLG Köln VersR 1988, 1249).

So müssen Routinemaßnahmen wie z. B. die vor jeder Injektion durchzuführende Desinfektion der Haut (OLG Köln NJW 1999, 1790; OLG Hamburg MDR 2002, 1315), Routinekontrollen ohne Befund (BGH NJW 1993, 2375), die Einhaltung des üblichen Ausstattungsstandards (OLG Zweibrücken VersR 1997, 1281; G/G, Rn B 205), die Anlegung eines Druckverbandes (OLG Frankfurt VersR 1987, 1118), die Art und Weise einer Untersuchung der Beweglichkeit von Kopf und Halswirbelsäule (OLG Celle MDR 2002, 153), Details über die Versorgung eines Scheiden-Dammschnittes (OLG Braunschweig NJW-RR 2000, 238) und die standardmäßig in der nachgeburtlichen Phase ohne Auffälligkeiten durchgeführten Untersuchungs- und Therapiemaßnahmen (E/B, Rn 549) nicht dokumentiert werden.

Die tatsächliche Durchführung der Kontrolle, ob während einer Operation zur Vermeidung von Lagerungsschäden ein Abduktionswinkel des Infusionsarmes von weniger als 90 Grad gewählt und die Einstellung dieses Winkels durch den Anästesisten überprüft wurde, bedarf als Routinemaßnahme keiner Dokumentation (BGH NJW 1995, 1618, 1619).

Auch das bloße Abrutschen einer Saugglocke indiziert keinen Behandlungsfehler und ist nicht zu dokumentieren (OLG Braunschweig NJW-RR 2000, 238).

Ein Chirurg muss den der Patientin erteilten Rat, ihn beim Auftreten von Entzündungen oder Rötungen des operierten bzw. behandelten Beins bereits vor einem vereinbarten Wiedervorstellungstermin aufzusuchen, ebenso wenig wie eine routinemäßige Wiedereinbestellung dokumentieren (LG Ellwangen, Urt. v. 10.5.2002 – 1 S 22/02; auch OLG Köln VersR 1988, 1299 zur routinemäßigen Wiedereinbestellung).

Ein Allgemeinmediziner muss die Empfehlung, einen Facharzt aufzusuchen (E/B, Rn 549) und bei Hausbesuchen nicht jede einzelne durchgeführte Untersuchung nicht dokumentieren, sondern nur von der Regel abweichende Untersuchungen und festgestellte krankhafte Befunde aufzeichnen (OLG Bamberg VersR 1992, 831).

Auch die Weigerung des Patienten, entgegen dem ärztlichen Rat einen Aids-Test vornehmen zu lassen, gehört nicht zu den wichtigsten dokumentationspflichtigen Maßnahmen (OLG Düsseldorf MedR 1996, 79). Bei einer Weiterbehandlung der aidsinfizierten Ehefrau durch einen anderen Arzt kann dieser aus der unterbliebenen Dokumentation nämlich nur den – unschädlichen – Schluss auf eine bislang unterlassene HIV-Diagnostik ziehen (F/N, Rn 129 a. E.).

2. Anfängereingriffe

Während Routinemaßnahmen üblicherweise nicht aufzuzeichnen sind, hat ein Assistenzarzt oder sonstiger Berufsanfänger den Gang der von ihm selbständig durchgeführten Operation, etwa einer Lymphknotenexstirpation, aber auch bei Routineeingriffen in den wesentlichen Punkten zu dokumentieren (BGH NJW 1985, 2193; OLG Zweibrücken MedR 2000, 233, 235).

Wird eine Operation von einem Assistenzarzt in Facharztausbildung begonnen und wegen auftretender Blutungen von dem ständig anwesenden Oberarzt zu Ende geführt, so haften beide Ärzte als Gesamtschuldner, wenn wegen unzureichender Dokumentation nicht feststellbar ist, bei wessen Tätigkeit es zu einem vorwerfbaren Operationsfehler gekommen ist (OLG Düsseldorf VersR 1991, 1138).

3. Negative Befunde

Ist es medizinisch unüblich, Untersuchungen zu dokumentieren, wenn sie ohne positiven Befund geblieben sind, so kann grundsätzlich nicht bereits aus dem Schweigen der Dokumentation (z. B. „o. B.") auf das Unterbleiben entsprechender Untersuchungen geschlossen werden (BGH NJW 1993, 2375: Kontrolle auf Symptome eines Sudeck-Syndroms). Von einem Arzt kann grundsätzlich auch nicht verlangt werden, nicht vorgenommene Maßnahmen zu dokumentieren, etwa die Tatsache, dass zu einem bestimmten Zeitpunkt kein CTG der kindlichen Herztöne aufgezeichnet worden ist (OLG Saarbrücken OLGR 1999, 460, 462).

Ausnahmsweise müssen jedoch auch **negative Befunde** dokumentiert werden, etwa wenn ein konkreter Anlass zur Ausräumung eines Verdachts besteht oder es sich um medizinisch besonders wichtige Befunde handelt (G/G, Rn B 207). So kann bei Verdacht auf eine bakterielle Infektion des Kniegelenks nach Durchführung einer Arthroskopie die Pflicht des behandelnden Arztes bestehen, den lokalen Befund auch dann zu dokumentieren, wenn dieser i. S. d. Vorliegens einer Überwärmung, Rötung, Schwellung, Schmerzempfindlichkeit oder erhöhter Blutkörpersenkungsgeschwindigkeit negativ ist (OLG Stuttgart VersR 1998, 1550). Gleiches gilt bei der Eingangsuntersuchung einer Schwangeren unmittelbar vor der Entbindung hinsichtlich des festgestellten Blutdrucks (BGH NJW 1995, 1611; G/G, Rn B 207; Gehrlein, Rn B 123).

IV. Beweiserleichterungen und Beweislastumkehr

1. Vermutung des Unterbleibens der nicht dokumentierten Maßnahme

Das Vorliegen eines Behandlungsfehlers und der Kausalzusammenhang zwischen dem Behandlungsfehler und dem eingetretenen Primärschaden ist grundsätzlich vom Patienten zu beweisen. Eine unterbliebene, unvollständige oder auch nur lückenhafte Dokumentation bildet keine eigenständige Anspruchsgrundlage und führt grundsätzlich nicht unmittelbar zu einer Beweislastumkehr hinsichtlich des Ursachenzusammenhangs zwischen einem Behandlungsfehler und dem eingetretenen Primärschaden (BGH NJW 1999, 3408, 3409).

Jedoch kann der Tatrichter aus der Tatsache einer fehlenden, mangelhaften oder unvollständigen Dokumentation einer aus medizinischen Gründen aufzeichnungspflichtigen Maßnahme bis zum Beweis des Gegenteils durch die Behandlungsseite darauf schließen, dass diese Maßnahme unterblieben bzw. vom Arzt nicht getroffen worden ist (BGH NJW 1995, 1611, 1612; VersR 1997, 362, 364; VersR 1999, 190, 191; OLG Brandenburg VersR 2001, 1241, 1242; OLG Zweibrücken NJW-RR 2001, 667, 669; OLG Stuttgart VersR 1994, 313, 314; VersR 1999, 582 zur Lösung einer Schulterdystokie; OLG Hamburg MDR 2002, 1315; Müller, MedR 2001, 487, 491; L/U, § 111 Rn 4, 5, 8; G/G, Rn B 206, 209, 249, 250; S/D, Rn 465).

Sind etwa im Operationsbericht keine Auffälligkeiten bezüglich der vorgenommenen Marknagelung dokumentiert, ist davon auszugehen, dass eine postoperativ festgestellte Schaftsprengung auf fehlerhaftem ärztlichem Vorgehen beruht und nicht auf unfallbedingten Knochenschädigungen (OLG Düsseldorf VersR 1991, 1176; S/D, Rn 467).

Wird die Vornahme regelmäßiger Blutdruckmessungen bei einer Schwangeren unmittelbar vor der Entbindung nicht dokumentiert, so wird vermutet, dass die Blutdruckmessungen nicht durchgeführt worden sind und dadurch die Gefahr drohender **eklamptischer Anfälle** nicht erkannt werden konnte (BGH NJW 1995, 1611, 1612).

Sind in den Krankenunterlagen für einen Geburtsvorgang ab 16.50 Uhr CTG-Aufzeichnungen dokumentiert, so ist zu vermuten, dass keine vorherigen CTG-Kontrollen erfolgten. Behauptet die Patientin dagegen, um

16.30 Uhr sei eine pathologische CTG-Aufzeichnung erhoben worden, kann ihr keine Beweiserleichterung zugute kommen. Es obliegt dann ihr, darzulegen und zu beweisen, dass eine tatsächlich nicht dokumentierte CT-Kontrolle stattgefunden hat (OLG Saarbrücken OLGR 1999, 460; Gehrlein, Rn B 125).

Der Arzt kann die Vermutung des Unterbleibens der nicht dokumentierten Maßnahme jedoch widerlegen (BGH NJW 1986, 2365; OLG Zweibrücken VersR 1999, 1546, 1547), etwa durch die Zeugenaussagen der am Eingriff beteiligten Ärzte und Pfleger (OLG München VersR 1991, 190; Bergmann/Kienzle, VersR 1999, 282, 283; F/N, Rn 130; S/D, Rn 436, 470).

Es bleibt ihm unbenommen, die unterlassenen Angaben auch nachträglich zu ergänzen (E/B, Rn 545; Gehrlein, Rn B 125). Nach Ansicht des BGH (NJW 1978, 542) muss er dabei in zumutbarem Umfang Umstände darlegen und unter Beweis stellen, aus denen sich die Vertrauenswürdigkeit der Aufzeichnung ergibt. In der Literatur (Stürner, NJW 1979, 1225, 1229; F/N, Rn 131) wird eine solche Darlegung nur bei konkreten, erkennbaren Anhaltspunkten verlangt. Erkennbare Manipulationen wie z. B. Radierungen führen aber zu Beweiserleichterungen für den Patienten (OLG Frankfurt VersR 1992, 578; F/N, Rn 131).

Vermag der Arzt den entsprechenden Vortrag im Bestreitensfall zu beweisen, stellt ein etwaiger Dokumentationsmangel kein Aufklärungshindernis im Sinne einer Indizwirkung für das Unterbleiben der Maßnahme mehr dar (E/B, Rn 545; Gehrlein, Rn B 125).

2. Verlust der Krankenunterlagen und Dauer der Aufbewahrung

Eine Beweiserleichterung bis hin zur Beweislastumkehr kommt auch in Betracht, wenn Krankenunterlagen verschwunden sind und die Behandlungsseite ihr Nichtverschulden hieran nicht beweisen kann (BGH MDR 1996, 261; F/N, Rn 125). Denn der Arzt oder Krankenhausträger hat dafür zu sorgen, dass über den Verbleib der Krankenunterlagen jederzeit Klarheit besteht. Verletzt er diese Pflicht, ist davon auszugehen, dass er die Nichtverfügbarkeit der Unterlagen zu verantworten hat (BGH MDR 1996, 261). Werden die Unterlagen an ein anderes Krankenhaus oder einen anderen Arzt o. a. herausgegeben, muss die Weiterleitung dokumentiert werden (Gehrlein, Rn B 122).

Die Dauer der Aufbewahrung für Krankenunterlagen ist im Haftungsrecht nicht einheitlich geregelt. Aus dem ärztlichen Berufsrecht ergibt sich eine Aufbewahrungsfrist von 10 Jahren. In einzelnen Rechtsvorschriften (§§ 28 IV Nr. 1 RöntgenVO, 43 V StrahlenschutzVO) ist die Aufbewahrung von Aufzeichnungen über Untersuchungen für 30 Jahre vorgeschrieben. Im Übrigen ist von einer Aufbewahrungsdauer von 10 Jahren auszugehen (F/N, Rn 132; S/D, Rn 462; vgl. S. 514).

3. Beweislastumkehr hinsichtlich des Kausalzusammenhangs

Dem Patienten können Beweiserleichterungen für die von ihm behaupteten Behandlungsfehler zugute kommen, wenn die aus medizinischen Gründen gebotene Dokumentation fehlt, mangelhaft oder unvollständig ist (OLG Brandenburg VersR 2001, 1241, 1242; Gehrlein, Rn B 126; E/B, Rn 538; s. u. IV.).

Der BGH betont nach früher großzügigerer Handhabung zugunsten des Patienten (vgl. hierzu BGH VersR 1987, 1089, 1091; NJW 1989, 2949, 2950; auch OLG Brandenburg VersR 2001, 1241, 1243) in seiner neueren Rechtsprechung, dass eine unvollständige oder lückenhafte Dokumentation nur dann unmittelbar zu einer Beweislastumkehr auch hinsichtlich des Kausalzusammenhangs zwischen dem Behandlungsfehler, der nachgewiesen oder mangels hinreichender Dokumentation anzunehmen ist, und dem eingetretenen Primärschaden beim Patienten führt, wenn die Dokumentationslücke einen groben Behandlungsfehler indiziert (BGH NJW 1999, 3408, 3409; NJW 1993, 2375, 2376; auch OLG Stuttgart VersR 1994, 313, 314; Müller, VRiBGH, MedR 2001, 487, 491), also einen Verstoß gegen eindeutig gesicherte und bewährte Erkenntnisse und/oder Erfahrungen, der aus objektiver Sicht nicht mehr verständlich erscheint und einem Arzt schlechterdings nicht unterlaufen darf (OLG Brandenburg VersR 2001, 1241, 1243; Gehrlein, Rn B 127, 138 m. w. N.; vgl. → *Grobe Behandlungsfehler*).

Gleiches gilt, wenn die fehlende, mangelhafte oder unvollständige Dokumentation darauf schließen lässt, dass eine medizinisch zweifelsfrei gebotene Befunderhebung oder Befundsicherung, etwa durch Anfertigung eines Röntgenbildes, einer Kernspinaufnahme oder der Durchführung einer Blutdruckmessung unterblieben ist (OLG Düsseldorf, Urt. v. 19.12.1991 – 8 U 194/89; S/D, Rn 558, 559; F/N, Rn 133 a. E.; Gehrlein, Rn B 127 a. E.; vgl. → *Unterlassene Befunderhebung*).

Ein Mangel bei der Befundsicherung begründet bereits dann die Beweiserleichterung für die Frage der Kausalität, wenn er die Aufklärung eines immerhin wahrscheinlichen Ursachenzusammenhangs zwischen ärztlichem Behandlungsfehler und dem eingetretenen (primären) Gesundheitsschaden erschwert (BGH NJW 1994, 1596, 1597; OLG Zweibrücken VersR 1999, 719, 721).

4. Zeitpunkt der Dokumentation

Die Dokumentation hat in unmittelbarem zeitlichem Zusammenhang mit der Behandlung oder dem Eingriff zu erfolgen. Wird sie erst Wochen oder gar Monate später vorgenommen, kann gleichfalls die Vermutung gerechtfertigt sein, dass die Maßnahme unterblieben ist.

Bei einfachen Eingriffen oder Behandlungen wird der Arzt jedoch für berechtigt angesehen, nachträglich die ordnungsgemäße Dokumentation aus dem Gedächtnis zu erstellen (L/U, § 59 Rn 12).

Geht dem nachbehandelnden Arzt oder der Patientin jedoch der Bericht über eine gynäkologische Operation erst ein Jahr nach dem Eingriff zu, so ist dies ein genügender Anhaltspunkt, der die Vermutung der Vollständigkeit und Richtigkeit der Dokumentation erschüttert (OLG Zweibrücken VersR 1999, 1546).

Lässt ein solcher Operationsbericht die vitale Indikation der vorgenommenen Operation nicht mehr vermuten, so hat der Arzt die sich hieraus ergebende Dokumentationslücke, etwa durch Benennung von an dem Eingriff beteiligten Ärzten oder Pflegekräften zu beweisen (OLG Zweibrücken VersR 1999, 1546, 1547; OLG München VersR 1991, 436; S/D, Rn 470; Schmid, NJW 1994, 767, 772).

Kann der Arzt den Beweis führen, bleibt die unterlassene oder unvollständige Dokumentation beweisrechtlich unschädlich (G/G, Rn B 209).

V. Dokumentationsmangel als Behandlungsfehler; Dokumentation zum Zweck der Beweisbeschaffung

1. Dokumentationsmangel als Behandlungsfehler

Grundsätzlich stellt ein Dokumentationsversäumnis keine eigenständige Anspruchsgrundlage und keinen eigenständigen Anknüpfungspunkt für das Vorliegen eines Behandlungsfehlers dar (BGH NJW 1995, 1611, 1612; NJW 1999, 3408, 3409; Müller, MedR 2001, 487, 491; S/D, Rn 464; G/G, Rn B 206, 247; Gehrlein, Rn B 124).

Die fehlende oder unvollständige Dokumentation wirkt sich aber als Behandlungsfehler aus, wenn sich der nachbehandelnde Arzt auf die Vollständigkeit der von seinem Vorgänger oder überweisenden Kollegen erstellten Dokumentation verlässt und gerade hierdurch einen Gesundheitsschaden aufgrund unnötiger oder falscher Therapierung verursacht (F/N, Rn 133; S/D, Rn 462).

Ist eine zur Sicherung der Verlaufsbeobachtung und Weiterbehandlung gebotene Dokumentation nicht vorhanden, handelt es sich nicht nur um einen Dokumentationsmangel, sondern auch um einen Behandlungsfehler, der – zusammen mit weiteren Versäumnissen – ggf. als grob angesehen werden kann (OLG Stuttgart VersR 1997, 700).

So setzt z. B. eine erforderliche, vergleichende Verlaufsbeobachtung bei der Behandlung einer Augenerkrankung (Morbus coats) nicht nur eine genaue Befundbeschreibung voraus, sondern darüber hinaus eine verwertbare Fotodokumentation, zumindest aber die Anfertigung von Skizzen zum jeweiligen Befund der Netzhaut (OLG Stuttgart VersR 1997, 700, 701).

2. Beweiserleichterung als Dokumentationszweck

Die Dokumentation dient grundsätzlich nicht dazu, dem Patienten Beweise für einen späteren Arzthaftungsprozess zu beschaffen. Für besonders gefahrenträchtige, aber beherrschbare Handlungsweisen auf Arztseite ist es jedoch anerkannt, dass die Dokumentation auch bezweckt, dem Patienten eine Beweiserleichterung zu verschaffen.

Dies gilt etwa für den selbständig handelnden Assistenzarzt, der auch ansonsten als Routineeingriffe zu qualifizierende Operationen in den wesentlichen Punkten genau zu dokumentieren hat, um im Interesse des Patienten eine gewisse Kontrolle zu gewährleisten und der beim selbständigen Anfängereingriff zusätzlich unbilligerweise erschwerten Beweissituation des Patienten zu begegnen (OLG Zweibrücken MedR 2000, 233, 235).

VI. EDV-Dokumentation

Eine digitale Dokumentation medizinischer Dokumente ist **berufsrechtlich zulässig**, sofern Schutz vor dem Zugriff Unbefugter besteht. Im Arzthaftungsprozess ist das digitale medizinische Dokument nach Auffassung von Laufs (L/U, § 111 Rn 9, ebenso Ordner/Geis, MedR 1997, 337, 341) Objekt des Augenscheins, das der freien richterlichen Beweiswürdigung unterliegt.

Nach Auffassung von Rehborn (MDR 2000, 1110; ebenso Jorzig, MDR 2001, 481, 484) kann eine EDV-Dokumentation erst dann als zulässig und mit Beweiswert verbunden angesehen werden, wenn die in der Berufsordnung bereits geforderten Maßnahmen zur Verhinderung von Veränderungen getroffen worden sind.

Diese Auffassung liegt auf der Ebene der Entscheidung des BGH (MDR 1998, 535; zust. Jorzig, MDR 2001, 484), wonach mechanische Aufzeichnungen, die auf Grund mündlicher Mitteilungen Dritter erstellt werden, nur unter Berücksichtigung der ihnen eigenen Fehlerquellen zu verwerten sind.

In diesem Sinne wurde bei einem computermäßig erstellten Datenblatt über den Zeitpunkt der Aufnahme einer entbindenden Patientin bei Vorliegen besonderer Zweifel an der Richtigkeit der aufgestempelten Uhrzeit zu Gunsten der Patientin entschieden (Rehborn, MDR 2000, 1110; MDR 1999, 1169, 1173).

▷ Zur Befundsicherungspflicht vgl. i. Ü. → *Befundsicherung*

▷ Zum Recht des Patienten, in die Krankenakten Einsicht nehmen zu können, vgl. → *Einsicht in Krankenunterlagen*

Einsicht in Krankenunterlagen

I. Vorprozessuales Einsichtsrecht

Der Patient hat gegenüber dem Arzt und dem Krankenhaus grundsätzlich auch außerhalb eines Rechtsstreits Anspruch auf Einsicht in die ihn betreffenden Krankenunterlagen, soweit sie Aufzeichnungen über objektive physische Befunde und Berichte über Behandlungsmaßnahmen (Medikation, Operation usw.) betreffen (BGH NJW 1983, 328; NJW 1983, 330; Gehrlein, NJW 2001, 2773; S/D, Rn 473; F/N, Rn 134; L/U, § 60 Rn 6, 8).

Der BGH bezieht sich zur Begründung dieses Anspruchs zum einen auf eine so genannten **ungeschriebene Nebenpflicht**, zum anderen auf § 242 BGB i. V. m. Art. 1 und 2 I GG. Nach anderer Ansicht folgt dieser Anspruch aus einer direkten oder entsprechenden Anwendung des § 810 BGB. Unabhängig von ihrer dogmatischen Herleitung wird die grundsätzliche Herausgabepflicht des Arztes oder Krankenhauses heute jedoch nicht mehr in Frage gestellt (AG Hagen NJW-RR 1998, 262; Gehrlein, NJW 2001, 2773).

Ein rechtliches Interesse an der Gewährung der Akteneinsicht muss der Patient – anders als der Angehörige eines verstorbenen Patienten – nicht darlegen (F/N, Rn 134, 136).

II. Einschränkungen

Subjektive Wertungen des Arztes, seine persönlichen Eindrücke bei Gesprächen mit den Patienten, alsbald aufgegebene erste Verdachtsdiagnosen, Bemerkungen zu einem querulatorischen Verhalten des Patienten werden vom Einsichtsrecht nicht erfasst (Gehrlein, NJW 2001, 2773; S/D, Rn 474; F/N, Rn 134).

Nach Abschluss einer psychiatrischen oder psychotherapeutischen Behandlung steht dem Patienten i. d. R. kein Recht auf Gewährung von Einsicht in die Krankenunterlagen mit Ausnahme objektiver Befunde wie der Medikamentation und dem Ergebnis körperlicher Untersuchungen zu (BGH NJW 1983, 330; NJW 1985, 674, 675; NJW 1989, 764). Der Grund für diese Beschränkung liegt in der Natur des psychiatrischen Behandlungsvertrages, der jedenfalls in seiner klassischen Form die Zurückhaltung ärztlicher Aufzeichnungen gegenüber dem Patienten gebietet, und zwar im Interesse des Arztes, des Patienten und dritter Personen, deren Angaben über den Patienten zur Krankheitsgeschichte gehören (BGH NJW 1985, 674, 675).

Hier besteht das Risiko, dass die psychischen Störungen und medizinischen Bewertungen fehlerhaft verarbeitet werden, wenn der Patient ohne ärztlichen Rat Einsicht in seine Krankengeschichte nimmt (L/U, § 60 Rn 7).

Erstrebt der Patient über die Kenntnis objektiver Befunde wie der Medikation und dem Ergebnis körperlicher Untersuchungen hinaus Einsicht in die Krankenunterlagen über seine psychiatrische Behandlung, so sind entgegenstehende therapeutische Gründe vom Arzt nach Art und Richtung näher zu kennzeichnen, allerdings ohne Verpflichtung, dabei ins Detail zu gehen (BGH NJW 1989, 764; BVerfG NJW 1999, 1777).

Die Einschränkungen dürfen sich aber nur auf die „heiklen" Passagen (z. B. Anamnese, Gesprächsprotokolle), nicht auf die bewertungsneutralen Aufzeichnungen (z. B. Operationsprotokolle, Medikation) beziehen (S/D, Rn 475; F/N, Rn 135).

III. Art der Einsichtnahme

Das Recht des Patienten, die Krankenunterlagen einzusehen, umfasst **auch** die Einsichtnahme durch einen beauftragten **Rechtsanwalt** und die Überlassung von Fotokopien gegen Unkostenerstattung (BGH NJW 1983, 330; OLG München NJW 2001, 2806; L/U, § 60 Rn 11; S/D, Rn 473).

Primär geht der Anspruch des Patienten im vorprozessualem Stadium dahin, Einsicht in die Original-Krankenunterlagen beim Arzt oder Krankenhaus zu nehmen und hiervon Kopien zu fertigen (Gehrlein, NJW 2001, 2773) bzw. Herausgabe von Fotokopien an sich zu verlangen (OLG München NJW 2001, 2806). Ein Anspruch auf Zusendung der Orginal-Krankenunterlagen besteht grundsätzlich nicht (LG Dortmund NJW 2001, 2806: Nur Bereithaltung von Kopien; Gehrlein, NJW 2001, 2773; L/U, § 60 Rn 11).

Nach Auffassung von Gehrlein (NJW 2001, 2773, 2774) kann der Patient bzw. dessen Rechtsvertreter darauf verwiesen werden, sich selbst Kopien über die Krankenunterlagen zu fertigen. Der Arzt könne sich dem Patienten allenfalls vertraglich zur Herstellung von Kopien der Krankenunterlagen verpflichten und dürfe die Vorlegung verweigern, bis ihm der Patient die Kosten – einschließlich der Portokosten – vorgeschossen habe.

Die **h. M.** bejaht eine **Herausgabe- bzw. Bereithaltungspflicht von Kopien** der Krankenunterlagen (OLG München NJW 2001, 2806: Herausgabe von Fotokopien an den Patienten; LG Dortmund NJW 2001, 2806: Bereithaltung von Kopien) **jedenfalls dann, wenn die Kostenerstattung** zugesagt worden ist (AG Hagen NJW-RR 1998, 262, 263; LG Köln NJW-RR 1994, 1539; L/U, § 60 Rn 6, 11).

Der Patient hat jedoch **keinen Anspruch** auf **Aufschlüsselung der Kürzel** für medizinische Fachausdrücke (LG Dortmund NJW-RR 1998, 261; L/U, § 60 Rn 6; **a. A.** AG Hagen NJW-RR 1998, 262, 263: Anspruch auf Unterlagen in einer für den Patienten verständlichen Form).

Nach Ansicht des OLG München (NJW 2001, 2806, 2807; auch LG München I MedR 2001, 524: Kernspinaufnahmen) hat der Patient in entsprechender Anwendung des § 811 I 2 BGB **auch** das Recht, die **Vorlegung der Original-Röntgenaufnahmen** zur Einsichtnahme bei seinem anwaltschaftlichen Vertreter zu verlangen, der die Aufnahme dann seinerseits einem medizinischen Sachkundigen zur Begutachtung weitergeben kann. Die Behandlerseite kann sich den Empfang der im Einzelnen aufgeführten und konkret bezeichneten Aufnahmen bestätigen lassen und für sich Sicherungskopien anfertigen. Auf die Herausgabe von Kopien kann der Patient nicht verwiesen werden.

Der **Auskunftsanspruch** des Patienten gegen das Krankenhaus oder den Arzt bezieht sich auch auf die **Person des behandelnden Arztes** (OLG Düsseldorf NJW 1984, 670; L/U, § 60 Rn 11; Rehborn, MDR 2001, 1148, 1149).

Sind die aufklärenden und behandelnden Ärzte aus den Krankenunterlagen, insbesondere aus dem Aufklärungsbogen oder aus dem Operationsprotokoll ohne weiteres ersichtlich, ist ein Auskunftsanspruch auf namentliche Nennung der ärztlichen Mitarbeiter jedoch ausgeschlossen (OLG Hamm NJW-RR 2001, 236).

Der Anspruch, die **Privatadresse** der behandelnden Ärzte oder sonstiger, im Krankenhaus tätiger Hilfspersonen zu erfahren, entfällt auch dann, wenn als ladungsfähige Anschrift der Name des Arztes und die ärztliche Funktion in einer bestimmten medizinischen Abteilung eines bestimmten Krankenhauses angegeben werden, solange der Arzt noch dort tätig ist (Rehborn, MDR 2001, 1148, 1149).

IV. Einsichtsrecht nach dem Tod des Patienten

Nach dem Tod des Patienten geht das Einsichtsrecht hinsichtlich der Krankenunterlagen auf die **Erben** über, soweit die vermögensrechtliche Komponente, also die Geltendmachung von Schadensersatzansprüchen betroffen ist (L/U, § 60 Rn 12; F/N, Rn 136). Der BGH neigt dazu, auch den nächsten Angehörigen des Verstorbenen (§§ 77 II, 194 II 2, 202 II 1 StGB) unabhängig von der Erbenstellung ein Einsichtsrecht zu geben, wenn sie nachweisen, dass es nachwirkenden Persönlichkeitsbelangen des Verstorbenen dient, etwa der Verwirklichung eines Strafanspruchs (BGH NJW 1983, 2627; S/D, Rn 479).

Die Erben bzw. nächsten Angehörigen müssen ihr **besonderes Interesse** an der Einsichtnahme jedoch **darlegen** (F/N, Rn 136 a. E.; L/U, § 60 Rn 12, 13).

V. Prozessuales Einsichtsrecht

Das prozessuale Einsichtsrecht des Patienten ergibt sich im Prozess aus der allgemeinen Pflicht zur Mitwirkung bei der Sachverhaltsaufklärung. Die materiell-rechtliche Pflicht zur Vorlage der Krankenunterlagen resultiert daher aus § 422 ZPO. Das erkennende Gericht kann von Amts wegen gem. §§ 142 I, II, 273 II Nr. 1, Nr. 2 ZPO n. F. die Vorlage der Krankengeschichte und Operationsberichte sowie der Anästhesieprotokolle anordnen (L/U, § 60 Rn 8).

Gem. § 142 I 1 ZPO n. F. kann auch die Vorlage von **Urkunden**, die sich **im Besitz eines Dritten** befinden, verlangt werden.

Der Grundsatz der **„Waffengleichheit"** und die nunmehr aus § 139 I, II ZPO n. F. herrührende, gesteigerte Aufklärungs- und Hinweispflicht verpflichtet das Gericht sogar, die Krankenunterlagen von Amts wegen beizuziehen, wenn dies – wie regelmäßig – erforderlich ist, um eine möglichst vollständige Aufklärung des Sachverhalts herbeizuführen und ein Sachverständigengutachten einzuholen (OLG Düsseldorf MDR 1984, 1033; L/U, § 60 Rn 8; F/N, Rn 245). Das Gericht kann auch den von ihm beauftragten Sachverständigen zur Beiziehung der Krankenunterlagen beauftragen (OLG Köln VersR 1987, 164; F/N, Rn 245; vgl. hierzu auch → *Sachverständigenbeweis*).

Einzelrichter

Problematisch ist, ob die Übertragung eines vor dem Landgericht anhängigen Arzthaftungsrechtsstreits dem Einzelrichter übertragen werden kann.

I. Rechtslage bis zum 31.12.2001

Da Rechtsstreitigkeiten in Arzthaftungssachen sowohl in rechtlicher als auch in tatsächlicher Hinsicht üblicherweise mit besonderen Schwierigkeiten verbunden sind, kam eine Übertragung von der Zivilkammer auf den Einzelrichter im Allgemeinen **gem. § 348 I ZPO a. F. nicht** in Betracht. Regelmäßig war es bereits bisher erforderlich, dass die Zivilkammer – insbesondere auch bei der Beweisaufnahme – in voller Besetzung tätig wurde (BGH MDR 1994, 303; OLG Brandenburg VersR 2001, 1241, 1242; OLG Nürnberg NJW-RR 1993, 573, 574).

Die fehlerhafte Übertragung des Rechtsstreits auf den Einzelrichter wurde von der h. M. als **Verfahrensfehler** angesehen, der gem. § 539 ZPO a. F. die **Aufhebung und Zurückverweisung** rechtfertigte (OLG Brandenburg VersR 2001, 1241, 1242; MDR 2002, 171; OLG Nürnberg NJW-RR 1993, 573, 574; OLG Karlsruhe VersR 1994, 860; F/N, Rn 242; a. A. Gehrlein, Rn E 22 und Musielak, § 348 ZPO a. F. Rn 23).

Hat das OLG als Berufungsgericht das Urteil und das Verfahren eines Einzelrichters des LG in einer Arzthaftungssache aufgehoben, weil der Rechtsstreit durch die besetzte Kammer zu entscheiden gewesen wäre, so ist die Kammer nach der Zurückverweisung nicht zur Wiederholung der Beweisaufnahme des Einzelrichters verpflichtet, wenn sie dies für ihre eigene Beweiswürdigung als entbehrlich ansieht (OLG Brandenburg MDR 2002, 171).

Der Verfahrensfehler des erstinstanzlichen Gerichts konnte jedoch durch rügelose Einlassung gem. § 295 ZPO geheilt werden (OLG Brandenburg VersR 2001, 1241, 1242).

II. Rechtslage seit dem 1.1.2002

Nach § 348 I 1 ZPO n. F. wird das gem. § 348 I ZPO a. F. bestehende **Kollegialprinzip** grundsätzlich **beseitigt**. Nunmehr entscheidet die Zivilkammer durch eines ihrer Mitglieder als „orginärem" Einzelrichter, soweit keine Ausnahme nach § 348 I 2 Nr. 1, Nr. 2 a–k ZPO n. F. vorliegt (vgl. Schellhammer, MDR 2001, 1081, 1083; Hartmann, NJW 2001, 2577, 2579;

Gehrlein, VersR 2002, 935, 236). So entzieht § 348 I 2 Nr. 2 ZPO Ansprüche aus Heilbehandlungen der Zuständigkeit des Einzelrichters, falls diese Gebiete geschäftsplanmäßig der Kammer zugewiesen sind, § 348 I 2 Nr. 2 e ZPO (Gehrlein, VersR 2002, 935, 936).

Zu den „Ansprüchen aus Heilbehandlungen" gehören Vergütungsforderungen des Arztes, vertragliche und deliktische Haftungsansprüche gegen Ärzte, Zahnärzte, Heilpraktiker, Psychologen und sonstige Behandler sowie die mit der Heilbehandlung in Zusammenhang stehenden Ansprüche wie etwa den Anspruch auf Herausgabe der Krankenunterlagen (Gehrlein, VersR 2002, 935, 936; Zöller, § 348 ZPO n. F. Rn 13).

Fehlt eine geschäftsplanmäßige Zuweisung und werden die Verfahren etwa turnusmäßig verteilt, übernimmt der orginäre Einzelrichter ohne weiteres auch Arzthaftungsstreitigkeiten (Gehrlein, VersR 2002, 935, 936; vgl. zur Kritik Zöller, vor § 348 ZPO n. F. Rn 2 und § 348 ZPO n. F. Rn 7).

Nach der bislang zum alten Recht vertretenen Ansicht stehen in Arzthaftungsfällen regelmäßig besondere Schwierigkeiten tatsächlicher oder rechtlicher Art einer Übertragung auf den Einzelrichter entgegen (OLG Brandenburg VersR 2001, 1241, 1242; OLG Nürnberg NJW-RR 1993, 573, 574; F/N, Rn 242).

Gehrlein (VersR 2002, 935, 936 und ZfS 2002, 53) und Greger (Zöller, § 348 ZPO n. F. Rn 21) weisen darauf hin, dass ein erheblicher Umfang, die wirtschaftliche Bedeutung des Falles, ein hoher Streitwert oder der für die Erledigung benötigte Zeitaufwand keine entscheidenden Gesichtspunkte darstellen, die es nach § 348 ZPO n. F. rechtfertigen würden, „besondere Schwierigkeiten tatsächlicher oder rechtlicher Art" anzunehmen. Gehrlein (VersR 2002, 935, 936) meint sogar, daß eine Entscheidung durch die Kammer auch in Arzthaftungsstreitigkeiten „künftig die Ausnahme bleiben" wird.

Haften der Sache weder *besondere* rechtliche oder tatsächliche Schwierigkeiten noch eine grundsätzliche Bedeutung an und wurde nicht bereits vor der vollbesetzten Kammer verhandelt, ist die Kammer danach gem. § 348 a I Nr. 1–3 ZPO verpflichtet, das Verfahren auf den obligatorischen Einzelrichter zu übertragen (Gehrlein, VersR 2002, 935, 936).

Ist eine Übertragung entgegen § 348 a I Nr. 1–3 ZPO n. F. auf den Einzelrichter erfolgt, ist hiergegen grundsätzlich kein Rechtsmittel zulässig; gem. § 348 a III ZPO n. F. kann ein Rechtsmittel auf eine erfolgte oder unterlassene Übertragung nicht gestützt werden (B/L/A/H, § 348 a ZPO Rn 22).

Eine objektiv willkürliche oder offensichtliche Verletzung der Garantie des gesetzlichen Richters gem. Art. 101 I 2 GG ist jedoch vom Berufungsgericht, erforderlichenfalls vom Bundesverfassungsgericht zu korrigieren (OLG Brandenburg VersR 2001, 1241, 1243; OLG Nürnberg NJW-RR 1993, 573; B/L/A/H, § 295 ZPO Rn 25).

Feststellungsinteresse

I. Möglichkeit eines Schadenseintritts
II. Vorrang der Leistungsklage

III. Negative Feststellungsklage
IV. Schriftliches Anerkenntnis

Eine Klage auf Feststellung des Bestehens oder Nichtbestehens eines Rechtsverhältnisses ist – bei Vorliegen der übrigen Prozessvoraussetzungen – zulässig, wenn es dem Kläger nicht möglich oder nicht zumutbar ist, eine Leistungsklage zu erheben und er ein rechtliches Interesse an der – alsbaldigen – Feststellung hat (vgl. B/L/A/H, § 256 Rn 5, 21, 36, 77; Musielak, § 256 Rn 8 ff.).

I. Möglichkeit eines Schadenseintritts

Wird die Feststellung der Pflicht zum Ersatz künftigen Schadens aus einer bereits eingetretenen Rechtsgutsverletzung – etwa eines Körper- oder Gesundheitsschadens – beantragt, so reicht für das Feststellungsinteresse die Möglichkeit eines Schadenseintritts aus, die nur verneint werden darf, wenn aus der Sicht des Klägers bei verständiger Würdigung kein Grund besteht, mit dem Eintritt eines Schadens wenigstens zu rechnen (BGH MDR 2001, 448 = NJW 2001, 1431).

Auch wenn es noch nicht zu einer Rechtsgutverletzung gekommen ist, ist das erforderliche Feststellungsinteresse bereits dann gegeben, wenn die Entstehung eines Schadens – sei es auch nur entfernt – möglich, aber noch nicht vollständig gewiss ist und der Schaden daher noch nicht abschließend beziffert werden kann (BGH MDR 1992, 76; OLG Brandenburg VersR 2001, 1241, 1242; VersR 2002, 313, 314; OLG Saarbrücken OLGR 2001, 240).

Besteht die Möglichkeit des Eintritts weiterer Verletzungsfolgen, so kann ein rechtliches Interesse an der Feststellung der Ersatzpflicht für immaterielle Zukunftsschäden auch dann gegeben sein, wenn der Schmerzensgeldanspruch dem Grunde nach bereits für gerechtfertigt erklärt worden ist (BGH NJW 2001, 3414).

II. Vorrang der Leistungsklage

Trotz des grundsätzlichen Vorrangs der Leistungsklage ist eine Feststellungsklage zulässig, wenn

▷ **unklar** ist, **ob ein Schaden zu erwarten** ist (BGH NJW 1984, 1554; B/L/A/H, § 256 ZPO Rn 79),

▷ der **Schaden** noch **in der Entwicklung** begriffen ist oder sich zum Zeitpunkt der Erhebung der Leistungsklage (noch) nicht beziffern lässt (BGH MDR 1983, 1018; OLG Düsseldorf VersR 1988, 522),

▷ der **Anspruch nur teilweise bezifferbar** ist (BGH NJW 1984, 1552, 1554; Zöller, § 256 ZPO Rn 7 a; Musielak, § 256 ZPO Rn 14: Feststellungsinteresse insgesamt bejaht), jedenfalls bei einem erst teilweise bezifferbaren Betrag wegen des restlichen Schadens (OLG Naumburg NJW-RR 2001, 304; B/L/A/H, § 256 Rn 83),

▷ zu erwarten ist, dass der **Beklagte** das **Feststellungsurteil respektieren** wird, etwa bei Klagen gegen öffentlich-rechtliche Körperschaften und Anstalten (BGH NJW 1984, 1118, 1119; Musielak, § 256 Rn 13), Banken (BGH MDR 1997, 863, 864), Versicherungen (BGH VersR 1983, 125; OLG Braunschweig NJW-RR 1994, 1447; Musielak a. a. O.; enger OLG Düsseldorf GRUR 1995, 1302),

▷ eine **Feststellungsklage** das Verfahren **vereinfacht**, beschleunigt und verbilligt und annähernd dasselbe erreicht (B/L/A/H, § 256 ZPO Rn 81) oder wenn die Klärung der Anspruchshöhe zu aufwendig wäre (Musielak, § 256 ZPO Rn 12 a. E.).

War die Feststellungsklage bei ihrer Rechtshängigkeit (Zustellung) zulässig, so muss der Kläger im weiteren Verlauf des Rechtsstreits nicht zur Leistungsklage übergehen, wenn der Anspruch nachträglich bezifferbar wird (BGH NJW 1996, 2725, 2726; B/L/A/H, § 256 ZPO Rn 83; Musielak, § 256 ZPO Rn 14).

Ist der Schaden, etwa ein Verdienstausfall, bereits teilweise entstanden, so ist eine Aufspaltung in eine Teilleistungsklage und eine diese ergänzende Feststellungsklage zwar sinnvoll, aus Rechtsgründen jedoch nicht erforderlich (OLG Saarbrücken VersR 1992, 1359, 1360; F/N, Rn 241; Musielak a. a. O.).

Etwas anderes gilt jedoch dann, wenn die Schadensentwicklung im ersten Rechtszug vollständig abgeschlossen ist, der Beklagte den Übergang anregt und damit weder eine Verzögerung noch ein Instanzverlust verbunden ist (B/L/A/H a. a. O.).

Eine Feststellungsklage ist nach h. M. selbst dann zulässig, wenn Klage auf künftige Zahlung gem. § 257 ZPO (BGH NJW-RR 1990, 1532; a. A.

Musielak, § 256 ZPO Rn 15), Klage auf wiederkehrende Leistungen gem. § 258 ZPO (BGH NJW 1983, 2197; B/L/A/H, § 256 ZPO Rn 83; Musielak a. a. O.) oder Klage wegen Besorgnis nicht rechtzeitiger Leistung gem. § 259 ZPO (BGH NJW-RR 1990, 1532; Zöller, § 256 ZPO Rn 8; B/L/A/H a. a. O.; a. A. Musielak a. a. O.) erhoben werden könnte.

III. Negative Feststellungsklage

„Berühmt" sich eine Partei ernsthaft eines Rechts gegen die andere Partei, etwa einer noch weiter gehenden als der bislang geltend gemachten Forderung, wird ein Feststellungsinteresse des Anspruchsgegners zur Erhebung einer „negativen Feststellungsklage", auch als negative Feststellungs-Widerklage, bejaht (BGH NJW 1992, 437; B/L/A/H, § 256 ZPO Rn 31, 35, 47, 84; Zöller, § 256 Rn 14 a, 18).

Erhebt der Anspruchsteller nach Einreichung der negativen Feststellungsklage des Anspruchsgegners jedoch (auch) insoweit Leistungsklage, so entfällt das Feststellungsinteresse für Letztere, wenn eine Entscheidung über die – zulässige – Leistungsklage gesichert ist und diese vom Anspruchsteller nach Antragstellung in der mündlichen Verhandlung nicht mehr einseitig zurückgenommen werden kann (BGH NJW 1987, 2680; Zöller, § 256 Rn 7 d).

Die – rechtshängige – negative Feststellungsklage muss vom Anspruchsgegner dann zur Vermeidung von Kostennachteilen für erledigt erklärt werden (B/L/A/H, § 256 ZPO Rn 84).

War die negative Feststellungsklage bei Einreichung bzw. Erweiterung der Leistungsklage des Prozessgegners anhängig (Eingang bei Gericht), jedoch noch nicht rechtshängig (zugestellt), können dem Prozessgegner gem. § 269 III 3 ZPO n. F. die Kosten auch dann auferlegt werden, wenn er zur Einreichung der negativen Feststellungsklage Veranlassung gegeben hat.

IV. Schriftliches Anerkenntnis

Ein schriftliches Anerkenntnis lässt das Feststellungsinteresse entfallen, wenn es abgegeben wird, um den Geschädigten klaglos zu stellen (BGH NJW 1985, 791; Zöller, § 256 Rn 8 a). Ein deklaratorisches Anerkenntnis oder ein befristeter Verzicht auf die Verjährungseinrede beseitigt das Feststellungsinteresse nicht (OLG Karlsruhe MDR 2000, 1014; VersR 2002, 759; OLG Hamm OLGR 2000, 290; Zöller, § 256 Rn 8 a).

Fordert der Prozessbevollmächtigte des Geschädigten den Haftpflichtversicherer des Schädigers auf, sich in einem „selbständigen, vom Haftungsgrund im Übrigen unabhängigen Schuldversprechen gem. § 780 BGB zu verpflichten, dem Geschädigten X seinen etwaigen weiteren materiellen wie auch immateriellen Schaden zu ersetzen", so entfällt das Feststellungsinteresse nicht durch die Erklärung des Versicherers, „Wir werden dem Geschädigten X die anlässlich des Schadensereignisses vom 15.5.2002 entstandenen und/oder noch entstehenden Ansprüche auf Ersatz des materiellen und immateriellen Schadens ausgleichen, hinsichtlich der Verjährung wird der Geschädigte so gestellt, als habe er heute ein rechtskräftiges Feststellungsurteil erstritten" (vgl. OLG Karlsruhe VersR 2002, 729).

Denn der Geschädigte hat (bei Vorliegen der Voraussetzungen) einen Anspruch auf Abgabe folgender Erklärung:

„Mit der Wirkung eines rechtskräftigen Feststellungsurteils anerkennen wir unsere Verpflichtung, dem Geschädigten X alle zukünftigen immateriellen und materiellen Schäden zu ersetzen, die ihm aus dem Schadensereignis vom 15.5.2002 zukünftig noch entstehen, soweit seine Ansprüche nicht auf Sozialversicherungsträger oder sonstige Dritte übergegangen sind oder übergehen" (vgl. OLG Karlsruhe VersR 2002, 729, 730).

Früherkennung, fehlerhafte pränatale Diagnostik

Vgl. → *Schwangerschaftsabbruch, fehlerhafter*; → *Sterilisation, fehlerhafte*; → *Genetische Beratung*

I. Grundlagen

Die unterlassene, falsche oder unvollständige Beratung der Mutter vor und während einer Schwangerschaft über die Möglichkeiten zur Früherkennung von Schädigungen der Leibesfrucht, die den Wunsch der Mutter auf Abbruch der Schwangerschaft gerechtfertigt hätten (vgl. hierzu → *Schwangerschaftsabbruch, fehlerhafter*), kann einen Anspruch der Eltern gegen den Arzt auf Ersatz von Unterhaltsaufwendungen für das mit körperlichen oder geistigen Behinderungen geborene Kind begründen (BGH NJW 1984, 658; VersR 1997, 698; MDR 2002, 336; OLG Zweibrücken NJW-RR 2000, 235, 237; OLG Düsseldorf OLGR 1997, 209; OLG Hamm OLGR 2001, 143; G/G, Rn B 170; S/D, Rn 293; Gehrlein, NJW 2000, 1771, 1772 und NJW 2002, 870).

Allein das Nichterkennen einer Schwangerschaft im Rahmen der alltäglichen, allgemeinen Beschwerden nachgehenden, frauenärztlichen Untersuchung ist dagegen nicht geeignet, einen Schadensersatzanspruch gegen den Arzt für den durch die planwidrige Geburt eines Kindes ausgelösten Unterhaltsaufwand zu begründen (BGH MDR 1994, 556; OLG Naumburg MDR 1998, 1479).

Nach dem seit dem 1.10.1995 geltenden Recht ist ein Schwangerschaftsabbruch im Anschluss an eine Not- und Konfliktberatung innerhalb der ersten 12 Wochen nach der Empfängnis nicht mehr strafbar (§§ 218 a I, 219 StGB n. F.). Die medizinische Indikation (§ 218 a II StGB n. F.) ist unbefristet möglich.

Die Notlagenindikation nach altem Recht (§ 218 a II 3 StGB a. F.) ist nur für die vor dem 1.10.1995 durchgeführten Schwangerschaftsabbrüche relevant.

Ausnahmsweise kann eine Notlage nach altem Recht die Voraussetzungen einer medizinischen Indikation neuen Rechts erfüllen, wenn die folgenden, engen Voraussetzungen vorliegen (vgl. BVerfG NJW 1993, 1751, 1754/1758; BGH NJW 1995, 1609, 1610):

Ein Schwangerschaftsabbruch auf Grund einer sozialen oder psychisch-personalen Notlage ist **ausnahmsweise** dann **rechtmäßig**, wenn eine Belastung der Schwangeren vorliegt, die ein solches Maß an **Aufopferung eigener Lebenswerte** verlangt, dass ihr die Pflicht zum Austragen des Kindes nicht zugemutet werden kann. Diese Voraussetzungen liegen nur dann vor, wenn in ihrer Umschreibung die Schwere des sozialen oder psychisch-personalen Konflikts so deutlich erkennbar wird, dass – unter dem Gesichtspunkt der Unzumutbarkeit betrachtet – die Kongruenz mit der medizinischen oder kriminologischen Indikation nunmehr nach neuem Recht gewahrt bleibt. Das Vorliegen der Voraussetzungen muss dabei durch Gerichte oder durch Dritte, denen der Staat kraft ihrer besonderen Pflichtenstellung vertrauen darf und deren Entscheidung nicht jeder staatlichen Überprüfung entzogen ist, unter Beachtung des Schutzanspruchs des ungeborenen menschlichen Lebens bewertet und festgestellt werden (BGH NJW 1995, 1609, 1610; Einzelheiten vgl. → *Schwangerschaftsabbruch, fehlerhafter*, S. 444 ff.). So hat der BGH (VersR 2002, 1148, 1150) den Abbruch der Schwangerschaft bei schweren Missbildungen des Fötus (beide Oberarme waren im entschiedenen Fall nicht ausgebildet, der rechte Oberschenkel war verkürzt, der linke und beide Wadenbeine fehlten), die bei fehlerfreier Behandlung erkennbar gewesen wären, für gerechtfertigt erachtet, wenn dadurch die Gefahr eines Suizidversuchs oder einer schwer wiegenden Beeinträchtigung des seelischen Gesundheitszustandes der Mutter zu befürchten gewesen wäre.

Das OLG Hamm (VersR 2002, 1153, 1154) ist der Auffassung, dass die Grenzen des für die Schwangere Zumutbaren hierbei nicht zu weit zu ziehen sind, die Gefahr einer schwer wiegenden Beeinträchtigung des körperlichen oder seelischen Gesundheitszustandes – jedenfalls im entschiedenen Fall – aber nicht drohe, wenn keine schwer wiegenden Behinderungen des Kindes zu erwarten sind. Im entschiedenen Fall hätte der behandelnde Gynäkologe erkennen können und müssen, dass bei dem Fötus die linke Hand und ein Teil des linken Unterarms fehlten.

II. Behandlungsfehler

1. Therapeutische Sicherungsaufklärung

Wenn bestimmte Risikofaktoren (Alter und/oder Gesundheitszustand der Schwangeren) vorliegen, so muss ein Gynäkologe die Schwangere auf deren Bitte (BGH NJW 1987, 2923), aber auch bereits ohne ausdrückliche Nachfrage umfassend über die Risiken der Schwangerschaft oder die Möglichkeit einer Fruchtwasseruntersuchung hinweisen, um ihr zu ermöglichen, bei vorhandenen pränatalen Vorschäden den Abbruch der Schwangerschaft vornehmen zu lassen (BGH NJW 1984, 658; NJW 1987, 2923; OLG Düsseldorf NJW 1983, 1548 und VersR 1998, 194; Gehrlein, NJW 2000, 1771, 1772 und Rn B 93, B 96; G/G, Rn B 170; vgl. auch → *Aufklärung*, S. 69).

Der aufklärende Arzt muss die Frau über die erhöhten schwer wiegenden Risiken der Schwangerschaft sachbezogen unterrichten. Es genügt nicht, wenn er lediglich schlagwortartig die Begriffe „Mongolismus" oder „mongoloides Kind" mitteilt. Er muss ihr vielmehr – ohne Dramatisierung des genetischen Risikos – unmissverständlich klarmachen, dass das Risiko auch die Entwicklung eines schwerstgeschädigten Kindes beinhaltet und dass die Geburt eines solchen Kindes zu unerträglichen Belastungen führen kann, vielfach verbunden mit der Notwendigkeit lebenslanger Pflege und Betreuung (OLG Düsseldorf NJW 1989, 1548; auch OLG Hamm OLGR 2001, 143).

Bei der Beratung dürfen aber auch die Risiken der zur Abklärung eines vorliegenden Mongolismus erforderlichen Fruchtwasseruntersuchung nicht verschwiegen werden, hierbei muss der Arzt die Akzente richtig setzen

(OLG Düsseldorf NJW 1989, 1548; auch OLG Köln VersR 1989, 631 und LG Dortmund MedR 1985, 95).

Bewertet der Arzt das **Risiko eines Mongolismus** und das einer **Fehlgeburt** durch eine Amniozentese (Fruchtwasseruntersuchung – Punktion der Haut um die Leibesfrucht) mit etwa 1 % gleich hoch, so ist dies im Kern richtig, auch wenn ein im Rechtsstreit eingeholtes Sachverständigengutachten das Risiko einer Fehlgeburt mit „nur" 0,5 % angibt (OLG Köln VersR 1989, 631).

Ob die Schwangere die erforderliche Amniozentese nach Erteilung der Hinweise über deren Risiken einerseits und das Risiko der Trisomie 21 (Mongoloismus) andererseits vornehmen lässt und sich bei bestehender Indikation zu einem Schwangerschaftsabbruch entscheidet, obliegt ihrer eigenen Entscheidungsfreiheit.

Es ist dann nicht Aufgabe des Arztes, auf einen – rechtlich möglichen – Schwangerschaftsabbruch hinzuwirken (OLG Hamm OLGR 2001, 143 = NJW 2001, 3417; Rehborn, MDR 2001, 1148, 1151).

Hinzuweisen ist jedoch nicht nur auf das Risiko eines möglichen Mongolismus, sondern bei Vorliegen entsprechender Anhaltspunkte auch auf mögliche, pränatale Vorschäden des Kindes auf Grund einer Rötelinfektion (BGH NJW 1983, 1371; OLG Düsseldorf VersR 1987, 414; OLG Karlsruhe VersR 2002, 1427; OLG Koblenz VersR 1992, 359), das Bestehen eines „Wasserkopfes" (BGH NJW 1997, 1638), einer Toxoplasmose (Infektionskrankheit; OLG Düsseldorf VersR 1992, 494) oder einer HIV-Infektion nach Durchführung nicht eindeutiger HIV-Tests (OLG Nürnberg VersR 1999, 1545).

Zur Abklärung etwaiger Vorschäden und Missbildungen der Leibesfrucht ist der Arzt aber nur verpflichtet, wenn hierfür in den „Mutterschafts-Richtlinien" genannte Anhaltspunkte vorliegen, etwa das Alter oder bestimmte Vorerkrankungen der Mutter (G/G, Rn B 171 m. w. N.).

2. Therapie- und Organisationsfehler

Verbleibt nach der Durchführung eines medizinischen Tests, etwa eines Schwangerschaftstests, eine Ungewissheit, weil dieser für einen bestimmten, noch nicht in den Test einbeziehbaren Zeitraum kein Ergebnis zeigen kann („Toter Winkel"), so gehört es auch zur Sorgfaltspflicht des Arztes, dieser Unsicherheit durch geeignete Maßnahmen nachzugehen (OLG Zweibrücken NJW-RR 2000, 235).

Das medizinisch **nicht gebotene Hinausschieben einer Fruchtwasserpunktion** mit der Folge, dass wegen Ablaufs der Frist des § 218 a III StGB a. F. (bis zum Ablauf der 22. Schwangerschaftswoche) bzw. des § 218 a I

Nr. 3 StGB n. F. (zwölf Wochen) ein Schwangerschaftsabbruch nicht mehr durchgeführt werden kann, stellt sich als Behandlungsfehler dar (BGH NJW 1989, 1536; OLG Saarbrücken NJW-RR 2001, 671).

Der Arzt ist jedoch nicht verpflichtet, während der Schwangerschaft gezielt nach etwaigen Missbildungen des Kindes zu suchen, wenn hierfür keine Anhaltspunkte vorliegen (KG VersR 1996, 332).

3. Genetische Fehlberatung

Vgl. → Genetische Beratung, S. 293 ff.

4. Nichterkennen einer Schwangerschaft

Vgl. → Nichterkennen einer Schwangerschaft, S. 421 ff.

III. Beweislast

1. Beweislast der Patientin

Die Patientin hat zu beweisen, dass der Arzt sie nicht, falsch oder unvollständig über Möglichkeiten zur Früherkennung von Schädigungen der Leibesfrucht, die ihren Wunsch auf Abbruch der Schwangerschaft gerechtfertigt hätten, beraten hat (BGH NJW 1987, 2923; Gehrlein, Rn B 94), dass ein ordnungsgemäßer Test positiv verlaufen wäre und dann zu einem zulässigen Schwangerschaftsabbruch geführt hätte (BGH NJW 1987, 2923; S/D, Rn 299).

Ist dem Arzt keine verspätete Aufklärung, sondern ein sonstiger Behandlungsfehler unterlaufen, so hat die Patientin auf den entsprechenden Einwand des Arztes zu beweisen, dass eine Fruchtwasseruntersuchung und ein nachfolgender Schwangerschaftsabbruch rechtzeitig und in rechtmäßiger Weise hätten stattfinden können (Gehrlein, Rn B 94).

2. Beweislast des Arztes

Liegt die Sicherung der – therapeutischen – Aufklärungsmaßnahme für den Arzt als Vorsichtsmaßnahme sehr nahe, etwa wenn die ordnungsgemäße Beratung Voraussetzung dafür ist, dass der Patient bzw. die Patientin die aus einer bestehenden Unwägbarkeit erwachsenden Folgen überblicken und mögliche Konsequenzen daraus zu ziehen in der Lage ist, kann die unzureichende Dokumentation der Aufklärung oder Beratung indizieren, dass sie nicht erteilt worden ist (OLG Zweibrücken NJW-RR 2000, 235, 236).

So kann es als **Beweisanzeichen für die Nichterfüllung** einer Nebenpflicht dienen, wenn sich der Arzt einen Hinweis auf eine **Versagerquote** bei einer Sterilisation **nicht schriftlich bestätigen** lässt (BGH NJW 1981, 2001, 2004) oder der gebotene Hinweis, dass wegen des Schwangerschaftsalters eine Diagnostik nicht gewünscht wird bzw. ein Hinweis auf die Gefahr eines Mongolismus (OLG Zweibrücken NJW-RR 2000, 235, 236 f.) nicht dokumentiert ist.

Ist eine – therapeutische – Aufklärung nicht in der gebotenen Weise durchgeführt worden, trifft den Arzt auch die Beweislast, dass der Schaden auch bei pflichtgemäßem Verhalten eingetreten wäre, die Patientin sich also nicht „aufklärungsrichtig" verhalten hätte (BGH VersR 1984, 186; OLG Zweibrücken NJW-RR 2000, 235, 237).

Er hat dann also nachzuweisen, dass sich die Mutter nicht für den Test, bei ungünstigem Testergebnis nicht für den Abbruch der Schwangerschaft entschieden hätte (S/D, Rn 301).

IV. Kausalität und Zurechnungszusammenhang

1. Kausalität

Geiß/Greiner (G/G, Rn B 174) weisen zutreffend darauf hin, dass die derzeitige pränatale Diagnostik häufig erst nach Ablauf der 12-wöchigen Frist des § 218 a I StGB aussagekräftig ist, danach nur noch ein Abbruch aus medizinischer Indikation zum Schutz von Leben und Gesundheit der Mutter (§ 218 a II StGB n. F.) in Frage kommt. In derartigen Fällen ist die Kausalität problematisch, da die Kenntnis selbst einer schweren Schädigung der Leibesfrucht nur im Einzelfall einen Abbruch nach § 218 a II StGB rechtfertigen kann.

Ein Schwangerschaftsabbruch dürfte auch hier nur unter den vom BVerfG aufgestellten, strengen Voraussetzungen zulässig sein (vgl. BVerfG NJW 1993, 1751, 1754 f.; BGH NJW 1995, 1609, 1610).

2. Schutzbereich des Vertrages

Der Verdienstausfall, der den Eltern eines Kindes im Zusammenhang mit dessen Betreuung entsteht, kann dem Arzt, der die Geburt eines wegen fehlerhafter vorgeburtlicher Untersuchung schwerstbehindert zur Welt gekommenen Kindes zu verantworten hat, haftungsrechtlich nicht zur Last gelegt werden (BGH VersR 1997, 698, 700).

Gleiches gilt für die Beerdigungskosten des tot zur Welt kommenden oder unmittelbar danach verstorbenen Kindes (OLG Düsseldorf VersR 1996, 711).

(Zum Schutzzweck eines Sterilisationsvertrages vgl. → *Sterilisation, fehlerhafte;* zum Schutzweck des auf einen Schwangerschaftsabbruch gerichteten Vertrages vgl. → *Schwangerschaftsabbruch, fehlerhafter;* zum Schutzzweck eines Beratungsvertrages, durch den die Zeugung eines erbgeschädigten Kindes verhindert werden soll, vgl. → *Genetische Beratung.*

V. Umfang des Anspruchs

1. Unterhalt

Ansprüche auf Freistellung von den Unterhaltsbelastungen stehen der Mutter sowie dem in den Schutzzweck des Vertrages insoweit einbezogenen Vater des Kindes zu, nicht jedoch dem Kind selbst (BGH MDR 1985, 659; VersR 2002, 192; OLG Düsseldorf VersR 1995, 1498; S/D, Rn 298; Gehrlein, Rn B 84, 89, 95 und NJW 2002, 870; a. A. Reinhart, VersR 2001, 1081, 1085 ff. m. w. N.).

Der Anspruch der Eltern erstreckt sich auf den **gesamten Unterhaltsaufwand** für das Kind sowie auf die Belastung mit einem etwaigen, behinderungsbedingten Mehraufwand (BGH NJW 1999, 2731; MDR 2002, 336; OLG Saarbrücken NJW-RR 2000, 235, 237; G/G, Rn B 175).

Dies gilt etwa für den Unterhaltsschaden des mit einem „Wasserkopf" (BGH VersR 1997, 698, 700) oder mongoloid geborenen Kindes (BGH NJW 1999, 2731; OLG München VersR 1988, 523).

Nach dem Wegfall des § 1615 f BGB als Bemessungsmaßstab richtet sich der Ersatzanspruch nach §§ 1615, 1612 a BGB n. F. i. V. m. der Regelbetrags-Verordnung vom 6.4.1998 (S/D, Rn 273 a; G/G, Rn B 185; Rehborn, MDR 2001, 1148, 1151). Der Betrag kann wegen pflegerischer Dienstleistungen eines Elternteils bis zum doppelten Regelbetrag angehoben werden, wobei Sonderbedarf für ein geschädigt geborenes Kind zusätzlich zu berücksichtigen ist (Gehrlein, Rn B 84; G/G, Rn B 185; vgl. OLG Stuttgart VersR 1998, 366 zum behinderungsbedingten Mehrbedarf an Wohnraum und Ausstattung).

Frahm/Nixdorf (F/N, Rn 162; vgl. auch die Nachweise bei BGH NJW 2002, 1269, 1273) halten es für sachgerecht, den betreuungsbedingten Mehraufwand eines behinderten Kindes nach den Pflegeversicherungsrichtlinien (§ 15 SGB XI) zu bemessen und hinsichtlich sonstiger Unterhaltsbelastungen auf 135 % des Regelsatzes abzustellen.

Daneben können auch die Kosten der erforderlichen medizinischen Betreuung des Kindes verlangt werden (OLG Düsseldorf VersR 1998, 194).

2. Verdienstausfall

Der Verdienstausfall, der den Eltern eines Kindes im Zusammenhang mit dessen Betreuung entsteht, kann dem Arzt daneben haftungsrechtlich nicht zusätzlich zur Last gelegt werden (BGH VersR 1997, 698, 700; ebenso OLG Düsseldorf VersR 1996, 711 für Beerdigungskosten).

3. Schmerzensgeld

Während der Mutter bei fehlgeschlagener Sterilisation (Gehrlein, Rn B 82; G/G, Rn B 182) ein Schmerzensgeld auch dann zusteht, wenn die Schwangerschaft ohne pathologische Begleitumstände verläuft, kann ihr in den Fällen der fehlerhaften pränatalen Diagnostik und der schuldhaften Nichterkennung einer Schwangerschaft mit der Folge, dass die Frist des § 218 a I StGB n. F. abläuft und ein bis dahin möglicher und zulässiger Abbruch nicht mehr nachgeholt werden darf, ein Schmerzensgeld nur dann zugesprochen werden, wenn und soweit die physische und psychische Belastung diejenigen einer natürlichen, komplikationslosen Geburt übersteigt und einen Krankheitswert erreicht (BGH NJW 1983, 1371; NJW 2002, 886, 887; OLG Zweibrücken NJW-RR 2000, 235, 238; OLG Celle VersR 1988, 965; G/G, Rn B 156, 169, 176, 182; Gehrlein, Rn B 95).

Von der Mutter konkret nachzuweisende Schlafstörungen und Depressionen können grundsätzlich solche schwer wiegenden Belastungen mit Krankheitswert darstellen (OLG Zweibrücken NJW-RR 2000, 235, 238).

Gemeinschaftspraxis

Vgl. auch → *Krankenhausaufnahmeverträge;* → *Arztvertrag;* → *Arbeitsteilung;* → *Ambulanz*

I. Begriff

1. Gemeinschaftspraxis

Die Gemeinschaftspraxis ist die gemeinsame Ausübung ärztlicher Tätigkeit durch mehrere Ärzte des gleichen oder ähnlichen Fachgebietes in gemeinsamen Räumen mit gemeinsamer Praxiseinrichtung, gemeinsamer Karteiführung und Abrechnung sowie mit gemeinsamem Personal auf gemeinsame Rechnung (L/U, § 18 Rn 12; § 40 Rn 5; § 98 Rn 3; § 115 Rn 7; Walter, MedR 2002, 169, 170).

Das Vorliegen einer Gemeinschaftspraxis ist anzunehmen, wenn sich der Wille der Ärzte zu gemeinschaftlicher Verpflichtung und austauschbarer Leistungserbringung gegenüber dem Patienten nach außen hin manifestiert, etwa durch ein gemeinsames Praxisschild, gemeinsame Briefbögen, Rezeptblöcke, Überweisungsscheine und eine gemeinsame Abrechnung (G/G, Rn A 15; S/D, Rn 62, 62 b).

2. Praxisgemeinschaft

Bei einer Praxisgemeinschaft schließen sich zwei oder mehrere Ärzte gleicher und/oder verschiedener Fachrichtung zur gemeinsamen Nutzung von Praxisräumen und/oder Praxiseinrichtungen und/oder zur gemeinsamen Inanspruchnahme von Praxispersonal bei sonst selbständiger Praxisführung zusammen. Im Gegensatz zur Gemeinschaftspraxis hat hier jeder Arzt seinen eigenen Patientenstamm und seine eigene Karteiführung. Die an der Praxisgemeinschaft beteiligten Ärzte handeln jeweils selbständig. Verträge kommen jeweils nur zwischen ihnen und dem Privatpatienten bzw. der kassenärztlichen Vereinigung zustande (L/U, § 18 Rn 9; § 40 Rn 4; § 115 Rn 11; Gehrlein, Rn A 14; Walter, MedR 2002, 169; vgl. hierzu → *Krankenhausverträge*, S. 403 ff.).

II. Rechtsform

1. Gemeinschaftspraxis

Bei den in einer Gemeinschaftspraxis zusammengeschlossenen Ärzten handelt es sich regelmäßig um eine als solche nach außen auftretende BGB-Gesellschaft (§§ 705 ff. BGB). Eine Gemeinschaftspraxis liegt vor, wenn mehrere Ärzte sich zu einer auch nach außen gemeinsam geführten Praxis zur Erbringung gleichartiger Leistungen auf einem oder zumindest ähnlichem Fachgebiet verbunden haben (BGH MedR 1999, 561, 565; Walter, MedR 2002, 169, 170). Der Arztvertrag kommt zwischen dem Patienten und sämtlichen Ärzten der Gemeinschaftspraxis zustande, die entsprechende Leistung soll von jedem Arzt der Gemeinschaftspraxis erbracht werden können (Walter, MedR 2002, 169, 170; Schinnenburg, MedR 2000, 311, 312).

Dabei liegt eine nach außen gemeinsam geführte Praxis vor, wenn die ärztliche Tätigkeit in gemeinsamen Räumen mit gemeinsamer Praxiseinrichtung, gemeinsamer Karteiführung und Abrechnung sowie mit gemeinsamem Personal erfolgt. Die Gemeinschaftspraxis hat einen gemeinsamen Patientenstamm (Walter, MedR 2002, 169, 170; L/U, § 18 Rn 12 und § 115 Rn 7). Der Patient hat dabei keinen Anspruch, von einem bestimmten Arzt behandelt zu werden (L/U, § 18 Rn 12; Gehrlein, Rn A 15).

Nach Ansicht des BSG (MedR 1984, 30; auch Walter, MedR 2002, 169, 170) können auch Ärzte verwandter Fachgebiete so genannte fachübergreifende Gemeinschaftspraxen bilden, wobei eine Genehmigung zur gemeinschaftlichen Praxisführung nur unter der Einschränkung erteilt wird, dass jeder Arzt seine Fachgebietsgrenzen einhält und den Patienten das Recht auf freie Arztwahl gewährleistet bleibt.

2. Partnerschaftsgesellschaft

Eine Gemeinschaftspraxis kann auch als Partnerschaftsgesellschaft nach dem PartGG betrieben werden. Die Partnerschaftsgesellschaft kommt durch einen Partnerschaftsvertrag zustande, für den Schriftform vorgesehen ist (§ 3 I PartGG). Behandlungsverträge werden nur mit der Partnerschaft als Berufsausübungsgesellschaft geschlossen (L/U, § 18 Rn 13). Über § 7 II PartGG findet § 124 HGB auf die im Partnerschaftsregister anzumeldende Partnerschaftsgesellschaft Anwendung, d.h. die Partnerschaft kann unter ihrem Namen Rechte erwerben und Verbindlichkeiten eingehen sowie vor Gericht klagen und verklagt werden (Walter, MedR 2002, 169, 170).

3. Praxisgemeinschaft

Bei der Praxisgemeinschaft wird nur der einzelne Arzt Vertragspartner des Patienten. Zwischen den an der Praxisgemeinschaft beteiligten Ärzten besteht eine BGB-Gesellschaft als reine Innengesellschaft. Diese tritt nach außen nur hinsichtlich der Anmietung der Praxisräume, der Beschaffung, Einrichtung und Unterhaltung der Gemeinschaftseinrichtungen und/oder hinsichtlich der Einstellung und Entlassung gemeinschaftlichen Personals u. a. hervor (L/U, § 18 Rn 10; § 40 Rn 4; § 115 Rn 12; Gehrlein, Rn A 14). Hier wird die ärztliche Tätigkeit wie in einer Einzelpraxis von jedem Arzt selbständig ausgeübt (Walter, MedR 2002, 169).

III. Haftung

1. Gemeinschaftspraxis

Grundsätzlich haften alle Ärzte der als BGB-Gesellschaft betriebenen Gemeinschaftspraxis dem Patienten aus dem Arztvertrag **gesamtschuldnerisch** für dessen Erfüllung. Unterläuft einem der Ärzte ein Behandlungsfehler, trifft die vertragliche Haftung aus p. V. V. bzw. (ab dem 1.1.2002) § 280 I BGB n. F. sämtliche Partner der Gemeinschaft nach bislang einhelliger Ansicht jedenfalls dann, wenn es sich um austauschbare Leistungen handelt und der Patient die Praxis auch als solche aufgesucht hat oder wenn die Ärzte den Patienten ohne deutliche Trennung der Zuständigkeiten gemeinsam betreuen (S/D, Rn 62, 87). Dass die Person des Arztes für den Patienten gleichgültig ist, wird vom BGH (VersR 1999, 1241; S/D, Rn 62 a) für die „Austauschbarkeit" der Leistung nicht mehr vorausgesetzt. Die gesamtschuldnerische Haftung greift auch dann ein, wenn nur einer der Ärzte zusätzlich eine Belegstation unterhält und der Patient dort im Rahmen der Behandlung durch den Belegarzt oder dessen Partner bzw. dessen Urlaubsvertreter geschädigt wird (Gehrlein, Rn A 15; Rehborn, MDR 2001, 1148, 1149).

So besteht der Behandlungsvertrag einer Patientin mit dem ihre Schwangerschaft betreuenden Gynäkologen jedenfalls dann fort, wenn sich die Patientin in das **Belegkrankenhaus** begibt, in dem der Gynäkologe Belegarzt ist, und dieser dort die Behandlung fortsetzt. Die haftungsrechtlichen Folgen einer bestehenden Gemeinschaftspraxis erfahren durch die Aufnahme der Patientin in das Belegkrankenhaus keine Veränderung (BGH NJW 2000, 2737, 2741).

Geht dagegen aus der Erklärung des Patienten oder den Umständen klar hervor, dass er gerade von einem bestimmten Arzt behandelt werden will, so trifft die vertragliche Haftung nur diesen, ausschließlich vom Patienten in Anspruch genommenen Arzt (Gehrlein, Rn A 15; OLG Oldenburg VersR 1997, 1492; VersR 1998, 1421; **a. A.** S/D, Rn 62 a mit Hinweis auf BGH VersR 1999, 1241).

Bis zur Entscheidung des BGH zur Rechtsfähigkeit und aktiven sowie passiven Parteifähigkeit einer BGB-Gesellschaft (BGH MDR 2001, 459) wurde und wird noch angenommen, dass deliktsrechtlich jeder Partner nur für seine eigenen Behandlungs- und Aufklärungsfehler passiv legitimiert ist, da eine Haftungszurechnung aus §§ 831, 31 BGB mangels Weisungsgebundenheit ausscheiden würde (OLG Celle VersR 2002, 1558, 1560; Gehrlein, Rn A 15, S/D, Rn 87, 89; G/G, Rn A 15; L/U, § 115 Rn 8, 10).

Da der BGB-Gesellschafter für die Verbindlichkeiten der BGB-Gesellschaft nach Ansicht des BGH (MDR 2001, 459 = NJW 2001, 1056; zustimmend Schmidt, NJW 2001, 993, 1003; Ulmer, ZIP 2001, 585; Römermann, DB 2001, 428; Walter, MedR 2002, 169, 171) für die Verbindlichkeiten der BGB-Gesellschaft entsprechend den Regelungen für die OHG gem. §§ 128, 129 HGB analog persönlich und akzessorisch haftet, wendet die h. L. § 31 BGB analog auch auf die BGB-Gesellschaft an und erwartet, dass der BGH auch diesen weiteren Schritt in absehbarer Zukunft vollziehen wird (Walter, MedR 2002, 169, 172; Schmidt, NJW 2001, 993, 1003; Habersack, BB 2001, 477, 479; Ulmer, ZIP 2001, 585, 597). Nach § 31 BGB haftet ein Verein für Schäden, die ein verfassungsmäßig berufener Vertreter einem Dritten zufügt. Diese Vorschrift ist für die OHG, KG, GmbH, AG nach einhelliger Meinung bereits entsprechend anwendbar. Die konsequente Anwendung der „Akzessorietätslehre" und der Ausführungen des BGH im Urteil zur Parteifähigkeit der BGB-Gesellschaft führt danach bei entsprechender Anwendung des § 31 BGB auf die Gemeinschaftspraxis zur persönlichen Haftung jedes Gesellschafters für gesetzliche und damit auch deliktische Verbindlichkeiten der Gesellschaft und damit zur Haftung jedes beteiligten Arztes für die Ansprüche eines Patienten wegen fehlerhafter Behandlung durch einen anderen Arzt der Gemeinschaftspraxis (Walter, MedR 2002, 169, 173; G/G, Rn A 15: Haftungszurechnung nach den §§ 831, 31 BGB in der OLG-Rechtsprechung bisher noch nicht vollzogen).

Darüber hinaus wird von der h. L. nunmehr auch eine analoge Anwendung des § 130 BGB auf alle BGB-Gesellschafter bejaht, so dass der in eine Gemeinschaftspraxis neu eintretende Arzt auch für die zum Beitrittszeitpunkt bereits begründeten Schadensersatz- und Schmerzensgeldansprüche eines Patienten gegen ein anderes Mitglied der Gemeinschaftspraxis wegen fehlerhafter Behandlung haften würde (Walter, MedR 2002, 169, 173; Schmidt, NJW 2001, 993, 999; Habersack, BB 2001, 477, 482; ablehnend Wiedemann, JZ 2001, 661, 664).

Walter (MedR 2002, 169, 173) empfiehlt wegen der damit verbundenen Haftungsverschärfung für Ärzte die Rechtsform einer Ärztepartnerschaft nach dem PartGG.

Nach In-Kraft-Treten des neuen § 253 II BGB zum 1.8.2002 (vgl. hierzu Karczewski, VersR 2001, 1070, 1071; von Mayenburg, VersR 2002, 278, 280; Wagner, NJW 2002, 2049, 2055) kann Schmerzensgeld auch aufgrund vertraglicher Haftung verlangt werden, so dass die Frage der deliktsrechtlichen Haftung eines BGB-Gesellschafters in den Hintergrund tritt.

Hat ein **Mitarbeiter oder ein Urlaubsvertreter** beim Patienten einen Schaden verursacht, haften alle Partner der Gemeinschaftspraxis vertraglich aus p. V. V. bzw. (ab dem 1.1.2002) § 280 I BGB n. F. i. V. m. § 278 BGB und deliktisch aus § 831 BGB mit der – nach Einführung des § 253 II BGB n.F.

unbedeutend gewordenen – Entlastungsmöglichkeit des § 831 I 2 BGB (L/U, § 115 Rn 9; S/D, Rn 87, 88, 91; G/G, Rn A 15).

Fehler eines Urlaubsvertreters sind im vertraglichen Bereich gem. § 278 BGB dem vertretenen Arzt und damit der Gemeinschaftspraxis zuzurechnen. Deliktisch trifft die Haftungszurechnung aus § 831 BGB nach bislang überwiegender Ansicht nur das vertretene Mitglied der Gemeinschaftspraxis (Gehrlein, Rn A 16; G/G, Rn A 15, 16). Bejaht man eine analoge Anwendung des § 31 BGB (siehe oben; vgl. Walter, MedR 2002, 169, 172), trifft die Mitgesellschafter auch die deliktische Haftung.

Ein Belegarzt, der während seines Urlaubs die Fortsetzung der Behandlung im Krankenhaus seinem Urlaubsvertreter überlässt, wird regelmäßig nur dann von seinen Behandlungspflichten und der Haftung hieraus frei, wenn er dies ausdrücklich mit dem Patienten vereinbart und dieser einen selbständigen Behandlungsvertrag mit dem Urlaubsvertreter abschließt (BGH NJW 2000, 2737, 2741).

Erfolgt die Vertretung jedoch nicht in der Praxis des abwesenden Praxisinhabers, sondern durch einen im Umkreis ansässigen Praxisvertreter, so haftet dieser dem Patienten selbst aus p. V. V. bzw. § 280 I BGB n. F., wenn er die erbrachten Leistungen gegenüber dem Patienten oder dessen Krankenkasse selbst abrechnet oder in zurechenbarer Weise den Rechtsschein erweckt, Vertragspartner zu sein (Rehborn, MDR 2001, 1148, 1149).

2. Partnerschaftsgesellschaft

Für Verbindlichkeiten einer Partnerschaftsgesellschaft (siehe oben II.2) haften den Gläubigern gegenüber neben dem Partnerschaftsvermögen die einzelnen Partner als Gesamtschuldner (§ 8 I 1 PartGG). Nach der bis zum 1.8.1998 geltenden Fassung des § 8 II PartGG konnte die Haftung auf den jeweils handelnden Partner beschränkt werden; hiervon ausgenommen waren Verbindlichkeiten eines Partners aus unerlaubter Handlung (L/U, § 18 Rn 13).

Der seit dem 1.8.1998 geltende § 8 II PartGG n. F. sieht eine Beschränkung der Haftung auf den jeweils handelnden Partner – jeweils neben der Partnerschaft – vor, soweit es um dessen fehlerhafte Berufsausübung geht und nur dieser beauftragt worden ist (vgl. Rehborn, MDR 2000, 1101; Walter, MedR 2002, 169, 171; F/N, Rn 13 a. E.).

3. Praxisgemeinschaft

Bei der Praxisgemeinschaft richtet sich die vertragliche Haftung allein gegen den Arzt, der den Behandlungs- oder Aufklärungsfehler verschuldet hat (Gehrlein, Rn A 14; L/U, § 18 Rn 10). Deliktisch haftet ohnehin nur der jeweils tätig werdende Arzt (L/U, § 115 Rn 10, 12).

Eine **Rechtsscheinhaftung** kann sich jedoch ergeben, wenn mehrere Ärzte einer Praxisgemeinschaft Patienten ohne deutliche Trennung der Zuständigkeiten gemeinsam betreuen oder im Rechtsverkehr mit einem gemeinsamen Praxisschild, gemeinsamen Briefbögen, gemeinsamen Rezeptblöcken auftreten (S/D, Rn 62, 87; G/G, Rn A 15).

Fehler eines Urlaubsvertreters sind dem jeweiligen Praxisinhaber über §§ 278, 831 BGB zuzurechnen (Gehrlein, Rn A 16; G/G, Rn A 16).

Genetische Beratung

Vgl. auch → *Schwangerschaftsabbruch, fehlerhafter;* → *Sterilisation, fehlerhafte;* → *Früherkennung, fehlerhafte pränatale Diagnostik;* → *Nichterkennen einer Schwangerschaft*

I. Grundlagen

Nach ständiger Rechtsprechung des BGH können die Eltern bei fehlerhafter genetischer Beratung, die zur Geburt eines genetisch behinderten Kindes geführt hat, von dem beratenden Arzt im Wege des Schadensersatzes den **vollen Unterhaltsbedarf** des Kindes verlangen, wenn sie bei richtiger und vollständiger Beratung von der Zeugung des Kindes abgesehen hätten (BGH NJW 1994, 788; VersR 1997, 698, 699; MDR 2002, 336; vgl. auch Gehrlein, NJW 2002, 870 und NJW 2000, 1771, 1772).

Das BVerfG hat diese Rechtsprechung zur Arzthaftung bei fehlgeschlagener Sterilisation und fehlerhafter genetischer Beratung vor Zeugung eines Kindes gebilligt und dabei offen gelassen, ob seine Auffassung auch für Verträge über Schwangerschaftsabbrüche Geltung haben soll (BVerfG MDR 1998, 216, 220 mit Anmerkung Rehborn, MDR 1998, 221; NJW 1999, 841; vgl. zu den Einzelheiten → *Sterilisation, fehlerhafte*).

II. Behandlungsfehler

Haben die Eltern mit einem Arzt einen entsprechenden Behandlungs- oder Beratungsvertrag abgeschlossen, so ist der Arzt verpflichtet, die Eltern bzw. die Mutter vollständig und richtig darüber zu unterrichten, ob eine genetische Schädigung eines noch nicht gezeugten Kindes zu befürchten ist (Gehrlein, Rn B 96; vgl. hierzu bereits → *Früherkennung, fehlerhafte pränatale Diagnostik*, S. 282).

Der Arzt übernimmt im Rahmen eines solchen Beratungsvertrages die Pflicht, die Auskunft entsprechend dem herrschenden Facharzt-Standard klar und unmissverständlich zu erteilen (G/G, Rn B 177).

So hat der um Rat ersuchte Gynäkologe die Schwangere bei Hinweisen auf eine mögliche Missbildung des Kindes in geeigneter Form, insbesondere über das Risiko der Trisomie 21 (Mongolismus) und die Möglichkeit einer Fruchtwasseruntersuchung mit deren Risiken für den Foetus zu informieren, nicht jedoch von sich aus auf einen Schwangerschaftsabbruch hinzuwirken (OLG Hamm OLGR 2001, 143; Rehborn, MDR 2001, 1148, 1151).

Der Arzt ist aber nur dann verpflichtet, während einer Schwangerschaft gezielt nach etwaigen Missbildungen des Kindes zu suchen, wenn hierfür **Anhaltspunkte** vorliegen (KG VersR 1996, 332).

III. Beweislast

1. Beweislast der Eltern

Die Eltern haben nachzuweisen, dass es zum **Abschluss eines Beratungsvertrages** mit dem entsprechenden Arzt kam, diesem ein Beratungsfehler unterlaufen ist und dass sie das später mit einem von dem Arzt nach Durchführung entsprechender Diagnostik erkennbaren Gen-Defekt zur Welt gekommene Kind bei vollständiger und zutreffender Beratung nicht gezeugt hätten (Gehrlein, Rn B 96).

Dabei obliegt es den Eltern darzulegen, wie sie sich bei vollständigem und zutreffendem Rat verhalten und verhütet hätten (G/G, Rn B 178).

2. Beweislast des Arztes

Ist die Beratung nicht in der gebotenen Weise geschehen, trifft den Arzt die Beweislast, dass der **Schaden auch bei pflichtgemäßem Verhalten** eingetreten wäre, also die Eltern sich nicht „aufklärungsrichtig" verhalten hätten (vgl. OLG Zweibrücken NJW-RR 2000, 235, 237).

IV. Kausalität und Zurechnungszusammenhang

1. Schutzzweck des Behandlungsvertrages

Die mit der Geburt eines nicht gewollten bzw. behinderten Kindes für die Eltern verbundenen wirtschaftlichen Belastungen, insbesondere die Aufwendungen für dessen Unterhalt, sind nur dann als ersatzpflichtiger Schaden auszugleichen, wenn der Schutz vor solchen Belastungen Gegenstand des jeweiligen Behandlungs- oder Beratungsvertrages war. Diese am Vertragszweck ausgerichtete Haftung des Arztes oder Krankenhausträgers hat der BGH insbesondere für die Fälle einer fehlgeschlagenen Sterilisation aus Gründen der Familienplanung, bei fehlerhafter Beratung über die Sicherheit der empfängnisverhütenden Wirkungen eines vom Arzt verordneten Hormonpräparats sowie für die Fälle fehlerhafter genetischer Beratung vor Zeugung eines genetisch behinderten Kindes bejaht (BGH VersR 2000, 634, 635 = MDR 2000, 640, 641; Gehrlein, NJW 2000, 1771, 1772 und NJW 2002, 870).

Auch bei der genetischen Beratung ist der Vertrag mit dem Arzt darauf gerichtet, eine Unterhaltsbelastung der Eltern zu vermeiden. Diese Belastung ist – wenn sie sich gerade wegen der fehlerhaften Vertragserfüllung einstellt – vom Schutzzweck des Behandlungsvertrages her als Vermögensschaden anzusehen (BGH NJW 1994, 788, 792; auch BGH VersR 1997, 698, 699; OLG Schleswig VersR 2001, 1559 zur fehlerhaften Sterilisation).

Der Schutzzweck des Beratungsvertrages erstreckt sich entsprechend dem Parteiwillen durchweg auch auf die Belastung mit dem finanziellen Aufwand für ein schwer behindertes Kind, welches die Eltern dem Kind und sich selbst durch ihre Vorsorge ersparen wollten. Dabei lässt sich der Unterhaltsaufwand nicht aufteilen in einen solchen, der für ein hypothetisch gesundes Kind von den Eltern familienrechtlich geschuldet wird, und einen solchen, der durch den Gesundheitsschaden des Kindes zusätzlich bedingt ist (BGH NJW 1994, 788, 793; MDR 2002, 336).

2. Eigene genetische Fehlanlagen des Kindes

Ein Kind, welches auf Grund eigener genetischer Anlagen mit einer schweren körperlichen Behinderung geboren wird, hat wegen der aus dieser Behinderung entstehenden Aufwendungen weder einen deliktischen noch einen vertraglichen Schadensersatzanspruch gegen den Arzt oder Klinikträger im Hinblick auf die medizinische Versorgung im Zusammenhang mit seiner Geburt (OLG Naumburg OLG-NL 2001, 29).

3. Mehrlingsgeburt nach Hormonbehandlung

Kommt es nach eine Hormonbehandlung zu einer Geburt von Vierlingen, so können die Eltern vom behandelnden Gynäkologen dann keine Unterhaltsaufwendungen für drei Kinder verlangen, wenn im Zeitpunkt der Behandlung die Familienplanung der Eltern nicht abgeschlossen war und die Mutter vom Arzt auf die Gefahr einer Mehrlingsschwangerschaft als Folge einer Hormonbehandlung hingewiesen worden ist (OLG Hamm VersR 1993, 1273 – auch zur → *Früherkennung*).

V. Umfang des Anspruchs

1. Unterhalt

Ansprüche auf Freistellung von den Unterhaltsbelastungen stehen der Mutter sowie dem in den Schutzbereich des Behandlungsvertrages einbezogenen Vater des Kindes, **nicht jedoch dem Kind** selbst zu (BGH MDR 1985, 659; VersR 2002, 192; OLG Düsseldorf VersR 1995, 1498; Rehborn, MDR 2002, 1281, 1285; S/D, Rn 298; a. A. Reinhart, VersR 2001, 1081, 1085 ff. m. w. N.: Eigener Anspruch des Kindes).

Der vertragliche Schadensersatzanspruch umfasst den gesamten Unterhaltsbedarf, nicht etwa nur den durch die Schädigung des Kindes bedingten Mehrbedarf (BGH MDR 2002, 336; OLG Zweibrücken NJW-RR 2000, 235, 237; Gehrlein, NJW 2002, 870). Die Höhe richtet sich nach § 1612 a BGB n. F. i. V. m. der Regelbetrags-Verordnung vom 6.4.1998 (G/G, Rn B 185; S/D, Rn 273 a; Rehborn, MDR 2001, 1148, 1151). Zum einfachen Regelunterhalt nach § 1612 a BGB n. F. – bis zum 1.7.1998 nach § 1615 f BGB a. F. – kann den Eltern ein Zuschlag in gleicher Höhe für den Wert der pflegerischen Dienstleistungen zuerkannt werden (BGH VersR 1997, 698, 699; vgl. auch OLG Stuttgart VersR 1998, 366 zum behinderungsbedingten Mehrbedarf an Wohnraum und Ausstattung).

Ein etwaiger Anspruch der Eltern des behindert geborenen Kindes auf Ersatz der Unterhaltskosten umfasst die Kosten für die Pflege und Behandlung des behinderten Kindes jedoch nicht, sofern diese Kosten vom Träger der Sozialversicherung zu übernehmen waren oder zu übernehmen sind (OLG Naumburg OLG-NL 2001, 29).

2. Verdienstausfall

Der Verdienstausfall, der den Eltern eines Kindes im Zusammenhang mit dessen **Betreuung** entsteht, **kann dem Arzt dagegen haftungsrechtlich nicht zur Last gelegt werden** (BGH VersR 1997, 698, 700). Gleiches gilt hinsichtlich der **Beerdigungskosten**, die entstanden sind, weil der Arzt eine nach der Geburt notwendig zum Tod des Kindes führenden Missbildung nicht erkannt hat (OLG Düsseldorf VersR 1996, 711).

3. Schmerzensgeld

Nach Ansicht von Geiß/Greiner (G/G, Rn B 179; ebenso Gehrlein, Rn B 96) ist der Mutter des Kindes wegen der durch die Schwangerschaft und Geburt des genetisch behinderten Kindes erfolgten Belastung ein Schmerzensgeld zuzubilligen, wenn das Kind bei vollständiger und richtiger Beratung nicht gezeugt worden wäre.

U. E. ist eine **Gleichbehandlung** mit den Fällen **fehlerhafter pränataler Diagnostik** (vgl. → *Früherkennung, fehlerhafte pränatale Diagnostik*) **geboten.**

Anders als bei fehlgeschlagener Sterilisation und misslungenem Schwangerschaftsabbruch greift der Arzt sowohl in den Fällen fehlerhafter pränataler Diagnostik als auch einer genetischen Fehlberatung nicht durch die Zuführung einer ungewollten Entbindung in die körperliche Befindlichkeit der Mutter ein (vgl. Gehrlein, Rn B 95 zur fehlerhaften pränatalen Diagnostik). Der Mutter eines schwer geschädigten Kindes steht dann – wie in den Fällen fehlerhafter pränataler Diagnostik – ein Schmerzensgeldanspruch nur dann zu, wenn ihre seelische und körperliche Belastung auf Grund des „Habens eines schwergeschädigten Kindes" ausnahmsweise Krankheitswert erreicht (OLG Celle VersR 1988, 965) oder die Belastung mit der Schwangerschaft sowie der Geburt die mit einer natürlichen, komplikationslosen Geburt verbundenen Beschwerden übersteigt (BGH NJW 1983, 1371; Gehrlein, Rn B 95).

Während es den Eltern in den Fällen der „fehlerhaften Sterilisation" darum geht, die Zeugung und Geburt eines Kindes auf jeden Fall zu vermeiden, ist der Kindeswunsch in den Fällen der „fehlerhaften pränatalen Diagnostik" ebenso wie in den vorliegenden Fällen der „genetischen Fehlberatung" vorhanden, die Mutter hat sich in beiden Fällen auf die Geburt eines – allerdings gesunden – Kindes eingestellt.

Grobe Behandlungsfehler

Vgl. auch → *Beweislast;* → *Kausalität;* → *Diagnosefehler;* → *Unterlassene Befunderhebung*

7. Radiologie
Grober Behandlungsfehler
bejaht
8. Anästhesie
a) Grober Behandlungsfehler
bejaht
b) Grober Behandlungsfehler
verneint
9. Zahnmedizin
a) Grober Behandlungsfehler
bejaht

b) Grober Behandlungsfehler
verneint
10. Fehlende und mangelhafte
Desinfektion
a) Grober Behandlungsfehler
bejaht
b) Grober Behandlungsfehler
verneint
VIII. Grobe Organisationsfehler

I. Grundlagen und Bedeutung

1. Beweislast des Patienten; haftungsbegründende und haftungsausfüllende Kausalität

Grundsätzlich trägt der Patient die Beweislast für das Vorliegen eines Behandlungsfehlers und die Kausalität, die ursächliche Verknüpfung zwischen dem Behandlungsfehler und dem eingetretenen Körper- oder Gesundheitsschaden (G/G, Rn B 200, B 216, B 218; S/D, Rn 492, 513; Gehrlein, Rn B 5, 116; vgl. „Beweislast" und „Kausalität").

Dabei ist zwischen der haftungsbegründenden und der haftungsausführenden Kausalität zu unterscheiden.

a) Haftungsbegründende Kausalität

Die haftungsbegründende Kausalität betrifft die Ursächlichkeit des Behandlungsfehlers für die Rechtsgutsverletzung (Körper, Gesundheit) als solche, den so genannten „Primärschaden" (S/D, Rn 513; G/G, Rn B 217, 190). Primärschäden sind immer die Schäden, die als so genannter erster Verletzungserfolg geltend gemacht werden (OLG Hamm VersR 2002, 315, 317). Das sind etwa in einem Falle, in welchem wegen eines Unterlassens der gebotenen Thromboseprophylaxe bei erkennbar geschwollenem Bein des Patienten eine Therapie erst mit Verzögerung eingeleitet werden kann, diejenigen Schäden, die durch Verzögerung und die hierdurch verursachten veränderten Umstände bedingt sind. Hierzu zählen nicht nur die im Bein selbst entstandenen Schäden, sondern auch eine durch die Thrombose verursachte Lungenembolie und der in diesem Zusammenhang nach einem Hirninfarkt eingetretene Hirnschaden (OLG Hamm VersR 2002, 315, 317).

Auch der nach einem verspätet eingeleiteten Kaiserschnitt eingetretene Hirnschaden und dessen Ausprägung in konkreten Verhaltensstörungen

299

des Kindes werden zum „Primärschaden" gerechnet (BGH NJW 1998, 3417; Gehrlein, Rn B 112).

Zum Nachweis des durch den behaupteten Behandlungsfehler entstandenen Primärschaden gilt das Beweismaß des § 286 ZPO. Im Rahmen des § 286 genügt ein für das praktische Leben brauchbarer Grad von Gewissheit, d. h. ein für einen vernünftigen, den zur Entscheidung stehenden Lebenssachverhalt klar überblickenden Menschen ein so hoher Grad an Wahrscheinlichkeit, dass er den Zweifeln Schweigen gebietet, ohne sie völlig auszuschließen (BGH NJW 1994, 801; E/B, Rn 518).

Steht das Vorliegen eines Behandlungsfehlers durch eine **aktive Handlung** des Arztes fest, so hat der Patient zu beweisen, dass eine nach dem Facharztstandard, dem gesicherten Stand der ärztlichen Wissenschaft im Zeitpunkt der Behandlung lege artis durchgeführte Behandlung den Eintritt des Primärschadens vermieden hätte (G/G, Rn B 218, B 200; L/U, § 99 Rn 5, 7).

Um bei einem Unterlassen einen Ursachenzusammenhang zu bejahen, muss die unterbliebene Behandlung hinzugedacht und im Rahmen des Beweismaßes des § 286 ZPO festgestellt werden, dass der Schaden gewiss oder mit an Sicherheit grenzender Wahrscheinlichkeit dann nicht eingetreten wäre, wobei die bloße Wahrscheinlichkeit des Nichteintritts nicht ausreicht (OLG Zweibrücken VersR 2000, 605; VersR 1998, 590). Der Patient hat nachzuweisen, dass bei richtiger Diagnose bzw. lege artis erfolgtem Tätigwerden des Arztes nach dem medizinischen Facharztstandard kein Primärschaden eingetreten wäre (G/G, Rn B 218; BGH NJW 1988, 2949).

b) Haftungsausfüllende Kausalität

Die haftungsausfüllende Kausalität betrifft den Kausalzusammenhang zwischen dem Primärschaden (Körper- oder Gesundheitsschaden) und den weiteren Gesundheits- und Vermögensschäden des Patienten, die ihm hieraus entstehen (G/G, Rn B 192, 229, 262; S/D, Rn 514; L/U, § 110 Rn 13; F/N, Rn 118, 155; Gehrlein, Rn B 112, 115, 146; vgl. → *Kausalität*).

Zu den Primärschäden gehört z. B. eine Fistelbildung nach einer beim Patienten fehlerhaft durchgeführten Operation zum Einsatz einer Hüftendoprothese, zum Sekundärschaden der ihm auf Grund der erforderlichen Nachbehandlung entstehende Verdienstausfall (BGH VersR 1981, 462).

Erleidet der Patient nach Anwendung verunreinigten Alkohols eine Hautinfektion, stellt die dabei entstandene Hautschädigung den Primärschaden, ein durch die Einwirkung des Alkohols entstandener Nieren- oder Gehörschaden den Sekundärschaden dar (BGH NJW 1978, 1683).

Wird von den behandelnden Ärzten auf Grund einer unterlassenen EKG-Befunderhebung ein Herzinfarkt nicht erkannt, stellt das bei Erhebung des Befundes erkennbare Herzwandaneurysma den Primärschaden, ein dadurch verursachter Folgeinfarkt den Sekundärschaden dar (OLG Oldenburg VersR 1999, 317).

Wird vom behandelnden Arzt eine Luxation des Radiusköpfchens (im Ellenbogen) übersehen, so handelt es sich bei der entstehenden Fehlstellung des Gelenks um den Primärschaden, bei der nachfolgenden Bewegungseinschränkung des Gelenks um den Sekundärschaden (OLG Oldenburg VersR 1999, 63).

Zur Feststellung der haftungsausfüllenden Kausalität, des durch den Behandlungsfehler verursachten Sekundärschadens kann gem. § 287 ZPO zur Überzeugungsbildung des Gerichts eine überwiegende Wahrscheinlichkeit ausreichen (OLG Oldenburg VersR 1999, 63; VersR 1999, 317; VersR 1999, 1235; S/D, Rn 514; F/N, Rn 118; Gehrlein, Rn B 146 a. E.).

2. Beweiserleichterungen und Beweislastumkehr

Für die haftungsbegründende, nicht jedoch die haftungsausfüllende Kausalität greifen ausnahmsweise Beweiserleichterungen bis zur Beweislastumkehr für den Kausalzusammenhang ein, wenn ein grober Behandlungsfehler des behandelnden Arztes festgestellt werden kann (S/D, Rn 515; G/G, Rn B 251; L/U, § 110, Rn 3, 5; Gehrlein, Rn B 140; BGH VersR 2001, 1030; VersR 1999, 231, 232; OLG Brandenburg NJW-RR 2000, 24, 26; OLG Saarbrücken VersR 2000, 1241, 1243).

Ein grober Behandlungsfehler kann dem Patienten aber nur insoweit Beweiserleichterungen bis zur – regelmäßig angenommenen – Umkehr der Beweislast bringen, als sich gerade dasjenige Risiko verwirklicht hat, dessen Nichtbeachtung den Fehler als grob erscheinen lässt (L/U, § 110 Rn 13).

Dies gilt etwa aufgrund verfrühter Entlassung des Patienten nach einer Herzkatheter-Untersuchung für den Eintritt von Komplikationen des Herz-Kreislaufsystems, nicht jedoch, wenn sich der Patient nach der Entlassung eine Infektion zuzieht (BGH NJW 1981, 2513).

Auch bei einem groben Behandlungsfehler greifen keine Beweiserleichterungen ein, soweit es sich um den Eintritt von Sekundärschäden im Rahmen der haftungsausfüllenden Kausalität handelt (BGH NJW 1994, 801; L/U, § 110 Rn 13; G/G, Rn B 262; S/D, Rn 515, 546, 547; Gehrlein, Rn B 146).

Dies gilt – als Gegenausnahme – nicht, wenn sich der Sekundärschaden als typische Folge der Primärverletzung darstellt (L/U, § 110 Rn 13; G/G, Rn B 263; OLG Düsseldorf VersR 1988, 40, 41).

Wird z. B. eine Lungentuberkulose grob fehlerhaft verspätet erkannt, so ist eine durch TB-Befall des Nebenhodens verursachte Hodenverkrümmung als typische Folge des Primärschadens anzusehen (BGH NJW 1988, 2948; Gehrlein, Rn B 146).

Bei verspätetem Erkennen einer Nierenfunktionsstörung ist die deshalb früher erforderliche Dialysebehandlung dem Primärschaden zuzurechnen (BGH NJW 1988, 2303; Gehrlein, Rn B 146).

Bei den durch den Primärschaden verursachten Vermögensschäden des Patienten handelt es sich – von vorgenannter Ausnahme abgesehen – um Sekundärschäden, für die eine Beweiserleichterung außerhalb des § 287 ZPO grundsätzlich nicht in Betracht kommt (L/U, § 110 Rn 13; S/D, Rn 514, 515; F/N, Rn 118; Gehrlein, Rn B 115, 146 a. E.).

II. Vorliegen eines groben Behandlungsfehlers

1. Definition

Ein Behandlungsfehler ist nach der teilweise als „nur bedingt tauglich" (S/D, Rn 519) bezeichneten Definition der Rechtsprechung als „grob" zu beurteilen, wenn der Arzt eindeutig gegen bewährte ärztliche Behandlungsregeln oder gesicherte medizinische Erkenntnisse verstoßen und einen Fehler begangen hat, der aus objektiver Sicht nicht mehr verständlich erscheint, weil er einem Arzt des entsprechenden Fachs schlechterdings nicht unterlaufen darf (BGH VersR 2002, 1026, 1027; NJW 2001, 2792; NJW 2001, 2794; NJW 2001, 2795, 2796; NJW 1999, 862; NJW 1999, 860; NJW 1998, 1782, 1783; OLG Hamm VersR 2002, 315, 316; VersR 2002, 578, 579; VersR 2001, 593, 594; OLG Zweibrücken VersR 2000, 605, 606; OLG Frankfurt VersR 2000, 853, 854; OLG Stuttgart OLGR 2002, 156, 157; OLGR 2002, 251, 254; OLGR 2001, 302, 304; VersR 2001, 766, 767; VersR 2000, 1108, 1110; OLG Brandenburg VersR 2002, 313, 314; VersR 2001, 1241, 1243; OLG Celle NJW-RR 2002, 312, 313; VersR 2002, 1558, 1560; VersR 2002, 854, 855; MDR 2002, 881, 882; Hausch, VersR 2002, 671, 674; G/G, Rn 252; S/D, Rn 522; L/U, § 110 Rn 5; F/N, Rn 113; Gehrlein, Rn B 138).

Dies kann etwa der Fall sein, wenn

▷ eindeutig gebotene Befunde nicht erhoben werden (OLG München OLGR 1999, 331),

▷ auf eindeutige Befunde nicht nach gefestigten und bekannten Regeln der ärztlichen Kunst reagiert wird oder sonst eindeutig gebotene Maßnahmen zur Bekämpfung möglicher, bekannter Risiken unterlassen werden und besondere Umstände fehlen, die den Vorwurf des Behandlungsfehlers mildern können (BGH MDR 1983, 1012; OLG Saarbrücken OLGR 2000, 139, 141; OLG Celle VersR 2002, 1558, 1560),

▷ objektiv gebotene, sich aufdrängende weiter gehende differentialdiagnostische Maßnahmen unterlassen werden (OLG Saarbrücken VersR 2000, 1241, 1243; OLG Oldenburg NJW-RR 2000, 403, 404), etwa wenn bei Verdacht auf eine Subarachnoidalblutung (SAB) oder bei Verdacht auf eine komplizierte Gehirnerschütterung mit möglicher Schädelbasisfraktur keine computertomografische Untersuchung veranlasst wird (BGH VersR 1999, 231 zur SAB; OLG Oldenburg VersR 1997, 1405 zur möglichen Schädelbasisfraktur; auch BGH MDR 1999, 675),

▷ der Arzt sich ohne vorherige Aufklärung mit dem Patienten über Methoden der Schulmedizin hinwegsetzt und eine Außenseitermethode zur Anwendung bringt (OLG Koblenz NJW 1996, 1600),

▷ ein Arzt durch eine unzutreffende Darstellung des Untersuchungsergebnisses verhindert, den Ursachenzusammenhang der Erkrankung durch eine Operation zu klären (OLG Oldenburg VersR 1999, 1284).

Die Feststellung eines „groben Behandlungsfehlers" ist stets gerechtfertigt, wenn **Verstöße** gegen elementare medizinische Behandlungsstandards oder **elementare medizinische Erkenntnisse** vorliegen (G/G, Rn B 252).

Wenngleich die ständig verwendete Formel von „Beweiserleichterungen bis hin zur Beweislastumkehr" spricht, wird der Arztseite von der Rechtsprechung bei Feststellung eines groben Behandlungsfehlers regelmäßig in vollem Umfang der Nachweis auferlegt, dass der grobe Behandlungsfehler nicht zum Eintritt des tatsächlich festgestellten Primärschadens geführt hat (vgl. BGH NJW 1997, 798, 799). Der BGH neigt also dazu, dem Patienten entweder die volle Umkehr der Beweislast zu gewähren oder jede Beweiserleichterung abzulehnen, wenn der Ursachenzusammenhang zwischen dem groben Behandlungsfehler und dem Primärschaden „äußerst unwahrscheinlich" (s. u.) ist (F/N, Rn 119; Hausch, VersR 2002, 671, 677).

Bei der Prüfung, ob ein grober Behandlungsfehler vorliegt, hat eine etwaige **Verletzung** der ärztlichen **Aufklärungspflicht außer Betracht** zu bleiben. Selbst im Sprachgebrauch der Rspr. unbekannte „grobe Aufklärungsfehler" führen nicht zu Beweiserleichterungen (BGH NJW 1987, 2291; OLG Hamburg VersR 2000, 190, 191; F/N, Rn 116 a. E., 209).

2. Beurteilung eines Behandlungsfehlers als „grob"

Bei der Beurteilung eines Behandlungsfehlers als „grob" handelt es sich um eine juristische Wertung, die dem Tatrichter, beim Landgericht i. d. R. in Kammerbesetzung (vgl. § 348 I Nr. 2 e ZPO n. F.), obliegt. Die **wertende Entscheidung** muss aber auf ausreichenden tatsächlichen Feststellungen beruhen, die sich auf die medizinische Bewertung des Behandlungsgeschehens durch einen vom Gericht beauftragten, medizinischen Sachverständigen stützen und auf dieser Grundlage die juristische Gewichtung des ärztlichen Vorgehens als grob behandlungsfehlerhaft zu tragen vermögen. Es ist dem Tatrichter nicht gestattet, ohne entsprechende medizinische Darlegungen des Sachverständigen einen groben Behandlungsfehler aus eigener Wertung zu bejahen (BGH NJW 2001, 2794, 2795 = VersR 2001, 1115; NJW 2001, 2795, 2796 = VersR 2001, 1116, 1117; NJW 2001, 2792, 2793 = VersR 2001, 1030; NJW 2002, 2944 = MDR 2002, 1120; zusammenfassend und bewertend Hausch, VersR 2002, 671 ff.).

Erst recht darf der Tatrichter das Vorliegen eines groben Behandlungsfehlers nicht entgegen den fachlichen Ausführungen des medizinischen Sachverständigen bejahen (BGH VersR 2001, 1030).

Der Tatrichter sollte aber im Urteil zum Ausdruck bringen, dass er selbst und nicht der beauftragte Sachverständige die Wertung eines Behandlungsfehlers aufgrund der vorliegenden Fakten als „grob" getroffen hat (F/N, Rn 116).

Unterbleibt die gebotene Hinzuziehung eines Sachverständigen – ggf. in Form der mündlichen Erläuterung eines bereits schriftlich erstatteten Gutachtens –, so liegt hierin ein erheblicher Verfahrensfehler, der jedenfalls nach § 539 ZPO a. F. zur Aufhebung und Zurückverweisung in die I. Instanz führen konnte (OLG Zweibrücken MedR 1999, 272; OLG Karlsruhe OLGR 2002, 403).

Ein grober Behandlungsfehler scheidet aus, wenn der Sachverständige Zweifel an einem Fehlverhalten des Arztes äußert (G/G, Rn B 255), er dessen Entscheidung, den Patienten nach eingetretener Infektion eines arthroskopierten Kniegelenks nicht sofort zu operieren, als „zwar nicht ideal und nach seiner persönlichen Auffassung nicht zu rechtfertigen" bezeichnet, gleichzeitig aber darlegt, dass dies eine „verbreitete Haltung" und die getroffene Entscheidung nicht grob fahrlässig sei (BGH VersR 2001, 1030, 1031), der Sachverständige die ungezielte Gabe von Antibiotika vor der Feststellung der Erreger einer Infektion für falsch, aber nicht grob fahrlässig erachtet (BGH VersR 2001, 1030, 1031), er dem Arzt eine „Grenzsituation" bzw. „keine krasse Fehlentscheidung" attestiert oder das Versäumnis, eine CT-Untersuchung durchzuführen, knapp unter der Schwelle von „unverzeihlich" und „schlechterdings nicht nachvollziehbar" einordnet (BGH

NJW 1999, 862; Gehrlein, Rn B 139). Ebenso wenig reicht die Formulierung des Sachverständigen „dies müsste jeder behandelnde Arzt wissen" (BGH VersR 2001, 859; Hausch, VersR 2002, 671, 675), das negative Ergebnis sei „vermeidbar fehlerhaft" (BGH VersR 1996, 1148), die unterlassene Untersuchung sei „klar und selbstverständlich notwendig" gewesen (BGH VersR 1995, 46; Hausch, VersR 2002, 671, 675), die bloße Weiterführung einer konservativen Behandlung sei trotz immer wieder auftretender Rötungen und einiger eitriger Sekretionen „nicht angängig" gewesen (BGH NJW 2002, 2944, 2945), es läge „zweifellos eine Abweichung vom Standard" vor, wobei der Sachverständige die Frage nach der „Unverständlichkeit" des ärztlichen Verhaltens nicht beantworten könne (BGH NJW 2002, 2944, 2945), die durchgeführte Behandlung sei „undurchdacht und falsch" (BGH VersR 2002, 1026, 1028) für eine Beweislastumkehr aus.

3. Gesamtbetrachtung

Die unter Würdigung der Ausführungen des medizinischen Sachverständigen vorzunehmende Beurteilung, ob ein ärztlicher Behandlungsfehler grob ist, erfordert grundsätzlich eine Gesamtbetrachtung des Behandlungsgeschehens (BGH MDR 1998, 655).

Auch eine **„Gesamtbetrachtung" mehrerer „einfacher" Behandlungsfehler** kann dazu führen, dass das ärztliche Vorgehen zusammen gesehen als grob fehlerhaft zu bewerten ist (BGH VersR 2001, 1030, 1031; VersR 1998, 495; OLG Stuttgart VersR 1999, 582, 583; VersR 2001, 1560, 1562; OLG Celle VersR 2002, 1558; Müller, MedR 2001, 487, 490).

Es ist dann Sache der Behandlungsseite, darzulegen und zu beweisen, dass die festgestellten, „einfachen" Behandlungsfehler einzeln oder insgesamt den Primärschaden nicht herbeigeführt haben (OLG Oldenburg, Urt. v. 8.6.1993 – 5 U 117/92; OLG Köln NJW-RR 1991, 800; OLG Stuttgart VersR 1990, 858; VersR 1997, 700; VersR 1999, 582, 583).

So wurde eine über mehrere Stunden dauernde Geburtsleitung im Rahmen der angestellten Gesamtwürdigung als insgesamt grob fehlerhaft angesehen, wenn die Hebamme nach vorzeitigem Einsetzen der Wehentätigkeit den behandelnden Arzt 30 Minuten zu spät herbeiruft, der Arzt das CTG keiner Prüfung unterzieht, die Schnittentbindung weitere 25 Min. verspätet beginnt und sich hernach nicht mehr aufklären lässt, ob die bei dem entbundenen Kind eingetretenen Dauerschäden (hier spastische Tetraplegie, Hypotonie und Optikusatrophie) auf die insgesamt eingetretene Zeitverzögerung von knapp einer Stunde zurückzuführen sind (BGH NJW 2000, 2737, 2739).

Eine Beweislastumkehr kommt dabei nicht nur für ärztliche Behandlungsfehler, sondern auch für Fehler der eingesetzten Hebamme (BGH NJW

2000, 2737, 2739: Verkennt pathologisches CTG; BGH NJW 1995, 1611, 1612) und sonstiges Pflegepersonal in Betracht (OLG Oldenburg VersR 1997, 749; NJW-RR 2000, 762; OLG München VersR 1997, 977; OLGR 2000, 34; offen gelassen bei BGH NJW 1998, 2737, 2739).

Es darf in einer Geburtsklinik auch nicht vorkommen, dass ein zwar nach dem äußeren Erscheinungsbild gesund zur Welt gekommenes, aber durch den Ablauf der Geburt gefährdetes Kind mit Zeichen dieser Gefährdung, etwa stöhnender oder in sonstiger Weise gestörter Atmung, über einen Zeitraum von mehr als einer Stunde ohne ärztliche Betreuung bleibt, etwa weil der Klinikträger keine oder nur mangelhafte Vorkehrungen für neonatologische Notfälle getroffen und nicht geregelt hat, wann eine Säuglingsschwester das Kind zu kontrollieren und welchen Arzt sie erforderlichenfalls zu verständigen hat (OLG Stuttgart VersR 2001, 1560, 1562 f.).

Fehlt eine zur **Sicherung der Verlaufsbeobachtung** und Weiterbehandlung gebotene Dokumentation, so handelt es sich nicht nur um einen Dokumentationsmangel, der dazu führen kann, dass dem Patienten der hierdurch erschwerte Beweis eines einfachen Behandlungsfehlers erleichtert wird, sondern auch um einen Behandlungsfehler, der zusammen mit weiteren Versäumnissen, etwa dem Fehlen einer weiteren diagnostischen Abklärung oder einer an sich gebotenen Entscheidung für einen operativen Eingriff, als grob angesehen werden kann (OLG Stuttgart VersR 1997, 700).

Wird anstatt einer indizierten Schnittentbindung bei Beckenendlage oder bestehenden Hinweisen auf eine Beckenverengung eine Vakuumextraktion durchgeführt, bei der es zu einer Schulterdystokie (Ausfall der Spinalnervenwurzeln im Halsbereich) kommt, liegt zunächst ein einfacher Behandlungsfehler vor (OLG Stuttgart VersR 1999, 582; auch BGH MDR 1989, 437; OLG Düsseldorf NJW 1997, 2457; OLG Hamm VersR 1997, 1403).

Kann infolge unterbliebener Dokumentation nicht mehr festgestellt werden, wie die Schulterdystokie gelöst worden ist, lässt dies zugunsten des klagenden Kindes die Vermutung zu, dass dabei nicht lege artis vorgegangen worden ist (OLG Stuttgart VersR 1999, 582, 583; BGH VersR 1995, 706; S/D, Rn 467).

Wurde bei der Vakuumextraktion daneben noch der bei Eintritt einer Schulterdystokie gebotene Scheidendammschnitt unterlassen, so ist eine Umkehr der Beweislast hinsichtlich der Schadensursächlichkeit aus dem Gesichtspunkt der Gesamtbetrachtung der beschriebenen, einzelnen Fehler gerechtfertigt (OLG Stuttgart VersR 1999, 582, 583; OLG Oldenburg VersR 1993, 1235: Unterlassung des Scheidendammschnitts bereits grob fehlerhaft).

Der Gesamtbeurteilung eines ärztlichen Vorgehens als grober Behandlungsfehler kann es jedoch entgegenstehen, wenn der medizinische Sachverständige zwar die ärztliche Versorgung in einzelnen Punkten nicht für optimal hält, seine Ausführungen aber erkennen lassen, dass die getroffenen Maßnahmen „im Großen und Ganzen" sachgerecht waren und nur mit geringfügiger Verzögerung durchgeführt worden sind (OLG Düsseldorf VersR 1997, 490).

Dies gilt etwa bei der Behandlung einer Knieinfektion, wenn zwar nicht unmittelbar nach der stationären Aufnahme ein wirksames Breitbandantibiotikum verordnet und eine am nächsten Tag gebotene Arthroskopie durchgeführt wird, aber auch eine zeit- und sachgerechte Behandlung ein schwer geschädigtes, schmerzhaftes und auf Dauer zunehmend funktionell unbrauchbares Gelenk hinterlassen hätte, wobei es bei sofortiger Anwendung des Breitbandantibiotikums voraussichtlich zur Entwicklung resistenter Keime oder zu allergischen Reaktionen gekommen wäre und die Operation sowie die Gabe eines gegen den bestimmten Keim wirksamen Medikaments mit einer Verzögerung von („nur") einem bzw. zwei Tagen erfolgt sind (OLG Düsseldorf VersR 1997, 490, 491).

Die Annahme eines groben Behandlungsfehlers bei der operativen Versorgung eines Oberschenkels nach schweren Frakturen und Gefäßzerreißungen im Anschluss an einen Verkehrsunfall scheidet bei einer Gesamtbetrachtung des Behandlungsgeschehens trotz mehrerer, einfacher Behandlungsfehler aus, wenn es um eine schwierige Versorgung eines sehr schwer verletzten Patienten im Rahmen eines Notfalls geht und die schließlich erforderliche Amputation des schwer verletzten Oberschenkels auch unter optimalen Bedingungen kaum verhindert werden konnte (BGH NJW 1988, 1511, 1512).

III. Generelle Eignung und Ausschluss der Beweislastumkehr

1. Generelle Eignung zur Herbeiführung des Primärschadens

Liegt ein grober Behandlungsfehler vor, so ist es für die Annahme einer Beweislastumkehr zwischen dem Behandlungsfehler und dem Eintritt des Primärschadens (Körper- oder Gesundheitsschaden) ausreichend, wenn der grobe Behandlungsfehler generell geeignet ist, diesen konkreten Gesundheitsschaden hervorzurufen (BGH NJW 1988, 2949; OLG Köln VersR 1993, 361, 362; OLG Saarbrücken VersR 2000, 1241, 1243; OLGR 2000, 139, 142; OLG Brandenburg VersR 2001, 1241, 1243; OLG Stuttgart OLGR 2002, 142, 145; OLGR 2002, 116, 119; OLG Celle MDR 2002, 881, 882; Müller, MedR 2001, 487, 490; G/G, Rn B 258; F/N, Rn 116, 120).

Die generelle Eignung wird nicht durch solche Ursächlichkeitszweifel in Frage gestellt, die sich aus dem konkreten Geschehensablauf herleiten lassen; vielmehr genügt es, dass nicht von vornherein ausgeschlossen werden kann, dass der Arztfehler als – nicht unbedingt nahe liegende oder gar typische – Ursache für den Gesundheitsschaden in Frage kommt (OLG Saarbrücken VersR 2000, 1241, 1243 a. E.; auch BGH NJW 1983, 333). Ein bloß theoretisch denkbarer Zusammenhang reicht jedoch nicht aus (F/N, Rn 116).

So ist die Eignung für den Primärschaden zu bejahen, wenn das Kind bei Durchführung der gebotenen, schuldhaft unterlassenen sectio mit einer **Wahrscheinlichkeit von 50 %** gesund zur Welt gekommen wäre (BGH NJW 1997, 794; Gehrlein, Rn B 141) oder sich das Ausmaß der Körper- oder Gesundheitsschäden bei rechtzeitiger Geburtseinleitung deutlich verringert hätte (BGH NJW 2000, 2737, 2738; Gehrlein, Rn B 141).

Nur wenn ein kausaler Zusammenhang zwischen dem groben Behandlungsfehler und dem Eintritt des Primärschadens „gänzlich unwahrscheinlich" ist, insbesondere, wenn dieser mit Sicherheit auf andere Umstände zurückgeführt werden kann, kommen Erleichterungen für den Kausalitätsnachweis zugunsten des Patienten nicht (mehr) in Betracht (OLG Saarbrücken VersR 2000, 1241, 1244; OLG Hamm VersR 1996, 197; OLG Stuttgart OLGR 2002, 116, 119: Kausale Zuordnung darf nicht ganz unwahrscheinlich sein; OLG Celle MDR 2002, 881, 882: Wenn jeglicher Kausalzusammenhang äußerst unwahrscheinlich ist; S/D, Rn 520; G/G, Rn B 259).

Dabei unterbricht auch ein Fehlverhalten Dritter, etwa eines nachfolgenden Arztes, den Zurechnungszusammenhang regelmäßig nicht. Selbst grobe Fehler des Nachbehandlers sind dem Erstbehandler regelmäßig zuzurechnen. Hier wird der Zurechnungszusammenhang nur unterbrochen, wenn es um die Behandlung einer Krankheit geht, die mit dem Anlass für die Erstbehandlung in keinem inneren Zusammenhang steht (OLG Saarbrücken OLGR 2000, 139, 143) oder wenn der nachbehandelnde Arzt die Sorgfalt nicht nur grob, sondern „in außergewöhnlich hohem Maß" verletzt hat (BGH NJW 1989, 767, 768; OLG Saarbrücken VersR 2000, 1241, 1244; OLG Oldenburg VersR 1998, 1110, 1111) bzw. dessen Verhalten als „völlig ungewöhnlich und unsachgemäß" bewertet werden kann (OLG Hamm VersR 1992, 610, 611; vgl. hierzu S. 39 f.).

Zur Unterbrechung des Zurechnungszusammenhangs wird also ein Versagen des nachbehandelnden Arztes „im oberen Bereich des groben Behandlungsfehlers" vorausgesetzt (Gehrlein, Rn B 77, 108; vgl. hierzu → *Arbeitsteilung*, S. 39 f.).

2. Mitursächlichkeit; Teilkausalität

a) Mitursächlichkeit

Ist der grobe Behandlungsfehler als solcher geeignet, den eingetretenen Primärschaden zumindest mitursächlich herbeizuführen, bleibt es Sache der Arztseite zu beweisen, dass es an der Kausalität zwischen der Pflichtverletzung und dem Eintritt des Primärschadens fehlt (BGH NJW 2000, 2741, 2742; OLG Naumburg NJW-RR 2002, 312, 314; OLG Celle MDR 2002, 881, 882; OLG Brandenburg VersR 2001, 1241, 1243). Auch eine Mitursächlichkeit, sei es auch nur als „Auslöser" neben erheblichen anderen Umständen bzw. weiteren Faktoren wie einer fortschreitenden Arthrose, der nicht vom Arzt zu vertretenden Verzögerung krankengymnastischer Maßnahmen und einer möglichen fehlerhaften Einstellung der Antetorsion bei einer Hüftgelenksoperation steht der Alleinursächlichkeit haftungsrechtlich in vollem Umfang gleich (BGH NJW 2000, 3423, 3425; insoweit in MDR 2000, 1247 nicht abgedruckt).

b) Teilkausalität

Eine Beweislastumkehr bei grobem Behandlungsfehler kommt nur dann für eine bloße Mitursächlichkeit nicht mehr in Betracht, wenn ein Fall abgrenzbarer Teilkausalität vorliegt, also das ärztliche Versagen und ein weiterer, der Behandlungsseite nicht zuzurechnender Umstand abgrenzbar zu einem Schaden geführt haben (BGH NJW 2000, 2741, 2742 – im entschiedenen Fall verneint; OLG Celle MDR 2002, 881, 882: Auch hier verneint; OLG Hamm VersR 1996, 1371; Müller, MedR 2001, 487, 490). Ein solcher Fall abgrenzbarer Ursachenzusammenhänge liegt vor, wenn es mit an Sicherheit grenzender Wahrscheinlichkeit feststeht, dass ein Teil des eingetretenen Primärschadens nicht auf den groben Behandlungsfehler zurückzuführen ist (OLG Hamm VersR 1996, 1371, 1372).

So scheidet eine Zurechnung aus, wenn sich bei einem nach einer Herzkatheter-Untersuchung verfrüht aus dem Krankenhaus entlassenen Patienten nicht das damit verbundene Risiko von Komplikationen im Herz-Kreislaufsystem verwirklicht, sondern sich eine Infektion eingestellt hat (BGH NJW 1981, 2513).

Ist ein grober Behandlungsfehler zur Herbeiführung eines Gesundheitsschadens geeignet, so kommt eine Einschränkung der sich hieraus ergebenden Beweislastumkehr unter dem Gesichtspunkt einer Vorschädigung des Patienten nur dann in Betracht, wenn – was zur Beweislast der Arztseite steht – eine solche Vorschädigung festgestellt ist und gegenüber einer durch den groben Fehler bewirkten Mehrschädigung abgegrenzt werden kann (BGH NJW 2000, 2737; OLG Celle MDR 2002, 881, 882).

Kann also der Arzt beweisen, dass ein von ihm zu verantwortender grober Behandlungsfehler den Primärschaden nur zu allenfalls 10–30 % beeinflusst haben kann, so beschränkt sich seine auf dem groben Behandlungsfehler gründende Haftung auf 30 % des Gesamtschadens, sofern der Patient dann nicht beweist, dass die geltend gemachten Aufwendungen ohne den groben Behandlungsfehler in einem Umfang von weniger als 70 % eingetreten wären (OLG Hamm VersR 1996, 1371; F/N, Rn 120 a. E.).

Ist eine solche Abgrenzung nicht möglich und liegt auch kein Fall einer „abgrenzbaren Teilkausalität" vor (OLG Hamm VersR 1996, 1371; BGH VersR 2000, 1107, 1108), verbleibt es beim Vorliegen eines groben Behandlungsfehlers bei der Beweislastumkehr für den Primärschaden.

c) Mitursächlichkeit zusammen mit anderen Ursachen nicht äußerst unwahrscheinlich

Ein grober Behandlungsfehler führt auch dann zu einer Beweislastumkehr zu Lasten der Behandlungsseite, wenn zwar eine alleinige Ursächlichkeit des Behandlungsfehlers „äußerst unwahrscheinlich" ist, dieser aber zusammen mit anderen Ursachen den Gesundheitsschaden (Primärschaden) herbeigeführt haben kann und eine solche Mitursächlichkeit nicht „äußerst unwahrscheinlich" ist (BGH MDR 1997, 147; NJW 2000, 3423; OLG Saarbrücken OLGR 2001, 240; OLG Oldenburg NJW-RR 2000, 403, 404; OLG Celle VersR 1999, 486, 488 und MDR 2002, 881, 882).

So liegt ein grober Behandlungsfehler vor, wenn trotz eines pathologischen CTG der über 40-jährigen Kindsmutter und dem vorangehenden Teil des Kindes im Beckeneingang keine intrauterine Reanimation mit nachfolgender Schnittentbindung erfolgt.

Selbst wenn es äußerst unwahrscheinlich ist, dass allein die Unterlassung der Schnittentbindung den eingetretenen Gesundheitsschaden des entbundenen Kindes, das schwer asphyktisch (mit Pulsschwäche und Atemdepression, Sauerstoffunterversorgung des Gehirns) zur Welt kommt, herbeigeführt hat, beschränkt sich die Schadensersatzpflicht des geburtsleitenden Arztes nicht auf die durch die Zangenentbindung anstatt der gebotenen Schnittenbindung eingetretenen Entwicklungsstörungen, wenn es nicht äußerst unwahrscheinlich ist, dass die nicht rechtzeitige Durchführung der Sectio für den Primärschaden des Kindes, dem infolge ungenügender Sauerstoffzufuhr entstandenen Hirnschaden, mitursächlich geworden ist (BGH NJW 1997, 796, 798 = VersR 1997, 362, 364).

Ein solcher Fall eines nicht abgrenzbaren Kausalzusammenhangs liegt auch vor, wenn der bei einem Kleinkind festgestellte irreversible Hirnschaden entweder auf eine primäre Anlagestörung des Gehirns zurückzuführen oder Folge einer unterlassenen bzw. verspäteten Einleitung diagnostischer

Schritte des behandelnden Hausarztes ist, der bei den Vorsorgeuntersuchungen U 6 und U 7 des Kindes einen auffallend großen, von der Norm
deutlich abweichenden Kopfumfang festgestellt hat, wenn ein Zusammenhang zwischen der Unterlassung weiterer diagnostischer Schritte allein
oder zusammen mit dem bereits bestehenden Anlageschaden nicht äußerst
unwahrscheinlich ist (OLG Oldenburg VersR 2000, 403, 404).

3. Kausalzusammenhang "äußerst unwahrscheinlich"

Begeht der Arzt einen groben Behandlungsfehler, so kommt es hinsichtlich der haftungsausfüllenden Kausalität trotz genereller Eignung des Fehlers, den eingetretenen Schaden herbeizuführen, nicht zu einer Beweislastumkehr, wenn der Eintritt des Primärschadens gerade aufgrund des
konkreten, groben Behandlungsfehlers "äußerst unwahrscheinlich" bzw.
"gänzlich unwahrscheinlich" ist (BGH NJW 2000, 3423, 3424; VersR
1998, 585, 586; NJW 1997, 794; MDR 1995, 698; MDR 1994, 1187; OLG
Stuttgart MedR 2000, 35, 37; OLGR 2002, 142, 145; OLG Celle MDR
2002, 881, 882; OLG Düsseldorf VersR 2000, 853; VersR 1997, 575, 577;
OLG Saarbrücken OLGR 2000, 426, 427; OLG Hamm VersR 1999, 488,
489 mit Anmerkung Stegers; OLG Hamm VersR 1999, 622; VersR 2001,
593, 594; G/G, Rn B 259; S/D, Rn 520).

So scheidet eine Beweislastumkehr hinsichtlich der Ursächlichkeit von
Unterlassungen für das Auftreten eines Schlaganfalls aus, wenn ein zwischen der ersten Vorstellung eines Patienten beim Arzt und dem Auftreten des Schlaganfalls liegender, ganz kurzer zeitlicher Abstand von ca.
40 Min. es als äußerst unwahrscheinlich erscheinen lässt, dass der Schlag-
anfall durch den Arzt hätte verhindert werden können (OLG Düsseldorf,
VersR 1997, 575).

Die Verzögerung der Einweisung eines fünf Wochen alten Säuglings um
einen Tag kann als grober Behandlungsfehler des Kinderarztes zu werten
sein, wenn das Kind einen Kopfumfang von 46 cm und einen Augentiefstand ("Sonnenuntergangsphänomen") aufweist, womit Umstände vorliegen, die regelmäßig die unverzügliche Einweisung zur stationären Beobachtung und Behandlung wegen eines Hydrocephalus erforderlich machen.
Die Kausalität dieser Verzögerung für eine Schädigung des kindlichen
Gehirns kann aber auf Grund weitere Umstände äußerst unwahrscheinlich sein (OLG Düsseldorf VersR 2000, 853).

Dies ist auch dann der Fall, wenn der vom Gericht beauftragte Sachverständige feststellt, dass die Erkrankung des Säuglings nicht auf einer perina-
talen hypoxisch/ischämischen Hirnschädigung beruht, es "praktisch ausgeschlossen" bzw. "völlig unwahrscheinlich" ist, dass die fehlerhafte
ärztliche Behandlung diesen Schaden verursacht hat, sondern es sich mit

an Sicherheit grenzender Wahrscheinlichkeit um eine angeborene progrediente Atrophie handelt (OLG Düsseldorf, Urt. v. 20.3.1997 – 8 U 114/96).

Ein Kausalzusammenhang zwischen einer **Wiederholungsimpfung** und dem **Gesundheitsschaden**, einer eingetretenen psychomotorischen Retardierung, motorisch und sprachlich-kognitiven Entwicklungsstörung wurde vom OLG Stuttgart (MedR 2000, 35, 37) als "gänzlich unwahrscheinlich" angesehen, wenn keinerlei belegbare Hinweise für eine bestehende Ursächlichkeit gefunden werden konnten, die erhobenen Befunde sowie die Art und der Ablauf der Krankheitssymptomatik dabei ganz überwiegend für eine genetisch determinierte Behinderung sprechen.

Ein grober Behandlungsfehler wie die Unterlassung eines Computertomogramms und der Hinzuziehung eines Augenarztes nach dem Sturz eines 3-jährigen Kindes auf den Kopf aus 1,5 m Höhe führt dann nicht zur Beweislastumkehr, wenn es nach den Feststellungen des hinzugezogenen Sachverständigen "in hohem Maße unwahrscheinlich" ist, dass durch eine frühere Erkenntnis des Sehnervenabrisses und dessen Behandlung der Verlust der Sehkraft vermieden worden wäre (OLG Oldenburg VersR 1997, 1405).

Eine Beweislastumkehr scheidet auch aus, wenn praktisch ausgeschlossen werden kann, dass ein Tumor im Bereich einer weiblichen Brust im maßgeblichen Zeitpunkt vom behandelnden Gynäkologen mit Hilfe einer Palpation (Tastuntersuchung) zu diagnostizieren war und bei Vorliegen eines unauffälligen Befundes keine Veranlassung bestand, eine Mammographie (Röntgenuntersuchung als Kontrastdarstellung) durchzuführen (OLG Saarbrücken OLGR 2000, 426, 427).

Der von der Arztseite zu führende Beweis ist jedoch nicht schon dann geführt, wenn der Kausalzusammenhang aus wissenschaftlicher Sicht "eher unwahrscheinlich" ist, sondern erst dann, wenn er ausgeschlossen oder als "ganz unwahrscheinlich" bzw. "äußerst unwahrscheinlich" anzusehen ist (OLG Hamm VersR 1999, 488, 489; S/D, Rn 520).

Eine ohne Vorliegen des groben Behandlungsfehlers bestehende Heilungschance von nur 10–20 % oder 25 % ist jedoch nicht bereits "äußerst unwahrscheinlich" (OLG Stuttgart VersR 1991, 821: 25 %; OLG Hamm VersR 1999, 622: 10–20 %). Greiner (Richter am BGH, R/S II S. 47) hat die Grenze im Rahmen eines Vortrages bei ca. 5 % gezogen. Hausch (VersR 2002, 671, 677) befürwortet eine Entlastung der Behandlungsseite bereits mit dem Nachweis, dass eine Kausalität eher unwahrscheinlich als wahrscheinlich ist.

Ein grober Behandlungsfehler liegt z. B. vor, wenn bei einer Heparin-Infusion die Gerinnungsparameter nicht regelmäßig kontrolliert und eintretende Sehfunktionsstörungen des Patienten nicht unverzüglich abgeklärt werden. Eine Chance von 10–20 %, dass sich der Sehnerv bei frühestmöglicher Operation zumindest geringgradig wieder erholt hätte, ist nicht als so gering anzusehen, dass der Ursachenzusammenhang zwischen dem groben Behandlungsfehler und dem eingetretenen Schaden als äußerst bzw. gänzlich unwahrscheinlich anzusehen wäre (OLG Hamm VersR 1999, 622, 623).

Besteht im Bereich der Schläfe länger als vier Wochen eine Weichteilschwellung, so muss deren Ursache durch eine Kernspintomographie abgeklärt werden. Wäre durch eine solche Kontrolle ein Fibrosarkom (bösartiger Tumor) ca. zweieinhalb Monate früher entdeckt worden und wäre der Heilungsverlauf dann möglicherweise günstiger gewesen, kehrt sich die Beweislast, dass der im Unterlassen der Erhebung gebotener Befunde liegende Behandlungsfehler zum Eintritt des im Verlust eines Auges liegenden Gesundheitszustandes geführt hat, zugunsten des Patienten um.

Die Feststellung des gerichtlich bestellten Sachverständigen, wonach es „eher wahrscheinlich" sei, dass das vom Tumor betroffene Auge auch bei sofortiger Operation nicht mehr hätte gerettet werden können, führt nicht zu einer Ausnahme von der Kausalitätsvermutung zugunsten des Patienten (OLG Stuttgart VersR 2000, 1545, 1546). Hierfür wäre die Feststellung erforderlich gewesen, dass ein möglicherweise günstigerer Verlauf „äußerst unwahrscheinlich" gewesen wäre (OLG Stuttgart VersR 2000, 1545, 1546).

Will das Berufungsgericht bei Vorliegen eines groben Behandlungsfehlers Beweiserleichterungen verneinen, weil der Ursachenzusammenhang zwischen dem Behandlungsfehler und dem eingetretenen Gesundheitsschaden „äußerst unwahrscheinlich" sei, so darf es sich hierfür nicht allein auf das Gutachten des zweitinstanzlichen Sachverständigen stützen, sondern muss sich auch mit dem zuvor erstatteten Gutachten aus erster Instanz auseinander setzen und auf die Aufklärung von Widersprüchen – auch innerhalb des zweitinstanzlichen Gutachtens – hinwirken (BGH VersR 1996, 1535; vgl. hierzu → *Sachverständigenbeweis*, S. 434, 436, 437).

4. Behandlungsvereitelung durch den Patienten

Ist durch das Verhalten des Patienten eine selbständige Komponente für den Heilungserfolg vereitelt worden und hat der Patient dadurch in gleicher Weise wie ein grober Behandlungsfehler des Arztes dazu beigetragen, dass der Verlauf des Behandlungsgeschehens und insbesondere die Ursache der Schädigung nicht mehr aufgeklärt werden können, so kann die gesetzliche Beweislastregelung ohne Beweiserleichterungen für den Patienten zur Anwendung kommen (OLG Braunschweig VersR 1998, 459; KG VersR 1991, 928).

So scheidet eine Beweislastumkehr zu Lasten der Behandlungsseite aus, wenn die sachgerechte Behandlung einer Erkrankung die Beachtung mehrerer grundsätzlich etwa gleichrangiger Komponenten (Grundpfeiler) erfordert, die rein chirurgische Versorgung, die antibiotische Therapie und die Ruhigstellung, etwa durch eine Unterarmschiene unter Einschluss der versorgten Hand, und der Patient den ärztlichen Behandlungsbemühungen selbst durch schuldhafte Vereitelung einer dieser Komponenten, etwa der ihm dringend angeratenen Ruhigstellung zuwiderhandelt (KG VersR 1991, 928, 929), er den eindringlichen Rat des Arztes nicht befolgt, sofort ein Krankenhaus aufzusuchen (OLG Braunschweig VersR 1998, 459, 461) bzw. dieses entgegen dem ärztlichen Rat verlässt (BGH NJW 1981, 2513) oder wenn die dringend gebotene Sectio durch die über die Risiken informierte Schwangere verzögert wird (BGH NJW 1997, 798).

5. Überwiegende Mitverursachung durch den Patienten

Beweiserleichterungen bei einem groben Behandlungsfehler, insbesondere bei grob fehlerhaftem Unterlassen einer Befunderhebung kommen gleichfalls nicht in Betracht, wenn die Erschwernisse bei der Aufklärung des Ursachenzusammenhangs durch von dem Patienten selbst geschaffene Umstände und Unklarheiten wesentlich mitverursacht wurden, weil es dann an der die Beweiserleichterungen zugunsten des Patienten rechtfertigenden Voraussetzung fehlt, dass der ärztliche Fehler die Aufklärung des Ursachenzusammenhangs besonders erschwert hat (OLG Karlsruhe OLGR 2001, 412). Eine solche wesentliche Mitverursachung liegt etwa vor, wenn der Patient dem Arzt die ihm bekannten, für die Behandlung relevanten Untersuchungsergebnisse eines vorbehandelnden Arztes und die durch diesen erfolgte Überweisung sowie die Verordnung von Krankenhauspflege verschweigt und bereits angefertigte, ihm überlassene Röntgenaufnahmen nicht vorlegt (OLG Karlsruhe OLGR 2001, 412, 415).

Unterlässt es der Arzt, die nach den geschilderten Beschwerden des Patienten dringend gebotenen Röntgenaufnahmen fertigen zu lassen oder sich nach etwa vorliegenden Aufnahmen zu erkundigen, liegt hierin zwar ein grober Behandlungsfehler, der unter den gegebenen Umständen jedoch keine Beweiserleichterung zugunsten des Patienten rechtfertigt.

6. Risikospektrum für den Patienten nicht verändert

Ausnahmsweise führt ein grober Behandlungsfehler auch dann nicht zu einer Beweiserleichterung bzw. einer Beweislastumkehr, wenn feststeht, dass sich durch den Fehler des Arztes das Risikospektrum für den Patienten nicht verändert hat (OLG Hamm VersR 2002, 578, 579). So bleibt es trotz eines groben ärztlichen Versäumnisses vollumfänglich bei der Beweislast des Patienten bzw. dessen Ärzten, wenn zum Zeitpunkt der

Erstbehandlung ein inoperabler Tumor und eine Lebermetastasierung vorliegen und durch den zeitlichen Verzug bis zur richtigen Diagnosestellung keinerlei Heilungschancen und keine Chance auf eine Verbesserung der konkreten Situation vergeben wurden (OLG Hamm VersR 2002, 578, 579).

U. E. lässt sich dieser Fall bereits unter die Ausnahme des „äußerst unwahrscheinlichen" Kausalzusammenhangs subsumieren.

IV. Fallgruppen des „groben Behandlungsfehlers"

Folgende, unter V. bis VIII. im Einzelnen zu erläuternde Fallgruppen, in denen ein „grober Behandlungsfehler" angenommen wird, haben sich herausgebildet:

1. Fundamentaler Diagnosefehler

Grundsätzlich kann ein Diagnoseirrtum dem Arzt nur dann als haftungsbegründender Behandlungsfehler vorgeworfen werden, wenn sich seine Diagnose als völlig unvertretbare Fehlleistung darstellt oder wenn sie entweder auf der Unterlassung elementarer Befunderhebungen beruht bzw. die Überprüfung einer ersten Arbeitsdiagnose im weiteren Behandlungsverlauf fehlerhaft versäumt wurde (OLG Frankfurt VersR 1997, 1358; OLG Köln VersR 1988, 1299; VersR 1989, 631; VersR 1991, 1288; OLG Hamm VersR 2000, 325 a. E.; L/U, § 50 Rn 3, 9; Gehrlein, Rn B 16, 17; vgl. hierzu → *Diagnosefehler*, S. 246 ff.).

Nach Ansicht von Steffen/Dressler (S/D, Rn 155 a) wie auch des OLG Hamm (VersR 2002, 315, 316; VersR 2002, 578, 579) darf dies nicht dahin missverstanden werden, dass nur aus einer ex-ante-Sicht völlig unvertretbare diagnostische Fehlleistungen überhaupt zu einer Haftung führen können. Das OLG Hamm geht vom Vorliegen eines (einfachen) Behandlungsfehlers aus, wenn das diagnostische Vorgehen und die Bewertung der durch diagnostische Hilfsmittel gewonnenen Ergebnisse für einen gewissenhaften Arzt „nicht mehr vertretbar" sind. Ist die Interpretation darüber hinaus als „unverständlich" zu werten, rechtfertige dies die Annahme eines groben Behandlungsfehlers (OLG Hamm VersR 2002, 315, 316; VersR 2002, 578, 579 unter Hinweis auf BGH NJW 1996, 1589).

Als grober Behandlungsfehler kann ein Diagnosefehler aber nur dann bewertet werden, wenn es sich um einen fundamentalen Irrtum handelt (BGH NJW 1996, 1589, 1590; OLG Saarbrücken MedR 1999, 181, 183; OLG Hamm VersR 2000, 325 a. E.; OLG Oldenburg NJW-RR 1997, 1117; OLG Stuttgart MedR 1997, 275; S/D, Rn 524; G/G, Rn B 265).

2. Nichterhebung von Diagnose- und Kontrollbefunden

Die Nichterhebung von Befunden kann sich bei „zweifelsfrei gebotener" Befundung als grober Behandlungsfehler darstellen (BGH NJW 1995, 778; OLG Saarbrücken MedR 1999, 181, 183; OLG München OLGR 1999, 331).

Die Nichterhebung von Befunden und die dadurch bedingte Unterlassung oder Einleitung einer ungezielten Therapie stellen einen „groben" Behandlungsfehler dar, wenn ganz offensichtlich gebotene und der Art nach auf der Hand liegende Kontrollerhebungen unterlassen und darüber die nach einhelliger medizinischer Auffassung gebotene Therapie versäumt werden (BGH NJW 1989, 2332; NJW 1995, 778, 779; OLG Saarbrücken MedR 1999, 181, 183; S/D, Rn 525 ff.; G/G, Rn B 266 ff.; Gehrlein, Rn B 18, 21).

Nach der **neueren Rspr.** des BGH können derartige Beweiserleichterungen dem Patienten im Falle der Nichterhebung von Befunden **auch bei Vorliegen eines nur „einfachen" Behandlungsfehlers** zu Gute kommen (OLG Koblenz, Urt. v. 28.7.1999 – 4 U 1194/96, vgl. S. 503 ff.).

Der BGH – und ihm folgend die Instanzgerichte – hat folgenden Grundsatz formuliert:

„Ein Verstoß des Arztes gegen die Pflicht zur Erhebung und Sicherung medizinischer Befunde lässt im Wege der Beweiserleichterung zu Gunsten des Patienten zunächst nur auf ein reaktionspflichtiges positives Befundergebnis schließen, wenn ein solches hinreichend wahrscheinlich war. Ein solcher Verstoß kann aber darüber hinaus auch für die Kausalitätsfrage beweiserleichternd Bedeutung gewinnen, nämlich dann, wenn im Einzelfall zugleich auf einen groben Behandlungsfehler zu schließen ist, weil sich bei der unterlassenen Abklärung mit hinreichender Wahrscheinlichkeit ein so deutlicher und gravierender Befund ergeben hätte, dass sich dessen Verkennung als fundamental fehlerhaft darstellen müsste" (BGH VersR 2001, 1030, 1031; VersR 1999, 1241, 1243; VersR 1999, 1282, 1283; VersR 1999, 231, 232; VersR 1999, 60, 60; MDR 1999, 36; MDR 1999, 1265; MDR 1999, 229; VersR 1998, 585, 586; VersR 1998, 457, 458; OLG Stuttgart VersR 1998, 1550, 1553; VersR 2000, 362, 363; VersR 2000, 1545, 1547; VersR 2001, 766, 768; OLGR 2002, 116, 119; OLGR 2002, 156, 157; OLGR 2002, 252, 254; OLG Hamm VersR 2002, 315, 317; OLG Köln VersR 2000, 102, 103; OLG Zweibrücken NJW-RR 2001, 667, 669; OLGR 2000, 459, 462; Rehborn, MDR 1999, 1169, 1171; G/G, Rn B 296; Gehrlein, Rn B 23, 157).

Insoweit handelt es sich um keine spezifische Fallgruppe des „groben Behandlungsfehlers", sondern eine an sich eigenständige Fallgruppe der Beweislastumkehr zur Frage des Kausalzusammenhangs zwischen einem festgestellten, „einfachen" Behandlungsfehler und dem Eintritt des Primärschadens (vgl. hierzu → *Unterlassene Befunderhebung*, S. 503 ff.).

3. Grobe Therapiefehler

Im Therapiebereich kommen vor allem solche Behandlungsfehler als „grob" in Betracht, in denen der Arzt auf eindeutige, zweifelsfreie Befunde nicht reagiert hat, grundlos eine Standardmethode zur Bekämpfung bekannter Risiken nicht angewendet oder eindeutig gegen anerkannte und gesicherte medizinische Soll-Standards verstoßen hat (S/D, Rn 532 ff.; G/G, Rn B 273 ff.).

Hierzu zählt auch der Fall der nicht rechtzeitigen oder unvollständigen Therapieaufklärung, wenn dem Patienten aus der Unterlassung weiter gehender Abklärung oder eines ihm obliegenden Verhaltens zur Nachsorge erhebliche gesundheitliche Nachteile drohen (G/G, Rn B 285, 290).

4. Grobe Organisationsfehler

Auch grobe Organisationsmängel und grob fehlerhaftes Verhalten des nichtärztlichen Personals können einen groben Behandlungsfehler darstellen (OLG Stuttgart VersR 2000, 1108, 1109; OLG Karlsruhe VersR 2002, 1426, 1427; G/G, Rn B 253, 291; S/D, Rn 543; Gehrlein, Rn B 37).

V. Fundamentale Diagnosefehler

1. Grundlagen

Ein Diagnosefehler wird nur dann als grober Behandlungsfehler bewertet, wenn es sich um einen fundamentalen Irrtum handelt (OLG Saarbrücken MedR 1999, 181, 183). Die **Schwelle**, von der ab ein Diagnoseirrtum als schwerer Verstoß gegen die Regeln der ärztlichen Kunst zu beurteilen ist, ist dabei **hoch** anzusetzen (BGH NJW 1981, 2360; OLG Bamberg VersR 1992, 831). Ein fundamentaler Diagnosefehler bzw. Diagnoseirrtum liegt regelmäßig vor, wenn eine Krankheitserscheinung in völlig unvertretbarer, der Schulmedizin entgegenstehender Weise gedeutet, elementare Kontrollbefunde nicht erhoben werden oder das diagnostische Vorgehen des Arztes vom Sachverständigen als nicht mehr vertretbar und unverständlich bewertet wird (vgl. OLG Hamm VersR 2002, 315, 316; VersR 2002, 578, 579), z. B. wenn

▷ einfache und selbstverständlich gebotene differentialdiagnostische Überlegungen und Untersuchungen unterlassen worden sind (OLG Saarbrücken VersR 2000, 1241, 1243; OLG Zweibrücken OLGR 2000, 459, 462) oder

▷ in erheblichem Ausmaß Diagnose- und Kontrollbefunde zum Behandlungsgeschehen nicht erhoben worden sind (OLG Saarbrücken VersR

2000, 1241, 1243; BGH VersR 1982, 1193; OLG Frankfurt VersR 1997, 1358; OLG Köln VersR 1999, 366) oder

▷ der Arzt den ausdrücklich mitgeteilten, die vermutete Erkrankung ausschließenden Laborbefund verkennt (OLG Saarbrücken VersR 2000, 1241, 1242) oder

▷ der Arzt in sonstiger Weise die Überprüfung einer ersten Arbeitsdiagnose im weiteren Behandlungsverlauf fehlerhaft versäumt (OLG Frankfurt VersR 1997, 1358; OLG Köln VersR 1991, 1288; VersR 1989, 631; VersR 1988, 1299) oder

▷ der Verdacht der vorliegenden Erkrankung sich hätte aufdrängen müssen (OLG Stuttgart VersR 1994, 313), etwa weil dies zum medizinischen Basiswissen eines Arztes der entsprechenden Fachrichtung gehört und schon von einem Examenskandidaten erwartet werden könnte (OLG Zweibrücken OLGR 2000, 459, 462; G/G, Rn B 265) oder

▷ sich die Diagnose als völlig unvertretbare Fehlleistung darstellt (OLG Frankfurt VersR 1997, 1358; OLG Köln VersR 1991, 1288), etwa, wenn Krankheitserscheinungen in eindeutig der Schulmedizin entgegenstehender Weise gedeutet worden sind (OLG Köln VersR 1989, 631) oder

▷ wenn die angenommene Ursache so unwahrscheinlich ist, dass ein massiver Verstoß gegen medizinische Erkenntnisse und Erfahrungen zu bejahen ist (G/G, Rn B 265).

2. Fundamentaler Diagnosefehler bejaht

▷ *Kinderarzt bzw. Krankenhaus verkennt Encephalitis*

Kann der Verdacht auf eine Enzephalitis (Entzündung von Hirngewebe) nicht ausgeräumt werden, sondern bieten die Ergebnisse der Anfangsuntersuchungen insoweit Veranlassung zu weiteren diagnostischen Maßnahmen, so ist entweder der Verdachtdiagnose unverzüglich nachzugehen oder auf Grund der Verdachtsdiagnose entsprechend zu therapieren.

Bei den von einer Enzephalitis bekanntermaßen ausgehenden schweren Gefahren für Leben und Gesundheit des Erkrankten müssen unverzüglich alle Versuche unternommen werden, ein Höchstmaß an Klarheit zu gewinnen, um eine wirksame Therapie einleiten zu können. Dabei kommen eine Lumbalpunktion, die Erstellung eines EEG und/ oder eines Computertomogramms in Betracht. Werden solche wesentlichen diagnostischen Maßnahmen nicht unverzüglich ergriffen und kommt es deshalb zur verspäteten Medikamentation, ist ein grober Behandlungsfehler zu bejahen (OLG Köln VersR 1991, 186, 188).

Ein grober Behandlungsfehler liegt jedoch nicht vor, wenn vom Arzt keinerlei typische Symptome einer Enzephalitis festgestellt werden können, etwa starkes Fieber, Schläfrigkeit, Meningismus oder neurologische Herdstörungen wie zum Beispiel Lähmungen (OLG Bamberg VersR 1992, 831, 832).

▷ *Verkennung des mitgeteilten Befundes durch Allgemeinmediziner, nicht erkannte Endokarditis*

Von einem Arzt für Allgemeinmedizin muss erwartet werden, dass er die Ergebnisse einer von ihm angeordneten Laboruntersuchung, so zum Ausschluss des Verdachts auf eine Mononukleose (akute fieberhafte Systemerkrankung des lymphatischen Gewebes durch das Epstein-Barr-Virus) zutreffend beurteilen kann. Verkennt er den ausdrücklich mitgeteilten, diese vermutete Erkrankung ausschließenden Befund, liegt ein fundamentaler Diagnoseirrtum vor mit der Folge, dass ihm der Beweis obliegt, eine infolge des Diagnosefehlers nicht erkannte Endokarditis (Entzündung der Herzinnenhaut, meist der Herzklappen) hätte auch nach der gebotenen Diagnostik, etwa durch Anlegung von Blutkulturen, Röntgenaufnahmen und der Anfertigung eines Echokardiogramms, mit keinem besseren Heilungserfolg therapiert werden können (OLG Saarbrücken VersR 2000, 1241, 1242).

▷ *Chirurgie/Orthopädie: Fraktur auf Röntgenbild übersehen*

Wird auf einem Röntgenbild eine eindeutig nachweisbare Schenkelhalsfraktur (LG Bielefeld VersR 1999, 1245) oder eine Fehlstellung nach einer Luxationsfraktur des oberen Sprunggelenks übersehen (OLG Celle VersR 1998, 54) und deshalb keine adäquate Therapie eingeleitet, so stellt die Fehldiagnose jeweils einen groben Behandlungsfehler dar.

▷ *Allgemeinarzt verkennt Leistenbruch*

Die Kombination von anhaltendem Erbrechen mit einer spontan auftretenden Weichteilschwellung im Bereich der typischen Bruchpforte für Eingeweidebrüche muss zur Diagnose einer Brucheinklemmung führen oder zumindest einen starken dahingehenden Verdacht aufkommen lassen.

Wird infolge der unterlassenen oder grob fehlerhaften Diagnose der eingeklemmte Leistenbruch nicht erkannt und unterbleibt deshalb eine sofortige Einweisung in ein Krankennhaus, so hat der Arzt zu beweisen, dass dieser grobe Behandlungsfehler nicht ursächlich geworden ist für den im Zusammenhang mit dem dann nach verspätet erfolgter Operation eingetretenen Tod der Patientin; dies gilt auch dann, wenn weitere Behandlungsfehler der nachfolgenden Ärzte hinzukommen (OLG Frankfurt VersR 2000, 853, 855).

▷ *Allgemeinarzt bzw. Notarzt verkennt Meningitis*

Unterlässt es ein Notarzt, trotz der auf Meningitis (Hirnhautentzündung) hindeutenden Symptome eine diagnostische Abklärung zweifelsfrei gebotener Befunde zu erheben, etwa das Hochheben des Kopfes bis zum Brustbein bei gleichzeitigem Hochziehen der Beine, eine Untersuchung von Hautblutungen und/oder die Überprüfung der Nackensteifigkeit, und geht er deshalb als Arbeitsdiagnose von einer Mandelentzündung aus, so ist sowohl wegen der unterlassenen Befunderhebung (s. u. VI.) als auch wegen des groben Diagnoseirrtums eine Beweislastumkehr für die Kausalität gerechtfertigt (OLG Stuttgart VersR 1994, 313).

Jede akute, fieberhafte und schwere Erkrankung eines Kindes ist solange als Meningitis anzusehen, bis das Gegenteil bewiesen ist. Dieses Wissen ist auch von einem Allgemeinarzt im Sonntagsdienst zu erwarten. Das Nichterkennen der für eine Meningitis sprechenden Symptome bei einem Kleinkind stellt einen groben Behandlungsfehler dar (OLG Stuttgart NJW-RR 1997, 1114, 1115; ebenso OLG Oldenburg NJW-RR 1997, 1117).

▷ *Allgemeinarzt/Unfallchirurg verkennt Venenthrombose*

Klagt ein Patient einige Tage nach einer Fußverletzung über Spannungsschmerzen in der Wade, so liegt der Verdacht einer Venenthrombose nahe und muss durch eine Phlebographie abgeklärt werden. Bei diesem Beschwerdebild ist die Diagnose „Muskelkater" schlechthin unvertretbar, so dass der Diagnoseirrtum einen groben Behandlungsfehler darstellt (OLG Köln VersR 1993, 190).

Bei einem Thromboseverdacht gehört es nach bislang vertretener Ansicht zu den elementaren Behandlungsregeln, eine Phlebographie durchzuführen (OLG Oldenburg MDR 1994, 995).

▷ *Radiologe verkennt Venenthrombose*

Klagt der Patient nach längerem Liegen über ein ständig geschwollenes, rechtes Bein, stellt es einen Verstoß gegen den fachradiologischen Standard dar, wenn der hinzugezogene Radiologe die Darstellung des Beckenvenenbereichs als ungünstige Strömungsverhältnisse interpretiert und ein thrombotisches Geschehen in diesem Bereich verkennt. Ist die Fehlinterpretation eines an sich eindeutigen Befundes einer Venenthrombose nicht nur unvertretbar, sondern darüber hinaus als unverständlich zu werten, rechtfertigt dies die Annahme eines groben Behandlungsfehlers (OLG Hamm VersR 2002, 315, 316).

Ist sich der befundende Radiologe in der Diagnose unsicher, so hat er eine weitere Befunderhebung in Form einer erneuten Phlebographie oder CT durchzuführen. Hätte diese weitere Befunderhebung mit mehr als hinreichender Wahrscheinlichkeit das Vorliegen des thrombotischen Geschehens gezeigt, so ist auch eine Beweislastumkehr aus dem Gesichtspunkt der „unterlassenen Befunderhebung" zu bejahen (OLG Hamm VersR 2002, 315, 317).

▷ *Radiologe übersieht Bronchialkarzinom*

Für einen gewissenhaften Radiologen ist es nicht mehr vertretbar, trotz deutlichem Befund ein Bronchialkarzinom faktisch auszuschließen. Die Fehlinterpretation eines für einen Radiologen eindeutigen Befundes ist nicht nur unvertretbar, sondern darüber hinaus als unverständlich und damit als grober Behandlungsfehler zu werten (OLG Hamm VersR 2002, 578, 579).

3. Fundamentaler Diagnosefehler verneint

▷ *Fälschlicherweise Blinddarmentzündung diagnostiziert*

Die Indikationsstellung zur Operation einer akuten Appendizitis muss, auch wenn es sich objektiv um eine Fehldiagnose handelt, nicht fehlerhaft sein. Ausschlaggebend ist vielmehr der klinische Gesamteindruck. Schon die Feststellung eines auf eine akute Blinddarmentzündung hinweisenden Druckschmerzes kann genügen, um alle anderen Kriterien zurücktreten zu lassen (OLG Hamm VersR 2000, 101).

▷ *Brustkrebs bei dichtem Drüsenkörper nicht erkannt*

Der Diagnosefehler eines Gynäkologen, der zur Abklärung der von der Patientin beklagten Druckschmerzen Mammografien beider Brüste veranlasst und die abgebildeten Einlagerungen fälschlich als nicht suspekte Makrokalzifikationen (mit bloßem Auge erkennbare Kalkablagerungen im Brustgewebe) beurteilt, ist nicht als fundamental zu werten, wenn die Einordnung aus radiologischer Sicht wegen des dichten Drüsenkörpers sehr schwierig war (OLG München VersR 1998, 588).

▷ *Sehr seltene Differentialdiagnose*

Bezieht ein Arzt eine sehr seltene Differentialdiagnose nicht in seine Überlegungen ein, weil es andere im Vordergrund stehende Symptome gibt (OLG Celle VersR 1993, 483; OLG Zweibrücken, Urt. v. 22.6.1999 – 5 U 32/98), die Symptome seine (falsche) Diagnose abdecken und für das Krankheitsbild des Patienten unspezifisch sind (OLG Naumburg MedR 2002, 515) oder übersieht er über einer nahe liegenden, durch eine Reihe flüssig ineinander greifender Umstände scheinbar abgesicherte Diagnose eine weit entferntere differentialdiagnostische Möglichkeit (OLG Frankfurt NJW-RR 1994, 21), so ist der Diagnoseirrtum nicht fundamental.

▷ *Eileiterschwangerschaft übersehen*

Auch das Nichterkennen einer Eileiterschwangerschaft muss keinen groben Behandlungsfehler darstellen (OLG Frankfurt NJW-RR 1994, 21).

▷ *Encephalitis nicht diagnostiziert*

Das Nichterkennen einer Encephalitis (Entzündung von Hirngewebe) stellt keinen fundamentalen Diagnoseirrtum dar, wenn das dem Allgemeinarzt erkennbare Krankheitsbild keine typischen Symptome einer Encephalitis aufweist; die Schwelle, von der ab ein Diagnoseirrtum als schwerer Verstoß gegen die ärztliche Kunst zu gelten hat, liegt hoch (OLG Bamberg VersR 1992, 831).

▷ *Allgemeinmediziner verkennt Herzinfarkt wegen überlagernder Symptome*

Verkennt ein Allgemeinmediziner als Notarzt einen drohenden Herzinfarkt, weil der Patient daneben an einer akuten Gastroenterkolitis (Entzündung des Dünn- und Dickdarms) leidet und deren Symptome im Vordergrund stehen, ist seine den drohenden Herzinfarkt nicht erfassende Diagnose nicht fehlerhaft (OLG Zweibrücken VersR 2000, 605).

Das Nichterkennen kann dem Arzt nicht vorgeworfen werden, wenn die übrigen klinischen Befunde die Diagnose überdecken (OLG Düsseldorf VersR 1989, 478).

▷ *Probeexcision zur Abklärung eines Karzinoms vom Allgemeinmediziner nicht angeordnet*

Klagt die Patientin über Schmerzen in der Brust, stellt die unterlassene Überweisung der Patientin zur Vornahme einer Probeexcision auf der Grundlage einer Arbeitsdiagnose „Mastopathie" (gutartige Gewebswucherungen in der weiblichen Brust, die häufig Zysten bilden) keinen Behandlungsfehler dar, wenn sich weder aufgrund des Tastbefundes noch nach Durchführung einer Mammographie noch aufgrund sonstiger Umstände Hinweise auf ein Mammakarzinom (Brustkrebs) ergeben (OLG Zweibrücken VersR 1991, 427; ebenso OLG Düsseldorf VersR 1988, 1297: Behandlungsfehler verneint; vgl. auch OLG Stuttgart VersR 1989, 295: Behandlungsfehler im dortigen Fall bejaht).

Direkte Untersuchungsverfahren, also etwa eine Punktion oder Probeexcision, sollten grundsätzlich dann angewandt werden, wenn vorausgegangene palpatorische Untersuchungen und/oder Mammographien verdächtige, nicht sicher zu interpretierende Befunde ergeben haben (OLG Düsseldorf VersR 1988, 1297).

Die **unterlassene Nachbefundung** durch Entnahme und Untersuchung einer Gewebeprobe in der weiblichen Brust und die Beschränkung auf die Auswertung darin gruppierter Mikrokalzifikationen stellt einen Behandlungsfehler, aber keinen groben Behandlungsfehler dar (OLG Brandenburg NJW-RR 1999, 967).

In solchen Fällen scheidet auch eine Beweislastumkehr aufgrund unterlassener Befunderhebung (siehe → *Unterlassene Befunderhebung*) aus, wenn nach dem Ergebnis der Mammographie und einer MRT-Untersuchung weder eine Kontroll-Befunderhebung durch eine Probeexcision „zweifelsfrei" geboten gewesen wäre und es auch nicht als wahrscheinlich angesehen werden kann, dass eine Gewebeuntersuchung einen Tumor ergeben hätte (OLG Brandenburg NJW-RR 1999, 967).

▷ *Krankhafter Befund oft übersehen*

Zunächst stellt der Umstand, dass ein Arzt einen krankhaften Befund, der oft übersehen wird, nicht feststellt, ein Indiz dafür dar, dass kein grober Behandlungsfehler vorliegt (OLG Hamm VersR 1990, 975).

▷ *Kleines Metallstück nicht erkannt*

Tritt nach einer Hüftgelenkendoprothese eine Wundheilungsstörung auf, weil ein kleines Metallstück aus der Zange in der Operationswunde verblieben ist, stellt die Verkennung dieser Ursache keinen fundamentalen Diagnosefehler dar (OLG Hamm VersR 2000, 325).

▷ *Röntgendarstellung undeutlich oder unterlassen*

Gleiches gilt bei Fehlinterpretation eines Röntgenbildes, dessen Auswertung den Einsatz einer Lupe nahe legt (OLG Saarbrücken MedR 1999, 181).

Auch einem Orthopäden, der diskrete Hinweise auf einen äußerst seltenen Riesenzelltumor in den Röntgenbildern eines Kniegelenks nicht entdeckt und den Patienten auf eine tatsächlich vorliegende Meniskusoperation behandelt, ist kein grober Behandlungsfehler vorzuwerfen (OLG Düsseldorf VersR 1989, 478).

Ein Internist begeht nicht einmal einen einfachen Behandlungsfehler, wenn er bei einem langjährig in seiner Behandlung stehenden älteren Patienten mit nach einer Operation wegen einer Lungen-TB eingeschränkter Atemfunktion auf Grund klinischer Untersuchung eine Rhinobronchitis diagnostiziert und behandelt, er deshalb keine Röntgenaufnahme zum Ausschluss einer Pneumonie (Lungenentzündung) veranlasst und den Patienten nicht ausdrücklich zur routinemäßigen Therapieerfolgskontrolle wiederbestellt (OLG Köln OLGR 1992, 229).

VI. Nichterhebung von Diagnose- und Kontrollbefunden

Eine Beweislastumkehr für den Kausalitätsnachweis zwischen dem Behandlungsfehler und dem beim Patienten eingetretenen Primärschaden kommt auch dann in Betracht, wenn der Arzt „in erheblichem Ausmaß" Diagnose- und Kontrollbefunde zum Behandlungsgeschehen nicht erhoben hat bzw. er es schuldhaft unterlässt, medizinisch zweifelsfrei gebotene Befunde zu erheben und zu sichern (BGH NJW 1999, 860: „zweifelsfrei geboten"; BGH VersR 1999, 1282, 1283 und VersR 1999, 1241, 1243: „medizinisch geboten"; OLG München OLGR 1999, 331: „eindeutig geboten"; OLG Brandenburg NJW-RR 1999, 967: „zweifelsfrei geboten"; OLG Stuttgart VersR 1998, 1550, 1552: „medizinisch zweifelsfrei geboten"; OLG Stuttgart OLGR 2002, 116, 119: „zwingend geboten"; OLG Stuttgart OLGR 2002, 156, 157: „nach dem medizinischen Standard geboten"; OLG Stuttgart OLGR 2001, 324, 326 und OLGR 2002, 251, 254: „medizinisch geboten"; OLG Naumburg MedR 2002, 515: „zwingend geboten"; OLG Köln VersR 1999, 491, 492 und OLG Celle VersR 2002, 1558, 1562: „Elementar geboten"; OLG Saarbrücken MDR 1998, 469: „In erheblichem Umfang"; F/N, Rn 211, 122: „medizinisch zweifelsfrei geboten"; G/G, Rn B 266 ff.; Gehrlein, Rn B 20, 157, 158).

Zwischen der schuldhaft unterlassenen Erhebung zweifelsfrei gebotener Befunde, dem dadurch meist verursachten Nichteingreifen in den Krankheitsverlauf und dem späteren Gesundheitsschaden muss ein zumindest nicht unwahrscheinlicher Kausalzusammenhang bestehen (BGH VersR 1994, 480).

Die schuldhaft unterlassene Befunderhebung muss generell geeignet (s. o. III. 1.) sein, den eingetretenen Primärschaden zu verursachen. Hierfür genügt es, dass nicht von vornherein ausgeschlossen werden kann, dass der Arztfehler als nicht unbedingt nahe liegende oder gar typische Ursache für den Gesundheitsschaden in Frage kommt (OLG Saarbrücken VersR 2000, 1241, 1243; G/G, Rn B 258, 267 ff.).

Ein grober Behandlungsfehler liegt in diesem Bereich vor, wenn es in erheblichem Ausmaß an der Erhebung einfacher, grundlegender Diagnose- oder Kontrollbefunde fehlt (OLG Saarbrücken MDR 1998, 469; G/G, Rn B 266) oder die Erhebung eines Befundes unterlassen worden ist, der nicht nur indiziert, sonder medizinisch zweifelsfrei bzw. zwingend geboten war (OLG Düsseldorf, Urt. v. 16.9.1993 – 8 U 304/91; OLG Zweibrücken MedR 1999, 272, 274; OLG Brandenburg NJW-RR 1999, 967; OLG Köln VersR 1999, 491, 492; OLG Celle VersR 2002, 1558, 1562; s. o.).

1. Chirurgie/Orthopädie

a) Grober Behandlungsfehler bejaht

▷ *Unterlassen einer schnellen bakteriologischen Untersuchung oder einer antibiotischen Therapie*

Das Unterlassen einer schnellen bakteriologischen Untersuchung eines **trüben**, aus dem Kniegelenk gewonnenen **Punktats** stellt einen groben Behandlungsfehler dar. In diesem Falle haftet der Arzt für eine spätere Gelenkversteifung des Patienten auch dann, wenn dieser nicht beweisen kann, dass die Gelenkversteifung bei regelrechter Soforterkennung nicht sicher vermieden worden wäre (OLG Köln VersR 1992, 1003; ähnlich OLG Celle VersR 1985, 1047). Grob fehlerhaft ist auch das Unterlassen der bakteriologischen Untersuchung einer trüben Gelenkflüssigkeit trotz Schmerzen im Kniegelenk und erhöhter Blutkörpersenkungsgeschwindigkeit (OLG Celle VersR 1985, 1047).

Treten nach einer Schnittverletzung Schmerzen auf und zeigt das Wundbild einen Entzündungsprozess an, so muss möglichst früh eine antibiotische Therapie mit einem Medikament einsetzen, das gegen Staphylokokken wirksam ist. Das Unterbleiben dieser Behandlung stellt einen groben Behandlungsfehler dar (KG VersR 1991, 928).

▷ *Unterlassene Cholangiographie (Röntgenkontrastdarstellung der Gallengänge)*

Zeigt sich bei operativer Entfernung einer **Gallenblase** nach Eröffnung des Bauchraumes eine offensichtlich unklare anatomische Situation, etwa erhebliche Verwachsungen und anatomische Anomalien, so liegt ein grober Behandlungsfehler vor, wenn vor der Entfernung der Gallenblase der Versuch einer intraoperativen röntgendiagnostischen Abklärung der Gallenwege durch eine Cholangiographie unterbleibt und es bei Fortsetzung der Operation zu einer Durchtrennung des Hauptgallengangs kommt (OLG Brandenburg VersR 2000, 24, 26).

▷ *Unterlassene Kontrolle der Hodenlage*

Die Strangulation eines zum Hoden führenden Samenstranges im Zusammenhang mit der operativen Beseitigung eines Leistenbruchs stellt ein nicht seltenes Operationsrisiko dar. Die unterlassene Kontrolle der Hodenlage nach dem chirurgischen Eingriff ist daher als grober Behandlungsfehler zu werten (BGH VersR 1982, 1141).

▷ *Computer- oder kernspintomographische Untersuchung unterlassen*

Bei vorhandenen, **starken Lähmungserscheinungen**, die den Verdacht auf eine Rückenmarkerkrankung nahe legen, ist das Unterlassen einer kernspintomographischen Untersuchung grob fehlerhaft. Lässt sich nicht sicher feststellen, dass die eingetretenen Lähmungen und ihre Folgen ausgeblieben oder vermindert worden wären, wenn es nach Durchführung einer Kernspin-Untersuchung ca. vier Monate früher zu einer Operation gekommen wäre, so trägt die Behandlungsseite die Beweislast für den Einwand der hypothetischen Kausalität (BGH MDR 1998, 655 = NJW 1998, 1782, 1783).

Bei den von einer Enzephalitis (Hirngewebsentzündung) ausgehenden schweren Gefahren für Leben und Gesundheit des Erkrankten müssen unverzüglich alle Versuche unternommen werden, ein Höchstmaß an Klarheit zu gewinnen, um eine wirksame Therapie einleiten zu können. Eine beginnende oder bereits vorhandene Veränderung im Gehirn des Erkrankten als Folge einer Enzephalitis ist durch eine computertomographische Untersuchung (CT) oder (damals) die Anfertigung eines EEG zu überprüfen (OLG Köln VersR 1991, 186, 188).

Auch die Unterlassung einer weiteren diagnostischen Abklärung mittels Lumbalpunktion oder Schädel-CT bei Anhaltspunkten für den Verdacht auf Meningitis (Hirnhautentzündung) stellt einen groben Behandlungsfehler dar (LG Stuttgart VersR 1996, 1414).

Klagt der Patient nach einer Hydrocephalus („Wasserkopf")-Operation über „Gespenstersehen", so hat der Arzt unverzüglich ein CT anfertigen zu lassen (BGH MDR 1999, 675).

Auch bei Verdacht auf eine komplizierte Gehirnerschütterung mit möglicher Schädelbasisfraktur auf Grund von Gesichtsverletzungen einschließlich eines Brillenhämatoms begründet das Unterlassen der Anfertigung eines CT und die unterbliebene Hinzuziehung eines Augenarztes den Vorwurf eines groben Behandlungsfehlers (OLG Oldenburg VersR 1997, 1405).

Bei einer Lymphadenitis (entzündliche Lymphknotenschwellung) ist beim Ausbleiben einer Befundverbesserung wegen der Gefahr der Weiterentwicklung zu einer Mediastinitis (Entzündung des Bindegewebes im Brustkorbraum zwischen beiden Brustfellhöhlen) eine engmaschige klinische Verlaufskontrolle erforderlich. Bei einer weiterhin ausbleibenden Besserung – im entschiedenen Fall nach vier Tagen – muss ein CT verlanlasst werden, das in der Lage ist, einen etwa in der Tiefe bestehenden Abszess aufzuzeigen (OLG Stuttgart VersR 2001, 766, 768).

▷ *Keine Kontrolle auf Nervverletzungen*

Bei einer vier cm langen Schnittwunde an der Beugeseite des Handgelenks mit Durchtrennung des ligamentum carpi radiale bzw. ulnare (Band im Bereich des Handgelenks) stellt es einen groben Behandlungsfehler dar, wenn keine Kontrolle auf Verletzung des Nervus ulnaris und des Nervus medianus durchgeführt wird (OLG Frankfurt VersR 1999, 659; S/D, Rn 527).

▷ *Unterlassene Phlebographie*

Bei einem **Thromboseverdacht** gehört es zu den elementaren Behandlungsregeln, eine Phlebographie (Röntgendarstellung venöser Gefäße) oder eine Sonographie (Ultraschalldiagnosatik, bildgebendes Verfahren) durchzuführen (OLG Oldenburg MDR 1994, 994; VersR 1999, 318; OLG Köln NJW-RR 1992, 728; OLG Hamm VersR 1990, 190; VersR 1990, 660; OLG Stuttgart OLGR 2000, 3).

Bei anhaltenden Wadenschmerzen bei einer Fußverletzung liegt der Verdacht einer Venenthrombose nahe und muss durch eine Phlebographie abgeklärt werden. Bei diesem Beschwerdebild ist die Diagnose „Muskelkater" schlechthin unvertretbar (OLG Köln NJW-RR 1992, 728).

Bei klinischen Anzeichen, die beim behandelnden Arzt nach einem Muskelfaserriss im Unterschenkel den Verdacht auf ein Kompartmentsyndrom (Störungen der Blutzufuhr z. B. nach Knochenbrüchen) lenken, ist eine Thrombose in Erwägung zu ziehen und durch eine Sonographie oder Phlebographie diagnostisch abzuklären. Die Unterlassung begründet einen groben Behandlungsfehler (OLG Stuttgart OLGR 2000, 3; VersR 2001, 190).

Gleiches gilt, wenn später ein Facharzt für Othopädie die seit mindestens zwei Wochen andauernden Schmerzen in der Wade und im Oberschenkel auf eine Druckschmerzverhärtung der Abduktoren zurückführt und eine kurzfristige Einbestellung mit dann zwingend gebotener Abklärung der gegebenen Anzeichen für eine Thrombose versäumt (OLG Stuttgart OLGR 2000, 3).

▷ *Unterlassene Röntgendiagnostik*

Klagt ein Patient, der bei einem Verkehrsunfall schwere Verletzungen erlitten hat, auch über starke Schmerzen im Schultergelenk, so muss sich dem behandelnden Klinikarzt zumindest der Verdacht aufdrängen, dass eine **Eckgelenkssprengung** vorliegen könnte. Halten die Schmerzzustände im Schultergelenk noch nach Tagen an, so hat der Arzt dem durch eine „gehaltene Röntgenaufnahme" nachzugehen. Das Unterlassen einer solchen Kontrolle stellt einen groben Behandlungsfehler dar (BGH NJW 1989, 2332 – Behandlung im Jahr 1982).

▷ *Sonographie oder Angiographie unterlassen*

Ein grober Behandlungsfehler liegt auch in dem Unterlassen der Ärzte einer psychiatrischen Klinik, bei einem Patienten trotz deutlicher

Anzeichen für einen Gefäßverschluss unverzüglich eine diagnostische Abklärung durch einen Gefäßchirurgen oder jedenfalls eine Sonographie (Ultraschalldiagnostik, s. o.) bzw. Angiographie (Gefäßdarstellung durch Injektion eines Röntgenkontrastmittels) zu veranlassen (OLG Celle VersR 1994, 1237).

Wird bei einer (jugendlichen) Patientin neben Symptomen wie Erbrechen und Leukozytose ein rechtsbetonter, in der Region des Blinddarms lokalisierter Prozess mit deutlicher Abwehrspannung festgestellt, so muss die Indikation zur sofortigen Appendektomie (operative Blinddarmentfernung) auch nach undeutlichen Untersuchungsbefunden gestellt, mindestens aber eine zusätzliche Sonographie veranlasst werden; weiteres Abwarten stellt einen groben Behandlungsfehler dar (OLG Hamm, Urt. v. 14.1.1987 – 3 U 90/86).

Wird der seit über zwei Tagen unter Schmerzen im Unterbauch, Fieber und wiederholtem Erbrechen leidende Patient mit der vom Notarzt gestellten Verdachtsdiagnose „Blinddarmentzündung" in ein Krankenhaus eingeliefert, so ist es grob fehlerhaft, wenn die dortigen Ärzte diese Anfangsdiagnose nach Feststellung einer Wandverdickung des Sigmas (Teil des Dickdarms, S-förmige Schleife) nicht wenigstens als Differentialdiagnose aufrechterhalten, den Patienten auf eine Gastroenteritis (Darmgrippe) mit Reizung des Blinddarms behandeln und weder eine Ultraschalluntersuchung noch eine Laparotomie (Eröffnung der Bauchhöhle) noch eine Dickdarmspiegelung durchführen. Kommt es danach zu einem Blinddarmdurchbruch, so hat die Behandlungsseite zu beweisen, dass die eingetretenen Primärschäden wie die Notwendigkeit der Verkürzung des Darms, der Eintritt eines Darmverschlusses, Infektionen, mehrere Folgeoperationen u. a. nicht auf den Behandlungsfehler zurückzuführen sind (OLG Zweibrücken OLGR 2000, 459, 461 ff. mit der Tendenz, daneben auch einen fundamentalen Diagnosefehler anzunehmen).

Liegen klinische Anzeichen vor, die an ein Kompartmentsyndrom denken lassen, ist zwingend zumindest eine weitere Abklärung durch Sonographie oder Phlebographie (s. o.) geboten (OLG Stuttgart OLGR 2000, 3; s. o.).

▷ *Sonographie unterlassen*

Grob behandlungsfehlerhaft ist es auch, wenn der behandelnde Gynäkologe nach der in der 31. Schwangerschaftswoche erfolgten Ultraschalluntersuchung in den folgenden acht Wochen keine sonographischen Untersuchungen vorgenommen und auch weitere diagnostische Maßnahmen nicht veranlasst hat. In einem derartigen Fall ist eine Beweislastumkehr hinsichtlich des Kausalzusammenhangs zwischen dem beim Kind nach der Geburt festgestellten Hirnschaden und dem Behandlungsfehler in der Form der unterlassenen Befunderhebung gerechtfertigt (OLG Braunschweig, Urt. v. 1.3.2001 – 1 U 24/00).

▷ *Unterlassene Wundkontrolle und Wundrevision*

Bei verspäteter und deshalb erhöht infektionsgefährdeter operativer Einrichtung eines luxierten Mittelfingers ist die tägliche Wundkontrolle beim Verbandwechsel von einem Arzt vorzunehmen. Treten nach der Operation in der Hand Schmerzen auf, ist vor der Gabe von Analgetika zu kontrollieren, ob die Wunde infiziert ist und deshalb stärker schmerzt. Vor der Entlassung aus dem Krankenhaus ist das Operationsgebiet unter Abnahme des Verbandes nochmals zu kontrollieren. Verstöße gegen diese elementaren Gebote stellen einen groben Behandlungsfehler dar. Der Behandlungsseite obliegt dann der Beweis, dass eine nachfolgend erforderlich werdende Amputation des Fingers wegen nicht beherrschbarer Infektion vermeidbar bzw. auch bei Beachtung der genannten Gebote unabwendbar gewesen wäre (OLG Köln VersR 1997, 366).

Ein grober Behandlungsfehler liegt auch vor, wenn trotz **zunehmender Schwellung** und erheblicher Schmerzklagen des Patienten eine operativ versorgte Unterarmfraktur mit Durchspießungswunde nicht rundum inspiziert und keine Wundrevision durchgeführt wird, sondern die Wunde nur durch den Längsspalt des Wundgipses besichtigt und später der Gips etwas aufgeweitet wird. Geboten ist hier vielmehr die stündliche Kontrolle des Patienten und eine Faszienspaltung beim Auftreten der Anzeichen eines Kompartment-Syndroms, auch um die Entstehung eines Gasbrandes zu vermeiden (OLG Stuttgart VersR 1989, 199).

b) Grober Behandlungsfehler verneint

▷ *Unterlassene computertomographische Untersuchung (CT) bei Subarachnoidalblutung (SAB)*

Leidet der Patient unter **Geschwüren** im Bereich der **Speiseröhre** und des Zwölffingerdarms sowie anhaltenden, vom Nacken in den Kopf ausstrahlenden Schmerzen nach einem Sturz, ist neben einer EEG-Untersuchung die Anfertigung eines CT zwingend geboten, das Unterlassen einer solchen Untersuchung aber weder unverzeihlich noch schlechterdings nicht nachvollziehbar, sondern knapp unter dieser Schwelle einzuordnen (BGH VersR 1999, 231, 232 – Behandlung im Jahr 1992!).

Es gilt jedoch der weitere Grundsatz, dass auch für die Frage der Kausalität zwischen der unterlassenen Befunderhebung und dem Eintritt des Primärschadens, hier einer SAB, Krampfanfällen und nachfolgenden, schwergradigen Orientierungsstörungen eine Beweiserleichterung einsetzt, wenn sich bei Durchführung der versäumten Untersuchung, hier der Anfertigung des CT, mit hinreichender Wahrscheinlichkeit ein so deutlicher und gravierender Befund ergeben hätte, dass sich die Verkennung dieses Befundes als fundamental oder die Nichtreaktion hierauf als grob fehlerhaft darstellen musste (BGH VersR 1999, 231, 232; s. u. → *Unterlassene Befunderhebung*).

▷ *Keine weiteren Röntgenaufnahmen bei Schultereckgelenkverletzung*

Werden nach dem **Einrenken der HWS** nach unzutreffendem Verdacht auf Verspannungen keine weiteren Röntgenaufnahmen gefertigt und wird so die Ruptur der Supraspinatussehne bzw. eine Schultereckgelenkverletzung nicht erkannt, liegt ein einfacher, jedoch kein grober Behandlungsfehler vor (OLG Frankfurt VersR 1997, 1358).

2. Gynäkologie

a) Grober Behandlungsfehler bejaht

▷ *CTG unterlassen (Cardiotokographie – gleichzeitige Registrierung der Herztöne des Feten und der Wehentätigkeit zur Beurteilung des Kreislaufs der Leibesfrucht)*

Das Unterlassen der Erstellung eines CTG ist grob fehlerhaft, wenn sich bei der Mutter ein vorzeitiger Blasensprung (OLG Frankfurt VersR 1991, 929) oder ein protrahierter Geburtsverlauf einstellt (OLG Oldenburg VersR 1988, 64) oder es nach längerer Liegezeit zu einem vorzeitigen Fruchtwasserabgang kommt (OLG Oldenburg VersR 1991, 1177).

Bei hochpathologischem CTG ist die Vornahme einer Schnittentbindung dringend indiziert, deren Unterlassen stellt einen (weiteren) groben Behandlungsfehler dar (BGH NJW 1997 794 und 796; OLG Frankfurt VersR 1996, 584; OLG Schleswig VersR 1994, 311; s. u.).

▷ *Abklärung durch Laparoskopie (Bauchspiegelung mit Endoskop) unterlassen*

Besteht bei einer Patientin aufgrund des histologischen Befundes, aufgetretener Blutungen und schmerzhafter Unterbauchbeschwerden ein hochgradiger Verdacht auf das Bestehen einer Eileiterschwangerschaft, so muss diese Verdachtsdiagnose durch eine Laparoskopie abgeklärt werden. Unterbleibt eine mögliche frühzeitige Diagnose, so haftet die Behandlungsseite auf Schadensersatz, wenn sie nicht beweist, dass es auch bei unverzüglicher operativer Behandlung zu einer Teilresektion des Eileiters gekommen wäre (LG Aachen VersR 1992, 877).

▷ *Unterlassene Messung des Sauerstoffpartialdrucks*

Ein grober Behandlungsfehler liegt vor, wenn die Ärzte der Neugeborenen-Intensivstation einer Kinderklinik in den ersten Tagen nach der Geburt die Erhebung von Kontrollbefunden eines in der 26. Schwangerschaftswoche Geborenen (Messung des arteriellen Sauerstoffpartialdrucks und Regelung der Sauerstoffzufuhr) unterlassen. Die Beweislast hinsichtlich des Ursachenzusammenhangs zwischen der fehlerhaften Behandlung und dem verwirklichten Risiko in Form einer Frühgeborenenretinopathie (nichtentzündliche Netzhauterkrankung) mit Erblindung kehrt sich deshalb auch dann zu Lasten der Behandlungsseite um, wenn die Möglichkeit besteht, dass es auch ohne das ärztliche Fehlverhalten zu der Schädigung hätte kommen können (OLG Karlsruhe VersR 2000, 229).

▷ *Spekulumuntersuchung und Lackmustest unterlassen*

Nimmt der Frauenarzt trotz der auf einen **vorzeitigen Blasensprung** hindeutenden Angaben der Schwangeren keine ausreichenden Untersuchungen (Lackmustest zur pH-Wertbestimmung von Scheideninhalt und Vorlage, Spekulumuntersuchung von Sportio und Vagina) vor, weist er die Schwangere auch nicht sogleich in ein Krankenhaus ein und fordert er sie nicht einmal zu einer kurzfristigen Kontrolluntersuchung auf, so kommen dem geburtsgeschädigten Kind hinsichtlich der Kausalität dieses Fehlverhaltens für den bei ihm eingetretenen Gesundheitsschaden Beweiserleichterungen sowohl wegen unterlassener Befunderhebung und Befundsicherung als auch aus dem Gesichtspunkt eines groben Behandlungsfehlers zu (OLG Stuttgart VersR 2000, 362, 364).

▷ *Unterlassene Ultraschalldiagnostik* (vgl. auch S. 328)

Das Unterlassen einer Ultraschalldiagnostik bei Aufnahme der Mutter zur Entbindung ist grob fehlerhaft (BGH NJW 1991, 2350; OLG Hamm VersR 1989, 255). Eine Ultraschalluntersuchung ist insbesondere zum Ausschluss eines Missverhältnisses zwischen Kopf und Rumpf zwingend geboten (OLG Hamm VersR 1989, 255).

b) Grober Behandlungsfehler verneint

▷ *Mammographie unterlassen*

Ist eine Mammographie eindeutig indiziert, so ist die Nichterhebung dieses medizinisch zweifelsfrei gebotenen Befundes nicht ohne weiteres als grober Behandlungsfehler anzusehen. Die Unterlassung stellt keinen Verstoß gegen ein elementares Gebot oder gegen elementare

Erkenntnisse und Erfahrungen der Medizin dar. Bleibt ein Karzinom auf Grund eines Behandlungsfehlers acht Monate therapeutisch unbehandelt, steht dem Patienten ein Schadensersatzanspruch nur dann zu, wenn festgestellt werden kann, dass infolge des verzögerten Eingriffs ein zusätzlicher Gesundheitsschaden eingetreten ist (OLG Stuttgart VersR 1994, 1306).

▷ *Unterlassene Probeexcision*

Die unterlassene Nachbefunderhebung durch Entnahme sowie Untersuchung einer Gewebeprobe gruppierter Mikrokalzifikationen aus der weiblichen Brust und die Beschränkung auf die bloße Auswertung stellt jedenfalls keinen groben Behandlungsfehler dar. Eine Beweislastumkehr aus dem Gesichtspunkt der „unterlassenen Befunderhebung" scheidet ebenfalls aus, wenn nach dem Ergebnis der Mammographie und der MRT-Untersuchung weder eine Kontroll-Befunderhebung durch eine Probeexcision „zweifelsfrei" geboten gewesen wäre noch es als wahrscheinlich angesehen werden kann, dass eine Gewebeuntersuchung einen Tumor ergeben hätte (OLG Brandenburg NJW-RR 1999, 967).

Eine Probeexcision ist nur dann angezeigt, wenn sich aufgrund des mit einer Mammographie erhobenen Befundes und der Tastuntersuchung oder sonstiger Umstände ein Verdacht auf ein Karzinom ergibt (OLG Zweibrücken VersR 1991, 427). Eine Punktion oder Probeexcision sollte dann angewandt werden, wenn vorausgegangene palpatorische Untersuchungen und/oder Mammographien verdächtige, nicht sicher zu interpretierende Befunde ergeben haben (OLG Düsseldorf VersR 1988, 1297).

▷ *Unterlassener Scheidenabstrich*

Vor dem Einlegen eines Cerclagepessars (Einbringen eines Metall-, Gummi- oder Kunststoffringes in die Scheide oder Uterushöhle) muss ein Scheidenabstrich vorgenommen und auf vorhandene Keime untersucht werden.

In dem Unterlassen der gebotenen mikroskopischen Untersuchung des Scheidenabstrichs liegt aber nur ein einfacher Behandlungsfehler. Hielt der Arzt die mikroskopische Untersuchung nur bei klinischen Anzeichen einer Infektion für geboten, so wiegt der Behandlungsfehler nicht deshalb schwerer, weil auch bei einer späteren Kontrolluntersuchung kein Abstrich genommen und untersucht worden ist (OLG Braunschweig VersR 2000, 454).

3. Innere Medizin/Urologie

a) Grober Behandlungsfehler bejaht

▷ *Unterlassene Bronchoskopie*

Wird bei einem krebsverdächtigen Patienten trotz verschatteter Restlunge nach einer Lungenteilresektion und sich einstellender Temparaturen keine Bronchoskopie (instrumentelle Betrachtung der Lichtung der Luftröhre und des Bronchialraumes mit dem Bronchoskop) veranlasst, liegt ein grober Behandlungsfehler vor (OLG Hamm VersR 1996, 892).

▷ *Koloskopie unterlassen*

Auch das Unterlassen einer Koloskopie (Dickdarmspiegelung mit durch den After eingeführtem Endoskop) bei Verdacht auf ein Rektumkarzinom ist grob fehlerhaft (OLG Karlsruhe, Urt. v. 7.8.1996 – 7 U 251/93; S/D, Rn 526).

▷ *Unterlassung weiterführender Diagnostik bei Verdacht auf Nierenkolik*

Verschlechtert sich der klinische Zustand einer mit Verdacht auf Harnabflussstörung eingelieferten Patientin erheblich, etwa weil massive Schwellungen an Händen, Armen und im Gesicht auftreten, die Patientin blass und fahl wirkt, so ist das Unterlassen weiterführender labortechnischer und röntgenologischer bzw. sonographischer Diagnostik auch dann grob fehlerhaft, wenn sich die Patientin nach medikamentöser Behandlung im Übrigen kreislaufstabil und im Wesentlichen schmerz- und fieberfrei zeigt. Die Beweislast, dass es auch bei sofort eingeleiteter Diagnostik zum Verlust einer Niere gekommen wäre, trägt dann die Behandlungsseite (OLG Köln VersR 1999, 491).

▷ *Unterlassene Rektoskopie*

Es ist grob fehlerhaft, den Patienten monatelang auf **Hämorrhoiden** zu behandeln, ohne eine Rektoskopie zur Erkennung eines Rektumkarzinoms zu veranlassen (OLG Düsseldorf VersR 1979, 723; S/D, Rn 525).

▷ *Unterlassene Sonographie* (siehe oben S. 328)

b) Grober Behandlungsfehler verneint

▷ *Unterlassene Sonographie*

Das Unterlassen einer Sonographie nach negativer Prostata-Biopsie unter Wiederbestellung des Patienten nach drei Monaten ist nicht grob fehlerhaft (OLG Köln VersR 1999, 96).

4. HNO und Augenheilkunde

Grober Behandlungsfehler bejaht

▷ *Unterlassene Augeninnendruckmessung*

Bei einem älteren Patienten ist das Unterlassen einer Augenhintergrunduntersuchung zur Früherkennung eines Glaukoms grob fehlerhaft (OLG Hamm VersR 1979, 826; R/D Rn 531).

▷ *Unterlassene Computertomographie*

Wird ein Patient mit starken Halsschmerzen und ausgeprägter Lymphadenitis (entzündliche Lymphknotenschwellung) an einen HNO-Facharzt überwiesen, so hat dieser wegen der Gefahr der Weiterentwicklung zu einer Mediastinitis (Entzündung des Bindegewebes im Brustkorbraum zwischen beiden Brustfellhöhlen) bei ausbleibender Besserung – im entschiedenen Fall nach vier Tagen – die Anfertigung einer Computertomographie zur Abklärung eines u. U. in die Tiefe gehenden Abszesses zu veranlassen (OLG Stuttgart VersR 2001, 766, 768).

▷ *Unterlassene Untersuchung auf Netzhautablösung*

Bei einem in der 27. Schwangerschaftswoche geborenen Säugling stellt das Unterlassen einer rechtzeitigen Augenhintergrunduntersuchung auf Netzhautablösung einen groben Behandlungsfehler dar (OLG Hamm VersR 1996, 756; G/G, Rn B 268).

5. Allgemeinmedizin

a) Grober Behandlungsfehler bejaht

▷ *Unterlassene Phlebographie*

Das Unterlassen einer Sonographie oder Phlebobraphie bei Schwellungen bzw. Schmerzen in der Wade ist grob fehlerhaft (OLG Hamm VersR 1990, 660; VersR 1990, 1120; OLG Köln VersR 1993, 190; OLG Oldenburg MDR 1994, 995; VersR 1999, 318; OLG Stuttgart OLGR 2000, 3; vgl. S. 327, 507). Kann der Allgemeinmediziner die gebotenen Untersuchungen nicht selbst durchführen, muss er den Patienten an einen Facharzt bzw. ein Krankenhaus überweisen.

▷ *Unterlassene Überweisung an Facharzt oder Krankenhaus*

Werden bei einem Bluthusten des Patienten keine Röntgenaufnahmen oder die Überweisung an einen Lungenfacharzt veranlasst, liegt ein grober Behandlungsfehler vor. Die Beweislast, dass der Primärschaden des Patienten auch bei rechtzeitiger Überweisung und Feststellung eines Bronchialkarzinoms eingetreten wäre, trägt dann der behandelnde Arzt (OLG München VersR 1994, 1240).

Grob fehlerhaft ist auch die unterlassene Krankenhauseinweisung zur Vornahme einer Lumbalpunktion bzw. anderer diagnostischer Maßnahmen zur Abklärung einer etwa vorliegenden Meningitis (Hirnhautentzündung) bei einem unter starkem Fieber und Gleichgewichtsstörungen leidenden Kleinkind (OLG Oldenburg NJW-RR 1997, 1117).

Gleiches gilt, wenn trotz in der Praxis vorhandener Möglichkeiten keine zureichende Differentialdiagnostik zum Ausschluss einer Meningitis durchgeführt wird und keine Krankenhauseinweisung erfolgt (OLG Stuttgart NJW-RR 1997, 1114; auch VersR 1994, 313).

b) Grober Behandlungsfehler verneint

▷ *Keine sofortige EKG-Auswertung*

Wird ein ohne akuten Befund angefertigtes Routine-EKG nicht sofort ausgewertet und verstirbt der Patient Stunden später an einem Herzinfarkt, liegt jedenfalls kein grober Behandlungsfehler vor (OLG München VersR 1995, 417; G/G, Rn B 267).

▷ *Einschaltung von Fachärzten*

Der gegenüber einer Ärztin für Allgemeinmedizin erhobene Vorwurf einer unzureichenden Diagnostik und Befunderhebung ist unbegründet, wenn sie die dafür gebotene Einschaltung von Fachärzten durch entsprechende Überweisungen veranlasst hat (OLG Oldenburg MDR 1998, 1351).

▷ *Keine Probeexcision veranlasst*

Die unterlassene Überweisung zur Vornahme einer Probeexcision ist nicht, jedenfalls nicht grob fehlerhaft, wenn die Patientin über Schmerzen in der Brust klagt, aber weder der Tastbefund noch eine vom Radiologen durchgeführte Mammographie Anhaltspunkte auf ein Mammakarzinom zu Tage fördern (OLG Zweibrücken VersR 1991, 427; auch OLG Düsseldorf VersR 1988, 1297).

6. Radiologie

Klagt die Patientin nach einer **Selbstuntersuchung** ihrer Brüste über eine schmerzhafte Veränderung und nimmt der von ihr konsultierte Facharzt für Radiologie eine Sonographie der linken Brust, eine Mammographie und zusätzlich eine Magnetresonanztomographie (MRT) beider Brüste vor, wobei sich in der rechten Brust gruppierte Mikrokalzifikationen zeigen, so ist eine Nachbefunderhebung durch eine Probegewebeuntersuchung jedenfalls nicht „zweifelsfrei" geboten (OLG Brandenburg NJW-RR 1999, 967).

335

Bei einer derartigen Befundlage kann es auch nicht als wahrscheinlich angesehen werden, dass eine Gewebeuntersuchung einen Tumor ergeben hätte.

Die fehlende Nachbefunderhebung durch Entnahme und Untersuchung einer Gewebeprobe stellt sich deshalb selbst dann nicht als grob fehlerhaft dar, wenn sie „zweifelsfrei" geboten gewesen wäre (OLG Brandenburg NJW-RR 1999, 967).

7. Neurologie

Zum Ausschluss einer Sinusvenenthrombose (Thrombose eines venösen Hirnblutleiters) ist bei einer unauffälligen Kernspintomographie auch eine Angiographie (Gefäßdarstellung durch Injektion eines Röntgenkontrastmittels) notwendig. Auch ein nur konsiliarisch zugezogener Neurologe muss sicherstellen, dass ihm in einem solchen Fall das Ergebnis der Kernspintomographie mitgeteilt wird. Die Unterlassung einer radiologischen Abklärung durch eine Angiographie nach Durchführung einer Kernspintomographie, die im Wesentlichen ohne Befund bleibt, ist bei Vorliegen entsprechender Beschwerden wie Kopfschmerzen und Zuckungen im linken Arm und Bein mit Herabsetzung der groben Kraft im linken Arm und im Bein grob fehlerhaft (OLG Stuttgart OLGR 2002, 116, 119).

8. Zahnmedizin

Unterlassene Röntgenkontrolle der Passgenauigkeit

Zu Lasten des Zahnarztes greift eine Beweislastumkehr ein, wenn er es in erheblichem Umfang unterlässt, Diagnose- und Kontrollbefunde zum Behandlungsgeschehen zu erheben. Dies gilt etwa dann, wenn er sich nach dem Einsatz von Implantaten nicht durch eine Röntgenkontrolle über deren Passgenauigkeit vergewissert (OLG Saarbrücken MDR 1998, 469).

VII. Grobe Therapiefehler

Im Therapiebereich kommen als „grober Behandlungsfehler" vor allem Fälle in Betracht, in denen auf erhobene, eindeutige Befunde nicht oder verspätet reagiert, eine Standardmethode zur Bekämpfung bekannter oder erkennbarer Risiken nicht angewendet oder die therapeutische Wirkung auf die Krankheit ohne Kontrolle gelassen wird (S/D, Rn 532; OLG Saarbrücken OLGR 2000, 139, 141).

1. Bereich Chirurgie/Orthopädie

a) Grober Behandlungsfehler bejaht

▷ *Missachtung der Anweisungen des Operateurs*

Missachtet der für die Nachbehandlung eines an der Wirbelsäule operierten Patienten zuständige Arzt eine eindeutige Anweisung des Operateurs, etwa die Anordnung der Fixation mit einem Becken-Bein-Gips wegen der Instabilität der Wirbelsäule, so stellt dies einen groben Behandlungsfehler dar, weil in diesem Fall allein der Operateur die postoperative Situation beurteilen kann (OLG München VersR 1991, 1288).

▷ *Bauchoperationen (Magen, Darm, Galle)*

Zeigt sich nach der Eröffnung des Bauchraumes eine offensichtlich unklare anatomische Situation, etwa das Vorhandensein erheblicher Verwachsungen oder anatomischer Anomalien, so liegt ein grober Behandlungsfehler vor, wenn vor der Entfernung der Gallenblase der Versuch einer intraoperativen röntgendiagnostischen Abklärung der Gallenwege durch eine Cholangiographie (Röntgenkontrastdarstellung der Gallengänge) unterbleibt und es zu einer Läsion des Hauptgallenganges kommt (OLG Brandenburg NJW-RR 2000, 24, 26; auch OLG Düsseldorf VersR 2000, 456 und OLG Hamm VersR 2001, 65; vgl. hierzu → *Klage*, S. 380 ff.).

Die Durchtrennung des Hauptgallenganges kann bei genügender Präparation auch vermieden werden (OLG Hamm VersR 2001, 65).

Sind bei einer endoskopischen Gallenblasenentfernung (Entfernung der Gallenblase im Wege der Bauchspiegelung) die vorhandenen organischen Strukturen infolge von Verwachsungen nicht sicher voneinander zu unterscheiden, so muss der Operateur zur laparotomischen Methode (offener Bauchschnitt) übergehen, um den Gallengang mit der notwendigen Zuverlässigkeit identifizieren zu können (OLG Düsseldorf VersR 2000, 456; zur Aufklärung vgl. S. 179).

Es ist grob fehlerhaft, bei einem erheblich verwachsenen Unterbauchsitus anstelle einer gebotenen und später auch durchgeführten Laparatomie zur Beseitigung oder Linderung therapieresistenter Unterbauchschmerzen eine nicht indizierte Laparoskopie (Bauchspiegelung mit Endoskop) durchzuführen. Die Beweislast, dass es auch bei sofortiger Durchführung der Laparatomie zu einer Darmperforation mit der Folge des Verlustes eines Teils des Dickdarms gekommen bzw. dies nicht auszuschließen gewesen wäre, trägt dann die Behandlungsseite (OLG Köln VersR 1997, 59, 60).

Die Wahl der laparoskopischen Behandlungsmethode ist nach Auffassung des LG Nürnberg-Fürth (VersR 2002, 100 für das Jahr 1992) sogar kontraindiziert, wenn im Bauchraum mit einer eitrigen Komplikation mit nahezu völliger Sicherheit ein ausgedehnter „Verwachsungsbauch" zu erwarten war.

▷ *Fortsetzung einer Cortisontherapie*

Die Fortsetzung einer Cortisontherapie ist nach Feststellung erhöhter Blutsenkungsgeschwindigkeit kontraindiziert und ist als grob fehlerhaft zu bezeichnen (OLG Düsseldorf VersR 1992, 1096).

▷ *Entlassung ohne Abschlussuntersuchung*

Die von einem A. i. P. vorgenommene Entlassung eines Anus-Praeter-Patienten mit zweitägiger Stuhlverhaltung aus stationärer Behandlung ohne ausführliche Abschlussuntersuchung ist grob fehlerhaft. Dies führt zu Beweiserleichterungen für den Patienten hinsichtlich der Ursächlichkeit der Entlassung für den Umfang einer wegen der Entlassung verspätet ausgeführten Darmverschlussoperation (OLG Schleswig NJW 1997, 3098).

▷ *Eingriff trotz Entzündung oder Reizung*

Ein Arzt verstößt gegen elementare medizinische Behandlungsregeln und unterlässt zugleich die Erhebung medizinisch zweifelsfrei gebotener Befunde, wenn er trotz eindeutiger Hinweise in einem Gebiet operiert, ohne vorher abzuklären, dass dort kein bakterieller Entzündungsprozess abläuft (OLG Oldenburg VersR 1992, 184).

Der trotz eines bestehenden Ödems durchgeführte chirurgische Eingriff ist dann medizinisch vertretbar, wenn der Patient unter schweren Schmerzen leidet und deshalb, etwa bei einem Oberschenkelbruch, nicht zufriedenstellend gelagert werden kann (OLG Düsseldorf VersR 1998, 55).

Wegen der mit einer Arthrographie (Röntgenkontrastdarstellung einer Gelenkhöhle – durch CT und Kernspin weitgehend abgelöst) verbundenen chemischen Reizung stellt es einen groben Behandlungsfehler dar, am selben Tag auch eine Meniskusoperation durchzuführen (OLG Hamm VersR 1989, 293).

▷ *Falsche Seite operiert*

Eröffnet ein Chirurg zur Entfernung eines Blutschwamms zunächst versehentlich die linke anstatt der rechten Kopfseite, so kommen dem Patienten wegen des hierin liegenden groben Behandlungsfehlers Beweiserleichterungen zugute, wenn sich nicht mehr klären lässt, ob der beim Patienten eingetretene Primärschaden auf dem falschen oder auf dem anschließend an der rechten Kopfseite durchgeführten richtigen Eingriff beruhen. Eine erst längere Zeit nach der Operation aufgetretene Thrombose ist i. d. R. jedoch keine Primärverletzung, sondern allenfalls ein Folgeschaden, auf die sich die Beweislastumkehr nicht erstreckt (OLG München OLGR 1993, 36).

Bei der Frage, ob wegen eines typischen Folgeschadens eine Beweiserleichterung in Betracht kommt, ist zu prüfen, ob der konkrete Primärschaden, vorliegend die Verletzung des Schädels und des Hirngewebes auf der linken Kopfseite, typischerweise den eingetretenen Folgeschaden, vorliegend eine tiefe Beinvenenthrombose bewirkt (OLG München OLGR 1993, 36).

▷ *Übersehene Frakturen*

Wird auf einem Röntgenbild eine eindeutig nachweisbare Schenkelhalsfraktur übersehen und deshalb keine adäquate Therapie durchgeführt, stellt die Fehldiagnose einen groben Behandlungsfehler dar (LG Bielefeld VersR 1999, 1245).

Erkennt der Arzt bei der Nachschau nach der operativen Behandlung einer Luxationsfraktur des oberen Sprunggelenks auf der Röntgenaufnahme eine nicht tolerable Fehlstellung in der Sprunggelenkgabel und unterlässt er eine gebotene operative Reposition, so ist dies grob fehlerhaft (OLG Celle VersR 1998, 54).

▷ *Gefäßverschluss nicht erkannt*

Es ist grob fehlerhaft, wenn ein Facharzt für Orthopädie einen akuten embolischen Gefäßverschluss im Unterschenkel nicht erkennt und den Patienten auf eine Venenentzündung behandelt (OLG Hamm VersR 1989, 292).

▷ *Kompressionsschäden, Anlegen eines Gipsverbandes, Ruhigstellung in Streckstellung*

Klagt der Patient nach einer Operation über starke, offensichtlich druckbedingte Schmerzen und wird dennoch 24 Stunden lang zugewartet, bevor ein neuer entlastender Gipsverband angelegt wird, so ist dies grob fehlerhaft. Gleiches gilt, wenn die Wunde trotz beklagter Druckschmerzen beim Anlegen des neuen Gipses am dritten postoperativen Tag nicht vorsorglich erneut freigelegt und inspiziert wird, selbst wenn sie beim Verbandswechsel am zweiten postoperativen Tag reizlos war (OLG Koblenz MedR 1990, 40).

Grob behandlungsfehlerhaft ist es auch, den eingegipsten, nach unten hängenden, blau verfärbten und geschwollenen Fuß des über starke Schmerzen klagenden Patienten nicht unverzüglich auf Kompressionsschäden zu untersuchen, wenn es im Zusammenhang damit zu einer „Sudeck'schen Dystrophie" kommt (OLG Frankfurt, Urt. v. 8.2.1994 – 8 U 18/93).

Eine Bohrloch-Osteomyelitis (Entzündung des Knochenmarks) nach Entfernung eines Fixateur-Externe als Folge des Eindringens von auf der Hautoberfläche siedelnden Keimen in die offen stehenden Bohrkanäle ist eine nicht seltene Komplikation. Das die Revision der Wundkanäle und das Abschließen von Wundsekret verhindernde Anlegen eines geschlossenen Gipsverbandes stellt deshalb einen groben Behandlungsfehler dar (OLG Düsseldorf VersR 1985, 291).

Die Ruhigstellung der Finger in Streckstellung nach einer Fraktur des fünften Mittelhandknochens ist behandlungsfehlerhaft. Es stellt einen groben Behandlungsfehler dar, wenn der Chefarzt die fehlerhafte Ruhigstellung nach der postoperativen Visite nicht sogleich korrigieren lässt (OLG Oldenburg MDR 1995, 160).

▷ *Insterile Handschuhe, Verstoß gegen Hygienebestimmungen*

Kommt es im Verlauf einer Kniepunktion (o. a.) bei liegender Kanüle zu einem Spritzenwechsel, so hat der Arzt hierbei sterile Handschuhe zu tragen; ein Verstoß gegen die Hygienebestimmung ist regelmäßig als grobes Versäumnis zu werten (OLG Düsseldorf NJW-RR 2001, 389).

Werden keine sterilen Handschuhe getragen, so reicht eine nur hygienische Handdesinfektion (OLG Schleswig VersR 1990, 1121) oder eine Handreinigung mit „Satinasept" (OLG Düsseldorf VersR 1991, 1136) nicht aus.

▷ *Leistenbruchoperation/Hodentorsion*

Die Strangulation eines zum Hoden führenden Samenstranges im Zusammenhang mit der operativen Beseitigung einer Leistenhernie stellt ein nicht seltenes Operationsrisiko dar. Die unterlassene Kontrolle der Hodenlage nach dem chirurgischen Eingriff ist daher als grober Behandlungsfehler zu werten, zumal dann, wenn der Patient Beschwerden äußert (BGH NJW 1983, 2307).

Wird bei der Leistenbruchoperation eines Säuglings ohne triftige Gründe davon abgesehen, einen gleichzeitig bestehenden Hodenhochstand ebenfalls operativ zu korrigieren, stellt auch dies einen groben Behandlungsfehler dar (OLG München NJW-RR 1997, 600).

Ein grob fehlerhaftes ärztliches Verhalten kann auch vorliegen, wenn beim Verdacht auf eine Hodentorsion die Freilegung des Hodens unterlassen wird (OLG Oldenburg VersR 1999, 1284).

Dies gilt jedoch nicht, wenn der Arzt einen untypischen Befund vorfindet (OLG Oldenburg VersR 1999, 1284, 1285).

Ein bis zwei Stunden nach der Entlassung aus dem Krankenhaus erkennbar gewordene Symptome einer Hodentorsion erlauben allein nicht den Schluss auf vorangegangene Behandlungsversäumnisse (OLG Oldenburg NJW-RR 2000, 241).

▷ *Verzögerte Entfernung eines Knochenstücks aus der Lunge*

Ein grober Behandlungsfehler ist typischerweise anzunehmen, wenn auf eindeutige Befunde nicht oder so verzögerlich reagiert wird, dass hierdurch die Risiken für den Patienten erhöht werden. Wird eine Patientin mit einem verschluckten, in die Atemwege eingezogenen Knochenstück in ein Krankenhaus eingeliefert und scheitern dort die am selben und am darauf folgenden Tag unternommenen Versuche, den Fremdkörper mit einem flexiblen Bronchoskop zu entfernen, so sind die Ärzte nach offensichtlicher Erschöpfung ihrer eigenen therapeutischen Möglichkeiten gehalten, die Patientin als Notfall umgehend in eine Spezialklinik transportieren zu lassen. Eine Verlegung erst am dritten Tag nach der Einlieferung ist auf jeden Fall verspätet (OLG Saarbrücken OLGR 2000, 139, 141).

Ein Arzt, der wegen eigener begrenzter Fähigkeiten keine ordnungsgemäße Behandlung durchführen kann, muss den Patienten an einen Facharzt überweisen (OLG Oldenburg, Urt. v. 8.8.2000 – 5 U 26/97).

▷ *Unterlassung der zweifelsfrei gebotenen therapeutischen Sicherheitsaufklärung*

Versäumnisse im Bereich der therapeutischen Aufklärung sind keine Aufklärungs-, sondern Behandlungsfehler mit den für diese geltenden beweisrechtlichen Folgen (vgl. OLG Köln NJW-RR 2001, 91 und NJW-RR 2001, 93; Einzelheiten bei → *Aufklärung*, S. 64 ff.).

Die Warnung vor Gefahren, die durch unterbliebene ärztliche Behandlungen oder diagnostische Maßnahmen entstehen, gehört ebenso zur therapeutischen Beratung wie der Hinweis auf schädliche Folgen ärztlicher Eingriffe oder Neben- bzw. Wechselwirkungen von Medikamenten (BGH NJW 1987, 705).

Über allgemein bekannte, dem Patienten drohende Verläufe wie z. B. die Ausbreitung des bestehenden, krankhaften Zustandes, muss jedoch nicht aufgeklärt werden (OLG Schleswig NJW 2002, 227).

Die behandelnden Ärzte sind verpflichtet, den Patienten beim Verlassen der Klinik therapeutisch dahingehend zu beraten, dass eine etwa erforderlich werdende Operation bzw. Folgeoperation, um Erfolg haben

341

zu können, innerhalb einer Frist von 10–12 Wochen erfolgen muss und dem Patienten deshalb gesundheitliche Gefahren bei Unterlassung der fristgebundenen Operation drohen können. Der unterlassene Hinweis begründet keinen Aufklärungsmangel, sondern einen groben Behandlungsfehler (BGH NJW 1987, 705, 706; G/G, Rn B 288, 290).

Zur ordnungsgemäßen Behandlung eines Muskelfaserrisses in der Wade gehört neben der Ausgabe von Verhaltensmaßregeln unbedingt der Hinweis auf die Notwendigkeit von Kontrolluntersuchungen. Die Erteilung dieses Hinweises ist zu dokumentieren, die Unterlassung grob fehlerhaft (OLG Oldenburg NJW-RR 1994, 1054; vgl. auch OLG Köln VersR 2002, 1285, 1286 zum unterlassenen Hinweis auf eine erforderliche Kernspin-Untersuchung).

Eine vier cm lange Schnittwunde an der Beugeseite des Handgelenks mit Durchtrennung der ligamentum carpi palmare (stabilisierendes Band im Bereich des Handgelenks) legt die Möglichkeit einer Verletzung des Nervus ulnaris oder des Nervus medianus nahe. Hieraus ergibt sich für den erstbehandelnden Arzt die dringende Notwendigkeit einer Kontrolluntersuchung, wenn er bei der Erstuntersuchung Nervenverletzungen nicht feststellen kann. Er muss diese Kontrolluntersuchungen entweder selbst veranlassen oder den Patienten über deren Notwendigkeit belehren. Unterlässt er dies, begründet dies einen groben Behandlungsfehler (OLG Frankfurt VersR 1990, 659).

Ein elementarer Fehler liegt auch vor, wenn der Arzt den Patienten nicht darüber aufklärt, dass bei der durchgeführten Operation die Bohrerspitze abgebrochen und im Knochen verblieben ist, obwohl der Patient diese Informationen zur Behandlung späterer Beschwerden benötigt (OLG Stuttgart VersR 1989, 632; Gehrlein, Rn B 148).

Der Arzt verletzt seine therapeutische Aufklärungspflicht, wenn er seinen wegen Bandscheibenbeschwerden behandelten Patienten nach einer Injektion nicht sofort zu einer neurologischen Abklärung der danach neu aufgetretenen Beschwerden, plötzlichen Druckschmerzen und einem anschließenden Taubheitsgefühl im Bereich der Injektionsstelle, rät und stattdessen die eigene Behandlung fortsetzt. Die Beweislast, dass das beim Patienten eingetretene Taubheitsgefühl im Gesäß- und Skrotumbereich sowie Potenzstörungen auch bei sofortiger neurologischer Abklärung aufgetreten sind, obliegt dann dem Arzt (OLG Stuttgart MedR 1999, 417).

▷ *Thrombosen, unterlassene Phlebographie* (siehe auch oben S. 327)

Die unterbliebene diagnostische Abklärung einer nicht auszuschließenden möglichen tief liegenden Beinvenenthrombose begründet regelmäßig den Vorwurf eines groben Behandlungsfehlers (OLG Oldenburg VersR 1999, 318; MDR 1994, 995; NJW-RR 1994, 1053; OLG Stuttgart OLGR 2000, 3; OLG Hamm VersR 1990, 1120).

Liegen klinische Anzeichen vor, die an ein Kompartmentsyndrom (Störungen der örtlichen Blutzufuhr nach Knochenbrüchen, Sehnenscheidenentzündungen o. a.) denken lassen, ist zwingend zumindest eine weitere Abklärung durch eine Sonographie (Ultraschalldiagnostik) oder Phlebographie (Röntgendarstellung venöser Gefäße) geboten, auch weil die Anzeichen auf eine mögliche (Bein-)Venenthrombose hindeuten können (OLG Stuttgart VersR 2001, 190; OLGR 2000, 3).

Bei bestehenden Anzeichen für einen Gefäßverschluss, noch einige Tage nach einer Fußverletzung vorhandene Wadenschmerzen gehört es zu den elementaren Behandlungsregeln, eine Phlebographie durchzuführen (OLG Oldenburg MDR 1994, 995; OLG Köln NJW-RR 1992, 728; OLG Celle VersR 1994, 1237 zum Gefäßverschluss).

Als grob fehlerhaft ist es auch zu werten, wenn bei Heparininfusionen zur Behandlung oder Vermeidung von Thrombosen die Gerinnungsparameter nicht regelmäßig kontrolliert und eintretende Sehfunktionsstörungen oder starke Kopfschmerzen des Patienten nicht unverzüglich abgeklärt werden. Nach Auftreten geklagter Sehfunktionsstörungen muss die Heparinzufuhr unverzüglich abgesetzt werden (OLG Hamm VersR 1999, 622, 623). Beim Verschluss einer (Bein-)Arterie ist unverzüglich ein Gefäßspezialist oder ein Neurologe hinzuzuziehen. Wird der Patientin Heparin verabreicht und die bei ihr bestehende Heparinunverträglichkeit, die zu einem Verschluss einer Beinarterie geführt hat, trotz sich steigernder Beinbeschwerden der Patientin nicht erkannt und ein Gefäßspezialist bzw. ein erfahrener Neurologe erst sieben Tage nach dem Zeitpunkt, in dem sich die sich steigernden Beinbeschwerden erstmals diagnostiziert und dokumentiert worden sind, hinzugezogen, so hat die Behandlerseite zu beweisen, dass die Amputation des Unterschenkels bei einem früheren Hinzuziehen von Spezialisten und einem früheren Erkennen der Thrombose vermieden worden wäre (OLG Celle VersR 2002, 854, 855).

Auch die vollkommen unterlassene Thromboseprophylaxe – unter Kontrolle der Gerinnungsparameter – in der Extremitätenchirurgie stellt einen groben Behandlungsfehler dar (OLG Düsseldorf VersR 1995, 785; G/G, Rn B 277). Eine unzureichende physikalische Thromboseprophylaxe stellt dagegen noch keinen groben Behandlungsfehler dar (OLG Stuttgart OLGR 2001, 302).

▷ *Verschluss einer pfenniggroßen Wunde*

Das Unterbleiben einer ausreichenden plastisch-chirurgischen Maßnahme für einen spannungsfreien Verschluss einer pfenniggroßen

Wunde am Finger mit der Folge der Versteifung eines Fingers ist als grober Behandlungsfehler zu bewerten. Eine spannungsfreie Deckung kann in einem solchen Fall nicht mehr durch Zusammenziehen und Vernähen der Hautränder hergestellt werden (OLG Oldenburg VersR 1990, 1399).

▷ *Antibiose oder Wundrevision verspätet durchgeführt*

Eine um ca. drei Monate verzögerte Heilung eines komplizierten Oberschenkelbruchs infolge einer Verzögerung der dringend gebotenen antibiotischen Medikation und der operativen Wundrevision um ca. zwei Wochen stellt einen groben Behandlungsfehler dar (OLG Düsseldorf VersR 1998, 55, 56).

Ein trübes Punktat, das mittels einer Kniegelenkspunktion gewonnen wurde, muss zügig bakteriologisch untersucht werden. Geschieht dies nicht, so haftet der Arzt für eine spätere Gelenkversteifung, wenn er nicht beweisen kann, dass diese bei regelrechter Soforterkennung und Soforttherapie nicht sicher vermieden worden wäre (OLG Köln VersR 1992, 1003).

Treten nach einer Schnittverletzung nicht abklingende Schmerzen auf und zeigt das Wundbild einen Entzündungsprozess an, so muss möglichst frühzeitig eine antibiotische Therapie mit einem Medikament erfolgen, das gegen Staphylokokken wirksam ist. Das Unterbleiben dieser Behandlung stellt einen groben Behandlungsfehler dar (KG VersR 1991, 928).

Ein grober Behandlungsfehler liegt auch vor, wenn eine operativ versorgte Fraktur mit Durchspießungswunde nicht rundum inspiziert und wenn keine Wundrevision durchgeführt wird, sondern die Wunde nur durch den Längsspalt des Rundgipses besichtigt und später der Gips etwas aufgeweitet wird (OLG Stuttgart VersR 1989, 199).

Im Hinblick auf die Gefahr der Entstehung eines Gasbrandes ist in solchen Fällen die stündliche Kontrolle des Patienten und eine Faszien-Spaltung bei Auftreten der Anzeichen eines Kompartment-Syndroms angezeigt (OLG Stuttgart VersR 1989, 199).

Bei verspäteter und deshalb erhöht infektionsgefährdeter operativer Einrichtung eines luxierten Mittelfingers ist die tägliche Wundkontrolle beim Verbandwechsel von einem Arzt vorzunehmen. Treten nach der Operation an der Hand Schmerzen auf, ist vor der Gabe von Analgetika zu kontrollieren, ob die Wunde infiziert ist und deshalb stärker schmerzt. Vor der Entlassung aus dem Krankenhaus ist der Operationsbereich unter Abnahme des Verbands nochmals zu kontrollieren. Verstöße gegen diese Gebote stellen sich insgesamt als grob behandlungsfehlerhaft dar. Wird nachfolgend die Amputation des Fingers wegen einer nicht beherrschbaren Staphylokokkeninfektion erforderlich, so trägt die Behandlungsseite die Beweislast für die Behauptung, auch ohne diese Verstöße wäre die Amputation nicht vermeidbar gewesen (OLG Köln VersR 1997, 366).

Liegen nach Entnahme eines übel riechenden Wundsekrets alle Symptome eines Gasbrandes vor, so ist es grob fehlerhaft, ohne weitere stichhaltige Gründe für die Annahme einer Gefäßverletzung anstatt der sofortigen operativen Intervention nach Auftreten von sichtbaren Zeichen eines Kreislaufverfalls zunächst eine Angiographie der betroffenen Region durchzuführen (OLG Hamm VersR 1998, 104).

b) Grober Behandlungsfehler verneint

▷ *Myomoperation bei Anämie*

Es ist nicht als grob zu werten, bei einer Patientin, die an Anämie (Blutarmut) leidet, eine Myomoperation (Entfernung eines gutartigen Tumors) durchzuführen, ohne zunächst zu versuchen, die Anämie medikamentös zu behandeln, und der Patientin nach bereits während der Operation erfolgter Infundierung von 500 ml Blut postoperativ nach Feststellung eines HB-Wertes von 8,9 g % eine weitere Blutkonserve mit 500 ml zu verabreichen (KG VersR 1992, 316).

▷ *Zurücklassen von Fremdkörpern im Operationsgebiet*

Ob den operierenden Ärzten der Vorwurf eines groben Behandlungsfehlers daraus gemacht werden kann, dass sie im Operationsgebiet einen Fremdkörper zurückgelassen haben, hängt von den Umständen des Einzelfalls ab.

Der versehentliche Verlust eines Tupfers und dessen Zurücklassen im Operationsgebiet bei einer vaginalen Gebärmutterentfernung (OLG Koblenz VersR 1999, 1420, 1421) oder im Bauchraum (Gehrlein, Rn B 148 und OLG Saarbrücken OLGR 1998, 345: Jedenfalls wenn Sicherungsvorkehrungen durch röntgenologische Kennzeichnung zur Erleichterung des späteren Auffindens getroffen werden) oder das keine gesundheitlichen Schäden befürchten lassende Verbleiben eines Metallclips (LG Heidelberg MedR 1998, 175) oder eines Nadelrestes im Bauchraum (OLG Oldenburg VersR 1995, 1353) rechtfertigen die Einstufung als „grob" regelmäßig nicht (vgl. hierzu auch BGH VersR 1981, 462, 463; OLG Köln VersR 2000, 1150 zur Wurzelkanalbehandlung).

▷ *Thrombosen, Heparinbehandlung*

Ergibt sich eine erschwerte Erkennbarkeit einer tiefen Beinvenenthrombose in ihrem Frühstadium dadurch, dass ihre Symptomatik von

345

derjenigen einer Ischialgie (Wurzelreizsyndrom mit Spontan- und Dehnungsschmerzen, meist angekündigt durch „Hexenschuss") überlagert sind, so liegt kein grober Behandlungsfehler vor, wenn die Thrombose nicht frühzeitig diagnostiziert wird (OLG Saarbrücken VersR 1989, 751).

Eine thrombolytische Behandlung einer beginnenden Beinvenenthrombose ist nicht in jedem Fall geboten; auch eine Heparinbehandlung ist vertretbar. Eine zu niedrige Dosierung von Heparin stellt noch keinen groben Behandlungsfehler dar. Auch eine ausreichende Heparinisierung vermindert die Thrombosegefahr nur auf 33–50 % (OLG München VersR 1993, 362).

▷ *Thrombozytenkontrolle nach Heparingabe unterlassen*

Für das Vorliegen eines (einfachen) Behandlungsfehlers kommt es nicht darauf an, ob eine medizinisch zur Abwendung eines erheblichen Gesundheitsrisikos für erforderlich gehaltene Behandlungsmaßnahme in der Praxis allgemein durchgeführt wird, sondern nur darauf, ob von dem behandelnden Arzt die Kenntnis der gesundheitlichen Gefahren und der dagegen nach gesichertem Wissen möglichen ärztlichen Maßnahmen verlangt werden kann und die Möglichkeit besteht, mit vorhandenen technischen Mitteln diese Behandlung durchzuführen (BGH NJW 1983, 2080; OLG Stuttgart, OLGR 2002, 235).

Ein Indiz dafür, dass eine unterlassene Maßnahme, etwa das Unterlassen der Thrombozytenkontrolle zur Vermeidung einer HIT II (heparininduzierte Thrombozytopenie – Verminderung der Blutblättchenzahl, etwa durch die Gabe von Heparin) keinen Behandlungsfehler darstellt, der einem Arzt schlechterdings nicht unterlaufen darf, ist es, wenn in den meisten Kliniken diese Maßnahme nicht durchgeführt wird (BGH NJW 1983, 2080; OLG Stuttgart, OLGR 2002, 235).

So gehörte die Thrombozytenkontrolle im Jahr 1995 noch nicht zu den elementaren Standards. Dass sie auch in den Leitlinien der Deutschen Gesellschaft für Chirurgie empfohlen war, führt nicht dazu, dass ihr Unterlassen als schwerer, nicht mehr verständlicher Behandlungsfehler zu werten ist (OLG Stuttgart a. a. O.). Klagt die Patientin nach laufender Verabreichung von Heparin zur Thromboseprophylaxe über sich steigernde Beinbeschwerden, so stellt die Nichterkennung einer Heparinunverträglichkeit einen groben Behandlungsfehler dar, wenn die Hinzuziehung eines erfahrenen Neurologen oder eines Gefäßspezialisten erst nach mehreren Tagen erfolgt. Die Beweislast, dass bei einem früheren Hinzuziehen von Spezialisten die Amputation des Unterschenkels gleichfalls nicht hätte vermieden werden können, trägt dann die Behandlerseite (OLG Celle VersR 2002, 854, 855).

▷ *Infektion, antibiotische Behandlung*

Eine zeitliche Verzögerung der Keimbestimmung und einer antibiotischen Behandlung um etwa drei Wochen stellt i. d. R. einen Behandlungsfehler dar. Dieser ist jedoch nicht als grob zu bewerten, wenn eine beim Patienten diagnostizierte chronische Diszitis (Entzündung von Zwischenwirbel oder Bandscheiben) keine sonderliche Eile und keine akute Abklärung erfordert, wenn nicht festgestellt werden kann, dass die Beschwerden beim Patienten bei einer früher einsetzenden Antibiotikabehandlung schneller nachgelassen hätten (OLG Hamm, Urt. v. 27.4.1998 – 3 U 164/97).

Wird es nach einer Operation unterlassen, spezifische Laborwerte zu erheben, so die Bestimmung der Blutsenkungsgeschwindigkeit, die Erhebung eines Blutbildes o. a., stellt dies jedenfalls dann keinen groben Behandlungsfehler dar, wenn die behandelnden Ärzte den nach der Operation ständig über Schmerzen klagenden Patienten untersucht haben, um die Ursachen für die Schmerzen aufzuspüren und dabei keine Anhaltspunkte für eine Entzündung entdecken konnten. Auch für einen Anscheinsbeweis ist dann mangels eines typischen Geschehensablaufs kein Raum (OLG Oldenburg, Urt. v. 12.3.1996 – 5 U 155/95).

Haben die behandelnden Ärzte das Schließen einer Wunde zwar fehlinterpretiert und deshalb weiter konservativ mittels antibiotischer Behandlung therapiert, anstatt eine Revisionsoperation durchzuführen, liegt kein grober Behandlungsfehler vor. Bei der Bewertung des Behandlungsfehlers als „grob" ist dabei auch zu berücksichtigen, dass die behandelnden Ärzte sich auch deshalb für die Fortsetzung der konservativen Therapie in Form der antibiotischen Behandlung entschieden haben, um einem über 60-jährigen Patienten eine weitere Operation zu ersparen (OLG Düsseldorf, Urt. v. 19.11.1998 – 8 U 66/98).

▷ *Leistenbruchoperation*

Wird bei einer Leistenbruchoperation auf die Anlage einer Saugdrainage zur Vermeidung der Gefahr von Wundheilungsstörungen verzichtet, so stellt dies jedenfalls keinen groben Behandlungsfehler dar (KG VersR 1995, 966).

▷ *Materialermüdung, Plattenbruch*

Die Verwendung des falschen Schraubentyps (Kortikalis- statt Spongiosaschraube) und das Nichterkennen eines Haarrisses der am Oberschenkel eingebrachten Platte stellen keine groben Behandlungsfehler dar. Über das äußerst seltene Risiko (2:10.000) der Materialermüdung muss jedenfalls bei der notfallmäßigen Erstversorgung nicht aufgeklärt werden (OLG Hamm NJW-RR 2001, 666).

▷ *Prostatastanzbiopsie; unterlassene Sonographie*

Wird bei einem 54-jährigen Patienten bei einem PSA-Wert von 19,2 ng/ml eine Prostatastanzbiopsie (Entnahme von Prostatagewebe) mit negativem Befund durchgeführt, so stellt die Unterlassung einer Sonographie und die Wiederbestellung des Patienten erst nach drei Monaten jedenfalls keinen groben Behandlungsfehler dar (OLG Köln VersR 1999, 96).

Anders ist es jedoch, wenn die weitere Abklärung durch eine Sonographie unterlassen wird, obwohl klinische Anzeichen etwa für eine Beinvenenthrombose (OLG Stuttgart VersR 2001, 190; OLG Köln NJW-RR 1992, 728) oder für einen Gefäßverschluss (OLG Celle VersR 1994, 1237) vorliegen (vgl. hierzu S. 328).

▷ *Fehlinterpretation eines Röntgenbilds* (vgl. S. 319, 323)

Die Fehlinterpretation eines Röntgenbildes, dessen Auswertung den Einsatz einer Lupe erfordert, ist nicht als grober Behandlungsfehler zu beurteilen (OLG Saarbrücken NJW-RR 1999, 176). Gleiches gilt, wenn ein Orthopäde diskrete Hinweise auf einen äußerst seltenen Riesenzelltumor in den Röntgenbildern eines Kniegelenks nicht erkennt und den Patienten auf eine tatsächlich vorliegende Meniskusoperation behandelt (OLG Düsseldorf VersR 1989, 478).

Hat ein Chirurg technisch mangelhafte Röntgenbilder eines bei einem Verkehrsunfall schwer schädelverletzten Patienten falsch gedeutet und weder den Austritt von Nervenwasser durch die Nase als wichtigstes und sicherstes Zeichen für eine Schädelbasisverletzung geprüft noch Hirnnervenstörungen abgeklärt, liegt nicht ohne weiteres ein schwerer Behandlungsfehler vor (OLG München NJW 1992, 2369).

Es stellt auch keinen groben Behandlungsfehler dar, wenn eine niedergelassene Orthopädin auf einer zur Überprüfung der Lendenwirbelsäule und der Gelenksspalte der Hüften angefertigten Röntgenaufnahme des gesamten Beckens eine strahlentransparente Zone an der rechten Hüfte und im rechten lateralen Schambeinast nicht erkennt und deswegen keine weiteren Diagnosen zur Abklärung einer eventuellen Erkrankung, etwa eines später manifestierten Plasmozytoms (Systemerkrankung mit neoplastischer Vermehrung der Plasmazellen) veranlasst, wenn die Aufnahme auf Grund einer anderen Diagnose gefertigt wurde und die dabei erkennbaren Erkrankungen erfolgreich therapiert wurden (LG Augsburg MedR 1998, 471).

▷ *Verfrühte Teilbelastung*

Die Teilbelastung eines Beins durch vorsichtiges Gehen mit Unterarmstützen bereits vier Wochen nach der operativen Versorgung einer

Unterschenkelfraktur ist auch bei gutem Sitz des Osteosynthesematerials und guter Stellung der Frakturfragmente riskant, aber noch kein grober Behandlungsfehler (OLG Nürnberg VersR 1989, 256).

2. Gynäkologie, vor- und nachgeburtliche Betreuung

a) Grober Behandlungsfehler bejaht

▷ *Vorzeitiger Blasensprung, unterlassene Befunderhebung*

Nimmt der Gynäkologe trotz der auf einen vorzeitigen Blasensprung hindeutenden Angaben der Schwangeren und des nicht sicher ausgeschlossenen Fruchtwasserabgangs keine ausreichenden Untersuchungen (Lackmustest, Spekulumuntersuchung) zur Abklärung eines möglichen Blasensprungs vor, weist er die Schwangere auch nicht sogleich in ein Krankenhaus ein und fordert er sie auch nicht zu einer kurzfristigen Kontrolluntersuchung auf, so kommen dem aufgrund der schlechten Durchblutungssituation mit schweren Hirnschäden zur Welt gekommenen Kind hinsichtlich der Kausalität dieses Fehlverhaltens für den bei ihm eingetretenen Gesundheitsschaden Beweiserleichterungen sowohl wegen mangelhafter Befunderhebung und Befundsicherung als auch aus dem Gesichtspunkt eines groben Behandlungsfehlers zugute (OLG Stuttgart VersR 2000, 362, 364 f.). Spätestens bei einem spontan eingetretenen Blasensprung mit abgehendem grün gefärbten Fruchtwasser, einem jeder Hebamme bekannten Alarmsignal für einen möglichen Sauerstoffmangel des Feten, muss die Hebamme unverzüglich den Facharzt rufen. Hier stellt ein Zuwarten von zehn Minuten und mehr bereits einen groben Behandlungsfehler der Hebamme dar (OLG Stuttgart VersR 2002, 235, 237).

▷ *Pathologisches CTG und unterlassene CTG-Überwachung*

Ist der für die Geburt eines Kindes errechnete Termin deutlich überschritten (im entschiedenen Fall elf Tage), so stellt es einen groben Behandlungsfehler des für die Geburtshilfe verantwortlichen Arztes dar, wenn er nicht für eine andauernde und lückenlose CTG-Überwachung bei Einleitung und während der Geburt sorgt. Die Unterlassung der Kontrollen führt deshalb hinsichtlich der Kausalität zu einer Hirnschädigung, die das Kind bei der Geburt infolge einer Sauerstoffunterversorgung erleidet, zur Beweislastumkehr (OLG Frankfurt OLGR 1992, 138).

Nach Feststellung eines anfänglich pathologischen CTG müssen weitere Befunde erhoben werden, um sich in angemessenen zeitlichen Abständen von 30 Minuten, maximal aber einer Stunde über den Zustand des Kindes Gewissheit zu verschaffen, um bei Weiterbestehen der pathologischen CTG-Befunde die Geburt unverzüglich durch Kaiserschnitt zu beenden (OLG Oldenburg VersR 1997, 1236, 1237).

In der Regel ist bei nicht nur ganz kurzfristig pathologischem CTG, insbesondere bei einem Risikositus, unverzüglich eine Schnittentbindung einzuleiten (OLG Frankfurt VersR 1996, 584: Risikositus; OLG München VersR 1996, 63: suspektes CTG und Risikositus; BGH NJW 1997, 794 und OLG Schleswig VersR 1994, 311: verspätete Sectio; OLG Oldenburg VersR 1992, 453: Sectio nach längerem, pathologischem CTG verspätet; OLG München VersR 1991, 586: verspätete Sectio bei Normalsitus; G/G, Rn B 278 m. w. N.).

War bei stark pathologischem CTG statt des Einsatzes wehenfördernder Mittel die Gabe wehenhemmender Medikamente und nachfolgend eine sectio anstatt einer Zangenentbindung vom Beckenboden angezeigt, liegt ein elementarer Behandlungsfehler vor (BGH NJW 1997, 796; Gehrlein, Rn B 148).

Gleiches gilt, wenn der Gynäkologe bei einer Vorderhauptlage des Kindes die Überwachung der Risikogeburt allein der Hebamme mit der Folge überlässt, dass es zu einer sogar um mehrere Stunden verspäteten Geburtseinleitung kommt (OLG Oldenburg VersR 1992, 453).

Die Entscheidung darüber, was angesichts eines pathologischen CTG zu veranlassen ist, gehört nicht in den Aufgabenbereich einer Hebamme. Bei pathologischem CTG ist sofort der Arzt hinzuzuziehen (OLG Oldenburg VersR 1997, 1236, 1237).

Auch grobe Fehler einer Hebamme können eine Beweislastumkehr rechtfertigen (OLG Celle VersR 1999, 486; OLG Stuttgart MedR 2001, 311, 313).

Verstößt eine Beleghebamme gegen elementare Grundsätze in der Geburtshilfe, etwa durch Verkennung eines hochpathologischen CTG (OLG Celle VersR 1999, 486), Unterlassen der sofortigen Hinzuziehung eines Facharztes bei spontan eingetretenem Blasensprung (OLG Stuttgart VersR 2002, 235, 237; s. o.) oder versäumt sie es, die Registrierung kindlicher Herztöne mindestens während und insbesondere nach jeder Wehe mittels Schallkopf des CTG-Geräts sorgfältig auszukultieren, um aus der Herztonfrequenz Aufschlüsse über eine mögliche Asphyxie (Pulslosigkeit, Pulsschwäche) des Kindes mit der Gefahr hieraus folgender, schwer wiegender, unbehebbarer Schäden zu erhalten, so liegt ein grober Behandlungsfehler vor (OLG Düsseldorf, Urt. v. 11.9.1995 – 8 U 30/94).

Ein grober Behandlungsfehler liegt auch vor, wenn der Arzt die Hebamme oder die Krankenschwester nur telefonisch anweist, dass wehenfördernde Mittel eingesetzt werden sollen, ohne dass die Überwachung durch ein CTG-Gerät möglich ist (OLG Frankfurt NJW-RR 1991, 1973).

Begründet ein „verdächtiges CTG" den Verdacht einer EPH-Gestose (schwangerschaftsbedingte hypertensive Erkrankung nach der 20. Schwangerschaftswoche mit Bluthochdruck mit fließendem Übergang zu tonisch-chronischen Krämpfen, gefolgt von Bewusslosigkeit) und liegt daneben eine Wachstumsretardierung des Kindes und eine massive Proteinurie (Ausscheidung vorwiegend niedermolekularer Proteine im Urin) der Mutter vor, ist es grob fehlerhaft, wenn der die Schwangerschaft betreuende Gynäkologe kurz vor dem errechneten Geburtstermin nicht einmal Blutdruckkontrollen vornimmt (OLG Köln VersR 1993, 1529).

Versäumt der die Geburt leitende Arzt bei einem schwerstasphyktischen (pulslos) geborenen Kind im Rahmen der Reanimation die zwingend gebotene Behandlung mittels erhöhter Sauerstoffzufuhr, liegt ein grober Behandlungsfehler vor (OLG Düsseldorf, Urt. v. 11.9.1995 – 8 U 30/94).

▷ *Fehlposition eines Nabelvenenkatheters*

Im Unterlassen der zwingend gebotenen Lagekontrolle einer Nabelvenenkatheterspitze liegt ein schweres ärztliches Versäumnis, das aus objektiver ärztlicher Sicht nicht mehr verständlich erscheint. Kommt es wegen einer möglicherweise undichten Stelle am Katheter nach zwei Tagen zu einer schweren Hypertension mit Ösophagusbildung (blutende Varizen in der Speiseröhre) als Primärschaden, erstreckt sich die Beweiserleichterung auch auf eine mehrere Jahre später auftretende Pfortaderthrombose (Blutpfropfen im venösen Blutkreislauf von Magen, Darm, Milz und Pankreas) als Sekundärschaden (OLG Hamm VersR 2001, 593, 594).

▷ *Unterlassene Klinikeinweisung, falsche Medikamentation*

Bestellt der in einer Gemeinschaftspraxis tätige Arzt, der selbst keine gynäkologischen Untersuchungen vornimmt, eine schwangere Patientin, die ihm telefonisch Symptome einer drohenden Frühgeburt geschildert hat, in die Praxis ein, anstatt sie in ein Krankenhaus zu schicken, und verordnet er ihr sodann dort ein Abführmittel (!), so stellt das einen groben Behandlungsfehler dar, der die Beweislastumkehr für die Ursächlichkeit der Frühgeburt für einen bei dem Kind eingetretenen Hirnschaden rechtfertigt (OLG Karlsruhe VersR 1996, 463).

▷ *Nichterkennung der Mangelernährung*

Die Verkennung der Gefahr einer Mangelernährung eines Feten auf Grund unrichtiger Messungen stellt einen groben Behandlungsfehler dar. Denn bei Einsatz eines beim behandelnden Arzt vorhandenen

Ultraschallgeräts darf ein derartiges Versäumnis nicht unterlaufen (OLG Düsseldorf, Urt. v. 31.3.1999 – 8 U 124/97).

▷ *Medikamentation*

Die Verabreichung einer überhöhten Dosis von Natriumcarbonat zur Bekämpfung eines kindlichen Herztonabfalls und einer Sauerstoffunterversorgung kann einen groben Behandlungsfehler darstellen. Dies ist dann der Fall, wenn die Injektion von 20 ml des üblicherweise verdünnt und langsam zu verabreichenden Mittels innerhalb eines Zeitraums von nur 5 oder 15 Minuten erfolgt (OLG Düsseldorf, Urt. v. 16.2.1995 – 8 U 46/93).

▷ *Unterlassene Absicherung hinsichtlich der Identität von mammographisch festgestelltem Mikrokalk*

Dem Arzt, der eine intraoperative Absicherung hinsichtlich der Identität von mammographisch festgestelltem gruppiertem Mikrokalk und probeexzidiertem Gewebematerial unterlässt, ist grundsätzlich der Vorwurf eines groben Behandlungsfehlers zu machen (OLG Düsseldorf VersR 1986, 64).

▷ *Unterlassen eines Scheiden-Damm-Schnittes*

Das Unterlassen eines Scheiden-Damm-Schnittes bei einer schwierigen Entwicklung des Rumpfes aufgrund eines übergroßen Schultergürtels stellt einen schweren Behandlungsfehler dar, wenn ein nachvollziehbarer Grund für dieses Unterlassen nicht ersichtlich ist. Es obliegt dann der Behandlungsseite, darzulegen und zu beweisen, dass auch bei regelgerechter Geburtshilfe eine eingetretene Armlähmung unterblieben wäre (OLG Oldenburg NJW-RR 1993, 155; auch OLG Bremen VersR 1979, 1061: Anscheinsbeweis).

▷ *Unterlassene oder verspätete Schnittentbindung (sectio), Schulterdystokie* (zur Aufklärung vgl. S. 110 ff., 115)

In der verzögerten Einleitung einer Schnittentbindung wird im Regelfall ein grober Behandlungsfehler gesehen, da während der Geburt eine Sauerstoffmangelversorgung schnellstmöglichst bekämpft werden muss, um Hirnschädigungen zu vermeiden (OLG Stuttgart VersR 2000, 1108, 1110; OLG Oldenburg VersR 1992, 453; OLG Schleswig VersR 1994, 310; OLG Frankfurt VersR 1996, 584; OLG Hamm, Urt. v. 17.8.1998 – 3 U 199/97; OLG München VersR 1991, 586).

So wird die Verzögerung der ärztlichen Entscheidung für die Vornahme einer sectio als grober Behandlungsfehler gewertet, wenn aus objektiver Sicht nicht mehr nachvollziehbar ist, weshalb trotz bereits feststellbarer Sauerstoffminderversorgung und des eingetretenen Geburtsstillstands eine Schnittentbindung nicht eingeleitet wurde. Bei der Gesamtbetrachtung eines Behandlungsverlaufs ist auch die Summierung vermeidbarer Zeitverluste bis zum Beginn der erforderlichen Operation zu berücksichtigen, wobei auch geringfügige Verzögerungen von Bedeutung sein können (OLG Schleswig VersR 1994, 310).

So wurde ein grober Fehler bei einer – schuldhaften – Verzögerung von 20–25 Minuten (OLG Schleswig VersR 1994, 310), 20 Minuten (OLG Hamm, Urt. v. 17.8.1998 – 3 U 199/97), 7–8 Minuten (OLG Stuttgart VersR 2000, 1108, 1110; OLG München VersR 1991, 586), erst recht eine Verzögerung von mehr als 40 Minuten (OLG Köln NJW-RR 1992, 474) oder gar einer Stunde (BGH VersR 2000, 1146, 1147) angenommen.

Hiervon zu unterscheiden ist die „EE-Zeit". Hier genügt ein Zeitraum von 25 Minuten (für 1986) bzw. von 20 Minuten (seit 1996) zwischen der Entscheidung über die Durchführung und der Vollendung einer Notsectio („EE-Zeit") dem medizinischen Behandlungsstandard einer Entbindungsklinik (OLG Saarbrücken OLGR 1999, 460, 463).

Eine sectio ist insbesondere dann indiziert, wenn der Kopf des Kindes noch im Beckeneingang steht, Hinweise auf eine Beckenverengung bestehen und die Mutter ohnehin eine Vollnarkose erhält. Eine stattdessen vorgenommene Vakuumextraktion, bei der es zu einer Schulterdystokie (Ausfallerscheinungen der Spinalnervenwurzeln des Halsbereichs) kommt, ist ein Behandlungsfehler. Kann infolge unterbliebener Dokumentation nicht mehr festgestellt werden, wie die Schulterdystokie gelöst worden ist, so lässt dies zugunsten des klagenden Kindes die Vermutung zu, dass dabei nicht lege artis vorgegangen worden ist (OLG Stuttgart VersR 1999, 382; auch OLG Oldenburg VersR 1993, 1235: Grober Behandlungsfehler).

Der Krankenhausträger haftet auch, wenn der die Mutter behandelnde Arzt nicht die Notwendigkeit einer sectio in Erwägung gezogen hat, etwa weil die angegebenen Beckenmaße Anlass zu einer eingehenden Untersuchung der Mutter hätten geben müssen, wenn eine Beckenendlage vorliegt oder ein übergroßes Kind zu erwarten ist und es infolge mangelnder Vorsorge zu einer Notsituation kommt, in der ein zufällig die Geburt übernehmender Arzt mangels ausreichender Information eine Vakuumextraktion anstatt eines Kaiserschnitts vornimmt (OLG Hamm VersR 2001, 189).

Den die Entbindung durchführenden, uninformierten Arzt trifft dabei jedenfalls kein grobes Verschulden. Waren die eine sectio indizierenden Umstände für ihn nicht erkennbar, scheidet seine Haftung – nicht jedoch diejenige des Krankenhausträgers wegen eines Organisationsverschuldens – aus (OLG Hamm VersR 2001, 189, 190).

Kommt es im Rahmen einer Entbindung zu einer Schulterdystokie, so ist es zunächst angebracht, den Versuch einer Stellungsänderung der Symphyse (das die beiden Schambeine verbindende Gelenk) durch eine Streckung und anschließende Beugung der Beine zu unternehmen. Die Beschleunigung des Geburtsvorgangs durch den Kristeller-Handgriff und der dadurch erzeugte Druck auf den Oberbauch ist dabei kontraindiziert und grob fehlerhaft, da er notgedrungen zu einer weiteren Verkeilung der kindlichen Schultern führt (OLG Düsseldorf VersR 2001, 460; vgl. auch → *Aufklärung*, S. 110 ff.).

▷ *Verzögerte Vakuumextraktion*

Dasselbe gilt grundsätzlich auch bei einer verzögerten Vakuumextraktion, sofern nicht eine Sectio dringend indiziert ist.

Die Verzögerung einer indizierten Vakuumextraktion um eine Stunde ist in jedem Falle grob fehlerhaft (OLG Oldenburg VersR 1993, 753).

▷ *Unzureichende Überwachung des Geburtsfortschritts*

Eine vollständige Beweislastumkehr zu Lasten der Behandlungsseite ist angezeigt, wenn bei einer Zwillingsgeburt aus einer Beckenend-Querlage in der 31. Schwangerschaftswoche eine unzureichende Überwachung des Geburtsfortschritts und eine Vielzahl zum Teil schwer wiegender Dokumentations- und Befunderhebungsversäumnisse bei der sich anschließenden Versorgung und mehrwöchigen Behandlung in der Kinderklinik festzustellen sind. Dies gilt insbesondere, wenn keine Gewichts-, Blutdruck- und transkutanen Sauerstoffmessungen bei wiederholt auftretenden Zyanosen und Bradykardieanfällen vorgenommen wurden (OLG Köln VersR 1998, 244).

▷ *Überwachung des Kindes nach der Geburt*

Es stellt einen groben Behandlungsfehler dar, wenn die Temperatur eines frühgeborenen Kindes nicht ausreichend überwacht wird und es deshalb zu einer andauernden Unterkühlung kommt, die möglicherweise zu einer Hirnblutung geführt hat und hierfür generell geeignet war (OLG Hamm VersR 1995, 341).

Ein grobes Fehlverhalten liegt auch vor, wenn das Pflegepersonal eines Belegkrankenhauses bei einer mehrere Stunden nach der Geburt eintretenden bläulichen Verfärbung von Gesicht und Händen eines Neugeborenen nicht unverzüglich einen Arzt hinzuzieht. Für Fehler des Klinikpersonals im Rahmen der allgemeinen Pflege des Kindes haftet der Krankenhausträger, nicht der Beleggynäkologe (OLG München VersR 1997, 977).

▷ *Überwachung des Wachstums des Kindes*

Lässt sich etwa ab der 33. Schwangerschaftswoche kein wesentliches Wachstum des Kindes im Mutterleib der Mutter feststellen, erfordert die Schwangerschaftsbetreuung durch den Frauenarzt ein verstärktes Risiko-Management, insbesondere zusätzliche Untersuchungen, so z. B. Messungen des Schädel- und des Thoraxdurchmessers, Kardiotokogramme unter Wehenbelastung, häufigere Ultraschallmessungen. Vor allem bei Nikotin- und Alkoholmissbrauch der Schwangeren muss der Frauenarzt das Wachstum des Kindes ständig im Auge behalten. Bei erkennbaren Entwicklungsstörungen muss er ggf. Spezialisten hinzuziehen oder die Schwangere in ein Perinatalzentrum einweisen. Das Unterlassen derartiger Maßnahmen stellt in solchen Fällen regelmäßig einen groben Behandlungsfehler dar, bei dem ein später festgestellter kindlicher Hirnschaden hinsichtlich des Kausalzusammenhangs eine Beweislastumkehr zum Nachteil des Gynäkologen zur Folge hat (OLG München OLGR 2001, 109).

b) Grober Behandlungsfehler verneint

▷ *Verlegung statt Herzmassage*

Die Verlegung einer Patientin, bei der es während der Operation zu einem plötzlichen Herzstillstand gekommen ist, zur Vornahme der Reanimation auf die nahe gelegene Intensivstation anstatt der Fortsetzung der Herzmassage auf dem Operationstisch, stellt jedenfalls keinen groben Behandlungsfehler dar. Die Patientin hat in diesem Fall zu beweisen, dass sich eine ausreichende Sauerstoffversorgung des Gehirns rechtzeitig, d. h. vor dem Eintritt einer ischämischen Schädigung hätte wiederherstellen lassen, wenn die Reanimation mit den hierzu benötigten Geräten im Operationssaal fortgesetzt worden wäre (OLG Düsseldorf, Urt. v. 10.1.1994 – 8 U 61/91).

▷ *Unterlassener Scheidenabstrich*

Das zweimalige Unterlassen eines gebotenen Scheidenabstrichs mit mikroskopischer Untersuchung stellt zwar einen einfachen, jedoch keinen groben Behandlungsfehler dar. Hielt der Arzt eine mikroskopische Untersuchung nur bei klinischen Anzeichen einer Infektion für geboten, so wiegt der Behandlungsfehler nicht deswegen schwerer, weil auch bei einer späteren Kontrolluntersuchung kein Abstrich genommen und mikroskopisch untersucht worden ist (OLG Braunschweig VersR 2000, 454, 455).

Beweiserleichterungen ergeben sich in diesem Fall auch nicht aus dem Gesichtspunkt der „unterlassenen Befunderhebung" bei Vorliegen eines einfachen Behandlungsfehlers.

Ist die Erhebung gebotener Befunde versäumt worden, ergibt sich eine Vermutung für die Kausalität von unterlassener Befunderhebung und dem Eintritt eines Gesundheitsschadens nämlich nur dann, wenn es hinreichend wahrscheinlich wäre, dass die unterlassene Untersuchung zu einem reaktionspflichtigen positiven Befundergebnis geführt hätte. Dies ist nicht der Fall, wenn völlig offen ist, ob die mikroskopische Untersuchung eines Scheidenabstrichs die Entwicklung und Vermehrung pathologischer Keime hätte erkennen lassen oder ob die Untersuchung kein erkennbares Ergebnis erbracht hätte (OLG Braunschweig VersR 2000, 454, 456).

▷ *Sectio unterlassen bzw. verspätet*

Ein grober Behandlungsfehler liegt nicht bereits deshalb vor, wenn sich der geburtsleitende Arzt bei einer Erstgebärenden in der 33. Schwangerschaftswoche bei Beckenendlage des Kindes entschließt, zunächst den Versuch einer vaginalen Geburt zu unternehmen und nicht sofort eine Kaiserschnittentbindung einleitet (BGH VersR 1996, 1148).

Dies gilt jedenfalls dann, wenn der Zeitgewinn, zu dem eine sogleich durchgeführte Sectio geführt hätte, bei etwa 30 Minuten liegt (BGH VersR 1996, 1148).

Auch wenn die sectio nach Auftreten unregelmäßiger Wehen in der 28. Schwangerschaftswoche zu früh eingeleitet wird, liegt kein grober Behandlungsfehler vor, wenn der Kaiserschnitt mit großer Wahrscheinlichkeit nur um eine Woche hätte hinausgezögert werden können (BGH NJW 1997, 798; MedR 1998, 554).

Schadensersatzansprüche der Mutter nach einer Totgeburt bestehen wegen angeblich fehlerhafter Geburtsleitung jedenfalls dann nicht, wenn eine Schnittentbindung nicht nachweislich indiziert war, das Kardiotokogramm keine Auffälligkeiten ergeben hatte und eine seit längerem bestehende intrauterine Minderversorgung in Betracht kommt. In einer Verzögerung der Schnittentbindung um ca. 10 Minuten liegt jedenfalls kein grober Behandlungsfehler (OLG Braunschweig, Urt. v. 30.11.2000 – 1 U 22/00; vgl. aber S. 353).

▷ *Überwachung durch Hebamme*

Die Überwachung und Leitung einer Geburt durch eine erfahrene Hebamme ist jedenfalls dann kein schwerer Fehler, wenn es sich um keine Risikogeburt handelt (OLG Stuttgart VersR 1987, 1252; a. A. OLG Oldenburg VersR 1992, 453 bei Risikogeburt und OLG Oldenburg VersR 1997, 1236 bei pathologischem CTG).

3. Innere Medizin/Urologie

a) Grober Behandlungsfehler bejaht

▷ *Auftreten von Druckgeschwüren*

Das Auftreten eines erheblichen Druckgeschwürs, etwa eines Dekubitus vierten Grades lässt regelmäßig auch bei einem Schwerstkranken auf grobe Pflege- und/oder Lagerungsmängel schließen (OLG Köln MDR 2000, 643: 12 600 Euro Schmerzensgeld).

▷ *Hodentorsion*

Ein grob fehlerhaftes ärztliches Verhalten kann vorliegen, wenn beim Verdacht auf eine Hodentorsion (meist mehrfache Stildrehung eines Hodens einschließlich des Samenstrangs um seine Längsachse) die Freilegung des Hodens unterlassen wird. Dies gilt jedoch nicht, wenn der Arzt einen untypischen Befund vorfindet, etwa eine seit Tagen andauernde Hodenschwellung (OLG Oldenburg VersR 1999, 1284).

Bei einer Hodentorsion ist die unverzügliche Freilegung des Hodens dringend geboten (OLG Oldenburg VersR 1995, 96; VersR 1999, 1284, 1286).

▷ *Mindesteinwirkungszeit bei Injektionen, Verstoß gegen Hygienebestimmungen*

Die Nichteinhaltung aseptischer Vorkehrungen stellt ein leichtfertiges Verhalten des Arztes dar, das regelmäßig als grober Behandlungsfehler zu werten ist (OLG Karlsruhe VersR 1989, 195; OLG Düsseldorf NJW 1988, 2307).

Eine wirksame Desinfektion vor einer Injektion setzt die Einhaltung einer Mindesteinwirkzeit des Desinfektionsmittels von 30 Sekunden voraus. Ein Verstoß gegen diese elementare Regel ist ein grober Behandlungsfehler, der zur Folge hat, dass sich die Beweislast für die Nichtursächlichkeit des Behandlungsfehlers umkehrt, wenn bei einem Patienten, dessen Abwehr geschwächt ist, von der Einstichstelle eine Infektion ausgeht (OLG Stuttgart VersR 1990, 385).

Kommt es im Verlauf einer Kniepunktion bei liegender Kanüle zu einem Spritzenwechsel, so hat der Arzt dabei sterile Handschuhe zu tragen; ein Verstoß gegen diese Hygienebestimmung ist regelmäßig als grobes Versäumnis zu werten (OLG Düsseldorf NJW-RR 2001, 389).

▷ *Lysetherapie bei Wadenschmerzen*

Bestätigt die Dopplersonographie sowie eine Phlebographie (Röntgendarstellung von Venen) bei einem Patienten, der mit starken Schmerzen in einer Wade in ein Krankenhaus eingeliefert worden ist, den Verdacht auf eine Beinvenenthrombose nicht, so ist eine Lysetherapie (Auflösung von Zellen) als Streptokinase (Aktivator mit Eiweiß aus Streptokokken) oder Urokinase (Aktivator, isoliert aus dem Urin) kontraindiziert (OLG München VersR 1992, 1266).

▷ *Meningitis nach Schädelbruch*

Ein grober Behandlungsfehler eines Internisten, der nach einem Schädelbruch eine später aufgetretene Pneumokokkenmeningitis (eitrige Hirnhautentzündung) zunächst erfolgreich antibiotisch behandelt, liegt vor, wenn er deren in einer offenen Schädel-Hirn-Verletzung liegende Ursache, die sich der Patient bei einem dem Arzt bekannten schweren Verkehrsunfall zugezogen hatte, nicht abgeklärt hat.

Der Arzt kann für spätere Komplikationen, etwa der Bildung von Abszessen in der Stirnhöhle, einem Hirnprolaps u. a., und die notwendig gewordenen neurochirurgischen Eingriffe auch dann haftungsrechtlich zur Verantwortung gezogen werden, wenn sich nicht klären lässt, ob die wegen mangelhafter Befunderhebung ggf. unterbliebenen ihrerseits sehr risikoreichen medizinischen Maßnahmen der zuvor tätigen chirurgischen Abteilung, nämlich der operativen Schließung des Schädeldefekts, erfolgreich gewesen wären (OLG München NJW 1992, 2369).

▷ *Neurolues nicht erkannt*

Als schwerer Behandlungsfehler ist es zu werten, dass während einer mehr als 2½-jährigen stationären Krankenhausbehandlung auf der Inneren Abteilung eine Neurolues bzw. Tabes dorsalis (Entzündung von Rückenmarkswurzeln) als Krankheitsursache von schwersten Krankheitssymptomen, u. a. Lähmungen, Reflexverluste, ständiges Erbrechen und Darmbeschwerden, nicht erkannt wird (OLG Köln VersR 1994, 1238).

▷ *Nierenschaden nach erkennbar erhöhtem Creatininwert*

Bei einem ausgewiesenen Creatininwert von 4 mg/% (bzw. mehr als 2,4 mg/%) und der nahe liegenden Progredienz einer Nierenerkrankung des Patienten muss der behandelnde Urologe oder der Internist der drohenden Gefahr eines Nierenversagens mit geeigneten Maßnahmen begegnen. Hat er den Patienten bereits weiter überwiesen, muss er den nachbehandelnden Arzt unverzüglich über den erhaltenen Wert informieren. Eine Zuleitung der Werte erst nach einigen Tagen auf dem Postweg genügt nicht.

Die Beweislast, dass es auch bei rechtzeitiger Reaktion, hierauf durchgeführter Nierenbiopsie und sich anschließender aggressiver immunsuppressiven Therapie zu einem irreparablen Nierenschaden des

Patienten gekommen wäre, trägt die Behandlungsseite (OLG Frankfurt VersR 1995, 785).

▷ *Unterlassene Weiterleitung der Untersuchungsbefunde an ein Transplantationszentrum*

Es stellt einen groben Behandlungsfehler dar, wenn der Arzt es über einen längeren Zeitraum hinweg versäumt, die für die Vornahme einer Nierentransplantation erforderlichen Untersuchungsbefunde an das zuständige Transplantationszentrum weiterzuleiten und sein auf eine Nierenspende wartender dialyseabhängiger Patient dort deshalb irrtümlich in einer Dringlichkeitsstufe minderen Grades geführt wird (OLG Stuttgart MedR 1992, 221).

b) Grober Behandlungsfehler verneint

▷ *Keine sofortige EKG-Auswertung*

Unterlässt es ein Internist, das bei einem Patienten mit Brustbeschwerden vorsorglich und routinemäßig erstellte EKG sofort auszuwerten, so liegt jedenfalls kein grober Behandlungsfehler vor. Es ist nicht wahrscheinlich, dass der Patient einen bei sofortiger Auswertung erkennbaren Herzinfarkt bei sogleich veranlasster klinischer Behandlung überlebt hätte (OLG München VersR 1995, 417).

▷ *Keine Erkundigungspflicht nach Abschluss der Behandlung*

Es stellt jedenfalls keinen groben Behandlungsfehler dar, wenn sich der Urologe nicht von sich aus beim Hausarzt nach dem Fortgang der Untersuchungen erkundigt, wenn er mit dem Arztbrief an den Kollegen seine Behandlung erkennbar abgeschlossen hat. Er muss den Patienten nicht von sich aus nach dem Fortgang der Untersuchung einer von ihm festgestellten Nierenfunktionseinschränkung unklarer Genese befragen (OLG Celle VersR 1998, 1419, 1420).

▷ *Unterlassene Wiederbestellung bei erhöhtem PSA-Wert*

Wird bei einem 54-jährigen Patienten bei einem PSA-Wert (prostataspezifisches Antigen, Tumormarker für die Diagnostik und Verlaufskontrolle des Prostatakarzinoms) von 19,2 ng/ml eine transperinale Prostatastanzbiopsie (Entnahme von Prostatagewebe) mit negativem Befund durchgeführt, so ist die Unterlassung einer Sonographie und die Wiederbestellung des Patienten erst nach drei Monaten jedenfalls nicht als grober Behandlungsfehler zu werten. Die Ursächlichkeit eventueller Fehler für den drei Jahre später eingetretenen Tod des Patienten lässt sich nicht feststellen, wenn die Operation sechs Monate nach der Erstbehandlung einen sehr aggressiven und rasch metastasierenden Krebs ergibt (OLG Köln VersR 1996, 98).

4. HNO/Augenheilkunde

Grober Behandlungsfehler bejaht

▷ *Unkontrollierte Verordnung von Augentropfen*

Die unkontrollierte Verordnung kortikoider Augentropfen stellt einen groben Behandlungsfehler dar (OLG Hamm VersR 1991, 585).

▷ *Vorenthalten von Informationen über bedrohlichen Befund*

Es stellt einen groben Behandlungsfehler dar, wenn der Patient über einen bedrohlichen Befund, der Anlass zu umgehenden und umfassenden ärztlichen Maßnahmen gibt, etwa das Vorliegen eines Retikulum-Zellsarkoms, nicht informiert und ihm die erforderliche ärztliche Beratung versagt wird. Die therapeutische Aufklärung naher Angehöriger, soweit sie überhaupt ohne Einwilligung des Patienten zulässig ist, kann in aller Regel nicht das direkte Gespräch zwischen dem Arzt und dem Patienten ersetzen (BGH NJW 1989, 2318). Muss dem Patienten nach dem zutreffenden, ihm nicht mitgeteilten Befund ein Auge entfernt werden, so trifft den Arzt die Beweislast, dass das Auge auch bei den in 6–8-wöchigem Turnus gebotenen Kontrollen nicht zu retten gewesen wäre (BGH NJW 1989, 2318, 2319).

▷ *Nachblutung nach einer Mandeloperation*

Beim Eintritt ernsthafter Komplikationen wie Nachblutungen nach einer Mandeloperation ist das Unterlassen der Unterrichtung des zuständigen Arztes durch das nichtärztliche Personal, etwa einer Krankenschwester oder Arzthelferin, als grober Behandlungsfehler zu werten (OLG Oldenburg VersR 1997, 749).

▷ *Unzureichende Netzhautkontrolle*

Grob behandlungsfehlerhaft ist auch die unzureichende Kontrolle der Netzhaut eines frühgeborenen Kindes (OLG Hamm VersR 1996, 756) oder die unterlassene Augeninnendruckmessung bei älteren Patienten zur Früherkennung eines Glaukoms (OLG Hamm VersR 1979, 826).

5. Allgemein- und Kinderarzt

a) Grober Behandlungsfehler bejaht

▷ *Anamneseerhebung unterlassen*

Für den in der Primärversorgung tätigen Hausarzt gehört die Anamneseerhebung zu den elementaren und unverzichtbaren Grundregeln der Medizin. Klagt ein Patient über Blähungen, so ist der Arzt gehalten, sich nach deren Dauer und deren möglichen Ursachen sowie nach den Stuhlgewohnheiten des Patienten zu erkundigen. Unterlässt der Hausarzt dies, trägt der Arzt die Beweislast dafür, dass es auch bei rechtzeitiger Anamneseerhebung zu einer nicht mehr aufzuhaltenden Krebserkrankung bzw. Verkürzung der Lebenszeit des Patienten gekommen wäre.

Kann dem Arzt nach den Feststellungen des Sachverständigen weder die Krebserkrankung selbst noch die dadurch bedingte Verkürzung der Lebenszeit des Patienten angelastet werden, kann dennoch ein Schmerzensgeld (vorliegend: 5 113 Euro) gerechtfertigt sein, wenn durch die Verzögerung der Behandlung eines Dickdarmkarzinoms der Tumor nicht vollständig entfernt werden kann und dies im Endstadium zu schmerzhaften Beschwerden des Patienten führt (OLG Düsseldorf VersR 1998, 1155).

▷ *Verzögerte Krankenhauseinweisung bei Augentiefstand*

Die Verzögerung der Krankenhauseinweisung eines fünf Wochen alten Säuglings um einen Tag kann als grober Behandlungsfehler des Kinderarztes zu werten sein, wenn das Kind einen Kopfumfang von 46 cm und einen Augentiefstand (Sonnenuntergangsphänomen) aufweist, die i. d. R. die unverzügliche Einweisung zur stationären Beobachtung und Behandlung wegen eines Hydrozephalus dringend erforderlich machen (OLG Oldenburg VersR 2000, 853: Kausalität aber im konkreten Fall verneint).

▷ *Nicht rechtzeitige Krankenhauseinweisung bei Komplikationen*

Das Unterlassen einer rechtzeitigen Einweisung in das Krankenhaus nach Auftreten bedrohlicher Komplikationen, deren Genese der Allgemeinarzt nicht kennt, ist als schwerer Behandlungsfehler anzusehen (OLG Celle VersR 1981, 684; auch OLG Naumburg MedR 2002, 515).

So ist der Hausarzt verpflichtet, den Patienten unverzüglich zur stationären Behandlung in ein Krankenhaus einzuweisen, wenn der Patient zwei Tage lang über zuletzt kolikartige Schmerzen zunächst am Rücken, dann auch in beiden Nierenlagern und im Unterbauch klagt (OLG Naumburg MedR 2002, 515, 517).

▷ *Außenseitermethode*

Der schulmedizinisch ausgebildete Arzt ist verpflichtet, den Patienten darüber aufzuklären, dass die von ihm vorgeschlagene und zur Behandlung angewendete Außenseitermethode von der Schulmedizin abgelehnt wird. Dies gilt etwa für die so genannte „Bioelektronische Funktions-Diagnostik", wenn beim Patienten die klassischen Symptome eines Uterus-Karzinoms auftreten. Die Nichtaufklärung und das Hinwegsetzen über die Diagnosemethoden der Schulmedizin stellen einen groben Behandlungsfehler dar (OLG Koblenz NJW 1996, 1600).

▷ *Nichtaufklärung über bedrohlichen Befund*

Ein grober Behandlungsfehler liegt auch vor, wenn der Patient über einen bedrohlichen Befund, der Anlass zu umgehenden und umfassenden ärztlichen Maßnahmen geben würde, nicht informiert und ihm die erforderliche ärztliche Beratung nicht erteilt wird (BGH MDR 1989, 805; s. o. VII. 4.).

▷ *Unterlassene Beobachtung nach Injektion*

Äußert der Patient während einer intravenösen Reparil-Injektion in die Ellenbeuge starke Schmerzempfindungen, so stellt es einen groben Behandlungsfehler dar, wenn der Arzt nach Abbruch der Injektion eine nachfolgende Beobachtung des Patienten unterlässt und auch nicht sicherstellt, dass eine Beobachtung durch andere Ärzte erfolgt. Er hat dann nachzuweisen, dass die nachfolgende Schädigung des Nervus ulnaris, des Nervus medianus sowie Kopfbeschwerden nach einer Hirnblutung und Beugekontrakturen der Finger des entsprechenden Arms auch bei ordnungsgemäßer ärztlicher Beobachtung eingetreten wären (KG, Urt. v. 31.1.1985 – 20 U 6205/82).

▷ *Intubation eines Kleinstkindes*

Ein nach der Geburt hinzugezogener Kinderarzt darf sich, wenn er für eine ausreichende Intubation des Neugeborenen keine ausreichenden Kenntnisse und Erfahrungen besitzt, nicht mit einer Maskenbeatmung begnügen, sondern muss dafür Sorge tragen, dass ein kompetenter Krankenhausarzt herbeigerufen wird. In der unterlassenen oder – im entschiedenen Fall bis zu dessen Erscheinen um 40 Minuten – verzögerten Hinzuziehung eines kompetenten Arztes zur Sicherstellung der vitalen Funktionen ist ein grober Behandlungsfehler zu erblicken (OLG Stuttgart VersR 2001, 1560, 1563).

▷ *Maßnahmen bei Meningitis- und Enzephalitisverdacht*

Bei einschlägigen Symptomen einer Meningitis (Hirnhautentzündung) wie fehlendem Gleichgewicht im Sitzen und Stehen, Ataxie, „Torkeligkeit", Erbrechen ist eine umgehende Krankenhauseinweisung geboten. Das Unterlassen einer Krankenhauseinweisung lässt auf einen fundamentalen Diagnoseirrtum und groben Behandlungsfehler schließen (OLG Oldenburg NJW-RR 1967, 1117).

Eine akute, fieberhafte und schwere Erkrankung eines Kindes mit hohem Fieber über mehr als 30 Stunden, Erbrechen und Schlappheit legt stets den Verdacht einer Meningitis nahe, der zur sofortigen Einweisung in eine Klinik zwingt (OLG Stuttgart, NJW-RR 1997, 1114).

Kann ein Enzephalitisverdacht (Gehirnentzündung) nicht ausgeräumt werden, sondern bieten die Ergebnisse der Anfangsuntersuchung inso-

weit Veranlassung zu weiteren diagnostischen Maßnahmen, so ist entweder der Verdachtdiagnose unverzüglich nachzugehen oder auf Grund
der Verdachtsdiagnose entsprechend zu therapieren. Werden wesentliche diagnostische Maßnahmen nicht unverzüglich ergriffen, liegt ein
grober Behandlungsfehler vor (OLG Köln VersR 1991, 186).

▷ *Phlebographie unterlassen*

Bei einem Thromboseverdacht gehört es zu den elementaren Behandlungsregeln, eine Phlebographie durchzuführen (OLG Oldenburg MDR
1994, 995; VersR 1999, 318; OLG Köln NJW-RR 1992, 728; OLG
Hamm VersR 1990, 1120; OLG Stuttgart OLGR 2000, 3).

▷ *Verspätete Therapieeinleitung*

Ist wegen eines groben Behandlungsfehlers des Allgemeinarztes eine
medizinisch gebotene Therapie einer Nierenfunktionsstörung verspätet
eingeleitet worden mit der Folge, dass der Patient sich möglicherweise
früher als sonst erforderlich einer Dialysebehandlung unterziehen
muss, so kommen dem Patienten Beweiserleichterungen hinsichtlich
des Kausalverlaufs zugute, auch wenn die genaue Diagnose der Nierenfunktionsstörung selbst bei richtigem Vorgehen nicht gestellt worden
wäre. Dies rechtfertigt sich deshalb, weil der Arzt eine sofortige Therapie verhindert und die Aufklärung des hypothetischen weiteren Kausalverlaufs, der für den Patienten erheblich günstiger hätte sein können,
dadurch erschwert (BGH NJW 1988, 2303).

Gleiches gilt, wenn der Arzt durch eine unzutreffende Darstellung des
Untersuchungsergebnisses verhindert, den Ursachenzusammenhang
einer Erkrankung durch eine Operation zu klären (OLG Oldenburg
VersR 1999, 1284).

▷ *Unterlassene Diagnostik bei „Wasserkopf"*

Ein Allgemeinarzt handelt grob fehlerhaft, wenn er bei den Vorsorgeuntersuchungen U 6 und U 7 eines Kleinkindes einen auffallend großen
Kopfumfang feststellt und es unterlässt, weitere diagnostische Schritte
einzuleiten. Ihm obliegt dann der Beweis, dass diese fehlerhafte Behandlung den Gesundheitsschaden des Kindes, den chronischen Hydrozephalus („Wasserkopf") und den irreversiblen Hirnschaden nicht herbeigeführt hat (OLG Oldenburg VersR 1999, 1423).

Die Beweiserleichterung ergibt sich in diesem Fall auch aus dem Verstoß des Arztes gegen seine Pflicht zur Erhebung medizinisch zweifelsfrei gebotener Befunde, hier zur Veranlassung weiterer diagnostischer
Schritte. Da die unterlassene Abklärung der Ursachen des großen Kopf-
umfangs des Kindes mit hoher Wahrscheinlichkeit einen gravierenden

Befund ergeben hätte und es fundamental fehlerhaft gewesen wäre, diesen Befund zu verkennen oder darauf nicht zu reagieren, muss sich der Arzt auch aus diesem Grund hinsichtlich der Kausalität entlasten (OLG Oldenburg VersR 1999, 1423, 1424; vgl. → *unterlassene Befunderhebung*, S. 503 ff.).

b) Grober Behandlungsfehler verneint

▷ *Bandscheibenvorfall*

Einem Allgemeinarzt fällt kein grober Behandlungsfehler zur Last, wenn er beim Patienten nach Verdacht auf einen Bandscheibenvorfall eine Untersuchung nach Lasegue, also eine passive Beugung des gestreckten Beins im Hüftgelenk sowie eine Kontrolle der Fußheber- und Fußsenkerfunktion durchgeführt hat und mit „Lasegue 45° rechts, 75° links, Fußheber o. B." dokumentiert (OLG Frankfurt, Urt. v. 25.7.1996 – 15 U 183/95).

▷ *Einschaltung von Fachärzten erfolgt*

Der gegenüber einer Ärztin für Allgemeinmedizin erhobene Vorwurf einer unzureichenden Diagnostik und Befunderhebung und damit eines groben Behandlungsfehlers ist unbegründet, wenn sie die dafür gebotene Einschaltung von Fachärzten durch entsprechende Überweisung veranlasst hat (OLG Oldenburg VersR 1999, 101).

▷ *Herzinfarkt verkannt*

Verkennt ein Allgemeinarzt als Notarzt einen drohenden Herzinfarkt, weil der Patient daneben an einer akuten Gastroenterokolitis (Entzündung des Dünn- und Dickdarms) leidet und deren Symptome im Vordergrund stehen, so muss seine die Verdachtsmonente für den Herzinfarkt nicht umfassende Diagnose nicht grob fehlerhaft sein. Eine Beweislastumkehr dergestalt, dass der Arzt zu beweisen hätte, der Patient sei auch bei sofortiger Diagnose des Herzinfarkts und unverzüglicher Einweisung in ein Krankenhaus verstorben, findet im Hinblick auf die tatsächlich neben der Herzerkrankung bestehende Symptomatik des Verdauungstraktes des ihm unbekannten Patienten nicht statt (OLG Zweibrücken VersR 2000, 605, 606).

▷ *Frühere Krankenhauseinweisung*

Einem Arzt für Allgemeinmedizin fällt kein grober Behandlungsfehler zur Last, wenn das von ihm untersuchte Bein des Patienten blass und kalt, aber nicht livid verfärbt ist, er deshalb noch nicht auf einen totalen Verschluss der Blutzufuhr schließen muss und eine Krankenhauseinweisung deshalb erst drei Tage später erfolgt. Eine Beweislastumkehr dergestalt, dass der Arzt nachweisen muss, eine Amputation des Beins hätte bei entsprechend früherer Einweisung verhindert werden können, greift in diesem Fall nicht ein (OLG Hamburg, Urt. v. 8.9.1989 – 1 U 171/88).

▷ *Unterlassene Sicherheitsaufklärung* (vgl. hierzu S. 64 ff.)

Kein Aufklärungsmangel, sondern ein grober Behandlungsfehler liegt vor, wenn dem Patienten aus der Unterlassung eindeutig erforderlicher therapeutischer Beratung erhebliche gesundheitliche Nachteile drohen (OLG Köln VersR 2002, 1285; G/G, Rn B 285, 286, B 95, 99).

Stellt ein Arzt bei einem Patienten eine AIDS-Erkrankung fest und verbietet der Patient ihm, seine Lebensgefährtin zu informieren, so steht die ärztliche Schweigepflicht der Information der Lebensgefährtin dann nicht entgegen, wenn diese gleichfalls Patientin des Arztes ist.

Der Lebensgefährtin als Patientin obliegt jedoch die Verpflichtung, die Kausalität des ärztlichen Fehlverhaltens, also der fehlenden Aufklärung über die AIDS-Erkrankung, für die von ihr dargelegten primären Gesundheitsschäden zu beweisen. Wenn der Arzt seine ärztliche Schweigepflicht besonders ernst genommen hat und nur auf Grund einer unzureichenden Abwägung der von ihm zu wahrenden Interessen beider Parteien zu einer Fehlentscheidung gelangt ist, kann nicht von einem „groben Aufklärungsmangel" i. S. d. Unterlassung einer eindeutig erforderlichen therapeutischen Beratung gesprochen werden (OLG Frankfurt VersR 2000, 320, 321).

6. Notarzt

Grober Behandlungsfehler verneint

▷ *Verzögerte Klinikeinweisung nach unklarer Muskelschwäche*

Wird bei einer Patientin mit unklarer Muskelschwäche vom Notarzt neben psychovegetativer Ursache auch ein cerebrales Geschehen erwogen, so hat der Arzt sie auf einseitig betonte Beinschwäche (Lähmungen) zu untersuchen. Dies kann durch einen Gehversuch der Patientin geschehen, verbunden mit der Beobachtung, ob sie wegknickt. Wird durch Unterlassen dieser Untersuchung ein Komplettverschluss einer Beinvene nicht erkannt und die Klinikeinweisung um 2–3 Stunden verzögert, so liegt zwar ein einfacher, aber kein grober Behandlungsfehler vor (OLG Köln VersR 1999, 366).

▷ *Wiederbelebungsmaßnahmen unterlassen*

Ein zu einem Notfallpatienten gerufener Arzt verstößt gegen die Leitlinien für Wiederbelebung und Notfallversorgung, wenn er nach einem

Vorderwandinfekt oder einem Herz-Kreislauf-Stillstand des Patienten nicht für eine von Helfern begonnene Wiederaufnahme der Reanimation bis zum Eintreffen des Notarztes sorgt, weil er den Patienten irrtümlich für tot hält.

Ein grober Behandlungsfehler liegt jedoch nicht vor, wenn der Patient tatsächlich bereits klinisch tot war und gewisse, wenn auch nicht hinlänglich sichere Anhaltspunkte dafür vorhanden waren, dass dieser Zustand über etwa 1/4 Stunde angehalten hatte und durch eine Basisreanimation nicht günstiger beeinflusst werden konnte (OLG Hamm NJW-RR 2000, 401, 402).

7. Radiologie

Grober Behandlungsfehler bejaht

▷ *Unterlassene computertomographische Untersuchung bei Subarachnoidalblutung (SAB)*

Wäre durch eine computertomographische Untersuchung (CT) ein Aneurysma (dauerhafte krankhafte Wandausbuchtung eines vorgeschädigten arteriellen Blutgefäßes oder der Herzwand) entdeckt worden und wäre dieser Befund mit hinreichender Wahrscheinlichkeit deutlich und gravierend gewesen, so hat der untersuchende Radiologe die fehlende Ursächlichkeit der unterlassenen Befunderhebung für den eingetretenen Schaden zu beweisen (BGH VersR 1999, 231, 232).

▷ *Unvertretbare Fehlinterpretation eines Phlebographiebefundes*

Interpretiert der Radiologe die Darstellung des Beckenvenenbereichs als „ungünstige Strömungsverhältnisse" und verkennt ein thrombotisches Geschehen in diesem Bereich, obwohl dies für einen Radiologen ohne weiteres erkennbar gewesen wäre, so liegt in einer solchen unvertretbaren und unverständlichen Fehlinterpretation ein grober Behandlungsfehler (OLG Hamm VersR 2002, 315, 316).

8. Anästhesie

a) Grober Behandlungsfehler bejaht

▷ *Patient vor Behebung einer Atemstörung verlassen*

Tritt bei einem Patienten nach der Operation eine Atemstörung auf, so liegt ein grober Behandlungsfehler vor, wenn der zuständige Anästhesist den Patienten verlässt, bevor die Atemstörung behoben oder die Verantwortung von einem ebenso kompetenten Arzt übernommen worden ist (OLG Düsseldorf NJW 1986, 1548).

▷ *Inhalationsnarkose unter Assistenz einer Schwester*

Die Durchführung einer laparoskopischen Tubensterilisation in Inhalationsnarkose unter Assistenz einer Schwester anstatt eines Anästhesisten ist grob fehlerhaft (OLG Hamm, Urt. v. 6.2.1995 – 3 U 133/94).

▷ *Erfolgloser Intubationsversuch*

Eine Anästhesistin, die unmittelbar vor Ablegung ihrer Facharztprüfung steht, begeht einen groben Behandlungsfehler, wenn sie nach zwei eigenen fehlgeschlagenen Intubationsversuchen statt der Dienst habenden Oberärztin einen weiteren Assistenzarzt in der Hoffnung herbeiruft, diesem werde die Intubation gelingen (OLG Köln VersR 1989, 372).

▷ *Verabreichung großer Mengen von Schmerz- und Beruhigungsmitteln; Überdosierung bei Reanimationsmaßnahmen*

Die Nichterhebung von Kontrollbefunden bei einem Patienten auf der Intensivstation durch den Anästhesisten und die Verabreichung größerer Mengen von Schmerz- und Beruhigungsmitteln ohne Abklärung der Beschwerdeursachen ist grob fehlerhaft (OLG Oldenburg, Urt. v. 18.12.1990 – 5 U 146/89).

▷ *Erneute Sedierung nach der Operation*

Die erneute Sedierung in der postoperativen Phase ohne vorherige Abklärung der Ursachen für aufgetretene Komplikationen mit der – möglichen – Folge der Erblindung und Halbseitenlähmung des Patienten ist grob fehlerhaft (LG Osnabrück, Urt. v. 19.4.1988, 3 O 31/87).

b) Grober Behandlungsfehler verneint

▷ *Arbeitsteilung*

Ein für die Intensivstation verantwortliche Anästhesist kann sich im Allgemeinen darauf verlassen, dass die Röntgenaufnahmen von den Ärzten der Röntgenabteilung hinsichtlich des Vorliegens von Knochenbrüchen zutreffend ausgewertet worden sind (OLG Hamm VersR 1983, 884; vgl. → *Arbeitsteilung*, S. 31 ff.).

▷ *Bekannte Blutungsneigung des Patienten*

Der Hinweis eines Patienten vor einer Operation auf eine frühere Blutungsneigung muss sowohl dem Operateur als auch dem Anästhesisten Anlass zu eingehender Anamnese mit hämorrhagischer Diathese (Erforschung der Blutungsneigung) sowie zu weiteren Vorsichtsmaßnahmen geben. Die normale präoperative Routinediagnostik, bestehend aus der Bestimmung der Thrombozytenzahl und Vornahme der globalen Gerinnungstests wie Quickwert, PTT und Fibrinogen genügt in diesem Fall nicht.

Bei klinischem Verdacht auf eine Blutungsneigung ist zusätzlich die Bestimmung der Blutungszeit anzuzeigen. Wurden diese Maßnahmen ergriffen, so scheidet eine Umkehr der Beweislast für die beim Patienten nach dem Eintreten lebensbedrohlicher Blutungen aufgetretenen Gesundheitsschäden (Taubheit, Lähmungserscheinungen, Blasen- und Darmstörungen) aus (OLG München, Urt. v. 27.6.1996 – 1 U 6442/94).

9. Zahnmedizin

a) Grober Behandlungsfehler bejaht

▷ *Fehlerhaftes Abschleifen der Vorderzähne*

Die Höhe der unteren Frontzähne gilt in der zahnärztlichen Funktionslehre grundsätzlich als unantastbar. Sie dürfen allenfalls in begründeten Ausnahmefällen eingeschliffen werden. Ein solcher Ausnahmefall ist im Übrigen zu dokumentieren; das Unterlassen der Dokumentation dieses aufzeichnungspflichtigen Tatbestands indiziert, dass die Voraussetzungen eines Ausnahmefalls nicht vorlagen (OLG Oldenburg NJW-RR 1999, 1328).

▷ *Eingliedern einer Prothese*

Das Eingliedern einer Prothese ist grob fehlerhaft, wenn die zu deren Verankerung eingebrachten Implantate wegen fortgeschrittenen Knochenabbaus des Kiefers keinen genügenden Halt bieten (OLG Köln NJW-RR 1999, 388).

▷ *Freilegen beschliffener Zahnsubstanz*

Bei der Überkronung von Zähnen muss die beschliffene Zahnsubstanz von der künstlichen Krone wieder abgedeckt werden. Das Freiliegen beschliffener Zahnsubstanz muss vermieden werden, weil sonst pulpitische Beschwerden auftreten können und die Gefahr besteht, dass sich in der Lücke Karies bildet. Die Nichtbeachtung dieser Grundsätze stellt einen groben Behandlungsfehler dar (OLG Stuttgart VersR 1999, 1017).

b) Grober Behandlungsfehler verneint

▷ *Verblockung von Kronen und Brücken*

Die Verblockung von Kronen und Brücken im Front- und Seitenzahnbereich erschwert die Mundhygiene; sie stellt einen (nur) einfachen Behandlungsfehler des Zahnarztes dar, den der Patient nicht hinzunehmen braucht, wenn diese Gestaltung nicht erforderlich gewesen ist (OLG Köln VersR 1993, 1400).

10. Fehlende und mangelhafte Desinfektion

a) Grober Behandlungsfehler bejaht

▷ *Desinfektion der Hände*

Führt der Arzt beim Patienten eine Injektion durch, ohne sich zuvor ausreichend die Hände zu desinfizieren, so stellt dies einen groben Behandlungsfehler dar (OLG Düsseldorf NJW 1988, 2307; a. A. OLG Hamm, Urt. v. 25.10.1989 – 3 U 327/89 für das Jahr 1982 und OLG Bamberg, Urt. v. 8.9.1997 – 4 U 253/96 zur Frage des Händewaschens vor der Verabreichung einer Spritze).

Eine Kniegelenkpunktion ist hochsteril durchzuführen. Hierzu ist nicht nur die Durchführung einer hygienischen, sondern die Durchführung einer chirurgischen Handdesinfektion erforderlich, die generell etwa 5 Minuten dauert, wenn keine völlig sterilen Handschuhe zur Anwendung kommen (OLG Schleswig VersR 1990, 1121).

Kommt es im Verlauf einer Kniepunktion bei liegender Kanüle zu einem Spritzenwechsel, so hat der Arzt stets sterile Handschuhe zu tragen. Ein Verstoß gegen diese Hygienebestimmung der Deutschen Gesellschaft für Orthopädie und Traumatologie stellt nach Ansicht des OLG Düsseldorf (NJW-RR 2001, 389) regelmäßig ein grobes Versäumnis dar.

▷ *Unverzügliche Sanierung des Infektionsherdes*

Deuten die klinischen Symptome eindeutig darauf hin, dass ein Patient unter einem Kniegelenkempyem (Eiteransammlung im Kniegelenk) leidet, so ist eine unverzügliche chirurgische Sanierung des Infektionsherdes erforderlich. Eine Verzögerung dieser Maßnahme – im entschiedenen Fall von zwei Tagen – kann wegen des raschen Keimwachstums zu erheblichen gesundheitlichen Beeinträchtigungen führen und stellt einen groben Behandlungsfehler dar (OLG Düsseldorf VersR 2000, 1019, 1020). Dabei reicht es aus, wenn durch die Missachtung dieser Bestimmungen das Risiko einer bakteriellen Infektion signifikant erhöht wird; verbleibende Zweifel gehen zu Lasten der Arztseite (OLG Düsseldorf VersR 2000, 1019, 1021).

▷ *Injektionen*

Die Nichteinhaltung aseptischer Vorkehrungen stellt ein leichtfertiges Verhalten des Arztes dar, das als grober Behandlungsfehler zu werten ist (OLG Karlsruhe VersR 1989, 195).

Eine wirksame Desinfektion vor einer Injektion setzt die Einhaltung einer Mindesteinwirkzeit des Desinfektionsmittels von mindestens 30 Sekunden voraus. Ein Verstoß gegen die elementaren und eindeuti-

369

gen Regeln der Injektionstechnik führt zur Umkehr der Beweislast für die Nichtursächlichkeit dieses Behandlungsfehlers für einen eingetretenen Gesundheitsschaden, wenn die Infektion bei dem Patienten, dessen Abwehr geschwächt ist, von der Einstichstelle ausgeht (OLG Stuttgart VersR 1990, 385; a. A. OLG Hamm NJW-RR 1992, 1504 bei einem Notfall, s. u.).

Auch das Ausführen von intramuskulären und subkutanen Injektionen unter Verwendung derselben Spritze bei Auswechslung nur der Nadel, wodurch der Patient einem erheblichen Infektionsrisiko ausgesetzt wird, ist grob fehlerhaft. Dabei ist es bereits als schmerzensgeldauslösend zu betrachten, dass die psychische Verfassung des Patienten durch das Wissen um die eingetretene Infektion eingetreten ist, auch wenn die Erkrankung, eine Hepatitis-C-Infektion, bisher noch nicht zum Ausbruch kam (OLG Frankfurt NJW-RR 2001, 90).

b) Grober Behandlungsfehler verneint

▷ *Unterlassene Hautdesinfektion*

Unterlässt es der Arzt, vor einer Injektion die Haut im Bereich der Einstichstelle zu desinfizieren, so begeht er einen Behandlungsfehler. Dieser Fehler ist allerdings dann nicht als grob zu bewerten, wenn es sich bei dem Patienten um einen eiligen Notfall handelt, der vom Arzt schnelle Entscheidungen und unverzügliches Eingreifen unter erschwerten Verhältnissen verlangt (OLG Hamm NJW-RR 1992, 1504).

▷ *Unterlassener Mundschutz*

Ist einer Hebamme die mit dem Herpes labialis eines Angehörigen zusammenhängende akute Bedrohung eines Neugeborenen nicht bekannt und sieht sie deshalb von der Verordnung eines Mundschutzes ab, so liegt kein grober Behandlungsfehler der Hebamme vor (OLG Düsseldorf VersR 1998, 1377).

VIII. Grobe Organisationsfehler

Auch Organisationsfehler können als grobe Behandlungsfehler zu werten sein (vgl. OLG Stuttgart VersR 2002, 1560, 1562; VersR 2000, 1108, 1109 m. w. N.; OLG Karlsruhe VersR 2002, 1426, 1427; G/G, Rn 253, 291; abw. Gehrlein, Rn B 36, 37: → *Voll beherrschbare Risiken*):

▷ *Überprüfung des Kenntnisstandes eines Assistenzarztes*

Vor dem Einsatz eines in der Weiterbildung zum Facharzt für Chirurgie befindlichen Assistenzarztes hat sich der diesem assistierende Chef-

oder Oberarzt zu vergewissern, dass der Operateur über die notwendige Kenntnis der Operationstechnik, die Risiken des Eingriffs und der zur Vermeidung von Komplikationen, etwa einer Nervverletzung zu beachtenden Regeln verfügt (OLG Düsseldorf VersR 1994, 352; vgl. hierzu „Arbeitsteilung").

▷ *Überwachung des CTG durch Pflegedienst*

Wird das CTG durch den hierfür nicht ausgebildeten und nicht exakt unterwiesenen Pflegedienst und nicht durch einen Arzt oder eine qualifizierte Hebamme überwacht, liegt gleichfalls ein grober Organisationsfehler vor (BGH NJW 1996, 2429; VersR 2000, 1146, 1147).

▷ *Verkennung eines pathologischen CTG; unterlassene Zuziehung eines Arztes*

Ein Belegkrankenhaus muss für die Fehler des von ihm gestellten Personals, etwa die Unterlassung der sofortigen Herbeirufung des Arztes, einstehen, solange die Fehler des Personals nicht wegen einer besonderen ärztlichen Weisungskompetenz oder der tatsächlichen Übernahme der Geburtsleitung dem Belegarzt zugerechnet werden können (BGH VersR 2000, 1146, 1147; vgl. hierzu „Arbeitsteilung").

Die Verkennung eines eindeutig pathologischen CTG und die Unterlassung der sofortigen Herbeirufung des Arztes stellt einen groben Behandlungsfehler der Hebamme bzw. der Krankenschwester dar, den sich die Belegklinik als groben Organisationsfehler zurechnen lassen muss (BGH VersR 2000, 1146, 1147; OLG Celle VersR 1999, 486: Pathologisches CTG von Hebamme verkannt; BGH NJW 1995, 1611: Blutdruckmessung durch Hebamme unterlassen; OLG Oldenburg VersR 1997, 749 und OLG München OLGR 2000, 34: Krankenschwester verständigt den Arzt nicht; OLG München VersR 1997, 977: Notfallverlegung durch Krankenschwester ohne Hinzuziehung des Arztes).

▷ *Kein Hinweis auf notwendige Kontrolluntersuchung*

Ein grober Organisationsfehler des Krankenhausträgers liegt auch vor, wenn in seiner Frühgeborenenabteilung nicht dafür Sorge getragen wird, dass Eltern von zu entlassenden frühgeborenen Zwillingen schriftlich darauf hingewiesen werden, dass bei einem der Kinder unverzüglich eine augenärztliche Kontrolle stattfinden muss (OLG Köln VersR 1996, 856). Einer erst wenige Monate auf der Station tätigen Ärztin in der Weiterbildung kann diese Unterlassung jedoch nicht als schwerer Behandlungsfehler angelastet werden (OLG Köln VersR 1996, 856).

▷ *Vorkehrungen für Notfälle; Hinzuziehung eines kompetenten Arztes*

Der Klinikträger muss für einen neonatologischen Notfall innerhalb kürzester Zeit ausreichende organisatorische Vorkehrungen treffen, insbesondere sicherstellen, dass beim Auftreten von Atemnot eines Neugeborenen ein kompetenter Arzt hinzugezogen wird, der die Ursache der gestörten Atmung klären und die erforderliche Intubation durchführen kann. Er hat auch zu regeln, wann eine Säuglingsschwester oder eine Hebamme ein neugeborenes Kind zu kontrollieren und welchen Arzt das nichtärztliche Personal beim Auftreten eines Notfalls zu verständigen hat.

Organisatorische Versäumnisse in diesen Bereichen rechtfertigen in einer „Gesamtbetrachtung" den Schluss auf einen groben Behandlungsfehler (OLG Stuttgart VersR 2001, 1560, 1562 f.).

Auch ein vom Klinikträger herbeigerufener, niedergelassener Kinderarzt darf sich, wenn er für eine ausreichende Intubation des Neugeborenen keine ausreichenden Kenntnisse und Erfahrungen besitzt, nicht mit einer Maskenbeatmung begnügen, sondern muss – ebenfalls – dafür Sorge tragen, dass ein kompetenter Krankenhausarzt herbeigerufen wird (OLG Stuttgart VersR 2001, 1560, 1563).

▷ *Verzögerte Einleitung einer Schnittentbindung*

Versäumt es eine geburtshilfliche Belegklinik, den ärztlichen Mitgliedern eines Operationsteams zuverlässig mitzuteilen, wo für den Bedarfsfall ein Schlüssel für den OP-Saal aufbewahrt wird und kommt es deshalb zu einer Verzögerung einer dringend indizierten Sectio von mindestens 6–7 Minuten, so liegt ein grober Organisationsfehler vor (OLG Stuttgart VersR 2000, 1108).

Dieser Bewertung entspricht, dass in der verzögerten Einleitung einer Schnittentbindung regelmäßig ein grober Behandlungsfehler gesehen wird, da während der Geburt eine Sauerstoffmangelversorgung schnellstmöglich bekämpft werden muss, um Hirnschädigungen zu vermeiden (OLG Stuttgart VersR 2000, 1108, 1110; OLG Frankfurt VersR 1996, 584; OLG Hamm VersR 1994, 730; OLG München VersR 1991, 586: Zeitverlust von 8 Minuten).

▷ *Sicherungspflicht bei Suizidgefahr*

Der Klinikträger haftet aus dem Gesichtspunkt des groben Organisationsverschuldens auch dafür, dass die Station einer nervenärztlichen Klinik mit 30–35 Patienten abends nur mit einer Pflegekraft und damit völlig unzureichend besetzt ist und es zu einem Suizidversuch eines Patienten durch einen Sprung aus dem Fenster kommt (OLG Hamm,

Urt. v. 16.9.1992 – 3 U 283/91; vgl. hierzu → *Suizidgefährdete Patienten*).

▷ *Fehlerhafte postoperative Überwachung*

Auch das Unterlassen des Krankenhausträgers, für die Übernahme und postoperative Überwachung frisch operierter Patienten nur qualifiziertes Pflegepersonal einzuteilen, wodurch die rechtzeitige Beatmung nach einem Atemstillstand versäumt wird, ist aus objektiver ärztlicher Sicht nicht mehr verständlich und als „grob" zu werten (OLG Köln VersR 1997, 1404).

Kausalität

I. Grundsatz; Beweislast	1. Mitursächlichkeit
II. Haftungsbegründende und haftungsausfüllende Kausalität	2. Vorschäden; Reserveursache
1. Haftungsbegründende Kausalität	3. Rechtmäßiges Alternativverhalten
2. Haftungsausfüllende Kausalität	4. Fehler des vor- und nachbehandelnden Arztes
III. Zurechnungszusammenhang	5. Herausforderungs-Fälle

I. Grundsatz; Beweislast

Im Arzthaftungsprozess muss der Patient nicht nur das Vorliegen eines ärztlichen Behandlungsfehlers durch positives Tun oder Unterlassen, sondern grundsätzlich auch dessen für die Gesundheit nachteilige Wirkung, den Kausalzusammenhang zwischen dem Behandlungsfehler und dem eingetretenen Gesundheitsschaden nachweisen (OLG Zweibrücken VersR 1998, 590; OLG Celle MDR 2002, 881, 882; Jorzig, MDR 2001, 481).

Liegt ein Behandlungsfehler durch positives Tun vor, so hat der Patient nachzuweisen, dass die nach dem Facharzt-Standard gebotene, richtige Behandlung den Eintritt des Primärschadens verhindert hätte.

Liegt ein Behandlungsfehler durch **Unterlassen** vor, muss der Patient nachweisen, dass der Eintritt des Primärschadens bei rechtzeitiger Behandlung, etwa bei richtiger Diagnosestellung oder rechtzeitiger Erhebung unterlassener Befunde **mit an Sicherheit grenzender Wahrscheinlichkeit vermieden** worden wäre (G/G, Rn B 218).

Kann der Patient den Kausalitätsnachweis führen oder ist er des Nachweises etwa in den Fallgruppen eines „Groben Behandlungsfehlers" (vgl. S. 297 ff.) bzw. einer „unterlassenen Befunderhebung" (vgl. S. 503 ff.; vgl.

auch → *Beweislastumkehr*) enthoben, so kann sich der Arzt seiner Haftung nur entziehen, wenn er beweist, dass bei dem Patienten ohne den Behandlungsfehler dieselben Schäden oder Beschwerden eingetreten wären (BGH NJW 1987, 1481, 1482; VersR 1989, 701; OLG Köln VersR 1998, 106).

II. Haftungsbegründende und haftungsausfüllende Kausalität

1. Haftungsbegründende Kausalität

Die haftungsbegründende Kausalität, d. h. der Zusammenhang zwischen dem Behandlungsfehler durch positives Tun oder Unterlassen des Arztes und dem ersten Verletzungserfolg, dem Eintritt des „Primärschadens", hat der Patient nach § 286 ZPO zu beweisen (E/B, Rn 517, 571; B/L/A/H, Anh. § 286 ZPO Rn 200).

Im Rahmen des § 286 ZPO genügt ein für das praktische Leben brauchbarer Grad an Gewissheit, d. h. ein für einen vernünftigen, die Lebensverhältnisse klar überschauenden Menschen so hoher Grad von Wahrscheinlichkeit, dass er den Zweifeln Schweigen gebietet, ohne sie völlig auszuschließen (BGH MDR 1994, 303; E/B, Rn 518; F/N, Rn 155).

Es bedarf jedoch nur für den haftungsbegründenden Primärschaden dieses strengen Nachweises nach § 286 ZPO; die haftungsausfüllende Kausalität zwischen dem Primärschaden und den weiteren Gesundheits- und Vermögensschäden des Patienten unterliegt den geringeren Beweisanforderungen des § 287 ZPO (F/N, Rn 155; E/B, Rn 571; S/D, Rn 513, 514; G/G, Rn B 229).

Primärschäden sind die Schäden, die als so genannter erster Verletzungserfolg geltend gemacht werden (OLG Hamm VersR 2002, 315, 317; Gehrlein, Rn B 99). Das sind in dem Fall, in dem wegen eines Unterlassens der gebotenen Maßnahmen etwa eine Therapie erst mit Verzögerung eingeleitet werden kann, die Schäden, die durch die Verzögerung und die hierdurch verursachten veränderten Umstände bedingt sind (OLG Hamm VersR 2002, 315, 317). Wird ein thrombotisches Geschehen im Venenbereich verkannt, so zählt zum Primärschaden eine deshalb eingetretene schwere Lungenembolie und der bei der Patientin eingetretene Hirninfarkt (OLG Hamm VersR 2002, 315, 317).

Zum „Primärschaden" gehört nach einer verspäteten Schnittentbindung nicht nur der eingetretene Hirnschaden des Kindes, sondern auch dessen Ausprägung in Verhaltensstörungen (BGH NJW 1998, 3417; S/D, Rn 513 a).

Steht das Vorliegen eines Behandlungsfehlers durch eine aktive Handlung des Arztes fest, so muss mit einem für das praktische Leben brauchbaren Grad an Gewissheit feststehen, dass eine nach dem Facharztstandard lege artis durchgeführte Behandlung den Eintritt des Primärschadens vermieden hätte (G/G, Rn B 218, B 200; L/U, § 99 Rn 5, 7; Gehrlein, Rn B 100).

Um bei einem Unterlassen einen Ursachenzusammenhang zu bejahen, muss die verspätete bzw. unterbliebene Behandlung hinzugedacht und im Rahmen des Beweismaßes des § 286 ZPO festgestellt werden, dass der Schaden gewiss oder mit an Sicherheit grenzender Wahrscheinlichkeit dann nicht eingetreten wäre, wobei die bloße Wahrscheinlichkeit des Nichteintritts nicht ausreicht (OLG Zweibrücken VersR 2000, 605; VersR 1998, 590).

Ist der Eintritt eines Primärschadens nach dem Stand der wissenschaftlichen Erkenntnisse lediglich möglich oder in hohem Maße wahrscheinlich, schließen die verbleibenden Zweifel eine Haftung des Arztes aus (Gehrlein, Rn B 100; L/U, § 103 Rn 10).

Werden etwa medizinisch gebotene Laboruntersuchungen unterlassen, hätten diese nach entsprechender Erhebung jedoch die von einem Anästhesisten gewählte Anästhesiemethode nicht in Zweifel gezogen, so ist der Fehler des Arztes für den Eintritt eines bei Durchführung dieser Methode eingetretenen Gesundheitsschadens nicht kausal geworden (BGH NJW 1987, 2293).

Besteht der Verdacht auf Durchtrennung einer Beugesehne eines Fingers, so muss der erstbehandelnde Arzt umgehend eine primäre, spätestens bis zum Ende der zweiten Woche nach der Verletzung eine verspätete primäre („sekundäre") Beugesehnennaht veranlassen. Lässt sich jedoch nicht feststellen, dass diese Beugesehnennaht mit an Sicherheit grenzender Wahrscheinlichkeit die Bewegungsbeeinträchtigung am Finger verhindert oder wenigstens gemildert hätte, so wurde das Unterlassen des Arztes für den Eintritt des Primärschadens nicht kausal (OLG Zweibrücken VersR 1998, 590).

Kann nicht festgestellt werden, dass eine verspätet und deshalb fehlerhaft durchgeführte Untersuchung, etwa eine **Kernspintomographie**, bei rechtzeitiger Vornahme das Leiden des Patienten hätte vermeiden können, fehlt es an den Voraussetzungen für die Annahme eines Kausalzusammenhangs zwischen dem Behandlungsfehler und dem eingetretenen Primärschaden (OLG Hamm, Urt. v. 31.10.1994 – 3 U 223/93: Beweislastumkehr unter dem Gesichtspunkt der unterlassenen Befunderhebung abgelehnt).

Die Nichtvornahme einer Röntgenuntersuchung des geschwollenen Fußes eines schwer verletzten Patienten stellt einen Behandlungsfehler dar; sie führt aber dann nicht zur Haftung des Arztes, wenn die Durchführung der Maßnahme den eingetretenen Gesundheitsschaden deshalb nicht verhindert hätte, weil die später erfolgte konservative Behandlung die Therapie der Wahl war (OLG Köln VersR 1991, 930).

Die Ursächlichkeit eines eventuellen Behandlungsfehlers durch Unterlassen einer Sonographie und der Wiedereinbestellung des Patienten erst nach drei Monaten für den ca. drei Jahre später eingetretenen Tod des Patienten lässt sich nicht feststellen, wenn die sechs Monate nach der Erstbehandlung erfolgte Operation einen sehr aggressiven und rasch metastasierenden Krebs ergibt (OLG Köln VersR 1999, 96).

2. Haftungsausfüllende Kausalität

Für die Feststellung der haftungsausfüllenden Kausalität, d. h. den Kausalzusammenhang zwischen dem eingetretenen Primärschaden und den weiteren Gesundheits- und Vermögensschäden des Patienten, die ihm hieraus entstehen, gilt das Beweismaß des § 287 ZPO (G/G, Rn B 192, 229, 262; L/U, § 110 Rn 13; S/D, Rn 514; Gehrlein, Rn B 112, 115, 146).

Zur Feststellung der haftungsausfüllenden Kausalität, des durch den Behandlungsfehler verursachten „Sekundärschadens" kann gem. § 287 ZPO zur Überzeugungsbildung des Gerichts eine überwiegende Wahrscheinlichkeit ausreichen (OLG Oldenburg VersR 1999, 63; VersR 1999, 317; VersR 1999, 1235; S/D, Rn 514; Gehrlein, Rn B 146 a. E.).

Während etwa eine Fistelbildung nach einer beim Patienten fehlerhaft durchgeführten Operation zum Einsatz einer Hüftendoprothese zum Primärschaden gehört, zählt der ihm auf Grund der erforderlichen Nachbehandlung entstehende Verdienstausfall zum Sekundärschaden (BGH VersR 1981, 462).

Wird von den behandelnden Ärzten auf Grund einer unterlassenen EKG-Befunderhebung ein Herzinfarkt nicht erkannt, stellt das bei der Erhebung des Befundes erkennbare Herzwandaneurysma den Primärschaden, ein dadurch verursachter Folgeinfarkt den Sekundärschaden dar (OLG Oldenburg VersR 1999, 317).

Wird vom behandelnden Arzt eine Luxation des Radiusköpfchens (im Ellenbogen) übersehen, so handelt es sich bei der entstehenden Fehlstellung des Gelenks um den Primärschaden, bei der nachfolgenden Bewegungseinschränkung des Gelenks um den Sekundärschaden (OLG Oldenburg VersR 1999, 63).

Nur bei der haftungsbegründenden Kausalität, nicht bei der haftungsausfüllenden Kausalität greifen ausnahmsweise für den Patienten Beweiserleichterungen bis regelmäßig hin zur Beweislastumkehr ein, wenn ein „Grober Behandlungsfehler" festgestellt ist (vgl. S/D, Rn 515; G/G, Rn B 257, 262; vgl. → Grobe Behandlungsfehler, S. 301).

III. Zurechnungszusammenhang

1. Mitursächlichkeit

Es kommt **nicht** darauf an, ob ein Behandlungsfehler die **„ausschließliche"** oder **„alleinige"** Ursache einer gesundheitlichen Beeinträchtigung ist. Auch eine Mitursächlichkeit, sei es auch nur als „Auslöser" neben erheblichen anderen Umständen, steht der Alleinursächlichkeit haftungsrechtlich in vollem Umfang gleich (BGH VersR 2000, 1282, 1283; VersR 1999, 862; OLG Celle NJW-RR 2002, 1603).

Die Mitursächlichkeit eines schuldhaften Behandlungsfehlers führt zur Zurechnung des gesamten Schadens, wenn nicht feststeht, dass er nur einen abgrenzbaren Teil des Schadens verursacht hat (BGH NJW 1997, 796; Müller, MedR 2001, 487, 490; vgl. → *Grobe Behandlungsfehler*, S. 309).

2. Vorschäden; Reserveursache

Verletzt der Arzt durch positives Tun oder Unterlassen einen schon **geschwächten Patienten**, kann er nicht verlangen, so gestellt zu werden, als wenn der Betroffene zum Zeitpunkt der Realisierung des Behandlungsfehlers im Körper- oder Gesundheitsschaden des Patienten gesund gewesen wäre. Er haftet auch dann, wenn der Schaden auf einem Zusammenwirken körperlicher Vorschäden und der durch den Behandlungsfehler bedingten Schädigung beruht (BGH NJW 1996, 2425; G/G, Rn B 190).

Der Kausalzusammenhang zwischen dem Behandlungsfehler und dem eingetretenen Primärschaden scheidet jedoch aus, wenn feststeht, dass der Körper- oder Gesundheitsschaden auf einer anderen Ursache, etwa dem Grundleiden des Patienten beruht (G/G, Rn B 195).

Der Arzt kann sich der Haftung in derartigen „Anlagefällen" jedoch nur entziehen, wenn er beweist, dass dieselben Körper- oder Gesundheitsschäden auch ohne den Behandlungsfehler eingetreten wären (BGH NJW 1987, 1481, 1482; OLG Köln VersR 1998, 106).

3. Rechtmäßiges Alternativverhalten

Der Einwand des rechtmäßigen Alternativverhaltens kommt auch im Bereich der Arzthaftung in Betracht. Er setzt die Tatsachenfeststellung voraus, dass derselbe Schaden auch bei behandlungsfehlerfreiem Vorgehen eingetreten wäre. Die bloße Möglichkeit, dass es auch ohne den festgestellten Behandlungs- oder Aufklärungsfehler zur Schadensverursachung gekommen wäre, genügt nicht (LG Nürnberg-Fürth VersR 2002, 100, 101; G/G, Rn C 137; vgl. → *Aufklärung*, S. 140, 163).

4. Fehler des vor- und nachbehandelnden Arztes

Der erstbehandelnde Arzt hat grundsätzlich für alle Schadensfolgen aufzukommen, die mit dem von ihm auf Grund eines Behandlungsfehlers zu verantwortenden schlechten Zustand des Patienten in adäquatem Kausalzusammenhang stehen. Hierzu zählt insbesondere auch eine von ihm veranlasste Belastung des Patienten mit einer Nachbehandlung und die mit dieser verbundene Gefahr von Fehlern des nachbehandelnden Arztes (OLG Oldenburg VersR 1998, 1110, 1111).

Die Grenze, bis zu welcher der Erstschädiger dem Patienten für die Folgen einer späteren ärztlichen Behandlung einzustehen hat, wird i. d. R. erst überschritten, wenn es um die Behandlung einer Krankheit geht, die mit dem Anlass für deren Entstehung in keinem inneren Zusammenhang steht (OLG Oldenburg VersR 1998, 1110, 1111; OLG Saarbrücken OLGR 2000, 139, 143), sich der Fehler nicht aktualisierte, sondern „im Bereich des Möglichen stecken geblieben ist" (OLG Saarbrücken MedR 2000, 326; Gehrlein, Rn B 107; vgl. auch → *Arbeitsteilung*, S. 39 f.).

Auch „grobe Behandlungsfehler" des nachbehandelnden Arztes sind dem erstbehandelnden Arzt regelmäßig noch zuzurechnen (OLG Köln VersR 1994, 987; OLG Hamm VersR 1992, 610; OLG Oldenburg VersR 1998, 1110, 1111; G/G, Rn B 191; S/D, Rn 245).

Der **Zurechnungszusammenhang** zwischen dem Behandlungsfehler des Erstschädigers und dem Eintritt des Körper- oder Gesundheitsschadens beim Patienten nach der fehlerhaften Behandlung durch den Zweitschädiger wird erst dann **unterbrochen**, wenn nach obigen Grundsätzen ein Versagen des Zweitschädigers „in außergewöhnlich hohem Maß" (OLG Saarbrücken OLGR 2000, 139, 143; OLG Oldenburg VersR 1998, 1110, 1111; OLG Hamm VersR 1992, 610, 611; BGH NJW 1989, 767, 768) bzw. „im oberen Bereich des groben Behandlungsfehlers" festgestellt werden kann (Gehrlein, Rn B 108, B 77).

So stellt es keine den Zurechnungszusammenhang unterbrechende Fehlleistung des zweitbehandelnden Arztes dar, wenn dieser eine Niere des Patienten ohne Erhebung der erforderlichen Kontrolluntersuchungen entfernt und es der Erstbehandler nach der Diagnostizierung eines Harnleitersteins und einer dadurch bedingten „stummen Niere" unterlässt, den Patienten auf dessen lebensbedrohlichen Gesundheitszustand hinzuweisen und mit dem gebotenen Nachdruck dafür zu sorgen, dass er sich unverzüglich in eine urologische Klinik begibt, um die dringend erforderliche Entlastung der Niere durchzuführen (OLG Oldenburg VersR 1998, 1110). Selbst wenn die ohne Erhebung erforderlicher Kontrollbefunde durchgeführte Entfernung der Niere durch den Zweitbehandler sich als fehlerhaft bzw. grob fehlerhaft darstellen würde, wäre der hierdurch verursachte Schaden dem Erstbehandler noch zuzurechnen (OLG Oldenburg VersR 1998, 1110, 1111).

Überlässt ein **Durchgangsarzt** die Behandlung der Fraktur zweier Finger des Patienten in wesentlichen Teilen einem Assistenzarzt und wird die Fraktur dabei nicht genügend stabilisiert und keine korrekte Achsenstellung erreicht, umfasst die Einstandspflicht des D-Arztes auch die Schadensfolgen, die dadurch entstehen, dass der Patient anschließend eine Korrekturoperation durchführen lassen muss, in deren Rahmen es zur versehentlichen Durchtrennung der Beugesehnen kommt (BGH NJW 1989, 767).

5. Herausforderungs-Fälle

Eine Ersatzpflicht kommt auch dann in Betracht, wenn der Schaden durch eine Handlung verursacht wird, die auf einem Willensentschluss des Verletzten beruht (so genannte psychische vermittelnde Kausalität). Voraussetzung ist, dass der Schaden nach Art und Entstehung nicht außerhalb der Wahrscheinlichkeit liegt und in den Schutzbereich der jeweiligen Norm fällt.

Diese Voraussetzungen werden bejaht, wenn die Handlungen des Verletzten durch das haftungsbegründende Ereignis „herausgefordert" worden sind und eine nicht ungewöhnliche Reaktion hierauf darstellt (vgl. Palandt, vor § 249 Rn 77; BGH NJW 1990, 2885: „Verfolgerfälle").

Ein Arzt, der schuldhaft die **einzige Niere eines Kindes entfernt**, haftet danach für den Schaden, den die Mutter infolge einer Nierenspende erleidet (BGH NJW 1987, 2925; L/U, § 103 Rn 22).

Der Kausalzusammenhang wird hier nicht dadurch unterbrochen, dass die Nierenspende auf dem freiwilligen Entschluss der Mutter beruht. Denn die Mutter durfte sich zu der Nierenspende „herausgefordert" fühlen, ihre Selbstgefährdung steht in einem angemessenen Verhältnis zu dem möglichen Rettungserfolg (BGH NJW 1987, 2927; Gehrlein, Rn B 102).

Zur Kausalität und zum Zurechnungszusammenhang vgl. auch → *Früherkennung, fehlerhafte pränatale Diagnostik;* → *Sterilisation, fehlerhafte;* → *Genetische Beratung;* → *Nichterkennen einer Schwangerschaft;* → *Schwangerschaftsabbruch, fehlerhafter.*

Klage (Muster)

An das
Landgericht Stuttgart
Urbanstraße 20
70182 Stuttgart   Stuttgart, den 15.5.2002

KLAGE

der Frau P.   – Klägerin –

Prozessbevollmächtigter: Rechtsanwalt R.

gegen

1. Herrn Oberarzt Dr. A., Universitätsklinikum U.,

– Beklagter Ziff. 1 –

2. Herrn Chefarzt Prof. Dr. B., Universitätsklinikum U.,

– Beklagter Ziff. 2 –

3. Universitätsklinikum U., Anstalt des öffentlichen Rechts,
vertreten durch die Universität

– Beklagte Ziff. 3 –

(zur Passivlegitimation vgl. → *Krankenhausverträge*, → *Arbeitsteilung*, → *Praxisgemeinschaft*)

wegen: Arzthaftung

Streitwert: Klageantrag Ziff. 1:   20 000,00 Euro

Klageantrag Ziff. 2:   66 209,49 Euro

Klageantrag Ziff. 3:   5 000,00 Euro

Insgesamt   91 209,49 Euro

Namens und in Vollmacht der Klägerin erhebe ich Klage und kündige die Stellung folgender

ANTRÄGE

an:

1. Die Beklagten werden als Gesamtschuldner verurteilt, an die Klägerin ein angemessenes Schmerzensgeld zu bezahlen, welches in das Ermessen des Gerichts gestellt wird, mindestens jedoch in Höhe von 20 000 Euro, nebst Zinsen in Höhe von fünf Prozentpunkten über dem Basiszinssatz seit dem 9.9.2001.

(zum Basiszinssatz vgl. §§ 288 I, 291, 247 BGB n. F.; ab 1.1.2002 2,57 % p. a., ab 1.7.2002 2,47 % p. a.).

2. Die Beklagten werden als Gesamtschuldner verurteilt, an die Klägerin 66 209,49 Euro nebst Zinsen in Höhe von fünf Prozentpunkten über dem Basiszinssatz seit dem 9.9.2001 zu bezahlen.

3. Es wird festgestellt, dass die Beklagten als Gesamtschuldner verpflichtet sind, der Klägerin sämtliche weiteren zukünftigen materiellen und immateriellen Schäden zu ersetzen, welche dieser aus der fehlerhaften Behandlung in der Zeit vom 27.6.1994 bis 22.8.1994 im Universitätsklinikum U. entstanden sind und/oder noch entstehen werden, soweit die Ansprüche nicht auf Sozialversicherungsträger oder sonstige Dritte übergegangen sind oder übergehen werden.

Ferner **beantrage** ich, ein schriftliches Vorverfahren (§ 276 I ZPO) anzuordnen.

Zeigen die Beklagten nicht rechtzeitig an, sich gegen die Klage verteidigen zu wollen, **beantrage** ich den Erlass eines Versäumnisurteils gem. § 331 III ZPO.

Anerkennen die Beklagten den geltend gemachten Anspruch, **beantrage** ich den Erlass eines Anerkenntnisurteils gem. § 307 II ZPO.

Von der Anberaumung eines Gütetermins bitte ich abzusehen. Eine Güteverhandlung erscheint erkennbar aussichtslos (§ 278 II 1 ZPO n. F.).

Es wird **gebeten**, gem. § 279 I ZPO n. F. Termin zur mündlichen Verhandlung, ggf. im unmittelbaren Anschluss an eine vom Gericht für notwendig erachtete Güteverhandlung zu bestimmen.

BEGRÜNDUNG:

Die Klägerin nimmt die Beklagten als Gesamtschuldner auf Zahlung von Schadensersatz aus einer ohne ordnungsgemäße Aufklärung und darüber hinaus nicht lege artis durchgeführten medizinischen Behandlung in Anspruch.

I. Sachverhalt *(nachgebildet: OLG Brandenburg NJW-RR 2000, 24 ff. = VersR 2000, 489 ff.)*

1. Diagnose, Aufnahme und Aufklärung der Klägerin

Die am 7.2.1965 geborene Klägerin litt etwa seit Anfang 1994 unter Beschwerden im rechten Oberbauch, insbesondere nach der Einnahme von Mahlzeiten. Bei einer am 7.4.1994 durchgeführten Oberbauchsonografie wurde eine Cholecystolethiasis (Gallenblasensteinleiden) festgestellt. Die Klägerin wurde daraufhin im Juni zum Zwecke der operativen Entfernung der Gallenblase in das

Haus der Beklagten Ziff. 3 überwiesen. Dort wurde sie am 27.6.1994 stationär aufgenommen.

Bei einer Voruntersuchung der Klägerin im Krankenhaus der Beklagten Ziff. 3 wurden außer einer minimalen Amylasämie keine Besonderheiten festgestellt. Die Beklagten Ziff. 1 und 2 im Hause der Beklagten Ziff. 3 rieten der Klägerin zur Durchführung einer laparoskopischen Cholecystektomie (Entfernung der Gallenblase im Wege der Bauchspiegelung).

Am 27.6.1994 unterzeichnete die Klägerin einen Aufklärungsbogen, in welchem Folgendes festgehalten war:

Mögliche Komplikationen:
Ähnlich wie bei der Operation durch Bauchschnitt ist die Verletzung benachbarter Organe, wie z. B. der großen Gallengänge, von Dünn- und Dickdarm, Leber oder Magen sowie von großen Blutgefäßen durch die Instrumente, durch elektronischen Strom oder Hitze nicht mit absoluter Sicherheit auszuschließen. In sehr seltenen Fällen, in denen der Verschluss von Gallengängen oder Blutgefäßen nicht dicht bleibt, kann es zu Nachblutungen sowie zum Austritt von Galle in den Bauchraum und im weiteren Verlauf zu einer Fistel (Verbindung von Gallenwegen zur Darm- oder Bauchwand) oder auch zu einer Peritonitis (Infektion des Bauchraums) kommen.

Die Klägerin unterzeichnete am Ende des Aufklärungsbogens eine Einwilligungserklärung folgenden Inhalts:

„Ich willige hiermit in den vorgeschlagenen Eingriff einschließlich der Schmerzbetäubung sowie der erforderlichen Untersuchungen und Nebeneingriffe ein. Ich bin mit Änderungen und Erweiterungen des Eingriffs einverstanden, die sich während der Operation als erforderlich erweisen."

2. Operativer Eingriff vom 28.6.1994

Am 28.6.1994 wurde die Klägerin zwischen 12.00 Uhr und 14.55 Uhr von den Beklagten Ziff. 1 und 2 operiert. Dabei wurde zunächst die laparoskopische Methode (Bauchspiegelung mit Endoskop bzw. Laparoskop) angewandt. Bei der endoskopischen Inspektion des Bauchraums zeigten sich massive spinnwebenartige Verwachsungen im Bereich der Oberbauchmitte und eine embryonale Fehlbildung der Leber, die vergrößert und vielfach verlappt war und bis in den rechten Unterbauch reichte. Zudem war der Magen weit nach rechts gezogen.

Wegen dieser anatomischen Anomalien im Bauchraum und atypisch verlaufender Gefäße konnte endoskopisch die exakte Lage der Gallenblase nicht eindeutig bestimmt werden. Deshalb entschlossen sich die Operateure gegen 13.00 Uhr zu einer Umstellung der Operationsmethode auf die Laparotomie (Eröffnung der Bauchhöhle, i. d. R. durch Bauchdeckenschnitt) im

Wege eines rechtsseitigen Rippenbogenrandschnittes. Die Exstirpation der Gallenblase war gem. Operationsbericht vom 27.6.1994 ausweislich

Anlage K 1

wegen nicht eindeutig identifizierter anatomischer Verhältnisse, Anomalien und Verwachsungen mit erheblichen Schwierigkeiten verbunden. Bei der anschließenden Inspektion des Bauchraumes wurden kleinere Blutungen im Bereich des Leberbettes durch Klemmchen und Einzelligaturen gestillt und eine Zieldrainage gelegt. Nachdem weitere Kontrollen des Bauchraumes auf Blutungen oder Gallesekretion negativ verlaufen waren, schlossen die Operateure die Bauchdecke wieder. Postoperativ wurde die Klägerin in der intensivmedizinischen Abteilung mit Infusionen und Analgetika versorgt. Zunächst ergaben sich keine Komplikationen.

3. Zustand nach der Operation

Am Tage ihrer vorgesehenen Entlassung, dem 1.7.1994, verschlechterte sich der Zustand der Klägerin. Diese klagte über Beschwerden und erhebliche Schmerzen. Sie litt unter Fieber und Ikterus (Gelbsucht bzw. gelbliche Verfärbung der Haut), konnte nichts essen und kaum etwas trinken. Am 3.7.1994 ergab eine Untersuchung eine deutliche Verschlechterung der Leberwerte sowie der Bilirubinwerte (Blutfarbstoff).

Nach Auftreten erheblicher Gallenabsonderung vermuteten die Beklagten Ziff. 1 und 2 eine Läsion des Gallenganges. Eine hierauf durchgeführte ERCP-Untersuchung (Röntgenkontrastdarstellung der Gallenblase bzw. der Gallengänge) ergab die Feststellung einer Durchtrennung des Ductus choledochus (Hauptgallengang) anlässlich des Eingriffs vom 28.6.1994.

Die Klägerin wurde daraufhin am 4.7.1994 unter Einsatz eines Hubschraubers in die Universitätsklinik X. verlegt und dort am 5.7.1994 erneut operiert. Wie dem Operationsbericht vom selben Tag zu entnehmen ist, wurden erhebliche Mengen von Gallenflüssigkeit im Bauchraum, Verwachsungen im Bereich des rechten Oberbauches und eine persistierende Gallenfistel festgestellt. Die Operateure entdeckten zahlreiche Ligaturen (Unterbindung von Gefäßen, u. a. nach Durchtrennung) im Bereich des Leberhilus (Leberpforte) und die vollständige Durchtrennung des Hepatocholedochus (galleableitender Kanal) im Bereich des Leberhilus. Der in der Leberpforte eintretende Hepatocholedochus zeigte sich weit offen, so dass sich permanent Galle in den Bauchraum entleerte.

Der Hepatochuledochus wurde operativ an den Leberhilus angebunden, Verwachsungen im Bereich des Mittelbauches wurden entfernt, die Bauchhöhle wurde ausgiebig gespült und es wurden mehrere Drainagen gelegt.

Der stationäre Aufenthalt der Klägerin endete am 22.8.1994. Die Klägerin war seitdem bis Januar 1995 arbeitsunfähig krank. Mitte Oktober stellten sich, wiederum bedingt durch die fehlerhafte Behandlung bei der Beklagten Ziff. 3, starke Gelbverfärbungen der Haut und der Augen ein. Im Universitätsklinikum X wurde eine Gelbsucht (Ikterus) diagnostiziert, die einen dortigen stationären Aufenthalt vom 10.11. bis 22.11.1994 notwendig machten.

In der Zeit vom 20.10.–2.11.1995 befand sich die Klägerin erneut im Universitätsklinikum X in stationärer Behandlung, anlässlich derer eine Endoprothese in den Hauptgallengang gelegt wurde; gleichwohl verschlechterte sich der Zustand der Klägerin im Folgenden weiter. Es kam zu einem mehrmaligen Wechsel der Endoprothese. Schließlich wurde auch eine auf die fehlerhafte Behandlung durch die Beklagten zurückzuführende bakterielle Infektion festgestellt, die die Klägerin zu einem erneuten stationären Aufenthalt im Kreiskrankenhaus Y in der Zeit vom 20.2. bis 28.2.1996 und zur laufenden Einnahme von Antibiotika über fünf Monate zwangen.

Beweis für den gesamten vorstehenden Vortrag:

1. Beiziehung der Krankenunterlagen der Bekl. Ziff. 3 sowie der Krankenakten des Universitätsklinikums X., des Kreiskrankenhauses Y. und der Ärzte Dr. Z. und Dr. W.

2. Einholung eines Sachverständigengutachtens

4. Entbindung von der Schweigepflicht

Die Beklagten wurden bereits vorprozessual von ihrer ärztlichen Schweigepflicht entbunden. Die Entbindung wird mit beigefügter Erklärung der Klägerin ausdrücklich auch auf das Gericht, die sonstigen Prozessbeteiligten, die Ärzte des Universitätsklinikums X, des Kreiskrankenhauses Y, ihres Hausarztes Dr. Z., des Facharztes Dr. W. und alle weiteren, behandelnden Ärzte erstreckt.

II. Rechtliche Würdigung

1. Behandlungsfehler

a) Die Beklagten Ziff. 1 und 2 haben am 28.6.1994 anlässlich der Durchführung der Laparoskopie in behandlungsfehlerhafter Weise den Ductus choledochus (Hauptgallengang) infolge der Verwechslung mit dem Ductus cysticus (Gallenblasengang) geclipt und durchtrennt.

Sie hatten es versäumt, zuvor eine genügend sorgfältige Präparation vorzunehmen. Darin liegt ein Verstoß gegen die chirurgische Regel, dass erst dann durchtrennt werden darf, wenn der Organsitus genau analysiert und Organe differenziert werden können. Bei sorgfältiger Präparation hätte diese Durchtrennung vermieden werden können (vgl. OLG Hamm VersR 2001, 65).

Beweis: Einholung eines Sachverständigengutachtens

Bereits der Wechsel von der laparoskopischen Methode zur Laparotomie war bedenklich. Jedenfalls war es behandlungsfehlerhaft, die Operation weiterzuführen, ohne nach Eröffnung des Bauchraumes und Entdeckung der Verwachsungen und anatomischen Anomalien den Versuch einer intraoperativen röntgendiagnostischen Abklärung der Gallenwege durch eine Cholangiographie (Röntgenkontrastdarstellung der Gallengänge) zu unternehmen.

Die intraoperative Cholangiographie wäre hier geboten gewesen, um Aufschluss über Lage und Verlauf der Gallenwege zu gewinnen, als nach Eröffnung des Bauchraumes offenbar wurde, dass in erheblichem Umfang Verwachsungen und anatomische Anomalien vorhanden waren. Aufgrund dieser Verwachsungen und Anomalien bestand ein deutlich erhöhtes Risiko dafür, dass bei der operativen Entfernung der Gallenblase wichtige Organe und Gefäße nicht oder nicht sicher erkannt und infolgedessen verletzt werden könnten. Daher hätten die Beklagten Ziff. 1 und 2 über eine intraoperative Cholangiographie den Versuch unternehmen müssen, sich einen Überblick über die anatomischen Verhältnisse zu verschaffen (vgl. OLG Brandenburg NJW-RR 2000, 24, 26; OLG Hamm VersR 2001, 65).

Beweis: Einholung eines Sachverständigengutachtens

Bei dieser röntgendiagnostischen Abklärung handelt es sich unter anatomischen Verhältnissen, wie sie hier vorlagen, um medizinischen Standard. Danach sind die Beklagten durch Unterlassen dieser dringend gebotenen Untersuchung bei der Entfernung der Gallenblase „sehenden Auges", eine sich aufdrängende Möglichkeit der Sichtbarmachung der Gefäßverläufe nicht nutzend, ein unnötiges, vermeidbares Risiko einer erheblichen Schädigung der Patientin eingegangen.

b) Hierin liegt ein grober Behandlungsfehler der Bekl. Ziff. 1 und 2. Ein Behandlungsfehler ist immer dann als grob zu bewerten, wenn ein medizinisches Fehlverhalten vorliegt, das aus objektiver ärztlicher Sicht nicht mehr verständlich erscheint, weil ein solcher Fehler dem Arzt „schlechterdings nicht unterlaufen darf" (BGH VersR 2002, 1026; MDR 2001, 1113, 1114; MDR 2001, 1115; MDR 1999, 229; NJW 1999, 860; NJW 1999, 862; OLG Hamm VersR 2001, 593, 594; OLG Stuttgart VersR 2000, 1108, 1110; OLG Frankfurt VersR 2000, 853, 854; *vgl. hierzu* → *Grobe Behandlungsfehler*).

Ein solcher, grober Behandlungsfehler ist den Beklagten Ziff. 1 und 2 im vorliegenden Fall unterlaufen (vgl. OLG Brandenburg NJW-RR 2000, 24, 26; auch OLG Düsseldorf VersR 2000, 456).

2. Aufklärungsfehler

a) Der Patient muss nach der Rechtsprechung des BGH zum Zwecke der Wahrung seines Selbstbestimmungsrechts für die mit der ordnungsgemäßen Operation verbundenen spezifischen Risiken im Großen und Ganzen aufgeklärt werden. Die gebotene „Grundaufklärung" hat dem Patienten einen zutreffenden allgemeinen Eindruck von der Schwere des Eingriffs und der Art der Belastungen zu vermitteln, die für seine körperliche Integrität und seine Lebensweise zu befürchten sind (BGH NJW 1984, 2629, 2630; BGH NJW 1991, 2346, 2347; NJW 1996, 777, 779; OLG Brandenburg NJW-RR 2000, 24, 25; *vgl. hierzu → Aufklärung, S. 77 ff., 157 ff.*).

Die Wahl der Behandlungsmethode ist zwar prinzipiell Sache des Arztes. Eine Aufklärung wird aber dann erforderlich, wenn bestehende Behandlungsalternativen zu jeweils wesentlich unterschiedlichen Belastungen des Patienten führen oder wesentlich unterschiedliche Risiken und Erfolgschancen bieten. Im vorliegenden Falle wäre eine Aufklärung der Klägerin über die unterschiedlichen Vorgehensweisen (Laparoskopie und Laparotomie) erforderlich gewesen.

Insbesondere aber hätte die Klägerin darüber aufgeklärt werden müssen, dass unter Umständen, insbesondere im Fall ungünstiger anatomischer Verhältnisse, während der Operation ein Wechsel der Operationsmethode von der Laparoskopie zur Laparotomie erforderlich werden könnte (OLG Brandenburg NJW-RR 2000, 24; OLG Düsseldorf VersR 2000, 456; *vgl. hierzu → Aufklärung, S. 107*).

Der danach erforderliche Hinweis ist nicht erfolgt. Wäre die Klägerin über die Behandlungsalternativen korrekt aufgeklärt worden, hätte sie sich primär für eine Laparotomie entschieden, zumindest hätte sie vorher noch eine zweite Meinung bei einer anderen Universitätsklinik eingeholt und sich damit in einem ernsthaften Entscheidungskonflikt darüber befunden, sich für eine der beiden Methoden zu entscheiden *(zum ernsthaften Entscheidungskonflikt vgl. → Aufklärung, S. 142 ff.)*.

Beweis: Parteivernehmung der Klägerin

b) Darüber hinaus ist die Klägerin nicht rechtzeitig aufgeklärt worden. Die Bedeutung des Selbstbestimmungsrechts des Patienten verlangt jedoch eine Rechtzeitigkeit der Einwilligung zur Klärung und damit auch eine Aufklärung, die eine Überlegungsfreiheit ohne vermeidbaren Zeitdruck gewährleistet (Geiß/Greiner, Arzthaftpflichtrecht, 4. Aufl. 2001, Rn C 97). Bei zeitlich und sachlich nicht dringlichen Wahleingriffen, die mit erheblichen Belastungen und Risiken verbunden sind, hat die Aufklärung so rechtzeitig zu erfolgen, dass das Selbstbestimmungsrecht des Patienten gewährleistet ist, am besten schon bei der Vereinbarung eines Termins für die stationäre Aufnahme zur Operation, um die Entscheidungs- und Dispositionsfreiheit des Patienten zu gewährleisten. Eine Aufklärung erst am Vorabend der Operation ist bei derartigen Eingriffen wie auch dem vorliegenden zu spät (vgl. BGH NJW 1992, 2351, 2353; OLG Köln MedR 1996, 270; OLG Bremen VersR 2001, 340, 341; vgl. hierzu → Aufklärung, S. 122 ff.).

Zu beachten ist, dass die eigenständige Entscheidung des Patienten für oder gegen die Operation in Ruhe und ohne psychischen Druck möglich bleibt. Dies ist immer dann nicht mehr gewährleistet, wenn dieser während der Aufklärung mit einer nahtlos anschließenden Durchführung des Eingriffs rechnen muss und deshalb unter dem Eindruck steht, sich nicht mehr aus dem Geschehen lösen zu können (BGH MDR 1998, 654; NJW 1994, 3009, 3011). Im vorliegenden Fall erfolgte die Aufklärung der Klägerin erst am Tag vor dem schweren, risikoreichen Eingriff und damit nicht „rechtzeitig".

3. Kausalität

Sowohl die oben dargestellten Behandlungsfehler als auch der mangels wirksamer Einwilligung (Aufklärungsfehler) rechtswidrige operative Eingriff bei der Klägerin wurden für den Eintritt eines Körper- und Gesundheitsschadens bei der Klägerin kausal.

Die Darlegungs- und Beweislast für eine Pflichtverletzung des Arztes und deren Auffälligkeit für den eingetretenen Körper- bzw. Gesundheitsschaden trägt zwar grundsätzlich der Geschädigte. Beweiserleichterungen bis hin zur regelmäßig angenommenen Beweislastumkehr zugunsten des Patienten gelten aber immer dann, wenn – wie hier – ein grober Behandlungsfehler vorliegt und dieser als solcher generell geeignet ist, den eingetretenen Schaden zumindest mitursächlich herbeizuführen. Immer dann ist es Sache des Arztes oder Krankenhausträgers nachzuweisen, dass es an der Kausalität zwischen der Pflichtverletzung und dem Eintritt des Primärschadens fehlt (BGH NJW 1983, 333; 1988, 2949, 2950 f.; NJW 1993, 2375, 2376 f.; NJW 1995, 1611, 1612; NJW 1996, 1589, 1590 f.; NJW 1998, 1780, 1781; NJW 1998, 1782, 1783; OLG Brandenburg NJW-RR 2000, 24, 26; vgl. hierzu → Grobe Behandlungsfehler, S. 301, 309).

Den Beklagten obliegt es danach, zu beweisen, dass es auch bei ausreichender Präparation anlässlich der durch Laparoskopie zur Durchtrennung des Hauptgallenganges und bei Durchführung der intraoperativen Cholangiographie zur Läsion des Hauptgallenganges gekommen wäre. Diesen Beweis können die Beklagten nicht führen. Auch der Aufklärungsfehler wurde für den Eintritt des unten im Einzelnen dargestellten Schadens der Klägerin ursächlich. Bei rechtzeitiger Aufklärung hätte die Klägerin zunächst eine „Zweite Meinung" eingeholt und dem Eingriff zu diesem Zeitpunkt durch die Beklagten nicht zugestimmt.

4. Haftung der Beklagten

Im vorliegenden Falle liegt ein so genannter „totaler Krankenhausvertrag" vor. Vertragspartner ist hier allein der Krankenhausträger, und zwar einheitlich für sämtliche Leistungen der stationären Krankenhausbetreuung im ärztlichen wie pflegerischen Bereich (BGH NJW 1982, 706; OLG Brandenburg NJW-RR 2000, 24, 25). Die behandelnden Ärzte sind nicht selbst Vertragspartner, sondern Erfüllungsgehilfen und Verrichtungsgehilfen bzw. Organe des Krankenhausträgers.

Die Beklagte Ziff. 3 haftet deliktisch für die Behandlungs- und Aufklärungsfehler des Bekl. Ziff. 2 gem. §§ 847 *(seit 1.8.2002: § 253 II BGB n. F.)*, 31, 89 BGB (BGHZ 95, 63; OLG Brandenburg VersR 2000, 1283, 1284 und VersR 2000, 489, 491 für Chefärzte), für diejenigen des Bekl. Ziff. 1 gem. §§ 831 I, 847 BGB (BGH NJW 1988, 2298; OLG Brandenburg VersR 2000, 489, 491; VersR 2000, 1283, 1284) und vertraglich aus p. V. V. *(für nach dem 1.1.2002 geschlossene Verträge: § 280 I BGB n. F.)* i. V. m. § 278 BGB (OLG Brandenburg VersR 2000, 489, 491; *vgl. hierzu → Krankenhausverträge, S. 405 f.*).

Die – nicht beamteten – Beklagten Ziff. 1 und 2 haften selbst gem. §§ 823 I, 823 II BGB i. V. m. §§ 223 bzw. 229 StGB. Die Beklagten Ziff. 1–3 haften der Klägerin gem. §§ 840 I, 421 BGB als Gesamtschuldner.

5. Feststellungsantrag

Der Feststellungsantrag ist zulässig. Das Feststellungsinteresse ist gem. § 256 I ZPO bereits dann zu bejahen, wenn die Entstehung des Schadens – sei es auch nur entfernt – „möglich", aber noch nicht vollständig gewiss ist und der Schaden daher noch nicht abschließend beziffert werden kann, weil er sich noch in der Entwicklung befindet (BGH NJW 1991, 2707, 2708; BGH NJW-RR 1988, 445; *vgl. hierzu → Feststellungsinteresse*). Dies ist hier sowohl hinsichtlich des materiellen als auch des immateriellen Schadens der Fall.

Die Klägerin befindet sich, bedingt durch die fehlerhafte Behandlung der Beklagten Ziff. 1–3, nach wie vor in medizinischer Behandlung. Sie kann ihrer beruflichen Tätigkeit nur mit starken Einschränkungen und höchstens vier bis fünf Stunden täglich nachgehen.

Beweis: 1. Beiziehung der Krankenunterlagen der Beklagten Ziff. 3, des Universitätsklinikums X., des Kreiskrankenhauses Y., des Hausarztes Dr. Z. und des Facharztes Dr. W.;
2. Einholung eines Sachverständigengutachtens

III. Schadenshöhe

1. Schmerzensgeld

Bedingt durch die Behandlungs- und Aufklärungsfehler der Beklagten Ziff. 1–3 musste sich die Klägerin als Folge der Durchtrennung des Hauptgallenganges an bislang insgesamt 87 Tagen mehreren zusätzlichen, stationären Behandlungen vom 1.7.–22.8.1994, 10.11.–22.11.1994, 20.10.–2.11.1995 sowie vom 20.2.–28.2.1996 unterziehen.

Während des stationären Krankenhausaufenthaltes im Universitätsklinikum X vom 20.10 bis 2.11.1995 wurde ihr eine Endoprothese (Ersatzstück aus Fremdmaterial) in den Hauptgallengang gelegt, gleichwohl verschlechterte sich ihr Zustand weiter. Die Endoprothese muss seit Februar 1996 alle drei Monate gewechselt werden. Im November 1995 wurde eine bakterielle Infektion im Bereich des Dickdarms festgestellt; die Klägerin war seitdem gezwungen, über einen Zeitraum von fünf Monaten täglich Antibiotika einzunehmen.

Beweis: 1. Beiziehung der Krankenunterlagen der Beklagten Ziff. 3, des Universitätsklinikums X., des Kreiskrankenhauses Y.;
2. Einholung eines Sachverständigengutachtens

Daneben befindet sie sich seit dem 23.8.1994 in ambulanter Behandlung bei den Ärzten Dr. Z. und Dr. W. Angefallen sind dort bislang mehr als 80 Behandlungstermine.

Beweis: Beiziehung der Krankenakten Dr. Z. und Dr. W.

Sie leidet seit August 1994 unter erheblichen Schlafstörungen, depressiven Verstimmungen, Gewichtsabnahme von ursprünglich 62 auf zwischenzeitlich nur 43 kg, laufenden Entzündungen der Gallenwege, Hautjucken und dauernder Mattigkeit und laborierte insgesamt über zwölf Wochen an einer Gelbsucht.

Augen und Haut der Klägerin wiesen während dieser Zeit starke Gelbverfärbungen auf. Die Leberwerte waren über Wochen teilweise pathologisch.

Beweis: 1. Beiziehung der Krankenunterlagen der Universitätsklinik X., des Krankenhauses Y. und der Ärzte Dr. Z. und Dr. W.;
2. Arztbericht Dr. W., Anlage K 2
3. Einholung eines Sachverständigengutachtens

Die Klägerin war vom 1.7.1994 bis zunächst 15.1.1995 zu 100 % arbeitsunfähig. Seit dem 16.1.1995 konnte sie ihrer Arbeit als Kindergärtnerin in eingeschränktem Umfang, durchschnittlich maximal fünf anstatt acht Stunden täglich, unterbrochen durch die weiteren stationären Klinikaufenthalte von insgesamt 76 Tagen (s. o.) und die Zeiten der erneuten Krankschreibung von weiteren 64 Tagen, nachkommen.

Beweis: 1. Bescheinigung des Arbeitgebers, Anlage K 3;
2. Mitteilung der Krankenversicherung, Anlage K 4

Ihren Hobbys wie Joggen, Wandern und Tanzen kann die Klägerin physisch und psychisch bedingt nicht mehr oder nur noch in sehr eingeschränktem Umfang nachgehen. Anstatt acht bis zehn Stunden wöchentlich kann sie sportliche Aktivitäten maximal vier Stunden wöchentlich ausüben.

Beweis: 1. Arztbericht Dr. Z., Anlage K 5;
2. Zeugnis des Herrn P., zu laden über die Klägerin

Sämtliche oben dargestellten, immateriellen und materiellen Schäden (primäre und sekundäre Schäden) sind auf die fehlerhafte Behandlung und/oder die zur Rechtswidrigkeit des Eingriffs führende unzureichende Aufklärung durch die Beklagten Ziff. 1–3 zurückzuführen.

Beweis (unter Verwahrung gegen die Beweislast):
1. Beiziehung der Krankenunterlagen der Beklagten Ziff. 3, des Universitätsklinikums X., des Kreiskrankenhauses Y. sowie der behandelnden Ärzte Dr. Z. und Dr. W.;
2. Einholung eines Sachverständigengutachtens

Die genannten Umstände rechtfertigen die Zubilligung eines Schmerzensgeldes von mindestens 20 000 Euro. Wir verweisen auf die ADAC-Schmerzensgeldtabelle von Hacks/Ring/Böhm, 20. Auflage 2001, Nr. 1991. In dem dort abgedruckten, im Jahr 1996 vom OLG Köln entschiedenen Fall geht es ebenfalls um die Durchtrennung des Hauptgallenganges. Die dortige Klägerin musste mehrere stationäre Behandlungen zur Behandlung einer Stenose über sich ergehen lassen und erhielt ein Schmerzensgeld in Höhe von 30 000 DM zugesprochen.

Vorliegend geht es um noch schwer wiegendere Beeinträchtigungen der Klägerin als derjenigen im Fall des OLG Köln. Der im Jahr 1996 ausgeurteilte, entsprechend den gravierenderen Beschwerden der hiesigen Klägerin zu erhöhende Betrag ist entsprechend zu indexieren, so dass mindestens ein Betrag von 20 000 Euro (39 117 DM) angemessen ist.

(Das OLG Brandenburg NJW-RR 2000, 24, 27 hat der Klägerin im entschiedenen Fall unter Bezugnahme auf die Entscheidung des OLG Köln 30 000 DM zugesprochen)

2. Verdienstausfall

Ohne den Aufklärungs- und Behandlungsfehler wäre die Klägerin am 1.7.1994 aus dem Universitätsklinikum entlassen worden.

Nach einer Krankschreibung von allenfalls vier Wochen hätte sie spätestens ab dem 1.8.1994 zu 100 % weiter als Kindergärtnerin bei der Stadt S. tätig sein können.

Beweis: 1. Zeugnis des Ehemannes der Klägerin;
2. Einholung eines Sachverständigengutachtens

Bedingt durch den Behandlungs- und/oder den Aufklärungsfehler im Hause der Bekl. Ziff. 3 konnte die Klägerin ihre Tätigkeit erst am 15.1.1995 wieder aufnehmen. Aufgrund der oben beschriebenen Folgen des behandlungsfehlerhaften Eingriffs war es ihr jedoch nur möglich, in eingeschränktem Umfang, durchschnittlich maximal fünf anstatt acht Stunden täglich, zu arbeiten.

Beweis: 1. Bescheinigung des Arbeitgebers, Anlage K 3;
2. Arztbericht Dr. W., Anlage K 2;
3. Arztbericht Dr. Z., Anlage K 5

Bis zum heutigen Tag ist es ihr nicht möglich, mehr als durchschnittlich fünf Stunden täglich zu arbeiten. Der Verdienstausfall-Schaden beziffert sich somit wie folgt:

a) Nettolohn der Klägerin ohne den Eintritt des Schadensereignisses:

Nettolohn der Klägerin vom 1.8.1994–31.12.1995,
1 800,00 DM × 17 Monate   30 600,00 DM
Ab dem 1.1.1996 hätte der Nettolohn nach durch den Arbeitgeber gewährter Lohnerhöhung bei gleich bleibenden Bedingungen 1 900,00 DM monatlich betragen.

Beweis: Bescheinigung des Arbeitgebers, Anlage K 3

Nettolohn der Klägerin vom 1.1.1996–31.12.1997,
1 900,00 DM × 24 Monate   45 600,00 DM
Ab 1.1.1998 hätte der Nettolohn monatlich
2 000,00 DM betragen.

Beweis: Bescheinigung des Arbeitgebers, Anlage K 3

Nettolohn der Klägerin vom 1.1.1998–31.12.2000,
2 000,00 DM × 36 Monate   72 000,00 DM
Ab dem 1.1.2001 hätte die Klägerin nach erneuter Lohnsteigerung monatlich 2 100,00 DM erhalten.

Beweis: Bescheinigung des Arbeitgebers, Anlage K 3

Nettolohn vom 1.1.2001 – (zunächst) 30.4.2002,
2 100,00 DM × 16 Monate   33 600,00 DM

Somit Summe vom 1.8.1994 – (zunächst) 30.4.2002   181 800,00 DM

b) Anrechenbare Einkünfte der Klägerin in der fraglichen Zeit:

Vom 1.8.1994–15.1.1995, Krankengeld	5 800,00 DM
Vom 16.1.1995–19.10.1995 vom Arbeitgeber	10 200,00 DM

Beweis: Bescheinigung des Arbeitgebers, Anlage K 6

Vom 20.10.1995–2.11.1995, Krankengeld	450,00 DM

Beweis: Anlage K 7

Vom 3.11.1995–20.2.1996 vom Arbeitgeber	4 000,00 DM

Beweis: Bescheinigung des Arbeitgebers, Anlage K 6

Vom 20.2.1996–28.2.1996, Krankengeld	250,00 DM

Beweis: Anlage K 7

Vom 1.3.1996–31.12.1997 vom Arbeitgeber	26 200,00 DM
Vom 1.1.1998–31.12.2000 vom Arbeitgeber	44 300,00 DM
Vom 1.1.2001–30.4.2002 vom Arbeitgeber	21 500,00 DM

Beweis: Bescheinigung des Arbeitgebers, Anlage K 6

Summe der tatsächlichen Einkünfte vom 1.8.1994 bis – zunächst – 30.4.2002	112 700,00 DM

c) Somit ergibt sich bis zum 30.4.2002 ein Verdienst-ausfall in Höhe von

	181 800,00 DM
abzgl. erhaltener	112 700,00 DM
	69 100,00 DM
Summe zu 2.:	**35 330,27 Euro**

(Zur Brutto- und Nettolohnmethode vgl. BGH NJW 1995, 389 f., NJW 1999, 3711 und Wussow/Küppersbusch, 7. Aufl. 2000, Rn 53 ff., 77, 78; zum entgangenen Urlaubsentgelt und der entgangenen Weihnachtsgratifikation vgl. BGH NJW 1972, 1703 und Wussow/Küppersbusch, Rn 64, 65; zum Abzug ersparter und berufsbedingter Aufwendungen vgl. OLG Stuttgart NJW 1985, 310 und Wussow/Küppersbusch, Rn 24, 50, 67; zusammenfassend Palandt-Heinrichs, 62. Aufl. 2003, § 252 Rn 8–15.)

3. Haushaltsführungsschaden

Die Klägerin hat einen Zwei-Personen-Haushalt zu bewirtschaften. Der Ehemann ist berufstätig. Die Eheleute P. bewohnen eine Mietwohnung mit 120 qm Wohnfläche nebst Gartenanteil von 10 qm *(hier wären u. U. noch weitere Ausführungen erforderlich, vgl. Schulz-Borck/Hofmann, 6. Auflage 2001, S. 18 ff., 27 ff., 54 ff.; zum Haushaltsführungsschaden auch Wussow/Küppersbusch, Rn 133 ff.).*

Der Arbeitszeitbedarf eines reduzierten Zwei-Personen-Haushalts der Anspruchstufe 3 beträgt nach der Tabelle von Schulz-Borck/Hofmann, 6. Auflage 2001 31,6 Stunden.

Bedingt durch den Behandlungsfehler bestand und besteht eine konkrete Behinderung der Klägerin in den Tätigkeitsbereichen der Hausarbeit von durchschnittlich mindestens 25 %.

Beweis: 1. Einholung eines Sachverständigengutachtens;
2. Arztbericht Dr. W., Anlage K 2

Die Stundenvergütung beträgt nach dem anzuwendenden BAT VIII 19,19 DM. Der Haushaltsschaden beziffert sich danach wie folgt:

- Krankenhausaufenthalt (noch) vom 1.8.–22.8.1994,
  an 3 Wochen × 31,6 Stunden × 19,19 DM × 100 % 1 819,21 DM
- Vom 23.8.–10.11.1994,
  11 Wochen × 31,6 Stunden × 19,19 DM × 25 % 1 667,61 DM
- Krankenhausaufenthalt vom 10.11.–22.11.1994,
  12 Tage × 4,51 Stunden × 19,19 DM × 100 % 1 038,56 DM
- Vom 23.11.1994–20.10.1995,
  329 Tage/47 Wochen × 31,6 Stunden × 19,19 DM × 25 % 7 125,25 DM
- Krankenhausaufenthalt vom 20.10.–2.11.1995,
  13 Tage × 4,51 Stunden × 19,19 DM × 100 % 1 125,11 DM
- Vom 3.11.1995–20.2.1996,
  108 Tage × 4,51 Stunden × 19,19 DM × 25 % 2 336,77 DM
- Krankenhausaufenthalt vom 20.2.–28.2.1996,
  8 Tage × 4,51 Stunden × 19,19 DM × 100 % 692,37 DM
- Vom 1.3.1996 – (zunächst) 30.4.2002,
  268 Wochen × 31,6 Stunden × 19,19 DM × 25 % 40 629,07 DM

Somit Summe Haushaltsführungsschaden bis 30.6.2002 56 433,95 DM
Summe zu 3. 28 854,22 Euro

4. Arztkosten (Eigenanteile), Fahrtkosten und Auslagen

Bedingt durch den Behandlungsfehler im Hause der Beklagten Ziff. 3 musste die Klägerin Eigenanteile an Arztkosten tragen in Höhe von 1 600,00 Euro

Beweis: Anlage K 8

An Fahrtkosten zu den Ärzten Dr. W., Dr. Z., in die Universitätsklinik X. und das Kreiskrankenhaus Y. fielen in der Zeit vom 22.8.1994 bis (zunächst) 30.4.2002 an 400,00 Euro

Beweis: Aufstellung der Klägerin, Anlage K 9

Die pauschalen Auslagen der Klägerin beziffern sich auf	25,00 Euro
Summe zu 4	**2 025,00 Euro**

5. Zinsen

Die Beklagten befinden sich mit der Zahlung und der Anerkennung des Feststellungsanspruchs nach Zugang des Ablehnungsschreibens ihres Haftpflichtversicherers seit dem 9.9.2001 in Verzug. Der Zinsanspruch ergibt sich aus § 288 I 2 BGB n. F., nach dem Eintritt der Rechtshängigkeit jedenfalls aus § 291 S. 2 i. V. m. § 288 I 2 BGB.

IV. Vorgerichtliche Korrespondenz

Die Klägerin hat im Vorfeld bereits mit der Haftpflichtversicherung der Beklagten Ziff. 1–3 korrespondiert. Diese wurde unter Fristsetzung auf 8.9.2001 (eingehend) zur Regulierung der mit vorliegender Klage geltend gemachten Schadensersatzansprüche aufgefordert.

Beweis: Anlage K 9

Die Haftpflichtversicherung hat das Vorliegen von Behandlungsfehlern verneint, die erfolgte Aufklärung für ausreichend erachtet und die geltend gemachten Ansprüche mit Schreiben vom 10.9.2001 zurückgewiesen.

Beweis: Anlage K 10

Es ist daher Klage geboten.

In der Anlage überreiche ich aus dem Gegenstandswert von 91 209,49 Euro einen Verrechnungsscheck für die Gerichtskosten.

Rechtsanwalt R.

Klageerwiderung (Muster)

An das
Landgericht Stuttgart
Urbanstraße 20
70182 Stuttgart   Schwäbisch Gmünd, 18.6.2002

In Sachen

der Frau P.   gegen   1. Herrn Dr. A.
                                                     2. Herrn Prof. Dr. B.
                                                     3. Das Universitäts-
                                                        klinikum U.

15 O 999/02

zeigen wir die Vertretung der Beklagten Ziff. 1–Ziff. 3 an. Wir werden **beantragen**,

die Klage abzuweisen.

Von der Anberaumung eines Gütetermins bitten wir abzusehen. Eine Güteverhandlung erscheint erkennbar aussichtslos (§ 278 II 1 ZPO n. F.)

BEGRÜNDUNG:

I. Sachverhalt

1. Aufnahme und Aufklärung der Klägerin

Es trifft zu, dass die Klägerin am 27.6.1994 von der Beklagten Ziff. 3 stationär aufgenommen worden ist. Nach eingehender Untersuchung empfahl der Beklagte Ziff. 2 der Klägerin die operative Entfernung der Gallenblase im Wege der Bauchspiegelung.

Dabei wurde die Klägerin vom Beklagten Ziff. 1 um 14.00 Uhr des Aufnahmetages ausdrücklich darüber aufgeklärt, dass es bei diesem Eingriff zu einer Verletzung benachbarter Organe, insbesondere des Hauptgallengangs, des Dünn- und Dickdarms, der Leber, des Magens sowie von großen Blutgefäßen, weiterhin, dass es in seltenen Fällen zum Austritt von Galle in den Bauchraum und im weiteren Verlauf zu einer Fistel (Verbindung von Gallenwegen zur Darm- oder Bauchwand) oder einer Peritonitis (Infektion des Bauchraumes) kommen kann.

Beweis: 1. Parteivernehmung des Beklagten Ziff. 1;
2. Aufklärungsbogen v. 27.6.1994 in der Krankenakte

395

Der Beklagte Ziff. 1 wies die Klägerin auch darauf hin, dass als Behandlungs-alternative eine Laparotomie in Frage kommen könnte. Er führte jedoch auch aus, dass die Laparoskopie gegenüber der Laparotomie ein deutlich geringeres Letalitäts- und Morbiditätsrisiko aufweist und in Bezug auf mögliche Gallenwegsverletzungen kein höheres, sondern ein allenfalls gleich großes Risiko enthält.

Beweis: 1. Parteivernehmung des Beklagten Ziff. 1;
   2. Zeugnis des Krankenpflegers K. P.

Gerade im Hinblick auf das deutlich geringere Letalitäts- und Morbiditäts-risiko empfahl der Beklagte Ziff. 1 die Durchführung der Laparoskopie, womit die Klägerin ausdrücklich einverstanden war.

Beweis: Wie vor

2. Durchführung des Eingriffs

Der Eingriff wurde dann von den Beklagten Ziff. 1 und Ziff. 2 am 28.6.1994 vorgenommen.

Nachdem sich überraschend Verwachsungen und Anomalien herausgestellt hatten, entschlossen sich die Beklagten Ziff. 1 und Ziff. 2 zum Wechsel der Operationsmethode von der Laparoskopie zur Laparotomie.

Bei der Klägerin kam es zu Kreislaufinstabilitäten, weshalb die Laparotomie nach Entdeckung der Verwachsungen ohne Aufschub durchgeführt wurde und durchgeführt werden musste. Die unterlassene Abklärung der Gallen-wege durch eine Cholangiographie war unter diesen Umständen nicht be-handlungsfehlerhaft.

Gegenbeweislich: 1. Einholung eines Sachverständigengutachtens;
   2. Beiziehung der Krankenunterlagen

Unglücklicherweise wurde im weiteren Verlauf der Hauptgallengang durch-trennt. Auf dieses dem Eingriff immanente Risiko war die Klägerin jedoch zuvor hingewiesen worden.

Die Gallenblase konnte dann planmäßig entfernt, der Bauchraum nach nega-tiv verlaufender Kontrolle auf Blutungen oder Gallensekretionen wieder lege artis verschlossen werden.

3. Folgen und weiterer Verlauf

Auch ohne Durchtrennung des Hauptgallengangs wäre die Klägerin aufgrund des behandelten Grundleidens mindestens bis Ende August 1994 arbeitsun-fähig gewesen.

Beweis: Einholung eines Sachverständigengutachtens

Die Behandlung vom 10.11.–22.11.1994 im Universitätsklinikum X wäre unabhängig von der Durchtrennung des Hauptgallengangs erforderlich geworden, jedenfalls ist dies nicht auszuschließen.

Beweis: Einholung eines Sachverständigengutachtens

II. Rechtslage

1. Behandlungsfehler

Der intraoperative Wechsel von der laparoskopischen Methode zur Laparotomie ist nicht zu beanstanden. Die Laparoskopie weist gegenüber der Laparotomie ein deutlich geringeres Letalitäts- und Morbiditätsrisiko auf und enthält in Bezug auf die Gallenwegsverletzungen kein höheres Risiko (vgl. OLG Brandenburg, NJW-RR 2000, 24, 26).

Nachdem sich Verwachsungen und Anomalien herausgestellt hatten, war sowohl der Wechsel der Operationsmethode an sich als auch der zeitliche Ablauf ordnungsgemäß. Die Durchtrennung des Hauptgallenganges stellt sich unter Berücksichtigung der anatomischen Anomalien und erheblichen Verwachsungen als nicht sicher vermeidbares typisches Operationsrisiko, über das die Klägerin aufgeklärt worden ist, und nicht als haftungsbegründender Behandlungsfehler dar (OLG Brandenburg NJW-RR 2000, 24, 26).

Nachdem erhebliche Kreislaufinstabilitäten auftraten, liegt in der Unterlassung einer intraoperativen röntgendiagnostischen Abklärung der Gallenwege vor bzw. nach Eröffnung des Bauchraumes und Entdeckung der Verwachsungen und Anomalien kein Verstoß gegen die ärztliche Sorgfaltspflicht, jedenfalls aber kein grober Behandlungsfehler.

2. Aufklärungsfehler

a) Der Beklagte Ziff. 1 hat die Klägerin über sämtlich in Betracht kommenden Risiken des Eingriffs und eine theoretisch denkbare Behandlungsalternative aufgeklärt.

Er hat der Klägerin insbesondere dargelegt, dass es bei einem Eingriff der vorliegenden Art zu einer Verletzung der großen Gallengänge, zu Nachblutungen, Austritt von Galle in den Bauchraum und zu einer Infektion des Bauchraumes kommen kann.

Er hat die Klägerin auch über eine mögliche Behandlungsalternative, die sofortige Laparotomie ausreichend informiert und sie auf die Möglichkeit des Wechsels der Operationsmethode während der Operation hingewiesen. Bei diesem Gespräch war der Krankenpfleger K. P. zeitweise anwesend. Er kann daher den wesentlichen Inhalt des Gesprächs bestätigen.

Beweis: 1. Parteivernehmung des Beklagten Ziff. 1;
2. Zeugnis des Krankenpflegers K. P.

Bekanntlich sind an den vom Arzt zu führenden Nachweis einer ordnungsgemäßen Aufklärung im Hinblick auf die „Waffengleichheit" im Arzthaftungsprozess keine unbilligen oder übertriebenen Anforderungen zu stellen (BGH MDR 1985, 923; OLG Schleswig NJW-RR 1996, 348, 349; OLG Karlsruhe NJW 1998, 1800 und OLGR 2002, 396, 397; OLG Brandenburg NJW-RR 2000, 398, 400). Regelmäßig ist den Angaben des Arztes über eine erfolgte Risikoaufklärung Glauben zu schenken, wenn seine Darstellung in sich schlüssig und zumindest ansatzweise dokumentiert ist (OLG Bremen VersR 2000, 1414; OLG Karlsruhe OLGR 2002, 396, 397).

b) Lediglich vorsorglich ist für den – unwahrscheinlichen – Fall, dass das Gericht die Aufklärung nicht oder nicht in besagtem Umfang für nachgewiesen erachten sollte, auf Folgendes hinzuweisen:

Die Aufklärungspflicht des Arztes erstreckt sich grundsätzlich nur auf die spezifischen Risiken der Operation. Auf mögliche Behandlungsalternativen muss nur dann hingewiesen werden, wenn im konkreten Fall mehrere gleichermaßen medizinisch indizierte und übliche Behandlungsmethoden in Betracht kommen, die über einigermaßen gleiche Erfolgschancen verfügen und unterschiedliche Vorteile und Risiken aufweisen, so dass für den Patienten eine echte Wahlmöglichkeit besteht. Im Übrigen bleibt die Wahl der Behandlungsmethode, ohne dass hierüber aufgeklärt werden müsste, allein Sache des Arztes (BGH NJW 1988, 763, 764; NJW 1992, 2352, 2354; OLG Brandenburg NJW-RR 2000, 24, 25).

Im vorliegenden Fall stellte sich eine sofortige Laparotomie nicht als echte, ernsthafte Behandlungsalternative dar. Denn sie wies gegenüber der Laparoskopie ein deutlich höheres Letalitäts- und Morbiditätsrisiko auf. Die Laparoskopie ist eindeutig als risikoärmere Methode anerkannt (vgl. OLG Düsseldorf VersR 2000, 456).

Gegenbeweislich: Einholung eines Sachverständigengutachtens

Selbst wenn die Klägerin – wie jedoch tatsächlich geschehen – nicht über eine solche „Behandlungsalternative" informiert worden wäre, wäre ein Entscheidungskonflikt im Hinblick auf das ungleich höhere Risiko einer sofortigen Laparotomie nicht plausibel.

Deshalb wäre selbst bei – tatsächlich nicht – fehlender oder unvollständiger Aufklärung von einer hypothetischen Einwilligung der Klägerin in den Eingriff vom 28.6.1994 auszugehen.

c) Die Aufklärung am 27.6.1994 gegen 14.00 Uhr, einen Tag vor dem Eingriff, ist auch rechtzeitig erfolgt.

Bei stationär durchgeführten, aus der maßgeblichen ex-ante Sicht einfachen Eingriffen bleibt einem Patienten im Allgemeinen am Tag vor der Operation genügend Zeit, um Nutzen und Risiken des Eingriffs abzuwägen, so dass die Aufklärung in solchen Fällen am Vortag der Operation ausreichend ist (vgl. BGH MDR 1992, 748; NJW 1985, 1399).

Dies gilt insbesondere im vorliegenden Fall, in dem die Klägerin dem Beklagten Ziff. 1 gegenüber nach Durchführung des ausführlichen Aufklärungsgesprächs den Wunsch geäußert hat, bereits am nächsten Tag operiert zu werden (vgl. hierzu OLG Düsseldorf NJW-RR 1996, 347).

Beweis: Parteivernehmung des Beklagten Ziff. 1

(Im entschiedenen Fall ist das OLG Brandenburg NJW-RR 2000, 24, 25 ohne weiteres von der Rechtzeitigkeit der Aufklärung am Tag vor der Operation ausgegangen, obwohl es sich um einen schwierigen und keinesfalls risikolosen Eingriff handelte, vgl. → Aufklärung, S. 125 f.).

3. Kausalität

Die klägerseits vorgebrachten und in den Arztberichten beschriebenen Gesundheitsschäden, insbesondere die bakterielle Infektion im Bereich des Dickdarms, die Schlafstörungen, depressiven Verstimmungen, die Gewichtsabnahme, die dauernde Mattigkeit, das Hautjucken und die zwischendurch vorhandene Gelbsucht-Erkrankung mit Gelbverfärbungen der Haut sind größtenteils nicht auf einen – behaupteten – Behandlungsfehler der Beklagten Ziff. 1–Ziff. 3 zurückzuführen. Es besteht auch kein Zurechnungszusammenhang mit dem – angeblichen – Aufklärungsversäumnis.

Die Klägerin wäre auch ohne den – behaupteten – Behandlungsfehler nach erfolgreich durchgeführter Operation zunächst bis Ende August 1994 arbeitsunfähig gewesen.

Die bis zum 15.1.1995 eingetretene vollständige Arbeitsunfähigkeit und die hernach bestehende eingeschränkte Arbeitsfähigkeit der Klägerin ist als schicksalhaft anzusehen, jedenfalls keine Folge eines Behandlungs- oder Aufklärungsfehlers vom 27./28.6.1994.

Gegenbeweislich: Einholung eines Sachverständigengutachtens

Ein „grober Behandlungsfehler" liegt – wie ausgeführt – nicht vor, so dass der Kausalitätsnachweis vollumfänglich durch die Klägerin zu führen wäre.

4. Haftung der Beklagten

Der Beklagte Ziff. 2 ist als beamteter Chefarzt bei der Beklagten Ziff. 3 tätig.

Beweis: Ernennungsurkunde, Anlage B 1

Er kann sich deshalb auf die – klägerseits behauptete – vorrangige Haftung der Beklagten Ziff. 3 berufen (§ 839 I 2 BGB; *vgl. hierzu → Krankenhausverträge, S. 411*).

5. Feststellungsantrag

Der Schmerzensgeldanspruch kann abschließend beziffert werden. Der Feststellungsantrag hinsichtlich zukünftiger, immaterieller Schäden ist deshalb unzulässig.

6. Verjährung

Etwaige Schadensersatzansprüche der Klägerin aus §§ 823 I, II, 847 BGB wären auch verjährt. Die Einrede der Verjährung wird hiermit ausdrücklich erhoben.

Der Prozessbevollmächtigte der Klägerin hatte die Behandlungsunterlagen des Beklagten Ziff. 3, des Universitätsklinikums X und des Kreiskrankenhauses Y bereits mit Anwaltschreiben vom 7.7.1997 angefordert und die entsprechenden Kopien sämtlicher Kliniken im September 1997 erhalten.

a) Aus den Behandlungsunterlagen konnte ohne weiteres entnommen werden, dass die Operation vom 28.6.1994 umgestellt und weitergeführt worden war, ohne dass zuvor nach Eröffnung des Bauchraumes und Entdeckung der Verwachsungen sowie der anatomischen Anomalien der klägerseits postulierte Versuch einer intraoperativen röntgendiagnostischen Abklärung der Gallenwege durch eine Cholangiographie unternommen worden war.

Beweis: Beiziehung der Krankenunterlagen

Die für den Beginn der Verjährung des § 852 BGB a. F. erforderliche positive Kenntnis vom Vorliegen eines Behandlungsfehlers ist zu bejahen, wenn aus dem negativen Ausgang der ärztlichen Behandlung auch auf einen ärztlichen Behandlungsfehler als Ursache dieses Misserfolges geschlossen werden kann, der Schluss auf einen bestimmten Kausalzusammenhang zumindest nahe liegend erscheint (OLG Frankfurt VersR 2001, 1572, 1573; OLG Zweibrücken NJW-RR 2001, 667, 670).

Der Patient muss sich nach den Rechtsgedanken der §§ 162, 242 BGB (vgl. hierzu Geiß/Greiner, Arzthaftpflichtrecht, 4. Aufl. 2001, Rn D 9, 10) so behandeln lassen, als habe er die erforderliche positive Kenntnis vom Vorliegen eines Behandlungsfehlers gehabt, wenn er bzw. der beauftragte Rechtsanwalt die angeforderten Behandlungsunterlagen nicht durchsieht, bzw. hieraus ohne weiteres mögliche Sachverhaltsfeststellungen, die den Schluss auf ein ärztliches Fehlverhalten nahe legen, nicht trifft (BGH MDR 1989, 901; OLG Düsseldorf VersR 1999, 833; Gehrlein, Arzthaftungsrecht, 2001, Rn D 6).

b) Mit Erhalt sämtlicher Behandlungsunterlagen hat die Klägerin bzw. deren Prozessbevollmächtigter auch von den Tatsachen Kenntnis erlangt, aus denen sich die Notwendigkeit einer Aufklärung sowie die Kenntnis der – angeblich – unvollständigen Erteilung der erforderlichen Hinweise ergibt.

Zudem besteht bei einem – angeblichen – Aufklärungsfehler die Pflicht des Patienten, sein Wissen um die Rechtsfolgen des tatsächlichen Geschehens durch einfache, zumutbare Maßnahmen zu vervollständigen (vgl. OLG Düsseldorf NJW 1986, 2377; Gehrlein, Rn D 9).

Dass die Klägerin – angeblich – nicht über einen Wechsel der Operationsmethode von der Laparoskopie zur Laparotomie aufgeklärt worden ist und die Aufklärung am Vortag der Operation erfolgte, war der Klägerin – würde der Vorwurf zutreffen – bereits nach dem Eingriff, jedenfalls spätestens nach Erhalt sämtlicher Behandlungsunterlagen im September 1997 bekannt.

Ihre auf §§ 823, 847 BGB a. F. gestützten Ansprüche waren danach spätestens Ende September 2000 verjährt.

c) Soweit seit Anfang April 2000 bis zum Zugang des definitiven Ablehnungsschreibens der Haftpflichtversicherung vom 10.9.2001 korrespondiert worden ist, bewirkt dies gemäß § 852 II BGB a. F. allenfalls eine Hemmung von 17 Monaten. Hierdurch verlängerte sich die Verjährungsfrist längstens bis Februar 2002. Die Klage wurde jedoch erst am 15.5.2002 eingereicht.

III. Zur Schadenshöhe

Lediglich vorsorglich ist zum Umfang des geltend gemachten Schadens wie folgt Stellung zu nehmen:

1. Schmerzensgeld

Es wird bestritten, dass insbesondere die stationären Behandlungen nach dem 22.8.1994, die Schlafstörungen, depressiven Verstimmungen, die Gewichtsabnahme, das Hautjucken und die Gelbsuchterkrankung auf eine fehlerhafte Behandlung oder einen Aufklärungsfehler der Beklagten Ziff. 1– Ziff. 3 zurückzuführen sind.

Ein Schmerzensgeld in Höhe von 20 000 Euro wäre auch weit übersetzt *(Hier wäre es grundsätzlich sinnvoll, vergleichbare Entscheidungen aus der ADAC-Schmerzensgeldtabelle von Hacks/Ring/Böhm, 21. Aufl. 2002 oder der Beck'schen Schmerzensgeldtabelle von Slizyk, 4. Aufl. 2001 zu zitieren; Letztere nennt auf S. 352, Rn 2635 und 2774 die Entscheidung des LG Bonn/OLG Köln und des OLG Brandenburg mit jeweils 30 000 DM).*

2. Verdienstausfall

Es wird bestritten, dass die Klägerin adäquat-kausal bedingt durch eine rechtswidrige oder fehlerhafte Behandlung durch die Beklagten Ziff. 1–Ziff. 3 vom 1.8.1994–15.1.1995 zu 100 % arbeitsunfähig gewesen wäre und sie deshalb nach dem 15.1.1995 ihrer Arbeit als Kindergärtnerin nur noch in eingeschränktem Umfang nachgehen konnte und kann.

Es handelt sich vielmehr um einen schicksalhaften Verlauf, der sich auch bei einem „Hinwegdenken" der behaupteten Behandlungs- und Aufklärungsfehler so eingestellt hätte; jedenfalls ist dies nicht auszuschließen.

Gegenbeweislich: Einholung eines Sachverständigengutachtens

Vorsorglich wird auch die Höhe des geltend gemachten Verdienstausfallschadens bestritten, insbesondere die angeblichen Lohnerhöhungen auf 1 900,00 DM netto monatlich ab dem 1.1.1996, auf 2 000,00 DM netto monatlich ab dem 1.1.1998 und auf 2 100,00 DM netto ab dem 1.1.2001.

Im Übrigen wäre wegen der Ersparnis berufsbedingter Aufwendungen ein Abzug in Höhe von 10–15 % vorzunehmen (vgl. OLG Stuttgart NJW 1985, 310; Wussow/Küppersbusch, 7. Aufl. 2000, Rn 50).

3. Haushaltsführungsschaden

Zunächst wird der behauptete Arbeitszeitbedarf der Klägerin von 31,6 Stunden zur Haushaltsführung neben ihrer Vollzeitbeschäftigung als Kindergärtnerin, wofür ein Verdienstausfallschaden geltend gemacht wird, bestritten.

Wenn und soweit sie durch den Eingriff vom 28.6.1994 bedingt überhaupt in ihrer Haushaltsführung beschränkt gewesen wäre, was bestritten wird, könnte der Arbeitszeitbedarf eines reduzierten Zwei-Personen-Haushalts allenfalls aus Anspruchstufe 1 der Tabelle von Schulz-Borck/Hofmann mit 18,8 Wochenstunden entnommen werden.

Ein konkreter Behinderungsgrad von 25 % ist im Übrigen weit übersetzt. Die Stundenvergütung könnte allenfalls BAT X entnommen werden. Diese beziffert sich derzeit auf 17,23 DM pro Stunde. Zwischen 1994 und 2000 lagen die Stundensätze zwischen 14 und 16 DM *(zum Mehraufwand für ein behindertes Kind vgl. OLG Düsseldorf NJW-RR 2002, 869, 870: 18 DM pro Stunde, sieben Stunden täglich).*

4. Arztkosten und Fahrtkosten

Es wird bestritten, dass der Anfall der geltend gemachten Arztkosten eine adäquat-kausale Folge eines Behandlungs- oder Aufklärungsfehlers der Beklagten Ziff. 1–Ziff. 3 ist. Die Zuzahlungen hätten auch ohne die – behaupteten – Behandlungs- und Aufklärungsfehler erfolgen müssen, jedenfalls ist dies nicht auszuschließen.

Gegenbeweislich: Einholung eines Sachverständigengutachtens

Insbesondere wird der Anfall folgender Kosten bestritten *(substantiiertes Bestreiten von Einzelpositionen)*.

Der erstattungsfähige km-Satz beträgt nach wie vor 0,40 DM/0,20 Euro (vgl. Palandt-Heinrichs, 61. Auflage, § 249 BGB Rn 11).

5. Zinsen

Die Höhe der geltend gemachten Zinsen ist zu bestreiten. Ansprüche, die vor dem 1.5.2000 entstanden sind, sind nicht gemäß § 288 I BGB n. F., sondern gem. § 288 I BGB a. F. lediglich mit 4 % p. a. zu verzinsen (Art. 229, § 1 I 3 EGBGB; BGH NJW 2001, 1349, 1351).

Rechtsanwalt/Rechtsanwältin

Krankenhausverträge

Vgl. auch → *Ambulanz;* → *Gemeinschaftspraxis/Praxisgemeinschaft;* → *Arbeitsteilung*

I. Totaler (einheitlicher) Krankenhausvertrag
1. Begriff; vertragliche Bezichungen
2. Haftung
   a) Haftung des Krankenhausträgers
   b) Haftung des behandelnden
   Arztes
   c) Haftung des beamteten Arztes
II. Totaler Krankenhausvertrag mit
Arztzusatzvertrag
1. Begriff; vertragliche Beziehungen
   a) Krankenhausvertrag mit Arztzusatzvertrag
   b) Chefarztambulanz
2. Haftung
   a) Haftung des Krankenhausträgers

b) Haftung des liquidationsberechtigten Arztes
c) Haftung des beamteten Arztes
III. Gespaltener Krankenhausvertrag;
Belegarztvertrag
1. Begriff; vertragliche Beziehungen
   a) Belegarztvertrag
   b) Liquidationsberechtigter
   Krankenhausarzt
2. Haftung
   a) Haftung des Krankenhausträgers
   b) Haftung des Belegarztes
   c) Gesamtschuldnerische
   Haftung
   d) Haftung der Beleghebamme
   e) Haftung des beamteten
   Arztes

Bei den stationären Behandlungsverhältnissen finden sich gegenüber der ambulanten Krankenversorgung in der Chefarztambulanz, der Instituts-ambulanz (vgl. Gehrlein, Rn 11, 12, 51, 58; Rehborn, MDR 2000, 1101, 1102 und → *Ambulanz*), den Einzelpraxen, Praxisgemeinschaften und Gemeinschaftspraxen (vgl. L/U, § 40 Rn 4, 5, § 98 Rn 3, § 115 Rn 2 ff., 7, 11) wesentliche komplexere Vertragsgestaltungen.

Zu unterscheiden sind drei typische Gestaltungsformen, nämlich der einheitliche (sog. totale) Krankenhausvertrag, der einheitliche (totale) Krankenhausvertrag mit Arztzusatzvertrag und der „gespaltene" Krankenhausvertrag.

I. Totaler (einheitlicher) Krankenhausvertrag

1. Begriff; vertragliche Beziehungen

Beim totalen Krankenhausvertrag verpflichtet sich der Krankenhausträger, **alle** für die stationäre Behandlung **erforderlichen Leistungen** einschließlich der gesamten ärztlichen Versorgung **zu erbringen** (Gehrlein, Rn A 20; L/U, § 93 Rn 3, § 115 Rn 31; G/G, Rn A 26, 27, 66; F/N, Rn 20, 51; OLG Brandenburg NJW-RR 2000, 398, 399 und VersR 2000, 489, 491).

Hier tritt der **Patient allein** zum **Krankenhausträger**, nicht zum Chefarzt, den behandelnden Ärzten oder dem vom Krankenhaus hinzugezogenen Konsiliararzt **in vertragliche Beziehungen**.

Der Krankenhausträger, für kommunale Einrichtungen die Stadt oder der Landkreis, für Landeskrankenhäuser das Bundesland, für Universitätskliniken regelmäßig die Universität (Gehrlein, Rn A 22; L/U, § 115 Rn 64–69: In Bayern haftet das Land für die Universitätskliniken) schuldet dem Patienten sämtliche Leistungen der stationären Krankenbetreuung sowohl im ärztlichen als auch im pflegerischen Bereich. Der Chefarzt erwirbt dementsprechend auch keinen eigenen Honoraranspruch gegen den Patienten.

Die stationäre Behandlung von Kassenpatienten basiert insoweit auf einer Dreierbeziehung: Kassenpatient und Krankenkasse stehen in einem öffentlich-rechtlichen Versicherungsverhältnis (§§ 2, 5 ff., 107 ff. SGB V), die Krankenkassen sind mit den zugelassenen Krankenhäusern durch öffentlich-rechtliche Versorgungsverträge verbunden (§§ 82 ff., 108, 109, 111 SGB V), zwischen dem Krankenhausträger und dem Patienten werden privatrechtliche Beziehungen im Rahmen eines Dienstvertrages mit Elementen eines Beherbergungs-, Miet-, Kauf- und Werkvertrages begründet (L/U, § 93 Rn 3, § 86 Rn 159 ff.; Gehrlein, Rn 21). Die Gewährleistungsvorschriften der §§ 633 ff. BGB n. F. finden grundsätzlich keine Anwendung (F/N, Rn 3; Gehrlein, Rn A 4; BGH NJW 1975, 347: Anders bei der technischen Ausführung einer Zahnprothese; vgl. → *Arztvertrag*).

Die **Honorarforderung** des Krankenhausträgers richtet sich bei bestehender Mitgliedschaft des Patienten in einer gesetzlichen Krankenkasse gegen diese und ist vor den Sozialgerichten zu verfolgen (BGH NJW 2000, 3429; NJW 1999, 858; Gehrlein, Rn 21; G/G, Rn A 24).

Deren Leistungspflicht setzt neben dem Bestehen der Mitgliedschaft eine behandlungsbedürftige und behandlungsfähige Krankheit voraus (BGH VersR 2000, 999) sowie die Anwendung einer vom Bundesausschuss der Ärzte und Krankenkassen anerkannten oder nachweisbar wirksamen Untersuchungs- oder Behandlungsmethode (BSG NJW 1999, 1805; G/G, Rn A 24).

Verbleibt der Patient im Krankenhaus, obwohl er über das Ende der Kostenübernahme seitens der Krankenkasse unterrichtet oder auf den Wegfall der Behandlungsbedürftigkeit hingewiesen wurde, so schließt er durch sein Verbleiben einen konkludenten Vertrag über die weitere stationäre Aufnahme und Betreuung zum üblichen Pflegesatz ab (BGH VersR 2000, 999; G/G, Rn A 24).

2. Haftung

a) Haftung des Krankenhausträgers

Beim „totalen Krankenhausvertrag" sind die behandelnden **Ärzte** nicht selbst Vertragspartner, sondern hinsichtlich der vertraglichen Ansprüche **Erfüllungsgehilfen** gem. § 278 BGB und hinsichtlich der deliktischen Ansprüche Organe bzw. Verrichtungsgehilfen gem. §§ 31, 89, 831 BGB (OLG Brandenburg NJW-RR 2000, 398, 399; VersR 2000, 489, 491; L/U, § 115 Rn 19 ff., § 104 Rn 12 ff.; § 98, §§ 17, 18, § 115 Rn 31 ff.; Gehrlein, Rn A 22, 46; F/N, Rn 51, 59).

Chefärzte, die eigenverantwortlich und weitgehend weisungsfrei die ihnen unterstellte Abteilung in einem Krankenhaus leiten, sind dabei als verfassungsmäßig berufene Organe anzusehen mit der Folge, dass der öffentlich-rechtlich organisierte Krankenhausträger für diese deliktsrechtlich nach § 89 BGB, der privatrechtlich Organisierte nach § 31 BGB ohne Möglichkeit der Exkulpation gem. § 831 BGB für deren Verschulden einzustehen hat (OLG Brandenburg VersR 2000, 1283, 1284; VersR 2000, 489, 491; VersR 2002, 313, 314).

Gleiches gilt für den **Vertreter des Chefarztes** (BGH NJW 1987, 2925) und für alle anderen, im medizinischen Bereich weisungsfrei tätig werdenden leitenden Krankenhausärzte (F/N, Rn 45; BGH VersR 1985, 1043). Auch die Leiter der einzelnen Fachbereiche werden als Organe i. S. d. §§ 31, 89 BGB angesehen.

Es obliegt dann dem Krankenhausträger, darzulegen und zu beweisen, dass diese nicht eigenverantwortlich und im medizinischen Bereich weitgehend weisungsfrei bzw. nicht in Ausführung des ihnen zugewiesenen Funktionsbereichs tätig geworden sind (F/N, Rn 45, 46).

Für die übrigen angestellten Ärzte und das sonstige Pflegepersonal haftet der Krankenhausträger deliktsrechtlich nur nach § 831 BGB, so dass dem

Krankenhausträger hier der Entlastungsbeweis zusteht (OLG Brandenburg VersR 2000, 489, 491; VersR 2000, 1283, 1284; VersR 2002, 313, 314). Nachdem gem. § 253 II BGB n. F. bei Schädigungen ab dem 1.8.2002 künftig auch außerhalb des Deliktsrechts ein Ersatz immaterieller Schäden, etwa aus §§ 280 I 1, 278 BGB, möglich ist (vgl. hierzu Karczewski, VersR 2001, 1070, 1072; von Mayenburg, VersR 2002, 278, 282; Wagner, NJW 2002, 2049, 2055 f.; Ady, ZGR 2002, 237 ff.), ist eine Unterscheidung zwischen § 278 BGB einerseits und § 831 BGB andererseits weithin obsolet geworden.

Schaltet der Krankenhausträger frei praktizierende, niedergelassene Ärzte – die mit der Krankenkasse des Patienten selbst abrechnen – ein, so werden zwischen diesen und dem Patienten selbständige Arztverträge begründet, ohne dass eine Haftungszurechnung zum Nachteil des Klinikträgers gem. § 278 BGB erfolgt (BGH NJW 1992, 2962; Gehrlein, Rn A 22).

Begeht jedoch ein niedergelassener Arzt, den das Krankenhaus als Konsiliararzt zur Erfüllung eigener Behandlungspflichten beizieht, einen Behandlungsfehler, der zu einem Körperschaden des Patienten führt, so haftet der Krankenhausträger dem Patienten aus schuldhafter Verletzung des totalen Krankenhausaufnahmevertrages i. V. m. § 278 BGB auf Ersatz des materiellen Schadens (OLG Stuttgart VersR 1992, 55). Hingegen besteht keine Verpflichtung des Krankenhausträgers, auch den immateriellen Schaden gem. §§ 831, 847 BGB zu ersetzen, weil der selbständige niedergelassene Arzt auch als Konsiliararzt zur Erfüllung eigener vertraglicher Behandlungspflichten des Krankenhauses nicht weisungsabhängig ist, also nicht als Verrichtungsgehilfe i. S. d. § 831 BGB tätig wird (OLG Stuttgart VersR 1992, 55).

b) Haftung des behandelnden Arztes

Die bloße Stellung als Chefarzt einer Abteilung begründet allein keine Haftungsverantwortung (OLG Oldenburg VersR 1998, 1285). Für die in Ausnahmefällen bestehen bleibende deliktische Resthaftung des leitenden Klinikarztes im Rahmen eines totalen Krankenhausvertrages hat der Anspruchsteller zumindest die Möglichkeit von Leitungsmängeln vorzutragen (OLG Oldenburg MedR 1991, 205).

Auf Grund seiner **Garantenstellung** haftet der jeweils tätig werdende Oberarzt, Assistenzarzt oder Stationsarzt im Übrigen nur für die eigenen Fehler deliktisch. Bei der so genannten vertikalen Arbeitsteilung (vgl. → *Arbeitsteilung*) ist der nachgeordnete Arzt an die Anweisungen des leitenden Arztes gebunden. Er haftet daher nur bei einem allein von ihm zu verantwortenden Verhalten selbst aus § 823 I BGB, etwa, weil ihm eine Behandlung zur selbständigen Ausführung überlassen wird, wenn er durch voreiliges

Handeln einer ihm erteilten Anweisung der ärztlichen Leitung zuwider handelt oder er pflichtwidrig eine gebotene Remonstration unterlässt (OLG Zweibrücken NJW-RR 1999, 611, 612).

Danach haftet eine Stationsärztin, weil sie ihren gynäkologischen Chefarzt bei der Leitung einer Geburt lediglich begleitend assistiert, nicht für eine bei der Geburt eingetretene Schädigung des Kindes (OLG Zweibrücken NJW-RR 1999, 611).

c) Haftung des beamteten Arztes

Ein beamteter, leitender Krankenhausarzt kann den Patienten auf Grund des **Verweisungsprivilegs** in § 839 I 2 BGB bei eigenem Verschulden, auch einem Überwachungsverschulden hinsichtlich der gegen ihn erhobenen deliktischen Ansprüche auf die vorrangige Haftung des Klinikträgers verweisen (G/G, Rn A 75, 76; Gehrlein, Rn A 52, 53; L/U, § 105 Rn 5 ff.).

Auch ein dem Klinikträger vorzuwerfender Organisationsmangel beseitigt als anderweitige Ersatzmöglichkeit die Haftung des leitenden Arztes (Gehrlein, Rn A 53). Der beamtete, leitende Krankenhausarzt kann sich nach § 839 I 2 BGB auch auf eine danach vorrangige, deliktische Haftung des nachgeordneten, nicht beamteten Personals wegen dessen Eigenverschulden aus § 823 BGB berufen (G/G, Rn A 76; Gehrlein, Rn A 53).

Bei ambulanten Behandlungen durch den selbst liquidierenden, beamteten Arzt, die den in §§ 115 a, 115 b SGB V beschriebenen Bereich der vorstationären und nachstationären Behandlung sowie des ambulanten Operierens (§ 115 b SGB V) überschreiten, wird die Anwendung des § 839 I 2 sowohl bei der Behandlung von Kassen- als auch von Privatpatienten abgelehnt, weil solche Maßnahmen der eigenen Nebentätigkeit des Arztes dienen würden (F/N, Rn 40) bzw. diese ärztlichen Tätigkeiten so stark aus dem Krankenhausbetrieb ausgegrenzt seien, dass nicht mehr davon ausgegangen werden könne, die vom Inhaber der Ambulanz erbrachte ärztliche Tätigkeit gehöre zu den Dienstpflichten des Arztes als Beamter (L/U, § 105 Rn 8).

Der Einstandpflicht nachgeordneter, beamteter Ärzte geht das eigene Verschulden des Klinikträgers, etwa für Organisationsmängel, für fremdes Verschulden des leitenden Krankenhausarztes aus §§ 278, 31, 89 BGB, dessen Verschulden für Fehler des anderen, ärztlichen und nichtärztlichen Personals aus §§ 278, 831 BGB und das Verschulden des nachgeordneten, nicht beamteten Personals vor (Gehrlein, Rn A 54; G/G, Rn A 77).

Keine Verweisungsmöglichkeit besteht dagegen im Verhältnis zwischen dem leitenden, beamteten und den nachgeordneten, beamteten Ärzten in vertikaler und horizontaler Ebene untereinander (G/G, Rn A 77).

II. Totaler Krankenhausvertrag mit Arztzusatzvertrag

1. Begriff; vertragliche Beziehungen

a) Krankenhausvertrag mit Arztzusatzvertrag

Auch beim totalen Krankenhausvertrag mit Arztzusatzvertrag verpflichtet sich das Krankenhaus zur Erbringung der ärztlichen Behandlung wie auch der übrigen Krankenhausversorgung. Insoweit gelten die vorstehenden Ausführungen zum totalen Krankenhausvertrag entsprechend. Daneben schließt der Patient mit dem Chefarzt oder einem sonstigen liquidationsberechtigten Arzt des Krankenhauses einen zusätzlichen Arztvertrag ab, der den Arzt zur persönlichen Behandlung des Patienten verpflichtet und zur Eigenliquidation nach der GOÄ berechtigt (L/U, § 93 Rn 6; Gehrlein, Rn A 20, 31, 50).

Der Vertrag mit dem liquidationsberechtigten Arzt über Wahlleistungen ist jedoch nur wirksam, wenn der Patient vor Vertragsabschluss über die Entgelte der Wahlleistungen unterrichtet wurde und diese schriftlich vereinbart werden, § 22 BPflV (BGH NJW 1996, 781; Gehrlein, Rn A 31; S/D, Rn 32, 33 a). Dabei müssen dem Patienten die konkreten Vergütungssätze der einzelnen Wahlleistungen mitgeteilt bzw. Preisverzeichnisse übergeben werden (F/N, Rn 25; vgl. hierzu → *Allgemeine Geschäftsbedingungen*).

Nach h. M. handelt es sich beim totalen Krankenhausvertrag mit Arztzusatzvertrag um den **Regelfall** (BGH NJW 1985, 2189; NJW 1998, 1778; S/D, Rn 34, 39; L/U, § 94 Rn 2 und § 98 Rn 9; F/N, Rn 26 a. E., 56; a. A. Reiling, MedR 1995, 443, 452: Totaler KKH-Vertrag als Regelfall).

Der Arztzusatzvertrag enthält sowohl die Verpflichtung des Krankenhausträgers als auch des liquidationsberechtigten Arztes, ihm die ärztlichen Leistungen zu gewähren (L/U, § 93 Rn 7; Gehrlein, Rn A 31 a. E.).

Wählt demgemäß ein Patient die private persönliche Behandlung und Beratung durch den Chefarzt einer Klinik, wird dadurch der Krankenhausträger im Regelfall nicht aus der Haftung entlassen, sondern lediglich ein Arztzusatzvertrag abgeschlossen (OLG Düsseldorf VersR 1999, 232; BGH NJW 1998, 1778).

Wenn zwischen den Vertragsparteien etwas anderes verabredet werden soll, muss dies im Krankenhausaufnahmevertrag klar zum Ausdruck kommen (BGH NJW 1985, 2189).

b) Chefarztambulanz

Demgegenüber tritt der Kassen- oder Privatpatient bei einer ambulanten Behandlung durch einen liquidationsberechtigten (Chef-)Arzt nur mit diesem in vertragliche Beziehungen. Dies gilt selbst dann, wenn die Überweisung des Hausarztes des Kassenpatienten auf das Krankenhaus lautet (G/G, Rn A 18, 19; Gehrlein, Rn A 11; vgl. hierzu → *Ambulanz*).

2. Haftung

a) Haftung des Krankenhausträgers

Beim totalen Krankenhausvertrag mit Arztzusatzvertrag haftet der Krankenhausträger für die nachgeordneten Ärzte als Verrichtungs- bzw. Erfüllungsgehilfen (§§ 278, 831) und neben dem liquidationsberechtigten, leitenden Krankenhausarzt für diesen vertraglich nach § 278 und deliktisch aus §§ 30, 31, 89 (L/U, § 93 Rn 7, § 98 Rn 9, § 115 Rn 51, 52; G/G, Rn A 53, 54, 71; Gehrlein, Rn A 33; S/D, Rn 34).

Die **Doppelhaftung** kann vom Krankenhausträger **in AGB wirksam ausgeschlossen** werden. Soll der selbst liquidierende Arzt allein verpflichtet werden, so muss der Patient hierauf bei Vertragsabschluss klar und nachdrücklich hingewiesen werden (BGH NJW 1993, 779; L/U, § 98 Rn 10; S/D, Rn 36; Gehrlein, Rn A 34).

Ergibt sich aus dem Vertragstext nicht deutlich, dass der Krankenhausträger bei Fehlern des liquidationsberechtigten Arztes nicht haften will, so ist die Klausel gem. §§ 3, 9 I AGBG unwirksam (L/U, § 98 Rn 10; Gehrlein, Rn A 34; vgl. → *Allgemeine Geschäftsbedingungen*, S. 7, 8).

Gleiches gilt, wenn die Haftungsfreistellung des Krankenhausträgers auch für die vom selbst lilquidierenden Arzt veranlassten Leistungen nachgeordneter Ärzte des Krankenhauses eingreifen soll (OLG Bamberg VersR 1994, 813; S/D, Rn 38).

Eine AGB des Krankenhausträgers, worin dieser seine Haftung auf Vorsatz und grobe Fahrlässigkeit beschränkt, verstieß bereits gegen den bis 31.12.2001 geltenden § 11 Nr. 7 AGBG.

Der für die **seit dem 1.1.2002** geschlossenen Verträge geltende § 309 Nr. 7a BGB n. F. erklärt eine Haftungsbegrenzung in AGB für Gesundheits- und Körperschäden bereits für (leicht) fahrlässige Pflichtverletzungen für unwirksam (vgl. → *Allgemeine Geschäftsbedingungen*, S. 5).

b) Haftung des liquidationsberechtigten Arztes

Der liquidationsberechtigte Arzt haftet dem Patienten für eigene Fehler und Fehler der nachgeordneten Ärzte sowie des nichtärztlichen Behandlungspersonals, die auf seine Anweisungen bzw. Anweisungsversäumnisse zurückgehen, selbst (BGH NJW 1984, 1400; S/D, Rn 39, 84). Er hat in der stationären Krankenhausbehandlung auch für die nachgeordneten

Ärzte einzustehen, die ihm bei der Operation assistieren oder auf die er seine Aufgaben delegiert (BGH NJW 1983, 1347; S/D, Rn 81).

Soweit sich keine **Anweisungs- oder Kontrollversäumnisse** ausgewirkt haben, haftet jedoch ausschließlich der Krankenhausträger für Fehler der Grund- und Funktionspflege des nichtärztlichen Dienstes (S/D, Rn 39, 84; F/N, Rn 57).

So hat der Krankenhausträger für Fehler einer bei ihm angestellten Hebamme einzustehen, solange diese nicht wegen einer besonderen ärztlichen Weisungskompetenz oder der Übernahme der Geburtsleitung durch den selbst liquidierenden Arzt diesem zugerechnet werden kann (BGH NJW 2000, 2737; OLG Koblenz VersR 2001, 897, 898 a. E. zur Übernahme der Geburt).

Anders als bei der stationären Behandlung im Rahmen des totalen Krankenhausvertrages mit Arztzusatzvertrag tritt ein Privatpatient, der sich vom Chefarzt, dessen Vertreter oder einem anderen, selbst liquidationsberechtigten Arzt in der (Chefarzt-)Ambulanz behandeln lässt, nur mit dem selbst liquidationsberechtigten Arzt in vertragliche Beziehungen (Gehrlein, Rn A 11, 51; G/G, Rn A 18, 19; S/D, Rn 45, 46; L/U, § 98 Rn 12, § 98 Rn 21; Rehborn, MDR 2002, 1281).

Auch bei Überweisung eines Kassenpatienten in die Krankenhausambulanz des Chefarztes wird ausschließlich der an der kassenärztlichen ambulanten Versorgung beteiligte Chefarzt Vertragspartei (L/U, § 98 Rn 21).

Für Behandlungsfehler des Chefarztes oder dessen nachgeordnete Ärzte haftet ausschließlich der die Ambulanz leitende Arzt (BGH NJW 1989, 769; G/G, Rn A 19, 72; L/U, § 98 Rn 21; Rehborn, MDR 2000, 1101, 1102).

Vom Grundsatz der **alleinigen Haftung des Chefarztes** bei ambulanter Behandlung von Selbstzahlern (Privatpatienten) bzw. in die Ambulanz überwiesener Kassenpatienten ist nach Auffassung des OLG Stuttgart (OLGR Stuttgart 2000, 132, 135; zust. Rehborn, MDR 2000, 1101, 1102 und MDR 2002, 1281) eine **Ausnahme** für den Fall zu machen, dass die ambulante Behandlung der **Vorbereitung** einer **stationären Aufnahme** dient und dabei eine Entscheidung zugunsten einer stationären Aufnahme fällt, zu der es später auch kommt.

In einem solchen Fall stellt sich auch die Aufklärung sachlich als Teil der stationären Behandlung dar und ist haftungsrechtlich wie diese zu beurteilen (OLG Stuttgart OLGR 2000, 132, 135 und VersR 1994, 1476; Rehborn, MDR 2000, 1101, 1102).

c) Haftung des beamteten Arztes

Der beamtete, selbst liquidierende Arzt kann auch im Rahmen des totalen Krankenhausvertrages mit Arztzusatzvertrag seine **deliktische** – nicht die vertragliche – **Haftung** auf den Klinikträger (§§ 839, 31, 89 BGB) **abwälzen** (Gehrlein, Rn A 57; L/U, § 105 Rn 8). Er kann sich auch dann auf § 839 I 2 BGB berufen, wenn sein Patient die Schädigung, für die es einzustehen gilt, nach Verlegung aus der Abteilung des Arztes in einer anderen Abteilung des Krankenhauses erleidet (BGH NJW 1984, 1400; L/U, § 105 Rn 8).

Auch die nachgeordneten, beamteten Ärzte können hinsichtlich ihrer Eigenhaftung auf die vorrangige Inanspruchnahme des Klinikträgers verweisen (G/G, Rn A 82; Gehrlein, Rn A 57).

Die Ausführungen zum einheitlichen Krankenhausaufnahmevertrag (oben I) gelten im Übrigen für den einheitlichen Krankenhausaufnahmevertrag mit Arztzusatzvertrag entsprechend (vgl. G/G, Rn A 76, 77, 82 und die dortige Übersicht S. 263).

Ein beamteter, leitender Krankenhausarzt oder der für diesen tätig werdende Vertreter haftet für Schäden aus Versäumnissen anlässlich einer ambulanten Behandlung seiner Privatpatienten und der in die Chefarztambulanz (s. o.) überwiesenen Kassenpatienten nicht aus § 839 BGB, sondern nach § 823 BGB ohne die Möglichkeit des Verweisungsprivilegs gem. § 839 I 2 (BGH NJW 1993, 784, 785).

Die weiteren, nachgeordneten beamteten Ärzte können sich dagegen auf § 839 I 2 berufen (BGH NJW 1993, 784, 785; G/G, Rn A 83).

Handelt es sich dagegen um eine nicht vom Chefarzt, sondern der Klinik selbst eingerichteten Ambulanz, bleibt dem selbst liquidationsberechtigten Cherarzt und den nachgeordneten Ärzten das Verweisungsprivileg aus § 839 I 2 BGB erhalten (BGH NJW 1993, 784; G/G, Rn An 84; Gehrlein, Rn A 58).

III. Gespaltener Krankenhausvertrag; Belegarztvertrag

1. Begriff; vertragliche Beziehungen

Beim gespaltenen Krankenhausvertrag schuldet der Krankenhausträger dem Patienten die Krankenhausversorgung, also die Unterbringung, Verpflegung, die Bereitstellung der erforderlichen technisch-apparativen Einrichtungen und die Organisation, deren Benutzung, den Einsatz des nichtärztlichen Hilfspersonals, die organisatorische Sicherstellung ausreichender Anweisungen an den Pflegedienst und des Einsatzes nachgeordneter

Ärzte im Krankenhaus sowie die Weiterbehandlung des Patienten durch Ärzte außerhalb des Fachbereichs des Belegarztes bzw. selbst liquidierenden Arztes (L/U, § 93 Rn 4; G/G, Rn A 31, 35, 41, 68; S/D, Rn 24, 78, 82, 83, 97; Gehrlein, Rn A 20, 24).

Zu den vom Krankenhausträger geschuldeten Leistungen gehört hier also auch die ärztliche Versorgung, die nicht persönlich vom Belegarzt bzw. selbst liquidierenden Arzt in dessen Fachbereich erbracht werden kann, etwa durch die Stellung des Anästhesisten bei der Durchführung der Operation durch den Belegchirurgen oder die konsiliarische Betreuung durch einen nicht im Fachgebiet des Belegarztes tätig werdenden, beim Krankenhausträger angestellten HNO-Arztes (L/U, § 93 Rn 4; G/G, Rn A 41; Gehrlein, Rn A 26, 27).

Demgegenüber werden die eigentlichen, ärztlichen Hauptleistungen beim gespaltenen Krankenhausaufnahmevertrag vom selbst liquidierenden Arzt, regelmäßig einem Belegarzt, im Einzelfall aber auch dem selbst liquidationsberechtigten Chefarzt der Abteilung erbracht (vgl. F/N, Rn 58).

a) Belegarztvertrag

Hauptanwendungsfall des „gespaltenen Krankenhausvertrages" ist der Vertrag mit einem Belegarzt. Dieser wird aus dem mit dem Krankenhausträger geschlossenen Belegarztvertrag berechtigt, Patienten im Krankenhaus des Trägers unter Inanspruchnahme der von diesem bereitgestellten Dienste, Einrichtungen und Mittel stationär oder teilstationär zu behandeln, ohne hierfür vom Klinikträger eine Vergütung zu erhalten (G/G, Rn A 31; F/N, Rn 21; Gehrlein, Rn A 24). Regelmäßig setzt der Belegarzt die in seiner Praxis ambulant begonnene Behandlung stationär im Krankenhaus fort (F/N, Rn 21).

Auf Grund eines eigenen Behandlungsvertrages ist der Belegarzt gegenüber dem Kassen- oder Privatpatienten verpflichtet, diesem die in seinen ärztlichen Fachbereich fallenden Leistungen zu erbringen (BGH NJW 1996, 2429; Gehrlein, Rn A 25).

Er kann sich dabei eigener, nachgeordneter ärztlicher Mitarbeiter bedienen; die von ihm selbst angestellten Mitarbeiter sowie die nachgeordneten Ärzte des Krankenhauses aus derselben Fachrichtung, etwa ein beim Krankenhausträger angestellter, vom gynäkologischen Belegarzt bei der Operation hinzugezogener Assistent sind dabei Erfüllungs- bzw. Verrichtungsgehilfen allein des Belegarztes (BGH NJW 1984, 1400; S/D, Rn 78; Gehrlein, Rn A 26).

Schließt eine Patientin mit dem ihre Schwangerschaft betreuenden Gynäkologen als Kassen- oder Privatpatientin einen Behandlungsvertrag, so wird hieraus auch der mit dem Arzt in einer Gemeinschaftspraxis verbundene Partner zur Erbringung der ärztlichen Leistung als Gynäkologe verpflichtet. Der mit beiden Ärzten bestehende Behandlungsvertrag besteht fort, wenn sich die Patientin in das Belegkrankenhaus begibt, in dem der Gynäkologe Belegarzt ist und dieser oder dessen Partner dort die Behandlung fortsetzt (BGH NJW 2000, 2737, 2741).

Besteht zwischen dem Beauftragten und dem auf dessen Weisung im Belegkrankenhaus tätig werdenden Fachkollegen kein Gemeinschaftspraxisverhältnis, so kommt eine **Haftungszurechnung** aus **§§ 278, 831 BGB** in Betracht (BGH NJW 2000, 2737, 2741; Rehborn, MDR 2001, 1148, 1149; zur Entbehrlichkeit der Unterscheidung unter Geltung der §§ 280 I BGB n. F., 278, 831 BGB ab Einführung des § 253 II BGB n. F. s. o. I. 2. a)).

Ein Gynäkologe ist als Belegarzt zur Erbringung der ärztlichen Leistungen im Fachgebiet der Geburtshilfe verpflichtet. Hierzu gehören z. B. die Überwachung, ob der errechnete Geburtstermin erreicht oder bereits überschritten ist und die Eingangsuntersuchung der werdenden Mutter mit den Anweisungen zur Anlegung eines CTG und des Einsatzes wehenfördernder Mittel (OLG Koblenz VersR 2001, 897, 898 a. E.). Mit der Einleitung, spätestens der Durchführung der Geburt wird das hierfür eingesetzte Krankenhauspersonal für den Belegarzt als Erfüllungsgehilfe tätig (OLG Koblenz a. a. O.; Rehborn, MDR 2001, 1148).

b) Liquidationsberechtigter Krankenhausarzt

Ähnlich dem Modell der Chefarztambulanz bei ambulanten Behandlungen (s. o. II. 1. b)) kann es für die stationäre Behandlung in Einzelfällen grundsätzlich auch zum Abschluss eines „gespaltenen Krankenhausvertrages" zwischen dem Patienten einerseits und dem liquidationsberechtigten (Chef-)Arzt hinsichtlich der ärztlichen Leistungen aus dessen Fachbereich sowie dem Krankenhausträger andererseits kommen. Hier gelten die oben für das Belegarztmodell dargelegten genannten Grundsätze entsprechend (vgl. G/G, Rn A 31 ff., 68, 78, Gehrlein, Rn A 24 ff. jeweils ohne Differenzierung). Im Zweifel ist jedoch vom Abschluss eines totalen Krankenhausvertrages mit Arztzusatzvertrag auszugehen, bei dem der Krankenhausträger selbst die ärztlichen Leistungen zu erbringen hat (F/N, Rn 26 a. E., 56 a. E.; S/D, Rn 34, 39; L/U, § 98 Rn 9 und § 94 Rn 2; s. o. II. 1.).

Allerdings ist zu beachten, dass die **Wahlleistungsabrede** beim „gespaltenen Krankenhausvertrag" anders als beim Belegarztvertrag vom Patienten nicht mit dem selbst liquidationsberechtigten Arzt, sondern dem Krankenhausträger als dessen Vertreter bzw. als Vertrag zugunsten Dritter vereinbart wird. Der liquidationsberechtigte (Chef-)Arzt schuldet dem Patienten bei dieser Vertragsgestaltung keine über das medizinisch Notwendige hinaus gehende Behandlung (F/N, Rn 58).

413

2. Haftung

a) Haftung des Krankenhausträgers

Den Krankenhausträger trifft für Fehler des Belegarztes bzw. des selbst liquidierenden Arztes **weder eine vertragliche** (p. V. V. bzw. § 280 I BGB n. F. i. V. m. § 278 BGB) **noch eine deliktische** (§§ 823 I, 831 BGB) **Einstandspflicht** (vgl. OLG Koblenz VersR 2001, 897, 898 m. w. N.).

Er haftet **jedoch** vertraglich aus § 278 BGB bzw. deliktisch aus § 831 BGB

▷ für **Fehler des Klinikpersonals** im Rahmen der allgemeinen Pflege der Patienten und eines dort neugeborenen Kindes, etwa für das Versäumnis, bei einer nach der Geburt eintretenden bläulichen Verfärbung von Gesicht und Händen des Neugeborenen unverzüglich einen Arzt hinzuzuziehen (OLG München VersR 1997, 977),

▷ für die Fehler einer bei ihm **angestellten Hebamme** bis zur Übernahme der Geburtsleitung durch den Belegarzt mit der Eingangsuntersuchung, etwa für eine Fehldeutung des CTG und das unterbliebene Herbeirufen des Arztes im Rahmen der medizinischen Betreuung durch das Belegkrankenhaus (BGH NJW 2000, 2737, 2738: Fehler vor Übernahme der Geburtsleitung; BGH NJW 1995, 1611: Fehler nach der Übernahme während einer zeitweiligen Abwesenheit des Belegarztes; OLG Koblenz VersR 2001, 897: Nicht bei Nichterkennen der Überschreitung des Geburtstermins und eines pathologischen CTG durch die Hebamme; OLG Stuttgart MedR 2001, 311, 314: Nicht nach Übernahme der Geburt durch den Belegarzt; OLG Düsseldorf VersR 1990, 489: Nicht für frei praktizierende Hebamme; vgl. auch OLG Celle VersR 1999, 486, 487 und VersR 1993, 360; OLG Köln VersR 1997, 1404),

▷ bei **erneuten Behandlungsfehlern** des Belegarztes nach bereits vorangegangenen, massiven und gehäuften Fehlleistungen des Belegarztes bzw. **lang andauernder, mangelhafter Organisation** (OLG Koblenz VersR 2001, 897, 898 m. w. N. – im entschiedenen Fall verneint),

▷ für die **nachgeordneten**, beim Klinikträger angestellten **Krankenschwestern** und Krankenpfleger für Versäumnisse bei der pflegerischen Versorgung, Bedienung der vom Klinikträger zu stellenden Geräte und Einrichtungen, der richtigen Lagerung des Patienten zur Vermeidung von Dekubiti u. dgl. (G/G, Rn A 35, 41, 68; Gehrlein, Rn A 27; OLG Koblenz VersR 2001, 897, 900: Organisationsverantwortlichkeit für Personal und Material),

▷ für die **organisatorische Sicherstellung ausreichender Anweisung** und Unterweisung des Pflegepersonals sowie die Bereitstellung der vom Belegarzt benötigten Geräte (BGH NJW 1984, 1400; OLG Koblenz

VersR 2001, 897, 900 und OLG Celle VersR 1999, 486, 488: Schlecht ausgebildetes Personal),

▷ für **Organisations- und Koordinationsfehler**, etwa wenn für ärztliche Aufgaben Pflegekräfte (OLG München VersR 1997, 977; G/G, Rn A 42) bzw. zur Überwachung eines CTG keine Hebamme, sondern eine Krankenschwester eingesetzt (BGH NJW 1996, 2429) oder die Überwachung der Patientin bzw. des Neugeborenen nach Beendigung des Geburtsvorgangs nicht sichergestellt wird (OLG München VersR 1997, 977; VersR 1994, 1113; OLG Köln VersR 1997, 1404).

▷ für **nachgeordnete Ärzte**, die nicht im Fachgebiet des Belegarztes tätig werden, etwa den bei der Operation durch den Belegchirurgen hinzugezogenen Anästhesisten oder einen konsiliarisch hinzugezogenen, beim Klinikträger beschäftigten oder von diesem beauftragten HNO-Arzt (G/G, Rn A 41; Gehrlein, Rn A 27),

▷ bei Fehlern des **nachgeordneten Arzt- und Pflegepersonals**, dessen sich der selbst liquidierende (Chef-)Arzt der Abteilung im Wahlleistungsbereich bedient (F/N, Rn 58 a. E.).

b) Haftung des Belegarztes

Der Belegarzt bzw. selbst liquidierende Arzt haftet beim gespaltenen Krankenhausvertrag

▷ für **eigene Fehlleistungen** innerhalb seines Fachbereichs,

▷ für die von ihm **selbst angestellten** ärztlichen und nichtärztlichen **Hilfspersonen**, den ärztlichen Partner einer Gemeinschaftspraxis (nicht: einer Praxisgemeinschaft) und den eingesetzten Urlaubsvertreter (BGH NJW 2000, 2737, 2741; Rehborn, MDR 2001, 1148, 1149; G/G, Rn A 38, 39, 68),

▷ für Fehler der **von ihm hinzugezogenen Ärzte** des Bereitschaftsdienstes und niedergelassener Ärzte, sofern Letztere nicht in eigene vertragliche Beziehungen mit dem Patienten treten (BGH NJW 1992, 2962: Gynäkologe zieht Kinderärztin hinzu; BGH NJW 1989, 2943; G/G, Rn A 40, 69),

▷ für Fehler nachgeordneter Ärzte des Krankenhauses desselben Fachgebietes, deren er sich bei der Durchführung der ihm obliegenden Behandlung bedient, etwa einem Assistenten bei der Durchführung einer Operation (S/D, Rn 78; F/N, RN 22, 53; Gehrlein, Rn A 26),

▷ für Fehler nachgeordneter Ärzte des Klinikträgers eines anderen Fachgebiets, wenn diese durch eigene Fehler in der Koordination, Kommunikation oder Information gesetzt worden sind, für die der Belegarzt mitverantwortlich ist (S/D, Rn 83, 234, 240),

415

▷ für Fehler des vom Krankenhausträger gestellten nichtärztlichen Personals bei einer Operation des Belegchirurgen, Beleggynäkologen o. a. (G/G, Rn A 47; a. A. Gehrlein, Rn A 26: Keine Haftung).

▷ für Fehler in der Behandlung und Pflege des Patienten, soweit diese auf Anweisungs- oder Organisationsversäumnisse des selbst liquidierenden Arztes zurückgehen (L/U, § 104 Rn 11; S/D, Rn 103, 105), etwa wenn die Überwachung eines CTG einer Krankenschwester überlassen wird (BGH NJW 1996, 2429), die Anleitung des Pflegepersonals im Umgang mit Frischoperierten unterbleibt oder die Überwachung durch den Belegarzt operierter Patienten nicht organisiert wird (OLG Köln VersR 1997, 1404; Gehrlein, Rn A 26, 27),

▷ für Fehler einer beim Krankenhausträger angestellten oder einer freiberuflichen Hebamme ab dem Zeitpunkt der **Übernahme der Geburtsleitung** mit der Eingangsuntersuchung bzw. der Feststellung der Geburtsbereitschaft der Schwangeren (BGH NJW 2000, 2737, 2738; NJW 1995, 1611; OLG Celle VersR 1993, 360 und VersR 1999, 486, 487; OLG Koblenz VersR 2001, 897, 898; OLG Stuttgart MedR 2001, 311, 314; G/G, Rn A 43, 44; S/D, Rn 26, 81; Gehrlein, Rn A 29, 30, 49).

Für ein Fehlverhalten der im Belegkrankenhaus angestellten Hebamme haftet der Klinikträger dann nicht, wenn der gynäkologische Belegarzt die Geburtsleitung übernommen hat und die Hebamme im Rahmen der Erfüllung der Pflichten des Belegarztes und damit in dessen Verantwortungsbereich tätig wird (OLG Koblenz VersR 2001, 897) bzw. nach Übernahme der Behandlung durch den Belegarzt dessen Weisungs- und Direktionsrecht untersteht (OLG Stuttgart MedR 2001, 311, 314). Allein in den Aufgaben- und Verantwortungsbereich des Belegarztes fallen nach Ansicht des OLG Koblenz (VersR 2001, 897, 898) das Nichterkennen eines pathologischen CTG nach Übernahme der Geburt, die Verabreichung von wehenfördernden Mitteln nach der Geburtseinleitung und – insoweit u. E. problematisch, da vor der Übernahme des Geburtsvorganges liegend – die Überwachung einer etwaigen Überschreitung des errechneten Geburtstermins.

c) Gesamtschuldnerische Haftung

Eine gesamtschuldnerische Haftung des Belegarztes und des Krankenhausträgers wird insbesondere bejaht, wenn

▷ der Fehler des Belegarztes ein Organisations- oder Kontrollversäumnis des Klinikträgers aufdeckt (S/D, Rn 77; Gehrlein, Rn A 27), etwa wenn der Belegarzt die Übung des Klinikträgers, ein CTG durch das Pflegepersonal überwachen oder bewerten zu lassen, duldet (BGH NJW 1996, 2429; S/D, Rn 77) oder er das Fehlen eines Aufwachraums zur **Über-**

wachung des frischoperierten Patienten **nicht beanstandet** (OLG Köln VersR 1997, 1404; Gehrlein, Rn A 26, 27),

▷ sowohl der Belegarzt als auch der Klinikträger die Überwachung der dem Pflegepersonal erteilten Anweisungen versäumen (BGH NJW 1986, 2365; Gehrlein, Rn A 28),

▷ massive, **gehäufte Fehlleistungen** des Belegarztes bereits vor dem erneuten Behandlungsfehler aufgetreten sind und der Krankenhausträger nicht entsprechend eingeschritten ist (OLG Koblenz VersR 2001, 897, 898 – im entschiedenen Fall verneint),

▷ es zu Fehlern des Pflegepersonals bei der Behandlung und Versorgung des Patienten im Rahmen einer **konkreten Anweisung** des Belegarztes gekommen ist (OLG Celle VersR 1999, 486; G/G, Rn A 48, 70).

▷ Nach Ansicht von Geiß/Greiner (Rn A 47; a. A. Gehrlein, Rn A 26) auch bei Fehlern einer OP-Schwester bzw. eines OP-Pflegers im Rahmen einer vom Belegarzt durchgeführten Operation.

d) Haftung der Beleghebamme

Wird die schwangere Patientin von einer frei praktizierenden Hebamme betreut, so haftet Letztere bis zur Übernahme der Geburtsleitung durch den Arzt (Belegarzt oder vom Krankenhausträger angestellter Arzt) mit der Eingangsuntersuchung bzw. der Feststellung der Geburtsbereitschaft durch den Arzt alleine (BGH NJW 2000, 2737, 2738; S/D, Rn 26, 79, 81; G/G, Rn A 43, 44; Gehrlein, Rn A 29), sofern dem ärztlichen oder nicht-ärztlichen Personal des Krankenhausträgers kein Fehlverhalten in der Vorbereitungsphase, etwa auf Grund einer verspäteten Hinzuziehung eines Arztes oder einer verspäteten Verlegung in den Kreissaal zur Last fällt.

e) Haftung des beamteten Arztes

Bei Fehlern des beamteten Belegarztes bzw. selbst liquidierenden Arztes, dem bei ihm selbst beschäftigten ärztlichen und nichtärztlichen Personal, den von ihm selbst hinzugezogenen Konsiliarärzten scheidet eine Verweisung gem. § 839 I 2 BGB auf den Klinikträger aus, da dessen Aufgaben- und Verantwortungsbereich insoweit nicht tangiert wird.

Eine Verweisungsmöglichkeit auf die – vorrangige – Haftung des Klinikträgers besteht jedoch bei einem nur oder zumindest auch vom Klinikträger zu vertretenden Organisations- oder Koordinationsverschulden, bei einem diesem zurechenbaren Verschulden der beim Klinikträger angestellten Ärzte einer anderen Fachrichtung (G/G, Rn A 78, 79; Gehrlein, Rn A 55), beim Einsatz ärztlichen oder nichtärztlichen Personals im pflegerischen und im Wahlleistungsbereich des selbst liquidierenden (Chef-)

Arztes (F/N, Rn 58 a. E.) und in sämtlichen Fällen, in denen ein nichtbeamteter, selbstliquidierender Arzt neben dem Krankenhausträger gesamtschuldnerisch haften würde (s. o. III. 2. c)).

Dem beamteten, nachgeordneten Arzt ist die Verweisung auf die vorrangige, vertragliche und deliktische Haftung (§§ 839, 831, 278 BGB) des selbstliquidierenden Arztes desselben Fachbereichs und die vorrangige vertragliche sowie deliktische Haftung des Klinikträgers (§§ 839, 831, 278 BGB) sowohl im eigenen Leistungsbereich des Krankenhausträgers als auch für dessen Organisationsverschulden möglich (G/G, Rn A 80, 81; Gehrlein, Rn A 56).

Mitverschulden des Patienten

I. Mitverschulden bei mangelhafter therapeutischer Beratung

Grundsätzlich kann sich der Arzt gegenüber dem Patienten, der ihn wegen fehlerhafter Behandlung und fehlerhafter therapeutischer Beratung auf Schadensersatz in Anspruch nimmt, darauf berufen, dass dieser den Schaden durch sein eigenes schuldhaftes Verhalten mitverursacht hat (BGH MDR 1997, 353; NJW 1992, 2961). Ein solches Mitverschulden liegt vor, wenn der Patient diejenige Sorgfalt außer Acht gelassen hat, die ein ordentlicher und verständiger Mensch zur Vermeidung eines eigenen Schadens anzuwenden pflegt. So muss von dem Patienten, der an den Heilungsbemühungen des Arztes mitzuwirken hat, etwa erwartet werden, dass er dessen **Therapie- und Kontrollanweisungen** befolgt (BGH MDR 1997, 353; NJW 1992, 2961).

Mit Rücksicht auf den **Wissens- und Informationsvorsprung** des Arztes gegenüber dem medizinischen Laien ist jedoch bei der Bejahung mitverschuldensbegründender Obliegenheitsverletzungen des Patienten grundsätzlich Zurückhaltung geboten. Insbesondere bei mangelhafter therapeutischer Beratung können an die Mitwirkungspflichten des Patienten keine übertriebenen Anforderungen gestellt werden, hier kann der Einwand des Mitverschuldens nur ausnahmsweise durchgreifen (BGH MDR 1997, 353; OLG Stuttgart VersR 1987, 515, 518 und OLGR 2002, 395).

So kommt ein Mitverschulden wegen Nichtbefolgung ärztlicher Anwei-sungen oder Empfehlungen nur dann in Betracht, wenn der Patient über den Inhalt der ärztlichen Anweisung, etwa in einem Arztbrief vollständig unterrichtet worden ist und die darin enthaltenen Empfehlungen auch verstanden hat (BGH MDR 1997, 353; NJW 1997, 1635, 1636).

Ein Mitverschulden wegen **unterlassener oder unzureichender Nachfrage** liegt nur vor, wenn sich die Unvollständigkeit der ärztlichen Information jedem Laien geradezu aufdrängen musste oder dem Patienten auf Grund seines besonderen persönlichen Wissens die Unvollständigkeit der Unter-richtung klar sein musste (BGH NJW 1997, 1635, 1636; OLG Stuttgart OLGR 2002, 395; auch OLG Köln VersR 2000, 102: Umfassende Aufklä-rung über die Nachteile eines unterlassenen Eingriffs). Von einem solchen persönlichen Wissensvorsprung kann etwa bei einer Tierärztin gegenüber einem Facharzt für Chirurgie nicht ausgegangen werden (OLG Stuttgart OLGR 2002, 395 = VersR 2002, 1563).

Einen Patienten, der bei einer Kontrolluntersuchung an Beschwerden, etwa nach einer Schnittverletzung am Grundgelenk des Mittelfingers der linken Hand leidet, diese dem Arzt schildert und von diesem nach ober-flächlicher Überprüfung des verletzten Mittelfingers mit dem – falschen – Ergebnis entlassen wird, dass die Funktion der Sehnen intakt sei, trifft kein Mitverschulden, wenn der Arzt davon absieht, den Patienten nicht wenigstens zu einer Kontrolluntersuchung kurzfristig wieder einbestellt bzw. dem Patienten eine zeitnahe Kontrolle nahe legt und sich der Patient bei andauernden Beschwerden dann nicht sogleich erneut an den Arzt wendet (OLG Stuttgart OLGR 2002, 395, 396 = VersR 2002, 1563).

Für die Behauptung des Mitverschuldens bzw. der Behandlungsverweige-rung trägt nach allgemeinen Beweislastgrundsätzen die **Behandlerseite die Beweislast** (OLG Schleswig NJW 2002, 227; OLG Düsseldorf VersR 2002, 611, 612; F/N, Rn 129).

Über allgemein bekannte Krankheitsverläufe, die im Falle der Nicht-durchführung gebotener ärztlicher Behandlung zu erwarten sein könnten, braucht der Patient jedoch nicht aufgeklärt zu werden. So drängt sich etwa auch einem medizinischen Laien bei einer sich auf der Hand aus-breitenden Entzündung des Fingers auch ohne ärztlichen Hinweis auf, dass die weitere Ausbreitung des Entzündungsherdes bei Nichtdurchfüh-rung des angeratenen operativen Eingriffs zu einer Ausbreitung des Ent-zündungsherds und zu dauerhaften Schädigungen des angegriffenen Kör-perteils und insgesamt der Gesundheit des Patienten führen kann (OLG Schleswig NJW 2002, 227).

Nach Auffassung des OLG Stuttgart (OLGR 2002, 395, 396) muss sich jedoch selbst einer Tierärztin nicht aufdrängen, dass fortbestehende

Schwellungen und eine Einschränkung der Beweglichkeit des Mittelfingers nach einer Schnittverletzung zu einer Sehnenruptur führen können, wenn eine zeitnahe Kontrolle des Zustandes unterlassen wird.

Wendet der Arzt auf ausdrücklichen Wunsch des Patienten eine kontraindizierte Therapie an, so kann dies bei Eintritt eines dadurch bedingten Gesundheitsschadens kein Mitverschulden des Patienten begründen, wenn der Arzt nicht nachweist, dass er den Patienten darauf hingewiesen hat, bereits kleinste Verletzungen durch die auf dessen Wunsch zu verabreichende Spritze könnten zu gefährlichen Blutungen und einem lebensbedrohlichen Zustand führen (OLG Düsseldorf VersR 2002, 611, 612).

II. Kein grober Behandlungsfehler

Verlässt der Patient gegen ärztlichen Rat, der mit dem Hinweis auf die Notwendigkeit und Dringlichkeit des Eingriffs bzw. der Untersuchung verbunden ist, das Krankenhaus (BGH NJW 1981, 2513; MDR 1997, 940) bzw. begibt er sich trotz ausdrücklicher Belehrung über die Notwendigkeit und Dringlichkeit nicht dorthin (OLG Braunschweig VersR 1998, 459; Gehrlein, Rn B 145), missachtet er eindeutige Pflegeanweisungen (KG VersR 1991, 928) oder wird etwa eine Schnittentbindung wegen einer Angstreaktion der Mutter hinausgezögert (BGH NJW 1997, 798; Gehrlein, Rn B 145), kann ein „grober Behandlungsfehler" trotz Vorliegens der übrigen Voraussetzungen ausscheiden (vgl. Gehrlein, Rn B 145, 137 und → Grobe Behandlungsfehler, S. 314).

III. Mitverschulden bei ärztlicher Aufklärung

Im Rahmen der dem Arzt obliegenden Eingriffs- und Risikoaufklärung kommt ein Mitverschulden des Patienten dann in Betracht, wenn er den unzutreffenden Eindruck erweckt, dass ihm die Risiken der Behandlung bekannt oder gleichgültig sind (G/G, Rn A 100).

IV. Verstoß gegen die Schadensminderungspflicht

Der geschädigte Patient verstößt gegen seine Schadensminderungspflicht aus § 254 II 1 BGB und muss sich deshalb ggf. eine Kürzung seines Schadensersatzanspruchs gefallen lassen, wenn er es unterlässt, sich einer **zumutbaren Operation** zur Beseitigung oder Verminderung seiner körperlichen Beeinträchtigung zu unterziehen. Zumutbar in diesem Sinne ist eine solche Operation, wenn sie einfach und gefahrlos und nicht mit besonderen Schmerzen verbunden ist sowie die sichere Aussicht auf Heilung oder wesentliche Besserung bietet (BGH NJW 1989, 2332; OLG München VersR 1993, 1529, 1530).

Es reicht nicht aus, dass die Operation medizinisch indiziert und dem Verletzten unter Abwägung ihrer Chancen und Risiken von mehreren Ärzten empfohlen worden ist (BGH MDR 1994, 667).

Dem Geschädigten kann auch die fehlende Durchführung einer Psychotherapie nicht nach § 254 I 2 BGB als Mitverschulden vorgeworfen werden, wenn er gerade wegen seiner psychischen und intellektuellen Anlage die Notwendigkeit einer Therapie nicht erkennen kann (OLG Hamm NJW 1997, 804).

Nichterkennen einer Schwangerschaft

Vgl. → *Schwangerschaftsabbruch, fehlerhafter;* → *Sterilisation, fehlerhafte;* → *Früherkennung, fehlerhafte pränatale Diagnostik* und → *Genetische Beratung*

I. Fehlerhafte Verkennung der Schwangerschaft

Während der Mutter in den Fällen eines fehlerhaften Schwangerschaftsabbruches, einer fehlerhaften Sterilisation und bei fehlerhafter pränataler Diagnostik grundsätzlich Unterhalts- und Schmerzensgeldansprüche zustehen können, löst allein das Nichterkennen einer Schwangerschaft im Rahmen der alltäglichen Beschwerden nachgehenden frauenärztlichen Untersuchung keine Schadensersatzansprüche gegen den betreffenden Arzt aus (BGH NJW 1994, 788, 791; OLG Naumburg MDR 1998, 1479).

II. Schutzzweck des Behandlungsvertrages

Der durch die Geburt des nicht gewollten Kindes hervorgerufene Vermögensschaden fällt dann nicht in den **Schutzzweck** des Behandlungsvertrages, wenn dieser lediglich eine routinemäßige Schwangerschaftsuntersuchung (OLG Düsseldorf NJW 1995, 1620), eine allgemeinen Beschwerden nachgehende frauenärztliche Untersuchung (OLG Naumburg MDR 1998, 1479) oder eine gynäkologische Untersuchung als Vorbereitung zu einer orthopädischen Operation beinhaltet (BGH MDR 2000, 640, 641).

Ein vertraglicher Anspruch der Eltern bzw. der Mutter auf Ersatz des Unterhaltsaufwandes für das nichtgewollte Kind besteht nur dann, wenn der mit dem Arzt ausdrücklich oder konkludent abgeschlossene Vertrag – zumindest auch – die Verhinderung einer Geburt und die Bewahrung der Eltern vor den damit verbundenen Unterhaltsaufwendungen beinhaltet (BGH MDR 2000, 640, 641; Gehrlein, NJW 2000, 1771, 1772 und Rn B 97). Auch bei einem medizinisch indizierten Schwangerschaftsabbruch bejaht der BGH (VersR 2002, 1148, 1151) in Ausnahmefällen neuerdings die Einbeziehung der entstehenden Unterhaltsaufwendungen in den Schutzumfang des Behandlungsvertrages (vgl. auch → *Schwangerschaftsabbruch, fehlerhafter*, S. 450 ff.).

Bezweckt die gynäkologische Untersuchung lediglich den Ausschluss der Gefährdung für das ungeborene Kind oder eine Gefahr für Leib und Leben der Mutter und kommt das Kind anschließend ohne besondere Beeinträchtigungen der Mutter gesund zur Welt, so sind weder der Unterhaltsaufwand für das Kind noch die Schmerzen der Mutter, die über diejenigen einer natürlichen, komplikationslosen Geburt nicht hinausgehen, vom Schutzbereich des Behandlungsvertrages umfasst (Gehrlein, NJW 2000, 1771, 1772 und Rn B 96; G/G, Rn B 196).

Gehrlein (Rn B 96) empfiehlt deshalb werdenden Müttern, die einen legalen Schwangerschaftsabbruch beabsichtigen, den Arzt ausdrücklich auf ihren Entschluss hinzuweisen.

Parteivernehmung

Vgl. → *Beweislast*; → *Beweislastumkehr*; → *Aufklärung*

I. Parteivernehmung auf Antrag einer Partei
II. Parteivernehmung von Amts wegen
  1. Gewisse Wahrscheinlichkeit der Richtigkeit der Parteibehauptung
2. Erweiternde Auslegung des § 448 ZPO
3. Parteivernehmung des Arztes

I. Parteivernehmung auf Antrag einer Partei

Bei der Parteivernehmung auf Antrag einer Partei knüpft das Gesetz bei der Beweislast an (Musielak, § 445 ZPO Rn 4: „Wenig glücklich"). Nach § 445 ZPO kann eine Partei, die den ihr obliegenden Beweis mit anderen Beweismitteln nicht vollständig geführt oder andere Beweismittel nicht vorgebracht hat, den Beweis durch den Antrag, den Prozessgegner über die zu beweisenden Tatsachen zu vernehmen, antreten.

Lehnt der Prozessgegner es ab, sich vernehmen zu lassen oder gibt er auf Verlangen des Gerichts keine Erklärung ab, hat das Gericht diese **Weigerung** im Rahmen des § 286 ZPO **frei zu würdigen** (§ 446 ZPO). Sofern der Prozessgegner für die Ablehnung keine vernünftigen Gründe vorbringen kann, etwa die Aufdeckung von Betriebsgeheimnissen, eines strafbaren Verhaltens, wird es regelmäßig davon ausgehen können, dass die Parteivernehmung den entsprechenden Tatsachenvortrag des antragstellenden Prozessgegners bestätigt hätte (vgl. Musielak, § 446 ZPO Rn 1).

Gem. § 447 ZPO kann das Gericht über eine streitige Tatsache auch die beweispflichtige Partei vernehmen, wenn eine Partei es beantragt und die andere damit einverstanden ist.

II. Parteivernehmung von Amts wegen

1. Gewisse Wahrscheinlichkeit der Richtigkeit einer Parteibehauptung

Gem. § 448 ZPO kann das Gericht auch ohne Antrag einer Partei und ohne Rücksicht auf die Beweislast die Vernehmung einer oder beider Parteien anordnen, wenn das Ergebnis der Verhandlungen und einer etwaigen Beweisaufnahme nicht ausreicht, um seine Überzeugung von der Wahrheit oder Unwahrheit einer zu erweisenden Tatsache zu begründen.

Grundsätzlich ist es erforderlich, dass bereits eine **gewisse Wahrscheinlichkeit** für die Richtigkeit der von einer Partei behaupteten und von der anderen Partei bestrittenen Tatsache spricht (OLG Jena VersR 2001, 856 und OLG Koblenz MDR 1998, 712: Gewisse Wahrscheinlichkeit; BGH NJW-RR 1994, 636: Gewichtige Umstände; BGH NJW-RR 1989, 3222: Hinreichende Wahrscheinlichkeit; Zöller, § 448 ZPO Rn 4: Gewisse, nicht notwendig hohe Wahrscheinlichkeit; Musielak, § 448 ZPO Rn 3: Anfangswahrscheinlichkeit).

Der erforderliche „Anscheinsbeweis" kann auch durch die Lebenserfahrung, die Urkundenauswertung einer früheren Parteiaussage oder eine vorangegangene, formlose Parteianhörung begründet werden (B/L/A/H, § 448 ZPO Rn 3; Zöller, § 448 ZPO Rn 4).

2. Erweiternde Auslegung des § 448 ZPO

Im Anschluss an eine Entscheidung des EGMR (NJW 1995, 1413) und im Lichte der Art. 20 III, 103 I GG legen der BGH (NJW 1999, 363; VersR 1999, 995) und mehrere Oberlandesgerichte (OLG Zweibrücken, NJW-RR 2001, 1431, 1432; NJW 1998, 167, 168; OLG Saarbrücken OLGR 2000, 296; OLG Koblenz NJW-RR 2002, 630, 631; zustimmend Kluth/Böckmann, MDR 2002, 616, 621; a. A. OLG München NJW-RR 1996, 958; OLG Düsseldorf

VersR 1999, 205; Zöller, § 448 Rn 2 a; kritisch B/L/A/H, § 448 ZPO Rn 7) die Vorschrift des § 448 ZPO unter dem Gesichtspunkt der „**Waffengleichheit**" erweiternd aus.

Der BGH entschied bei einer Konstellation, in der der einen Partei ein Mitarbeiter als Zeuge zur Seite stand, während die Gegenpartei selbst die Verhandlungen führte und sich auf keinen Zeugen stützen konnte, dass das Gericht – auch das Berufungsgericht – nicht nur den Zeugen der Gegenpartei, sondern nach dem „Grundsatz der Waffengleichheit" auch die andere Partei selbst gem. § 141 oder § 448 ZPO zum umstrittenen Inhalt eines Vier-Augen-Gesprächs im Rahmen pflichtgemäßer Ermessensausübung persönlich anzuhören hat. Dabei sei das Gericht nicht gehindert, einer solchen Parteierklärung den Vorzug vor den Bekundungen des Zeugen der Gegenseite zu geben (BGH NJW 1999, 363, 364; auch BGH NJW-RR 2001, 1431, 1432; zustimmend BVerfG NJW 2001, 2531, 2532). Ebenso kann das Gericht die Aussage einer Partei bei der Anhörung nach § 141 ZPO einen stärkeren Beweiswert zumessen als einer Parteivernehmung der anderen Partei nach § 448 ZPO (OLG Koblenz NJW-RR 2002, 630).

Nach Ansicht des Sächsischen LAG (MDR 2000, 724) steht eine Parteianhörung i. S. d. § 141 ZPO bei entsprechender Würdigung des Wahrheitsgehalts der Bekundung den Beweismitteln der Parteivernehmung nach §§ 447, 448 ZPO gleich.

In einem Arzthaftpflichtprozess hat der BGH darauf hingewiesen, dass die Einseitigkeit der Beweismöglichkeit des Patienten, der für seine – gegenbeweislich – aufgestellte Behauptung hinsichtlich des Inhalts eines Aufklärungsgesprächs den Ehepartner als Zeugen benannt hat, im Rahmen des Ermessensgebrauchs nach § 448 ZPO zu berücksichtigen ist (BGH NJW-RR 2001, 1431, 1432).

3. Parteivernehmung des Arztes

Im Hinblick auf die „Waffengleichheit" im Arzthaftungsprozess dürfen auch an den vom Arzt zu führenden Nachweis einer ordnungsgemäßen Aufklärung, die regelmäßig ein Aufklärungsgespräch verlangt, keine unbilligen oder übertriebenen Anforderungen gestellt werden (BGH MDR 1985, 923; OLG Schleswig NJW-RR 1996, 348, 349; OLG Karlsruhe NJW 1998, 1800 und OLGR 2002, 396, 397; OLG Brandenburg NJW-RR 2000, 398, 400; Rehborn, MDR 1999, 1169, 1172; S/D, Rn 565; G/G, Rn C 134; Gehrlein, Rn C 70).

Selbst wenn der Arzt **nach Jahren keine konkrete Erinnerung** mehr an das Aufklärungsgespräch hat, kann es ausreichen, wenn seine Aussage im Zusammenhang mit der Dokumentation in sich stimmig und nachvollziehbar ist (OLG Karlsruhe OLGR 2002, 396, 397) oder er bzw. der betroffene Krankenhausträger die ständige Praxis einer ordnungsgemäßen Aufklärung durch die Anhörung von Klinik- oder Praxispersonal als Zeugen oder eine Parteivernehmung des Arztes gem. § 448 ZPO nachweist (G/G, Rn C 134; F/N, Rn 208; Gehrlein, Rn E 70).

Erforderlich ist allerdings auch hier, dass der Arzt in nachvollziehbarer und in sich stimmiger Art und Weise die übliche Vorgehensweise bei einem Aufklärungsgespräch vor dem vorgenommenen Eingriff schildert und zugleich bekräftigt, dass er sich ganz sicher sei, dieses Programm auch im fraglichen Fall eingehalten zu haben (OLG Karlsruhe NJW 1998, 1800 m. w. N.; OLG Hamm VersR 1995, 661) und Anhaltspunkte für eine hinreichende Aufklärung des Patienten vorliegen (BGH NJW-RR 2001, 1431, 1432). Solche Anhaltspunkte sind gegeben, wenn der Patient ein Merkblatt zum Aufklärungsgespräch unterzeichnet hat (BGH NJW-RR 2001, 1431, 1432; OLG Karlsruhe OLGR 2002, 396, 397) oder wenn die Tatsache der Führung eines Aufklärungsgesprächs als solchem zwischen den Parteien unstreitig ist (OLG Brandenburg NJW-RR 2000, 398, 400; OLG Hamm VersR 1995, 661, 662 – zur Erteilung der Aufklärung vgl. → *Aufklärung*, S. 166 f.).

Rückerstattung des Honorars

I. Honoraranspruch bei Behandlungsfehlern

Der Vertrag zwischen Arzt und Patient ist ein Dienstvertrag (BGH MDR 1975, 310; Rehborn, MDR 2001, 1148, 1153; MDR 1999, 1169, 1170; von Ziegner, MDR 2001, 1088; Schinnenburg, MedR 2000, 185; vgl. → *Arztvertrag*). Grundsätzlich wird deshalb der Vergütungsanspruch des Arztes nicht berührt, wenn die Behandlung keine Besserung des Patienten bewirkt (Gehrlein, Rn A 19; F/N, Rn 235).

Unterläuft dem Arzt jedoch ein Behandlungsfehler, ist **umstritten**, ob der Honoraranspruch des Arztes entfällt.

Nach einer Ansicht **entfällt** der Honoraranspruch **nur bei besonders groben Pflichtverletzungen** (OLG München VersR 1996, 233, 234; F/N, Rn 235; L/U, § 82 Rn 15).

Weitergehend nimmt Gehrlein (Rn A 19; ebenso OLG Saarbrücken OLGR 2000, 401 und OLG Oldenburg VersR 1997, 60) an, dass dem Patienten mit der Fehlbehandlung aus p. V. V. (ab 1.1.2002: § 280 I BGB n. F.) ein **Schadensersatzanspruch** erwächst, der **auf Befreiung** von der Verbindlichkeit gerichtet ist. Danach kann der Patient eine bereits gezahlte Vergütung gem. § 812 I 1 BGB zurückfordern, wenn die Schlechterfüllung qualititativ einer Nichterfüllung gleichkommt.

Nach Auffassung des OLG Hamburg (MDR 2001, 799 zur kosmetischen Operation; ebenso Kramer, MDR 1998, 324, 327 ff.) verliert der Arzt seinen Vergütungsanspruch in entsprechender Anwendung des § 628 I 2 BGB, soweit das Interesse des Patienten an der Durchführung des Eingriffs wegen eines vom operierenden Arztes zu vertretenden Behandlungsfehlers im Nachhinein weggefallen ist, insbesondere, wenn es sich wegen des Behandlungsfehlers für den Patienten als unmöglich oder unzumutbar erweist, das bei ordnungsgemäßer Durchführung des Eingriffs zu erwartende Ergebnis durch neuerliche operative Maßnahmen herbeizuführen.

Ähnlich gehen auch das OLG Köln (VersR 2000, 361: Unbrauchbar), das OLG Zweibrücken (MedR 2002, 201, 202), das OLG Frankfurt (VersR 1996, 1150), das OLG Koblenz (NJW-RR 1994, 52) und Rehborn (MDR 2001, 1148, 1154) davon aus, dass der Honoraranspruch im Hinblick auf § 242 BGB bzw. p. V. V. (§ 280 I BGB n. F.) entfällt, wenn sich die mangelhafte ärztliche Leistung als von vornherein nutzlos erweist bzw. an der Leistung oder an Leistungsteilen kein Interesse des Patienten (mehr) besteht.

Das OLG Zweibrücken (MedR 2002, 201, 202) lässt es dabei offen, ob dieses Ergebnis aus der „dolo-petit"-Einrede des § 242 BGB, der Einrede des nichterfüllten Vertrages nach § 320 BGB oder als inhaltlich auf Freistellung gerichteter Schadensersatzanspruch aus p. V. V. (jetzt § 280 I BGB n. F.) zu begründen ist, wobei in letzterem Fall keine Aufrechnungserklärung erforderlich sei.

War die Behandlung teilweise erfolgreich, so hat der Patient nach Auffassung von Uhlenbruck (L/U, § 82 Rn 15) auch nur einen Teil des Honorars zu zahlen. Führt der schuldhafte Behandlungsfehler zu Begleit- oder Folgeschäden, kann der Patient danach auch insoweit mit Schadensersatzansprüchen aufrechnen.

II. Honoraranspruch bei Aufklärungsfehlern

Verletzt der Arzt seine ärztliche Aufklärungspflicht, bleibt sein Vergütungsanspruch nach herrschender Ansicht jedenfalls dann bestehen, wenn der Eingriff erfolgreich verläuft (OLG Köln VersR 2000, 361; OLG München VersR 1996, 233, 234; OLG Frankfurt MedR 1995, 364; L/U, § 82 Rn 16).

Nach Ansicht des OLG Köln (VersR 2000, 361) lässt eine **unzureichende Risikoaufklärung** den **Vergütungsanspruch** des Arztes sogar regelmäßig **völlig unberührt**.

Nach Auffassung des OLG München (VersR 1996, 233, 234; ebenso F/N, Rn 235 und L/U, § 82 Rn 15) entfällt der Honoraranspruch nur bei einem besonders groben Fehler im Bereich der Eingriffs- und Risikoaufklärung. Eine sich im normalen Bereich der Fahrlässigkeit bewegende Verkennung des Umfanges der ärztlichen Aufklärungspflicht führt danach nicht zum Wegfall des Vergütungsanspruchs (OLG München a. a. O.).

Das OLG Saarbrücken (OLGR 2000, 401; ebenso Gehrlein, Rn A 19) lässt den Vergütungsanspruch von vornherein entfallen, wenn der Arzt es versäumt hat, den Patienten aufzuklären. Denn eine als eigenmächtig zu wertende und demgemäß rechtswidrige Therapie stelle nicht die geschuldete Behandlungsleistung dar und sei deshalb nicht honorarpflichtig.

Ist die ärztliche Versorgung unbrauchbar (OLG Stuttgart VersR 2002, 1286), schlägt der Eingriff fehl oder erbringt er – etwa bei einer Schönheitsoperation – nicht den erstrebten Erfolg, ist der Patient nach insoweit übereinstimmender, herrschender Ansicht berechtigt, mit seinem Schadensersatzanspruch aus p. V. V. (§ 280 I BGB n. F.) bzw. 628 I 2 BGB analog gegen den Vergütungsanspruch des Arztes aufzurechnen bzw. das gezahlte Honorar gem. § 812 I 1 BGB zurückzufordern (OLG Hamburg MDR 2001, 799; L/U, § 82 Rn 16; Gehrlein, Rn A 19; Rehborn, MDR 2001, 1148, 1154; Kramer, MDR 1998, 324 ff.).

Bei fehlender Aufklärung über alternative, kostengünstigere Behandlungsmethoden kann der Patient den sich ergebenden Differenzbetrag als Gegenanspruch zur Aufrechnung stellen bzw. die Zahlung des Honorars insoweit verweigern (L/U, § 82 Rn 16; Gehrlein, Rn A 19; vgl. S. 73 ff.).

Sachverständigenbeweis

Vgl. auch → *Beweislast;* → *Beweislastumkehr;* → *Berufung*

I. Einholung eines Sachverständigengutachtens
   1. Ermittlung des Sorgfaltsmaß-
      stabes
   2. Auswahl des Sachverständigen
   3. Körperliche Untersuchung des
      Patienten
II. Verwertung bereits vorliegender
    Gutachten
    1. Gutachten aus vorangegangenen
       Verfahren
    2. Privatgutachten einer Partei

   3. Gutachterliche Äußerungen
      sachverständiger Zeugen
III. Stellungnahme der Parteien
     und mündliche Anhörung des
     Sachverständigen
     1. Antrag auf mündliche
        Anhörung
     2. Stellungnahme der Parteien
IV. Aufklärung von Widersprüchen
    1. Aufklärungspflicht des Gerichts
    2. Beauftragung eines weiteren
       Sachverständigen

I. Einholung eines Sachverständigengutachtens

1. Ermittlung des Sorgfaltsmaßstabes

Der Arzt muss diejenigen Maßnahmen ergreifen, die von einem gewissenhaften und aufmerksamen Arzt aus berufsfachlicher Sicht seines Fachbereichs vorausgesetzt und erwartet werden. Ob ein Arzt seine berufsspezifische Sorgfaltspflicht verletzt hat, ist deshalb in erster Linie eine Frage,
die sich nach medizinischen Maßstäben richtet. Demgemäß hat das
Gericht den berufsfachlichen Sorgfaltsmaßstab mit Hilfe eines medizinischen Sachverständigen zu ermitteln. Es kann den Sorgfaltsmaßstab regelmäßig nicht allein auf Grund eigener Kenntnis oder aus eigener rechtlicher
Beurteilung heraus festlegen (OLG Saarbrücken NJW-RR 2001, 671, 672;
Gehrlein, Rn E 11).

Aus dem Studium **medizinischer Fachliteratur** ergibt sich nicht ohne weiteres eine eigene, hinreichende **Sachkunde des Gerichts** (BGH NJW-RR
1993, 792; OLG Naumburg NJW 2001, 3420). Ohne die Hinzuziehung
eines medizinischen Sachverständigen darf das Gericht medizinische
(Vor-)Fragen nur entscheiden, wenn es über eine eigene Sachkunde verfügt
und im Urteil darlegt, worauf diese beruht (BGH NJW 1993, 2378; Müller,
MedR 2001, 487, 492). Eine Bezugnahme auf die persönlichen Erfahrungen eines Kammermitglieds etwa aus der Schwangerschaft seiner Ehefrau
reicht zur Darlegung der Grundlagen eigener Sachkunde nicht aus (OLG
Naumburg NJW 2001, 3420).

Im Arzthaftungsprozess ist der notwendige **Sachverständigenbeweis auch
ohne Antrag** einer Partei von Amts wegen zu erheben (§ 144 ZPO; vgl.
Gehrlein, Rn E 11; G/G, Rn E 8; F/N, Rn 250).

Denn das Gericht hat von Amts wegen auf eine umfassende und genaue Aufklärung des medizinischen Sachverhalts hinzuwirken sowie durch Prozessleitung und Rechtshinweise die beweiserheblichen medizinischen Fragestellungen herauszuarbeiten, auch soweit sie von den Parteien nicht dargelegt worden sind (BGH VersR 1982, 168; G/G, Rn E 6; F/N, Rn 262).

Es muss durch Formulierungshilfen, insbesondere durch möglichst präzise Fassung der Beweisfragen, darauf hinwirken, dass die Beweisaufnahme auf die medizinisch wesentlichen Umstände ausgerichtet wird. Die dem Gutachten zugrunde zu legenden Anknüpfungstatsachen hat das Gericht dabei selbst zu ermitteln (S/D, Rn 585, 597; Gehrlein, Rn E 13).

Die Aufklärung des Sachverhalts und die Auswahl der an ihn zu stellenden Fachfragen darf das Gericht nicht dem Sachverständigen überlassen (OLG Bremen VersR 2001, 785 zur Fragestellung; Müller, MedR 2001, 487, 492; R/S II – Greiner, S. 17; S/D, Rn 597).

2. Auswahl des Sachverständigen

Das **Gericht** hat den Sachverständigen auszuwählen (§ 404 I ZPO).

Grundsätzlich hat das Gericht einen Sachverständigen aus dem betreffenden medizinischen Fachgebiet des beklagten Arztes auszuwählen. Dieser hat dann erforderlichenfalls auch die Frage zu beantworten, ob die Hinzuziehung eines Gutachters aus einem anderen medizinischen Fachgebiet erforderlich ist (OLG Hamm VersR 2001, 249; VersR 2002, 613; Müller, MedR 2001, 487, 491).

Wird das Gutachten von einem anderen als dem im Beweisbeschluss benannten Sachverständigen erstattet, so hat das Gericht die Möglichkeit, das Gutachten nach entsprechender Änderung des Beweisbeschlusses zu verwerten (§ 360 Satz 2 ZPO). Die Parteien müssen dabei jedoch die Gelegenheit zur Stellungnahme erhalten (BGH MDR 1985, 923; S/D, Rn 586 b; F/N, Rn 251; Gehrlein, Rn E 15).

Der Sachverständige ist grundsätzlich nicht befugt, den ihm erteilten Auftrag auf einen anderen zu übertragen. Selbst wenn er sich der Mitarbeit einer anderen Person bedient, hat er diese namhaft zu machen und den Umfang ihrer Tätigkeit anzugeben, falls es sich nicht nur um Hilfsdienste von untergeordneter Bedeutung handelt (OLG Zweibrücken NJW-RR 1999, 1368).

Nach der vom BGH gebilligten Ansicht des OLG Zweibrücken (VersR 2000, 605; Rehborn, MDR 2000, 1109) ist auch ein Gutachten, das zunächst von einem nicht beauftragten Arzt erstellt wurde, verwertbar, wenn der vom Gericht bestellte Sachverständige sich die Ausführungen – wenngleich auf Aufforderung des Gerichts – zu Eigen macht. Das OLG weist jedoch darauf hin, dass es im entschiedenen Fall sinnvoller gewesen wäre, den beauftragten Sachverständigen zu entlassen und den „Gehilfen" mit der Erstellung des Gutachtens zu beauftragen.

Das OLG Frankfurt (Urt. v. 16.12.1992 – 13 U 223/89 mit NA-Beschl. BGH VersR 1994, 610 f.) hat auch eine arbeitsteilige Mitwirkung zwischen dem bestellten Sachverständigen und einem Oberarzt akzeptiert (kritisch S/H/A/S, Rn 136).

Es muss jedoch festgestellt werden können, dass der vom Gericht bestellte Sachverständige die Ausführungen des tatsächlich ganz oder zum Teil tätig gewordenen Arztes nachvollzogen und sich zu Eigen gemacht hat (OLG Zweibrücken NJW-RR 2001, 667, 668; Rehborn, MDR 2001, 1148, 1150) und an der wissenschaftlichen Qualifikation des SV keine Zweifel bestehen (S/H/A/S, Rn 134).

Das von einem anderen als dem vom Gericht beauftragten Sachverständigen erstattete Gutachten ist auch dann als Beweismittel verwertbar, wenn die Parteivertreter nach Vorlage des Gutachtes im darauf folgenden Termin rügelos zur Sache verhandeln. Der Verfahrensfehler ist dann gem. § 295 I ZPO geheilt (OLG Zweibrücken NJW-RR 1999, 1368; F/N, Rn 251).

3. Körperliche Untersuchung des Patienten

Der klagende Patient muss **einfache körperliche Untersuchungen** zum Nachweis eines Behandlungsfehlers dulden. Verweigert er ihm zumutbare körperliche Untersuchungen durch den Sachverständigen, bleibt er für die entsprechende Behauptung beweisfällig (Gehrlein, Rn E 9, F/N, Rn 253).

Das Gericht muss der Partei jedoch gem. § 356 ZPO eine Frist bestimmen, nach deren fruchtlosem Ablauf das angebotene Beweismittel nicht mehr benutzt werden kann (BGH MDR 1981, 836).

Es kann jedoch keinen körperlichen Eingriff, insbesondere die Vornahme einer Operation, zum Nachweis eines Behandlungsfehlers anordnen oder dies dem Patienten aufgeben (OLG Düsseldorf VersR 2001, 959; VersR 1985, 457; OLG Stuttgart MedR 1995, 498; Gehrlein, Rn E 9; F/N, Rn 253; G/G, Rn E 5; S/H/A/S, Rn 968; Stegers, VersR 2000, 419, 421).

Dies gilt auch dann, wenn die Patientin bzw. der Patient sich freiwillig anbietet, den operativen Eingriff durchzuführen, etwa um eine – behauptete – fehlerhafte Sterilisation klären zu lassen (OLG Düsseldorf VersR 2001, 959; G/G, Rn E 5; Rehborn, MDR 2002, 1281, 1285).

Allerdings kann der Patient den Eingriff auf eigene Initiative durchführen lassen und hernach dem Gericht das (Beweis-)Ergebnis mitteilen (OLG Hamm NJW 1999, 1787; Rehborn, MDR 2002, 1281, 1285).

II. Verwertung bereits vorliegender Gutachten

1. Gutachten aus vorangegangenen Verfahren

Grundsätzlich kann auch das in einem **strafrechtlichen Ermittlungsverfahren** (OLG Oldenburg VersR 1997, 318; BGH MDR 1995, 994) und das von der bei der Ärztekammer eingerichteten Gutachterkommission (OLG Köln NJW-RR 1999, 675; BGH MDR 1987, 1018) eingeholte bzw. erstattete Sachverständigengutachten in einem Arzthaftungsprozess im Wege des Urkundenbeweises verwertet werden. Eine Verwertung als Sachverständigengutachten kommt aber nur in Betracht, wenn beide Parteien einverstanden sind (R/S II – Greiner, S. 23).

Reicht das urkundenbeweislich verwertete Gutachten jedoch nicht aus, um die von einer Partei zum Beweisthema angestellten Überlegungen und die in ihrem Vortrag angesprochenen aufklärungsbedürftigen Fragen zu beantworten, so muss der Tatrichter auf Antrag der Partei einen Sachverständigen hinzuziehen und eine schriftliche oder mündliche Begutachtung anordnen (BGH VersR 2001, 121).

Gleiches gilt, wenn die Feststellungen und Erkenntnisse in dem früheren Gutachten nicht erschöpfend oder lückenhaft sind, sie auf unrichtigen oder unvollständigen tatsächlichen Grundlagen beruhen oder wenn Zweifel an der Sachkunde des Verfassers des früheren Gutachtens bestehen (OLG Köln NJW-RR 1999, 675; BGH MDR 1987, 1018 und VersR 1997, 1158 bei Rüge mangelnder Sachkunde; Gehrlein, Rn E 12; S/H/A/S, Rn 528; G/G, Rn E 10). Zweifel an der Sachkunde können sich etwa daraus ergeben, dass der Sachverständige auf einem anderen Fachgebiet tätig ist oder sich bereits im Ruhestand befindet (Gehrlein, Rn E 12).

Lehnt der Patient die Begutachtung durch den dann vom Gericht bestellten Sachverständigen ab oder erscheint er nicht zur dortigen Untersuchung, so kann das Gericht auf das in einem anderen Verfahren erstattete Gutachten zurückgreifen (OLG Koblenz VersR 1996, 908; S/D, Rn 608).

2. Privatgutachten einer Partei

Bei einem von einer Partei vorgelegten, schriftlichen Sachverständigengutachten handelt es sich um **qualifizierten, urkundlich belegten Parteivortrag** (BGH NJW 2001, 77, 78; OLG Naumburg OLGR 2001, 249; OLG Zweibrücken NJW-RR 1999, 1156).

Ein Privatgutachten darf nur mit Zustimmung beider Parteien wie ein gerichtlich angefordertes Sachverständigengutachten gewertet werden (BGH NJW 1993, 2382; MDR 1997, 880). Einer Parteirüge der mangelnden Sachkunde der gutachtenden Ärzte hat das Gericht sorgfältig nachzugehen (BGH MDR 1987, 880; S/H/A/S, Rn 528).

Im Rahmen der Beweiswürdigung nach § 286 ZPO kann das Privatgutachten nur dann von der Einholung eines gerichtlichen Sachverständigengutachtens befreien, wenn beide Parteien hiermit einverstanden sind oder das Gericht aufgrund eigener Sachkunde unter Heranziehung des Privatgutachtens in der Lage ist, zu einer verlässlichen Beantwortung der Beweisfrage zu gelangen (BGH VersR 1987, 1007, 1008; OLG Naumburg OLGR 2001, 249). Privatgutachten ist dieselbe Aufmerksamkeit zu schenken wie den Ausführungen des gerichtlich bestellten Sachverständigen (Müller, MedR 2001, 487, 493; S/D, Rn 619 m. w. N).

Der Tatrichter hat sich mit dem Privatgutachten inhaltlich auseinander zu setzen, wenn es vom Gutachten des gerichtlich bestellten Sachverständigengutachtens abweicht (BGH VersR 1986, 467, 468; NJW 1993, 2989; NJW 1996, 1597; OLG Celle VersR 2002, 1560; S/H/A/S, Rn 775, 884, 863).

3. Gutachterliche Äußerungen sachverständiger Zeugen

Gutachterliche Äußerungen eines Arztes im Prozess können dann als Sachverständigenbeweis gewürdigt werden, wenn der Arzt als sachverständiger Zeuge geladen war, jedoch als Sachverständiger belehrt worden ist (OLG Celle VersR 2000, 58).

III. Stellungnahme der Parteien und mündliche Anhörung des Sachverständigen

1. Antrag auf mündliche Anhörung

Unabhängig von der nach § 411 III ZPO im pflichtgemäßen Ermessen des Gerichts stehenden Möglichkeit, das Erscheinen des Sachverständigen zum Termin von Amts wegen anzuordnen, steht jeder Prozesspartei gem. §§ 397, 402 ZPO das Recht zu, den Sachverständigen zu seinem den Parteien zugestellten schriftlichen Gutachten mündlich befragen zu können (OLG Zweibrücken NJW-RR 2001, 667, 668; Gehrlein, Rn E 16; R/S II – Greiner, S. 25/26).

Dementsprechend muss dem von einer Partei rechtzeitig gestellten Antrag, den gerichtlichen Sachverständigen nach Erstattung des schriftlichen Gutachtens zu dessen mündlicher Erläuterung zu laden, auch dann stattgegeben werden, wenn die schriftliche Begutachtung aus der Sicht des Gerichts ausreichend und überzeugend ist (BGH NJW 1997, 802; OLG Zweibrücken NJW-RR 2001, 667, 668; Müller, MedR 2001, 487, 493).

Diese Pflicht entfällt nur ausnahmsweise dann, wenn der Antrag auf Anhörung des Sachverständigen verspätet oder rechtsmissbräuchlich gestellt worden ist (BGH MDR 1998, 58; MDR 1997, 286; OLG Zweibrücken

NJW-RR 2001, 667, 668). Von Letzterem kann nicht die Rede sein, wenn die Partei – wie in § 411 IV ZPO vorgesehen – konkret vorgetragen hat, worin sie Unklarheiten und Erläuterungsbedarf im Hinblick auf das schriftliche Sachverständigengutachten sieht und in welcher Richtung sie ihr Fragerecht ausüben will (BGH MDR 1998, 58; OLG Zweibrücken NJW-RR 2001, 667, 668).

Rechtsmissbräuchlich ist der Antrag etwa, wenn die Partei keine aus ihrer Sicht klärungsbedürftigen Fragen oder Vorbehalte dartut (OLG Oldenburg VersR 1998, 1421; OLG München OLGR 1998, 109; S/D, Rn 589 a) oder nicht darlegt, warum die offen gebliebene Frage oder die – angeblich – widersprüchliche Äußerung erheblich sein oder warum der Sachverständige insoweit keine ausreichende Sachkunde haben soll (R/S II – Greiner, S. 27).

Eine „Verspätung" kommt nach der Rechtsprechung des BGH (MDR 2001, 1130; MDR 2001, 567) nur in Ausnahmefällen in Betracht.

2. Stellungnahme der Parteien

Gem. § 411 IV 2 ZPO kann das Gericht den Parteien eine **Frist** setzen, innerhalb derer Einwendungen gegen das Gutachten, die Begutachtung betreffende Anträge und Ergänzungsfragen mitzuteilen sind. Dabei muss es den Inhalt seiner Verfügung, mit der es die Frist nach §§ 411 IV 2, 296 I ZPO setzt, klar und eindeutig abfassen, so dass bei der betroffenen Partei von Anfang an vernünftigerweise keine Fehlvorstellungen über die gravierenden Folgen der mit der Nichtbeachtung der Frist verbundenen Rechtsfolgen aufkommen können. Diesen Voraussetzungen genügt eine – ohnehin nicht von der Kammer, sondern nur vom Vorsitzenden – erlassene Verfügung, in der angeordnet wird, dass den Parteien bis zu einem bestimmten Zeitpunkt Gelegenheit gegeben wird, zum Gutachten Stellung zu nehmen, nicht (BGH MDR 2001, 1130).

Gibt der Sachverständige dann in seinem mündlich erstatteten Gutachten neue und ausführlichere Beurteilungen gegenüber den schriftlichen Ausführungen ab, so muss sowohl der Patienten- als auch der Behandlungsseite Gelegenheit zur **Stellungnahme** gegeben werden. Dabei sind auch solche Ausführungen in einem nicht nachgelassenen Schriftsatz zur Kenntnis zu nehmen. Geben diese Anlass zu weiterer tatsächlicher Aufklärung, ist die mündliche Verhandlung wieder zu eröffnen (BGH MDR 2001, 567; MDR 1988, 953).

Ein Recht der Parteien auf eine weitere Anhörung des medizinischen Sachverständigen besteht aber nur bei entscheidungserheblichen, offen gebliebenen medizinischen Fragen, für die ein Erläuterungsbedarf nachvollziehbar geltend gemacht wird, wenn sie vom Gericht nicht auf der

Grundlage des bislang erstatteten Gutachtens aus eigener Sachkunde beantwortet werden können (OLG Hamm, Urt. v. 24.5.2000 – 3 U 125/99). Das Gericht ist auch befugt, bei Säumnis einer Partei im Termin zur mündlichen Verhandlung den hierzu geladenen Sachverständigen mündlich anzuhören und das Ergebnis dieser Beweisaufnahme bei einer Entscheidung nach Lage der Akten (§ 251 a I, II ZPO) zu verwerten (BGH MDR 2002, 288).

IV. Aufklärung von Widersprüchen

1. Aufklärungspflicht des Gerichts

Das Gericht hat von Amts wegen auf die Aufklärung von Widersprüchen hinzuwirken, die sich zu früheren Äußerungen desselben Sachverständigen, zu den Angaben eines anderen, gerichtlich bestellten Sachverständigen oder einem von der Patienten- oder Behandlungsseite vorgelegten Privatgutachten ergeben (BGH NJW 1998, 1784; NJW 1998, 2735; NJW 1997, 794; NJW 1994, 1596; OLG Karlsruhe OLGR 2002, 403; OLG Saarbrücken MedR 1999, 222, 223; OLG Celle VersR 2002, 1558, 1560; Gehrlein, Rn E 17; G/G, Rn E 17; S/D, Rn 620; F/N, Rn 255).

Es hat Zweifel und Unklarheiten auf Grund unterschiedlicher Begründungen des gerichtlichen Sachverständigen im Laufe eines Arzthaftungsprozesses durch eine **gezielte Befragung des Gutachters** zu klären. Dabei darf es sich nicht mit einer eigenen Interpretation der Ausführungen über Widersprüche hinwegsetzen (BGH MDR 2001, 888; VersR 2002, 1026, 1028).

So ist es dem Gericht nicht gestattet, ohne entsprechende medizinische Darlegungen des Sachverständigen einen groben Behandlungsfehler aus eigener Wertung zu bejahen (BGH NJW 2002, 2944; NJW 2001, 2795, 2796; NJW 2001, 2794 = MDR 2001, 1113; NJW 2001, 2792, 2793 = MDR 2001, 1115).

Äußert sich der Sachverständige auf die Frage des Gerichts nach dem Vorliegen eines groben Behandlungsfehlers nicht eindeutig, so ist das Gericht gehalten, durch eine gezielte Befragung des Gutachters auf die Beseitigung verbleibender Zweifel und Unklarheiten hinzuwirken (BGH VersR 2002, 1026, 1028).

Kann sich der Sachverständige in einem solchen Fall nicht festlegen, dürfen erkennbar widersprüchliche oder ergänzungsbedürftige Ausführungen nicht zur Grundlage der rechtlichen Beurteilung durch das Gericht gemacht werden (BGH MDR 2001, 750; MDR 2001, 888; VersR 2002, 1026, 1028). Das Gericht ist dann gehalten, einen anderen Sachverständigen mit der Begutachtung und Klärung verbliebener Zweifel und Unklarheiten zu beauftragen (BGH MDR 2001, 750; MDR 2001, 888; VersR 1997, 191, 192).

2. Beauftragung eines weiteren Sachverständigen

Die – in der Praxis selten vorliegenden – Voraussetzungen für die Beauftragung eines weiteren Sachverständigen (vgl. § 412 I ZPO) sind – alternativ – dann erfüllt, wenn Widersprüche zwischen mehreren Gutachtern nicht aufgeklärt werden können, die Sachkunde des bisherigen Gutachters zweifelhaft ist, das Gutachten grobe Mängel aufweist, der neue Sachverständige über eine **überlegene sachliche Kompetenz** oder überlegene Forschungsmittel verfügt oder wenn besonders schwierige, medizinische Fragen zu entscheiden sind (BGH NJW 1999, 1778; OLG Saarbrücken OLGR 2000, 403, 405 und OLGR 2000, 426, 427; Gehrlein, Rn E 19; G/G, Rn E 25).

Ein weiteres Gutachten kann auch dann in Auftrag gegeben werden, wenn das erste Gutachten nicht überzeugend oder unvollständig ist, von falschen tatsächlichen Voraussetzungen ausgeht, sich die Anknüpfungstatsachen durch neuen oder ergänzenden Sachvortrag verändert haben oder der Sachverständige erklärt, eine bestimmte Beweisfrage nicht beantworten zu können (S/H/A/S, Rn 501). Ein weiteres Gutachten muss jedoch nicht allein deshalb eingeholt werden, weil anzunehmen ist, dass ein weiterer Sachverständiger einer anderen Ansicht zuneigt (KG VersR 2002, 438).

3. Auseinandersetzung mit einem Privatgutachten

Auch wenn es sich bei einem Privatgutachten nicht um ein Beweismittel i. S. d. §§ 355 ff. ZPO, sondern „nur" um qualifizierten, urkundlich belegten Parteivortrag handelt (s. o.; BGH NJW 2001, 77, 78; OLG Zweibrücken NJW-RR 1999, 1156), hat sich das Gericht mit diesem Gutachten ebenso sorgfältig auseinander zu setzen, wie wenn es sich um eine abweichende Stellungnahme eines gerichtlich bestellten Gutachters handeln würde (BGH VersR 1981, 752; VersR 1986, 467, 468; NJW 1993, 2989; Müller, MedR 2001, 487, 493; F/N, Rn 255; Gehrlein, Rn E 17).

Einem sich etwa ergebenden Widerspruch zwischen dem gerichtlichen Sachverständigen und dem Privatgutachter muss das Gericht nachgehen (BGH NJW 2001, 77, 78). Dies geschieht zweckmäßigerweise durch mündliche Anhörung des gerichtlich bestellten Gutachters oder – falls danach Bedenken bleiben – durch Einholung eines weiteren Gutachtens (OLG Saarbrücken MedR 1999, 222).

Die **Anhörung** des Privatsachverständigen ist **vom Gesetz nicht vorgesehen** (vgl. BGH VersR 1993, 1231). Die durch den Privatsachverständigen in der mündlichen Verhandlung beratene Partei kann jedoch entsprechende Fragen an den gerichtlich bestellten Sachverständigen stellen. Zur unmittelbaren Befragung oder Anhörung des Privatsachverständigen, der nicht zum gerichtlichen Sachverständigen bestellt worden ist, ist das Gericht nicht verpflichtet (BGH VersR 1993, 1231; R/S II – Greiner, S. 26). Die Praxis ist hier jedoch großzügig.

Eine Pflicht zur Ladung und – in der Praxis regelmäßig durchgeführter – Anhörung des Privatgutachters besteht jedoch nicht, wenn sich der gerichtliche Sachverständige mit dessen Ausführungen hinreichend gründlich auseinander gesetzt hat (OLG Karlsruhe VersR 1990, 53; Müller, MedR 2001, 487, 493; S/D, Rn 622). Dabei bedarf es nicht unbedingt einer namentlichen Erwähnung des Privatgutachters; es kann ausreichen, wenn sich der gerichtlich bestellte Sachverständige mit dessen Ausführungen befasst und dargelegt hat, weshalb er sich ihnen nicht anschließt (Müller, MedR 2001, 487, 493).

Wenngleich die Gegenüberstellung im Rahmen einer mündlichen Anhörung vorzuziehen ist, kann den Einwendungen einer Partei auch durch schriftliche Ergänzungsgutachten nachgegangen werden, wenn jedes der Gutachten in sich widerspruchsfrei ist (BGH VersR 1980, 533; S/D, Rn 621).

Unzulässig ist es jedoch, die entsprechende Einwendungen enthaltenden Schriftsätze der Parteien dem Sachverständigen lediglich mit der pauschalen Bitte um ein Ergänzungsgutachten zuzuleiten (OLG Bremen VersR 2001, 785).

4. Prüfungsumfang des Berufungsgerichts

Die fehlerhafte Ermessensausübung des Gerichts, das von einer Partei vorgelegte Privatsachverständigengutachten nicht zu beachten und sich mit dessen Ausführungen auseinander zu setzen (OLG Zweibrücken NJW-RR 1999, 1156; OLG Saarbrücken NJW-RR 1999, 719) oder sich bei hierzu bestehender Veranlassung das Sachverständigengutachten nicht wenigstens bezüglich einzelner Zusammenhänge mündlich erläutern zu lassen (OLG Zweibrücken NJW-RR 2001, 667, 668), kann als Verfahrensverstoß nicht durch rügelose Einlassung (§§ 411 III, 295 ZPO) geheilt werden und konnte gem. § 539 ZPO a. F. zur Aufhebung eines hierauf beruhenden Urteils und zur Zurückverweisung der Sache in die I. Instanz führen (OLG Zweibrücken NJW-RR 2001, 667, 668 und NJW-RR 1999, 1156; G/G, Rn E 17).

Unter der Geltung des § 538 I ZPO n. F. hat das Berufungsgericht grundsätzlich in der Sache selbst zu entscheiden. Eine Zurückverweisung kommt nur noch in den von § 538 II Nr. 1–7 ZPO n. F. genannten Fällen in Betracht. Hierzu gehört gem. § 538 II Nr. 1 ZPO n. F. ein wesentlicher Verfahrensmangel, der zusätzlich eine umfangreiche und aufwendige, dann in I. Instanz durchzuführende Beweisaufnahme erforderlich machen würde. Als **wesentliche Verfahrensmängel** werden z. B. die Nichtgewährung rechtlichen Gehörs, das Übergehen eines wesentlichen Teils des Streitstoffes, die gebotene, aber unterlassene Parteianhörung oder Parteivernehmung und die fehlerhafte Ermessensausübung, den Sachverständigen zur Erläuterung seines Gutachtens zu laden (§ 411 III ZPO), genannt (B/L/A/H, § 538 ZPO n. F. Rn 5–7).

Auf die Berufung einer Partei musste das Berufungsgericht nach dem bis zum 31.12.2001 geltenden Recht einen in I. Instanz übergangenen Antrag auf Anhörung des gerichtlich bestellten Sachverständigen zur mündlichen Erläuterung des schriftlichen Gutachtens nachkommen, wenn der Antrag beim Berufungsgericht wiederholt wird (BGH VersR 1996, 211; R/S II – Greiner, S. 27).

Selbst einem **erstmals in II. Instanz gestellten Antrag** musste das Berufungsgericht entsprechen, wenn der Sachverständige in I. Instanz bei pflichtgemäßer Ausübung des Ermessens aus § 411 III ZPO von Amts wegen zur Erläuterung hätte geladen werden müssen (BGH VersR 1989, 378; G/G, Rn E 22). Dies ist dann der Fall, wenn das Gutachten unvollständig, unklar, in einem entscheidungserheblichen Punkt widersprüchlich oder insoweit nicht von ausreichender Sachkunde getragen ist (R/S II – Greiner, S. 28; OLG Karlsruhe OLGR 2002, 403: Unklar, unvollständig oder zweifelhaft).

An diesen Grundsätzen ist wegen des im Arzthaftungsprozess in weitem Umfang geltenden „Amtsermittlungsgrundsatzes" jedenfalls für diejenigen Tatsachen und die Verfahrensmängel, die von Amts wegen beachtet werden mussten oder die gem. §§ 529 II 1, 520 III ZPO n. F. in der Berufungsbegründung geltend gemacht worden sind, auch bei Anwendung der §§ 520, 522, 529 ZPO n. F. festzuhalten (vgl. hierzu → *Berufung*).

Das Berufungsgericht musste einen Sachverständigen unter der Geltung des alten Rechts selbst anhören, wenn es der Beurteilung medizinischer Vorgänge eine vom Sachverständigen abweichende Auffassung zugrunde legen und seine Ausführungen möglicherweise anders als das Landgericht würdigen will (BGH NJW 1993, 2380; NJW 1994, 803; Müller, MedR 2001, 487, 493; S/D, Rn 623) oder die mündliche Erörterung mit dem Sachverständigen zur Klärung von Zweifeln oder zur Beseitigung von Unklarheiten unumgänglich erscheint, etwa, um im Protokoll der erstinstanzlichen Verhandlung nicht festgehaltene Erläuterungen des Sachverständigen nachvollziehen zu können (BGH MDR 2001, 1311).

Gleiches galt, wenn das Berufungsgericht die Aussage eines Zeugen bzw. einer vernommenen Partei anders verstehen oder werten will als die Vorinstanz (BGH NJW-RR 2001, 1430; NJW 1999, 2972) oder wenn es die persönliche Glaubwürdigkeit, die Urteilsfähigkeit, das Erinnerungsvermögen oder die Wahrheitsliebe des Zeugen anders beurteilen will (BGH NJW 1998, 2222; Gehrlein, Rn E 20; vgl. hierzu → *Berufung*).

Nach § 529 ZPO n. F. hat das Berufungsgericht seiner Entscheidung die in I. Instanz festgestellten Tatsachen zugrunde zu legen, soweit nicht konkrete, vom Berufungsführer darzulegende Anhaltspunkte Zweifel an der Richtigkeit oder Vollständigkeit der entscheidungserheblichen Feststellungen begründen (§§ 529 I Nr. 1, 520 III Nr. 3 ZPO n. F.) oder die Berücksichtigung neuer Tatsachen ausnahmsweise gem. §§ 529 I Nr. 2, 531 II Nr. 1–3 ZPO zulässig ist, etwa, weil ein nach § 139 I–III ZPO n. F. erforderlicher Hinweis des Gerichts unterblieben ist (B/L/A/H, § 529 ZPO n. F. Rn 6 und § 531 ZPO n. F. Rn 15; vgl. → *Berufung*).

V. Äußerungen des Sachverständigen zu nicht vorgetragenen Behandlungsfehlern

Kommt der Sachverständige zu dem Ergebnis, dass zwar kein vom Patienten geltend gemachter und im Beweisbeschluss enthaltener, aber ein anderer Behandlungsfehler vorliegt, muss das Gericht dem – anders als etwa in Bauprozessen o. a. – wegen der im Arzthaftungsprozess gesteigerten Pflicht zur Sachverhaltsaufklärung nachgehen (F/N, Rn 262). Es entspricht einem allgemeinen Grundsatz, dass sich eine Partei die bei einer Beweisaufnahme zutage tretenden Umstände jedenfalls hilfsweise zu Eigen macht, soweit sie ihre Rechtsposition zu stützen geeignet sind. Das Gericht hat auch diesen Vortrag ohne ausdrückliche Bezugnahme der Partei bei der Beweiswürdigung zu berücksichtigen (BGH MDR 2001, 887; VersR 1991, 467, 468; OLG Saarbrücken MDR 2000, 1317, 1319).

Der Sachverständige kann sogar dahingehend befragt werden, ob die ärztliche Handlung nicht aus einem anderen Grund fehlerhaft gewesen sein könnte, sofern hierfür Anhaltspunkte vorliegen (BGH VersR 1982, 168; Rehborn, MDR 2000, 1319, 1321; F/N, Rn 262). Damit korrespondiert die Pflicht des gerichtlich bestellten Sachverständigen, das Gericht darauf hinzuweisen, dass eine inkriminierte ärztliche Handlung schon an sich verfehlt oder bedenklich war (S/H/A/S, Rn 961).

VI. Ablehnung des Sachverständigen wegen Befangenheit

1. Grundsatz

Nach § 406 I ZPO kann ein Sachverständiger aus denselben Gründen, die zur Ablehnung eines Richters berechtigen (vgl. § 41 Nr. 1–4 ZPO), abgelehnt werden (vgl. S/H/A/S, Rn 81 ff.).

Ein **als Zeuge** vernommener Sachverständiger kann jedoch nicht deshalb abgelehnt werden; die Sonderregelung des § 406 I 2 ZPO verdrängt insoweit § 41 Nr. 5 ZPO.

Nach h. M. liegt ein Ablehnungsgrund i. S. d. §§ 41 Nr. 6, 42 II ZPO nicht deshalb vor, wenn der Sachverständige in der früheren Instanz oder in einem schiedsrichterlichen Verfahren als solcher tätig geworden ist (Musielak, § 406 Rn 3; B/L/A/H, § 406 ZPO n. F. Rn 4; a. A. Kahlke, ZZP 94 (1981) 50, 68).

2. Ablehnung wegen Befangenheit bejaht

In folgenden Fällen wurde ein Ablehnungsgrund wegen Befangenheit des Sachverständigen (SV) bejaht:

Der SV hat in derselben Angelegenheit bereits **zuvor ein Privatgutachten** für eine der Parteien erstellt (OLG München OLGR 1998, 397; OLG Düsseldorf NJW-RR 1997, 1428; OLG Hamm MDR 2000, 49; OLG Köln VersR 1992, 517; Zöller, § 406 Rn 8; a. A. OLG Koblenz MDR 1984, 675) oder wurde für eine Partei vor oder nach seiner Gutachtenerstattung im selbständigen Beweisverfahren tätig (Musielak, § 406 Rn 7). Der Ablehnungsantrag kann auch dann begründet sein, wenn es sich sowohl bei dem beklagten Arzt als auch bei dem Sachverständigen um Beamte desselben Dienstherrn, etwa eines Bundeslandes, handelt (OLG München MDR 2002, 291). Der Sachverständige soll auch dann befangen sein, wenn er – mit identischen Parteivertretern – selbst in einen Parallelrechtsstreit als Parteigutachter verwickelt ist (OLG Naumburg MedR 1999, 183; S/H/A/S, Rn 95). Der Ablehnungsantrag ist jedoch unbegründet, wenn der Sachverständige entscheidungserhebliche Fragen in einem parallel gelagerten Rechtsstreit oder in der Vorinstanz ungünstig beurteilt hat (OLG Köln MDR 1990, 1121; OLG München VersR 1994, 704; B/L/A/H, § 406 Rn 9; Zöller, § 406 Rn 9).

Frühere wissenschaftliche Veröffentlichungen begründen die Befangenheit nur, wenn sie einseitig sind (Musielak-Huber, § 406 Rn 11) oder zu befürchten ist, er werde anderen, vertretbaren Auffassungen gegenüber nicht mehr aufgeschlossen sein und „starr an seiner Ansicht festhalten" (B/L/A/H, § 406 Rn 16 und § 42 Rn 23).

Eine Ablehnung kann nach teilweise vertretener Auffassung auch begründet sein, wenn der SV **für den Haftpflichtversicherer einer Partei tätig** ist oder war (vgl. OLG Celle NJW-RR 1996, 1086 und LSG Bremen NJW 1972, 72: Ständige Geschäftsbeziehung mit Versicherung; auch Musielak, § 406 Rn 10: Bei häufigen Gutachtenaufträgen). Nach h. M. kommt es darauf an, ob in irgendeiner Weise eine geschäftliche Abhängigkeit besteht (OLG München MDR 1998, 858; S/H/A/S, Rn 95, 98). So besteht kein Ablehnungsgrund, wenn es sich um eine ständige Tätigkeit des SV für fast sämtliche Versicherungsträger (B/L/A/H, § 406 Rn 10) oder um einen vom Versicherer wirtschaftlich unabhängigen Chefarzt handelt (OLG Frankfurt NJW-RR 1992, 1470; OLG Köln VersR 1992, 850; B/L/A/H, § 406 Rn 10; Zöller, § 406 ZPO Rn 9 a. E.: Selbst bei wiederholter Tätigkeit für die Versicherung; ablehnend Musielak, § 406 Rn 10).

Ein Befangenheitsgrund kann vorliegen, wenn der SV **substantiierten Parteivortrag unberücksichtigt** lässt (OLG Bamberg MedR 1993, 351, 352; S/H/A/S, Rn 86), eine streitige Behauptung als bewiesen würdigt (B/L/A/H, § 406 Rn 7; Zöller, § 406 Rn 8), eine Prüfung der Schlüssigkeit bzw. Erheblichkeit des Parteivortrages vornimmt (OLG Köln NJW-RR 1987, 1199; B/L/A/H, § 406 Rn 13), ohne Aufforderung Aussagen einer Partei wertet (S/H/A/S, Rn 91), Fakten einseitig zugunsten einer Partei auswählt (OLG Köln VersR 1992, 255; Stegers, MedR 2000, 419, 422), das Beweisthema umformuliert, Weisungen des Gerichts zur Behandlung des Tatsachenstoffs missachtet (Musielak, § 406 Rn 9), ohne Verständigung der Gegenseite Kontakt mit einer Prozesspartei aufnimmt, sei es auch nur, um sich Unterlagen zu beschaffen (Müller, MedR 2001, 487, 492; differenzierend B/L/A/H, § 406 ZPO Rn 17, 18; a. A. Zöller, § 406 Rn 9 m. w. N.), er eine Prozesspartei (BGH NJW 1981, 2009, 2010) oder einen von dieser hinzugezogenen Privatgutachter beleidigt (OLG Oldenburg NJW-RR 2000, 1167), etwa wenn er ein von einer Partei angekündigtes Privatgutachten pauschal als „Gefälligkeitsgutachten" bezeichnet (OLG Zweibrücken NJW 1998, 912; Musielak a. a. O.).

Soll der Sachverständige in einem **Ergänzungsgutachten** zu einem sein Hauptgutachten heftig und unsachlich kritisierenden Schriftsatz einer Partei Stellung nehmen und bezeichnet er einzelne kritische Äußerungen in diesem Schriftsatz bei einer Besprechung mit den Parteien als „rüpelhaft" oder „flegelhaft", so begründet er hierdurch das berechtigte Misstrauen der Partei, dass er den Schriftsatz nicht mehr unvoreingenommen in seine erneute Begutachtung einbezieht (OLG Köln MDR 2002, 53).

3. Ablehnung wegen Befangenheit verneint

In folgenden Fällen ist der Ablehnungsantrag einer Partei jedoch unbegründet:

Der **SV ist seinerseits Mandant eines Prozessbevollmächtigten** der Parteien (OLG Hamm bei Rehborn, MDR 2000, 1109; a. A. Musielak, § 406 Rn 8), war bereits in I. Instanz, einem vorangegangenen Strafverfahren oder in einem Parallelprozess gegen dieselbe Partei als Gutachter tätig (Musielak, § 406 Rn 11; B/L/A/H, § 406 Rn 9), hat früher mit dem Privatgutachter einer Partei wissenschaftlich oder gewerblich zusammengearbeitet (OLG Frankfurt VersR 1981, 557; B/L/A/H, § 406 Rn 12; a. A. OLG Köln VersR 1993, 72), die Untersuchung des klagenden Patienten ohne Benachrichtigung bzw. in Abwesenheit des beklagten Arztes durchgeführt (OLG Stuttgart VersR 1991, 1305; B/L/A/H, § 406 Rn 18; Zöller, § 406 Rn 9), in Abwesenheit einer Partei Besprechungen mit dem Richter über Vergleichsmöglichkeiten geführt (OLG Stuttgart NJW-RR 1996, 1469; Musielak a. a. O.) oder in sein Gutachten ohne Auftrag des Gerichts Rechtsausführungen eingefügt (OLG Karlsruhe MDR 1994, 725; Zöller a. a. O.).

Die Ablehnung ist auch unbegründet, soweit sie auf einen **(angeblichen) Mangel der Sachkunde** des SV gestützt wird (B/L/A/H, § 406 Rn 14; Zöller a. a. O.) oder wenn er sich durch massive Angriffe einer Partei zu einer überzogenen Stellungnahme hinreißen lässt (OLG Düsseldorf NJW-RR 1997, 1428; Musielak a. a. O.; anders bei Beleidigungen, s. o.).

4. Rechtzeitige Stellung des Ablehnungsantrages

Gem. § 406 II ZPO ist der Ablehnungsantrag spätestens **innerhalb von zwei Wochen** nach Verkündung oder Zustellung des Beschlusses über die Ernennung des Sachverständigen zu stellen, soweit die Partei hieran nicht ohne ihr Verschulden gehindert war (§ 406 II 2 ZPO). § 406 II 1 ZPO gilt sowohl für die Erstattung eines schriftlichen als auch eines mündlichen Gutachtens (Musielak, § 406 Rn 13).

Ablehnungsgründe nach § 406 I ZPO sind **unverzüglich** bzw. innerhalb angemessener Überlegungsfrist binnen einer Frist von zwei Wochen nach der zumutbaren Kenntniserlangung von dem Ablehnungsgrund geltend zu machen; dies gilt auch für die sich aus einem übersandten Gutachten ergebenden Ablehnungsgründe (OLG Brandenburg NJW-RR 2001, 1433; Musielak, § 406 Rn 14: Maximal zwei Wochen; B/L/A/H, § 406 Rn 23 und OLG Koblenz NJW-RR 1999, 72, 73: Unverzüglich innerhalb angemessener Überlegungsfrist).

Ein erst vier oder fünf Wochen nach der Zustellung eines Sachverständigengutachtens gestelltes Ablehnungsgesuch ist regelmäßig unzulässig (OLG Brandenburg NJW-RR 2001, 1433; OLG Düsseldorf NJW-RR 1998, 933).

Eine Partei verliert bzw. verwirkt ihr Ablehnungsrecht jedoch, wenn sie nach Erhalt des Gutachtens bzw. Kenntnisnahme der mündlichen Ausführung des Sachverständigen rügelos zum Beweisergebnis verhandelt

(OLG Düsseldorf MDR 1994, 620; B/L/A/H, § 406 Rn 23) oder sie sich mit der Gegenseite auf den SV geeinigt hatte und ihr die ein Ablehnungsrecht aus 406 I ZPO begründenden Umstände, etwa die frühere Tätigkeit als Privatgutachter des Gegners, bekannt waren (Musielak, § 406 Rn 16; Zöller, § 406 Rn 12).

VII. Haftung des gerichtlichen Sachverständigen

1. Gesetzliche Neuregelung

Am 1.8.2002 ist das 2. Gesetz zur Änderung schadensersatzrechtlicher Vorschriften in Kraft treten. Es sieht neben der Zubilligung eines Schmerzensgeldes auch im Bereich der vertraglichen und deliktischen Haftung in § 253 BGB n. F. bei einer „Bagatellgrenze" von voraussichtlich 500 Euro (Karczewski, VersR 2001, 1070, 1072; Hentschel, NJW 2002, 433, 437; von Mayenburg, VersR 2002, 278, 283), der Änderung der §§ 828 II, 825 BGB, 84 III AMG, 7 I, II, 12 I Nr. 1 StVG, 8 HpflG und anderer schadensersatzrechtlicher Vorschriften (vgl. den Überblick bei Karczewski, VersR 2001, 1070 ff. und Hentschel, NJW 2002, 433 ff.) sowie der Einführung eines neuen § 249 II 2 BGB n. F. zur Erstattungsfähigkeit der Umsatzsteuer in § 839 a BGB eine Regelung über die Haftung eines vom Gericht bestellten Sachverständigen vor.

Nach § 839 a I BGB trifft den vom Gericht ernannten Sachverständigen gegenüber dem hierdurch benachteiligten Verfahrensbeteiligten eine Schadensersatzverpflichtung, wenn sein Gutachten unrichtig ist und dies auf Vorsatz oder grober Fahrlässigkeit beruht (vgl. Wagner, NJW 2002, 2049, 2062; zur Kritik vgl. Jacobs, NJW 2001, 489, 491 f.).

Gem. § 839 a II BGB n. F. findet § 839 III BGB entsprechende Anwendung, d. h. die Ersatzpflicht tritt nicht ein, wenn der Verfahrensbeteiligte es zumindest fahrlässig unterlassen hat, den Schaden durch den Gebrauch eines Rechtsmittels abzuwenden, also etwa der Einlegung einer Berufung gegen das Urteil, das auf dem falschen Gutachten beruht.

2. Bisherige Rechtslage

Nach der bisherigen Rechtslage kam eine **Haftung** des vom Gericht bestellten Sachverständigen (SV) **faktisch nicht in Betracht**.

a) Vertragliche Ansprüche

Vertragliche Ansprüche scheiden aus. Der SV wird aufgrund einer **öffentlich-rechtlichen Sonderbeziehung** zum Gericht tätig. Diese entfaltet nach ganz überwiegender Ansicht keine Schutzwirkung (§ 328 BGB analog) zugunsten der Prozessparteien (OLG Düsseldorf NJW 1986, 2891; OLG

Brandenburg WM 2001, 1920, 1921; Jacobs, NJW 2001, 489; Karczewski, VersR 2001, 1070, 1076; a. A. Wasner, NJW 1986, 119).

b) Anspruch aus § 839 I BGB

Ansprüche aus Amtspflichtverletzung kommen mangels Ausübung hoheitlicher Gewalt nicht in Betracht, der SV ist kein „beliehener Unternehmer" (OLG Düsseldorf NJW 1986, 2891).

c) Anspruch aus § 823 I BGB

Durch die Erstattung eines falschen Gutachtens bei einer Prozesspartei durch den Verlust des Rechtsstreits entstehende Vermögensschäden werden nicht von § 823 I BGB erfasst (vgl. Jacobs, NJW 2001, 489, 490; D-L/H/L/R, § 839 a BGB Rn 18 ff., 30 ff.). **Allenfalls** bei der Verursachung eines **Freiheitsentzuges** konnte eine Haftung erwogen werden (vgl. BVerfG NJW 1979, 305 ff.; BGH NJW 1974, 312 ff.: Anspruch verneint; OLG Nürnberg NJW-RR 1988, 791: Im konkreten Fall bejaht; krit. zur Entscheidung des BGH: Hellmer, NJW 1974, 556; Speckmann, MDR 1975, 461).

d) Anspruch aus § 823 II BGB

Eine Haftung des SV konnte sich lediglich nach dessen Beeidigung aus § 823 II BGB i. V. m. §§ 154, 163 StGB ergeben. Dabei schadete dem SV bereits leichte Fahrlässigkeit (vgl. Jacobs, NJW 2001, 489, 490; Karczewski, VersR 2001, 1070, 1076; Wagner, NJW 2002, 2049, 2062). Eine Haftung des – regelmäßig – unbeeidigt gebliebenen SV schied dagegen aus; bei § 410 I, II ZPO (Sachverständigenbeeidigung) handelt es sich nicht um ein Schutzgesetz zugunsten der Prozessparteien (OLG Düsseldorf NJW 1986, 2891).

Die Differenzierung der Haftung danach, ob der SV beeidigt worden ist oder i. S. d. §§ 154, 163 StGB unbeeidigt geblieben ist, wurde allgemein als nicht überzeugend angesehen (BVerfGE 49, 304, 322; Jacobs, NJW 2001, 489, 490; Karczewski, VersR 2001, 1070, 1076).

Nach der bereits im Jahr 1978 geäußerten Auffassung des **BVerfG** (BVerfGE 49, 304, 319; vgl. hierzu D-L/H/L/R, § 839 a BGB Rn 28 ff., 35) ist die Grenze zulässiger, vom BGH (NJW 1974, 312 ff.) betriebener Rechtsfortbildung überschritten, wenn es zu einem Haftungsausschluss des gerichtlich bestellten Sachverständigen auch bei grober Fahrlässigkeit kommt.

3. Inhalt der Vorschrift

Gem. § 839 a I BGB n. F. kann die durch das **zumindest grob fahrlässig falsche Gutachten** beschwerte Prozesspartei den ihr hierdurch entstehenden Vermögensschaden vom SV ersetzt verlangen. Vorausgesetzt wird jedoch, dass der Prozess durch ein Urteil, u. U. auch durch einen Kostenbeschluss nach § 91 a ZPO, abgeschlossen wird, wobei die Entscheidung auf dem – falschen – Gutachten beruhen muss.

Schließen die Parteien nach Vorlage des Gutachtens einen Vergleich, so kann der Kausalitätsnachweis zwischen der Vorlage des grob fahrlässig unrichtigen Gutachtens und dem Zustandekommen des Vergleichs nach amtlicher Begründung (BT-Drucks. 13/10435 und RE 2001, 69; vgl. die Kritik bei Wagner, NJW 2002, 2049, 2062 und D-L/H/L/R, § 839 a BGB Rn 40, 46) in der konkreten Form (regelmäßig) nicht geführt werden.

Hält ein Prozessvertreter das Gutachten für falsch, wird man ihm deshalb aus dieser, für die vertretene Prozesspartei im Ergebnis möglicherweise ungünstigeren Warte, empfehlen müssen, auf dem Erlass eines Urteils zu bestehen und hiergegen schon wegen § 839 a i. V. m. § 839 III BGB – unter den seit dem 1.1.2002 verschärften Anforderungen der §§ 520 II, III, 531 II ZPO n. F. – Berufung einzulegen (vgl. hierzu → *Berufung*).

Gem. § 839 a II i. V. m. § 839 III BGB tritt die Ersatzpflicht nämlich nicht ein, wenn die Prozesspartei es zumindest fahrlässig unterlassen hat, den Schaden durch den Gebrauch eines „Rechtsmittels" abzuwenden. Im Rahmen des § 839 III BGB wird dieser Begriff weit ausgelegt (vgl. Palandt, § 839 Rn 73–76).

Schwangerschaftsabbruch, fehlerhafter

Vgl. auch → *Sterilisation, fehlerhafte*; → *Früherkennung, fehlerhafte pränatale Diagnostik*; → *Genetische Beratung*

I. Grundlagen: „Kind als Schaden"
II. Fehlerhafter Schwangerschaftsabbruch nach medizinischer Indikation und sog. „Notlagenindikation"
III. Schutzzweck des Behandlungsvertrages
  1. Notlagenindikation nach § 218 a II Nr. 3 StGB a. F.
  2. Embryopathische Indikation nach § 218 a II Nr. 1 StGB a. F.
  3. Medizinische Indikation nach § 218 a I Nr. 2 StGB a. F.
  4. Kriminologische Indikation nach § 218 a II Nr. 2 StGB a. F.
  5. Exkurs: Fehlerhafte Sterilisation
  6. Exkurs: Fehlerhafte genetische Beratung

IV. Anspruchsinhaber
V. Umfang des Unterhaltsanspruchs
  1. Medizinische Indikation nach § 218 a I Nr. 2 StGB a. F.
  2. Notlagenindikation nach § 218 a II Nr. 3 StGB a. F.
  3. Embryopathische Indikation nach § 218 a II Nr. 1 StGB a. F.
  4. Kriminologische Indikation nach § 218 a II Nr. 2 StGB a. F.
VI. Entfallen bzw. Nichtbestehen eines Anspruchs
  1. Notlage weggefallen
  2. Erneuter Eingriff
  3. Adoptionsfreigabe
  4. Tod der Eltern
VII. Schmerzensgeldanspruch der Mutter

I. Grundlagen: „Kind als Schaden"

Eine Schadensersatzpflicht des behandelnden Arztes kann bei fehlerhafter genetischer Beratung (vgl. hierzu → *Genetische Beratung*), misslungener Sterilisation (vgl. hierzu → *Sterilisation, fehlerhafte*), Versagen des ärztlicherseits empfohlenen Verhütungsmittels und bei verhindertem oder fehlerhaftem, indiziertem Schwangerschaftsabbruch zu bejahen sein (vgl. zusammenfassend BGH MDR 2000, 640, 641 = VersR 2000, 634, 635; OLG Naumburg MDR 1998, 1479; Gehrlein, NJW 2000, 1771 und Rn B 78 ff., 86 ff., 93 ff.; F/N, Rn 157).

Der BGH geht bereits seit 1980 von der Ersatzfähigkeit des Schadens aus, der in dem Unterhaltsbedarf eines auf Grund der Schlechterfüllung eines ärztlichen Behandlungsvertrages „unerwünscht" geborenen Kindes gesehen wurde (BGH NJW 1980, 1450, 1451; vgl. zuletzt Reinhart, VersR 2001, 1081, 1083 ff.; Büsken, VersR 1999, 1076; Rehborn, MDR 2002, 1281, 1285 f.).

Kam es infolge eines Behandlungsfehlers oder versäumter Aufklärung über das Versagerrisiko der Sterilisation, infolge fehlerhafter genetischer Beratung der Eltern sowie bei indiziertem, aber misslungenem Schwangerschaftsabbruch zur Geburt eines Kindes, hatte der BGH die Belastung der Eltern mit dem dabei entstehenden Unterhaltsaufwand weitgehend bejaht (vgl. BGHZ 86, 240, 244 ff.; BGHZ 89, 95, 102 ff.; BGH NJW 1987, 2923).

Diese Rechtsprechung hat das BVerfG (NJW 1993, 1751, 1763 f.) in den – keine formelle Bindungswirkung nach § 31 I BVerfGG entfaltenden – Entscheidungsgründen seines Urteils zur Regelung des Rechts des Schwangerschaftsabbruchs vom 28.5.1993 für überprüfungsbedürftig erklärt und dabei ausgeführt, eine rechtliche Qualifikation des Daseins eines Kindes als Schaden komme von Verfassungs wegen (Art. 1 I GG) nicht in Betracht. Die Verpflichtung aller staatlichen Gewalt, jeden Menschen in seinem Dasein um seiner selbst willen zu achten, verbiete es, die Unterhaltspflicht für ein Kind als Schaden zu begreifen.

Seitdem unterscheidet der BGH in Abweichung von der früheren Praxis **zwei Fallgestaltungen**:

Während der BGH bis zur Entscheidung des BVerfG vom 28.5.1993 davon ausgegangen ist, dass der Abbruch einer Schwangerschaft zur Abwendung der Gefahr einer Notlage von der Schwangeren nicht nur straffrei, sondern rechtmäßig gewesen ist, wenn er die materiellen Voraussetzungen des § 218 II Nr. 3, III StGB a. F. erfüllte, sich die Schwangere nach § 218 d StGB a. F. hatte beraten lassen und die Notlage sowohl von einem zweiten Arzt nach Maßgabe des § 219 I StGB a. F. als auch von dem mit dem Schwangerschaftsabbruch selbst betrauten Arzt festgestellt worden war (vgl. BGH NJW 1995, 1609, 1610), unterscheidet er nach den vom BVerfG entwickelten Grundsätzen danach, ob der etwaige Schwangerschaftsabbruch rechtmäßig oder rechtswidrig war.

Rechtmäßig war ein Schwangerschaftsabbruch aus embryopathischer oder kriminologischer Indikation nach dem früheren Indikationenmodell des § 218 a II Nr. 1, Nr. 2 StGB a. F., nicht hingegen im Regelfall ein Abbruch aus personaler oder sozialer Notlage gem. § 218 a II Nr. 3 a. F. (BGH NJW 1995, 1609, 1610; zuletzt BGH NJW 2002, 1489, 1490; MDR 2002, 336). Nur in den Fällen eines rechtmäßigen Schwangerschaftsabbruchs, nicht dagegen im Regelfall einer bloßen Notlagenindikation nach § 218 a II Nr. 3 StGB a. F. hält der BGH seitdem eine Qualifikation des Unterhaltsaufwandes als Schaden weiterhin für vertretbar (BGH a. a. O.; Emmerich, JuS 1996, 71).

In seinem Urt. v. 16.11.1993 (NJW 1994, 788; zustimmend OLG Düsseldorf NJW 1995, 788; OLG Oldenburg MDR 1996, 1132; insoweit auch LG Köln VersR 1999, 968, 970; Deutsch, NJW 1993, 2361 und NJW 1994, 776; ablehnend Roth, NJW 1994, 2402 und NJW 1995, 2399) hat der BGH an seiner Auffassung festgehalten, dass in den Fällen einer aus ärztlichem Verschulden misslungenen Sterilisation sowie eines verhinderten oder fehlgeschlagenen Schwangerschaftsabbruchs aus **embryopathischer oder kriminologischer** Indikation der ärztliche Vertragspartner auf **Schadensersatz** wegen der Unterhaltsbelastung der Eltern durch das Kind in Anspruch genommen werden kann.

Der BGH weist zutreffend darauf hin, dass weder die rechtlichen Ordnungen des Schadensrechts oder des Familienrechts noch eine ungezwungene Gesamtbetrachtung des Lebenssachverhalts dazu nötigen, bereits das Dasein des Kindes als Schadensfall anzusehen, um zur Bejahung eines Anspruchs gegen den Arzt zu gelangen. Vielmehr stellt **erst die Belastung der Eltern mit dem finanziellen Aufwand** für den Unterhalt den Schaden dar (BGH NJW 1994, 788, 791; NJW 1995, 2407, 2410; OLG Düsseldorf NJW 1995, 788, 789; OLG Oldenburg NJW 1996, 2432, 2433).

War der **Vertrag** mit dem Arzt **zumindest auch darauf gerichtet**, eine **Unterhaltsbelastung** der Eltern **zu vermeiden**, so ist diese Belastung – wenn sie sich gerade wegen der fehlerhaften Vertragserfüllung einstellt – sowohl vom Schutzzweck des Vertrages wie auch vom Ausgleichszweck des Schadensersatzes her als Vermögensschaden anzusehen (BGH NJW 1994, 788, 792).

So erstreckt sich der **Schutzzweck des Beratungsvertrages** insbesondere auf die Belastung mit dem finanziellen Aufwand für ein schwer behindertes Kind, den die Eltern dem Kind und sich durch ihre Vorsorge ersparen wollten. Dieser Unterhaltsaufwand lasse sich nicht aufteilen in einen solchen, der für ein hypothetisch gesundes Kind von den Eltern familienrechtlich geschuldet wird, und einen solchen, der durch den Gesundheitsschaden des Kindes zusätzlich bedingt ist (BGH NJW 1994, 788, 791; VersR 2002, 1148, 1149).

Auch im Fall eines – grundsätzlich nicht gem. §§ 134, 138 BGB nichtigen – Behandlungsvertrages über die genetische Beratung zur Vermeidung der Zeugung schwerstgeschädigter Kinder hat der BGH (NJW 1995, 2407) die bisherige Rechtsprechung bestätigt.

Hat der Arzt danach bei der Sterilisation eines Mannes nicht ausreichend über die Notwendigkeit eines **Spermiogramms** aufgeklärt, so kann – wenn es trotz des Eingriffs zur Geburt eines Kindes kommt – dessen Unterhaltsbedarf im Wege des Schadensersatzes und daneben in diesem Fall auch ein Schmerzensgeld für die Mutter verlangt werden. Der Zurechnungszusammenhang zwischen der Pflichtwidrigkeit des Arztes und dem Eintritt der Körperverletzung wird dabei nicht deshalb unterbrochen, weil der Verletzungserfolg beim Verletzten erst durch eine zusätzliche Ursache, nämlich den Geschlechtsverkehr mit dem fehlerhaft behandelten Patienten, eintritt (BGH NJW 1995, 2407, 2408).

Im Urt. v. 28.3.1995 (BGH NJW 1995, 1609; auch NJW 1995, 2407, 2409) ist der BGH anhand der vom BVerfG vorgegebenen Kriterien jedoch zu dem Ergebnis gelangt, dass der Unterhaltsaufwand für ein nach einem fehlgeschlagenen Schwangerschaftsabbruch geborenes Kind dann nicht mehr vom Schutzzweck des Arztvertrages umfasst wird, wenn sich der Schwangerschaftsabbruch nach den vom BVerfG entwickelten Kriterien nicht als rechtmäßig, sondern lediglich als straffrei darstellt.

Die sich aus der Durchführung des damals gesetzlich vorgeschriebenen Beratungsverfahrens ergebende Vermutung, dass eine Notlagenindikation gegeben gewesen sei, reicht für die Feststellung der Rechtmäßigkeit von Schwangerschaftsabbrüchen danach nicht aus (BGH NJW 1995, 1609 unter Aufgabe von BGH NJW 1985, 2752). Vielmehr obliegt es den Eltern, das Vorliegen eines rechtfertigenden Indikationstatbestandes, etwa eines schweren sozialen oder psychisch-personalen Konflikts, substanziiert vorzutragen (OLG Schleswig NJW-RR 2001, 1391).

Allerdings kann ein Schwangerschaftsabbruch auch auf Grund einer sozialen oder psychisch-personalen Notlage der Schwangeren ausnahmsweise nicht nur straffrei, sondern auch rechtmäßig sein. Voraussetzung hierfür ist jedoch eine Belastung der Schwangeren, die ein solches Maß an Aufopferung eigener Lebenswerte verlangt, dass ihr die Pflicht zum Austragen des Kindes nicht zugemutet werden kann. Dies gilt für Notlagen nur dann, wenn in ihrer Umschreibung die Schwere des sozialen oder psychisch-personalen Konflikts so deutlich erkennbar wird, dass – unter dem Gesichtspunkt der Unzumutbarkeit betrachtet – die Kongruenz mit den anderen Indikationsfällen nach § 218 a StGB a. F. gewahrt bleibt. Einem solchen Ausnahmetatbestand kann zudem eine rechtfertigende Wirkung nur dann zukommen, wenn das Vorliegen seiner Voraussetzungen durch die Gerichte oder durch Dritte, denen der Staat kraft ihrer besonderen Pflichtenstellung vertrauen darf und deren Entscheidung nicht jeglicher staatlichen Überprüfung entzogen ist, unter Beachtung des Schutzanspruchs des ungeborenen menschlichen Lebens bewertet und festgestellt worden ist (BGH NJW 1995, 1609, 1610 im Anschluss an BVerfG NJW 1993, 1758).

Daher ist bei den Fallgestaltungen, die nach der bisherigen rechtlichen Regelung der „embryopathischen Indikation" des § 218 a II, III StGB unterfielen, nunmehr im Rahmen des § 218 a II StGB n. F. zu prüfen, ob sich für die Mutter aus der Geburt eines schwerbehinderten Kindes und der hieraus resultierenden besonderen Lebenssituation Belastungen ergeben, die sie in ihrer Konstitution überfordern und die Gefahr einer schwer wiegenden Beeinträchtigung ihres insbesondere auch seelischen Gesundheitszustandes als so bedrohend erscheinen lassen, dass bei der gebotenen Güterabwägung das Lebensrecht des Ungeborenen dahinter zurückzutreten hat (BGH VersR 2002, 1148, 1149; auch OLG Hamm VersR 2002, 1153, 1154).

Dabei sind die Grenzen des für die Schwangere bzw. der Mutter Zumutbaren nicht weit zu ziehen (OLG Hamm VersR 2002, 1153, 1154).

Die Instanzgerichte haben sich der Rechtsprechung des BGH angeschlossen (OLG Oldenburg MDR 1996, 1132 zur „sozialen Indikation"; OLG Düsseldorf NJW 1995, 788 zur fehlerhaften Sterilisation; OLG Schleswig VersR 2001, 1559 zur fehlerhaften Sterilisation; OLG Zweibrücken OLGR 2000, 307; zusammenfassend BGH MDR 2000, 640, 641 = VersR 2000, 634, 636 zum Schutzzweck).

Der 1. Senat des BVerfG (NJW 1998, 519 = MDR 1998, 216, 220) hat die Rechtsauffassung des BGH jedenfalls für Verträge über Sterilisationen und genetische Beratungen für verfassungsgemäß erklärt und dabei jedoch offen gelassen, ob seine Auffassung auch für Verträge über Schwangerschaftsabbrüche gelten soll.

Das BVerfG weist ausdrücklich darauf hin, dass seine Ausführungen für Verträge über **Schwangerschaftsabbrüche** einerseits und Verträge über **Sterilisationen** und genetische Beratungen andererseits im Hinblick auf die unterschiedliche rechtliche Bewertung der Vertragsgegenstände „**nicht notwendig einheitlich gelten**" müssen (BVerfG MDR 1998, 216, 220 mit Anmerkung Rehborn, MDR 1998, 221; OLG Hamm VersR 2002, 1153, 1154: Rechtslage verfassungsrechtlich noch nicht abschließend geklärt).

Seit dem 1.10.1995 ist ein Schwangerschaftsabbruch aus medizinischer Indikation unbefristet möglich (§ 218 a II StGB n. F.), eine im Anschluss an eine Not- und Konfliktberatung (§ 219 StGB n. F.) von einem Arzt innerhalb der ersten zwölf Wochen nach der Empfängnis vorgenommener Abbruch nicht mehr strafbar (§ 218 a I StGB n. F.). Ein fehlerhafter oder unterlassener Schwangerschaftsabbruch innerhalb dieses Zeitraums macht den Arzt schadensersatzpflichtig (Gehrlein, Rn B 86; OLG Zweibrücken OLGR 2000, 307, 308; OLG Hamm VersR 2002, 1153, 1154).

II. Fehlerhafter Schwangerschaftsabbruch nach medizinischer Indikation und sog. „Notlagenindikation"

Ein Schwangerschaftsabbruch aus medizinischer Indikation ist gem. § 218 a II StGB n. F. nunmehr unbefristet möglich. Entsprechende Behandlungsverträge verstoßen nicht gegen §§ 134, 138 BGB und sind deshalb wirksam (vgl. G/G, Rn B 161).

In der Neufassung der §§ 218 a, 219 StGB wurden die selbständigen Rechtfertigungsgründe der Notlagenindikation (§ 218 a II Nr. 3 StGB a. F.) und der embryopathischen, d. h. kindlichen Indikation (§ 218 a II Nr. 1 StGB a. F.) gestrichen.

Eine Notlage i. S. d. § 218 a II Nr. 3 StGB a. F. kann jedoch die Gefahr einer schwer wiegenden Beeinträchtigung des seelischen Gesundheitszustandes der Schwangeren auslösen und damit die Voraussetzungen einer medizinischen Indikation gem. § 218 a II StGB n. F. erfüllen (Gehrlein, Rn B 87, 91).

Dabei müssen jedoch die vom BVerfG aufgestellten strengen Voraussetzungen vorliegen (BVerfG NJW 1993, 1751, 1754 ff.; BGH NJW 1995, 1609; S/D, Rn 284 a).

Voraussetzung hierfür ist eine Belastung der Schwangeren, die ein solches Maß an Aufopferung eigener Lebenswerte verlangt, dass ihr die Pflicht zum Austragen des Kindes nicht zugemutet werden kann. Die Schwere des sozialen oder psychisch-personalen Konflikts der Schwangeren muss dabei so deutlich erkennbar werden, dass – unter dem Gesichtspunkt der Unzumutbarkeit betrachtet – die Kongruenz mit den medizinischen oder kriminologischen Indikationen gewahrt bleibt (BGH NJW 1995, 1609, 1610 im Anschluss an BVerfG NJW 1993, 1758).

Die Schwangere hat dabei die verschärften Anforderungen der Notlage im Sinne eines schweren sozialen oder psychisch-personalen Konflikts nachzuweisen, ein „Überlastungssyndrom" reicht allein nicht aus (BGH NJW 1995, 1609, 1610; OLG Schleswig NJW-RR 2001, 1391; großzügiger OLG Hamm VersR 2002, 1153, 1154: Grenze des Zumutbaren nicht zu weit zu ziehen).

Der BGH hat eine den Schwangerschaftsabbruch rechtfertigende Gefahr einer schwer wiegenden Beeinträchtigung insbesondere des seelischen

Gesundheitszustandes der werdenden Mutter bei der zu erwartenden Geburt eines Kindes mit schweren körperlichen Fehlbildungen angenommen (BGH VersR 2002, 1148, 1149). Im entschiedenen Fall hatte der behandelnde Gynäkologe pflichtwidrig nicht erkannt, dass beide Oberarme nicht ausgebildet, der rechte Oberschenkel verkürzt war und der linke Oberschenkel sowie beide Wadenbeine des Fötus fehlten. Während das OLG Hamm (VersR 2002, 1153, 1154) unter Hinweis auf eine frühere Entscheidung des BGH (NJW 1984, 658, 660) den Standpunkt vertritt, es komme auf die ex-post-Betrachtung an, die Gefahr einer schwer wiegenden Beeinträchtigung der Mutter müsse sich nach der Geburt des Kindes auch verwirklicht haben, spricht der BGH von einer „Prognosebeurteilung", die im entschiedenen Fall durch nach der Geburt eintretende Depressionen, die deutlich Krankheitswert erreichen, gestützt worden wäre (BGH VersR 2002, 1148, 1150).

Auch nach der Streichung des Rechtfertigungsgrundes der embryopathischen bzw. kindlichen Indikation (§ 218 a II Nr. 1 StGB a. F.) kann ein Schwangerschaftsabbruch wegen pränataler Vorschäden des Kindes bei Erfüllung der Voraussetzungen einer medizinischen Indikation nach § 218 a II StGB n. F. berechtigt sein (S/D, Rn 285 a; Gehrlein, Rn B 91; s. o.).

III. Schutzzweck des Behandlungsvertrages

1. Notlagenindikation nach § 218 a II Nr. 3 StGB a. F.

Nach ständiger Rspr. des BGH sind die mit der Geburt eines nicht gewollten Kindes für die Eltern verbundenen wirtschaftlichen Belastungen, insbesondere die Aufwendungen für dessen Unterhalt, nur dann als ersatzpflichtiger Schaden auszugleichen, wenn der Schutz vor solchen Belastungen Gegenstand des jeweiligen Behandlungs- oder Beratungsvertrages war (BGH MDR 2000, 640, 641; Gehrlein, NJW 2000, 1771 und NJW 2002, 870).

Liegt dem Abbruch eine **Notlagenindikation nach altem Recht** zugrunde, die anhand der Kriterien des BVerfG (NJW 1993, 1751, 1758; BGH NJW 1995, 1609, 1610; s. o.) auf Grund der Unzumutbarkeit der Aufopferung eigener Lebenswerte die Voraussetzungen einer medizinischen Indikation nach neuem Recht erfüllt, so hat der Arzt den durch seinen Fehler verursachten Unterhaltsaufwand zu tragen. In diesen Fällen geht der Schutzzweck des Vertrages dahin, durch den Abbruch der Schwangerschaft Vorsorge gegen eine Unterhaltsbelastung der Mutter zu treffen (BGH MDR 2000, 640, 641; Gehrlein, NJW 2000, 1771 und Rn B 89, 92; G/G, Rn B 153, 169).

Im Falle einer Notlagenindikation ist die Unterhaltsbelastung der Eltern durch das Kind dem Arzt jedoch nicht zuzurechnen, wenn und sobald sich die sozialen und wirtschaftlichen Verhältnisse der Mutter so günstig entwickeln, dass aus nachträglicher Sicht die Annahme einer schwer wiegenden Notlage nicht gerechtfertigt erscheint (BGH NJW 1985, 2752, 2755; OLG Schleswig NJW-RR 2001, 1391; OLGR 2001, 343).

Wird zur Vorbereitung einer orthopädischen Zwecken dienenden Operation von den behandelnden Krankenhausärzten ein niedergelassener Gynäkologe als Konsiliararzt hinzugezogen, um das Bestehen einer Schwangerschaft bei der Patientin abzuklären, so erfasst bei dessen Fehldiagnose eine etwaige Haftung des Krankenhausträgers den Unterhaltsaufwand und den sonstigen, durch die spätere Geburt eines Kindes veranlassten materiellen Schaden der Eltern auch dann nicht, wenn sich diese auf Grund ihrer eigenen körperlichen Behinderungen bei Feststellung einer Schwangerschaft zu deren – nach altem Recht auf der Grundlage einer Notlagenindikation – rechtmäßigen Unterbrechung entschlossen hätten (BGH MDR 2000, 640).

In solchen Fällen kann es offen bleiben, ob ein rechtmäßiger Schwangerschaftsabbruch wegen einer Notlagenindikation bei Anwendung des neuen Rechts ab 1.10.1995 für die Schwangere mit einer der medizinischen Indikation vergleichbaren, zur Unzumutbarkeit der Austragung der Schwangerschaft führenden Konfliktlage festgestellt werden kann (BGH MDR 2000, 640, 641).

2. Embryopathische Indikation nach § 218 a II Nr. 1 StGB a. F.

Gleiches gilt bei Vorliegen einer embryopathischen oder kindlichen Indikation nach altem Recht, soweit der Schwangerschaftsabbruch wegen pränataler Vorschäden des Kindes die Voraussetzungen des § 218 a II StGB n. F. zum Schutze der Mutter erfüllt (BGH MDR 2000, 640, 641; NJW 1994, 788, 792; Gehrlein, NJW 2000, 1771 und Rn B 92; S/D, Rn 285 a, 291; F/N, Rn 160).

Eine Freistellung von den gesamten Unterhaltsbelastungen **über das 18. Lebensjahr des Kindes hinaus** und nicht nur für den behinderungsbedingten Mehrbedarf konnte bei der früheren embryopathischen Indikation, soweit sie nunmehr die Voraussetzungen des § 218 a II StGB n. F. erfüllt, nur für Behinderungen oder Schädigungen des Kindes verlangt werden, die einen Abbruch der Schwangerschaft gestattet hätten (G/G, Rn B 165). Ein Anspruch scheidet in solchen Fällen jedoch aus, wenn bei fehlerfreiem ärztlichem Vorgehen eine Schädigung des Kindes im Mutterleib verhindert worden wäre (BGH VersR 1984, 186; OLG Düsseldorf VersR 1999, 232; G/G, Rn B 165).

3. Medizinische Indikation nach § 218 a I Nr. 2 StGB a. F. (= § 218 a II StGB n. F.)

Handelt es sich dagegen um eine medizinische Indikation zum Schutz von Leben und Gesundheit der Mutter (§ 218 a II StGB n. F.), so ist der Arzt, der den Schwangerschaftsabbruch trotz Indikation und entsprechender vertraglicher Verpflichtung unterlässt oder fehlerhaft durchführt, nicht für die Unterhaltsbelastung haftbar. Der **Schutzweck** des Behandlungsvertrages bezieht sich in diesem Fall nur auf die **Abwendung schwerer Gefahren** für die Gesundheit der Schwangeren, nicht jedoch auf die Vermeidung wirtschaftlicher Nachteile, die mit der Geburt des Kindes verbunden sind (BGH NJW 2002, 886, 887; VersR 2002, 233, 234; MDR 2000, 640, 641; MDR 1986, 41, 42; OLG Zweibrücken MedR 1997, 360, 361; OLG Düsseldorf NJW 1995, 1620; KG OLGR 2002, 214; G/G, Rn B 162; S/D, Rn 291).

Nach Ansicht von Gehrlein (NJW 2002, 870) kann das Postulat der Nichtersatzfähigkeit des Unterhaltsaufwandes im Rahmen einer medizinischen Indikation künftig nicht mehr aufrecht erhalten werden.

Tatsächlich hat der BGH (VersR 2002, 1148, 1151) nunmehr entschieden, dass die Schadensersatzpflicht des dem Grunde nach haftenden Arztes ausnahmsweise auch den Unterhaltsbedarf des Kindes erfassen kann. Dies sei dann der Fall, wenn die Gefahr einer schwer wiegenden Beeinträchtigung insbesondere auch des seelischen Gesundheitszustandes der Mutter, die bei der gebotenen Güterabwägung das Lebensrecht des Ungeborenen zurücktreten lassen und zur Rechtfertigung des Eingriffs nach § 218 a II StGB führen, gerade auch für die Zeit nach der Geburt drohen. Denn die latente Suizidgefahr und eine erhebliche Depression von deutlichem Krankheitswert sei für die Mutter gerade für diesen Zeitraum zu befürchten – und hat sich hinsichtlich der Beeinträchtigung ihrer seelischen Gesundheit im entschiedenen Fall auch verwirklicht. Sei demgemäß der vertragliche Schutzzweck auch auf Vermeidung dieser Gefahren durch das „Haben" des (erheblich behinderten) Kindes gerichtet, so erstrecke sich die aus der Vertragsverletzung resultierende Ersatzpflicht auch auf den Ausgleich der durch die Unterhaltsbelastung verursachten vermögensrechtlichen Schadenspositionen (BGH VersR 2002, 1148, 1151; anders noch KG OLGR 2002, 214).

4. Kriminologische Indikation nach § 218 a II Nr. 2 StGB a. F. (= § 218 a III StGB n. F.)

Hier gelten die Grundsätze zur medizinischen („mütterlichen") Indikation entsprechend (G/G, Rn B 168).

5. Exkurs: Fehlerhafte Sterilisation

Im Fall einer misslungenen Sterilisation des Mannes bzw. der Frau wurde die Haftung des Arztes oder Krankenhausträgers zu dem infolge der Geburt des Kindes entstandenen Unterhaltsschaden wiederum bejaht. Hier ist die **vertragliche Verpflichtung auch** auf den **Vermögensschutz** der Eltern ausgerichtet, so dass ein durch die Unterhaltslast bedingter Vermögensschaden nach der Geburt eines ungewollten Kindes vom Schutzbereich des Behandlungsvertrages erfasst wird (BGH NJW 1995, 2407, 2409; MDR 2000, 640, 641; OLG Schleswig VersR 2001, 1559; OLG Zweibrücken MDR 1997, 549, 550; Gehrlein, NJW 2000, 1771, 1772 und Rn B 83; G/G, Rn B 183; Einzelheiten vgl. → *Sterilisation, fehlerhafte*).

6. Exkurs: Fehlerhafte genetische Beratung

Der Behandlungsvertrag mit einem Gynäkologen erstreckt sich auch auf die Beratung der Schwangeren über die Gefahr einer genetischen Schädigung der Leibesfrucht. Er haftet grundsätzlich für unterlassene, falsche oder unvollständige Auskünfte über die zur Früherkennung von Schädigungen des Kindes im Mutterleib durch angeborene oder pränatal erworbene Beeinträchtigungen gebotenen Maßnahmen, sofern hierdurch ein gem. § 218 a I Nr. 3 StGB a. F. zulässiger Schwangerschaftsabbruch vereitelt wird (G/G, Rn B 170; Gehrlein, NJW 2000, 1771, 1772; Einzelheiten vgl. → *Genetische Beratung* und → *Früherkennung, fehlerhafte pränatale Diagnostik*).

IV. Anspruchsinhaber

Ansprüche auf Freistellung von den Unterhaltsbelastungen stehen sowohl der Mutter wie auch dem insoweit in den Schutzbereich des Behandlungsvertrages einbezogenen Vater des Kindes, nicht jedoch dem Kind selbst zu (BGH VersR 2002, 192; NJW 1985, 671; OLG Düsseldorf VersR 1999, 232, 234; OLG Naumburg VersR 2001, 341, 342; S/D, Rn 298; Gehrlein, Rn B 85, 89; a. A. Reinhart, VersR 2001, 1081, 1086 f. m. w. N.: Eigener Anspruch des Kindes; im Erg. auch OLG Düsseldorf VersR 1998, 194).

Die **Eltern** sind jeweils **zu gleichen Teilen** berechtigt, jedoch **keine Gesamtgläubiger** (Gehrlein, Rn B 85; G/G, Rn B 160, B 185).

Auch der nichteheliche Vater ist insoweit in den Schutzbereich des Vertrages einbezogen (OLG Frankfurt VersR 1994, 942; F/N, Rn 162; a. A. OLG Celle, Urt. v. 23.4.2001 – 1 U 41/00 bei fehlerhafter gynäkologischer Beratung; offen gelassen von BGH VersR 1985, 240, 242 und NJW 2002, 1489, 1491).

Der Ersatz des Unterhaltsanspruchs der Eltern ist jedoch auf den Unterhalt des Kindes bis zur Vollendung des 18. Lebensjahres begrenzt (BGH NJW 1980, 1452; G/G, Rn B 160, 165, 185). Für die nachfolgende Zeit kann vor der Vollendung des 18. Lebensjahres nur ein Freistellungsanspruch im Rahmen eines Feststellungsantrages geltend gemacht werden (BGH NJW 1980, 1452, 1456; G/G, Rn B 165, 185).

V. Umfang des Unterhaltsanspruchs

1. Medizinische Indikation nach § 218 a I Nr. 2 StGB a. F.

Bei unterlassener oder fehlgeschlagener Abtreibung aus medizinischer Indikation zum Schutz von Leben und Gesundheit der Mutter (§ 218 a I Nr. 2 StGB a. F.) fällt die Freistellung von den Unterhaltsbelastungen regelmäßig nicht in den Schutzbereich des Behandlungsvertrages (BGH MDR 1986, 41, 42; MDR 2000, 640, 641; S/D, Rn 291; G/G, Rn B 162; s. o.). Der BGH VersR 2002, 1148, 1151 hat neuerdings eine Ausnahme zugelassen in einem Fall, in dem die Gefahr einer schwer wiegenden Beeinträchtigung insbesondere des seelischen Gesundheitszustandes der Mutter bestand (siehe oben III. 3., S. 452).

2. Notlagenindikation nach § 218 a II Nr. 3 StGB a. F.

Bei einer Notlagenindikation nach altem Recht, die beim Vorliegen der vom BVerfG (NJW 1993, 1758; BGH NJW 1995, 1609, 1610) statuierten, oben genannten Voraussetzungen nunmehr vom Schutzbereich der medizinischen Indikation nach § 218 a II StGB n. F. erfasst wird, bemisst sich der den Eltern je zur Hälfte zustehende Unterhalt nunmehr nach der Regelbetrags-Verordnung (BGBl. I 666) vom 6.4.1998 (S/D, Rn 273 a; Gehrlein, Rn B 84, 89; Rehborn, MDR 2001, 1148, 1151). Überwiegend wird angenommen, dass nunmehr der gesetzliche Mindestbedarf bei 135 % des Regelbetrages nach der Regelbetrag-VO liegt (OLG München FamRZ 2002, 52; Graba, NJW 2001, 249, 252; Gerhardt, FamRZ 2001, 73; F/N, Rn 162). Die bis dahin geltende Regelunterhaltsverordnung (i. V. m. § 1615 f. BGB a. F.) ist entfallen.

Der Entschädigungsbetrag kann **bis zum „doppelten Regelsatz"** für die Betreuungsleistungen des den Haushalt und das Kind betreuenden Elternteils aufgestockt werden; hiervon sind die für das betreffende Kind erhaltenen Kindergeldbeträge zum Abzug zu bringen (G/G, Rn B 104). Für die Betreuung eines schwerstbehindert zur Welt gekommenen Kindes erkannte der BGH den Eltern zum einfachen Regelunterhalt einen Zuschlag in gleicher Höhe für den Wert der pflegerischen Dienstleistungen zu

(BGH VersR 1997, 698, 699; VersR 1994, 425, 429; OLG Düsseldorf OLGR 1997, 207 je zu § 1615 f BGB a. F. i. V. m. der Regelunterhalts-Verordnung).

Dieser Satz ist auch unter der Geltung der Regelbetrags-Verordnung maßgebend. Teilweise wird es für sachgerecht empfunden, auf den betreuungsbedingten Mehraufwand nach den Pflegeversicherungsrichtlinien (§ 15 SGB XI) abzustellen (F/N, Rn 162 a. E.).

Das Kindergeld ist jedoch zum Abzug zu bringen (BGH NJW 1980, 1452, 1456; F/N, Rn 162).

Ein Verdienstausfall, der den Eltern eines Kindes in Zusammenhang mit dessen Betreuung entsteht, kann dem Arzt dagegen haftungsrechtlich nicht zur Last gelegt werden, zumal dieser Vermögensnachteil von ihm allenfalls mittelbar verursacht worden ist (BGH VersR 1997, 698, 700).

3. Embryopathische Indikation nach § 218 a II Nr. 1 StGB a. F.

Die vorstehenden Ausführungen geltend entsprechend für die embryopathische bzw. kindliche Indikation nach altem Recht.

Soweit durch mögliche vorgeburtliche Schäden auch Leben oder Gesundheit der Mutter gefährdet werden und die 12-wöchige Frist des § 218 a I StGB n. F. abgelaufen ist, wird auch die embryopathische Indikation vom Schutzzweck der medizinischen Indikation neuen Rechts erfasst.

Bei Fehlschlagen oder Versäumung eines indizierten Schwangerschaftsabbruchs steht den Eltern auch hier der gesamte Unterhaltsbedarf, nicht nur der behinderungsbedingte Mehrbedarf zu (Gehrlein, Rn B 92).

4. Kriminologische Indikation nach § 218 a II Nr. 2 StGB a. F.

Auch insoweit gelten die Ausführungen zur „Notlagenindikation" entsprechend.

Soweit der Schwangerschaftsabbruch auch nach neuem Recht gem. 218 a III StGB n. F. rechtmäßig ist, kommt es auf die weiteren, strengeren Kriterien des BVerfG (NJW 1993, 1758; BGH NJW 1995, 1609, 1610) nicht an.

VI. Entfallen bzw. Nichtbestehen eines Anspruchs

1. Notlage weggefallen

Der Schutzumfang des Behandlungsvertrages wird bei der Notlagenindikation nach altem Recht durch seinen Zweck, im Rahmen des gesetzlich Erlaubten von der Mutter eine schwer wiegende Notlage abzuwenden, gleichzeitig begrenzt. Bewahrheitet sich nach der Geburt des Kindes die ungünstige Prognose nicht, die Grundlage für die Indikationsstellung war, so hat der Arzt für die Unterhaltsaufwendungen nicht einzustehen (BGH NJW 1992, 1556, 1557). Gleiches gilt, wenn die die Indikation begründende, untragbare Belastung später wieder entfällt (OLG Schleswig NJW-RR 2001, 1391; OLG Braunschweig VersR 1992, 91; Gehrlein, NJW 2002, 870 a. E.).

Dabei genügt jedoch **nicht** bereits **jede günstigere Einkommensentwicklung** (BGH NJW 1992, 1556, 1558).

Auf Grund der strengeren Voraussetzungen, die das BVerfG (NJW 1993, 1751, 1758; BGH NJW 1995, 1609, 1610) an eine vom Schutzbereich der medizinischen Indikation erfasste „Notlagenindikation" nach neuem Recht stellt, dürfte diese Fallgruppe nur in Ausnahmefällen zum Tragen kommen.

2. Erneuter Eingriff

Der auf Grund einer fehlerhaften embryopathischen Indikation alten Rechts entstandene Anspruch geht unter, wenn die Schädigung des Kindes – nicht nur kosmetisch – geheilt werden kann (S/D, Rn 288; Gehrlein, Rn B 92).

Dem Unterhaltsanspruch kann die Einrede aus § 242 BGB entgegenstehen, wenn die Schwangere nach Misslingen des Schwangerschaftsabbruchs bei fortbestehender Indikation die tatsächlich bestehende Möglichkeit eines erneuten, rechtmäßigen Abbruchversuchs nicht wahrnimmt (BGH NJW 1985, 671; G/G, Rn B 159; Gehrlein, Rn B 89; F/N, Rn 161; S/D, Rn 307).

3. Adoptionsfreigabe

Der Anspruch wird jedoch nicht wegen Mitverschuldens (§ 254 BGB) beschränkt, wenn die Eltern sich weigern, das „unerwünschte" Kind zur Adoption freizugeben (BGH NJW 1984, 2526).

4. Tod der Eltern

Da der Unterhaltsanspruch bis zur Vollendung des 18. Lebensjahres nur den Eltern zusteht, erlischt der Anspruch bei deren Tod (S/D, Rn 276).

VII. Schmerzensgeldanspruch der Mutter

Bei fehlerhaftem Schwangerschaftsabbruch, der auf einer medizinischen Indikation, embryopatischen Indikation oder einer Notlagenindikation alten Rechts beruhte bzw. nach § 218 a II StGB n. F. medizinisch indiziert ist, steht der Mutter ein Schmerzensgeld nur dann zu, wenn und soweit ihre Beschwerden diejenigen einer natürlichen, komplikationslosen Geburt, etwa wegen einer Vorschädigung der Mutter oder des Kindes oder wegen ihrer über das Normalmaß hinausgehenden, psychischen Belastung, übersteigen und die seelische oder körperliche Belastung Krankheitswert erreicht hat (BGH NJW 1985, 2749; NJW 1985, 671; OLG Zweibrücken NJW-RR 2000, 235, 238; OLG Oldenburg MDR 1996, 1132; G/G, Rn B 156, 163, 165, 169, 176; S/D, Rn 306; F/N, Rn 163; Gehrlein, Rn B 89, 95).

Dies gilt auch, wenn es auf Grund fehlerhafter pränataler Diagnostik, etwa dem schuldhaft unterlassenen Hinweis auf die Möglichkeit einer Fruchtwasseruntersuchung oder der fehlenden Abklärung eines Rötelinfekts zur Geburt eines behinderten Kindes kommt (BGH NJW 1983, 1371; OLG Zweibrücken NJW-RR 2000, 235, 238; OLG Celle VersR 1988, 965; G/G, Rn B 170, 176; Gehrlein, Rn B 95; vgl. hierzu → *Früherkennung, fehlerhafte pränatale Diagnostik*).

Demgegenüber kann die Mutter bei fehlerhafter Sterilisation sowie bei fehlerhafter genetischer Beratung ein Schmerzensgeld zum Ausgleich der in der ungewollten Schwangerschaft liegenden Körperverletzung sowie der mit der anschließenden Entbindung verbundenen Unzuträglichkeiten auch dann verlangen, wenn die Schwangerschaft komplikationslos und ohne zusätzliche psychische Belastungen verläuft. Denn bei vollständiger und richtiger Beratung bzw. lege artis durchgeführter Sterilisation wäre das Kind nicht gezeugt worden (BGH NJW 1995, 2407; OLG Hamm VersR 1999, 1111; G/G, Rn B 179, 182; Gehrlein, Rn B 82, 96).

Sterilisation, fehlerhafte

Vgl. → *Schwangerschaftsabbruch, fehlerhafter*; → *Früherkennung, fehlerhafte pränatale Diagnostik*; → *Genetische Beratung*

I. Grundlagen

Nach ständiger Rechtsprechung des BGH ist der ärztliche Vertragspartner in den Fällen einer aus ärztlichem Verschulden misslungenen Sterilisation sowie eines verhinderten oder fehlgeschlagenen Schwangerschaftsabbruchs aus einer embryopathischen oder kriminologischen Indikation nach bis zum 1.10.1995 geltendem Recht (§ 218 a II Nr. 1, II Nr. 2 StGB a. F.) bzw. aus medizinischer oder kriminologischer Indikation nach seit dem 1.10.1995 geltenden Recht (§ 218 a II, III StGB n. F.) den Eltern zum Schadensersatz wegen der Unterhaltsbelastung für das „unerwünschte" Kind verpflichtet (BGH NJW 1994, 788, 791; NJW 1995, 2407, 2409; zur Entwicklung der Rechtsprechung vgl. → *Schwangerschaftsabbruch, fehlerhafter*, S. 446 ff.).

Der 2. Senat des BVerfG (MDR 1998, 216, 220 = NJW 1998, 519 ff.) hat diese Rechtsprechung des BGH für die Verträge über rechtmäßige Sterilisationen und genetische Beratungen gebilligt, dabei jedoch offen gelassen, ob seine Auffassung auch für Verträge über Schwangerschaftsabbrüche Geltung hat.

Dem haben sich die Instanzgerichte und die ganz überwiegende Ansicht in der Literatur angeschlossen (vgl. OLG Düsseldorf NJW 1995, 788; OLG München OLGR 1992, 68; S/D, Rn 270, 271; G/G, Rn B 154, 180 ff.; Gehrlein, Rn B 78; vgl. zuletzt Rehborn, MDR 2002, 1281, 1285 f.).

Sterilisationsverträge bedürfen nicht der Einwilligung des Ehepartners (BGH NJW 1980, 1452) und sind auf die Erreichung eines rechtmäßigen Erfolges gerichtet (Gehrlein, Rn B 78).

II. Behandlungsfehler

1. Therapeutische Sicherungsaufklärung (vgl. hierzu → *Aufklärung* I. 3.)

Als „Sicherungsaufklärung" oder „Therapeutische Aufklärung" wird – oft missverständlich – der Umstand umschrieben, dass der Arzt verpflichtet ist, seinen Patienten bzw. seine Patientin nicht nur zu behandeln, sondern auch über alle Umstände zu informieren, die zur Sicherung des Behandlungserfolges und zu einem therapiegerechten Verhalten erforderlich sind (Rehborn, MDR 2000, 1101, 1103; Wussow, VersR 2002, 1337; Gehrlein, Rn B 45).

Versäumnisse im Bereich der „Therapeutischen Aufklärung" sind keine Aufklärungsfehler, bei denen die Beweislast für die Erteilung der Aufklärung beim Arzt liegt, sondern Behandlungsfehler mit den für diese geltenden beweisrechtlichen Folgen. Der Patient hat also grundsätzlich den

Beweis zu führen, dass ein – medizinisch erforderlicher – therapeutischer Hinweis nicht erteilt wurde und es dadurch bei ihm zum Eintritt eines Schadens gekommen ist (OLG Oldenburg NJW-RR 2000, 240, 241; OLG Köln NJW-RR 2001, 91 und NJW-RR 2001, 92, 93; OLG Koblenz VersR 2001, 111; OLG Karlsruhe OLGR 2002, 394; Rehborn, MDR 2000, 1101, 1103 und 1107; G/G, Rn B 95, 98, 221, 224; vgl. S. 65).

Allerdings kommt eine Umkehr der Beweislast in Betracht, wenn die Unterlassung der therapeutischen Aufklärung im Einzelfall als „grober Behandlungsfehler" zu qualifizieren ist (BGH NJW 1987, 705; OLG Köln VersR 2002, 1285; Gehrlein, Rn B 45) oder die Erteilung der Sicherungsaufklärung nicht dokumentiert bzw. vom Arzt nicht in sonstiger Weise belegt werden kann (Gehrlein, Rn B 51, 52; G/G, Rn B 222; OLG Zweibrücken MDR 1997, 549, 550: Fehlende Dokumentation ist Beweisanzeichen dafür, dass Hinweis versäumt wurde).

Nach einer Sterilisation mittels Durchtrennung der Samenleiter muss der Patient über die bestehende Misserfolgsquote und die Notwendigkeit regelmäßiger Nachuntersuchungen (Anfertigung von Spermiogrammen) aufgeklärt werden, wobei das Unterbleiben einer ordnungsgemäßen Aufklärung bei Fehlschlagen der Sterilisation vom Patienten zu beweisen ist (OLG Oldenburg NJW-RR 2000, 240, 241 und MedR 1999, 219).

Nach einer Vasoresektion muss über das Risiko einer Spätrekanalisation und über das Versagerrisiko informiert werden (OLG Hamm VersR 1993, 484 und OLG Oldenburg VersR 2000, 59 sowie VersR 1994, 1384 zur Spätrekanalisation; OLG Düsseldorf VersR 1992, 317 und OLG Hamm VersR 2002, 1563: Versagerrisiko; OLG Karlsruhe OLGR 2002, 394: Versagerrisiko 3 % bzw. 13.5 %; S/D, Rn 325, 280; G/G, Rn B 104, B 181).

Auch bei Durchführung einer Tubenkoagulation einer Patientin ist das bestehende Versagerrisiko aufklärungsbedürftig (OLG Koblenz VersR 1994, 371; OLG Düsseldorf VersR 1992, 751; OLG Saarbrücken VersR 1988, 831).

Es kann jedoch als Beweisanzeichen für die Nichterfüllung der Nebenpflicht des Arztes zur Erteilung der Sicherungsaufklärung dienen, wenn sich der Arzt den – angeblich erteilten – Hinweis auf die Versagerquote bei einer Sterilisation nicht schriftlich bestätigen lässt (OLG Zweibrücken NJW-RR 2000, 235, 236; MDR 1997, 549, 550).

Eine Kontrolle der Tubenligatur mit Kontrastmitteln ist aber medizinisch nicht erforderlich und folglich auch nicht dokumentationspflichtig (OLG Hamm VersR 1989, 1298).

Hat der Operateur auf einer Seite wegen dort vorhandener starker Verwachsungen auf die vorgesehene Tubenresektion verzichtet, so hat er die

Patientin auf das verbliebene Risiko einer unerwünschten Schwangerschaft hinzuweisen (OLG Düsseldorf MedR 1994, 404).

Es ist auch fehlerhaft, nach einer Sterilisation des Mannes aus familienplanerischen Gründen dem Patienten schon nach einmaliger Aspermie (Fehlen zellulärer Elemente im Samen) mitzuteilen, der Eingriff sei erfolgreich verlaufen (OLG München OLGR 1992, 68).

Als Aufklärung über die Sicherheit einer Sterilisationsmethode reicht es nach Auffassung des OLG Hamburg (VersR 1989, 147) aus, wenn der Arzt der Patientin hinreichend deutlich vor Augen führt, dass durch den Eingriff nur eine höchstmögliche, aber keine absolute Sicherheit gegen eine erneute Schwangerschaft erreicht wird.

Zur Veranlassung einer Histologie des resezierten Samenleiterstücks neben einem Spermiogramm besteht nur in Ausnahmefällen Veranlassung (OLG Düsseldorf VersR 1992, 317).

Nach einem bereits erfolgten Eingriff zum Abbruch einer Zwillingsschwangerschaft schulden das Krankenhaus und der nachbehandelnde Gynäkologe der Patientin den deutlichen Hinweis, dass wegen des Risikos des Fortbestandes der Schwangerschaft dringend eine Nachkontrolle erforderlich ist (OLG Oldenburg MDR 1996, 1132).

2. Therapie- und sonstige Behandlungsfehler

Ein Behandlungsfehler des Arztes liegt vor, wenn er beim Sterilisionseingriff das **Mutterband** mit dem **Eileiter verwechselt**. Diese Verwechslung kann durch eine bei einem erneuten Sterilisationseingriff gefertigte Videoaufnahme nachgewiesen werden (OLG Hamm NJW 1999, 1787; Gehrlein, Rn B 79).

Wegen der Bedeutung des Erfolgs einer Tubensterilisation für die Patientin muss der Arzt den Erfolg der Operation kontrollieren, sich vom Eintritt der Tubensterilisation durch Anschauung überzeugen und gegenüber der Patientin für die Koagulation und Durchtrennung beider Eileiter die Garantie übernehmen (OLG Düsseldorf VersR 1993, 883 – u. E. wohl zu weitgehend, da der Arzt grundsätzlich keinen Behandlungserfolg schuldet).

Für eine Histologie des resezierten Samenleiterstücks neben einem Spermiogramm besteht zwar nur in besonderen Fällen Anlass (OLG Düsseldorf VersR 1992, 317). Ein solcher besteht jedoch bei einem vom Arzt selbst als besonders schwierig eingestuften vaginalen Eingriff (BGH NJW 1980, 1450 und 1452; Gehrlein, Rn B 79).

Schlägt die Samenleiterdurchtrennung fehl und erlangt der Arzt hiervon Kenntnis, so ist er verpflichtet, den Patienten hierüber zu informieren und ihn wieder einzubestellen (BGH NJW 1992, 2961; Gehrlein, Rn B 79).

III. Beweislast

1. Beweislast des Arztes

Der Arzt hat zunächst nachzuweisen, dass er **überhaupt** einen **Sterilisationseingriff** vorgenommen hat (OLG Saarbrücken VersR 1988, 831; S/D, Rn 281).

Der – angeblich erteilte – Hinweis auf die Versagerquote bei einer Sterilisation ist vom Arzt zu dokumentieren. Das Fehlen einer schriftlichen Bestätigung stellt ein Beweisanzeichen dafür dar, dass die Erfüllung der aus dem Behandlungsvertrag folgenden Nebenpflicht versäumt worden ist (OLG Zweibrücken MDR 1997, 549, 550 und NJW-RR 2000, 235, 236).

2. Beweislast des Patienten

Der Patient hat zu beweisen, dass der **Eingriff fehlerhaft** war bzw., dass der Arzt **nicht** über das **Versagerrisiko aufgeklärt** hat (OLG Saarbrücken VersR 1988, 831; S/D, Rn 281).

Ist ein fehlerhafter Eingriff nicht erwiesen, fehlt es aber an der (therapeutischen) Sicherungsaufklärung über das Versagerrisiko, so haben die Eltern des „unerwünscht" zur Welt gekommenen Kindes nachzuweisen, dass sie bei erfolgtem Hinweis zusätzlich empfängnisverhütende Mittel angewendet oder sich sonst in einer Weise verhalten hätten, die die erneute Zeugung verhindert hätte (BGH NJW 1981, 2002; NJW 1981, 630; S/D, Rn 282; Gehrlein, Rn B 81, B 45). Hierfür kann auch der Ehegatte als Zeuge oder der Anspruchsteller als Partei zu vernehmen sein (G/G, Rn B 81; auch Gehrlein, Rn B 81).

Die Eltern müssen auch beweisen, dass die Schwangerschaft nicht bereits im Zeitpunkt des Sterilisationseingriffs vorgelegen hat (OLG Koblenz VersR 1984, 371; 372; S/D, Rn 282).

IV. Zurechnungszusammenhang

Der Zurechnungszusammenhang zwischen der Pflichtwidrigkeit des Arztes und der Herbeiführung der Schwangerschaft gegen den Willen der betroffenen Frau als tatbestandsmäßiger Körperverletzung wird nicht deshalb unterbrochen, weil der Verletzungserfolg erst durch eine zusätzliche Ursache, nämlich den Geschlechtsverkehr zwischen den Partnern, eintritt. Regelmäßig verzichten Eheleute im Vertrauen auf den Erfolg des Sterilisationseingriffs auf anderweitige Maßnahmen zur Empfängnisverhütung (BGH NJW 1995, 2407, 2408).

Dies gilt u. E. auch für unverheiratete Paare (vgl. OLG Frankfurt VersR 1994, 942 zum Schwangerschaftsabbruch; vom BGH in NJW 1994, 2408 und NJW 2002, 1489, 1491 offen gelassen).

V. Schutzbereich des Behandlungsvertrages

Nach ständiger Rechtsprechung des BGH sind die mit der Geburt eines „unerwünschten" Kindes für die Eltern verbundenen wirtschaftlichen Belastungen, insbesondere die Aufwendungen für dessen Unterhalt nur dann als ersatzpflichtiger Schaden auszugleichen, wenn der Schutz vor solchen Belastungen Gegenstand des jeweiligen Behandlungs- oder Beratungsvertrages war. Diese – am Vertragszweck ausgerichtete – Haftung des Arztes oder Krankenhausträgers hat der BGH insbesondere in den Fällen einer misslungenen Sterilisation, bei fehlerhafter Beratung über die Sicherheit von empfängnisverhütenden Wirkungen eines vom Arzt verordneten Präparates sowie in den Fällen fehlerhafter genetischer Beratung vor Zeugung eines genetisch behinderten Kindes bejaht (BGH MDR 2000, 640, 641; NJW 2002, 886: Fehlerhafte pränatale Untersuchung; Gehrlein, NJW 2000, 1771, 1772). Das Bundesverfassungsgericht (MDR 1998, 216, 220) hatte die Rechtsprechung gebilligt.

Denn im Regelfall ist anzunehmen, dass durch den Behandlungsvertrag zur Sterilisation des Mannes oder der Frau gerade die wirtschaftlichen Belastungen, die mit der Geburt des Kindes einhergehen, vermieden werden sollen (BGH NJW 1995, 2407, 2409; G/G, Rn B 183). Der Behandlungsvertrag ist dabei zumindest auch auf den Vermögensschutz der Eltern ausgerichtet (OLG Schleswig VersR 2001, 1559).

Geht es bei einer Sterilisation – dementsprechend auch bei einem Schwangerschaftsabbruch (vgl. hierzu → *Schwangerschaftsabbruch, fehlerhafter*) – jedoch nicht um die Abwendung einer wirtschaftlichen Notlage, sondern einer Gefahr für das Leben oder die Gesundheit der Mutter (medizinische Indikation nach § 218 a II StGB n. F.), unterfällt die Bewahrung der Eltern vor den belastenden Unterhaltsaufwendungen, die freilich nach einem erfolgreichen ärztlichen Eingriff aus medizinischer Indikation zwangsläufig ebenfalls entfallen wären, nicht dem Schutzumfang des Arztvertrages (BGH NJW 2002, 1489, 1491; NJW 2002, 886 = MDR 2002, 336; OLG Zweibrücken MDR 1997, 549, 551; OLG Hamm VersR 2002, 1153). Bei einer medizinischen Indikation hat der BGH (VersR 2002, 1148, 1151) neuerdings eine Ausnahme zugelassen und den Schutzumfang des Vertrages auch auf die Bewahrung der Eltern vor belastenden Unterhaltsaufwendungen erstreckt, wenn die Gefahr einer schwer wiegenden Beeinträchtigung insbesondere auch des seelischen Gesundheitszustandes der

Mutter, im entschiedenen Fall eine Suizidgefahr und erhebliche Depressionen nach der Geburt eines schwerbehinderten Kindes, gerade auch für den Zeitraum nach der Geburt droht.

Bei einer ausschließlich aus medizinischer Indikation durchgeführten Maßnahme sind weiter gehende Wünsche und Absichten auch über die gesundheitliche Gefährdung hinaus, kein Kind mehr zu wollen, grundsätzlich unerheblich. Eine Ausnahme kann in den Fällen, in denen eine aus medizinischen Gründen vorgenommene Sterilisation versucht worden ist, nur dann gelten, wenn im Falle des Misslingens des Eingriffs auch das Vertrauen der Eltern des „unerwünschten" Kindes in eine Familienplanung enttäuscht worden ist (OLG Zweibrücken MDR 1997, 459, 551; G/G, Rn B 183).

Die Inanspruchnahme dieses Vertrauens muss jedoch nicht im Vordergrund des Behandlungsvertrages stehen, wenn nur dieser wirtschaftliche, von der Rechtsordnung gebilligte Schutz vom Arzt mitübernommen worden ist. Für den Arzt müssen jedoch erkennbare, objektive Umstände vorliegen, aus denen er schließen kann, dass Nebenzweck der auf einer medizinischen Indikation beruhenden Sterilisation auch die Vermeidung des Unterhaltsaufwandes im Rahmen der weiteren Familienplanung ist (BGH NJW 1984, 2625; Gehrlein, Rn B 183).

Für das Vorliegen solcher Umstände reicht es schon aus, dass die Betroffenen im Glauben an die vermeintliche Sterilisation ihren **Lebenszuschnitt** erkennbar **hierauf abstellen** (BGH MDR 1980, 744; OLG Zweibrücken MDR 1997, 549, 551).

Allein der Umstand, dass Eheleute bereits zwei Kinder haben, genügt für die Annahme solcher Umstände und einen hieraus zu Lasten des Arztes folgenden Anscheinsbeweis nicht. Die Zeugung jedenfalls eines dritten Kindes liegt innerhalb einer zahlenmäßig stabilen Population im üblichen Bereich.

Treten keine weiteren Umstände hinzu, liegt es an der Patientin, den Arzt mit ihrer Familienplanung vertraut zu machen (OLG Zweibrücken MDR 1997, 549, 551 bei drei Kindern; vgl. BGH MDR 1980, 745 zur Situation bei sechs Kindern).

Es gibt auch keine grundsätzliche Pflicht des Arztes, bei einem medizinisch indizierten Eingriff von sich aus ohne Aufforderung und ohne erkennbare Hinweise, dass dies von ihm gewünscht wird, familienplanerische Fragen und Risiken anzusprechen (OLG Zweibrücken a. a. O.). Sind Ansprüche von Unterhaltsbelastungen entstanden, stehen diese der Mutter sowie dem in den Schutzbereich des Vertrages insoweit einbezogenen Vater des Kindes, nicht dem Kind selbst zu (BGH MDR 1985, 659; VersR 2002, 192; VersR 2002, 233, 234; S/D, Rn 298).

Ein etwaiger Unterhaltsanspruch kann sich jedoch nur aus dem Behandlungsvertrag ergeben (§ 280 I BGB n. F.), nicht aus §§ 823 I, 831 BGB. Denn die Vermögensinteressen der Eltern fallen nicht unter den Schutzzweck der deliktischen Norm (G/G, Rn B 183; Gehrlein, Rn B 89).

Einen Verdienstausfall können die Eltern neben dem Unterhalt nicht ersetzt verlangen, weil dieser Anspruch nicht vom Schutzbereich des Behandlungsvertrages erfasst ist (BGH NJW 1997, 1638; Gehrlein, Rn B 84; G/G, Rn B 186).

VI. Umfang des Anspruchs

1. Unterhalt

Den Eltern – nicht dem Kind – steht ein Anspruch auf Freistellung von den Unterhaltsleistungen einschließlich eines etwaigen Mehrbedarfs für ein behindert zur Welt gekommenes Kind zu (BGH NJW 1995, 2407, 2409 f.; NJW 1994, 788, 791 f.; MDR 2002, 336: Gesamter Unterhaltsbedarf; OLG Naumburg VersR 2001, 341, 342; S/D, Rn 273 a, 298; G/G, Rn B 185; Rehborn, MDR 2002, 1281, 1286; a. A. Reinhart, VersR 2001, 1081, 1085 ff. m. w. N.: Eigener Anspruch des Kindes).

Die Eltern sind jeweils zu gleichen Teilen berechtigt, jedoch keine Gesamtgläubiger (G/G, Rn B 185; Gehrlein, Rn B 85).

Ob dies auch für den nichtehelichen Vater gilt (so u. E. zutreffend OLG Frankfurt VersR 1994, 942; F/N, Rn 162; a. A. OLG Celle, Urt. v. 23.4.2001 – 1 U 41/00), hat der BGH bislang offen gelassen (BGH MDR 1985, 659; NJW 2002, 1489, 1491; G/G, Rn B 160).

Der Anspruch ist auf den Zeitpunkt der Vollendung des 18. Lebensjahres des Kindes begrenzt; für die nachfolgende Zeit muss Feststellungsklage erhoben werden (BGH NJW 1980, 1452, 1456; G/G, Rn B 185).

Hierfür gilt nicht die Frist des § 852 I BGB a. F., da es sich um einen vertraglichen Anspruch aus p. V. V. bzw. (ab 1.1.2002) § 280 I BGB n. F. handelt (G/G, Rn B 183; Gehrlein, Rn B 89). Die nunmehr geltende dreijährige Regelverjährung des § 195 BGB n. F. (vgl. hierzu „Verjährung") erfasst jedoch auch Ansprüche aus §§ 280 I, III, 281 ff. BGB n. F, die gem. Art. 229, § 6 IV 1 EGBGB bei Vorliegen der Voraussetzungen aus § 199 I BGB n. F. (spätestens) zum Ablauf des 31.12.2004 verjähren.

Die Höhe des Unterhaltsanspruchs richtete sich bis zum 30.6.1998 nach § 1615 f BGB. Seit dem 1.7.1998 ist § 1612 a I i. V. m. der Regelbetrags-Verordnung vom 6.4.1998 (BGBl. I, 668) einschlägig (S/D, Rn 273 a; Gehrlein, Rn B 84; Rehborn, MDR 2001, 1148, 1151).

Wie auch unter Geltung des § 1615 f BGB kann der sich hieraus ergebende Betrag für pflegerische Dienstleistungen eines Elternteils bis zum doppelten Satz des Regelbetrages aufgestockt werden. Daneben kann auch ein Sonderbedarf für ein geschädigt geborenes Kind in Ansatz gebracht werden (G/G, Rn B 185; Gehrlein, Rn B 84). Frahm/Nixdorf (F/N, Rn 162; vgl. auch die Nachweise bei: BGH NJW 2002, 1269, 1273) halten es für sachgerecht, den betreuungsbedingten Mehraufwand eines behinderten Kindes nach den Pflegeversicherungsrichtlinien (§ 15 SGB XI) zu bemessen und ansonsten auf des Barexistenzminimum von 135 % des Regelsatzes abzustellen.

Bei guten Einkommensverhältnissen der Eltern ist eine Begrenzung des Unterhaltsanspruchs möglich (BGH NJW 1981, 2002). Das Kindergeld ist auf den geschuldeten Unterhaltsbetrag anzurechnen (BGH NJW 1980, 1452, 1456; S/D, Rn 274).

2. Verdienstausfall

Einen Verdienstausfall für die Zeit der Betreuung des „unerwünscht" zur Welt gekommenen Kindes können die Eltern daneben nicht verlangen, dieser ist als nur mittelbare Folge nicht vom Schutzzweck des Behandlungsvertrages (siehe oben) umfasst (BGH NJW 1997, 1638, 1640 = MDR 1997, 644; OLG Saarbrücken OLGR 2000, 438; G/G, Rn B 186).

3. Beerdigungskosten

Gleiches gilt hinsichtlich der Beerdigungskosten, die infolge fehlender Lebensfähigkeit des nach fehlgeschlagener Sterilisation ausgetragenen Kindes entstanden sind (OLG Düsseldorf VersR 1996, 711; Gehrlein, Rn B 84).

4. Schmerzensgeld

Während der Mutter ein Schmerzensgeld bei misslungenem Schwangerschaftsabbruch aus medizinischer Indikation, Notlagenindikation sowie embryopathischer Indikation nach altem Recht sowie in den Fällen einer verspäteten Diagnose und der Nichterkennung einer Schwangerschaft nur dann zusteht, soweit die physischen und psychischen Belastungen über diejenigen hinausgehen, die bei einer komplikationslosen Geburt und Schwangerschaft ohnehin entstehen (BGH NJW 1983, 1371; MDR 1985, 659; MDR 1986, 41, 42; OLG Celle VersR 1988, 965; G/G, Rn 156, 165, 169, 176; vgl. hierzu S. 287, 297, 456), rechtfertigt die Belastung mit einer Schwangerschaft, die infolge einer missglückten Sterilisation entstanden ist, auch ohne pathologische Begleitumstände die Zubilligung eines Schmerzensgeldes (BGH NJW 1984, 2625; OLG München OLGR 1992, 68, 70; OLG Hamm NJW 1999, 1787; OLG Zweibrücken NJW-RR 2000, 235, 238; G/G, Rn B 182; Gehrlein, Rn B 82).

Das OLG München (OLGR 1992, 68) stellt dabei auf eine „Zeugung aus ehelichem Verkehr" ab, das OLG Frankfurt (VersR 1994, 942) tendiert mit Recht zu einer Gleichbehandlung nichtehelicher Partnerschaften.

Denn die mit der Geburt des „unerwünschten" Kindes für die Mutter verbundenen Schmerzen und Belastungen entstehen völlig unabhängig vom Personenstand!

Es spielt auch keine Rolle, ob der Sterilisationseingriff an der Mutter selbst oder an ihrem Ehemann bzw. – nach der hier vertretenen Auffassung – an ihrem Lebenspartner vorgenommen worden ist (OLG München OLGR 1992, 68, 70: 3 068 Euro Schmerzensgeld).

5. Mitverschulden

Der Unterhaltsanspruch kann gem. § 254 BGB beschränkt werden, wenn der Ehemann oder Lebenspartner einer Einbestellung zur Kontrolluntersuchung (Spermiogramm) sechs Wochen nach dem an ihm vorgenommenen Eingriff keine Folge leistet (BGH NJW 1992, 2961; OLG Düsseldorf NJW 1995, 788).

Ein solcher Umstand müsste auch bei der Bemessung des Schmerzensgeldes für die Mutter Berücksichtigung finden.

Ersatzansprüche der Mutter für die Belastung mit der Geburt und dem Unterhalt des Kindes können auch nach § 242 BGB versagt werden, wenn die Mutter sich einer alsbald möglichen, medizinisch zumutbaren und rechtlich erlaubten Wiederholung des Eingriffs verweigert (OLG Braunschweig VersR 1992, 91 und S/D, Rn 307 zum Schwangerschaftsabbruch).

Den Eltern ist jedoch nicht zuzumuten, das „unerwünschte" Kind zur Adoption freizugeben, um dadurch einen Unterhaltsschaden zu vermeiden (BGH NJW 1984, 2526; Gehrlein, Rn B 85).

Ebenso wie im Fall des misslungenen Schwangerschaftsabbruchs entfällt der Anspruch auch bei fehlerhafter Sterilisation, wenn sich bei den Betroffenen nachträglich ein Kinderwunsch einstellt (BGH MDR 1985, 659; Gehrlein, Rn B 85).

Substantiierung der Klage/Schlüssigkeit

Vgl. auch → *Behandlungsfehler*; → *Sachverständigenbeweis*; → *Beweislast*

I. Substantiierungsanforderungen

Während im übrigen Zivilrecht der – vermeintlich – Geschädigte im Allgemeinen detailliert darzulegen hat, wann, wie und durch wen die Schädigung erfolgte, ferner, dass diese ursächlich für seine Schäden ist, werden ihm im Arzthaftungsprozess Zugeständnisse gemacht: Die unmittelbar aus der Verfassung (Art. 2 I, 3 I, 20 I, III GG) hergeleiteten Grundsätze der Waffengleichheit im Prozess bzw. des Anspruchs auf ein faires, der Rechtsanwendungsgleichheit Rechnung tragendes Verfahren stellen besondere Anforderungen an die Substantiierungspflicht und die Beweislastverteilung (Rehborn, MDR 2000, 1320; S/D, Rn 578, 579; G/G, Rn E 2; Gehrlein, Rn E 3).

Im Arzthaftungsprozess sind an die Substantiierungspflicht des klagenden Patienten nur „maßvolle und verständige Anforderungen" zu stellen, weil von ihm bzw. dessen Prozessbevollmächtigten regelmäßig keine genaue Kenntnis der medizinischen Vorgänge erwartet und gefordert werden können (BGH NJW 1987, 500; OLG Oldenburg NJW-RR 1999, 1153, 1154; OLG Brandenburg NJW-RR 2001, 1608; Spickhoff, NJW 2002, 1758, 1765; Gehrlein, VersR 2002, 935, 938; S/D, Rn 580; G/G, Rn E 2).

Medizinische Einzelheiten können vom Patienten **nicht verlangt** werden. So genügt es etwa, wenn die Patientin in ihrem Klagevortrag erkennen lässt, aus ihrer Sicht bestünden ernstliche Anhaltspunkte dafür, dass ein bestimmtes, im Krankenhaus X anlässlich einer ambulanten Behandlung angewandtes Verfahren zur Tubendiagnostik mittels eines Kontrastmittels und Ultraschall zum Eintritt einer Eileiter- und Bauchfellentzündung, einem hierdurch bedingten Krankenhausaufenthalt und einem bestimmten Dauerschaden geführt hat (OLG Brandenburg NJW-RR 2001, 1608).

Der **Tatsachenvortrag** muss in **groben Zügen** zum Ausdruck bringen, welches ärztliche Verhalten fehlerhaft gewesen und welcher Schaden gerade hierdurch entstanden ist (F/N, Rn 239; Gehrlein, Rn E 3). Er erfordert also zumindest Angaben, die die Möglichkeit einer haftungsrelevanten Behandlungsbeteiligung der in Anspruch genommenen Ärzte stützen. Aus der bloßen Stellung in einem Krankenhaus als Chef- oder Oberarzt folgt eine solche haftungsrechtlich relevante Einbindung in die Versorgung unter Übernahme einer entsprechenden deliktsrechtlich abgesicherten Garantenstellung allein nicht (OLG Oldenburg VersR 1999, 848, 849).

Insoweit stehen dem Patienten Auskunftsansprüche zu der Frage zu, welche Ärzte in welcher Weise an seiner Behandlung beteiligt waren (vgl. OLG München NJW 2001, 2806; Gehrlein, NJW 2001, 2773).

Das Gericht hat, um seiner Aufklärungs- und Prozessförderungspflicht nach § 139 I ZPO n. F. zu genügen, die Krankenunterlagen im Original von Amts wegen beizuziehen (OLG Oldenburg OLGR 1997, 43; Rehborn, MDR 1999, 1169, 1175).

Nach Ansicht des OLG Oldenburg (NJW-RR 1999, 1153) gelten die geringeren Substantiierungsanforderungen im Arzthaftungsprozess jedoch nur solange, wie das typische Sachkundedefizit auf Patientenseite besteht. Nach dieser Auffassung muss der Patient Erkenntnisse aus der Nachbehandlung durch einen anderen Arzt in seinen Vortrag aufnehmen.

Nach der Gegenansicht (R/S II – RiaBGH Greiner, S. 11/12 und G/G, Rn E 2) ist dies nicht praktikabel, da partielle Informationen des Patienten von unterschiedlicher Qualität sein können und im Rechtsstreit nur durch Zufall bekannt werden. Selbst bei einem Patienten, der selbst Arzt ist, erscheine es wenig sinnvoll, das Maß der für den Rechtsstreit erforderlichen Substantiierung des Klagevortrages von seinen medizinischen Kenntnissen im Einzelfall abhängig zu machen.

Lücken im Vortrag des medizinischen Sachverhalts dürfen dem Patienten nicht angelastet werden; sie dürfen insbesondere nicht ohne weiteres im Sinne eines Zugeständnisses i. S. d. § 138 III ZPO gewertet werden (BGH NJW 1981, 630; F/N, Rn 239; R/S II – Greiner, S. 15).

Gleiches gilt für Beweisantritte und Beweiseinwände des Patienten bzw. dessen Prozessbevollmächtigten (G/G, Rn E 2).

Dabei entspricht es einem allgemeinen Grundsatz, dass sich eine Partei die bei einer Beweisaufnahme zu Tage tretenden Umstände jedenfalls hilfsweise zu Eigen macht, soweit sie ihre Rechtsposition zu stützen geeignet sind; das Gericht hat auch diesen Vortrag der Partei bei der Beweiswürdigung zu berücksichtigen (BGH MDR 2001, 887; OLG Saarbrücken MDR 2000, 1317, 1319).

II. Amtsermittlung einzelner Elemente

Um die „Waffengleichheit" zu gewährleisten, ist das Gericht verpflichtet, im Arzthaftungsprozess einzelne Elemente von Amts wegen zu ermitteln (BGH MDR 1984, 660; Rehborn, MDR 2000, 1320 und MDR 2001, 1148, 1155; Spickhoff, NJW 2002, 1758, 1765: Ob de facto vom „Amtsermittlungsgrundsatz" gesprochen werden kann und sollte, ist in dieser Pauschalität eher zweifelhaft). In der Praxis bedeutet dies, dass bei Vorliegen eines Mindestmaßes an nachvollziehbarem Vorbringen auch unsubstantiiert erhobenen Vorwürfen eines Behandlungsfehlers nachgegangen werden muss (OLG Düsseldorf OLGR 1993, 353; OLG Hamm OLGR 1991, 14; Rehborn, MDR 2001, 1148, 1155), die Parteien zu offenkundig fehlenden oder unklaren Tatsachen befragt bzw. zur Klarstellung aufgefordert werden müssen (Rehborn, MDR 2000, 1320; G/G, Rn E 6) und der Behandlerseite aufgegeben werden muss, die Behandlungsunterlagen zur Ermittlung des Sachverhalts zur Akte zu reichen (OLG Oldenburg OLGR 1997, 43; Rehborn, MDR 2000, 1320; G/G, Rn E 4 m. w. N.).

III. Vorlage der Behandlungsunterlagen

Während den Prozessgegner im übrigen Zivilrecht regelmäßig nur dann eine „sekundäre Behauptungslast" trifft, wenn ein Sachverhalt substantiiert vorgetragen wurde (vgl. OLG München MDR 2001, 987 zum Mietrecht), erfordert es der Grundsatz der „Waffengleichheit" im Arzthaftungsprozess, dass der Arzt dem klagenden Patienten durch Vorlage einer ordnungsgemäßen Dokumentation im Operationsbericht, Krankenblatt und/oder der Patientenkarte Aufschluss über sein Vorgehen gibt (BGH NJW 1978, 1687; G/G, Rn E 4; F/N, Rn 240). Auch außerhalb des Rechtsstreits hat der Patient gegen Arzt und Krankenhaus Anspruch auf Einsicht in die ihn betreffenden Krankenunterlagen, soweit sie Aufzeichnungen über objektive physische Befunde und Berichte über Behandlungsmaßnahmen wie Medikation und Operationen betreffen (BGH NJW 1983, 328; Gehrlein, NJW 2000, 2773; vgl. → Einsicht in Krankenunterlagen).

Der Patient muss die Krankenunterlagen jedoch nicht vorprozessual zur Substantiierung seiner Klage beiziehen oder dem Gericht zur Verfügung stellen (OLG Düsseldorf MDR 1984, 1033; G/G, Rn E 3). Die Beziehung der Krankenunterlagen hat üblicherweise vom Gericht zu erfolgen (OLG Oldenburg NJW-RR 1997, 535; G/G, Rn E 4; s. o. S. 271 ff.).

IV. Rechtskraft eines Vorprozesses

Die maßvollen Substantiierungspflichten und die hieraus resultierende Pflicht der Gerichte zur Amtsermittlung in Arzthaftungsverfahren beinhalten im Umkehrschluss, dass die Rechtskraft eines Vorprozesses **sämtliche dem Behandlungsgeschehen möglicherweise anhaftende Behandlungsfehler** ergreift, und zwar unabhängig davon, ob sie vom Patienten im Einzelnen vorgetragen worden sind oder nicht (OLG Saarbrücken VersR 2002, 193, 195 = MDR 2000, 1317 mit zustimmender Anmerkung Rehborn, MDR 2000, 1320 und MDR 2001, 1148, 1155).

Der von der Rechtskraft nach § 322 ZPO erfasste Streitgegenstand wird durch den Klageantrag und den Lebenssachverhalt bestimmt. In Arzthaftungsprozessen erschließt sich der zugrunde liegende Lebenssachverhalt aus dem in Betracht kommenden Behandlungszeitraum (OLG Hamm NJW-RR 1999, 1589).

469

Suizidgefährdete Patienten

In einer **psychiatrischen Klinik** sind **konkrete Maßnahmen** zum Schutz eines Patienten bei erkennbarer akuter oder konkreter Selbstmordgefahr **erforderlich** (OLG Stuttgart NJW-RR 2001, 1250; NJW-RR 1995, 662; OLG Oldenburg VersR 1997, 117).

Eine akute Selbstmordgefahr ergibt sich nicht schon daraus, dass der Patient vorsorglich auf eine geschlossene Station aufgenommen worden ist oder bei ihm eine „depressive Störung" festgestellt wird (OLG Stuttgart NJW-RR 2001, 1250), er lediglich latent Suizidgedanken äußert (OLG Braunschweig OLGR 1994, 67; OLG Naumburg NJW-RR 2001, 1251) oder bei ihm eine latente Selbstmordgefahr besteht (OLG Düsseldorf NJW-RR 1995, 1050; OLG Stuttgart NJW-RR 1995, 662: Ausgang mit Angehörigen; a. A. OLG Köln VersR 1993, 1156: Geschlossene Abteilung).

Der **Sicherungspflicht** sind auch bei erkannter und richtig eingeschätzter Suizidneigung in mehrfacher Hinsicht **Grenzen** gesetzt: Zum einen sind die Menschenwürde, die allgemeine Handlungsfreiheit und das Übermaßverbot zu beachten. Zum anderen ist zu berücksichtigen, dass die Sicherung in eine Behandlung eingebettet ist, wobei auch abzuwägen ist, ob und inwieweit erforderliche Sicherungsmaßnahmen sich negativ auf den Gesamtzustand des Patienten auswirken können (OLG Koblenz MedR 2000, 136). Die moderne Psychiatrie sieht ihre Hauptaufgabe bei Geisteskranken darin, diese nicht nur sicher zu verwahren, sondern zu behandeln bzw. zu heilen. Dabei gehört es auch zur Therapie suizidgefährdeter Patienten, die Eigenverantwortlichkeit zu stärken und die Patienten nicht durch übertrieben sichernde Maßnahmen in ihrem Selbstbewusstsein einzuengen (OLG Naumburg NJW-RR 2001, 1211; OLG Stuttgart VersR 1994, 731, 732). Im Einzelfall kann eine allzu strikte, insbesondere für den Kranken deutlich fühlbare Überwachung den Therapieerfolg in Frage stellen (BGH VersR 2000, 1240; MDR 1994, 38; F/N, Rn 89).

Vom **Facharzt** ist eine methodisch **fundierte Befunderhebung** und Diagnosestellung zu verlangen. Nur dieses methodische Vorgehen ist rechtlich überprüfbar. Hinsichtlich der Schlussfolgerung (akute Suizidneigung) verbleibt dem Therapeuten im Einzelfall ein Entscheidungs- und Ermessensspielraum (OLG Koblenz MedR 2000, 136).

Eine Haftung des behandelnden Arztes bzw. des Krankenhausträgers kommt nicht in Betracht, wenn die akute Suizidgefahr als solche erkannt, nicht durch Außerachtlassung wesentlicher Umstände unterschätzt und dieser Gefahr im Rahmen der Therapie auf angemessene Art und Weise begegnet wurde (OLG Naumburg NJW-RR 2001, 1251).

Dabei verlangt die auch bei Patienten einer offenen Station möglicherweise latent vorhandene Selbstmordgefahr nicht, jede Gelegenheit zu einer Selbstschädigung auszuschließen (BGH MDR 2000, 1376; Rehborn, MDR 2001, 1148, 1152). Ein Suizid kann während des Aufenthalts in einem psychiatrischen Krankenhaus nie mit absoluter Sicherheit vermieden werden, gleich, ob die Behandlung auf einer offenen oder auf einer geschlossenen Station unter Beachtung aller realisierbaren Überwachungsmöglichkeiten durchgeführt worden ist (BGH MDR 1994, 38; Rehborn, MDR 2001, 1148, 1152).

Ein Suizidversuch kann per se nicht als Indiz für eine Pflichtwidrigkeit des Arztes bzw. Krankenhauses gewertet werden (OLG Koblenz MedR 2000, 136).

So haftet der behandelnde Arzt bzw. der Klinikträger nicht für die dabei eingetretenen Körper- und Gesundheitsschäden des Patienten, wenn er nach einigen Tagen auf der geschlossenen Abteilung nach vertretbarer Schlussfolgerung des Arztes, es läge keine akute Suizidneigung mehr vor, auf eine offene Abteilung verlegt wird und er sich dort aus einem Fenster stürzt (OLG Koblenz MedR 2000, 136).

Gleiches gilt, wenn dem latent selbstmordgefährdeten Patienten einer offenen Station der Ausgang mit Angehörigen genehmigt wird und er dabei einen Suizidversuch unternimmt (OLG Stuttgart NJW-RR 1995, 662).

Ist eine akute Suizidgefahr nicht erkennbar, muss die Klinik auch nicht unverzüglich nach einem Patienten fahnden, der nicht wie vereinbart nach einem unbegleiteten Ausgang auf das Klinikgelände zurückkommt (OLG Stuttgart NJW-RR 2001, 1250).

Ein Behandlungsfehler liegt dagegen vor, wenn ein latent selbstmordgefährdeter Patient nicht auf gefahrdrohende Gegenstände durchsucht wird (OLG Stuttgart MedR 1999, 374), etwa nach einem Feuerzeug (BGH NJW 1994, 794), nicht jedoch bei Mitführung eines Plastikbeutels (OLG Frankfurt VersR 1993, 1271).

Konkrete Maßnahmen zum Schutz des Patienten durch Überwachung und Sicherung sind erforderlich bei erkennbar erhöhter, akuter oder konkreter Selbstmordgefahr (OLG Stuttgart MedR 2002, 198, 199; NJW-RR 1995, 662; OLG Oldenburg VersR 1997, 117), wenn der Patient einer bestimmten Risikogruppe angehört, etwa solchen, die bereits einen Suizidversuch unternommen haben (OLG Stuttgart MedR 2002, 198, 200), die an einer Psychose aus dem schizophrenen Formenkreis mit starker Suizidgefahr (OLG Köln R + S 1995, 414) oder unter Verfolgungswahn mit dabei geäußerten Fluchtgedanken leiden (OLG Braunschweig VersR 1985, 576) bzw. in deren näherer Verwandtschaft es zu einem Selbstmordversuch kam (OLG Stuttgart MedR 2002, 198, 200) oder bei denen Hinweise auf eine akute Gefährdung vorliegen, etwa bei der Suche nach schädigenden Gegenständen, der Verweigerung der Einnahme von Medikamenten oder einer Essensverweigerung (OLG Stuttgart MedR 2002, 198, 200).

Therapiefehler

Vgl. auch → *Grobe Behandlungsfehler*; → *Diagnosefehler*; → *Kausalität*

I. Wahl und Durchführung einer konkreten Therapie

Zu den Behandlungsfehlern gehören neben den Diagnosefehlern, Organisationsfehlern, Fehlern der therapeutischen Aufklärung (Sicherungsaufklärung), der unterlassenen Befunderhebung und dem Übernahmeverschulden die Fälle, in denen die gewählte ärztliche Diagnostik- oder Therapiemethode schon in ihrer Wahl fehlerhaft ist oder in denen getroffene Behandlungsmaßnahmen oder deren Unterlassung gegen anerkannte und gesicherte medizinische Soll-Standards verstoßen (G/G, Rn B 34, B 75).

Bei der Wahl der Therapie oder der Diagnostik ist dem Arzt ein weites Beurteilungsermessen anhand der jeweils vorliegenden Gegebenheiten des konkreten Behandlungsfalles und seiner eigenen Erfahrungen und Geschicklichkeit bei der Anwendung der gewählten Methode eingeräumt (S/D, Rn 157; G/G, Rn B 34).

Die Therapie muss grundsätzlich dem jeweiligen Stand naturwissenschaftlicher Erkenntnisse und fachärztlicher Erfahrung, der zur Erreichung des ärztlichen Behandlungszieles erforderlich ist und sich in der Erprobung bewährt hat, entsprechen (vgl. Rehborn, MDR 2000, 1101, 1102).

Geschuldet wird aber **nicht stets das jeweils neueste Therapiekonzept** mittels einer auf den jeweils neuesten Stand gebrachten apparativen Ausstattung (BGH NJW 1988, 763; S/D, Rn 161; Heyers/Heyers, MDR 2001, 918, 922).

So ist etwa der Einsatz eines älteren Chirurgiegerätes bei der Entfernung eines Polypen an der Darmwand zulässig, wenn es technisch einem moderneren Gerät gleichwertig ist (OLG Frankfurt VersR 1991, 185).

Die Diagnostik- oder Therapiemethode entspricht erst dann nicht mehr dem zu fordernden Qualitätsstandard (Facharztstandard), wenn es neue Methoden gibt, die risikoärmer oder für den Patienten weniger belastend sind und/oder bessere Heilungschancen versprechen, in der medizinischen Wissenschaft im Wesentlichen unumstritten sind und in der Praxis, nicht nur an wenigen Universitätskliniken verbreitet Anwendung finden (BGH NJW 1988, 763; Gehrlein, Rn B 11 a. E.).

Dabei ist der Arzt nicht stets auf den jeweils sichersten therapeutischen Weg festgelegt (BGH NJW 1987, 2927; **a. A.** OLG Köln VersR 1990, 856). Unter verschiedenen Therapiemethoden, die hinsichtlich der Belastungen für den Patienten und der Erfolgsaussichten im Wesentlichen gleichwertig sind, kann der Arzt frei wählen (S/D, Rn 157 a; G/G, Rn B 35).

Ein höheres Risiko muss aber in den besonderen Sachzwängen des konkreten Falles oder in einer günstigeren Heilungsprognose eine sachliche Berechtigung finden (BGH NJW 1987, 2927; OLG Frankfurt VersR 1998, 1378; S/D, Rn 157a; G/G, Rn B 35). Dies gilt etwa für die Bündelnagelung eines Torsionsbruchs statt einer Plattenosteosynthese (BGH NJW 1987, 2927).

Auch die Wahl einer neuen, gefährlicheren Methode ist jedenfalls dann zulässig, wenn sie indiziert ist und die besten Erfolgsaussichten bietet (OLG Celle VersR 1992, 749).

Eine **Außenseitermethode** wie z. B. eine Kürschner-Marknagelung bei einem Oberarmschaftbruch im Jahr 1988 bzw. die Anwendung einer noch nicht allgemein eingeführten und bewährten Methode ist jedoch nur zulässig, wenn der Operateur über besondere Erfahrungen mit dieser Methode verfügt und die technische Ausstattung eine solche Vorgehensweise erlaubt (OLG Düsseldorf NJW-RR 1991, 987; G/G, Rn B 36).

II. Fallgruppen einfacher Behandlungsfehler

Vgl. hierzu → *Grobe Behandlungsfehler*, S. 297 ff.

1. Einfache Behandlungsfehler im Bereich Chirurgie/Orthopädie

Das Vorliegen eines einfachen Behandlungsfehlers wurde in den folgenden Fällen bejaht:

▷ *Appendizitis (Blinddarmentzündung)*

Kann der Verdacht auf eine akute, kompliziert verlaufende Appendizitis nicht mit Sicherheit ausgeschlossen werden, begründet das Hinauszögern einer operativen Intervention einen Behandlungsfehler (OLG Oldenburg VersR 1996, 894).

Ergibt sich der Verdacht auf eine Blinddarmentzündung vor dem Eingriff und stellt sich dann bei der Operation heraus, dass die Beschwerden durch eine tomatengroße, eitrige Darmausstülpung verursacht worden waren, so ist die sofortige Entfernung dieser Darmausstülpung indiziert. Die Abwägung zwischen dem Selbstbestimmungsinteresse des Patienten einerseits und dessen Gesundheit und mutmaßlichem Willen andererseits spricht dabei gegen einen Abbruch des Eingriffs (OLG Koblenz NJW-RR 1994, 1370).

Besteht dagegen nur ein „vager Verdacht" auf eine Appendizitis, so ist es nicht behandlungsfehlerhaft, einen verständigen Patienten mit dem ausdrücklichen Hinweis, den Hausarzt zu konsultieren, zu entlassen (OLG Stuttgart VersR 1994, 180; ebenso OLG Schleswig VersR 1992, 1097).

Der Krankenhausarzt kann sich dabei regelmäßig mit dem **Abtasten** des Bauchs begnügen, wenn er dabei keine Anhaltspunkte für eine Appendizitis findet und den Patienten anschließend an den Hausarzt zurücküberweist (OLG Schleswig VersR 1992, 1097; teilweise abweichend OLG Oldenburg VersR 1996, 894).

▷ *Bauchoperationen*

Sind bei einer endoskopischen Gallenblasenentfernung (Entfernung der Gallenblase im Wege der Bauchspiegelung) die vorhandenen organischen Strukturen infolge von Verwachsungen nicht sicher voneinander zu unterscheiden, so muss der Operateur zur laparoskopischen Methode (offener Bauchschnitt) übergehen, um den Gallengang mit der notwendigen Zuverlässigkeit identifizieren zu können (OLG Düsseldorf VersR 2000, 456).

Die Fortsetzung eines laparoskopischen Eingriffs ist sogar grob fehlerhaft, sobald sich die Unübersichtlichkeit infolge von Verwachsungen bzw. anatomischen Besonderheiten herausstellt (OLG Düsseldorf VersR 2000, 456; ebenso OLG Brandenburg NJW-RR 2000, 24, 25, vgl. → *Grobe Behandlungsfehler*, S. 337 und → *Klage*, S. 381 ff.).

Wird durch die konkret gewählte Art der Lagerung des Patienten, die grundlos vom ärztlichen Standard abweicht, das Risiko der Verletzung eines großen Bauchgefäßes erhöht, so haftet der operierende Arzt wegen eines schuldhaft begangenen Fehlers, wenn es während der Operation (Durchführung der Laparoskopie) zu einer Verletzung der Arteria iliaca communis (gemeinsame Hüftarterie) kommt (OLG Stuttgart VersR 1990, 1279).

Zu weiteren Behandlungsfehlern bei Eingriffen an Magen, Darm und Galle vgl. → *Grobe Behandlungsfehler* sowie OLG Oldenburg VersR 1994, 54 (Darmperforation), OLG Düsseldorf VersR 1988, 967 (Laparoskopie), OLG Nürnberg VersR 1988, 1050 (Dünndarmnekrose).

▷ *Versorgung von Brüchen*

Eine Achsabweichung bei der Nagelung eines Bruchs ist zwar nicht immer vermeidbar, jedoch muss während des Eingriffs oder sofort danach die achsengerechte Nagelung durch Röntgenkontrolle überprüft und ggf. bei einer Nachoperation eine sofortige Umnagelung vorgenommen werden (OLG Stuttgart VersR 1990, 1014).

Wird eine Unterschenkelfraktur im Rahmen einer Osteosynthese (Vereinigung reponierter Knochenfragmente durch Verschrauben, Nageln, Plattenanlagerung etc.) operativ behandelt, so stellt sich die Anordnung einer Teilbelastung des Beins bereits vier Wochen nach dem Eingriff als (einfacher) Behandlungsfehler dar (OLG Nürnberg VersR 1989, 256; zweifelnd G/G, Rn B 80).

Werden im Rahmen einer Notfallversorgung primär nur die eingetretenen Oberschenkelfrakturen versorgt, erst sekundär eingetretene Zerreißungen der Beingefäße, ist ein Behandlungsfehler zu bejahen (BGH VersR 1988, 495).

Nach der operativen Versorgung einer komplizierten Sprunggelenkfraktur müssen die verantwortlichen Ärzte durch einen Zugverband oder durch eine mechanische Korrektur unter Narkose sicherstellen, dass der betroffene Fuß eine funktionell günstige rechtwinklige Stellung einnehmen kann. Kommt es infolge eines ärztlichen Fehlverhaltens dabei zur dauerhaften Einsteifung eines Sprunggelenks in einer Spitzfußstellung von 130°, so ist ein Schmerzensgeld von 18 000 Euro angemessen (OLG Düsseldorf VersR 1999, 450 für 1998).

▷ *Hodentorsion*

Bei der Verdachtsdiagnose „Hodentorsion" ist eine unverzügliche operative Freilegung des Hodens medizinisch zwingend geboten. Der Behandlungsseite obliegt die Beweislast für die Behauptung, dass sich ein

Patient nach umfassender Beratung nicht der allein indizierten, mit keinen besonderen Risiken verbundenen Operation zur Erhaltung des Hodens unterzogen hätte und dass die Operation wegen zu später Vorstellung beim Arzt erfolglos geblieben wäre (OLG Oldenburg VersR 1995, 96).

▷ *Einsatz eines künstlichen Kniegelenks; Spongiosaplastik*

Wählt der operierende Arzt beim Einsatz einer Keramik-Hüftgelenkstotalplastik einen zu großen Endoprothesenschaft, so dass es beim Einschlagen des Schafts zu einer Sprengung des Femurschafts kommt, liegt hierin ein Behandlungsfehler. Der Arzt, der die Größenverhältnisse des Femurschaftinneren und des einzubringenden Implantats unrichtig einschätzt, ohne rechtzeitig anhand des Röntgenbildes zu überlegen und zu planen, ob die vorhandene und gewählte Endoprothese in den Femurschaft passt, handelt fehlerhaft (KG VersR 1989, 915).

Ein Behandlungsfehler liegt auch vor, wenn der Arzt ohne nachvollziehbaren Grund eine größere Prothese beim Einsatz eines Hüftgelenkersatzes verwendet und damit dem Grundsatz zuwiderhandelt, möglichst viel an Knochensubstanz zu erhalten (OLG Köln VersR 1996, 712). Allerdings gibt es ein Ermessen des Operateurs, bei der Wahl der Größe des Implantats zwischen einer größeren Stabilität durch Wahl eines größeren Implantats und der eventuellen schlechteren Durchblutung abzuwägen (OLG Hamm VersR 1989, 965 zur Spongiosaplastik zur Beseitigung einer Pseudoarthrose im Unterarm bzw. der Gefahr der Lockerung und des Herausspringens der Prothese).

Werden intraoperativ Spongiosaschrauben zu tief eingebracht, dann ist dem Arzt ein Behandlungsfehler vorzuwerfen, wenn er die Schrauben in dieser Position im Hüftkopf belässt; denn der Operateur hat durch sorgfältige Kontrolle der Lage der Schrauben dafür Sorge zu tragen, dass diese nicht in das Gelenk hineinragen (OLG Hamm VersR 1997, 1359).

Ereignet sich nach dem Einsatz eines künstlichen Kniegelenks eine Luxation, so liegt ein Behandlungsfehler vor, wenn der Arzt, der präoperativ sämtliche Ursachen bedenken und die Operation entsprechend planen muss, im Rahmen einer Revisionsoperation den wirklichen Schaden an dem Kniegelenk nicht erkennt (OLG Saarbrücken NJW-RR 1999, 749).

▷ *Knieoperationen*

Ein einfacher Behandlungsfehler liegt vor, wenn eine nicht dringende Knieoperation trotz hoher Blutsenkung durchgeführt wird (OLG München VersR 1995, 1193).

Wird bei der arthroskopischen Entfernung einer Bride (Zügel, Verwachsungsstrang) ausweislich des Operationsberichts ein intaktes vorderes Kreuzband festgestellt, verzeichnet aber der Operationsbericht eines vier Jahre später durchgeführten arthroskopischen Eingriffs das völlige Fehlen des Kreuzbandes, so lässt dies nicht den Schluss zu, dass anlässlich der ersten Operation auf Grund einer Verwechslung anstatt der Bride das Kreuzband entnommen worden ist (OLG Düsseldorf VersR 2001, 1157).

▷ *Muskelfaserriss*

Treten im Anschluss an einen Muskelfaserriss in der Wade Schwellungen und anhaltende Schmerzen auf, so muss der Arzt in Betracht ziehen, dass sich eine Venenthrombose entwickelt haben kann. In einem solchen Fall muss eine nahe liegende zielgerichtete Diagnostik (Phlebographie), die allein Sicherheit geben kann, ob eine Thrombose vorliegt, in der Praxis des Arztes, andernfalls nach umgehender Überweisung dorthin in einem Krankenhaus durchgeführt werden (OLG Hamm VersR 1990, 660).

Zur Frage des Vorliegens eines groben Behandlungsfehlers beim Übersehen von Thrombosen vgl. S. 320, 327, 334, 342, 345.

▷ *Schnittwunden und Sehnenverletzungen*

Besteht der Verdacht auf Durchtrennung einer Sehne (im entschiedenen Fall der Beugesehne des kleinen Fingers bei einem zehn Jahre alten Kind), muss der erstbehandelnde Arzt umgehend eine primäre oder spätestens bis zum Ende der zweiten Woche nach der Verletzung eine verspätet primäre Beugesehnennaht veranlassen (OLG Zweibrücken NJW-RR 1998, 1325 auch zur Frage der in diesem Fall nicht nachgewiesenen Kausalität).

Eine vier Zentimeter lange Schnittwunde an der Beugeseite des Handgelenks mit Durchtrennung des Ligamentum carpi palmare (Band im Bereich des Handgelenks) legt die Möglichkeit einer Verletzung des Nervus ulnaris oder des Nervus medianus nahe. Hieraus ergibt sich für den erstbehandelnden Arzt in einem Krankenhaus die dringende Notwendigkeit einer Kontrolluntersuchung, wenn er bei der Erstuntersuchung Nervenverletzungen nicht feststellen kann. Er muss die Kontrolluntersuchungen entweder selbst veranlassen oder den Patienten über deren Notwendigkeit belehren (OLG Frankfurt VersR 1990, 659).

Ein Behandlungsfehler liegt jedoch nicht vor, wenn der behandelnde Arzt in einem Kreiskrankenhaus, das nicht über eine Neurochirurgie verfügt, den nicht als durchtrennt beurteilten Nervus ulnaris nicht unter Anlegung einer Blutsperre darstellt und nicht sofort eine End-zu-

End-Naht der Nervenenden vornimmt (OLG Karlsruhe VersR 1990, 53).

Bei länger bestehender Fingerverletzung und äußerlich stark entzündetem Fingerglied ist auch an eine Infektion des Gelenks zu denken, die röntgenologisch abzuklären ist (OLG Stuttgart VersR 1999, 627).

▷ *Antibiose oder Wundrevision verspätet durchgeführt*

Wird eine Antibiose oder Wundrevision verspätet durchgeführt, liegt regelmäßig sogar ein grober Behandlungsfehler vor (vgl. → *Grobe Behandlungsfehler*, S. 369 f., 325, 329).

Kommt es nach einer Marknagelung zu einer eitrigen Infektion, so muss unverzüglich die Erregerbestimmung mit Resistenznachweis veranlasst werden, um antibiotisch sachgerecht behandeln zu können (LG Hannover VersR 1995, 787).

Treten nach einer Schnittverletzung nicht abklingende Schmerzen auf und zeigt das Wundbild einen Entzündungsprozess an, so muss möglichst frühzeitig eine antibiotische Therapie mit einem Medikament erfolgen, das gegen Staphylokokken wirksam ist (KG VersR 1991, 928).

Eine systematische Behandlung des Patienten mit Antibiotika ist jedoch nicht geboten, wenn eine Wunde während der gesamten Behandlungsdauer lokal begrenzt bleibt und allgemeine Infektionsanzeichen nicht vorliegen (OLG Stuttgart OLGR 2002, 207, 208).

Bei länger bestehender Fingerverletzung und äußerlich stark entzündetem Fingerglied muss zumindest die Verdachtsdiagnose einer Infektion des Gelenks gestellt werden. Verzögert sich die Revision des Endgelenks um zehn bis zwölf Tage, so ist ein Schmerzensgeld von jedenfalls 1 540 Euro angemessen (OLG Stuttgart VersR 1999, 627).

Es ist auch fehlerhaft, wenn nach einer Meniskusoperation bei länger als zehn bis vierzehn Tage anhaltenden Schmerzen das Knie lediglich punktiert wird, ohne den Ursachen der fortdauernden Schmerzen nachzugehen (OLG Hamm VersR 1989, 293).

Das Vorliegen eines einfachen Behandlungsfehlers wurde in folgenden Fällen verneint:

▷ *Bandscheibenoperation*

Die Entstehung einer Diszitis (Entzündung eines Wirbels) im Zusammenhang mit einer Bandscheibenoperation weist nicht auf einen ärztlichen Behandlungs- oder Hygienefehler hin (OLG Hamm VersR 1999, 845).

Gleiches gilt, wenn es nach einer Bandscheibenoperation zum Eintritt einer Querschnitt- oder Darmlähmung (OLG Hamm VersR 1993, 102), einem intraoperativen Prolaps (Vorfall) im HWS-Bereich bei Lagerung in „Häschenstellung" kommt (OLG Düsseldorf VersR 1992, 1230).

▷ *Blinddarmentzündung*

Wird der Patient von seinem Hausarzt mit dem Verdacht einer Appendizitis zur weiteren Untersuchung in ein Krankenhaus überwiesen, so kann sich der Krankenhausarzt regelmäßig mit dem Abtasten des Bauchs begnügen, wenn er dabei keine Anhaltspunkte oder nur einen vagen Verdacht für eine Appendizitis findet und den Patienten zur weiteren Beobachtung an den Hausarzt zurück überweist (OLG Schleswig VersR 1992, 1097; ebenso OLG Stuttgart VersR 1994, 180).

▷ *Darmspiegelung/Darmperforation*

Der Eintritt einer Darmperforation anlässlich einer Darmspiegelung gehört zu den seltenen, eingriffsimmanenten und nicht stets vermeidbaren Risiken, aus deren Verwirklichung allein der Vorwurf eines ärztlichen Behandlungsfehlers nicht abgeleitet werden kann (OLG Oldenburg VersR 1994, 54). Der Patient ist jedoch hierüber sowie über ein daraus resultierendes – wenngleich sehr seltenes – tödliches Risiko vor Durchführung des Eingriffs aufzuklären (OLG Oldenburg VersR 1994, 54; OLG Stuttgart VersR 1986, 581, 582; vgl. → *Aufklärung* II. 9.).

Der Einsatz eines älteren Chirurgiegerätes bei der Entfernung eines Polypen an der Darmwand ist zulässig, wenn es technisch einem moderneren Gerät gleichwertig ist bzw. beide in Frage kommenden Geräte sich für den vorgenommenen Eingriff nicht signifikant unterscheiden (OLG Frankfurt VersR 1991, 185).

▷ *Zurücklassen von Fremdkörpern im Operationsgebiet*

Ob den operierenden Ärzten der Vorwurf eines groben Behandlungsfehlers daraus gemacht werden kann, dass sie im Operationsgebiet einen Fremdkörper zurückgelassen haben, hängt von den Umständen des Einzelfalls ab. Der versehentliche Verlust eines Tupfers und dessen Verbleiben im Operationsgebiet bei einer vaginalen Gebärmutterentfernung rechtfertigt jedenfalls die Einstufung als „grob" nicht (OLG Koblenz VersR 1999, 1420, 1421; OLG Köln VersR 2000, 1150 zur Wurzelkanalbehandlung) und stellt damit lediglich einen einfachen Behandlungsfehler dar.

Das Belassen einer abgerissenen Nadel im Bohrkanal bei einer Kreuzbandersatzplastik begründet allein keinen (einfachen) Behandlungsfehler (OLG Oldenburg NJW-RR 1997, 1384).

Das auf ein Unterlassen des Versuches, die Nadel zu entfernen, gerichtete Schadensersatzbegehren des Patienten setzt den Nachweis einer hierauf beruhenden Schädigung voraus (OLG Oldenburg NJW-RR 1997, 1384).

Auch das Belassen eines Fremdkörpers am Ende einer Operation in einem Weichteil, in dem der Fremdkörper keine Komplikationen verursachen kann, stellt i. d. R. keinen Behandlungsfehler dar (OLG Oldenburg MDR 1995, 268).

Das Zurücklassen eines Metallclips im Bauchraum anlässlich einer Gallenblasenoperation wurde gleichfalls nicht als Behandlungsfehler angesehen (LG Heidelberg MedR 1998, 175).

Gleiches gilt beim Verbleib eines ca. 8–10 cm langen Stücks eines Venenkatheders in der Lungenarterie des Patienten nach einer schwierigen Herzoperation (OLG Celle VersR 1990, 50).

Andererseits wurde das Zurücklassen einer Drainage nach einem Scheidendammschnitt in der Operationswunde der Patientin jedenfalls dann als Behandlungsfehler angesehen, wenn nicht festgestellt werden kann, dass die Sicherung des Drainagestreifens vor dem Absinken in die Operationswunde veranlasst worden ist (OLG Köln VersR 1990, 1244).

Klärt der Arzt den Patienten nicht darüber auf, dass ein Fremdkörper im Körper verblieben ist, so stellt dies nach Auffassung des OLG Oldenburg (MDR 1995, 268) eine Körperverletzung durch Unterlassen dar, die bei Schmerzen oder psychischen Beeinträchtigungen ein Schmerzensgeld rechtfertigen kann.

▷ *Gallenoperation*

Es liegt kein schuldhafter Behandlungsfehler vor, wenn der Operateur bei der Entfernung einer entzündlich verwachsenen Gallenblase den ductus hepaticus (aus der Vereinigung des rechten und linken Lebergallenganges hervorgehender Gallenweg zwischen der Leber und dem Gallenblaseneingang) verletzt, er die Verletzung jedoch ordnungsgemäß abgeclipt hat (OLG Brandenburg OLG-NL 1998, 32).

Zum Vorliegen eines „groben Behandlungsfehlers" bei Bauchoperationen vgl. → *Grobe Behandlungsfehler*, S. 325, 337 und → *Klage* sowie → *Klageerwiderung.*

▷ *Eingriffe am Herzen*

Wird bei der Durchführung einer Ballonvalvuloplastie (Sprengung verengter Herzklappen durch einen transvenös oder transarteriell vorgeschobenen Herzkatheter) bzw. einer Angioplastie (Dehnung von Stenosen der Herzkranzgefäße durch wiederholtes Einbringen von Kathetern mit zunehmendem Durchmesser oder unter Verwendung von Ballonkathetern) der Herzmuskel durchstoßen mit der Folge eines Kreislaufstillstandes, so liegt hierin wegen der nicht vollständigen Beherrschbarkeit des Risikos nicht unbedingt ein Behandlungsfehler (OLG Karlsruhe VersR 1997, 241).

Wird ein eingesetzter Bypass an der großen Diagonalarterie anstatt am Hauptast der Herzkranzarterie angeschlossen, so ist dies allein nicht behandlungsfehlerhaft (OLG München VersR 1997, 1281).

Das Vorliegen eines Behandlungsfehlers wurde auch bei der Durchführung einer Herzkathederuntersuchung bei einem Kleinkind, das dabei eine Hirnembolie erlitt, verneint (OLG Celle VersR 1988, 829).

Bleibt nach einer schwierigen Herzoperation von einem ca. 75 cm langen Venenkatheder infolge eines Materialfehlers oder einer Beschädigung bei der Operation ein 8–10 cm langes Stück in der Lungenarterie des Patienten zurück, so kann hieraus noch nicht auf einen ärztlichen Behandlungsfehler geschlossen werden. Den Ärzten kann es dabei auch nicht zum Vorwurf gemacht werden, dass sie die Fragmentierung des Katheders nicht sogleich nach der Operation festgestellt haben. Ein längerer Zeit an derselben Stelle verbliebenes Kathederfragment begründet für den Patienten keine Emboliegefahr (OLG Celle VersR 1990, 50).

▷ *Versorgung von Knochenbrüchen*

Ist für einen Durchgangsarzt auf den von ihm gefertigten Röntgenbildern eine – tatsächlich vorliegende – Kahnbeinfraktur nicht zu erkennen und trägt er deshalb im Durchgangsarztbericht die Worte „keine knöcherne Verletzung" ein, so liegt hierin kein Behandlungsfehler. Ist für ihn auch auf einer fünfzehn Tage später gefertigten Röntgenaufnahme keine Kahnbeinfraktur erkennbar, so kann er die Diagnose „Kahnbeinfraktur" fallen lassen (OLG Stuttgart VersR 1989, 198).

Auch nach völliger Reposition eines Handgelenkbruchs mit regelgerechter Unterarmgipsversorgung kann nach ein bis zwei Wochen ein Korrekturverlust auftreten. Operative Korrekturen sind wegen der Gefahr des Eintritts von Frakturkrankheiten (z. B. Morbus sudeck) nicht angezeigt, so dass Fehlstellungen mit einem dorsalen Abkippen des distalen Radiusfragments bis ca. 20° toleriert werden können (LG Heidelberg VersR 1996, 1113).

Im Anschluss an eine ambulante Notfallbehandlung im Krankenhaus, etwa eines handgelenksnahen Speichenbruchs, muss sich der Patient zur Weiterbehandlung an seinen Hausarzt wenden, denn die ambulante Behandlung von Kassenpatienten ist grundsätzlich nicht Aufgabe eines Krankenhauses, sondern in erster Linie den frei praktizierenden Ärzten vorbehalten. Wendet sich der Patient dennoch – jeweils am Wochenende – als „Notfall" an das Krankenhaus, darf dieses die Behandlung auf medizinisch unaufschiebbare Maßnahmen beschränken und ist nicht verpflichtet, Kontrolluntersuchungen, etwa die Fertigung von Röntgenaufnahmen zur Überprüfung des Frakturstandes, vorzunehmen (OLG Düsseldorf VersR 1989, 807).

Ein chirurgischer Eingriff trotz eines bestehenden Ödems ist dann medizinisch vertretbar und stellt keinen Behandlungsfehler dar, wenn der Patient unter schweren Schmerzen leidet und deshalb mit einem Oberschenkelbruch nicht zufriedenstellend gelagert werden kann (OLG Düsseldorf VersR 1998, 55). Die Operation bei vorliegender Weichteilschwellung ist nicht in jedem Falle fehlerhaft (BGH VersR 1999, 1282: Unterschenkeltrümmerbruch, kein Behandlungsfehler; OLG Hamm VersR 1988, 807: Sprunggelenksfraktur, Eingriff trotz vorhandener Schwellung als Behandlungsfehler).

Der Verzicht auf eine völlige Ruhigstellung des Beines eines Patienten, bei dem nach einer unfallbedingten Operation am Mittelfußknochen eine Weichteilinfektion aufgetreten ist, stellt keinen Behandlungsfehler dar, wenn dadurch einer erhöhten Thrombosegefahr entgegengewirkt werden soll (OLG Köln VersR 1998, 243).

▷ *Leistenbruchoperation*

Die auf Grund einer klinischen Befunderhebung gestellte Verdachtsdiagnose auf einen einschnürenden Leistenbruch rechtfertigt die dringende Empfehlung zu einer sofortigen Operation. Eine vorherige Sonographie ist nicht unbedingt erforderlich. Ein verharmlosender Hinweis, dass sich auch etwas weniger schwer wiegendes herausstellen kann, ist zwar sinnvoll, aus medizinischer Sicht jedoch nicht zwingend geboten (OLG Oldenburg VersR 1998, 57).

Zur unterlassenen Kontrolle der Hodenlage nach einer Leistenbruchoperation vgl. → *Grobe Behandlungsfehler*, S. 340.

▷ *Beseitigung einer Pseudoarthrose/Durchführung einer Spongiosaplastik im Unterarm*

Das Misslingen einer Operation zur Beseitigung einer Pseudoarthrose im Unterarm durch Spongiosaplastik mit Einsatz eines Spans vom Beckenkamm, bei der eine 9-Loch-Platte verwendet wird, lässt nicht den Schluss zu, es sei von vornherein eine zu kleine Platte und ein zu kleiner Knochenspan verwendet worden. Hier besteht ein Ermessen des Operateurs, der zwischen dem Erreichen einer größeren Stabilität durch Wahl eines größeren Implantats und der eventuellen schlechteren Durchblutung abzuwägen hat. Auch Schädigungen des Nervus cuteanus femoris lateralis infolge der Entnahme eines Knochenspans vom Beckenkamm und Schädigungen des Nervus ulnaris infolge der Spongiosaplastik sind auch bei sorgfältigem Operieren nicht immer zu vermeiden (OLG Hamm VersR 1989, 965).

Die Schädigung des Nervus ilioinguinalis (versorgt die Leiste und die Oberschenkelinnenseite) als Folge einer narbigen Einschnürung ist ein typisches und nicht immer vermeidbares Risiko einer Spongiosaplastik, bei der aus dem Beckenkamm Knochenmaterial entnommen wird (OLG Saarbrücken VersR 1990, 666).

▷ *Versorgung einer Schnittwunde*

Der erforderliche ärztliche Standard ist nicht verletzt, wenn bei der Notfallversorgung einer Schnittwunde im Ellenbogenbereich in einem nicht über einen Neurochirurgen verfügenden Krankenhaus der Nervus ulnaris, der vom behandelnden Arzt als nicht durchtrennt beurteilt wird, nicht unter Anlegung einer Blutsperre dargestellt wird (OLG Karlsruhe VersR 1990, 53). Auch bei völliger Durchtrennung des Nervus ulnaris ist kein Behandlungsfehler anzunehmen, wenn der Arzt nach einer bereits andernorts durchgeführten Erstversorgung der Wunde nicht sofort eine End-zu-End-Naht der Nervenenden vornimmt (OLG Karlsruhe VersR 1990, 53).

Die Gabe von Antibiotika ist bei einer ordnungsgemäß durchgeführten Wundrevision einer glatten Schnittwunde nicht erforderlich (OLG Oldenburg VersR 1991, 229).

▷ *Behandlung eines Tennisarms*

Eine Epicondylitis („Tennisarm") wird durch Injektionen mit kortisonhaltigen Medikamenten in den Ellenbogenbereich sachgerecht behandelt. Die mehrfache Verabreichung von Injektionen mit 10 mg des kortisonhaltigen Medikaments, einer Kristallsuspension, ist jedenfalls in Abständen von sechs Wochen medizinisch korrekt, nicht jedoch eine Dosierung von 40 mg im Rahmen einer einzigen Injektion (OLG Düsseldorf VersR 2001, 1515).

▷ *Tumoroperationen*

Kann der Verdacht auf einen bösartigen Tumor weder präoperativ noch intraoperativ ausgeräumt werden, so ist die operative Entfernung des Tumors nebst anhängendem Nervenfasergewebe indiziert (OLG Hamm VersR 2001, 723).

Die Indikation zur Thorakotomie (Öffnung der Brusthöhle) zur Sicherung einer computertomographisch und röntgenologisch gestützten Diagnose eines krebsverdächtigen Rundherds setzt keine weiteren präoperativen Kontrollbefunde voraus. Allerdings ist vor der Entfernung eines Lungenlappens bei noch nicht vorliegender histologischer Sicherung eines krebsartigen Prozesses eine Schnellschnittuntersuchung geboten (OLG Oldenburg VersR 1997, 317).

Besteht nach lege artis durchgeführter präoperativer Diagnostik der Verdacht auf das Vorliegen eines Schilddrüsenkarzinoms, so ist die vollständige Entfernung des verdächtigen Gewebes indiziert. Einer intraoperativen Schnellschnittdiagnostik bedarf es dabei nicht (OLG Köln NJW-RR 1999, 675).

Kommt es bei operativer Entfernung eines zystisch veränderten und knotigen Teils eines Schilddrüsenlappens zu einer Schädigung des Nervus vagus, die eine Stimmbandlähmung zur Folge hat, so liegt hierin die Verwirklichung eines außergewöhnlichen Risikos, die allein keinen Behandlungsfehler des Chirurgen indiziert (OLG Düsseldorf VersR 1989, 291).

2. Einfache Behandlungsfehler im Bereich Gynäkologie, vor- und nachgeburtliche Betreuung

Das Vorliegen eines einfachen Behandlungsfehlers wurde in folgenden Fällen bejaht:

▷ *Pathologisches CTG und unterlassene CTG-Überwachung*

I. d. R. ist bei nicht nur ganz kurzfristig pathologischem CTG, insbesondere bei einem Risikositus (Beckenendlage o. a.) unverzüglich eine Schnittentbindung einzuleiten (OLG Frankfurt VersR 1996, 584: Risikositus; OLG München VersR 1996, 63: Suspektes CTG; OLG Schleswig VersR 1994, 311: Verspätete sectio; OLG Oldenburg VersR 1992, 453 und VersR 1997, 1236: Verspätete sectio nach pathologischem CTG, s. o. → *Grobe Behandlungsfehler*, S. 349 f., 330).

Nach einem Eingriff zum Abbruch einer Zwillingsschwangerschaft schulden sowohl der Krankenhausträger als auch der nachbehandelnde Gynäkologe der Patientin den deutlichen Hinweis, dass wegen des Risikos des Fortbestands der Schwangerschaft eine Nachkontrolle dringend erforderlich ist (OLG Oldenburg VersR 1997, 193).

Behandlungsfehlerhaft ist es, ein tatsächlich vorhandenes CTG-Gerät bei einer Geburt nicht einzusetzen (BGH NJW 1988, 2949).

▷ *Eileiterschwangerschaft*

Besteht bei einer Patientin auf Grund eines histologischen Befundes, aufgetretener Blutungen und schmerzhafter Unterbauchbeschwerden ein hochgradiger Verdacht auf Bestehen einer Eileiterschwangerschaft, so muss diese Verdachtsdiagnose durch eine Laparoskopie (Bauchspiegelung mit einem Laparoskop) abgeklärt werden. Unterbleibt eine mögliche frühzeitige Diagnose, so haftet der verantwortliche Arzt auf Schadensersatz und Schmerzensgeld, wenn er nicht beweist, dass es auch bei unverzüglicher operativer Behandlung zu einer Teilresektion des Eileiters gekommen wäre (LG Aachen VersR 1992, 877; zur Beweislastumkehr wegen → *unterlassener Befunderhebung* siehe dort).

▷ *Unterlassene Fruchtwasseruntersuchung, Hinausschieben der Fruchtwasserpunktion (vgl. → Genetische Beratung, → Früherkennung, fehlerhafte pränatale Diagnostik).*

Die falsche oder unvollständige Beratung der Mutter während der Frühschwangerschaft über Möglichkeiten zur Früherkennung von Schädigungen der Leibesfrucht, die den Wunsch der Mutter auf Abbruch der Schwangerschaft gerechtfertigt hätten, kann einen Anspruch der Eltern gegen den Arzt auf Ersatz von Unterhaltsaufwendungen für das mit körperlichen oder geistigen Behinderungen geborene Kind begründen (BGH NJW 1984, 658; NJW 1987, 2923; OLG Zweibrücken NJW-RR 2000, 235, 237; OLG Stuttgart VersR 1991, 229).

Eine schwangere Frau, die den Arzt um Rat fragt, ob eine Fruchtwasseruntersuchung auf etwaige körperliche Missbildungen des werdenden Kindes angezeigt ist, ist auch über die Gefahr einer Trisomie 21 (Mongolismus) zu informieren (BGH NJW 1987, 2923).

Der aufklärende Arzt muss über die erhöhten schwer wiegenden Risiken der Schwangerschaft sachbezogen unterrichten. Es genügt nicht, wenn er lediglich schlagwortartig die Begriffe „Mongolismus" oder „mongoloides Kind" mitteilt; er muss vielmehr – ohne Dramatisierung des genetischen Risikos – unmissverständlich klarmachen, dass das Risiko auch die Entwicklung eines schwerstgeschädigten Kindes beinhaltet und dass die Geburt eines solchen Kindes zu unerträglichen Belastungen führen kann, vielfach verbunden mit der Notwendigkeit lebenslanger Pflege und Betreuung (OLG Düsseldorf NJW 1989, 1548).

Das medizinisch nicht geforderte Hinausschieben der Fruchtwasserpunktion mit der Folge, dass wegen Ablaufs der Frist des § 218a III StGB a. F. ein Schwangerschaftsabbruch nicht mehr durchgeführt werden kann, stellt sich als Behandlungsfehler dar. Die Mutter des geschädigten Kindes kann den gesamten Unterhaltsbedarf des Kindes als

Schaden geltend machen (BGH NJW 1989, 1536; OLG Saarbrücken NJW-RR 2001, 671, vgl. S. 286 f., 454 f.).

▷ *Vaginale Hysterektomie (operative Entfernung der Gebärmutter)*

Vor Durchführung einer vaginalen Hysterektomie ist die Ursache vorliegender Blutungsstörungen im gebotenen Umfang, etwa durch eine Hysteroskopie (Inspektion der Gebärmutterhöhle mit einem Hysteroskop) oder durch eine Abrasio (Ausschabung) abzuklären. Eine sofortige vaginale Hysterektomie kann allenfalls dann vorgenommen werden, wenn die Patientin eingehend über diese Verfahrensweise und den Verzicht auf eine Abrasio aufgeklärt worden ist (OLG Hamm VersR 2001, 461).

Bei der vaginalen Hysterektomie sind Verletzungen des Harnleiters bei Anwendung der gebotenen Sorgfalt grundsätzlich vermeidbar. Entschuldbar ist das Miterfassen des Harnleiters in einer Ligatur allenfalls dann, wenn es intraoperativ zu unvorhergesehenen, die Übersicht erschwerenden Zwischenfällen kommt oder wenn anatomische Abweichungen oder Verwachsungen bzw. entzündliche Veränderungen vorliegen (OLG Düsseldorf, Urt. v. 19.9.1985 – 8 U 125/83).

Der gynäkologische Befund einer Gebärmuttersenkung und einer Zystozele (Einstülpung der Harnblase in die vordere Scheidenwand) rechtfertigt nur dann einen operativen Eingriff (Hysterektomie), wenn zugleich eine Beschwerdesymptomatik vorliegt, die auf diesen Befund zurückzuführen ist. Bestehen bei der Patientin urologische Probleme, etwa Schmerzen und Brennen beim Wasserlassen und eine Nierenbeckenentzündung, ist es zwingend notwendig, vor der gynäkologischen Operation eine urologische Diagnostik vorzunehmen, um das Krankheitsbild, die Indikation für den Eingriff sowie dessen spezielle Art abzuklären (OLG Düsseldorf VersR 2002, 856).

Unterbleiben diese urologischen Untersuchungen, obliegt es der Behandlerseite zu beweisen, dass die unterlassene Diagnostik dasselbe operationspflichtige Ergebnis erbracht hätte (OLG Düsseldorf VersR 2002, 856).

▷ *Überwachung Neugeborener bei Vorliegen eines erhöhten Infektionsrisikos*

Ein zwar nach dem äußeren Erscheinungsbild gesund zur Welt gekommenes, aber durch den Ablauf der Geburt, etwa wegen eines erhöhten Infektionsrisikos erkennbar gefährdetes Kind darf nicht für einen Zeitraum von einer Stunde ohne ärztliche Betreuung bleiben. Die unterlassene Hinzuziehung eines kompetenten Arztes nach Hinweisen auf die gestörte Atmung eines Neugeborenen und/oder der verspätete Transport des Kindes in eine Kinderklinik ohne ärztliche Betreuung und Beatmung sind sogar grob fehlerhaft (OLG Stuttgart VersR 2001, 1560, 1562; OLG München VersR 1997, 977).

▷ *Unterlassene oder verspätete Schnittenbindung*

In der verzögerten Einleitung einer Schnittenbindung (sectio) wird im Regelfall sogar ein grober Behandlungsfehler gesehen, da während der Geburt eine Sauerstoffmangelversorgung schnellstmöglichst bekämpft werden muss, um Hirnschädigungen zu vermeiden (OLG Stuttgart VersR 2000, 1108, 1110; OLG Oldenburg VersR 1992, 453; OLG Schleswig VersR 1994, 310; OLG Frankfurt VersR 1996, 584; OLG Köln NJW-RR 1992, 474; vgl. → *Grobe Behandlungsfehler*, S. 349 f., 352 f.).

So wurde ein grober Fehler bei einer Verzögerung von einer Stunde (BGH VersR 2000, 1146, 1147), mehr als vierzig Minuten (OLG Köln NJW-RR 1992, 474), 20–25 Minuten (OLG Schleswig VersR 1994, 310; OLG Hamm, Urt. v. 17.8.1998 – 3 U 199/97) und 7–8 Minuten (OLG Stuttgart VersR 2000, 1108, 1110; OLG Köln VersR 1991, 586) angenommen. Nach Auffassung des OLG Saarbrücken (OLGR 1999, 461) lagen 22 Minuten im Jahr 1986 noch im zeitlichen Rahmen.

Andererseits darf ein Gynäkologe bei der Geburt nicht vorschnell einen Kaiserschnitt einleiten. Eine sectio ist nach Auffassung des OLG Saarbrücken (bei Röver, MedR 2001, 90) erst dann angezeigt, wenn die Herzfrequenz des Kindes mindestens zwei Minuten lang unter 100 Schläge pro Minute gesunken ist.

Nach Feststellung eines anfänglich pathologischen CTG müssen weitere Befunde erhoben werden, um sich in angemessenen zeitlichen Abständen von dreißig Minuten, maximal aber einer Stunde über den Zustand des Kindes Gewissheit zu verschaffen, um bei Weiterbestehen der pathologischen CTG-Befunde die Geburt unverzüglich durch sectio zu beenden (OLG Oldenburg VersR 1997, 1236, 1237).

▷ *Schulterdystokie ("Hängenbleiben" der Schulter des Kindes über der Schambeinfuge mit der häufigen Folge von Schädigungen der Nerven des Hals- und/oder Armbereichs)*; vgl. → *Grobe Behandlungsfehler*, S. 352 f. und → *Aufklärung*, S. 110 ff., 115.

Eine sectio ist insbesondere dann indiziert, wenn der Kopf des Kindes noch im Beckeneingang steht, Hinweise auf eine Beckenverengung bestehen und die Mutter ohnehin eine Vollnarkose erhält. Eine stattdessen vorgenommene Vakuumextraktion, bei der es zu einer Schulterdystokie kommt, ist ein Behandlungsfehler (OLG Stuttgart VersR 1999, 382; auch OLG Oldenburg VersR 1993, 1235: Grober Behandlungsfehler).

487

Kommt es im Rahmen einer Entbindung unvermutet zu einer Schulterdystokie, so ist es fehlerhaft, den Geburtsvorgang durch den „Kristeller-Handgriff" (ein- oder beidhändiger Druck auf die kindlichen Schultern im mütterlichen Becken) zu beschleunigen. Vielmehr ist es angebracht, den Versuch einer Stellungsänderung der Symphyse zu unternehmen; dies geschieht durch eine Streckung und anschließende Beugung der Beine der Patientin (OLG Düsseldorf VersR 2001, 460).

Das Ziehen am Kopf des Kindes, um die Geburt voranzubringen, widerspricht solange dem maßgeblichen ärztlichen Standard, als keine Klärung über die Ursache des Stockens des Geburtsvorgangs erreicht worden ist (BGH VersR 2001, 646). Der behandelnde Arzt hat für sein dem medizinischen Standard zuwiderlaufendes Vorgehen dabei auch dann haftungsrechtlich einzustehen, wenn dieses aus seiner persönlichen Lage heraus subjektiv als entschuldbar erscheinen mag (BGH VersR 2001, 646).

Das Vorliegen eines einfachen Behandlungsfehlers wurde in folgenden Fällen verneint:

▷ *Unterlassene Gewebeuntersuchung; unterlassene Sonographie*

Schmerzen in der weiblichen Brust sind ein typisches Zeichen für eine Mastopathie (knotige Veränderungen in der Brust), dagegen ganz untypisch für ein Karzinom. Weisen alle angewendeten Diagnosemethoden einschließlich einer Mammographie auf eine gutartige Mastopathie hin und ergeben sie keinen Verdacht auf ein Karzinom, dann ist es nicht erforderlich, eine Gewebeuntersuchung vorzunehmen oder zu veranlassen (OLG Zweibrücken VersR 1991, 427).

Es stellt auch keine Verletzung der ärztlichen Sorgfaltspflicht dar, wenn der Gynäkologe bei Tastung eines Knotens in der Brust zunächst nur die Durchführung einer Mammographie empfiehlt und weitergehende Maßnahmen mit histologischer Untersuchung oder einer zusätzlichen Sonographie durch einen Radiologen zurückstellt und die Patientin auffordert, sich nach Abschluss einer ersten diagnostischen Maßnahme wieder bei ihm zu melden, um sodann die weiteren Schritte zu besprechen (OLG Jena VersR 2000, 637).

Eine Punktion oder Probeexcision sollte aber dann angewandt werden, wenn vorausgegangene palpatorische Untersuchungen und/oder Mammographien verdächtige, nicht sicher zu interpretierende Befunde ergeben haben (OLG Düsseldorf VersR 1988, 1297).

Sprechen klinische Verdachtsanzeichen für die Diagnose „Krebs", während die Mammographie diesen Verdacht nicht bestätigt, so hat der Arzt die Patientin auf die Möglichkeit einer Biopsie (Entnahme

einer Gewebeprobe zur feingeweblichen Untersuchung) hinzuweisen
(OLG München VersR 1995, 1499).

▷ *Mammographie unterlassen*

Bei einer 41–42-jährigen Frau, bei der keine Risikofaktoren vorliegen, ist
im Rahmen der Früherkennung die Mammographie nicht indiziert. Ihr
Unterlassen ist nicht als Behandlungsfehler anzusehen (OLG Hamm
MedR 1994, 281).

Ist eine Mammographie eindeutig indiziert, etwa weil der Gynäkologe
einen Knoten in der Brust ertastet hat (OLG Jena VersR 2000, 637) oder
die Patientin über Schmerzen in der Brust geklagt hat (OLG Zweibrücken VersR 1991, 427), so ist das Unterlassen einer Mammographie als
einfacher, nicht jedoch ohne weiteres als grober Behandlungsfehler anzusehen. Bleibt ein Karzinom aufgrund eines Behandlungsfehlers acht
Monate therapeutisch unbehandelt, so steht der Patientin ein Schadensersatzanspruch nur dann zu, wenn festgestellt werden kann, dass
infolge des verzögerten Eingriffs ein zusätzlicher Gesundheitsschaden
eingetreten ist (OLG Stuttgart VersR 1994, 1306).

▷ *Subkutane Mastektomie (Operative Entfernung des Brustdrüsenkörpers)*

Ergibt die histologische Untersuchung einer entnommenen Gewebeprobe Anteile eines Mammakarzinoms mit einem ungünstigen Malig-
nitätsgrad und besteht zudem die Gefahr eines multizentrischen
Wachstums, so kommt eine brusterhaltende Resektion des Tumors
grundsätzlich nicht in Betracht, vielmehr ist dann aus medizinischer
Sicht eine subkutane Mastektomie unumgänglich und stellt keinen
Behandlungsfehler dar (OLG Düsseldorf VersR 1999, 1152).

▷ *Geburtsbedingte Hirnschäden*

Allein ein pathologisches CTG und eine intrapartale Hypoxie (herabge-
setzter Sauerstoffpartialdruck im arteriellen Blut) erlauben noch nicht
den Schluss auf einen geburtsbedingten Hirnschaden. Nach neueren
wissenschaftlichen Erkenntnissen sind für die Annahme einer intra-
partalen Hirnschädigung drei Voraussetzungen zu fordern, nämlich
Hinweise auf eine vitale Mangelversorgung, wie z. B. Anomalien im
fetalen CTG oder mekoniumhaltiges Fruchtwasser, eine Depression
der vitalen Parameter unmittelbar nach der Geburt, d. h. niedrige
Apgarwerte (Schema mit je zwei Punkten für Atmung, Puls, Grundto-
nus, Aussehen, Reflexe; kritisch unter 7) sowie ein offenkundiges neu-
rologisches Durchgangssyndrom in der Neugeborenenperiode während
der ersten Lebensstunden und Lebenstage (OLG Köln VersR 1998, 767;
von Harder/Ratzel, Frauenarzt 1999, 51, 52).

▷ *Überwachung eines Neugeborenen*

Während nach Auffassung des OLG Koblenz (VersR 1992, 612) ein neugeborenes Kind in den ersten zwanzig Minuten nach der Geburt überwacht werden muss, insbesondere wenn das Kind nach der Geburt mit Mekonium („Kindspech") verschmiert ist, muss ein „lebensfrisch" geborenes Kind in der zweiten Stunde nach der Geburt nicht ständig, sondern nur in Zeitabständen von 10–15 Minuten überprüft werden (OLG Köln VersR 1997, 748).

Bei stabilem Zustand des Neugeborenen ist es auch nach Auffassung des OLG München (NJW 1995, 1622) nicht ohne weiteres geboten, das Kind ununterbrochen zu überwachen oder in eine Kinderklinik zu verbringen.

▷ *Zuwarten trotz fehlendem Geburtsfortschritt*

Besteht kein Anlass, am Wohlbefinden des Kindes zu zweifeln, so ist ein Zuwarten während zweier Stunden ohne deutlichen Geburtsfortschritt trotz Verabreichung wehenfördernder Mittel nicht als Behandlungsfehler zu werten. Eine Schädigung des Kindes in der Geburt, etwa eine Armfraktur, ein Hornersyndrom und eine Armplexuslähmung, gestattet ohne Hinzukommen weiterer Umstände nicht den Schluss auf einen Behandlungsfehler bei der Auswahl oder der Durchführung der geburtshilflichen Methode (OLG Schleswig VersR 1997, 831).

Eine Sectio ist nicht bereits bei einem momentanen, sondern erst bei einem dauernden Abfall der Herztonfrequenz des Kindes unter 1000 Schläge angezeigt (OLG Saarbrücken OLGR 2000, 403; Gehrlein, Rn B 15).

▷ *Vertretbar nicht sofort eingeleitete Schnittentbindung*

Ein Behandlungsfehler wegen angeblich fehlerhafter Geburtsleitung liegt jedenfalls dann nicht vor, wenn eine sectio nicht nachweislich indiziert war, das CTG keine Auffälligkeiten ergeben hatte und eine seit längerem bestehende intrauterine Minderversorgung in Betracht kommt. Ein zeitlicher Abstand von 21 Minuten zwischen dem Abschnallen des CTG und dem Eintreffen des Arztes ist zwar nicht besonders schnell, aber noch vertretbar (OLG Braunschweig VersR 2002, 982, 983).

3. Einfache Behandlungsfehler im Bereich Innere Medizin/Urologie

(zum Vorliegen eines groben Behandlungsfehlers vgl. → *Grobe Behandlungsfehler*, S. 357 ff.)

Das Vorliegen eines einfachen Behandlungsfehlers wurde in folgenden Fällen verneint:

▷ *Unterlassung audiometrischer Kontrollen*

Das Unterlassen audiometrischer Kontrollen während einer Behandlung mit einem Antibiotikum (gentamicinhaltiges Amnioglykosid) bei normaler Nierenfunktion des Patienten ist noch nicht als Behandlungsfehler einzustufen; bei der dahingehenden Empfehlung auf dem Beipackzettel des Medikaments handelt es sich um eine aus der Rechtspraxis der vergangenen Jahre abgeleitete Schutzmaßnahme des Arzneimittelherstellers (OLG Hamm VersR 1989, 594).

▷ *Harnleiterverschluss*

Der unvollständige Verschluss des Harnleiters nach einer operativen Steinentfernung, die dabei entstandene Perforation des Bauchfellblattes und das Verstopfen einer Zieldrainage stellen nicht notwendig Behandlungsfehler dar. Der Eintritt von Urin in die Bauchhöhle nach einer Harnleitersteinentfernung kann auf einem schicksalhaften Verlauf beruhen, der außerhalb des Verantwortungsbereichs der Behandlungsseite liegt. Nach einer Harnleitersteinoperation ist es grundsätzlich auch nicht geboten, einen Blasenkatheder zu legen (OLG Oldenburg VersR 1991, 1027).

▷ *Vorsorgliche Hodenfixierung*

Wird im Anschluss an eine Operation wegen einer Hodentorsion rechts auch der linke Hoden vorsorglich fixiert, so ist dieser Eingriff nicht ohne weiteres fehlerhaft, wenn einerseits ein höheres Infektionsrisiko als bei einem um Wochen verschobenen Zweiteingriff besteht, andererseits aber einer Torquierung (Achsendrehung, meist um die Längsachse) auch des linken Hodens vorgebeugt werden kann und es sich um ein neugeborenes Kind mit erhöhtem Narkoserisiko handelt. Dies gilt auch dann, wenn das operative Vorgehen in einem solchen Fall nicht einheitlich gehandhabt wird. Tritt nach dem vorsorglich vorgenommenen Eingriff eine Hodenatropie (Rückbildung, Schwund des Hodens) ein, so lässt sich nach dem medizinischen Kenntnisstand im Jahr 1996 nicht beurteilen, ob diese Komplikation Folge der Fixierung eines regelrechten oder eines so genannten Pendelhodens (Wanderhoden, der sich jederzeit in seine normale Lage zurückbringen lässt) gewesen sein kann (OLG München VersR 1997, 831).

▷ *Injektion in die Arteria radialis*

Injiziert ein Arzt Valium anstatt in die Vene in die atypisch verlaufende Arteria radialis (Speichenader), so trifft ihn kein Verschulden, wenn die Schmerzäußerung des Patienten nicht deutlich und ungewöhnlich ist, sondern nur dem entspricht, was bei ordnungsgemäßer intravenöser Valiumgabe ohnehin zu erwarten ist (OLG München VersR 1990, 312).

4. Einfache Behandlungsfehler im Bereich HNO/Augenheilkunde

Das Vorliegen eines einfachen Behandlungsfehlers wurde in folgenden Fällen bejaht:

▷ *Unterlassene antibiotische Therapie*

Nach einer Tonsillektomie (Ausschälen der Gaumenmandeln) muss der operierende HNO-Arzt immer mit einer latenten Besiedlung des Wundgebiets mit pathogenen Erregern rechnen, so dass sich ihm bei steigenden Fiebertemperaturen und erhöhter Herzfrequenz der Verdacht eines septischen Geschehens aufdrängen muss. Unterlässt er die gebotene Einleitung einer antibiotischen Therapie, so entlastet es ihn nicht, wenn er – anstatt selbst zu therapieren – einen Internisten hinzuzieht (OLG Köln VersR 1990, 1242).

▷ *Unterlassener Hinweis, das Reiben des Augapfels zu vermeiden*

Ein Patient, dem nach einer Augenoperation Fäden gezogen werden, ist darauf hinzuweisen, dass er jede Beeinträchtigung des Auges, etwa auch durch Reiben des Augapfels, vermeiden muss (OLG Stuttgart VersR 1996, 979).

▷ *Unterlassene Augenhintergrundspiegelung*

Klagt ein stark kurzsichtiger Patient beim Augenarzt über Sehstörungen, so hat dieser zum Ausschluss einer Netzhautablösung unter Weitstellung der Pupillen eine Augenhintergrundspiegelung durchzuführen. Dies gilt auch dann, wenn der Patient Beschwerden schildert, die nicht auf eine Netzhautablösung hinweisen (OLG Oldenburg MDR 1990, 1011).

▷ *Erforderliche Diagnose- und Therapiemaßnahmen bei länger andauernden Ohrenschmerzen*

Der Befund einer Vorwölbung des linken druckschmerzhaften Trommelfells verbunden mit einer äußeren Ohrenentzündung erfordert auch dann, wenn sich keine eindeutigen Hinweise auf eine Mittelohrbeteiligung ergeben, eine engmaschige HNO-ärztliche Überwachung. Der Arzt kann sich dabei nicht darauf verlassen, dass ein erwachsener Patient sich ohne ärztliche Anweisung bei Fortbestehen der Beschwerden von allein wieder vorstellt.

Bei einem längeren Andauern der Beschwerdesymptomatik bedarf es weitergehender diagnostischer Maßnahmen zur Überprüfung einer

Beteiligung des Mittelohrs. Eine Folgeuntersuchung muss etwa zwei Tage nach der Erstuntersuchung durchgeführt werden, beim Ausbleiben einer nachhaltigen Befundbesserung in einem Zeitraum von bis zu zehn Tagen sind weiter gehende Maßnahmen zur Beurteilung des Mittelohrs (Fertigung eines Audiogramms) erforderlich (OLG Düsseldorf VersR 2001, 647).

5. Einfache Behandlungsfehler im Bereich Allgemeinmedizin

Das Vorliegen eines einfachen Behandlungsfehlers wurde in folgenden Fällen bejaht:

▷ *Beratung über die Notwendigkeit der sofortigen Abklärung einer schwer wiegenden Verdachtsdiagnose*

Ergibt sich für den Hausarzt eine schwer wiegende Verdachtsdiagnose, so hat er den Patienten über die Notwendigkeit einer sofortigen Abklärung und Untersuchung zu beraten (BGH NJW 1997, 3090).

▷ *Maßnahmen bei Enzephalitisverdacht (Gehirnentzündung)*

Kann ein Enzephalitisverdacht nicht ausgeräumt werden, sondern bieten die Ergebnisse der Anfangsuntersuchungen insoweit Anlass zu weiteren diagnostischen Maßnahmen, so ist entweder der Verdachtsdiagnose unverzüglich nachzugehen oder aufgrund der Verdachtsdiagnose entsprechend zu therapieren. Werden dennoch wesentliche diagnostische Maßnahmen nicht unverzüglich ergriffen, liegt sogar ein grober Behandlungsfehler vor (OLG Köln VersR 1991, 186).

▷ *Verdacht auf kompletten Gefäßverschluss*

Es ist behandlungsfehlerhaft, wenn ein Hausarzt die Durchführung eines Hausbesuchs ablehnt, obwohl die vom Patienten geschilderten Symptome im Zusammenhang mit der dem Arzt bekannten Vorgeschichte den Verdacht auf einen kompletten Gefäßverschluss dringend nahe legen (BGH NJW 1986, 2367; Gehrlein, Rn B 13).

Zu den Sorgfaltspflichten eines Arztes für Allgemeinmedizin bei der Diagnose und Behandlung eines länger andauernden Gefäßleidens gehört auch die rechtzeitige Einweisung in ein Krankenhaus bei Anzeichen eines inkompletten Verschlusses (OLG Hamburg VersR 1990, 1119).

▷ *Abklärung eines Herzinfarkts*

Ein Behandlungsfehler liegt vor, wenn der Allgemeinarzt trotz geklagter Schmerzen im HWS-Schulterbereich keine Abklärung auf einen vorliegenden Herzinfarkt veranlasst (BGH NJW 1994, 801).

Verkennt der Allgemeinarzt den drohenden Herzinfarkt, weil der Patient daneben an einer akuten Gastroenterkolitis (Entzündung des Dünn- und Dickdarms) leidet und deren Symptome im Vordergrund stehen, liegt jedenfalls kein grober Behandlungsfehler vor (OLG Zweibrücken VersR 2000, 605, 606).

▷ *Hinweispflicht des Arztes auf Dringlichkeit und Notwendigkeit einer Untersuchung*

Die Weigerung des Patienten, eine Untersuchung vornehmen zu lassen, die zur Abklärung einer Verdachtsdiagnose erforderlich ist, ist rechtlich nur dann beachtlich, wenn der Arzt den Patienten auf die Notwendigkeit und Dringlichkeit der Untersuchung hingewiesen hat. Sollte diese Frage streitig werden, so kann dem Patienten eine mangelnde Dokumentation des Arztes – soweit sie aus medizinischer Sicht erforderlich war – beweiserleichternd zu Hilfe kommen (BGH NJW 1997, 3090).

Ist zur Abwendung einer lebensbedrohenden gesundheitlichen Gefährdung des Patienten eine stationäre Krankenhausbehandlung medizinisch geboten, so muss der Hausarzt, wenn der Patient diesem Rat nicht folgen will, in dringender Weise auf die existenzielle Gefahr hinweisen und versuchen, den Patienten von der Notwendigkeit, das Krankenhaus aufzusuchen, zu überzeugen (OLG Nürnberg VersR 1995, 1057).

▷ *Ischiadicuslähmung nach intramuskulärer Injektion*

Jeder Fall einer Lähmung des Nervus ischiadicus als Folge einer intramuskulären Injektion stellt einen schuldhaft verursachten Behandlungsfehler dar, wobei der vorzuwerfende Sorgfaltsmangel in der fehlerhaften Wahl des Injektionsortes und/oder der fehlerhaft vorgenommenen Einstichrichtung zu sehen ist. Diese Beurteilung gilt auch dann, wenn die Injektion in Rückenlage des Patienten mit seitlichem Einstich durchgeführt wird (OLG Bremen VersR 1990, 385; auch OLG Düsseldorf VersR 1984, 241 und VersR 1988, 38).

▷ *Kehlkopfkarzinom verkannt*

Es gehört zum medizinischen Allgemeinwissen, dass bei jeder Heiserkeit, die trotz eingeleiteter Therapie länger als drei bis vier Wochen andauert, an ein Kehlkopfkarzinom gedacht werden muss. Ein Hausarzt handelt jedoch nicht ohne weiteres fehlerhaft, wenn er auch bei mehrwöchiger therapieresistenter Heiserkeit des Patienten diesem gegenüber noch keinen Verdacht auf eine bösartige Erkrankung ausspricht oder wenn er ihn nicht auf die Gefahr einer bösartigen Erkrankung hinweist, ihn aber auffordert, einen HNO-Arzt aufzusuchen. Bei weiterhin andauernder mehrmonatiger Heiserkeit kann es jedoch geboten sein, den Patienten mit allem Nachdruck auf den nunmehr ernsthaften Verdacht einer Tumorerkrankung hinzuweisen und auf die unverzügliche Abklärung durch einen Spezialisten zu drängen (OLG München VersR 1996, 379).

▷ *Knieinjektion*

Die intraartikuläre Injektion in das Knie des Patienten mit der Folge der Entstehung einer Infektion ist nicht in jedem Fall fehlerhaft (OLG Düsseldorf NJW-RR 1998, 170).

Unterlässt es der Arzt, vor einer Injektion die Haut im Bereich der Einstichstelle zu desinfizieren, so begeht er einen Behandlungsfehler. Dieser Fehler ist allerdings dann nicht als grob zu bewerten, wenn es sich bei dem Patienten um einen eiligen Notfall handelt, der vom Arzt schnelle Entscheidungen und unverzügliches Eingreifen unter erschwerten Verhältnissen verlangt (OLG Hamm NJW-RR 1992, 1504).

Zum Vorliegen eines „groben Behandlungsfehlers" bei Injektionen vgl. → *Grobe Behandlungsfehler*, S. 369 f.

Das Vorliegen eines einfachen Behandlungsfehlers wurde in folgenden Fällen verneint:

▷ *Überweisung an Fachärzte*

Ein Allgemeinmediziner genügt seinen Sorgfaltspflichten, wenn er einen Patienten mit starken Rückenschmerzen, deren Ursache für ihn nicht festzustellen ist, Fachärzten (Radiologen bzw. Orthopäden) vorstellt, die zur Abklärung des Beschwerdebildes in der Lage sind (OLG Düsseldorf NJW-RR 1996, 669).

Der gegenüber einem Arzt für Allgemeinmedizin erhobene Vorwurf einer unzureichenden Diagnostik und Befunderhebung ist deshalb unbegründet, wenn er die hierfür gebotene Einschaltung von Fachärzten durch entsprechende Überweisungen veranlasst hat (OLG Oldenburg MDR 1998, 1351).

Hat der Allgemeinmediziner seinen über Oberbauchschmerzen klagenden Patienten an mehrere Fachärzte einschlägiger Fachrichtungen (Internist, Radiologe, Krankenhaus) überwiesen, deren Untersuchungen für eine chronische Pyelonephritis (bakterielle Entzündung des Nierenbeckens) sprechen, so muss er nicht noch eine weitere Diagnostik zum Ausschluss einer Nierenarterienstenose (Einengung bzw. Abknickung einer Nierenhauptarterie) veranlassen (OLG Hamm VersR 1998, 323).

▷ *Unterlassene Probeexcision bei Verdacht auf Mammakarzinom* (vgl. oben S. 254 f., 489; OLG Zweibrücken VersR 1991, 427; OLG Düsseldorf VersR 1988, 1297; OLG Jena VersR 2000, 637).

Es stellt keine Verletzung der ärztlichen Sorgfaltspflicht dar, wenn der Arzt bei Tastung eines Knotens in der Brust zunächst nur die Durchführung einer Mammographie empfiehlt (OLG Jena VersR 2000, 637; OLG Zweibrücken VersR 1991, 427).

6. Einfache Behandlungsfehler im Bereich Radiologie

Das Vorliegen eines einfachen Behandlungsfehlers wurde in folgendem Fall bejaht:

▷ *Untersuchung durch Arzthelferin*

Es stellt einen Behandlungsfehler dar, wenn ein Radiologe bei der Röntgenkontrastuntersuchung das Darmrohr des verwendeten Ballonkatheders ohne Beaufsichtigung von einer Arzthelferin einführen lässt und anschließend eine beträchtliche Menge des Kontrastmittels zuführt, ohne den Austritt einer größeren Menge in die Umgebung des Dickdarms zu bemerken (OLG Köln VersR 1991, 311).

Das Vorliegen eines einfachen Behandlungsfehlers wurde in folgendem Fall verneint:

▷ *Beschränkung auf die Durchführung der erbetenen Untersuchung*

Grundsätzlich darf der übernehmende Arzt darauf vertrauen, dass der überweisende Arzt die Indikation für die Durchführung der erbetenen Untersuchung geprüft hat (OLG Stuttgart VersR 1991, 1060; NJW-RR 2001, 960, 961; OLG Düsseldorf VersR 1984, 643). Dies gilt auch für die Frage, welcher Stellenwert der erbetenen Untersuchung, der Anfertigung eines CT im Kopfbereich, im Rahmen der ärztlichen Überlegungen zukommt. Zwar muss der übernehmende Facharzt prüfen, ob der Auftrag richtig gestellt ist und dem angegebenen Krankheitsbild entspricht. Etwaigen Zweifeln an der Richtigkeit der ihm übermittelten Diagnose hat er ebenso nachzugehen wie etwaigen Bedenken zum Stellenwert der von ihm erbetenen Untersuchung.

Ein Radiologe, dem ein Patient vom Hausarzt zur Anfertigung eines CT des Kopfes mit der Angabe „z. B. Intracranieller Prozess" überwiesen wird, ist nicht verpflichtet, statt eines nativen CT ein Kontrastmittel-CT zu fertigen, wenn das gefertigte native CT keinen ungewöhnlichen Befund ergibt (OLG Stuttgart NJW-RR 2001, 960).

Allein auf Grund der Angaben des Patienten „Schwindel und Ohrgeräusche" ist der Radiologe nicht gehalten, eine Kontrastmitteluntersuchung vorzunehmen oder anzuregen.

Stellt sich später heraus, dass der Patient an einem Acusticus-Neurinom (Kleinhirnbrückenwinkeltumor) litt, kann der Radiologe für den
hierdurch verursachten kompletten Hörverlust nicht verantwortlich
gemacht werden (OLG Stuttgart NJW-RR 2001, 960, 961).

7. Einfache Behandlungsfehler im Bereich Anästhesie

**Das Vorliegen eines einfachen Behandlungsfehlers wurde in folgenden
Fällen bejaht:**

▷ *Angstreaktionen des Patienten*

Der Arzt muss zumindest vor schmerzhaften und nicht ungefährlichen
Eingriffen wie einer Periduralanästhesie mit Angst- oder ähnlichen
Reaktionen des Patienten wie z. B. Schwindel, Übelkeit etc. rechnen.

Sind ihm aus der Krankengeschichte derartige Ausfallerscheinungen
bekannt oder weist der Patient ihn sogar noch besonders darauf hin,
sind angemessene Vorsorgemaßnahmen, etwa eine entsprechende
Lagerung, die Hilfestellung durch eine weitere Person, ein Blick- oder
Sprechkontakt in ständiger Hilfsbereitschaft medizinisch geboten
(OLG München NJW 1997, 1642).

▷ *Zuständigkeit bei horizontaler Arbeitsteilung* (vgl. → *Arbeitsteilung* I. 5.)

Die Beurteilung der Narkosefähigkeit eines Patienten vor einer OP ist
Aufgabe des Anästhesisten (OLG Köln VersR 1990, 1242; OLG Düsseldorf, Urt. v. 1.4.1993 – 8 U 260/91; LG Saarbrücken MedR 1988, 193).
Liegen z. B. Anhaltspunkte für einen entgleisten Zuckerstoffwechsel
vor, so muss dies von ihm vor der Freigabe zur Operation geklärt werden (LG Saarbrücken MedR 1988, 193).

Der operierende Arzt (hier: HNO-Arzt) muss allerdings auch Befunde
beachten, die aus seiner Sicht zu einer Verneinung der Narkosefähigkeit führen (OLG Düsseldorf a. a. O.).

Prä- und intraoperativ gehört es allein zur Aufgabe des Anästhesisten,
die vitalen Funktionen des Patienten aufrecht zu erhalten und zu überwachen. Hierzu gehört auch die Medikation. In der postoperativen
Phase kommt es auf die konkrete Aufgabenverteilung an (BGH NJW
1991, 1539, 1540; L/U, § 155 Rn 10; vgl. hierzu S. 37 ff.).

Selbst wenn der Patient nach einer Operation in der Behandlung des
Operateurs (hier: des Urologen) bleibt, ist der Anästhesist in der post-

operativen Phase für die von ihm gesetzten Infusionsschläuche bis zur Wiedererlangung der Schutzreflexe des Patienten und dessen Verlegung auf die „Normalstation" verantwortlich. Löst sich der von ihm gesetzte Infusionsschlauch aus der Verweilkanüle mit der Folge eines Herzstillstands nach einem Entblutungsschock und nachfolgender schwerer Gehirnschädigung des Patienten, liegt ein Behandlungsfehler des Anästhesisten vor (BGH NJW 1984, 1400).

Er ist grundsätzlich nicht für die diagnostischen und therapeutischen Maßnahmen verantwortlich, die über seinen eigenen Aufgabenbereich hinausgehen, etwa die unterlassene Abklärung der Ursachen einer erhöhten Blutsenkungsgeschwindigkeit, eine unterlassene Antibiotikaprophylaxe und die Unterlassung einer Befunderhebung durch den operierenden Arzt (OLG Karlsruhe, Urt. v. 1.2.1995 – 13 U 4/94).

Zur Verantwortlichkeit bei der Lagerung des Patienten in Knie-Ellenbogen-Lage („Häschenstellung") vgl. BGH NJW 1984, 1403 und oben → *Arbeitsteilung*, S. 37 ff.

▷ *Fortsetzung der Infusion in die Arterie*

Dem Anästhesisten, der in einer Notsituation, etwa bei Eintritt eines hämorrhagischen Schocks statt der vena subclavia die arteria vertrebralis trifft, kann kein ärztliches Fehlverhalten vorgeworfen werden. Ein Behandlungsfehler liegt jedoch in der Fortsetzung der Infusion, nachdem der Anästhesist erkennt, dass möglicherweise die Arterie getroffen sein könnte (BGH NJW 1985, 227).

▷ *Parallelnarkose mehrerer Patienten*

Soll eine Parallelnarkose durchgeführt werden, erfordert dies grundsätzlich Blick- oder zumindest Rufkontakt zu dem Fachanästhesisten am benachbarten Operationstisch, damit dieser bei einem Zwischenfall jederzeit intervenieren kann. Ein Rufkontakt reicht jedoch dann nicht aus, wenn die Narkosedurchführung nicht ungefährlich ist (BGH NJW 1983, 1374).

Verfügt ein in der Weiterbildung zum Facharzt für Anästhesie stehender Assistenzarzt noch nicht über ausreichende Erfahrungen über etwaige Risiken, die sich für eine Intubationsnarkose aus der intraoperativ notwendigen Umlagerung des Patienten von der sitzenden Position in die Rückenlage ergeben können, so darf er während dieser Operationsphase die Narkose nicht ohne unmittelbare Aufsicht eines Facharztes führen; das Bestehen eines bloßen Rufkontakts sowie eines eingeschränkten Sichtkontakts genügt auch in einem solchen Fall nicht (BGH NJW 1993, 2989).

Vgl. hierzu auch → *Anfängereingriffe/Anfängeroperationen*.

▷ *Überprüfung der Lage des Tubus*

Beim Auftreten unerwarteter Probleme, etwa eines Herz-Kreislauf-Stillstandes, im Zusammenhang mit einer Intubationsnarkose gehört die unverzügliche Überprüfung der Lage des Tubus zu den unverzichtbaren Maßnahmen eines Anästhesisten. Wird dies unterlassen und/ oder bei den anschließenden Reanimationsmaßnahmen ein Medikament deutlich überdosiert eingesetzt, so liegt ein Behandlungsfehler vor (OLG Oldenburg VersR 1991, 1139).

Das Vorliegen eines einfachen Behandlungsfehlers wurde in folgenden Fällen verneint:

▷ *Blutdruckabfall während der Narkose*

Ein Blutdruckabfall während der Narkose ist kein Indiz für einen Behandlungsfehler des Anästhesisten. Er kommt relativ häufig und bedingt durch die gefäßerweiternde Wirkung der verabreichten Narkosemittel vor. Bleibt der Blutdruckabfall in einem gewissen Rahmen, ergeben sich auch keinerlei negative Auswirkungen auf die Durchblutung, insbesondere des Gehirns (OLG Karlsruhe VersR 1988, 93).

▷ *Spinalanästhesie bei Kniespiegelung*

Bei einer Spiegelung des Kniegelenks ist eine Spinalanästhesie grundsätzlich indiziert. Ein dauernder Verlust von Rückenmarksflüssigkeit als Folge einer Spinalanästhesie kann in aller Regel ausgeschlossen werden (OLG Oldenburg, Urt. v. 11.2.1997 – 5 U 58/96: Aber Aufklärung über Möglichkeit der Intubationsnarkose als ernsthafte Alternative).

▷ *Unruhezustand bei Periduralanästhesie*

Wird ein Patient während einer Periduralanästhesie unruhig, dann kann der Operateur nach seinem Ermessen – in Kooperation mit dem Anästhesisten – entscheiden, ob er die Operation abbricht. Es ist vertretbar, wenn der Operateur davon ausgeht, dass er diese aufgetretene Schwierigkeit beherrscht (OLG Hamm, Urt. v. 28.11.1994 – 3 U 80/94).

▷ *Unbeaufsichtigter Gang in die Toilette*

Es stellt kein pflegerisches Versäumnis dar, eine Patientin nach vollständigem Abklingen einer leichten, ca. 20 Minuten andauernden Vollnarkose bei regelrechtem Blutdruck und sonst unauffälligem Verhalten alleine auf der Toilette zu belassen, wenn sie in der Lage war, die Toilette in Begleitung selbst aufzusuchen (OLG Düsseldorf NJW-RR 2001, 667).

8. Einfache Behandlungsfehler im Bereich Zahnmedizin

Das Vorliegen eines einfachen Behandlungsfehlers wurde in folgenden Fällen bejaht:

▷ *Verblockung von Kronen und Brücken*

Die Verblockung von Kronen und Brücken im Front- und Seitenzahnbereich erschwert die Mundhygiene und stellt einen Behandlungsfehler dar. Liegt kein Dauerschaden vor, ist für die damit einhergehenden Beeinträchtigungen, Behinderungen und Schmerzen ein Schmerzensgeld in Höhe von 1 788 Euro angemessen (OLG Köln VersR 1993, 1400).

▷ *Wahl einer riskanten Brückenkonstruktion*

Im Zuge prothetischer zahnärztlicher Behandlungsplanung ist die Wahl einer nach der gegebenen Lage unnötig riskanten Brückenkonstruktion ein Behandlungsfehler. Als Schadensersatz kann der betroffene Patient dann – zumindest – das beglichene Zahnarzthonorar zurückverlangen (OLG Frankfurt VersR 1996, 1150; vgl. → *Rückerstattung des Honorars*, S. 425 ff.).

▷ *Kieferbruch bei Zahnextraktion*

Der Bruch des Kiefers bei der Extraktion eines tief liegenden, nach vertikal verlagerten Weisheitszahns beruht auf einem Behandlungsfehler, wenn der Zahn ohne vorherige Separierung oder Ausfräsung des Kieferknochens nur mit einem Hebel gelockert und dann mit einer Zange herausgelöst wurde (OLG Oldenburg VersR 1998, 1381).

Zur Aufklärung über die Gefahr des Kieferbruchs und der Nervverletzung vgl. → *Aufklärung*, S. 186 f.

▷ *Überkronung von Zähnen*

Bei der Überkronung von Zähnen gilt allgemein der Grundsatz, dass die beschliffene Zahnsubstanz von der künstlichen Krone wieder abgedeckt werden muss, die Krone muss an allen Stellen die Präparationsgrenze erreichen. Das Freilegen beschliffener Zahnsubstanz muss vermieden werden, weil andernfalls pulpitische Beschwerden auftreten können und die Gefahr besteht, dass sich in der Lücke Karies bildet. Die Nichtbeachtung dieses Grundsatzes stellt sogar einen groben Behandlungsfehler dar (OLG Stuttgart VersR 1999, 1017).

▷ *Abbruch der Spitze eines Wurzelkanalaufbereitungsinstruments*

Ein Zahnarzt ist verpflichtet, die Vollständigkeit und Unversehrtheit seiner Instrumente nach der Behandlung seines Patienten zu kontrollieren, um sicherzustellen, dass keine Teile im Körper des Patienten zurückgeblieben sind. Dies gilt insbesondere bei einer Behandlung mit einem Wurzelkanalaufbereitungsinstrument, denn ein Bruch dieses Instruments im Wurzelkanal, der auch bei sachgemäßer Handhabung nicht auszuschließen ist und deshalb für sich betrachtet keinen Behandlungsfehler darstellt, bedarf zumindest der Beobachtung und macht ggf. sogar die Extraktion des Zahnes erforderlich (OLG Köln NJW-RR 2001, 91, 92).

Bei ordnungsgemäßer Überprüfung der Vollständigkeit und Unversehrtheit der Instrumente wird eine abgebrochene, 5–7 mm lange Spitze eines Wurzelkanalaufbereitungsinstrumentes regelmäßig bemerkt, so dass die Extraktion des Zahnes dann regelmäßig vermieden werden kann (OLG Köln NJW-RR 2001, 91, 92: 767 Euro Schmerzensgeld).

▷ *Zahnextraktionen*

Bei der Indikation von Zahnextraktionen ist zwischen der Erhaltungsfähigkeit und der Erhaltungswürdigkeit zu differenzieren. Eine Zahnextraktion ist dann indiziert, wenn der Zahn nicht erhaltungsfähig ist. Wird die Erhaltungswürdigkeit von tatsächlich erhaltungsfähigen Zähnen schon bei der ersten Behandlung eines jugendlichen Patienten ausgeschlossen, so entspricht dies nicht gutem zahnärztlichem Standard. Für die nicht indizierte Entfernung von sechs Zähnen im Oberkiefer und zwei Zähnen im Unterkiefer ist unter besonderer Berücksichtigung des jugendlichen Alters des Patienten ein Schmerzensgeld in Höhe von 15 340 Euro angemessen (OLG Hamm MDR 2001, 871).

Eine Reihen- oder Totalextraktion, im entschiedenen Fall sämtlicher vierzehn noch vorhandenen Zähne des Oberkiefers und vier Zähnen des Unterkiefers einer 17-jährigen Patientin, darf erst nach vorheriger Erhaltungsdiagnostik und Erhaltungstherapieversuchen mit entsprechender Aufklärung vorgenommen werden (OLG Oldenburg MDR 1999, 676).

Wird der Nervus lingualis bei der Extraktion eines Weisheitszahns primär durch ein rotierendes Instrument (Rosenbohrer bzw. Lindemann-Fräse) geschädigt, so spricht ein Anscheinsbeweis für ein Verschulden des Zahnarztes (OLG Stuttgart VersR 1999, 1018).

▷ *Eingliederung einer Zahnprothese*

Fehler bei der Passform einer Zahnprothese, der Abstandshaltung des Unterkiefers zum Oberkiefer und der Form des okklusalen Kontakts sind nach Dienstvertragsrecht zu beurteilen. Wird eine Ober- und Unterkieferteleskopprothese fehlerhaft hergestellt und wird anschließend eine völlig neue prothetische Versorgung erforderlich, ist ein

Schmerzensgeld in Höhe von 2 045 Euro angemessen (OLG Oldenburg VersR 1997, 60 – für September 1995).

Das Eingliedern einer Prothese ist sogar grob fehlerhaft, wenn die zu deren Verankerung eingebrachten Implantate wegen des fortgeschrittenen Knochenabbaus des Kiefers keinen genügenden Halt bieten (OLG Köln NJW-RR 1999, 388). Für den durch diesen Behandlungsfehler verursachten Schwund des Kieferknochens und einer hierauf beruhenden irreversiblen Protheseninstabilität mit dadurch ausgelösten körperlichen und psychischen Beeinträchtigungen ist ein Schmerzensgeld in Höhe von 12 800 Euro angemessen (OLG Köln NJW-RR 1999, 388).

Vor der endgültigen Eingliederung des Zahnersatzes muss der Zahnarzt eine beim Patienten bestehende Parodontose behandeln. Hiervon ist er auch nicht durch die Weigerung des Patienten gegen eine weiter gehende Behandlung befreit, wenn er nicht nachweist, dass er den Patienten eindringlich auf die Notwendigkeit der Parodontosebehandlung hingewiesen hat (OLG Köln VersR 1993, 361).

Ein Behandlungsfehler liegt auch vor, wenn ein Zahnarzt im Rahmen einer umfangreichen Gebisssanierung den aus Kronen und Brücken bestehenden Zahnersatz bereits beim Einpassen unter Narkose endgültig einzementiert, ohne sich die Möglichkeit einer nachträglichen Korrektur offen zu halten (LG Mönchengladbach MedR 1995, 79).

Das Vorliegen eines einfachen Behandlungsfehlers wurde in folgenden Fällen verneint:

▷ *Keine Bioverträglichkeitsprüfung*

Ein Zahnarzt muss dem Patienten in Ermangelung jeglichen wissenschaftlich begründeten Verdachts toxischer Wirkungen von Kupfer-Palladium-Legierungen nicht von sich aus auf eine Bioverträglichkeitsprüfung hinweisen bzw. diese durchführen (OLG Hamm NJW 1999, 3421). Als Füllmaterial kann auch Amalgam eingesetzt werden (OLG Koblenz VersR 1999, 759).

▷ *Herausfallen einer Füllung*

Das Herausfallen einer Füllung aus einem Schneidezahn kurz nach deren Einsetzen lässt noch keinen sicheren Schluss auf einen Behandlungsfehler zu (OLG Köln MedR 1997, 171).

▷ *Misslungene prothetische Zahnversorgung*

Gelingt eine prothetische Zahnversorgung nicht auf Anhieb, so ist nicht bereits deshalb ein Behandlungsfehler anzunehmen. Der Patient ist grundsätzlich verpflichtet, dem Zahnarzt Gelegenheit zur Nachbesserung zu geben und bei den weiteren Eingliederungsmaßnahmen der Zahnprothetik mitzuwirken (OLG Oldenburg MedR 1997, 359; von Ziegner, MDR 2001, 1088, 1090; Schinnenburg, MedR 2000, 185, 186). Die erforderlichen Korrekturmaßnahmen dürfen jedoch das Maß des Üblichen nicht übersteigen. Dabei ist streitig, wann die Zumutbarkeitsgrenze für den Patienten erreicht ist (vgl. von Ziegner, MDR 2001, 1088, 1090). Nach einer Ansicht umfasst das Recht des Zahnarztes zur Vornahme von „Nacharbeiten" auch die vollständige, unentgeltliche Erneuerung des Zahnersatzes (LSG Bayern bei von Ziegner, MDR 2001, 1090). Nach a. A. ist der Patient bereits dann zur Kündigung berechtigt, wenn das Arbeitsergebnis unbrauchbar und eine Nachbesserung nicht möglich oder dem Patienten nicht zumutbar ist oder mehrere Nachbesserungsversuche fehlgeschlagen und an der Prothese neue Schäden aufgetreten sind (OLG Düsseldorf und OLG München bei von Ziegner, MDR 2001, 1090; vgl. → *Arztvertrag,* → *Aufklärung,* S. 73 ff. und → *Rückerstattung des Honorars).*

Unterlassene Befunderhebung

I. Nichterhebung von Diagnose- und Kontrollbefunden als grober Behandlungsfehler

Bei der haftungsbegründenden Kausalität greift für den Patienten eine Beweiserleichterung, die in den entschiedenen Fällen zur Beweislastumkehr zwischen dem Behandlungsfehler und dem eingetretenen Primärschaden geführt hat, immer dann ein, wenn ein „grober Behandlungsfehler" vorliegt (vgl. → *Grobe Behandlungsfehler,* S. 324 ff.; S/D, Rn 515, 522; G/G, Rn B 252, 257; Gehrlein, Rn B 137, 140).

Das Nichterheben von Diagnose- oder Kontrollbefunden wurde dann als grob fehlerhaft gewertet, wenn der Arzt „in erheblichem Ausmaß" Diagnose- und Kontrollbefunde zum Behandlungsgeschehen nicht erhoben hat (BGH NJW 1983, 333; G/G, Rn B 266) oder medizinisch „zweifelsfrei" (OLG Brandenburg NJW-RR 1999, 967; OLG Zweibrücken MedR 1999,

272, 274; OLG Karlsruhe OLGR 2001, 412, 414), „zwingend, im Sachverständigengutachten als unablässig bezeichnete" (OLG Karlsruhe OLGR 2001, 412, 414), „eindeutig" (OLG München OLGR 1999, 331, 332) bzw. „elementar" gebotene (OLG Köln VersR 1999, 491, 492) Befunderhebungen unterlassen worden sind.

Stellt sich die Verletzung der Befunderhebungspflicht bereits aus diesen Gründen als grob fehlerhaftes Vorgehen dar, so kommen die Grundsätze zur Beweislastumkehr und zur Beweiserleichterung in der Kausalitätsfrage (siehe → *Grobe Behandlungsfehler*, S. 324 ff.) zum Tragen (vgl. BGH NJW 1998, 818; S/D, Rn 551, 555).

II. Nichterhebung von Diagnose- und Kontrollbefunden als einfacher Behandlungsfehler

Nach der neueren Rechtsprechung des BGH können derartige Beweiserleichterungen, regelmäßig bis zur Beweislastumkehr, dem Patienten im Falle der Nichterhebung von Befunden, auch bei Vorliegen eines **nur „einfachen" Behandlungsfehlers** zugute kommen.

Die Frage nach der Beweislastverteilung bei der Kausalität ist in den Fällen der unterlassenen oder unzureichenden Befunderhebung nicht schon dann zu Lasten des Patienten negativ zu beantworten, wenn das Versäumnis einer aus medizinischer Sicht gebotenen Befunderhebung nicht als grober, sondern nur als einfacher, ärztlicher Fehler zu qualifizieren ist (OLG Koblenz, Urt. v. 28.7.1999 – 4 U 1194/96).

Es gilt der Grundsatz, dass ein Verstoß gegen die Pflicht zur Erhebung und Sicherung medizinischer Befunde und zur ordnungsgemäßen Aufbewahrung der Befundträger im Wege der Beweiserleichterung für den Patienten einen Schluss auf ein reaktionspflichtiges positives Befundergebnis erlaubt, wenn ein solches Ergebnis hinreichend wahrscheinlich ist. Der Patient soll durch diese Beweiserleichterung nur so gestellt werden, wie er stünde, wenn der Befund – wie geboten – erhoben bzw. ordnungsgemäß gesichert worden wäre; auf den Nachweis, wie auf den Befund reagiert worden wäre, erstreckt sich die Beweiserleichterung grundsätzlich nicht (OLG Koblenz, Urt. v. 28.7.1999 – 4 U 1194/96).

Das ist aber dann anders, wenn eine Fehlreaktion des Arztes auf den Befund als grober Behandlungsfehler einzustufen wäre. Hier greift auch in der Kausalitätsfrage eine Beweiserleichterung zugunsten des Patienten ein, wenn sich – ggf. unter Würdigung zusätzlicher medizinischer Anhaltspunkte – bei Durchführung der versäumten Untersuchung mit hinreichender Wahrscheinlichkeit ein so deutlicher und gravierender Befund ergeben hätte, dass sich die Verkennung dieses Befundes als fundamental und die Nichtreaktion auf ihn als grob fehlerhaft darstellen müsste (BGH VersR 2001, 1030, 1031; VersR 1998, 457, 458 = MDR 1998, 597; VersR 1998, 585, 586 = MDR 1998, 655; VersR 1999, 60, 61 = MDR 1999, 36; VersR 1999, 231, 232 = MDR 1999, 229; VersR 1999, 1241, 1243; VersR 1999, 1282, 1283; OLG Stuttgart VersR 1998, 1550, 1552; VersR 2000, 362, 363; VersR 2000, 1545, 1547; VersR 2001, 766, 768; OLG Stuttgart OLGR 2002, 116, 119; OLGR 2002, 156, 157; OLGR 2002, 142, 145; OLGR 2002, 252, 254; OLG Hamm VersR 2002, 315, 317; OLG Braunschweig VersR 2000, 454, 455; OLG Köln VersR 2000, 102; OLG Zweibrücken NJW-RR 2001, 667, 669 und OLGR 2000, 459, 462; OLG Oldenburg VersR 1999, 1423, 1424; Rehborn, MDR 1999, 1169, 1171; Laufs, NJW 2000, 1757, 1762; G/G, Rn B 296; S/D, Rn 551, 554, 554 b; Gehrlein, Rn B 157, 158).

Eine Beweiserleichterung greift jedoch nur ein, wenn die Aufklärung des Behandlungsgeschehens durch die unterlassene oder unzureichende Befunderhebung erschwert wird (Laufs, NJW 2000, 1757, 1762; G/G, Rn B 258; enger jedoch OLG Stuttgart VersR 2000, 362).

Die dann beweisbelastete Behandlungsseite hat das Fehlen des Kausalzusammenhangs erst dann bewiesen, wenn dieser ausgeschlossen oder nur theoretisch möglich oder als äußerst unwahrscheinlich anzusehen ist (OLG Hamm VersR 1999, 488; Laufs, NJW 2000, 1757, 1762; G/G, Rn B 297).

III. Voraussetzungen der Beweiserleichterung bzw. Beweislastumkehr

Eine Beweiserleichterung bzw. eine in den entschiedenen Fällen regelmäßig angenommene Beweislastumkehr setzt bei einer als „einfachem" Behandlungsfehler zu qualifizierenden unterlassenen bzw. unzureichenden Befunderhebung somit Folgendes voraus:

1. Unterlassung der Erhebung oder der Sicherung medizinisch zweifelsfrei gebotener Diagnose- oder Kontrollbefunde (BGH NJW 1999, 860: „zweifelsfrei geboten"; BGH VersR 1999, 1282, 1283 und VersR 1999, 1241, 1243: „medizinisch geboten"; OLG München OLGR 1999, 331: „eindeutig geboten"; OLG Brandenburg NJW-RR 1999, 967: „zweifelsfrei geboten"; OLG Stuttgart VersR 1998, 1550, 1552: „medizinisch zweifelsfrei geboten"; OLG Stuttgart OLGR 2002, 116, 119: „zwingend geboten"; OLG Stuttgart OLGR 2002, 156, 157: „nach dem medizinischen Standard geboten"; OLG Stuttgart OLGR 2001, 324, 326 und OLGR 2002, 251, 254: „medizinisch geboten"; G/G, Rn B 296; F/N, Rn 121, 122; Gehrlein, Rn B 23, 157).

2. Bei entsprechender Erhebung wäre ein positives Befundergebnis hinreichend wahrscheinlich gewesen (BGH VersR 1999, 1282, 1283; VersR 1999, 231, 232; OLG Stuttgart VersR 2001, 766, 768; OLGR 2001, 324, 326; OLGR 2002, 116, 119; OLGR 2002, 156, 157; OLGR 2002, 142, 145; OLGR 2002, 251, 254; OLG Hamm VersR 2002, 315, 317).

3. Es hätte sich ein so deutlicher und gravierender Befund ergeben, dass sich dessen Verkennung als fundamental oder die Nichtreaktion auf den Befund als grob fehlerhaft darstellen müsste (BGH VersR 1999, 1282, 1283; OLG Braunschweig VersR 2000, 454, 456; OLG Hamm VersR 2002, 315, 317; OLG Stuttgart OLGR 2002, 116, 119; OLGR 2002, 252, 254).

4. Rechtsfolge bei Vorliegen der Voraussetzungen 1–3 ist die Beweiserleichterung bzw. Beweislastumkehr für die Frage der Kausalität zwischen dem (einfachen) Behandlungsfehler und dem Eintritt des Primärschadens beim Patienten (s. o. G/G, Rn B 296; S/D, Rn 551, 553).

IV. Fallbeispiele

1. Beweislastumkehr bejaht

▷ *Unterlassene CT- oder Kernspinuntersuchung (MRT) bei lang anhaltender Weichteilschwellung* (vgl. auch S. 326)

Besteht im Bereich der Schläfe länger als vier Wochen eine Weichteilschwellung, so muss deren Ursache durch eine Kernspin- oder Computertomographie abgeklärt werden. Das Unterlassen einer solchen Befunderhebung stellt – zumindest – einen einfachen Behandlungsfehler dar. Wäre durch eine solche Kontrolle ein Fibrosarkom (bösartiger Tumor) zweieinhalb Monate früher entdeckt worden und wäre der Heilungsverlauf dann möglicherweise günstiger gewesen, so liegt es an der Behandlungsseite, zu beweisen, dass dieser Behandlungsfehler für den Eintritt des Primärschadens, dem Weiterwachsen des Tumors durch die Orbitawand (Augenhöhle) und dem Verlust eines Auges, nicht kausal geworden ist. Denn das Unterlassen der in der Vornahme einer Probeexcision und ihr folgend einer früheren Operation bestehenden Reaktion wäre bei dem dabei zu erwartenden Befund grob fehlerhaft gewesen (OLG Stuttgart VersR 2000, 1545, 1547: Offen gelassen, ob „grob" fehlerhaft). Ein solchermaßen günstigerer Verlauf wäre auch nicht äußerst unwahrscheinlich gewesen (OLG Stuttgart a. a. O.).

▷ *Unterlassen einer erneuten Phlebographie oder einer CT-Unter-*
suchung bei Beinschwellung (vgl. auch S. 327)

Entwickelt sich bei einem Patienten im Rahmen eines Krankenhaus-
aufenthalts eine dauernde Schwellung am Bein, liegt zumindest ein
Diagnosefehler in der Form des „einfachen Behandlungsfehlers" vor,
wenn die Darstellung des Beckenvenenbereichs nach Durchführung
einer ersten Phlebographie vom Radiologen als „ungünstige Strömungsverhältnisse" interpretiert und ein thrombotisches Geschehen in diesem Bereich verkannt wird. Ist sich der befundende Radiologe in der
Diagnose unsicher, hat er eine weitere Befunderhebung in Form einer
erneuten Phlebographie oder ein CT durchzuführen. Hätte eine solche
erneute Phlebographie oder ein CT mit hinreichender Wahrscheinlichkeit das Vorliegen eines thrombotischen Geschehens gezeigt, wäre die
Nichtreaktion des Radiologen hierauf als grobes Versäumnis zu werten
(OLG Hamm VersR 2002, 315, 317).

▷ *Unterlassene CT-Untersuchung bei nicht zurückgehender Lymphha-*
denitis (vgl. auch S. 326)

Bei einer Lymphhadenitis (entzündliche Lymphknotenschwellung) ist
beim Ausbleiben einer Befundverbesserung wegen der Gefahr einer
Weiterentwicklung zu einer Mediastinitis (Entzündung des Bindegewebes im Brustkorbraum zwischen beiden Brustfellhöhlen) eine engmaschige klinische Verlaufskontrolle erforderlich. Bei einer weiterhin
ausbleibenden Besserung – im entschiedenen Fall nach vier Tagen –
muss ein CT veranlasst werden. Ein CT hätte im entschiedenen Fall
einen in die Tiefe gehenden Abszess gezeigt. Eine unterlassene Reaktion hierauf wäre schlechterdings unverständlich und ihrerseits grob
fehlerhaft gewesen (OLG Stuttgart VersR 2001, 766, 768).

▷ *Unterlassene CT-Untersuchung bei Subarachnoidalblutung (SAB)*

Leidet der nach einem Sturz auf das Gesäß ins Krankenhaus eingelie-
ferte Patient unter starken Kopfschmerzen und teilweise blutunter-
mischtem Erbrechen, so stellt das Unterlassen einer computertomographischen Untersuchung (CT) zur Abklärung einer möglichen SAB
bzw. Entdeckung eines Aneurysmas (krankhafte Wandausbuchtung
eines vorgeschädigten arteriellen Blutgefäßes) einen zumindest einfachen Behandlungsfehler dar, wenn eine röntgenologische sowie eine
EEG-Untersuchung zuvor keinen Hinweis auf eine Schädelverletzung
ergeben hatten (BGH NJW 1999, 862, 863). Bei Abklärung durch ein
CT hätte sich mit hinreichender Wahrscheinlichkeit ein so deutlicher
Hinweis auf ein bereits entwickeltes Aneurysma ergeben, dass sich die
Verkennung dieses CT-Befundes als fundamental und/oder die Nichtreaktion auf diesen Befund durch Veranlassung einer neurochirurgi-

schen Intervention als grob fehlerhaft dargestellt hätte (BGH NJW 1999, 862, 863; vgl. auch S. 329 f.).

▷ *Unterlassene Anfertigung einer Angiographie* (vgl. auch S. 328)

Beklagte die Patientin immer wieder Kopfschmerzen und Zuckungen im linken Arm und Bein, ist zum Ausschluss einer Sinusvenenthrombose (Thrombose eines venösen Hirnblutleiters) bei einer zuvor durchgeführten, unauffälligen Kernspintomographie die Anfertigung einer Angiographie (Gefäßdarstellung durch Injektion eines Röntgenkontrastmittels) notwendig. Der konsiliarisch zugezogene Neurologe muss sicherstellen, dass ihm in einem solchen Fall das Ergebnis der Kernspintomographie mitgeteilt wird; seine Behandlung ist nicht mit der Anordnung der Kernspintomographie beendet. Bei Feststellung einer Sinusvenenthrombose ist die Vollheparinisierung der Patientin dann zwingend geboten. Die Unterlassung dieser Therapie würde sich als grober Behandlungsfehler darstellen, hier in der Form, dass grundlos eine Standardmethode zur Bekämpfung bekannter Risiken nicht angewendet wird (OLG Stuttgart OLGR 2002, 116, 119).

▷ *Fehlerhafte Auswertung bzw. Verlust eines Original-EKG*

Ein Verstoß gegen die Pflicht zur Erhebung und ordnungsgemäßen Aufbewahrung eines Original-EKG lässt im Wege der Beweiserleichterung für den Patienten zwar auf einen reaktionspflichtigen Befund auf einen Herzinfarkt schließen, wenn ein solches Befundergebnis hinreichend wahrscheinlich ist, regelmäßig jedoch nicht auch auf eine Ursächlichkeit der unterlassenen Befundauswertung für einen vom Patienten erlittenen Gesundheitsschaden (BGH NJW 1996, 1589).

Für die Kausalitätsfrage ist der Verstoß gegen die Pflicht zur Erhebung und Sicherung des Befundes aber dann beweiserleichternd, wenn sich bei Vorlage und fehlerfreier Auswertung des EKG ein so deutlicher, auf einen bevorstehenden Herzinfarkt hinweisender Befund ergeben hätte, dass sich dessen Verkennung als fundamental fehlerhaft hätte darstellen müssen (BGH NJW 1996, 1589, 1590).

Zweifel daran, ob der Patient bei Vorlage und fehlerfreier Auswertung des EKG die danach veranlasste sofortige Einweisung in eine Klinik überlebt hätte, gehen dann zu Lasten des behandelnden Arztes, im entschiedenen Fall eines Internisten (BGH NJW 1996, 1589).

▷ *Unterlassene Fruchtwasseruntersuchung*; vgl. hierzu → *Früherkennung, fehlerhafte pränatale Diagnostik)*

Unterlässt es der behandelnde Gynäkologe, bei einer schwangeren, bisher kinderlosen 46-jährigen Patientin eine Fruchtwasseruntersuchung

durchzuführen bzw. durchführen zu lassen, liegt (zumindest) ein einfacher Behandlungsfehler vor.

Bei Durchführung der Fruchtwasseruntersuchung in der 24. Schwangerschaftswoche hätte sich mit hinreichender Wahrscheinlichkeit ein
deutlicher Hinweis auf eine „Trisomie 21" (Vorhandensein überzäh-
liger Chromosomen – Zeichen eines vorliegenden Mongolismus) ergeben, so dass sich dessen Verkennung als fundamental und/oder die
Nichtreaktion durch Empfehlung einer zulässigen Abtreibung als grob
fehlerhaft dargestellt hätte (BGH VersR 1999, 1241, 1244).

Kann der Arzt nicht beweisen, dass es auch bei Durchführung der
Fruchtwasseruntersuchung zur Geburt eines mongoloiden Kindes gekommen wäre, so hat er den hierdurch veranlassten, vollen Unterhaltsschaden zu tragen (BGH VersR 1984, 186; G/G, Rn B 165).

Zu erstatten ist der gesamte Unterhaltsbedarf ohne Beschränkung auf
den behinderungsbedingten Mehrbedarf, regelmäßig als „doppelter Re-
gelgeldbetrag" (G/G, Rn B 165, 185; S/D, Rn 273 a; Gehrlein, Rn B 84;
BGH VersR 1997, 698, 699; a. A. LG Köln VersR 1999, 968, 970 und
Büsken, VersR 1999, 1076, 1079; vgl. S. 286, 296).

▷ *Unterlassene Sonographie in der Schwangerschaft*

Bei einer Risikoschwangerschaft liegen die Voraussetzungen einer Beweislastumkehr aus dem Gesichtspunkt der unterlassenen Befunderhebung vor, wenn der behandelnde Gynäkologe nach der in der
31. Schwangerschaftswoche erfolgten Ultraschalluntersuchung in den
folgenden acht Wochen keine sonographischen Untersuchungen vornimmt und auch keine weiteren diagnostischen Maßnahmen veranlasst; eine nach Feststellung eines niedrigen BIT-Wertes und eines Ent-
wicklungsrückstandes gebotene Sonographie nach zwei Wochen,
spätestens aber nach vier Wochen mit Wahrscheinlichkeit deutliche
Hinweise auf eine Unterversorgung und Entwicklungsstörung des
Fetus gegeben hätte und man bei einer Klinikeinweisung die drohende
Schädigung erkannt hätte (OLG Braunschweig, Urt. v. 1.3.2001 – 2 U
24/00).

▷ *Unterlassene Kniepunktion nach Infektion*

War nach einer Arthroskopie des Kniegelenks eine Punktion des Knies
zweifelsfrei geboten und hätte diese nach den klinischen Befunden, der
Überwärmung, Rötung, Schwellung und Schmerzempfindlichkeit des
Knies sowie einer stark erhöhten Blutkörpersenkungsgeschwindigkeit,
mit hinreichender Wahrscheinlichkeit zu einem reaktionspflichtigen
positiven Befund geführt, hier dem Vorliegen einer Staphylokokkeninfektion, so kommt zu Lasten der Behandlungsseite eine Beweislastum-

kehr für den Ursachenzusammenhang zwischen der unterlassenen Befunderhebung durch die Punktion und dem Gesundheitsschaden in Form einer erheblichen Bewegungseinschränkung des Gelenks in Betracht, wenn ein Untätigbleiben auf den Keimbefund grob fehlerhaft gewesen wäre (OLG Stuttgart VersR 1998, 1550, 1552).

Dies ist bei einem Untätigbleiben auf einen bei Durchführung der Punktion erhaltenen positiven Keimbefund der Fall. Die auf den positiven Keimbefund gebotene Reaktion besteht in der unverzüglichen Revisionsoperation des Knies, insbesondere der Spülung und Entfernung des entzündlich veränderten und abgestorbenen Gewebes.

Eine Behandlungsverzögerung von 2–3 Tagen kann für den Ausgang der Infektion von ausschlaggebender Bedeutung sein (OLG Stuttgart VersR 1998, 1550, 1553; a. A. OLG Düsseldorf VersR 1997, 490, wenn kein erheblicher Zeitgewinn erzielt werden kann; vgl. auch → *Grobe Behandlungsfehler*, S. 325 ff., 337 ff.).

Die Behandlungsseite hat dann zu beweisen, dass es auch nach Durchführung der Punktion und hierauf veranlasstem unverzüglichem Revisionseingriff zum Eintritt des Primärschadens beim Patienten, einem deutlichen Bewegungsdefizit am Knie, gekommen wäre. Gelingt dieser Beweis nicht, ist ein Schmerzensgeld von 30 000 DM gerechtfertigt (OLG Stuttgart VersR 1998, 1550, 1553).

▷ *Lackmustest und Spekulumuntersuchung unterlassen*

Nimmt ein Gynäkologe trotz der auf einen vorzeitigen Blasensprung hindeutenden Angaben der Schwangeren keine ausreichenden Untersuchungen, etwa einen Lackmustest und/oder eine Spekulumuntersuchung vor, fordert er die Schwangere nicht einmal zu einer kurzfristigen Kontrolluntersuchung auf, so kommen dem mit cerebralen Krampfanfällen und geistigen Behinderungen zur Welt gekommenen Kind hinsichtlich der Kausalität dieses Fehlverhaltens für den bei ihm eingetretenen Gesundheitsschaden Beweiserleichterungen sowohl wegen mangelhafter Befunderhebung und Befundsicherung als auch aus dem Gesichtspunkt eines groben Behandlungsfehlers zugute (OLG Stuttgart VersR 2000, 362).

Daneben liegt in der unterlassenen Krankenhauseinweisung trotz nicht sicher ausgeschlossenen Fruchtwasserabgangs ein grober Behandlungsfehler (OLG Stuttgart VersR 2000, 362, 365).

▷ *Unterlassene Überprüfung der Urin- und Blutwerte bei Nierenprellung*

Bei Schmerzen im Nieren- und Thoraxbereich und der Diagnose eines stumpfen Bauchtraumas nebst Nierenprellung muss eine engmaschige

Überprüfung der Urin- und Blutwerte im Abstand von einer Woche erfolgen und insbesondere der Kreatininwert beobachtet werden, um einer Niereninsuffizienz vorzubeugen (BGH VersR 1999, 60 = MDR 1999, 36).

Hätte eine Überprüfung des Kreatininwertes mit hinreichender Wahrscheinlichkeit einen deutlich höheren als den zuvor festgestellten Wert von 1,2 mg/dl ergeben, so hätte sich dessen Verkennung als fundamental und/oder die Nichtreaktion hierauf durch Veranlassung einer umgehenden Biopsie (Entnahme einer Gewebeprobe zur feingeweblichen Untersuchung), wodurch sich die Heilungschancen des Patienten nach Einleitung einer entsprechenden Therapie wesentlich erhöht hätten, als grob fehlerhaft dargestellt (BGH VersR 1999, 60, 61: Zur Beurteilung an das Berufungsgericht zurückverwiesen).

▷ *Unterlassene Diagnostik bei „Wasserkopf"*

Ein Augenarzt begeht einen – sogar groben – Behandlungsfehler, wenn er bei den Vorsorgeuntersuchungen U 6 und U 7 eines Kleinkindes einen auffallend großen Kopfumfang feststellt und es unterlässt, weitere diagnostische Schritte einzuleiten.

Hätte die von ihm unterlassene Abklärung der Ursachen des großen Kopfumfanges des Kindes mit hoher Wahrscheinlichkeit einen gravierenden Befund – das Vorliegen eines Hydrocephalus („Wasserkopf") – ergeben und wäre es daraufhin fundamental fehlerhaft gewesen, diesen Befund zu verkennen oder nicht hierauf zu reagieren, so muss sich der Arzt hinsichtlich der Kausalität seines Behandlungsfehlers für den Eintritt eines irreversiblen Hirnschadens entlasten (OLG Oldenburg VersR 1999, 1423, 1424).

▷ *Unterlassener Wundabstrich bei Entzündungen*

Wird nach Durchführung einer Operation bei einer Patientin eine ausgeprägte Ostitis (Entzündung von Knochengewebe) am linken Unterschenkel festgestellt, so stellt die unterlassene Vornahme eines Wundabstrichs zumindest einen einfachen Behandlungsfehler dar (BGH MDR 1999, 1265). Hätte sich bei Durchführung des Wundabstrichs mit hinreichender Wahrscheinlichkeit ein so deutlicher, auf eine Infektion hindeutender Befund ergeben, so dass sich dessen Verkennung als fundamental oder die Nichtreaktion in Form einer unverzüglichen Wundrevision als grob fehlerhaft darstellt (vom BGH zur Vornahme weiterer Feststellungen zurückverwiesen), so hat die Behandlungsseite zu beweisen, dass es auch bei rechtzeitiger Vornahme des Wundabstrichs zu denselben Primärschäden, nämlich erheblichen Schmerzen und einer Beinverkürzung der Patientin, gekommen wäre (BGH MDR 1999, 1265, 1266 = VersR 1999, 1282, 1284).

2. Beweislastumkehr verneint

▷ *Unterlassene Probeexcision bei Mikrokalzifikationen in der Brust*

Die unterlassene Nachbefunderhebung durch Entnahme nebst Befundung einer Gewebeprobe und die bloße Beschränkung auf die Auswertung der Mikrokalzifikate aus der weiblichen Brust ist nicht grob fehlerhaft. Auch eine Beweislastumkehr nach den Grundsätzen der unterlassenen Befunderhebung kommt nicht in Betracht, wenn nach dem Ergebnis der Mammographie und der MRT-Untersuchung weder eine Kontroll-Befunderhebung durch eine Probeexcision als „zweifelsfrei" geboten noch es als wahrscheinlich angesehen werden kann, dass eine Gewebeuntersuchung einen Tumor ergeben hätte (OLG Brandenburg NJW-RR 1999, 967).

▷ *Scheidenabstrich unterlassen*

Es gehörte bereits im Jahr 1994 zum ärztlichen Standard des eine Schwangere behandelnden Gynäkologen, vor dem Einlegen eines Cerclagepesars einen Scheidenabstrich vorzunehmen und ihn mikroskopisch auf vorhandene Keime zu untersuchen (OLG Braunschweig VersR 2000, 454).

In dem Unterlassen der gebotenen mikroskopischen Untersuchung liegt ein einfacher, aber kein grober Behandlungsfehler. Hielt der Arzt eine mikroskopische Untersuchung nur bei klinischen Anzeichen einer Infektion für geboten, so wiegt der Behandlungsfehler nicht deshalb schwerer, weil auch bei einer späteren Kontrolluntersuchung kein Abstrich genommen und mikroskopisch untersucht worden ist.

Eine Vermutung für die Kausalität dieses einfachen Behandlungsfehlers und dem eingetretenen Primärschaden würde sich nur dann ergeben, wenn es hinreichend wahrscheinlich wäre, dass das Unterlassen der Vornahme eines Scheidenabstrichs zu einem reaktionspflichtigen positiven Befundergebnis geführt hätte. Dies ist dann nicht der Fall, wenn der Sachverständige es als offen bezeichnet, ob die mikroskopische Untersuchung eines Scheidenabstrichs die Entwicklung und Vermehrung pathologischer Keime hätte erkennen lassen oder ob die Untersuchung kein derartiges Ergebnis erbracht hätte (OLG Braunschweig VersR 2000, 454, 456).

▷ *Unterlassene Sehkraftprüfung*

Die Unterlassung einer aus medizinischer Sicht gebotenen Sehkraftprüfung nach einer diagnostizierten Bindehautentzündung stellt einen einfachen Behandlungsfehler dar und führt nicht zur Umkehr der Beweislast, wenn es nicht hinreichend wahrscheinlich ist, dass sich bei Durchführung der Sehkraftprüfung ein so deutlicher, für eine Netzhautablösung sprechender Befund ergeben hätte, dass sich dessen Verkennung als fundamental oder die Nichtreaktion hierauf als grob fehlerhaft darstellen müsste (BGH VersR 1998, 457, 458: Zur Feststellung eines möglichen groben Behandlungsfehlers und der Frage, ob ein Ursachenzusammenhang zwischen einem groben Behandlungsfehler und dem Primärschaden „gänzlich unwahrscheinlich" ist, zurückverwiesen).

▷ *Unterlassene Kernspintomographie, die keinen weiteren Befund erbracht hätte*

Ein Behandlungsfehler liegt vor, wenn der behandelnde Chefarzt der chirurgischen Abteilung eines Krankenhauses nicht durch eine Röntgenaufnahme oder eine Kernspintomographie abklären lässt, ob es über eine Weichteilinfektion des Patienten durch Streptokokken und Staphylokokken hinaus zu einer Beteiligung des Knochens gekommen ist. Eine Beweiserleichterung für die Frage der Kausalität zwischen diesem einfachen Behandlungsfehler und dem Eintritt des Primärschadens beim Patienten in der Form einer später ausgebildeten Osteomyelitis (durch Keimeinschleppung entstandene Entzündung des Knochenmarks) scheidet jedoch aus, wenn sich eine solche reaktionspflichtige Osteomyelitis nach Durchführung einer Röntgen- oder Kernspintomographie nicht als wahrscheinliches Ergebnis herausgestellt hätte, sondern – im Gegenteil – die Histologie nach einer knapp ein Jahr später erforderlich gewordenen Amputation des betroffenen Unterschenkels keinen Nachweis für eine Osteomyelitis ergibt (OLG Stuttgart OLGR 2002, 142, 145).

▷ *Unterlassene Probebiopsie, die keinen zwingenden Tumornachweis erbracht hätte*

Der Patient kann sich nicht auf eine Beweiserleichterung wegen unterlassener Befunderhebung berufen, wenn das Ergebnis der unterlassenen Befunderhebung wahrscheinlich der vom Arzt ohne die Befunderhebung gestellten Diagnose entsprochen hätte und zur gleichen Behandlung hätte führen müssen. Dies ist etwa dann der Fall, wenn der betroffene Arzt es zwar unterlässt, eine Probebiopsie (Entnahme einer Gewebeprobe zur feingeweblichen Untersuchung) zur Abklärung des Verdachts auf einen Hauttumor vorzunehmen, der gerichtlich bestellte Sachverständige es später jedoch als wahrscheinlich ansieht, dass bei durchgeführter Entnahme eine aktinische Kertose (Verhornungsstörungen auf Altershaut) befundet worden wäre (OLG Stuttgart OLGR 2002, 156, 157).

▷ *Unterlassene Thrombozytenkontrolle zum Ausschluss einer heparininduzierten Thrombozytopenie (HIT II)*

Nach dem anerkannten und gesicherten Stand der ärztlichen Wissenschaft war jedenfalls seit 1995 die Thrombozytenzahl nach Beginn einer

[handschriftliche Notiz am oberen Rand]

Heparingabe zu kontrollieren. Zu diesem Zeitpunkt war bekannt, dass die Gabe von Heparin zu einer Thrombozytopenie (Verminderung der Blutplättchenzahl) und in der Folge zu Thrombosen mit schwer wiegenden Folgen (Sinusvenenthrombose, Verschluss der Arteria carotis, Subarachnoidalblutung) führen konnte. Dabei kommt es nicht darauf an, ob diese medizinisch zur Abwendung eines erheblichen Gesundheitsrisikos in der Wissenschaft für erforderlich gehaltene Untersuchung in der Praxis nur von 5 % der behandelnden Ärzte durchgeführt wird, sondern nur darauf, ob ihre Durchführung bei Kenntnis der Gefahren für den Patienten verlangt werden kann und die Möglichkeit besteht, diese Behandlung mit vorhandenen technischen Mitteln durchzuführen (OLG Stuttgart a. a. O.).

Eine Beweislastumkehr greift jedoch nicht ein, wenn es nach Auffassung der Sachverständigen offen ist, ob sich bei Durchführung der Thrombozytenkontrolle mit hinreichender Wahrscheinlichkeit ein gravierender Befund in Form eines deutlichen Abfalls der Thrombozytenzahl ergeben hätte mit der Folge, dass hierauf mit dem sofortigen Absetzen des Heparins hätte reagiert werden müssen (OLG Stuttgart OLGR 2002, 251, 254).

V. Unterlassene Befundsicherung

Die Beweiserleichterungen bis zur – regelmäßig angenommenen – Beweislastumkehr sind nicht nur auf die Fälle beschränkt, in denen keine Befunde erhoben worden sind (vgl. G/G, Rn B 296 a. E.). Sie greifen auch dann ein, wenn einzelne, aus medizinischer Sicht gebotene und auch erhobene Befunde nicht zur Auskunftserteilung über das Behandlungsgeschehen gesichert worden sind. Sowohl die Sicherung als auch die Aufbewahrung der Befunde ist grundsätzlich Aufgabe des Arztes (OLG Zweibrücken NJW-RR 2001, 667, 669).

Die insoweit eingreifende Beweiserleichterung aus der Verletzung der Pflicht zur Aufbewahrung ärztlicher Unterlagen, etwa erstellter Röntgen- oder Kernspinaufnahmen oder eines gefertigten EKG, sollen der Beweisnot des Patienten abhelfen, die ihm aus einem nicht von ihm zu vertretenden Grund in einem vom Klinikträger voll beherrschbaren Bereich durch den Verlust oder die Vorenthaltung der Beweismittel entsteht (Gehrlein, Rn B 159; F/N, Rn 124).

Ein Mangel bei der Befundsicherung begründet dann eine Beweiserleichterung für die Frage der Kausalität, wenn er die Aufklärung eines immerhin wahrscheinlichen Ursachenzusammenhanges zwischen einem – nachgewiesenen – ärztlichen Behandlungsfehler und dem Eintritt des Gesundheitsschadens beim Patienten erschwert (BGH NJW 1994, 1596, 1597; OLG Zweibrücken VersR 1999, 719, 721).

Ist z. B. eine Röntgenaufnahme oder eine EKG-Aufzeichnung nicht mehr auffindbar und kann die Behandlungsseite nicht beweisen, dass sie hieran kein Verschulden trifft (vgl. F/N, Rn 124; G/G, Rn B 212), so kann hieraus die Schlussfolgerung gezogen werden, dass der Befundträger mit hinreichender Sicherheit ein reaktionspflichtiges Ergebnis aufwies, wenn ein solches Ergebnis hinreichend wahrscheinlich war. Würde sich bei einem solchen – unterstellten – Ergebnis dessen Verkennung als fundamental und die Nichtreaktion hierauf in bestimmter Weise als grob fehlerhaft darstellen, kommt eine Beweislastumkehr für den Kausalzusammenhang eines festgestellten (einfachen) Behandlungsfehlers und dem eingetretenen Primärschaden in Betracht (BGH NJW 1996, 1589; Gehrlein, Rn B 159, 146).

Dies ist etwa der Fall, wenn der Patient nach einem vermeintlichen Schwächeanfall von seinem Hausarzt nicht sofort notfallmäßig in ein Krankenhaus überstellt worden ist und das in seinem Verantwortungsbereich verloren gegangene EKG mit hinreichender Wahrscheinlichkeit einen früheren Herzinfarkt des Patienten gezeigt hätte (vgl. Gehrlein, Rn B 159 a. E.). Voraussetzung einer Beweislastumkehr wegen unterlassener Befundsicherung bzw. unterlassener Aufbewahrung eines Befundes ist jedoch stets, dass für denjenigen, der einen Gegenstand vernichtet oder vernichten lässt, der später als Beweismittel in Betracht kommt, bereits vor der Vernichtung erkennbar ist, dass dieser einmal eine Beweisfunktion haben könnte. Dem Patienten kommen deshalb keine Beweiserleichterungen unter dem Gesichtspunkt einer unterlassenen Befundsicherung zugute, wenn bei der Reoperation das resezierte Darmstück nicht aufbewahrt wird (OLG Stuttgart OLGR 2001, 324, 327).

Eine Beweislastumkehr kommt auch in Bereichen, in denen sich das Erheben und Sichern von Befunden lediglich auf medizinisches Gerät und selbst dort nur auf das Festhalten von dessen Alter und Gebrauchsdauer bezieht, nicht in Betracht (BGH MDR 1994, 451; F/N, Rn 124 a. E.).

Verjährung

I. Bis zum 31.12.2001 geltendes Recht

1. Übersicht über die wesentlichen Änderungen

a) Regelverjährung drei Jahre

Das am 1.1.2002 in Kraft getretene Gesetz zur Modernisierung des Schuldrechts (SMG) verändert auch das Verjährungsrecht grundlegend. Die bislang insbesondere für vertragliche Ansprüche des Patienten aus p. V. V. geltende 30-jährige Regelverjährung des § 195 BGB a. F. wird grundsätzlich auf drei Jahre gekürzt. Der für deliktische Ansprüche geltende § 852 BGB a. F. wurde aufgehoben. Die neue Regelverjährung des § 195 BGB n. F. gilt nunmehr sowohl für vertragliche Ansprüche aus „Pflichtverletzung" (§ 280 I BGB n. F.) als auch für deliktische Ansprüche aus unerlaubter Handlung (§§ 823 ff. BGB; vgl. einführend Mansel, NJW 2002, 89 ff. und Ott, MDR 2002, 1 ff.).

b) Beginn der Verjährung

Die **Verjährung beginnt** gem. § 199 I BGB n. F. anders als § 198 BGB a. F. nicht mehr mit der Entstehung des Erfüllungsanspruchs, sondern mit dem **Schluss des Jahres**, in dem der **Anspruch entstanden** ist und der Gläubiger von dem den Anspruch begründenden Umstand und der Person des Schuldners Kenntnis erlangt hat oder ohne grobe Fahrlässigkeit hätte erlangen müssen. Anders als nach bisherigem Recht schadet dem Patienten also ab dem 1.1.2002 grobe Fahrlässigkeit, etwa wenn er es unterlässt, die Behandlungsunterlagen, aus denen sich ein Behandlungsfehler auch für einen Laien erschließen lässt, einzusehen bzw. durch einen von ihm beauftragten Rechtsanwalt gegen Erstattung der Kopiekosten zusenden zu lassen.

c) Höchstfrist 30 Jahre

Ohne Rücksicht auf ihre Entstehung und die Kenntnis oder grob fahrlässige Unkenntnis verjähren Schadensersatzansprüche aus Vertrag (§ 280 I BGB n. F.), Delikt (§§ 823 I, 830 I, 839 BGB) und Gefährdungshaftung wegen der Verletzung des Lebens, des Körpers, der Gesundheit oder der Freiheit gem. § 199 II BGB n. F. in der **Höchstfrist von 30 Jahren** seit der Begehung der Verletzungshandlung, auch durch Unterlassen. Der Eintritt eines Schadens ist nicht erforderlich, abzustellen ist auf die Vornahme der pflichtwidrigen oder das Unterlassen der gebotenen Handlung (Palandt, Überbl. vor § 194 Rn 32).

d) Neubeginn und Hemmung

Eine Verjährungsunterbrechung (§§ 208–217 BGB a. F.) kennt das neue Recht nicht. Der Terminus wird durch den des „Neubeginns" der Verjährung (§ 212 BGB n. F.) ersetzt. Zu einem Neubeginn führen gem. § 212 I Nr. 1 und 2 BGB n. F. nur noch das Anerkenntnis des Schuldners und die Vornahme oder Beantragung einer gerichtlichen oder behördlichen Vollstreckungshandlung. Die anderen bisherigen Unterbrechungstatbestände bewirken gem. §§ 203–209 BGB n. F. nur noch eine Hemmung der Verjährung (Palandt, Überbl. vor § 194 Rn 45).

So wird die Verjährung durch Einreichung einer **Klage** (§ 204 I Nr. 1 BGB n. F.), die **Zustellung** eines **Mahnbescheids** (§ 204 I Nr. 3 BGB n. F.), anders als bisher durch die **Zustellung** eines **Antrages im selbständigen Beweisverfahren** (§ 204 I Nr. 7 BGB n. F.) oder die Veranlassung der Bekanntgabe eines **PKH-Antrages** (§ 204 I Nr. 14 BGB n. F.) gehemmt.

Gem. § 204 II BGB n. F. endet die Hemmung sechs Monate nach Erlass der rechtskräftigen Entscheidung, der anderweitigen Beendigung des eingeleiteten Verfahrens oder, falls die Parteien das Verfahren nicht mehr betreiben, mit der letzten Verfahrenshandlung.

e) Anwendbarkeit des alten und des neuen Rechts

Gem. Art. 229 § 6 I EGBGB findet die neue Verjährung grundsätzlich auf alle Ansprüche Anwendung, die am 1.1.2002 bestehen und nach altem Recht noch nicht verjährt sind (vgl. Mansel, NJW 2002, 89, 90; Heß, NJW 2002, 253, 256 ff.; Gsell, NJW 2002, 1297 ff. zu den Übergangsregelungen; Ott, MDR 2002, 1 ff.).

Nach der Überleitungsvorschrift des Art 229 § 6 I 2 EGBGB richten sich Beginn, Neubeginn und Hemmung der Verjährung der vor dem 1.1.2002 bestehenden, aber noch nicht verjährten Ansprüche nach altem Recht. Auf die ab dem 1.1.2002 entstandenen Ansprüche (§ 199 I Nr. 1 BGB n. F.) ist das neue Recht anzuwenden.

Soweit das neue Recht die Verjährungsfrist, etwa aus p. V. V. eines Behandlungsvertrages, der vor dem 1.1.2002 abgeschlossen wurde, gegenüber dem alten Recht von 30 Jahren (§ 195 BGB a. F.) auf nunmehr drei (§§ 195, 199 I BGB n. F.) bzw. bei Sachschäden auf zehn Jahre (§ 199 III Nr. 2 BGB n. F.) abkürzt, beginnt die kürzere Frist gem. Art 229 § 6 IV 1 EGBGB am 1.1.2002 zu laufen (vgl. Heß, NJW 2002, 253, 258).

2. Verjährungsfristen nach altem Recht

a) 30-jährige Verjährungsfrist

Ein vertraglicher Anspruch des Patienten gegen den Arzt bzw. Krankenhausträger wegen eines Behandlungs- oder Aufklärungsfehlers aus p. V. V. (ab 1.1.2002: § 280 I BGB n. F.) verjährt nach dem bis zum 31.12.2001 geltenden Recht gem. § 195 BGB a. F. in 30 Jahren (BGH NJW 1988, 1516; Gehrlein, Rn D 1). Der Lauf dieser Verjährungsfrist beginnt gem. § 198 BGB a. F. nicht bereits mit der Fälligkeit und Entstehung des Erfüllungsanspruchs, sondern erst mit der Entstehung des Schadensersatzanspruchs (Gehrlein, Rn D 1; F/N, Rn 210).

Entstanden ist der Anspruch, sobald er im Wege der Klage geltend gemacht werden kann (BGHZ 79, 178; Palandt, § 198 Rn 1). Der Schadensersatzanspruch aus p. V. V. (ab dem 1.1.2002: § 280 I BGB n. F.) ist regelmäßig mit dem Eintritt des Schadens entstanden (BGH NJW 1986, 2567; Palandt, § 198 Rn 9).

Die Möglichkeit, den Anspruch geltend zu machen, muss dabei nur objektiv bestehen. Der Verjährungsbeginn hängt nicht davon ab, dass der Berechtigte vom Bestehen des Anspruchs Kenntnis hat oder haben konnte (BGH NJW 1994, 1001; Palandt, § 198 Rn 2).

Die Verjährung beginnt einheitlich auch für den erst in der Zukunft entstehenden Schaden, soweit er vorhersehbar ist (BGH NJW 1998, 1488). Für die Vorhersehbarkeit ist die Sicht der medizinischen Fachkreise entscheidend (BGH MDR 2000, 270, 271; NJW 1997, 2448, 2449; OLG Hamm NJW-RR 1999, 252; vgl. S. 530 f.).

Ist eine Schadensfolge auch für Fachleute im Zeitpunkt der allgemeinen Kenntnis vom Schaden nicht vorhersehbar, wächst die Kenntnis dieser Schadensfolge jedoch in den beteiligten Fachkreisen heran, dann kommt es für den Beginn der Verjährung nicht darauf an, in welchem Zeitpunkt sich diese Kenntnis in den beteiligten Fachkreisen durchgesetzt hat, vielmehr ist dann der Zeitpunkt entscheidend, in dem der Verletzte selbst von der Schadensfolge Kenntnis erlangt (BGH NJW 1997, 2448 zu § 852 BGB a. F.).

b) Dreijährige Verjährungsfrist

Die dreijährige, insbesondere für die Ansprüche aus §§ 823 I, II, 830, 831, 839, 847 BGB geltende Verjährungsfrist beginnt gem. § 852 I BGB a. F. grundsätzlich mit der Kenntnis des Betroffenen vom Eintritt eines Schadens zumindest dem Grunde nach, von seiner eigenen Schadensbetroffenheit und von der Person des Ersatzpflichtigen zu laufen (BGH NJW 1993, 648; NJW 1996, 117; Palandt, § 852 Rn 4; G/G, Rn D 4; L/U, § 106 Rn 13, 14; S/D, Rn 480 ff.; Gehrlein, Rn D 2; zur Kenntnis s. u. 3.).

c) Vierjährige Verjährungsfrist

Oft wird übersehen, dass für Schadensersatzansprüche auf **rückständige Rententeile**, die den Mehrbedarf des Verletzten oder den Verdienstausfallschaden betreffen, ohne Rücksicht auf den Rechtsgrund nicht die dreijährige Frist des § 852 I BGB a. F. bzw. die dreißigjährige Verjährungsfrist des § 195 BGB a. F., sondern die vierjährige Verjährungsfrist des § 197 BGB a. F. gilt (BGH MDR 2000, 1192: rückständige Renten; BGH NJW 2002, 1791: Verdienstausfallschaden). Ansprüche auf Rückstände von regelmäßig wiederkehrenden Leistungen sind von dem Stammanspruch des Verletzten aus p. V. V. (ab 1.1.2002: § 280 I BGB n. F.) bzw. 823 I BGB insoweit zu unterscheiden (BGH MDR 2000, 1192; NJW 2002, 1791, 1792).

Zu den **wiederkehrenden Leistungen** i. S. d. § 197 BGB n. F. gehören die ständig wiederkehrenden vermögenswerten objektivierbaren Aufwendungen, die den Zweck haben, diejenigen Nachteile auszugleichen, die dem Verletzten infolge dauernder Störung des körperlichen Wohlbefindens entstehen, insbesondere (vgl. Palandt, § 843 Rn 3 m. w. N.)

▷ die **Rückstände** auf monatliche **Rentenleistungen** (BGH MDR 2000, 1192),

▷ der **Aufwand** für das erforderliche **Pflegepersonal** bzw. eine notwendige Haushaltshilfe,

▷ die Kosten für die **Unterbringung** eines **hilfsbedürftigen Verletzten** im Tagespflegeheim,

▷ der Mehraufwand der Eltern für den **behinderungsbedingten Mehrbedarf** des geschädigten Kindes,

▷ die Kosten der **Erneuerung künstlicher Gliedmaßen**,

▷ die **Mehrkosten**, um bisher selbst vorgenommene **Arbeiten durch Dritte** ausführen zu lassen,

▷ der dem Verletzten Monat für Monat entstehende Verdienstausfallschaden aus unselbständiger Tätigkeit (BGH NJW 2002, 1791, 1792).

3. Beginn der Verjährung

Für den Beginn der Verjährungsfrist des § 852 I BGB a. F. ist es nicht erforderlich, dass der Geschädigte alle Einzelumstände des Schadensverlaufs kennt und sich ein genaues Schadensbild macht; grundsätzlich genügt die Kenntnis des haftungsbegründenden Geschehens und die Beteiligung des Schädigers hieran, um die Verjährung für alle Schadensfolgen, soweit sie auch nur als möglich vorauszusehen sind, beginnen zu lassen (BGH VersR 1997, 1111; OLG Zweibrücken VersR 1998, 1286, 1287).

Entscheidend ist danach, ob sich der Geschädigte gegen eine Verjährung von Ersatzansprüchen wegen möglicher Schadensfolgen auf Grund seiner Kenntnis zumindest durch **Erhebung** einer **Feststellungsklage** sichern kann (BGH NJW 2001, 885; OLG Zweibrücken VersR 1998, 1286, 1287; OLG Köln VersR 1996, 1289).

Erforderlich ist dabei nur ein solcher Grad vernünftiger, auf Tatsachen gestützter Überzeugung, dass das Risiko einer klagweisen Geltendmachung der Ansprüche, notfalls im Wege der Feststellungsklage, wenn auch mit verbleibenden Unsicherheiten vertretbar erscheint (BGH NJW-RR 2001, 1168, 1169; OLG Köln VersR 1996, 1289; OLG München NJW-RR 1998, 462).

a) Behandlungsfehler

Die für den Beginn der Verjährung des § 852 BGB a. F. erforderliche, positive Kenntnis vom Vorliegen eines Behandlungsfehlers kann nicht schon dann bejaht werden, wenn dem Patienten lediglich der negative Ausgang der ärztlichen Behandlung bekannt ist. Er muss vielmehr auch auf einen ärztlichen Behandlungsfehler als Ursache dieses Misserfolges schließen können (BGH NJW 2001, 885; OLG Zweibrücken NJW-RR 2001, 667, 670: Muss „nahe liegen"; OLG Frankfurt VersR 2001, 1572, 1573: „Schluss auf bestimmten Kausalzusammenhang muss nahe liegend erscheinen").

Hierzu muss der Patient nicht nur die wesentlichen Umstände des Behandlungsverlaufs kennen, sondern auch Kenntnis von solchen Tatsachen erlangen, aus denen sich für ihn als medizinischen Laien ergibt, dass der behandelnde Arzt von dem üblichen medizinischen Vorgehen abgewichen ist oder Maßnahmen nicht getroffen hat, die nach dem ärztlichen Standard zur Vermeidung oder Beherrschung von Komplikationen erforderlich waren (BGH NJW 2001, 885, 886; NJW 1999, 2734, 2735; NJW 1995, 776; OLG Zweibrücken NJW-RR 2001, 667, 670 und VersR 1998, 1286, 1287; OLG Jena OLG-NL 1997, 244).

Er muss Kenntnis von solchen Tatsachen erlangen, aus denen sich für ihn als Laien ergibt, dass der Schädiger die üblichen Maßnahmen nicht getroffen hat, die standardgemäß zur Vermeidung von Schädigungen erforderlich waren (BGH NJW-RR 2001, 1168, 1169).

aa) Kenntnis der Abweichung vom ärztlichen Standard

Die Kenntnis des Patienten ergibt sich **nicht bereits daraus**, dass aus eingetretenen **Komplikationen** auf einen Behandlungsfehler hätte geschlossen werden können bzw. müssen (OLG Zweibrücken VersR 1998, 1286, 1297 und NJW-RR 2001, 667, 670; BGH NJW 1995, 775). Von einem Patienten kann daher grundsätzlich nicht erwartet werden, dass er die Krankenunterlagen auf ärztliche Behandlungsfehler hin überprüft (OLG Zweibrücken NJW-RR 2001, 667, 670 zum alten Recht).

Wird zum Beispiel bei der Aufnahme einer Schwangeren eine Ultraschalluntersuchung unterlassen, so wird die Verjährungsfrist erst in Gang gesetzt, wenn der Patientin, im Falle der Minderjährigkeit ihren Eltern als gesetzlichen Vertretern bekannt wird, dass die Ärzte mit diesem Versäumnis von dem üblichen ärztlichen Vorgehen abgewichen sind (BGH NJW 1991, 2350; Gehrlein, Rn D 4).

Auch des für die Erhebung zumindest einer Feststellungsklage bedeutsamen Zusammenhangs zwischen der aufgetretenen Schädigung in Form einer Funktionsstörung an der linken Hand und der ärztlichen Fehlleistung, der Späterkennung der Fraktur des zweiten Mittelhandknochens, kann sich der Patient erst dann bewusst werden, wenn er durch ärztliche Begutachtung zuverlässig von der Schädigung erfährt (LG Koblenz, Urt. v. 18.12.1986 – 1 O 112/86; bestätigt von OLG Koblenz, Urt. v. 20.4.1988 – 1 U 139/87). An der notwendigen Kenntnis des Patienten fehlt es auch, wenn ihm nicht verdeutlicht wird, dass ein Abweichen vom medizinischen Standard Ursache einer erforderlich werdenden Folgeoperation ist (BGH NJW 1988, 1516; Gehrlein, Rn D 4).

Dagegen reicht das für die Patientin erkennbare Vorliegen einer Uterusperforation auch nach altem Recht aus, um in deren Laiensphäre auf das Vorliegen eines Behandlungsfehlers schließen zu können; die Erhebung zumindest einer Feststellungsklage ist dann bereits mit Kenntnis der Perforation zumutbar (OLG Celle bei G/G, Rn D 6).

Die erforderliche Kenntnis von der Person des Ersatzpflichtigen und des Schadens liegt auch vor, wenn der Patient einige Monate nach dem Eingriff von einem die Folgeoperation durchführenden Arzt erfährt, dass bei der ersten, der Einsetzung einer Totalendoprothese dienenden Operation der Nervus femoralis durchtrennt und dadurch die Gebrauchsfähigkeit des rechten Beins erheblich beeinträchtigt worden war und ihm die Person des Operateurs dabei genannt wird. Die zusätzliche Erklärung des nachfolgenden Operateurs, die Erstoperation sei seiner Ansicht nach nicht fehlerhaft durchgeführt worden, vielmehr habe sich bei ihr ein schicksalhaftes Operationsrisiko verwirklicht, führt dabei zu keiner anderen, dem Patienten günstigeren rechtlichen Beurteilung (BGH NJW 1984, 661). Kennt der Patient die wesentlichen Umstände des Behandlungsverlaufs, etwa dass eine Untersuchung des Rückens trotz beklagter Rückenschmerzen nicht durchgeführt worden war und weiß bzw. erfährt er, welche Behandlungsmaßnahmen richtigerweise hätten ergriffen werden müssen oder welche zusätzlichen Untersuchungen notwendig gewesen wären, so verfügt er über die Kenntnis der Umstände, aus denen sich die Abweichung vom ärztlichen Standard ergibt, auch wenn er die exakte medizinische Bezeichnung dieser Maßnahmen nicht kennt (OLG Karlsruhe OLGR 2002, 169).

Ergibt sich aus einem Antrag des Patienten an die Schlichtungsstelle für Arzthaftpflichtfragen, dass ihm bzw. seinem Rechtsanwalt als Wissensvertreter der Verlauf der ärztlichen Behandlung und die sich hieraus ergebende Abweichung vom ärztlichen Standard im Wesentlichen bekannt war, so beginnt die Verjährungsfrist des § 852 BGB a. F. mit dem Zeitpunkt dieses Antrags (OLG Oldenburg VersR 1994, 179).

Entsprechendes gilt für den Zeitpunkt der Abfassung eines Schriftsatzes des für den Patienten tätigen Rechtsanwalts an den Klinikträger, in dem dieser darauf hinweist, als Ursache für die bei seinem Mandanten festgestellte Infektion und die dadurch ausgelöste Verschlimmerung komme vor allem die ERCP mit der Untersuchung insbesondere des Gallengangs in Betracht, wenn diese endoskopische Untersuchung tatsächlich für die Infektion oder deren Verschlimmerung ursächlich gewesen ist (BGH NJW 2001, 885, 886).

bb) Kenntnis von der Person des Schädigers

Kenntnis von der Person des Ersatzpflichtigen hat der Verletzte, wenn ihm dessen **Name und dessen ladungsfähige Anschrift** bekannt sind (BGH NJW 1998, 988; MDR 2001, 810, 811), wobei die Angabe der betreffenden Klinik für eine Ladung ausreicht (BGH MDR 2001, 164: Name und ärztliche Funktion) und er Kenntnis von Tatsachen hat, die auf ein schuldhaftes Verhalten des Schädigers hinweisen, das den Schaden verursacht haben kann, wobei jedoch die Kenntnis von Einzelheiten des schädigenden Verhaltens nicht erforderlich ist (Palandt, § 852 Rn 11). Die Kenntnis muss jedoch soweit gehen, dass der Geschädigte in der Lage ist, eine Schadensersatzklage erfolgversprechend, wenn auch nicht risikolos zu begründen (BGH NJW 1999, 2734; NJW 2001, 885).

Ein Patient hat beispielsweise dann Kenntnis von der Person des operierenden Arztes, wenn sich am Morgen vor der Operation zwei Ärzte bei der Visite mit Namen vorstellen und erklären „Wir sehen uns ja nachher". Diese Kenntnis wird dann auch nicht dadurch gehindert, dass die Operation in Vollnarkose durchgeführt wird (OLG Koblenz NJW 1996, 1603).

Die Kenntnis von der Person des Erfüllungs- bzw. Verrichtungsgehilfen, etwa des angestellten Assistenz- oder Oberarztes, dessen Verschulden gem. § 278 bzw. § 831 I BGB dem Krankenhausträger zugerechnet wird, ist weder i. S. d. § 852 BGB a. F. noch des § 199 I Nr. 2 BGB n. F. erforderlich. Bei Inanspruchnahme des Krankenhausträgers reicht es aus, wenn der Gläubiger, hier der Patient, von den Tatsachen, die auf ein Vertretenmüssen des Angestellten o. a. hinweisen und davon Kenntnis hat, dass sich der Schuldner eines anderen zur Erfüllung seiner Verbindlichkeit bedient (D-L/H/L/R, § 199 BGB n. F. Rn 34, 41, 42).

Kommen für die Folgen eines Behandlungsfehlers mehrere Ersatzpflichtige in Betracht, so beginnt die Verjährung erst mit dem Zeitpunkt, in dem begründete Zweifel über die Person des Ersatzpflichtigen nicht mehr bestehen (BGH MDR 1999, 1198; NJW-RR 2001, 1168, 1169).

Die Kenntnis von der Person eines bestimmten anderen Beteiligten tritt auch dann ein, wenn der Geschädigte irrtümlich einen dritten Beteiligten für den eigentlichen Verantwortlichen hält (BGH NJW-RR 1990, 222; Palandt, § 852 Rn 14).

cc) Keine Informationspflicht; grob fahrlässige Unkenntnis

Im Rahmen des § 852 I BGB a. F. trifft bzw. traf den Patienten keine Informationspflicht. Von ihm konnte daher grundsätzlich nicht erwartet werden, dass er Krankenhausunterlagen auf ärztliche Behandlungsfehler hin überprüft (BGH NJW 1994, 3092; OLG Zweibrücken NJW-RR 2001, 667, 670 und VersR 1998, 1286, 1287), Wissenslücken durch lange und zeitraubende Telefonate schließt (BGHZ 133, 192; Palandt, § 852 Rn 4), umfangreiche Erkundigungen einzieht, um den Namen des Schädigers in Erfahrung zu bringen (BGH MDR 2000, 582) oder er einen Rechtsanwalt zur weiteren Aufklärung, insbesondere zur Überprüfung von Krankenunterlagen auf ärztliche Behandlungsfehler einschaltet (BGH MDR 1995, 482).

Ein bloßes Kennenmüssen schadet dem Geschädigten – von den Fällen des Rechtsmissbrauchs abgesehen – auch dann nicht, wenn es auf grober Fahrlässigkeit beruht (BGH MDR 1999, 1198; MDR 2001, 810, 811; NJW 1996, 2933, 2934). Erforderlich ist nach dem bis zum 31.12.2001 geltenden Recht grundsätzlich die positive Kenntnis.

Der für den Beginn der Verjährung erforderlichen positiven Kenntnis des Geschädigten vom Schaden einschließlich des Schadenshergangs und des Schädigers bedarf es auch nach § 852 BGB a. F. nur dann nicht, wenn der Geschädigte es versäumt hat, eine gleichsam auf der Hand liegende Erkenntnismöglichkeit wahrzunehmen und deshalb letztlich das Sichberufen auf Unkenntnis als reine Förmelei erscheint, weil jeder andere in der Lage des Geschädigten unter denselben konkreten Umständen die Kenntnis gehabt hätte (BGH MDR 2000, 582; MDR 2001, 810, 811; MDR 2001, 506; NJW 2000, 953; OLG Frankfurt VersR 2001, 1572, 1573).

Der Patient muss sich etwa nach den Rechtsgedanken der §§ 162, 242 BGB so behandeln lassen, als habe er die daraus zu gewinnende Kenntnis gehabt, wenn z. B. nur eine einfache Anfrage oder ein Telefonat erforderlich gewesen wäre, um das Wissen um ein bestimmtes Detail, etwa Namen oder Anschrift des Schädigers, zu erfahren (BGH MDR 2000, 582, 583; OLG Frankfurt VersR 2001, 1572) oder sich der Name des Operateurs, soweit dieser selbst in Anspruch genommen werden soll, ohne weiteres und ohne umfangreiche Erkundigungen feststellen lässt (BGH NJW 1989, 2323; Gehrlein, Rn D 5 bereits zum alten Recht).

Fehlt eine aus medizinischen Gründen erforderliche ärztliche Dokumentation (vgl. hierzu → *Dokumentationspflicht*) oder ist diese lückenhaft, beginnt die Verjährung u. U. selbst dann noch nicht zu laufen, wenn dem Patienten oder dem von ihm beauftragten Rechtsanwalt die Krankenunterlagen vorliegen (F/N, Rn 218).

Diese Grundsätze sind auch auf den „**Wissensvertreter**" des Patienten anzuwenden (s. u.).

dd) Zutreffende rechtliche Würdigung unerheblich

Erforderlich für den Verjährungsbeginn ist die Kenntnis der Tatsachen, aus denen sich ein Abweichen des Arztes vom ärztlichen Standard ergibt (BGH NJW 1991, 2350; G/G, Rn D 4, 5). Es kommt dabei nicht darauf an, ob der Patient selbst zu einer solchen Beurteilung der ihm bekannten Tatsachen in der Lage ist, auch nicht, dass er subjektiv zu der Erkenntnis, Überzeugung oder auch nur dem Verdacht gekommen ist, der Arzt habe fehlerhaft gehandelt. § 852 BGB a. F. stellt für den Beginn der Verjährungsfrist nur auf die Kenntnis des tatsächlichen Verlaufs und der anspruchsbegründenden Tatsachen, nicht auf deren zutreffende rechtliche Würdigung und erst recht nicht darauf ab, ob der Geschädigte aus den ihm bekannten Tatsachen zutreffende Schlüsse auf den in Betracht kommenden naturwissenschaftlich zu erkennenden Kausalverlauf zieht; fehlen ihm die dazu erforderlichen Kenntnisse, muss er sich sachkundig machen (OLG Frankfurt VersR 2001, 1572, 1573 und OLGR 1992, 138, 139/140; OLG München VersR 1992, 1407 = OLGR 1992, 5; Gehrlein, Rn D 3).

Es ist aber zu verlangen, dass der Patient aus seiner **Sicht als medizinischer Laie** erkennt, dass der aufgetretene Schaden auf einem fehlerhaften Verhalten auf der Behandlungsseite beruht (OLG München OLGR 1992, 5, 6 = VersR 1992, 1407; F/N, Rn 215, 217).

So haben die Eltern – ausnahmsweise – bereits mit der Einsicht in die Krankenunterlagen ausreichende Kenntnis i. S. d. § 852 I BGB a. F. erlangt, wenn sich aus diesen Krankenunterlagen ergibt, dass der für die Geburt ihres Kindes errechnete Termin mit elf Tagen deutlich überschritten ist und ihnen mit den Krankenunterlagen das entscheidende CTG zur Kenntnis gebracht worden ist, aus dem sich insbesondere der Abfall der Herztöne und der Zustandsbericht des Kindes unmittelbar nach der Geburt ergibt, soweit den Eltern bewusst ist, dass die schweren Dauerschäden des Kindes bleiben würden und auf den Geburtsvorgang zurückzuführen sind (OLG Frankfurt OLGR 1992, 138, 140).

Allein die Übersendung der CTGs reicht jedoch zur Erlangung der positiven Kenntnis nicht aus, wenn nur aus den Krankenunterlagen Hinweise darauf ersichtlich sind, dass eine sichere Übertragung des Kindes – hier um elf Tage – vorlag (OLG Frankfurt a. a. O.).

Die Frist des § 852 I BGB a. F. beginnt auch zu laufen, sobald den Eltern des bei der Geburt schwer geschädigten Kindes bekannt ist, dass trotz einer Beckenendlage des Kindes eine natürliche Geburt durchgeführt wurde, dabei eine schwer wiegende Komplikation auftrat, weswegen der kindliche Kopf mit einer Zange entwickelt werden musste und am darauf folgenden Tag eine Gehirnblutung des Kindes festgestellt wurde. Dass die Folge dieser Gehirnblutung, eine Sprach- und Gehörstörung, erst später bekannt wurde, ist dabei unerheblich, da eine solche Folge auf Grund der eingetretenen Gehirnblutung nicht ungewöhnlich und durchaus vorhersehbar ist (OLG Koblenz OLGR 1998, 81, 85).

ee) Wissensvertreter

Ist der **Geschädigte geschäftsunfähig** oder beschränkt geschäftsfähig, kommt es für den maßgeblichen Wissensstand auf die Kenntnis des gesetzlichen Vertreters an (BGH NJW 1998, 2819; NJW 2000, 885; NJW-RR 2001, 1168, 1169; OLG Zweibrücken VersR 1998, 1286, 1287; OLG Koblenz OLGR 1998, 81, 85; OLG Stuttgart MedR 1997, 275; Gehrlein, Rn D 6; F/N, Rn 222). Die Kenntnis nur eines Elternteils genügt (BGH NJW 1989, 2323; OLG Frankfurt VersR 2001, 1572, 1573).

Hat der Patient einen Rechtsanwalt mit der Wahrnehmung seiner Interessen beauftragt, so muss er sich auch dessen im Rahmen der Durchführung des Auftrags erlangtes Wissen gem. § 166 I BGB zurechnen lassen (Gehrlein, Rn D 6; G/G, Rn D 10).

Auf den eingeschalteten Rechtsanwalt sind auch die obigen Grundsätze (S. 524 f.) der vorwerfbaren Unkenntnis anzuwenden, d. h. der Patient wird als „wissend" behandelt, wenn der Rechtsanwalt die angeforderten Behandlungsunterlagen nicht durchsieht und hieraus ohne weiteres mögliche Sachverhaltsfeststellungen, die den Schluss auf eine ärztliches Fehlverhalten nahe legen, nicht trifft (Gehrlein, Rn D 6; BGH MDR 1989, 901).

So beginnt die Verjährungsfrist zu laufen, wenn dem vom Patienten beauftragten Rechtsanwalt die staatsanwaltlichen Ermittlungsakten oder die Behandlungsunterlagen, aus denen alle erforderlichen Einzelheiten ersichtlich sind, zur Einsichtnahme zur Verfügung gestellt worden sind; ob der Rechtsanwalt die Akten tatsächlich einsieht, ist dann unerheblich, denn der Patient ist dann so zu behandeln, als hätte er tatsächlich Kenntnis genommen (OLG Düsseldorf VersR 1999, 833).

Es muss sich dabei jedoch um Feststellungen handeln, die sich ohne weiteres treffen lassen; das bloße Unterlassen, die Behandlungsunterlagen beim Klinikträger einzusehen bzw. anzufordern, reicht für die Fiktion der positiven Kenntnis i. S. d. § 852 I BGB a. F. nicht aus (BGH NJW 1989, 2323, 2324 = MDR 1989, 901). Dies dürfte jedoch grob fahrlässig i. S. d. § 199 I Nr. 2 BGB n. F. und damit ab dem 1.1.2002 für den Beginn der Verjährung nach §§ 195, 199 I BGB n. F., Art 229 § 6 IV 1 EGBGB relevant sein.

b) Aufklärungsfehler

aa) Kenntnis von der Notwendigkeit der Aufklärung

Bei der Haftung wegen Verletzung ärztlicher Aufklärungspflichten ist für den Verjährungsbeginn erforderlich, dass der Patient von den **Tatsachen** Kenntnis erlangt, aus denen sich die **Notwendigkeit einer Aufklärung** ergibt. Hierzu gehört wiederum das Wissen, dass die eingetretene Komplikation ein dem Eingriff eigentümliches Risiko und nicht nur ein unvorhersehbarer unglücklicher Zufall war (OLG Oldenburg MDR 1998, 565; OLG Köln VersR 1998, 744; Rehborn, MDR 2000, 1101, 1107).

Grundsätzlich genügt nicht bereits die Kenntnis von der Aufklärungsunterlassung als solcher. Hinzutreten muss die Kenntnis des Patienten hinsichtlich derjenigen Tatsachen, aus denen sich der Fehler der Aufklärung begründet, z. B. dass das verwirklichte Risiko als behandlungsfehlerunabhängige Komplikation der Behandlungsseite bekannt gewesen ist bzw. bekannt sein musste oder deshalb hätte aufgeklärt werden müssen (G/G, Rn D 12; zustimmend F/N, Rn 216). Die Aufklärungspflicht des Arztes kann sich dabei aber nur auf diejenigen Risiken erstrecken, die den beteiligten Fachkreisen im Zeitpunkt des Eingriffs bekannt waren (F/N, Rn 216, 182, 195).

Steht jedoch fest, dass ein – im entschiedenen Fall chirurgischer – Eingriff zu gesundheitlichen Beeinträchtigungen geführt hat, und ist dem Patienten darüber hinaus bewusst, dass vor der Operation nicht über mögliche Komplikationen gesprochen wurde, so beginnt die Verjährungsfrist für eine auf das Aufklärungsversäumnis gestützte Forderung nicht erst in dem Zeitpunkt, in dem das Vorliegen eines zunächst vermuteten ärztlichen Behandlungsfehlers widerlegt ist, sondern bereits mit der Kenntnis vom Eintritt des Schadens zumindest dem Grunde nach und der Kenntnis derjenigen Tatsachen, aus denen sich die Aufklärungspflicht über die Risiken, die sich realisiert haben, ergibt (OLG Düsseldorf NJW-RR 1999, 823 zur Durchführung einer operativen Rhinoplastik; auch OLG Hamm VersR 1987, 106 und OLG Köln 1987, 188 zur Durchführung einer Myelographie).

bb) Erkundigungspflicht zum Umfang der Aufklärungsbedürftigkeit

Grundsätzlich muss der Patient auch beim Aufklärungsfehler die wesentlichen Umstände des Behandlungsverlaufs kennen und Kenntnis von solchen Tatsachen erlangen, aus denen sich für ihn als medizinischen Laien ergibt, dass hinsichtlich bestimmter Risiken eine Aufklärungspflicht bestand und ihm die Aufklärung nicht zuteil geworden ist (OLG Düsseldorf NJW 1986, 2377; OLG Köln VersR 1988, 744; G/G, Rn D 12, 13).

Anders als beim Behandlungsfehler wird beim Aufklärungsfehler bereits im Rahmen des § 852 BGB a. F. eine Pflicht des Patienten bejaht, sein Wissen um die Rechtsfolgen des tatsächlichen Geschehens durch einfache, zumutbare Maßnahmen zu vervollständigen (G/G, Rn D 12; Gehrlein, Rn D 9). Bei Aufklärungsmängeln trifft ihn zum Umfang der Aufklärungsbedürftigkeit insoweit auch nach altem Recht eine Erkundigungspflicht (OLG Düsseldorf NJW 1986, 2377; Gehrlein, Rn D 9).

Wird der Patient z. B. vor der Durchführung einer Röntgenbestrahlung nicht oder nur unzureichend aufgeklärt und treten bei ihm in unmittelbarem Zusammenhang mit der Behandlungsmaßnahme dauerhafte Hautschäden im Gesicht auf, so wird ihm zugemutet, sich bei einem Facharzt nach der Aufklärungsbedürftigkeit derartiger Risiken zu erkundigen. Versäumt er dies, so beginnt die Verjährungsfrist nach dem Auftreten des Dauerschadens zu laufen (OLG Düsseldorf NJW 1986, 2377; Gehrlein, Rn D 9).

Hinsichtlich der Person des Schädigers, der Frage der zutreffenden rechtlichen Würdigung und der Zurechnung der Kenntnis von Wissensvertretern gelten die obigen Ausführungen entsprechend.

c) Behörden

Juristische Personen und Behörden, insbesondere Krankenkassen, Besoldungs- und Versorgungsämter, private Krankenversicherungen u. a. können aus übergegangenem Recht (§§ 1542 RVO, jetzt 116, 119 SGB X, 67 VVG, 87 a BBG) berechtigt sein, Ansprüche wegen Behandlungs- oder Aufklärungsfehlern geltend zu machen, wenn sie ihrerseits Leistungen an den Patienten erbracht haben (F/N, Rn 223, 234).

Die **Ansprüche gehen kraft Gesetzes bereits zum Zeitpunkt des schadensstiftenden Ereignisses** auf den Versorgungs- oder Versicherungsträger

über, wenn bereits zu dieser Zeit eine auch nur entfernte Möglichkeit von dessen Inanspruchnahme durch den Patienten besteht (F/N, Rn 223).

Bei sozialversicherten Verletzten, die Leistungen des Sozialversicherungsträgers zur häuslichen Pflege nach den vom 1.1.1989 bis zum 31.3.1995 geltenden §§ 53 ff. SGB V a. F. erhielten, die sachlich kongruent waren, kam es auf die Verhältnisse des Geschädigten selbst an, soweit das Schadensereignis vor dem 1.1.1989 lag (BGH, Urt. v. 13.4.1999 – VI ZR 88/98).

Demgegenüber ist in allen anderen Fällen des Anspruchsüberganges kraft Gesetzes nicht die Kenntnis des Patienten, sondern diejenige der entsprechenden Behörde bzw. juristischen Person maßgeblich (F/N, Rn 224).

Sind innerhalb einer regressbefugten Körperschaft des öffentlichen Rechts (KöR), Behörde oder juristischen Person mehrere Stellen für die Bearbeitung eines Schadensfalles zuständig, etwa die Leistungsabteilung hinsichtlich der Einstandspflicht gegenüber dem geschädigten Mitglied bzw. Patienten und die Regressabteilung bezüglich der Geltendmachung von Schadensersatz- oder Regressansprüchen gegenüber Dritten, so kommt es für den Beginn der Verjährung von Regressansprüchen grundsätzlich auf den Kenntnisstand der Bediensteten der Regressabteilung an (BGH WM 2000, 1205; VersR 2000, 1277 für KöR; OLG Brandenburg NZV 1998, 506 für Sozialhilfeträger; LG Hamburg VersR 1999, 69 für Behörde).

Das Wissen der Bediensteten der Leistungsabteilung ist bzw. war nach dem bis zum 31.12.2001 geltenden Recht demgegenüber unmaßgeblich, und zwar auch dann, wenn die Mitarbeiter dieser Abteilung aufgrund einer behördeninternen Anordnung gehalten sind, die Unfallakte an die Regressabteilung weiterzuleiten, wenn sich im Zuge der Bearbeitung Anhaltspunkte für eine Verantwortlichkeit Dritter an der Entstehung des Schadens ergeben (BGH WM 2000, 1205; a. A. noch OLG Jena OLG-NL 1999, 155 und LG Hamburg VersR 1999, 69).

Das Unterlassen eines Mindestmaßes an aktenmäßiger Erfassung und des geregelten Informationsaustausches über verjährungsrelevante Tatsachen innerhalb arbeitsteiliger Unternehmen und Behörden wird jedoch regelmäßig als – für § 852 BGB a. F. noch unschädliche – grob fahrlässige Unkenntnis i. S. d. § 199 I Nr. 2 BGB n. F. anzusehen sein (D-L/H/L/R, § 199 BGB Rn 61; Schmid, ZGS 2002, 180, 181; Palandt, GSM § 199 BGB n. F. Rn 37).

4. Kenntnis des Schadens; Schadenseinheit

a) Schadenseinheit

Die Kenntnis vom eingetretenen Schaden ist nicht gleichbedeutend mit der Kenntnis vom Umfang und der Höhe des Schadens (Palandt, § 853 Rn 8).

Bei der für den Verjährungsbeginn gem. § 852 I BGB a. F. maßgeblichen Kenntnis – Entsprechendes gilt auch für die nach § 199 I BGB n. F. erforderliche Kenntnis oder grob fahrlässige Unkenntnis – des Verletzten von dem Schaden ist Letzterer als „Schadenseinheit" zu verstehen. Bereits die allgemeine Kenntnis des Patienten vom Eintritt eines Primärschadens genügt, um die Verjährungsfrist in Lauf zu setzen; wird sie erlangt, so gelten auch solche Folgezustände als bekannt, die im Zeitpunkt der Erlangung jener Kenntnis überhaupt nur als möglich voraussehbar waren (OLG Hamm NJW-RR 1999, 252).

Eine weiter gehende Kenntnis vom Umfang und den Einzelheiten der Schadensverwirklichung sowie von der Entwicklung des weiteren Schadensverlaufs ist bei Kenntnis des Eintritts eines Primärschadens nicht erforderlich (G/G, Rn D 8; Gehrlein, Rn D 7).

b) Spätfolgen

Hinsichtlich der **Vorhersehbarkeit** von Spätfolgen ist auf die Sicht der **medizinischen Fachkreise** abzustellen (BGH NJW 1997, 2448 = MDR 1997, 837; NJW 2000, 861 = MDR 2000, 270; OLG Hamm NJW-RR 1999, 252).

Der Verjährungseintritt nach § 852 BGB a. F. – wie auch nach §§ 195, 199 BGB n. F. – erstreckt sich danach auch auf Spätfolgen, die aus medizinischer Sicht auf Grund des Heilungsverlaufs zwar unwahrscheinlich, aber durchaus als möglich in Betracht zu ziehen waren (OLG Hamm NJW-RR 1999, 252).

Ist eine Schadensfolge auch für Fachleute, bei Körperschäden also für Fachärzte, im Zeitpunkt der allgemeinen Kenntnis des Patienten vom Eintritt des Primärschadens nicht vorhersehbar, wächst die Kenntnis dieser Schadensfolge jedoch in den beteiligten Fachkreisen in der Folgezeit heran, dann kommt es für den Beginn der Verjährung nicht darauf an, in welchem Zeitpunkt sich diese Kenntnis in den beteiligten Fachkreisen durchgesetzt hat, vielmehr ist dann der Zeitpunkt entscheidend, in dem der Verletzte selbst von der Schadensfolge Kenntnis erlangt (BGH MDR 1997, 837).

Bei mehreren, zeitlich auseinander fallenden Spätfolgen kommt es auch hinsichtlich der zuletzt eingetretenen Spätfolge selbst dann auf die positive Kenntnis (bzw. grob fahrlässige Unkenntnis unter Geltung des § 199 I BGB n. F.) des Geschädigten von der Möglichkeit des konkreten Schadenseintritts und des Ursachenzusammenhangs mit der primären Ausgangsschädigung an, wenn die zuletzt eingetretene Spätfolge für Fachkreise auf Grund eines vorausgegangenen Spätschadens voraussehbar gewesen wäre und insoweit außerhalb der „Schadenseinheit" liegen würde (BGH NJW 2000, 861 = MDR 2000, 270).

In dem vom BGH entschiedenen Fall hatte der Geschädigte im Jahr 1984 einen Unterschenkeltrümmerbruch und einen Oberschenkelschaftbruch erlitten.

Im Jahr 1990 trat bei dem Geschädigten eine Gonarthrose im rechten Kniegelenk auf. Diese erste Spätfolge war nach Feststellung eines nachbehandelnden Arztes als mögliche Folge des Unfallereignisses in Betracht zu ziehen. Eine im Jahr 1997 durchgeführte Arthroskopie ergab das Vorliegen einer sekundären Arthrose im rechten oberen Sprunggelenk. Der behandelnde Facharzt bejahte aus der Sicht des Jahres 1997 auch insoweit einen Zusammenhang mit dem Unfallereignis aus dem Jahr 1984. Aus der maßgeblichen ex-ante-Betrachtung des Jahres 1984 war der sekundäre Folgeschaden, die Arthrose im rechten oberen Sprunggelenk, für Fachärzte jedoch noch nicht vorhersehbar.

Nach Auffassung des BGH ist bei einer solchen Konstellation auch hinsichtlich des sekundären Folgeschadens (1997) auf die positive Kenntnis des Geschädigten von der Möglichkeit dieses konkreten Schadenseintritts und des Ursachenzusammenhangs nicht nur mit dem primären Folgeschaden (1990), sondern auch mit der Ausgangsschädigung (1984) abzustellen (BGH MDR 2000, 270, 271).

Dass der eingetretene, sekundäre Folgeschaden in Form der Arthrose am Sprunggelenk im Zeitpunkt des Eintritts des primären Folgeschadens, der Arthrose am Knie im Jahr 1990, aus medizinischer Sicht durchaus als möglich in Betracht zu ziehen war, ist dabei unschädlich. Eine „sekundäre Schadenseinheit" mit der Verlagerung des Beginns der Verjährungsfrist auf den Zeitpunkt des Eintritts des primären Folgeschadens im Jahr 1990 wird vom BGH abgelehnt (MDR 2000, 270, 271).

Auch bei von medizinischen Fachkreisen vorhersehbaren Spätfolgen kann die Berufung des Schädigers auf den Eintritt der Verjährung ausnahmsweise dann gegen Treu und Glauben verstoßen, wenn zunächst alle Beteiligten einschließlich der Ärzte nur von vorübergehenden Verletzungsfolgen ausgegangen sind und sich zunächst hierauf einstellen durften und eingestellt haben, die später eingetretene Gesundheitsschädigung demgegenüber außergewöhnlich und existenzbedrohend ist, etwa bei einer Querschnittslähmung (OLG Hamm MDR 1999, 38 = NJW-RR 1999, 252; BGH NJW 1995, 1614; auch OLG Nürnberg VersR 2001, 982 und OLG Schleswig VersR 2001, 983 zum Abfindungsvergleich).

In solchen Fällen steht auch die Rechtskraft eines Urteils, das für ein unfallbedingtes Leiden Schmerzensgeld zugesprochen hat, einer Schmerzensgeldnachforderung wegen einer Verschlechterung des Leidens nicht entgegen, wenn zur Zeit des für die Entscheidung im Vorprozess maßgebenden Zeitpunkts die Wahrscheinlichkeit eine Verschlechterung des Leides zumindest genauso groß gewesen ist wie die einer Besserung (OLG Stuttgart NJW-RR 1999, 1590).

Der Einwand der Rechtskraft hindert eine Schmerzensgeldnachforderung für zunächst nicht berücksichtigte Folgen jedoch dann, wenn die Verletzungsfolgen bei der früheren Bemessung entweder bereits eingetreten oder objektiv erkennbar waren oder ihr Eintritt vorhergesehen und bei der Entscheidung berücksichtigt werden konnte (BGH NJW 1988, 2300; NJW 1995, 1614; OLG Stuttgart NJW-RR 1999, 1590, 1591).

Ein Abfindungsvergleich kann dem Einwand der unzulässigen Rechtsausübung ausgesetzt sein, wenn sich nach dem Auftreten unvorhergesehener Spätfolgen, die auch für Fachleute nicht voraussehbar waren, ein krasses Missverhältnis zwischen der Vergleichssumme und dem Schaden ergibt (OLG Schleswig VersR 2001, 983; OLG Nürnberg VersR 2001, 982).

Ein solches krasses Missverhältnis liegt etwa vor, wenn die Körper- und Gesundheitsschäden unter Einbeziehung der Spätfolgen ein Schmerzensgeld in der Größenordnung von rund 255 000 Euro rechtfertigen würden, der Verletzte aufgrund des Abfindungsvergleichs aber (indexiert) lediglich ca. 50 000 Euro erhalten hat (OLG Schleswig VersR 2001, 983, 984), nicht jedoch bei einer Diskrepanz von 150 000 Euro zu (indexierten) 50 000 Euro (OLG Nürnberg VersR 2001, 982).

5. Verzicht auf die Einrede der Verjährung

a) Zulässigkeit des Verzichts

Gem. § 225 BGB a. F. konnte die Verjährung durch Rechtsgeschäft weder ausgeschlossen noch erschwert werden. Individualvereinbarungen, die den Lauf der Verjährung mittelbar erschweren, wie z. B. das Hinausschieben der Fälligkeit (BGH NJW 1984, 290), die Stundung (BGH NJW 1986, 1608) oder die Vereinbarung einer aufschiebenden Bedingung (BGH NJW 1995, 2283) sind jedoch möglich (vgl. Palandt, § 225 Rn 3).

Auf die Verjährungseinrede konnte – anders als nunmehr nach § 202 BGB n. F. – auch nicht von vornherein verzichtet werden. Wirksam ist der Verzicht wegen § 225 BGB a. F. grundsätzlich erst nach Eintritt der Verjährung (OVG Münster NZV 1996, 47; Palandt, § 225 Rn 2 und § 222 Rn 5).

Der Schuldner verstößt aber mit der Berufung auf die Verjährungseinrede gegen **Treu und Glauben** (§ 242 BGB), solange er auf Grund der „Verzichtserklärung" beim Gläubiger den Eindruck erweckt, die Ansprüche würden befriedigt oder nur mit sachlichen Einwendungen bekämpft und er ihn dadurch von einer rechtzeitigen Klageerhebung abhält (BGH WM 1982, 403; NJW 1991, 974; NJW 1998, 902 zu § 852 BGB a. F.).

Gleiches gilt, wenn der Gläubiger nach sonstigen objektiven Maßstäben darauf vertrauen durfte, sein Anspruch werde erfüllt oder nur mit sachlichen Einwendungen bekämpft werden (Palandt, Überbl. vor § 194 Rn 10, 11 und § 225 Rn 2).

Verursacht der Gläubiger nach Ablauf einer Verjährungsfrist oder einer Frist zum Verzicht auf die Einrede der Verjährung eine Verfahrensverzögerung von mehr als zwei Monaten, darf er nicht mehr damit rechnen, dass der Schuldner (weiterhin) auf die Verjährungseinrede verzichtet (OLG Köln VersR 1991, 197).

Ergibt sich aus einer Erklärung oder aus dem Verhalten des Schuldners, dass er den Verzicht nicht länger beachten will, so muss der Gläubiger innerhalb einer Frist von drei bis maximal sechs Wochen Klage erheben bzw. eine andere verjährungshemmende oder verjährungsunterbrechende Maßnahme ergreifen (BGH NJW 1998, 902; OLG Düsseldorf NJW 2001, 2265: 5½ Wochen; G/G, Rn D 10 a. E.: 3–6 Wochen).

b) Stillschweigender Verjährungsverzicht

Ein stillschweigender Verjährungsverzicht kann dann angenommen werden, wenn der Schuldner vom Verjährungseintritt weiß oder hiermit rechnet und dem Gläubiger gegenüber erklärt, er werde für den Fall des Vorliegens der Anspruchsvoraussetzungen leisten (OLG Hamm VersR 1996, 243).

Allein aus den nach Ablauf der Verjährungsfrist mit dem Haftpflichtversicherer des Schädigers geführten **Regulierungsverhandlungen** kann **kein Verzicht** auf die Verjährungseinrede hergeleitet werden; der hierzu erforderliche Verzichtswille setzt voraus, dass der Haftpflichtversicherer sich bewusst ist oder jedenfalls damit rechnet, dass bereits Verjährung eingetreten ist (OLG Düsseldorf NJW-RR 2000, 836).

Wird in einem Abfindungsvergleich ein zukünftiger, unfall- bzw. schadensbedingter Verdienstausfallschaden vorbehalten, so liegt hierin nicht ohne weiteres ein Verzicht auf die Einrede der Verjährung. Um den Eintritt der Verjährung zu verhindern, muss der Berechtigte deshalb insoweit eine Feststellungsklage erheben (KG VersR 2000, 1145) oder eine entsprechende Anerkenntniserklärung (§ 208 BGB a. F., § 212 I Nr. 1 BGB n. F.) herbeiführen.

6. Hemmung der Verjährung

a) Führung von Verhandlungen

Gem. § 852 II BGB a. F. ist bzw. war die Verjährung von Ansprüchen aus unerlaubter Handlung, wenn zwischen dem Ersatzberechtigten und dem

Ersatzverpflichteten Verhandlungen über den zu leistenden Schadensersatz schweben, solange gehemmt, bis der eine oder andere Teil die Fortsetzung der Verhandlungen verweigert; es genügt insoweit jeder Meinungsaustausch über den Schadensfall, sofern nicht sofort eindeutig jeder Ersatz abgelehnt wird (BGH NJW 2001, 885, 886 = MDR 2001, 164, 165; NJW 2001, 1723 = MDR 2001, 688, 689; NJW-RR 2001, 1168, 1169 = MDR 2001, 936).

Verhandlungen schweben schon dann, wenn der in Anspruch genommene Erklärungen abgibt, die dem Geschädigten die Annahme gestatten, der Verpflichtete lasse sich jedenfalls auf Erörterungen über die Berechtigung von Schadensersatzansprüchen ein (BGH MDR 2001, 688, 689; MDR 2001, 936, 937; MDR 1988, 570).

So kann in der Erklärung des Anspruchsschuldners, er wolle dem Anspruchsinhaber seinen Standpunkt, der Anspruch sei bereits verjährt, in einer Besprechung erläutern, der Beginn von Verhandlungen i. S. d. § 852 II BGB a. F. zu erblicken sein (BGH MDR 1997, 829).

Für eine „Verhandlung" genügt die **Mitteilung des Haftpflichtversicherers** des Schuldners, er werde nach Abschluss des Strafverfahrens gegen den Versicherungsnehmer unaufgefordert auf die Sache zurückkommen (BGH VersR 1997, 440).

Auch die Mitteilung, die Ansprüche „zumindest bisher" nicht anzuerkennen und pauschale Vorwürfe zurückzuweisen (BGH MDR 2001, 936) oder die angezeigte Bereitschaft, die Angelegenheit, verbunden mit der Ablehnung von Schadensersatzansprüchen, nochmals zu prüfen, unterfällt dem Begriff der „Verhandlung" und lässt keinen Abbruch der Verhandlungen erkennen (BGH NJW 1998, 2819; OLG Hamm NJW-RR 1998, 101; Gehrlein, Rn D 10).

Die Rspr. sieht auch die Durchführung eines vom Patienten eingeleiteten Verfahrens vor einer Schieds- oder Gutachterstelle der Ärztekammern mit dem Ziel der Feststellung eines Behandlungsfehlers als Verhandlung i. S. d. § 852 II BGB a. F. (vgl. hierzu jetzt § 203 und § 204 I Nr. 4 BGB n. F.) an, wenn der als ersatzpflichtig in Frage kommende Arzt oder dessen Versicherer hieran beteiligt ist (BGH NJW 1983, 2075; OLG Zweibrücken NJW-RR 2001, 667, 670; OLG Oldenburg VersR 1993, 1357; S/D, Rn 488, 488 b).

Die Hemmung dauert dann bis zum Abschluss des Schlichtungsverfahrens, also i. d. R. bis zum Zugang des Bescheids der Gutachterkommission bzw. der Schlichtungsstelle (OLG Zweibrücken NJW-RR 2001, 667, 670).

Unmittelbare Verhandlungen zwischen dem Patienten und der Haftpflichtversicherung der als Schädiger in Betracht kommenden Ärzte über die Ersatzpflicht hemmen die Verjährung auch gegenüber den mitversicherten Ärzten (OLG Köln VersR 1996, 253; OLG Frankfurt VersR 1998, 1282; OLG Düsseldorf VersR 2000, 457).

Verhandelt der Patient mit dem Haftpflichtversicherer des Praxisinhabers, so wird auch die Verjährung von Ansprüchen gegen dessen angestellte Ärztin, die den Patienten behandelte, gehemmt (OLG Frankfurt VersR 1998, 1282; S/D, Rn 488 c).

b) Wirkung der Hemmung

Die Hemmung wirkt auf den **Zeitpunkt der ersten Geltendmachung** der Ansprüche zurück (OLG Hamm NJW-RR 1998, 101).

Die Verjährung kommt mit Eintritt des Hemmungsgrundes zum Stillstand und läuft erst nach dessen Wegfall weiter (§§ 202 I, 205 BGB a. F.), d. h. die Zeit der Hemmung wird aus der Frist des § 852 I BGB „herausgerechnet", diese Frist wird für die Zeit der eingetretenen Hemmung praktisch verlängert.

Die Hemmung wegen etwaiger Spätfolgen wird durch den Abschluss einer Abfindungsvereinbarung und die Annahme des Abfindungsbetrages beendet (OLG Karlsruhe NJW-RR 1997, 1318; OLG Hamm MDR 1999, 38; zum Einwand unzulässiger Rechtsausübung s. o.).

Beschränkt sich die Erhebung von Ansprüchen gegen den Versicherer allein auf den Haushaltsführungsschaden, so wirkt eine Hemmung der Verjährung nur für diesen Bereich (OLG Frankfurt VersR 2000, 853). Gleiches gilt natürlich auch bei der Anmeldung lediglich eines Schmerzensgeldanspruchs hinsichtlich des materiellen Schadens.

Bei Anmeldung des Schadensersatzanspruchs sind dabei inhaltlich jedoch nur geringe Anforderungen zu stellen (BGH NJW-RR 1987, 916).

c) Ende der Hemmung

Die Hemmung der Verjährungsfrist endet durch Verweigerung der Fortsetzung der Verhandlungen. Dies muss jedoch durch ein klares und eindeutiges Verhalten einer der Parteien zum Ausdruck kommen (BGH MDR 1998, 1101).

Die Hemmung endet auch, wenn der Haftpflichtversicherer die Regulierungssumme festsetzt und der Geschädigte konkludent zu erkennen gibt, dass er diese Regulierung für ausreichend hält (OLG Köln NJW 1997, 1157) oder wenn der Verletzte die Verhandlungen einschlafen lässt, etwa durch Schweigen auf das Anerbieten, die Verhandlungen abzuschließen (OLG Düsseldorf VersR 1999, 68; BGH FamRZ 1990, 599).

Teilt der in Anspruch genommene Schädiger mit, er habe seinen Haftpflichtversicherer mit der Prüfung des Sachverhalts beauftragt, er werde in Kürze auf die Sache zurückkommen, und fragt der Verletzte einen Monat später dringend nach, wie weit die Angelegenheit gediehen ist, so ist dessen nächster Schritt zur Verfolgung der vermeintlichen Ansprüche spätestens bis zum Ende des nächsten Monats zu erwarten, so dass danach ein „Einschlafen" der Verhandlungen anzunehmen ist (OLG Düsseldorf VersR 1999, 68).

Die Erklärung eines für den Patienten tätigen Anwalts, er werde auf die Sache nach Einsicht in die Ermittlungsakten zurückkommen, steht einem Ende der Hemmung durch „Einschlafenlassen" der Verhandlungen entgegen, wenn der Anspruchsgläubiger sein Recht dann noch innerhalb von zwei Monaten verjährungsunterbrechend verfolgt (OLG Hamm VersR 1999, 739; OLG Düsseldorf NJW 2001, 2265: 5½ Wochen).

Die durch die Einreichung eines Antrages bei der Gutachterkommission bzw. der Schlichtungsstelle der Ärztekammern bewirkte Hemmung der Verjährung endet mit der Bekanntmachung des Bescheids der Kommission (OLG Zweibrücken NJW-RR 2001, 667, 670).

d) Einreichung eines Prozesskostenhilfeantrages

Für die Hemmung der Verjährung gelten die §§ 202–207 BGB a. F. ergänzend (Palandt, § 853 Rn 17).

Nach der Rspr. wird die Verjährung gem. § 203 II BGB a. F. (vgl. jetzt § 204 I Nr. 14 BGB n. F.) gehemmt, wenn der Antragsteller (ASt.) vor Eintritt der Verjährung, selbst noch am letzten Tag der Verjährungsfrist (BGHZ 70, 235) ein ordnungsgemäß begründetes, vollständiges Prozesskostenhilfe-Gesuch einreicht (BGH NJW 1989, 3149; OLG Hamm NJW-RR 1999, 1678; OLG Brandenburg NJW-RR 1999, 1296; KG VersR 2000, 1117).

Ein solches ordnungsgemäßes Gesuch liegt nur vor, wenn auch die nach § 117 ZPO erforderlichen Unterlagen dem Gericht vorgelegt werden (OLG Brandenburg NJW-RR 1999, 1296; OLG Hamm NJW-RR 1999, 1678).

Nach Auffassung des OLG Hamm (FamRZ 1998, 1605) ist der Antrag vollständig, wenn er auf vollständige Unterlagen in einem Parallelverfahren Bezug nimmt.

Das OLG Brandenburg (NZV 1998, 70) lässt – wohl zu großzügig – sogar einen konkludent gestellten PKH-Antrag ausreichen.

Jede Verzögerung, die darauf beruht, dass der Ast. den Auflagen des Gerichts nicht binnen angemessener Frist von zwei Wochen (entsprechend § 234 I ZPO) nachkommt, beruht nicht mehr auf der für § 203 II BGB a. F. erforderlichen „höheren Gewalt" (KG VersR 2000, 1117).

Konnte der Antragsteller bei vernünftiger Betrachtungsweise nicht von seiner Bedürftigkeit ausgehen, so kommt der Einreichung des PKH-Gesuchs jedoch keine Hemmungswirkung zu (OLG Hamm FamRZ 1996, 864; OLG Bamberg FamRZ 1990, 763).

Die Hemmung endet grundsätzlich mit der unanfechtbaren gerichtlichen Entscheidung, gleich, ob sie sachlich falsch oder richtig ist (Palandt, § 203 Rn 9). Die Gegenvorstellung oder Beschwerde gegen die Verweigerung von Prozesskostenhilfe kann den Fristablauf unter denselben Voraussetzungen wie das ursprüngliche Gesuch hemmen (BGH NJW 2001, 2545).

Nach Bewilligung der Prozesskostenhilfe steht dem Antragsteller in Anlehnung an § 234 I ZPO für die Klagerhebung eine Frist von zwei Wochen zu (Palandt a. a. O.). Die Hemmung endet erst nach Ablauf dieser Frist.

Nach Ablehnung eines PKH-Antrages für die erste Instanz kann **Wiedereinsetzung** gegen die Versäumung der Berufungs- oder Revisionsfrist nur gewährt werden, wenn innerhalb der Frist ein ordnungsgemäßer PKH-Antrag für die zweite Instanz gestellt worden ist (BGH MDR 2001, 1312). Für die Rechtsmittelinstanz darf die nach § 117 IV ZPO erforderliche Vorlage eines ordnungsgemäß ausgefüllten Vordruckes nur dann durch die Bezugnahme auf einen in der Vorinstanz vorgelegten Vordruck ersetzt werden, wenn zugleich unmissverständlich mitgeteilt wird, dass seitdem keine Änderungen eingetreten sind (BGH MDR 2001, 1312).

7. Unterbrechung der Verjährung

a) Wirkung der Unterbrechung

Während bei der Hemmung der Zeitraum, währenddessen die Hemmung eintritt, aus der Verjährungsfrist herausgerechnet wird (§ 205 BGB a. F.), beginnt die Frist des § 852 I BGB a. F. bei einer Verjährungsunterbrechung nach altem Recht, etwa durch Zustellung einer Klage (§ 209 I BGB a. F.), eines Mahnbescheides (§ 209 II Nr. 1 BGB a. F.) oder einer Streitverkündungsschrift (§§ 209 II Nr. 4, 215 BGB a. F.) nach mit dem sich aus §§ 210–216 BGB a. F. ergebenden Ende der Unterbrechung neu zu laufen (§§ 211 I, 213, 215 I, 217 BGB a. F.; vgl. BAG NJW 1990, 2578).

Das seit dem 1.1.2002 geltende Recht (vgl. § 212 BGB n. F., Art. 229 § 6 I, II EGBGB) kennt den Begriff der Verjährungsunterbrechung nicht. Er wurde durch den „Neubeginn der Verjährung" in § 212 BGB n. F. ersetzt. Ein Neubeginn ist nur noch bei einem Anerkenntnis des Schuldners und der Vornahme bzw. der Beantragung einer Vollstreckungshandlung vorgesehen.

b) Einreichung einer Klage

Die Unterbrechungswirkung einer Leistungs- oder Feststellungsklage als wichtigstem Fall einer verjährungsunterbrechenden Maßnahme nach altem Recht (vgl. §§ 209 I, 211 I, 212 I, 217 BGB a. F.) beschränkt sich auch bei vorliegender „Schadenseinheit" auf deren Streitgegenstand und erstreckt sich **nicht auf andere, nicht eingeklagte Schadensfolgen** (BGH NJW 1998, 1303; OLG Köln MDR 2000, 1151; OLG Oldenburg VersR 2000, 976; Palandt, § 852 Rn 16: Anders beim Anerkenntnis).

So bewirkt eine Leistungsklage auf Schadensersatz nicht die Unterbrechung der Verjährung eines Anspruchs auf Feststellung der Ersatzpflicht von Zukunftsschäden (OLG Oldenburg VersR 2000, 976; OLG Köln MDR 2000, 1151).

Bereits eingetretene Schäden, die im Wege der Leistungsklage hätten geltend gemacht werden können, aber in der zugestellten Leistungsklage nicht enthalten waren, sind keine „künftig" eintretenden Schäden i. S. d. daneben erhobenen Feststellungsklage und werden von der Verjährungsunterbrechung gem. § 209 I, II BGB a. F. nicht erfasst (OLG Köln MDR 2000, 1151).

Um die Verjährung von Schadensersatzansprüchen, die bei Zustellung der Klage bereits entstanden sind, aber noch nicht beziffert werden bzw. werden können, zu vermeiden, empfiehlt sich insoweit – auch unter Geltung des neuen Rechts – die Einreichung einer umfassenden Feststellungsklage für weiter entstandene und noch entstehende materielle und immaterielle Schäden (BGH MDR 1983, 1018; OLG Köln MDR 2000, 1151).

Beantragt der Geschädigte jedoch die Feststellung der Verpflichtung des Schädigers, ihm den in Zukunft aus dem Schadenereignis entstehenden Schaden zu ersetzen, so folgt aus den Grundsätzen der Antragsauslegung, dass damit die ab Klageeinreichung und nicht erst die ab dem Zeitpunkt der letzten mündlichen Verhandlung entstehenden Schadensersatzansprüche erfasst werden sollen (BGH NJW 2000, 2387).

Die Feststellungsklage bleibt zulässig, auch wenn im Laufe des Prozesses eine Leistungsklage zulässig bzw. dem Geschädigten möglich wird (OLG Hamm NZV 2000, 414; OLG Köln MDR 2000, 1151, 1152; BGH MDR 1983, 1018; vgl. → *Feststellungsinteresse*).

Gem. § 209 I BGB a. F. unterbricht nur eine **wirksame**, den wesentlichen Erfordernissen des § 253 ZPO genügende **Klage** die Verjährung. Auch die unsubstantiierte oder unschlüssige, insbesondere eine vor dem unzuständigen Gericht eingereichte Klage hat verjährungsunterbrechende Wirkung (Palandt, § 209 Rn 5; BGH NJW-RR 1996, 1409).

Grundsätzlich muss die Klage dem in Anspruch genommenen Schädiger spätestens am letzten Tag der Verjährungsfrist zugestellt werden. Die Zustellung wirkt jedoch auf den Zeitpunkt der Klageinreichung zurück, sofern sie „demnächst" (§ 270 III ZPO; ab 1.7.2002: § 167 ZPO) bzw. bei Zustellung eines Mahnbescheides „alsbald" (§ 693 III ZPO; ab 1.7.2002: § 167 ZPO) erfolgt.

Die Zustellung ist nach h. M. jedenfalls dann noch „demnächst" bzw. „alsbald" erfolgt, wenn die durch den Kläger zu vertretende Verzögerung, etwa die verspätete Einzahlung des Gerichtskostenvorschusses, den Zeitraum von vierzehn Tagen nicht überschreitet (BGH MDR 2000, 897; MDR 1999, 1016; MDR 1996, 737; a. A. OLG Frankfurt MDR 2001, 892: Ein Monat bei Mahnbescheid).

Bei der Berechnung der Zeitdauer der Verzögerung ist auf die Zeitspanne abzustellen, um die sich die ohnehin erforderliche Zustellung der Klage als Folge der Nachlässigkeit des Klägers verzögert (BGH MDR 2000, 897).

Der auf vermeidbare Verzögerungen im Geschehensablauf des Gerichts zurückzuführende Zeitraum wird nicht angerechnet (BGH MDR 2000, 897; NJW 1995, 3381).

So genügt auch die Zustellung zwanzig Tage nach Ablauf der Verjährungsfrist, wenn der Kläger die Klage bzw. den Antrag auf Erlass des Mahnbescheids am letzten Tag der Frist bei Gericht eingereicht hat und ihn an der Verzögerung kein Verschulden trifft (BGH NJW 1995, 3381).

Die Zustellung ist jedoch nicht mehr „demnächst" erfolgt, wenn der Kläger zunächst die Adresse des Beklagten falsch bezeichnet und zwischen der fehlgeschlagenen und der später erfolgreichen Zustellung mehr als achtzehn Tage liegen (BGH FamRZ 1988, 1154) oder wenn der Prozessbevollmächtigte des Klägers dem Gericht die korrekte Anschrift des Beklagten erst drei Wochen nach deren Bekanntwerden auf Grund einer Anfrage beim Einwohnermeldeamt mitteilt (BGH NJW 1996, 1060, 1061; Palandt, § 209 Rn 7; a. A. OLG Frankfurt MDR 2001, 892: Ein Monat noch „demnächst" i. S. d. § 693 II ZPO a. F.).

Als ladungsfähige Anschrift des Beklagten in der Klageschrift kann auch die Angabe seiner Arbeitsstelle genügen, wenn diese sowie der Zustellungsempfänger und dessen dortige Funktion so konkret und genau bezeichnet werden, dass von einer ernsthaften Möglichkeit ausgegangen werden kann, die Zustellung durch Übergabe werde gelingen (BGH MDR 2001, 164 = NJW 2001, 885).

So reicht die Bezeichnung der beklagten Krankenhausärzte mit Namen und ärztlicher Funktion in einer bestimmten medizinischen Abteilung des Krankenhauses für Angabe der ladungsfähigen Anschrift aus (BGH MDR 2001,

164, 165: „Chefarzt XY, 2. Medizinische Abteilung des Krankenhauses Z"). Die bloße Benennung eines mehrere Abteilungen umfassenden Großstadtklinikums als Zustellungsanschrift des namentlich benannten Arztes genügt dagegen nicht (BGH NJW 2001, 885, 887 als „obiter dictum").

c) Anerkenntnishandlungen

Gem. § 208 BGB a. F. wird die Verjährung unterbrochen, wenn der Anspruchsgegner den geltend gemachten Anspruch anerkennt. Entsprechendes gilt gem. § 212 I Nr. 1 BGB n. F. seit dem 1.1.2002 nunmehr für den Neubeginn der Verjährung.

Ein Anerkenntnis liegt aber nur vor, wenn sich aus dem tatsächlichen Verhalten des Schuldners gegenüber dem Gläubiger unzweideutig ergibt, dass dem Schuldner das Bestehen der Schuld bewusst ist und der Gläubiger deshalb auf die Nichterhebung der Verjährungseinrede vertrauen darf (BGH NJW-RR 1988, 684; NJW 1997, 517; NJW-RR 2002, 1433, 1434).

Als Anerkennungshandlungen kommen die Vornahme einer **Abschlagszahlung** (§§ 208 BGB a. F., 212 I Nr. 1 BGB n. F.), die vorbehaltlose Ersatzleistung auf einzelne Schadensgruppen bzw. Schadenspositionen (BGH NJW-RR 1986, 234; OLG Köln VersR 1985, 249) und die Aufrechnung mit einer Gegenforderung, etwa dem Arzthonorar (Beater, MDR 1991, 928; BGH NJW 1989, 2469 stellt auf die Umstände des Einzelfalles ab) in Betracht.

Keine Anerkennungshandlung liegt dagegen in der Erklärung, man werde sich um die Sache kümmern (OLG Koblenz NJW-RR 1990, 61) oder im Angebot einer vergleichsweisen Erledigung (OLG Hamm VersR 1990, 899). Denn regelmäßig ist davon auszugehen, dass Vergleichsverhandlungen unter Aufrechterhaltung der beiderseitigen Rechtsstandpunkte geführt werden; die dabei abgegebenen Erklärungen haben nach dem Scheitern der Verhandlungen keine Wirkung mehr (BGH NJW-RR 2002, 1433, 1434; OLG Hamm NJW-RR 1999, 1678).

Grundsätzlich genügt es, wenn der Schuldner den Anspruch dem Grunde nach anerkennt. Leistet er entsprechend den Anforderungen des Gläubigers nur auf bestimmte Schadensgruppen, so erstreckt sich die Unterbrechung im Zweifel auf die Gesamtforderung (OLG Koblenz NJW-RR 1994, 1049; Palandt, § 208 Rn 15).

Demgegenüber unterbricht das auf einen Teil des Anspruchs, etwa eine bestimmte Haftungsquote beschränkte Anerkenntnis nur hinsichtlich dieses Teils (Palandt a. a. O.).

II. Ab dem 1.1.2002 geltendes Recht

1. Verjährungsfristen

a) Regelverjährung

Die regelmäßige Verjährungsfrist beträgt ab dem 1.1.2002 gem. § 195 BGB n. F. drei Jahre. Erfasst werden von § 195 BGB a. F. die vertraglichen Primäransprüche, z. B. aus §§ 611, 631, 433 BGB, die Sekundäransprüche, also die Ansprüche auf Schadensersatz z. B. aus §§ 280 I (bislang p. V. V.), 281 I, 282, 283, 286 I BGB n. F. und aus Rücktritt gem. §§ 323 I, 346 I BGB n. F., die gesetzlichen Ansprüche z. B. aus §§ 823 I, II, 831 I, 839 I BGB, 839 a BGB n. F., 812 I, 813 I BGB, 677, 683, 670 BGB (G. o. A.). Die zwei-, drei- und vierjährigen Fristen der §§ 196, 197, 852 BGB a. F. entfallen und gehen in § 195 BGB n. F. auf (vgl. Mansel, NJW 2002, 89, 90).

b) Sonderregelungen

Soderregelungen bei Vorliegen von Sach- und Rechtsmängeln finden sich beim Kaufrecht in § 438 BGB n. F. (2, 5 und 30 Jahre; vgl. hierzu Mansel, NJW 2002, 89, 94 f.), beim Werkvertragsrecht in § 634 a BGB n. F. (2, 3 und 5 Jahre; vgl. hierzu Mansel, NJW 2002, 89, 96) und beim Reiserecht in § 651 g II BGB n. F. (2 Jahre).

Bei Rechten an einem Grundstück gilt gem. § 196 BGB n. F. eine zehnjährige, für Herausgabeansprüche aus Eigentum, anderen dinglichen Rechten, rechtskräftig festgestellten Ansprüchen, sowie Ansprüchen aus vollstreckbaren Vergleichen oder vollstreckbaren Urkunden gem. § 197 I Nr. 1, 3 und 5 BGB n. F. eine dreißigjährige Verjährungsfrist. Zu den rechtskräftig festgestellten Ansprüchen zählen auch der Schiedsspruch nach § 1055 ZPO und der Schiedsvergleich gem. § 1053 ZPO, zu den Ansprüchen aus vollstreckbaren Vergleichen die gem. § 794 I Nr. 1 ZPO, vor einer Gütestelle gem. § 797 a ZPO, im PKH-Verfahren gem. § 118 I 3 ZPO oder im selbständigen Beweisverfahren abgeschlossenen Vergleiche (D-L/H/L/R, § 197 BGB Rn 57, 58, 67).

Allerdings ist – auch gerade in Arzthaftungssachen – zu beachten, dass rechtskräftig festgestellte oder in vollstreckbaren Vergleichen geregelte Ansprüche, die künftig fällig werdende, regelmäßig wiederkehrende Leistungen, etwa Rentenzahlungen gem. § 843 I, 844 II BGB zum Inhalt haben, gem. § 197 II BGB n. F. innerhalb von drei Jahren ab ihrer Entstehung verjähren.

2. Beginn der Verjährung

a) Kenntnis bzw. grob fahrlässige Unkenntnis (§ 199 I BGB n. F.)

Gem. § 199 I BGB n. F. beginnt die Verjährung für alle keiner Sonderregelung unterworfenen Ansprüche nunmehr mit dem Schluss des Jahres zu laufen, in dem der Anspruch entstanden, also fällig ist und der Gläubiger von dem den Anspruch begründenden Umstand und der Person des Schuldners Kenntnis erlangt hat oder ohne grobe Fahrlässigkeit hätte Kenntnis erlangen müssen.

aa) Jahresschluss

Maßgebend ist der Schluss des Jahres, in dem der Anspruch entstanden ist. Sind dem Gläubiger die Voraussetzungen des Ersatzanspruchs grundsätzlich bekannt oder grob fahrlässigerweise unbekannt, beginnt die Verjährung auch für die erst in der Zukunft entstehenden Schäden mit dem Schluss des Jahres zu laufen, in dem zumindest der erste Teilbetrag des Schadens fällig geworden ist bzw. wäre (Palandt, Überbl. vor § 194 Rn 29; auch OLG Hamm NJW-RR 1999, 252 zum alten Recht) bzw. sich der erste von mehreren Schadensposten verwirklicht hat (Mansel, NJW 2002, 89, 91).

Dies gilt jedoch nicht für solche Schadensfolgen insbesondere bei Körperschäden, die auch aus der Sicht (medizinischer) Fachkreise zum Zeitpunkt der allgemeinen Kenntnis des Patienten nicht vorhersehbar gewesen sind (BGH MDR 1997, 837; MDR 2000, 270).

Die Rechtsprechung zur Schadenseinheit und etwaiger Spätfolgen (s. o. S. 530 f.) ist weiterhin einschlägig, wobei nunmehr die grob fahrlässige Unkenntnis des Patienten hinsichtlich möglicher Spätfolgen den Verjährungsbeginn zum Jahresende auslöst.

Wird die Verjährung gem. §§ 203 ff. BGB n. F. gehemmt oder beginnt sie gem. § 212 BGB n. F. von Neuem, läuft sie nach Beendigung der Hemmung (vgl. §§ 203 S. 2, 204 II) sofort und nicht erst mit dem Jahresschluss weiter (Palandt, Überbl. vor § 194 Rn 28).

bb) Positive Kenntnis

Zur Kenntnis i. S. d. § 199 I Nr. 2 BGB n. F. wird auf die Ausführungen zu § 852 BGB a. F. verwiesen (s. o. S. 520 ff., 529 ff.).

Die Kenntnis (bzw. nunmehr auch die grob fahrlässige Unkenntnis) muss nach wie vor alle Merkmale der Anspruchsgrundlage einschließlich der eigenen Anspruchsberechtigung und – bei der Verschuldenshaftung – das Vertretenmüssen des Schuldners umfassen (Mansel, NJW 2002, 89, 91), wobei nach der Fassung des § 280 I 2 BGB n. F. eine Vermutung für Letzteres wohl genügt.

cc) Grob fahrlässige Unkenntnis

Grob fahrlässig handelt der Gläubiger, der die im Verkehr erforderliche Sorgfalt nach den gesamten Umständen in ungewöhnlich hohem Maße verletzt und unbeachtet lässt, was jedem Angehörigen der jeweiligen Verkehrskreise in der jeweiligen Situation hätte einleuchten müssen (Mansel, NJW 2002, 89, 91). Nach bislang h. M. muss dem Gläubiger dabei auch subjektiv ein schwerer Pflichtenverstoß zur Last fallen (BGH NJW 1988, 1265, 1266; Mansel, NJW 2002, 89, 91).

Ein grob fahrlässiges Verhalten wird man anzunehmen haben, wenn der Patient es unterlässt, **vorhandene Behandlungsunterlagen**, aus denen das Vorliegen eines Behandlungsfehlers auch für einen Laien erkennbar wäre, **einzusehen** bzw. sich gegen Kostenerstattung Kopien zusenden zu lassen (siehe hierzu → *Einsicht in Krankenunterlagen*) bzw. einen Rechtsanwalt oder sonstigen sachkundigen Vertreter mit der Einsichtnahme zu beauftragen (Vorsatz von BGH NJW 1989, 2323 abgelehnt).

Dies gilt erst recht, wenn der Patient einen Rechtsanwalt mit seiner Vertretung beauftragt hat, dieser es aber unterlässt, die ihm in Kopie übersandten Behandlungsunterlagen, aus denen sich der Behandlungsfehler erkennen lassen würde, auszuwerten.

Auch **einfache Nachfragen** nach dem Namen des behandelnden Krankenhausarztes (Mansel, NJW 2002, 89, 92; von BGH MDR 2000, 582, 583 und OLG Frankfurt VersR 2001, 1572 zu § 852 BGB a. F. dem Vorsatz gleichgestellt), der Bedeutung medizinischer Begriffe und die Nebenwirkungen eines verabreichten, „verdächtigen" Medikaments bei seinem Hausarzt bzw. einer Apotheke sind dem Patienten wohl zuzumuten.

Die Hinzuziehung eines medizinischen Sachverständigen oder die generelle Beauftragung eines Rechtsanwalts wird man aber nach wie vor nicht verlangen können.

Das Unterlassen eines Mindestmaßes an aktenmäßiger Erfassung und des geregelten Informationsaustausches über verjährungshemmende Tatsachen innerhalb arbeitsteiliger Unternehmen, Behörden und Körperschaften, etwa zwischen der Leistungs- und der Regressabteilung einer Krankenkasse, wird jedoch als Fall grob fahrlässiger Unkenntnis dieser Tatsachen angesehen (Mansel, NJW 2002, 89, 92; ders. in D-L/H/L/R, § 199 BGB Rn 61; Heß, NZV 2002, 65, 66; Schmid, ZGS 2002, 180, 181).

Bei einem etwaigen Aufklärungsversäumnis wurde bereits unter der Geltung des § 852 BGB a. F. das Bestehen einer Erkundigungspflicht des

Patienten, sein Wissen um die Rechtsfolgen des tatsächlichen Geschehens durch einfache, zumutbare Maßnahmen zu vervollständigen, bejaht (G/G, Rn D 12; Gehrlein, Rn D 9; s. o. S. 528).

Hat sich nach dem Eingriff eine bestimmte, für die Gesundheit des Patienten nachteilige Folge eingestellt und wurde er hierüber nicht aufgeklärt, so wird man ihm zumuten können, sich dahin gehend zu erkundigen, ob es sich bei der Komplikation um ein dem Eingriff eigentümliches Risiko handelte, das einem Facharzt des jeweiligen Gebietes im Zeitpunkt des Eingriffs bekannt war oder bekannt sein musste (vgl. OLG Düsseldorf NJW-RR 1999, 823 zum bisherigen Recht).

b) Höchstfristen (§ 199 II, III BGB n. F.)

aa) § 199 II BGB n. F.

§ 199 II BGB n. F. bestimmt, dass Schadensersatzansprüche, z. B. aus § 280 I BGB n. F. (vormals p. V. V.), §§ 823 I, II, 831 I, 839 I BGB sowie aus Gefährdungshaftung, die auf der Verletzung des Lebens, des Körpers, der Gesundheit oder Freiheit beruhen, ohne Rücksicht auf die Entstehung eines Schadens und ohne Rücksicht auf die Kenntnis bzw. grob fahrlässige Unkenntnis i. S. d. § 199 I Nr. 2 BGB n. F. in spätestens 30 Jahren seit der Begehung der tatbestandlichen Handlung i. S. d. § 823 I BGB, der Vornahme der Pflichtverletzung i. S. d. § 280 I BGB n. F. und bei einer Unterlassung ab dem Zeitpunkt, in dem die Handlung geboten gewesen wäre, verjähren (vgl. D-L/H/L/R, § 199 BGB Rn 85, 86, 89).

So kann ein Anspruch aus einer behandlungsfehlerhaft durchgeführten Röntgenreihenuntersuchung 30 Jahre nach deren Durchführung verjähren, selbst wenn eine Krebserkrankung als dadurch verursachter Gesundheitsschaden und damit der Anspruch i. S. d. §§ 823 I, 280 I, 199 I BGB n. F. noch gar nicht entstanden ist (D-L/H/L/R, § 199 BGB Rn 84).

Der Gesetzgeber hat die Einbeziehung von vorsätzlich oder grob fahrlässig verursachten Vermögensschäden in § 199 II BGB n. F. ausdrücklich abgelehnt und dessen Katalog als abschließend bezeichnet (D-L/H/L/R, § 199 BGB Rn 81 m. w. N.).

Die Höchstfristen des § 199 II, III BGB n. F. gelten aber nur, solange die Voraussetzungen des § 199 I BGB n. F. nicht vorliegen. Mit der Entstehung des Anspruchs und der Kenntnis bzw. grob fahrlässigen Unkenntnis von den Umständen (vgl. S. 542, 520 ff.) beginnt die kürzere Frist des § 195 BGB n. F. zu laufen. Ist dies jedoch erst vor Ablauf der Frist des § 199 II, des § 199 III bzw. des § 199 IV BGB n. F. der Fall, so ist der – frühere – Verjährungseintritt nach § 199 II, III oder IV BGB n. F. maßgebend (D-L/H/L/R, § 199 BGB Rn 71).

bb) § 199 III BGB n. F.

Schadensersatzansprüche wegen Verletzung sonstiger Rechtsgüter (Eigentum, Vermögen u. a.) verjähren gem. § 199 III 1 Nr. 1 BGB n. F. entweder in zehn Jahren ab ihrer Entstehung oder – wie die in § 199 II BGB n. F. genannten Ansprüche – gem. § 199 III 1 Nr. 2 BGB n. F. in 30 Jahren ab der Begehung der Handlung, der Pflichtverletzung oder dem sonstigen schadensbegründenden Ereignis.

Maßgebend ist hier nach § 199 III 2 BGB n. F. die früher endende Frist. Sobald die Voraussetzungen des § 199 I BGB n. F. vorliegen (Anspruch entstanden, sowie Kenntnis bzw. grob fahrlässige Unkenntnis), beginnt zum Jahresschluss jedoch die Frist des § 195 BGB n. F. zu laufen.

c) Beginn der Verjährung von festgestellten Ansprüchen (§ 201 BGB n. F.)

Die dreißigjährige Verjährung von rechtskräftig festgestellten Ansprüchen beginnt mit der **formellen Rechtskraft** der Entscheidung (§§ 201, 197 I Nr. 3 BGB n. F.), die dreißigjährige Verjährung der Ansprüche aus vollstreckbaren Vergleichen oder vollstreckbaren Unkunden mit der Errichtung des vollstreckbaren Titels (§§ 201, 197 I Nr. 4 BGB n. F.).

Die Verjährung kann gem. § 201 S. 1 letzter Hs. BGB n. F. jedoch nicht vor der Entstehung des Anspruchs, etwa bei Verurteilung zur Erbringung künftig fällig werdender Leistungen (§§ 257, 259 ZPO) beginnen (D-L/H/L/R, § 201 BGB Rn 3).

d) Beginn anderer Verjährungsfristen (§ 200 BGB n. F.)

Soweit der Verjährungsbeginn nicht in §§ 199, 201 BGB n. F. geregelt ist, beginnt die Verjährung von Ansprüchen gem. § 200 BGB n. F. mit deren Entstehung zu laufen. So findet § 200 BGB n. F. für die Verjährungsfristen der §§ 196, 197 I Nr. 1, 197 I Nr. 2 BGB n. F. Anwendung (D-L/H/L/R, § 200 BGB Rn 3).

3. Neubeginn der Verjährung

a) Unterbrechung und Neubeginn

Eine Verjährungsunterbrechung (§§ 208–217 BGB a. F.) kennt das neue Verjährungsrecht nicht. Die alten Unterbrechungstatbestände sind überwiegend in Hemmungstatbestände (§§ 203 ff. BGB n. F.) umgewandelt.

Zu einem der früheren Unterbrechung entsprechenden Neubeginn der Verjährung, wonach die entsprechende Verjährungsfrist z. B. aus §§ 195, 199 I, II BGB n. F. in voller Länge erneut zu laufen beginnt, führen gem. § 212 I Nr. 1 u. 2 BGB n. F. nur noch das Anerkenntnis des Schuldners (vgl. hierzu oben I. 7. c) und die Beantragung oder Vornahme einer gerichtlichen bzw. behördlichen Vollstreckungshandlung.

b) Überleitungsrecht

Nach der Überleitungsvorschrift des Art. 229 § 6 I 2 EGBGB richten sich Beginn, Hemmung und Neubeginn der Verjährung für Ansprüche, die bis zum 31.12.2001 entstanden sind, nach dem alten Recht.

Verjährungsunterbrechungen nach altem Recht entfallen gem. Art 229 § 6 I 3 EGBGB, wenn sie bei Fortgeltung des alten Rechts entfallen wären, z. B. bei Rücknahme der Klage gem. § 212 I BGB a. F.

Eine **nach altem Recht begonnene Verjährungsunterbrechung wandelt sich** gem. Art. 229 § 6 II EGBGB **in eine Hemmung** um, sofern der bisherige Unterbrechungstatbestand ab dem 1.1.2002 nur noch eine Hemmung vorsieht. Dies gilt etwa für die Klageerhebung (§§ 209 I BGB a. F., 204 I Nr. 1 BGB n. F.), die Zustellung eines Mahnbescheids (§§ 209 II Nr. 1, 213 BGB a. F., 204 I Nr. 3 BGB n. F.), die Aufrechnung im Prozess (§§ 209 II Nr. 3 BGB a. F., 204 I Nr. 5 BGB n. F.) und die Streitverkündung (§§ 209 II Nr. 4 BGB a. F., 204 I Nr. 6 BGB n. F.).

Ist z. B. eine Klage oder der Antrag auf Erlass eines Mahnbescheids vor dem 1.1.2002 eingereicht und nach dem 1.1.2002, jedoch noch „demnächst" i. S. d. §§ 270 III, 691 II ZPO (ab 1.7.2002: § 167 ZPO) zugestellt worden, so wird die Verjährung wegen der damit fingierten Rückwirkung auf den Zeitpunkt der Anhängigkeit unterbrochen. Die Unterbrechung wandelt sich ab dem 1.1.2002 in eine Hemmung (§ 204 I Nr. 1 bzw. Nr. 3 BGB n. F.), die gem. § 204 II 1 BGB n. F. sechs Monate nach der rechtskräftigen Entscheidung oder anderweitigen Verfahrensbeendigung endet (vgl. Palandt, Überbl. vor § 194 Rn 47, 53). Relevant wird dies insbesondere bei einer Rücknahme oder Klageabweisung.

Wird die vor dem 1.1.2002 eingereichte Klage dann z. B. am 15.5.2002 zurückgenommen, so bleibt nach Art. 229 § 6 I 3 1. Alt. EGBGB die frühere Regelung des § 212 I BGB a. F. anwendbar, d. h. die Unterbrechung gilt als nicht eingetreten (Heß, NJW 2002, 253, 257). Wird dann am 18.6.2002 erneut Klage eingereicht, so wird die Verjährung gem. Art. 229 § 6 I 3 2. Alt. EGBGB i. V. m. § 212 II BGB a. F. erneut unterbrochen. Auch diese – wiederum zurückwirkende – Unterbrechung führt Art. 229 § 6 II EGBGB zum 1.1.2002 in eine Hemmung nach § 204 I Nr. 1 BGB n. F. über (Heß, NJW 2002, 253, 257).

Im Falle des Obsiegens rechtskräftig festgestellte Ansprüche verjähren gem. §§ 197 I Nr. 3, 200 BGB n. F. in 30 Jahren, ebenso gem. §§ 197 I Nr. 4, 200 BGB n. F. die in vollstreckbaren Vergleichen festgelegten Ansprüche.

4. Hemmung der Verjährung

a) Hemmung durch Rechtsverfolgung (§ 204 BGB n. F.)

Wie beim bisherigen Recht wird der Zeitraum, während dessen die Verjährung gehemmt ist, nicht in die Verjährungsfrist eingerechnet (§ 209 BGB n. F.). Die Verjährungsfrist wird faktisch um den Zeitraum der Hemmung verlängert.

Die wichtigsten Hemmungstatbestände sind die Erhebung einer **Klage** des Berechtigten (§ 204 I Nr. 1 BGB n. F.) und die **Zustellung eines Mahnbescheids** (§ 204 I Nr. 3 BGB n. F.), wobei die Wirkung der Hemmung gem. §§ 270 III, § 691 II ZPO (ab 1.7.2002: § 167 ZPO) bereits mit Einreichung der Klage eintritt, wenn sie „demnächst" zugestellt wird (s. o.), die Aufrechnung im Prozess (§ 204 I Nr. 5 BGB n. F.), die Zustellung einer Streitverkündungsschrift (§ 204 I Nr. 6 BGB n. F.), die bislang im Arzthaftungsprozess keine Hemmung herbeiführende Zustellung eines Antrags auf Durchführung eines selbständigen Beweisverfahrens (§ 204 I Nr. 7 BGB n. F.) und die Veranlassung der Bekanntgabe eines PKH-Antrages (§ 204 I Nr. 14 BGB n. F.), wobei auch hier die Hemmungswirkung mit der Einreichung des Antrages beginnt, wenn die Bekanntgabe dann „demnächst" veranlasst wird.

Anders als nach dem bisherigen Richterrecht ist eine ordnungsgemäße Begründung des PKH-Antrages und die Beifügung sämtlicher erforderlicher Belege für den Eintritt der Hemmung nicht erforderlich. Als „**Mindestanforderungen**" werden die **individualisierbare Benennung der Parteien** und die ausreichende **Darstellung des Streitverhältnisses** zur Identifizierbarkeit der von der Verjährungshemmung erfassten Ansprüche genannt, die Ausarbeitung weiterer Voraussetzungen soll der Rechtsprechung überlassen bleiben (D-L/H/L/R, § 204 BGB Rn 42).

Gem. § 204 II 1 BGB n. F. endet die Hemmung nach § 204 I Nr. 1–14 BGB n. F. sechs Monate nach der rechtskräftigen Entscheidung oder anderweitigen Beendigung des eingeleiteten Verfahrens, so beim selbständigen Beweisverfahren die Vorlage des Sachverständigengutachtens, andernfalls dessen Erläuterung durch den Sachverständigen (D-L/H/L/R, § 204 BGB Rn 49).

Wichtig ist die Beendigung der Hemmung z. B. für die Rücknahme bzw. die Abweisung der Klage oder für die nach Abschluss des Vorprozesses gegen den Streitverkündenden einzureichende Klage. Im Falle des Obsiegens oder des Vergleichsabschlusses gilt für die titulierten Ansprüche die 30-jährige Frist des § 197 I Nr. 3, Nr. 4 BGB n. F.

Bei einem **Verfahrensstillstand wird die Sechsmonatsfrist des § 204 II 1 BGB n. F. ab dem Ende der letzten Verfahrenshandlung** berechnet. Ein

Ende der Hemmung wegen eines Verfahrensstillstandes gem. § 204 II 2 BGB n. F., etwa nach Anordnung des Ruhens des Verfahrens gem. §§ 251 I, 251 a ZPO oder bei faktischem Stillstand, setzt jedoch eine Verfahrensuntätigkeit beider Parteien, die ursächlich für den Verfahrensstillstand sein muss, voraus.

Der eingetretene Verfahrensstillstand darf also nicht auf die Untätigkeit des Gerichts zurückzuführen sein, sofern es von Amts wegen tätig sein müsste, z. B. eine Partei zur Erfüllung gerichtlicher Auflagen anzuhalten (D-L/H/L/R, § 204 Rn 56).

Die Hemmung endet auch nicht, wenn die Partei einen triftigen Grund für ihre Untätigkeit hat (D-L/H/L/R, § 204 BGB Rn 58, 59).

Es empfiehlt sich daher im Zweifelsfall das Verfahren alle fünf Monate vorsorglich i. S. d. § 204 II 3 BGB n. F. weiterzubetreiben, wofür die Stellung – auch unzulässiger – Termins- oder Prozesskostenhilfeanträge, nicht jedoch die Mitteilung, das Verfahren solle fortgesetzt werden, genügt (D-L/H/L/R, § 204 BGB Rn 57).

b) Hemmung durch Verhandlungen (§ 203 BGB n. F.)

Schweben zwischen dem Gläubiger und dem Schuldner – bzw. dessen Haftpflichtversicherung (OLG Düsseldorf VersR 2000, 457; OLG Köln VersR 1996, 253) – Verhandlungen über den geltend gemachten Anspruch oder die den Anspruch begründenden Umstände, so ist die Verjährung gem. § 203 S. 1 BGB n. F. gehemmt, bis eine der Parteien die Fortsetzung der Verhandlungen verweigert.

Im Zweifel werden von der „Verhandlung" alle Ansprüche erfasst, die aus dem Lebenssachverhalt, der Gegenstand der Verhandlungen ist, erwachsen und die auf dasselbe oder ein vergleichbares Gläubigerinteresse gerichtet sind (D-L/H/L/R, § 203 BGB Rn 3 und § 213 Rn 5, 8).

Der Begriff des „Verhandelns" ist weit zu verstehen (BGH MDR 2001, 936; s. o. S. 533 f.).

Es genügt jeder Meinungsaustausch über den Schadensfall zwischen dem Geschädigten und dem Schädiger bzw. dessen Haftpflichtversicherer, soweit Letztere nicht sofort und eindeutig jeden Ersatzanspruch ablehnen (BGH MDR 2001, 936; MDR 2001, 688).

Die bisherige Rspr., wonach die Hemmung mit dem ausdrücklichen oder konkludenten Angebot zum Eintritt in Verhandlungen beginnt, soweit sich die andere Partei darauf einlässt, findet weiterhin Anwendung (Ott, MDR 2002, 1, 5).

Auch das von Patienten eingeleitete Verfahren vor einer Schieds- oder Gutachterstelle der Ärztekammern mit dem Ziel, das Vorliegen eines

Behandlungsfehlers feststellen zu lassen, wird als „Verhandlung" i. S. d. §§ 852 II BGB a. F. angesehen (OLG Zweibrücken VersR 2001, 667, 670; OLG Oldenburg VersR 1993, 1357; s. o. S. 534). Für § 203 S. 1 BGB n. F. kann nichts anderes gelten.

Gem. § 203 S. 2 BGB n. F. tritt die Verjährung nach der Verweigerung weiterer Verhandlungen durch eine Partei aber frühestens drei Monate nach dem Ende der Hemmung, also drei Monate nach dem Zeitpunkt, in dem der nächste Verhandlungsschritt bzw. die letzte Äußerung der Gegenseite nach Treu und Glauben zu erwarten gewesen wäre, ein (Mansel, NJW 2002, 89, 98; Heß, NZV 2002, 65, 67; vgl. zum Ende der Hemmung S. 535).

c) Weitere Hemmungstatbestände

Weitere Hemmungstatbestände sind in §§ 205–208, 210, 211 BGB n. F. geregelt.

5. Verlängerung und Verkürzung der Verjährung

Aus § 202 II BGB n. F. folgt, dass nunmehr rechtsgeschäftliche Verlängerungen der Verjährung bis zu 30 Jahren generell zulässig sind (vgl. Mansel, NJW 2002, 89, 96; Heß, NZV 2002, 65, 68). Ein Rückgriff auf § 242 BGB – wie unter der Geltung des § 225 S. 1 BGB a. F. – ist nicht mehr erforderlich.

Einschränkungen ergeben sich bei einer Haftung wegen Vorsatzes für die Verlängerung aus § 202 I BGB n. F., für die Verkürzung der Verjährung beim Verbrauchsgüterkauf aus §§ 475 II, 13, 14 BGB n. F. und bei der Verkürzung der Verjährungsfristen durch AGB wegen Sachmängeln aus §§ 309 Nr. 8 b ee, 8 b ff., 307 II BGB n. F.

6. Rechtsfolgen der Verjährung

Gem. § 214 I BGB n. F. ist der Schuldner nach Eintritt der Verjährung, die nicht von Amts wegen zu beachten ist, berechtigt, die Leistung zu verweigern.

Eine Rückforderung des trotz Verjährungseintritts Geleisteten ist gem. § 214 II BGB n. F. ausgeschlossen.

§ 215 BGB n. F. stellt im Anschluss an die Rspr. zu § 390 S. 2 BGB a. F. klar, dass die Verjährung die Aufrechnung und die Geltendmachung eines Zurückbehaltungsrechts, etwa aus §§ 273, 320 BGB, nicht ausschließt, wenn der Anspruch in dem Zeitpunkt noch nicht verjährt war, in dem erstmals aufgerechnet oder die Leistung verweigert werden konnte (Palandt, Überbl. vor § 194 Rn 50; Mansel, NJW 2002, 89, 99).

7. Anwendbarkeit des neuen Verjährungsrechts; Überleitungsvorschriften

Gem. Art. 229 § 6 I 1 EGBGB finden §§ 199 BGB ff. n. F. auf alle am 1.1.2002 bestehenden und bis dahin nicht verjährten Forderungen Anwendung, wobei sich gem. Art. 229 § 6 III EGBGB insbesondere die zweijährigen Fristen des § 196 I Nr. 1–17 BGB a. F. sowie die Jahres- und Halbjahresfristen der §§ 477, 638 BGB a. F. für kauf- und werkvertragliche Ansprüche aus §§ 459, 463 S. 1, 634 I, 635 BGB a. F., deren Verjährungslauf vor dem 1.1.2002 begann, durch die Einführung des § 199 I BGB n. F. nicht verlängern, sondern im Jahr 2002 (§§ 477, 638 BGB n. F.) bzw. spätestens im Jahr 2003 (§ 196 BGB a. F.) ablaufen (vgl. Bereska, ZAP 2001, 1513, 1522; AnwBl. 2001, 404, 408; Palandt, Überbl. vor § 194 Rn 2, 5).

Soweit die Verjährungsfrist der §§ 195, 199 BGB n. F. kürzer ist als diejenige aus §§ 195, 852 BGB a. F., etwa für vor dem 1.1.2002 entstandene Ansprüche des Patienten gegen einen Arzt auf Ersatz seines materiellen Schadens aus p. V. V. (ab 1.1.2002: § 280 I BGB n. F.) wegen eines Behandlungs- oder Aufklärungsfehlers, beginnt gem. Art. 229 § 6 IV 1 EGBGB die kürzere Frist der §§ 195, 199 I BGB n. F. bei Vorliegen der Voraussetzungen des § 199 I Nr. 1 u. 2 BGB n. F. am 1.1.2002 zu laufen (vgl. Palandt, Überbl. vor § 194 Rn 6; Heß, NJW 2002, 253, 258; Gsell, NJW 2002, 1297, 1299 ff.; Bereska, ZAP 2001, 1513, 1522 und AnwBl. 2001, 404, 408).

Hat also ein Patient aufgrund eines ärztlichen Behandlungsfehlers vom 29.10.2001, der sich auch einem Laien bei genauer Durchsicht der Behandlungsunterlagen erschließen würde, einen unmittelbar nach der Behandlung offenbar werdenden und ab dem 15.11.2001 zu einem Verdienstausfall führenden Gesundheitsschaden erlitten, beginnt die dreijährige Verjährung seines deliktischen Anspruchs auf Schmerzensgeld (§§ 823 I, 847, 852 BGB a. F.) mangels positiver Kenntnis des haftungsbegründenden Geschehens vor dem 1.1.2002 nicht zu laufen. Die 30-jährige Verjährung seines vertraglichen Anspruchs auf Ersatz des Verdienstausfalls (p. V. V., § 195 BGB a. F.) setzt ab dem 15.11.2001 für die jeweils entstandenen materiellen Schäden einschließlich vorhersehbarer Spätfolgen ein, würde also erst am 15.11.2031 enden, sofern nicht bereits § 197 BGB a. F. eingreift.

Gem. Art. 229 § 6 IV 1 EGBGB beginnt jedoch sowohl für die vertraglichen (jetzt § 280 I BGB n. F.) als auch die deliktischen Ansprüche am 1.1.2002 die dreijährige Verjährung des § 195 i. V. m. § 199 I BGB n. F. zu laufen, da der Anspruch bis zu diesem Zeitpunkt entstanden ist und dem Patienten das den nicht angeforderten Behandlungsunterlagen zu entnehmende Vorliegen eines Behandlungsfehlers infolge grober Fahrlässigkeit unbekannt geblieben ist.

Nach § 187 II BGB ist der 1.1.2002 bei der Fristberechnung einzubeziehen, so dass die Ansprüche des Patienten mit Ablauf des 31.12.2004 verjähren. Liegen die Voraussetzungen des § 199 I Nr. 2 BGB n. F., also die Kenntnis des Patienten von den anspruchsbegründenden Umständen und der Person des Schuldners bzw. die grob fahrlässige Unkenntnis hiervon erst am 9.9.2005 vor, ist fraglich, ob auf die Dreijahresfrist des § 195 BGB a. F. oder aber die dreißigjährige Höchstfrist des § 199 II abzustellen ist. Der Gesetzgeber hat dieses Problem nicht gesehen (vgl. Heß, NJW 2002, 235, 238).

Für die Anwendung des § 195 BGB n. F. und damit den Verjährungsablauf zum 31.12.2004 auch im Falle fehlender Kenntnis bzw. grob fahrlässiger Unkenntnis spricht, dass Art. 229 § 6 III, IV EGBGB nicht auf den Verjährungsbeginn, sondern auf die Fristdauer abstellt. Heß (NJW 2002, 253, 258) hält dieses Ergebnis jedoch nicht für zwingend. Denn das neue Verjährungsrecht muss als Einheit angesehen und darf bei der intratemporalen Anknüpfung nicht aufgespalten werden. Art. 229 § 6 IV 1 gibt nur den Rahmen für die Verjährung nach neuem Recht vor, innerhalb dessen auch § 199 I – V BGB n. F. zu beachten sind. In obigem Beispielsfall beginnt die dreijährige Verjährungsfrist des § 195 BGB n. F. danach am Schluss des Jahres 2005, in dem die Voraussetzungen des § 199 I Nr. 2 BGB n. F. eintraten, zu laufen und endet am 31.12.2008.

Die Verjährungsfrist des alten Rechts, hier der §§ 195, 852 BGB a. F. bleibt gem. Art. 229 § 6 IV 2 EGBGB aber maßgebend, falls sie vor der kürzeren Frist des neuen Rechts endet (vgl. Bereska, AnwBl. 2001, 404, 408; Heß, NJW 2002, 253, 257; Ott, MDR 2002, 1, 2).

Ist der Behandlungsfehler dem Arzt bereits am 29.10.1972 unterlaufen und der Anspruch des Patienten auf Zahlung des Verdienstausfalls am 15.11.1972 entstanden, so verjährt dieser mit Ablauf des 15.11.2002. Hat er nach Auswertung der Krankenunterlagen oder nach Einholung eines Sachverständigengutachtens am 15.5.1999 vom Vorliegen eines Behandlungsfehlers, der dem betreffenden Arzt unterlaufen ist, erfahren, so verjährt sein Anspruch auf Ersatz der immateriellen Schäden aus §§ 823 I, 847 BGB gem. § 852 I BGB a. F., Art. 229 § 6 IV 2 EGBGB mit Ablauf des 15.5.2002.

Voll beherrschbare Risiken

Vgl. auch → *Beweislastumkehr*; → *Anscheinsbeweis*; → *Kausalität*

I. Begriff, Beweislastumkehr

Grundsätzlich hat der Patient das Vorliegen eines Behandlungsfehlers, das Verschulden der Behandlungsseite und den Kausalzusammenhang zwischen dem Behandlungsfehler und dem bei ihm eingetretenen Primärschaden zu beweisen (vgl. S/D, Rn 513; G/G, Rn B 200, 217; E/B, Rn 489, 490, 499; Gehrlein, Rn B 5, B 116 – vgl. → Beweislast; → Kausalität).

Ausnahmsweise hat jedoch die **Behandlungsseite** (unter Geltung der §§ 276, 282 BGB a. F.) die Vermutung der objektiven Pflichtwidrigkeit bzw. des Verschuldens zu widerlegen, wenn feststeht, dass die Primärschädigung aus einem Bereich stammt, dessen Gefahren von deren Seite voll ausgeschlossen werden können und müssen (BGH NJW 1999, 1779, 1780; NJW 1995, 1618, 1619; OLG Hamm, Urt. v. 20.5.1998 – 3 U 139/97 und MedR 2002, 196; S/D, Rn 500; F/N, Rn 137; Gehrlein, Rn B 129, 135).

Wenngleich die Beweisregel des § 282 BGB a. F. (ab 1.1.2002 ersetzt durch § 280 I 2 BGB n. F.) im Bereich des ärztlichen Handelns keine generelle Anwendung fand, musste sich der Arzt bzw. der Krankenhausträger in Umkehr der Beweislast analog § 282 BGB a. F. entlasten, wenn sich der Gesundheitsschaden des Patienten in einem Bereich ereignet hat, dessen Gefahren von seinem Personal voll beherrscht werden konnten (BGH NJW 1995, 1618, 1619; VersR 1984, 386, 387; OLG Stuttgart OLGR 2002, 324, 326; F/N, Rn 111, 137; Gehrlein, Rn B 129).

Die von der Rechtsprechung zur p. V. V. außerhalb des Arzthaftungsrechts entwickelte Beweislastverteilung nach Gefahrenbereichen wird in § 280 I 2 BGB n. F. grundsätzlich aufgegeben (Zimmer, NJW 2002, 1, 7). Die seit dem 1.1.2002 einheitlich geltende Regelung des § 280 I 2 BGB n. F. – Beweislast des Schuldners dafür, dass er die Pflichtverletzung (vormals p. V. V.) nicht zu vertreten hat – beruht auf einer Verallgemeinerung der zuvor in §§ 282, 285 BGB a. F. für die Fälle der Unmöglichkeit der Leistung und des Verzugs geltenden Beweislastanordnung (Zimmer, NJW 2002, 1, 7; D-L/H/L/R, § 280 BGB Rn 60; vgl. S. 227).

Es ist jedoch davon auszugehen, dass die Rechtsprechung an den von ihr speziell für das Arzthaftungsrecht im Einzelnen ausgearbeiteten Beweislastgrundsätzen, somit auch der vorliegenden Fallgruppe der „voll beherrschbaren Risiken" festhalten wird (vgl. Müller, VRiBGH, MedR 2001, 487, 494: „Richterrecht als Garantie des derzeitigen Rechtszustandes", Spickhoff, NJW 2002, 1758, 1762 und NJW 2002, 2530, 2532; a. A. aber Palandt, SMG § 280 Rn 42 und Katzenmeier, VersR 2002, 1066, 1069), zumal der Gesetzgeber an der Beweislastverteilung im Rahmen des vertraglichen Arzthaftungsrechts nichts ändern wollte und die „Sphärentheorie" jedenfalls bei der Verletzung von Schutzpflichten i. S. d. §§ 282,

241 II BGB n. F. weiterhin Anwendung finden soll (D-L/H/L/R, § 280 BGB Rn 60 unter Hinweis auf BT-Drucksache 14/6040, S. 136; Spickhoff, NJW 2002, 2530, 2532; abl. Katzenmeier, VersR 2002, 1066, 1069 m.w.N.).

Soweit deliktische Ansprüche im Raum stehen, muss die Behandlungsseite ihr fehlendes Verschulden sowohl hinsichtlich der Organisation als auch der Anleitung und Überwachung beweisen (Gehrlein, Rn B 129). Dies folgt aus § 831 BGB (BGH NJW 1982, 699; Gehrlein, Rn B 129) bzw. der „Gefahrenkreislehre" (F/N, Rn 137; Müller, NJW 1997, 3049, 3050).

Im Ergebnis ergeben sich bei der Beweislastumkehr für die vertragliche und die deliktische Arzthaftung weder für das alte noch das seit dem 1.1.2002 geltende, neue Recht Unterschiede (F/N, Rn 137; vgl. zum neuen Recht auch Däubler, NJW 2001, 3729, 3731 und S. 227).

Der Patient muss somit – nach wie vor – dartun und erforderlichenfalls beweisen, dass es sich bei der Durchführung der Operation bzw. der Behandlungsmaßnahme um einen „voll beherrschbaren Risikobereich" der Tätigkeit des Arztes bzw. dessen Hilfspersonen gehandelt hat (OLG Köln VersR 2000, 103, 104).

Es obliegt dann der Behandlungsseite, den Beweis zu führen, dass nicht in ihrem Risikobereich liegende, bei der Operations- oder Behandlungsplanung nicht erkennbare Umstände vorlagen, die mit einer gewissen Wahrscheinlichkeit gleichfalls zum Eintritt des Primärschadens geführt haben könnten, etwa eine extrem seltene körperliche Anomalie, die den Patienten für den eingetretenen Schaden anfällig gemacht hat (BGH NJW 1995, 1618; G/G, Rn B 246).

Dem Arzt oder Krankenhausträger bleibt es daneben unbenommen, darzulegen und zu beweisen, dass ein nach den Maßstäben des § 282 BGB a. F. (analog) bzw. des § 280 I 2 BGB n. F. verschuldeter Behandlungsfehler nicht vorliegt.

Auch beim Vorliegen eines „voll beherrschbaren Risikobereichs" erstreckt sich die Beweiserleichterung nicht auf den Nachweis der Kausalität zwischen dem schuldhaft verursachten Behandlungsfehler und dem Eintritt des Primärschadens (BGH NJW 1994, 1594; F/N, Rn 137; Gehrlein, Rn B 135). Insoweit kann jedoch eine Beweislastumkehr bei groben Behandlungs- und Organisationsfehlern (Gehrlein, Rn B 135, 140, 146; G/G, Rn B 251, 257 ff.; siehe → *Grobe Behandlungsfehler*) und bei Nichterhebung gebotener Befunde (G/G, Rn 296; Gehrlein, Rn B 156, 157; siehe → *Unterlassene Befunderhebung*) eingreifen.

II. Fallgruppen

1. Medizinische Geräte und Materialien

▷ *Durchführung einer Ballonvalvuloplastie*

Wird bei der Durchführung einer Ballonvalvuloplastie der Herzmuskel durchstoßen mit der Folge eines Kreislaufstillstands, so liegt hierin wegen der nicht vollständigen Beherrschbarkeit des Risikos nicht unbedingt ein Behandlungsfehler (OLG Karlsruhe VersR 1997, 241).

▷ *Defekt eines Elektrokauters*

Das ordnungsgemäße Funktionieren eines Elektrokauters gehört zu dem Bereich, dessen Gefahren ärztlicherseits voll ausgeschlossen werden können und müssen (OLG Hamm VersR 1999, 1111, 1112).

▷ *Defekte Filtrationsanlage*

Kommt es im Rahmen der Blutwäsche bei einer Niereninsuffizienz aus ungeklärten Gründen zu einer Trennung der Schraubverbindung zwischen dem arteriell liegenden Katheder und der Infiltrationspatrone und als deren Folge zu einem letztlich zum Tod des Patienten führenden Entblutungsschock, streitet die Verschuldensvermutung zu Gunsten des Patienten. Diese Verschuldenvermutung ist dann von der Behandlungsseite zu entkräften (OLG Köln VersR 2000, 974).

▷ *Unverträglichkeit der angesetzten Instrumente bei der horizontalen Arbeitsteilung*

Beim Zusammenwirken mehrerer Ärzte im Rahmen der horizontalen Arbeitsteilung, etwa eines Anästhesisten und eines Augenarztes bei der Vornahme einer Schieloperation, bedarf es zum Schutz des Patienten einer Koordination der beabsichtigten Maßnahmen, um Risiken auszuschließen, die sich aus der Unverträglichkeit der von beiden Fachrichtungen vorgesehenen Methoden oder Instrumente ergeben könnten (BGH NJW 1999, 1779).

Die Gefahr einer Brandentstehung beim Zusammentreffen einer Ketaneast-Narkose, wobei dem Patienten über einen am Kinn befestigten Schlauch reiner Sauerstoff in hoher Konzentration zugeführt wird, und einem Thermokauter, mit dem verletzte Gefäße durch Erhitzung verschlossen werden, gehört zum voll beherrschbaren Risikobereich des Krankenhausträgers (BGH NJW 1999, 1779, 1780).

▷ *Funktionierendes Narkosegerät*

Der Arzt kann regelmäßig nur kunstgerechtes Bemühen, nicht aber den Heilerfolg zusagen. Dieser Grundsatz kann jedoch auf die Erfüllung voll beherrschbarer Nebenpflichten, insbesondere die Gewährleistung technischer Voraussetzungen für eine sachgemäße und gefahrlose Behandlung, keine Anwendung finden (BGH NJW 1978, 584). Demzufolge hat der Krankenhausträger zu beweisen, dass ihn bzw. dessen Erfüllungsgehilfen an der Funktionsuntüchtigkeit eines zum Einsatz kommenden Narkosegerätes kein Verschulden trifft (BGH NJW 1978, 584; OLG Düsseldorf VersR 1985, 744, 745; L/U, § 109 Rn 6; S/D, Rn 501; Gehrlein, Rn B 132).

▷ *Röntgengerät, Infusionssystem u. a.*

Gleiches gilt hinsichtlich der Funktionsfähigkeit eines eingesetzten Röntgengeräts (OLG Hamm VersR 1980, 585) oder eines Infusionssystems (BGH NJW 1984, 1400).

Auch bei der Entkoppelung eines Infusionsschlauches mit der Folge eines massiven Blutaustritts aus der Kanüle verwirklicht sich ein spezifisches, im Gefahrenbereich des Krankenhausträgers liegendes Risiko, das durch eine lückenlose Überwachung des Infusionsschlauches beherrscht werden kann (BGH NJW 1984, 1400; Gehrlein, Rn B 132).

▷ *Schädigung nicht im Zusammenhang mit dem technisch-operativen Bereich entstanden*

Eine Verschuldensvermutung nach den Grundsätzen der durch die Behandlungsseite voll zu beherrschenden Risiken kommt jedoch nicht in Betracht, wenn nicht feststellbar ist, dass die Schädigung gerade im Zusammenhang mit dem technisch-operativen Bereich steht oder stehen kann (OLG Oldenburg NJW-RR 2000, 903).

Der Krankenhausträger haftet zwar für die Funktionsfähigkeit eingesetzter Geräte wie etwa eines Klammernahtapparates. Beweiserleichterungen kommen dem Patienten jedoch nicht zugute, wenn für den Eintritt des Primärschadens andere Ursachen als eine Fehlfunktion des eingesetzten Gerätes in Betracht kommen (OLG Stuttgart OLGR 2001, 324, 326).

▷ *Lage eines Tubus*

Kommt es nach einer Operation unter Intubationsnarkose zu einem Herz-Kreislauf-Stillstand beim Patienten, so gehört es zu den wichtigsten Maßnahmen des Anästhesisten, die richtige Lage des Tubus zu kontrollieren. Unterbleibt diese Kontrolle, so ist der Anästhesist für den Tod des Patienten verantwortlich, wenn er die ordnungsgemäße Lage des Tubus nicht beweisen kann (OLG Oldenburg NJW-RR 1990, 1362). Der Klinikträger hat für die einwandfreie Beschaffenheit des eingesetzten Tubus einzustehen (BGH NJW 1991, 1540; Gehrlein, Rn B 132).

▷ *Zurückgelassener Tupfer*

Grundsätzlich liegt eine Pflichtverletzung im voll beherrschbaren Operationsbereich des Arztes vor, wenn er im Operationsgebiet einen Fremdkörper, etwa einen Tupfer o. a., zurücklässt, ohne alle möglichen und zumutbaren Sicherheitsvorkehrungen gegen eine solche zu treffen, wozu bei textilen Hilfsmitteln eine Kennzeichnung, eine Markierung bzw. das Zählen der verwendeten Tupfer gehört (BGH NJW 1991, 983; L/U, § 109 Rn 10; E/B, Rn 525 m. w. N.: Anscheinsbeweis bei zurückgelassenem Bauchtuch, einer Arterienklemme, Tamponresten oder einer Mullkompresse).

Etwas anderes gilt jedoch beim Zurückbleiben eines Stücks eines Venenkatheders in der Lungenarterie nach einer schwierigen Herzoperation (OLG Celle VersR 1990, 50; S/D, Rn 504).

2. Lagerungsschäden

Der Krankenhausträger und die behandelnden Ärzte tragen grundsätzlich die Beweislast dafür, dass der Patient zur Vermeidung von Lagerungsschäden sorgfältig und richtig auf dem Operationstisch gelagert wurde und dass die Operateure dies auch kontrolliert haben (BGH NJW 1984, 1408; NJW 1995, 1618; OLG Hamm VersR 1998, 1243; OLG Köln VersR 1991, 695; G/G, Rn B 244; F/N, Rn 142). Dies gilt auch für die Beibehaltung einer für den Patienten schadlosen Lagerung während der Operation, wobei gem. der Aufgabenteilung zwischen dem Chirurgen und dem Anästhesisten der Letztere zuständig ist (OLG Köln VersR 1991, 695, 696; vgl. → *Arbeitsteilung*, S. 37).

Die technisch richtige Lagerung des Patienten auf dem Operationstisch und die Beachtung der dabei zum Schutze des Patienten vor etwaigen Lagerungsschäden, insbesondere einer Schädigung des „Nervus ulnaris" (OLG Köln VersR 1991, 695) bzw. einer Plexusschädigung (OLG Hamm VersR 1998, 1243) einzuhaltenden ärztlichen Regeln sind Maßnahmen, die dem Gefahrenbereich des Krankenhauses und der Behandlungsseite zuzuordnen sind. Sie sind vom Pflegepersonal und den behandelnden Ärzten im Regelfall „voll beherrschbar". Diese sind, anders als der Patient, in der Lage, den Sachverhalt in dieser Hinsicht aufzuklären (OLG Köln VersR 1991, 695, 696; L/U, § 109 Rn 10).

Dabei macht es keinen Unterschied, ob es sich um eine Operation in einer außergewöhnlichen Operationshaltung wie der so genannten „Häschenstellung" (BGH NJW 1984, 1403; NJW 1985, 2192) oder in der unter anderem für abdominelle Eingriffe üblichen Rückenlage unter Auslagerung der Arme handelt (OLG Köln VersR 1991, 695, 696).

Sowohl das Risiko einer Schädigung des Nervus ulnaris als auch das Risiko einer Plexusschädigung ist für die Behandlungsseite voll beherrschbar. Wird ein grundsätzlich geeignetes Lagerungsverfahren gewählt, so muss der Arm sachgerecht und in einem Abduktionswinkel weniger als 90° ausgelagert werden (OLG Hamm VersR 1998, 1243; OLG Köln VersR 1991, 695, 696; auch BGH NJW 1995, 1618, 1619).

Der Grundsatz, dass sich der Krankenhausträger bei einem Lagerungsschaden, etwa einer Armplexusparese, von einer Fehlervermutung entlasten muss, gilt jedoch nicht, wenn bei dem Patienten eine ärztlicherseits nicht im Voraus erkennbare, extrem seltene körperliche Anomalie wie ein „thoracic-outlet-Syndrom" (Engpass-Syndrom, Kompression im Bereich des oberen Thorax) vorliegt, die den Patienten für eine Plexusparese als eingetretenen Schaden auch bei einer fehlerfreien Ablagerung des Arms anfällig gemacht hat (BGH NJW 1995, 1618, 1619).

Auch das plötzliche Auftreten eines Massenprolaps (Vorfall) im Bereich der Halswirbelsäule während einer Operation an der Lendenwirbelsäule in der so genannten „Häschenstellung" lässt jedenfalls dann nicht zwingend auf eine fehlerhafte Lagerung des Patienten während der Operation schließen, wenn eine den Massenprolaps begünstigende Vorschädigung der HWS vorhanden war (OLG Düsseldorf VersR 1992, 1230).

Schließlich rechtfertigt ein Lagerungsschaden (Drucknekrose) eine Umkehr der Beweislast dann nicht, wenn es sich nicht um eine vollständig beherrschbare Komplikation handelt, deren Entstehung zwingend auf einen Behandlungsfehler hinweist (OLG Oldenburg VersR 1995, 1194). Diese Fallgestaltung liegt z. B. vor, wenn die Lagerung des Patienten auf dem Operationstisch bei der Durchführung einer Leistenbruchoperation dem medizinischen Standard entspricht und sich im Zusammenhang mit der Operation eine Drucknekrose an der Ferse einstellt.

Der Nachweis der korrekten Lagerung ist dabei als erbracht anzusehen, wenn die als Zeugin vernommene Anästhesistin erklärt, sie könne sich zwar an die Operation nicht mehr erinnern und zu den konkreten Umständen keine Aussage machen, sei sich jedoch sicher, dass die üblichen Routinemaßnahmen bei der Lagerung einschließlich der notwendigen Kontrollen der richtigen Lagerung zu Beginn und während der Operation vorgenommen worden sind und etwaige Besonderheiten oder Auffälligkeiten während der Operation in die routinemäßig geführten Protokolle aufgenommen worden seien (OLG Oldenburg VersR 1995, 1194, 1195; auch OLG Karlsruhe NJW 1998, 1800 und BGH VersR 1984, 386, 387).

Derartige **Routinemaßnahmen**, zu denen auch die Wahl eines Abduktionswinkels unter 90° gehört, bedürfen **keiner Dokumentation** (BGH NJW 1995, 1618, 1619; VersR 1984, 386, 387).

3. Pflegedienste, Sturz des Patienten

Bekommt ein Patient im Krankenhaus bei einer Bewegungs- oder Transportmaßnahme der ihn betreuenden Krankenschwester aus ungeklärten Gründen das Übergewicht und stürzt, so ist es Sache des Krankenhausträgers, darzulegen und nachzuweisen, dass der Vorfall nicht auf einem pflichtwidrigen Verhalten der Pflegekraft beruht (BGH NJW 1991, 1540 = MDR 1991, 846).

Gleiches gilt, wenn die Patientin nach Beginn der Vorbereitungsmaßnahmen für einen vorgesehenen Eingriff von der Krankenliege stürzt, während sich der Arzt mit Hilfe einer Krankenschwester ankleidet (OLG München VersR 1997, 1491) oder der Patient von der Untersuchungsliege (OLG Köln VersR 1990, 1240; OLG Hamm MedR 2002, 196) oder einem Duschstuhl (BGH MDR 1991, 846) fällt.

Die für ein Krankenhaus aufgestellten Grundsätze sollen auch beim Sturz eines Patienten in einem Pflegeheim gelten (OLG Dresden NJW-RR 2000, 761).

4. Infektionen

Nur vermeidbare Keimübertragungen durch das Personal oder der benutzten medizinischen Geräte sind der Behandlungsseite zuzurechnen (vgl. Gehrlein, Rn B 130; F/N, Rn 139).

▷ *Insterile Infusion, verunreinigtes Desinfektionsmittel*

Der Krankenhausträger hat entsprechend § 282 BGB a. F. (jetzt § 280 I 2 BGB n. F.) das mangelnde Verschulden der angesetzten Ärzte und Pflegekräfte zu beweisen, wenn die dem Patienten verabreichte Infusionsflüssigkeit bei oder nach ihrer Zubereitung im Krankenhaus unsteril wurde (BGH NJW 1982, 699; L/U, § 109 Rn 8; S/D, Rn 505; G/G, Rn B 245).

Gleiches gilt, wenn nachweislich verunreinigtes Desinfektionsmittel zum Einsatz gekommen ist (BGH NJW 1978, 1683; G/G, Rn B 245).

▷ *Wundinfektion nach einer Operation, Punktionen*

Die Verursachung einer Wundinfektion durch einen menschlichen Keimträger während der Operation lässt sich auch bei der Anwendung aller hygienischen Sorgfalt nicht immer vermeiden. Die Vorgänge im lebenden Organismus lassen sich nicht so sicher beherrschen, dass ein Misserfolg der Behandlung bereits den Schluss auf ein Verschulden entsprechend § 282 BGB a. F. zulassen würde (BGH NJW 1991, 1541, 1542; kritisch hierzu Gehrlein, Rn B 130).

Auch bei Punktionen und intraartikulären Injektionen besteht keine „volle Beherrschbarkeit" des Infektionsrisikos (OLG Hamm, Urt. v. 20.5.1998 – 3 U 139/97; OLG München NJW-RR 1994, 1309).

Ebenso wenig lässt die Entwicklung einer Infektion einen Rückschluss auf eine erhebliche Keimverschleppung und ein mögliches fehlerhaftes Vorgehen der Behandlungsseite zu (OLG Hamm a. a. O.).

Insbesondere dann, wenn die Infektionsrate bei Operationen der vorgenommenen Art in Verbindung mit Weichteilverletzungen 1,5–2 % beträgt, kann nicht davon ausgegangen werden, dass eine dann eingetretene Infektion aus einem „voll beherrschbaren" Bereich hervorgegangen ist (BGH NJW 1999, 3408, 3410).

In derartigen Fällen kommt auch ein Anscheinsbeweis nicht in Betracht (vgl. hierzu → *Anscheinsbeweis*; G/G, Rn B 236; E/B, Rn 526).

Die Beweisregel des § 282 BGB a. F. (analog) – seit dem 1.1.2002 ersetzt durch § 280 I 2 BGB n. F. – findet nach Ansicht von Gehrlein (Rn B 130) jedoch Anwendung, wenn eine Patientin in einem Krankenhaus eine Infektion erleidet, dessen hygienische Bedingungen nachweislich oder unstreitig an der Untergrenze des Tragbaren liegen.

Stichwortverzeichnis